혁명의 지성사

엔초 트라베르소 지음 | 유강은 옮김

혁명의 지성사

Revolution: An Intellectual History

뿌리와
이파리

일러두기

1. 이 책은 Enzo Traverso, *Revolution: An Intellectual History*, Verso, 2021을 옮긴 것이다.

2. 한글 전용을 원칙으로 했으며, 독자의 이해를 돕기 위해 익숙하지 않은 인명은 찾아보기에 병기했다. 주요 개념이나 한글만으로는 뜻을 짐작하기 힘든 용어의 경우에도 한자나 원어를 병기했다.

3. 도량형은 괄호 속에 미터법 환산치를 넣었다.

4. 옮긴이 주석은 본문 중 대괄호([ ]) 속에 달고 마지막에 '│옮긴이'라고 밝혀두었다.

5. 단행본, 정기간행물 등은 겹낫표(『 』), 논문, 시 등은 홑낫표(「 」), 연극, 회화, 노래, 사진 등은 홑화살괄호(〈 〉)를 사용했다.

6. 단행본의 한국어판이 있을 경우, 미주에 밝혀두었다.

7. 대체로 외래어 표기법 표기일람표와 용례를 따랐고, 그에 준한 네이버백과사전, 위키피디아 등을 참조했다.

8. 원문의 이탤릭체 강조는 진한 명조체로 표시했다.

9. 인명 표기에서 특이한 부분은 루카치 죄르지(흔히 '게오르크 루카치/죄르지 루카치'로 표기해왔는데, 헝가리 사람들과 나란히 등장하는 부분이 많아서 헝가리식으로 표기했다), 호찌민(기존의 '호치민' 대신 외래어 표기법을 따름), 베냐민(기존의 '벤야민' 대신 외래어 표기법을 따름) 등이다.

차례

약어

MECW: Marx, Engels, *Collected Works*, London: Lawrence & Wishart, 1975-2005, 50 vols.
LCW: Lenin, *Collected Works*, Moscow: Progress Publishers, 1960-70, 45 vols.
WBSW: Walter Benjamin, *Selected Writings*, Michael Jennings(ed.), Cambridge, MA: Harvard University Press, 2003-06, 4 vols.

도판 목록

감사의 말

이 책을 쓰는 데에 코넬대학교의 안식년 덕을 크게 봤다. 나는 코로나 19 팬데믹 때문에 여러 계획을 바꾸고 유럽, 특히 파리와 베를린에 잡아놓은 몇 가지 연구를 위한 체류 일정을 취소해야 했지만, 뉴욕주 이타카에서 반강제로 해야 했던 칩거를 통해 결국 많은 결실을 맺었다. 내면을 성찰하고 역사에 관해 글을 쓰는 데에 유익한 시간이었다. 여러 가지 견해와 경험을 '샅샅이 탐구하는' 좋은 기회였다. 과거에 내가 마주치거나 받아들이거나 옹호하거나 비판한 견해들, 그리고 처음 정치에 뛰어든 1970년대부터 21세기의 지적 논쟁에 이르기까지 평생 동안 쌓은 경험들을 돌아볼 수 있었다. 나는—혁명의 분위기가 팽팽하게 감돌던 시기에 산 것 말고는— 혁명에 참여한 적은 없지만, 이 책에서 재구성하면서 분석하려 하는 많은 질문과 딜레마는 또한 나 자신의 것이기도 했다. 따라서 만약 여러 쟁점에 관해 내 견해가 바뀌었다면 이 책을 쓰는 일이 여러 기억을 끄집어내고 내가 직접 산 경험과 공명하는 과정이었음은 의문의 여지가 없다. 하지만 나는 한 사람의 '목격자'로서, 또는 과거와 타협하기 위해 이 책을 쓰지 않았다. 나는 변명하는 자세를 취하거나, 적수들이나 비판자들과 셈을 치르려 하지 않는다. 나는 그저 내가 이야기하는 역사의 일부분을 느낀다. 이를테면 온갖 유토피아와 관용, 형제애와 위대함뿐만 아니라 갖가지 실수와 환상,

기만과 때로는 잔학무도함으로 얼룩진 역사다. 혁명의 역사에 관해 글을 쓰려면 주관성의 위험을 인식해야 한다. 주관성을 억누를 수는 없지만 관리하고 통제하고 잘 다스려야 한다. 서로 상당한 견해차가 있기는 해도 존경하는 사상가인 츠베탕 토도로프와 나눈 흥미로운 대화가 기억이 난다. 당시 우리는 이탈리아인과 불가리아인은 비슷한 렌즈를 통해 공산주의의 역사를 바라볼 수 없다는 걸 인정했다. 양쪽은 무척 다른 관측소에 자리를 잡고 있고 공산주의는 각자의 나라에서 똑같은 것을 의미하지 않기 때문이다. 나는 적당한 거리를 두는 동시에 분석적 도구로 활용하면서 제한적이고 확실히 특수한 내 실존적 배경을 적절하고 쓸모 있게 활용할 수 있었는지 알지 못하지만, 이를 위해서는 겸손과 겸양이 필요하다는 건 안다. 혁명에 관해 말하자면, 순진한 열정이나 도덕적 심판, 이데올로기적 낙인이 비판적 이해를 밀어내는 일이 너무도 잦았다. 나는 이런 선택지를 고르지 않았고, 이 책에서 과거의 교훈을 그대로 전달하려 하지 않는다. 그보다는 그저 비판적 지식과 해석을 시도하고자 한다. 이것이 오늘날 내 세대가 할 수 있는 주요한 과제다.

이 책을 쓰면서 친구와 동지들, 학자와 저자들에게 얼마나 많은 빚을 졌는지 깨달았다. 나와 유익한 토론을 한 이들뿐만 아니라 한 번도 만난 적이 없지만 그래도 나의 지적 여정에서 언제나 동행했던 저작을 쓴 이들까지. 고전적 사상가들과 독창적인 학자들뿐만 아니라 여러 시기에 몇몇 나라에서 만난 무명의 기층 활동가들도 모두 중요했다. 여기서 그 사람들의 이름을 일일이 언급하면 너무 길어지겠지만, 모든 이에게 감사하는 마음이다.

이 책은 최근 몇 년간 코넬대학교에서, 그리고 좀더 집약된 형태로 유럽과 라틴아메리카의 다른 대학들에서 기쁜 마음으로 가르친 몇몇 대학원 세미나를 계기로 탄생했다. 특히 2018년 11월 아르헨티나 부에노스아이레스의 산마르틴대학교와 좌파문화기록연구센터(CeDInCi), 2020년 1월 에스파냐 발렌시아대학교에서 가진 세미나가 인상적이었다. 학생들뿐만 아니라 내 견해를 함께 나누고 토론하도록 초대해준 동료이자 좋은 친구인 오라시오 타르쿠스와 니콜라스 산체스 두라에게 무척 감사한다. 각 장은 2018년 1월 로마3대학교, 2017년 6월 베를린 정기일자 강연, 2017년 10월 브뤼셀 자유대학교, 2019년 4월 오스틴 텍사스대학교, 2019년 5월 푸에르토리코 리오피에드라스대학교, 2019년 6월 바르셀로나 폼페우파브라대학교, 2019년 10월 멕시코시티 멕시코국립자치대학교, 2020년 1월 밀라노 펠트리넬리재단 등 몇몇 대학과 문화협회에서 연 강연과 기조 발언에서 발표하거나 세미나에서 발표문으로 토론된 것이다. 이런 기회를 마련해준 치아라 조르지, 가브리엘레 페두야, 엘피 뮐러, 마테오 알라루프, 진 보겔, 벤저민 C. 브라우어, 카를로스 파본, 안토니오 모네갈, 에스더 코언, 데이비드 비두사 등에게 감사하다는 말을 하고 싶다. 제6장은 처음에 아주 짧은 버전으로 「공산주의의 낭만화: 20세기의 카멜레온」이라는 제목으로 『사우스애틀랜틱쿼털리』(116/4, 2017)에 실렸고 이후 에스파냐어와 독일어로 번역되어 두 편저(*1917: La Revolución rusa cien años después*, ed. Juan Andrade and Fernando Hernández Sánchez[Madrid: Akal, 2017]과 *Anti! Kommunismus: Struktur einer Ideologie*, ed. Jour Fixe Initiative Berlin[Muenster: Edition Assemblage, 2017])에 수록되었다. 제1장에 서술한 견해의 일부도 요약해서 실었다("Las locomotoras de la historia", in Esther Cohen[ed.] *Imágenes de Resistencia*[Mexico: UNAM, 2020]). 아우렐리아노 오르테카 에스키벨이 쓴 비판적 논평과 같이 수록되었다("Del progreso a su nemesis: Metáforas del ferrocarril"). 제5장의 아주 짧은 첫 번째 버전은 에스파냐어로 발표되었다("El tortuoso camino de la libertad", in *La Maleta de Portbou*, 38[2019]). 영어로 쓴 이 책은 코넬대학교의 소중한 연구조교들인 니컬러스 R. 부잘스키와 윌리엄 R. 캐머런이 비판적으로 읽고 문장을 다듬어주었다. 큰 도움을 준 둘에게 감사한다. 버소 출판사의 탁월한 교정교열 편집자 로나 스콧 폭스에게도 무척 고마운 마음이다. 담당 편집자 서배스천 버전은 처음부터 더없이 소중한 지원을 아끼지 않았다.

2021년 4월 뉴욕주 이타카에서

서론: 혁명 해석하기

프롤레타리아 혁명은 … 끊임없는 자기비판을 하며 자체의 경로가 거듭 중단된다. 이 혁명은 과업을 다시 시작하기 위해 이미 달성된 것처럼 보이는 결과로 돌아간다. 그리고 첫 번째 시도의 불충분하고 허약하고 형편없는 측면들을 무자비할 정도로 철저하게 조롱한다. 혁명은 오로지 혁명의 적수가 땅에서 다시 힘을 얻어 어느 때보다도 거대한 모습으로 다시 자신 앞에 서는 것을 보기 위해서 적수를 바닥에 내동댕이치는 것 같다. 혁명은 도저히 크기를 가늠하지 못할 정도로 거대한 자신의 목표 앞에서 거듭해서 움츠러든다.

-카를 마르크스, 『루이 보나파르트의 브뤼메르 18일』(1852)

오래전, 루브르 박물관 관람시간이 막 끝날 무렵 어느 전시회를 나서다 보니 갑자기 텅 빈 전시실에 나 혼자 있게 되었다. 다른 관람객들은 이미 자리를 뜬 가운데 테오도르 제리코의 〈메두사호의 뗏목〉(1819) 앞에 나 홀로 서 있었다. 그 인상적인 순간은 오래도록 기억에 남았고, 그때 느낀 감정이 아직도 뚜렷하게 기억난다. 물론 나는 19세기 낭만주의 미술에서 손꼽히게 유명한 이 그림을 알았지만, 이런 예상치 못한 만남 때문에 전혀 몰랐던 사실 하나가 드러났다. 나는 혁명의 난파선이라는 더없이 강력한 알레고리를 동경하고 있었던 것이다. 화가가 걸작

을 그릴 때 생각할 수 있었던 유일한 혁명인 프랑스 혁명뿐만 아니라
—무엇보다도— 내가 루브르를 찾은 무렵에 이제 막 사라진 20세기의
여러 혁명도 마찬가지였다. 근대 혁명의 역사와 관련지어 보니 이 기
념비적인 캔버스의 많은 세부 묘사에서 더욱 분명한 의미가 드러났다.

이미지들은 우리를 바라본다. 호르스트 브레데캄프가 권위 있게 설
명한 것처럼, 이미지는 우리의 해석하는 눈에 전달되는 수동적이거나
죽은 대상이 아니다. 이미지는 살아 있는 생물이며 그 의미는 작가가
염두에 둔 목적과 의도를 초월함으로써 시간이 흐르면서 새로운 실재
와 의미를 갖게 된다. 이미지의 의미는 그 잠재력이 영원히 갱신되는
한 얼어붙기는커녕 통시적으로 변화한다. 문학 텍스트와 마찬가지로,
이미지도 관찰자와 대화하는 관계 속에 산다. "이미지는 수동적이지
않다. 이미지는 지각과 관련된 온갖 종류의 경험과 행동을 낳는다. 이
것이 이미지 행위image act의 본질이다."[1]

발터 베냐민이 캔버스 자체에 포함되지 않은 폐허의 풍경을 상상하
면서 해석한 파울 클레의 〈새로운 천사〉와 달리, 제리코의 작품은 놀
랍도록 풍부한 알레고리적 요소들의 집합을 제공한다. 이 요소들은 작
품이 완성되고 200년 뒤의 혁명사가에게 끈질기게 질문을 던진다. 이
유화에 담긴 역사는 익히 알려진 터라 장황하게 설명할 필요가 없다.
원래 '어느 난파선의 광경'이라는 제목이 붙은 이 작품은 1819년 살롱
전시회에서 처음 공개되었고, 이듬해 런던에서 전시된 뒤 국제적으로
유명세를 떨쳤다.[2] 그림을 낳은 영감은 몇 년 전 깊은 인상을 남긴 한
사건에서 비롯되었다. 1816년 7월, 프랑스 프리깃 범선 메두사호가 새
로운 식민 행정청에 장교와 병사, 물자를 전달하러 세네갈로 향하던
중에 난파한 것이다. 왕정복고 정부가 보수적 견해와 부르봉 가문과의

그림 0.1 테오도르 제리코, 〈메두사호의 뗏목〉(1819). 캔버스. 파리 루브르 박물관.

연줄 때문에 임명한 무능한 선장이 지휘하던 배는 북서아프리카 앞바다에서 좌초했다. 선원 절반은 경범선에 나눠 타서 가까스로 빠져나왔지만, 147명은 선원들이 급조한 임시 뗏목 한 척에 버려졌다. 쌍돛대 범선 아르고스호가 2주일 뒤 마침내 뗏목을 구조했을 때, 남은 생존자는 열다섯 명뿐이었다. 그들은 완전히 굶주리고 탈수에 시달린 이들을 덮친 죽음과 절망을 두 눈으로 목격했다. 일부 선원들은 동료를 뗏목 밖으로 내던졌고, 심지어 포도주 두 통을 마시고는 급성 알코올 중독에 빠져 서로 잡아먹었다. 재판이 열려 많은 증언이 이루어지고 두 생존자가 기록을 남겨 성공을 거두면서 이 난파 사고는 순식간에 루이 18세 치세 말의 주요한 사건이 되었다. 제리코는 생존자들을 직접 만나서 포즈를 취해 달라고 요청하고, 바다와 파도와 바람에 관한 연구를 섭렵했으며, 시신들의 피부색을 포착하기 위해 걸핏하면 시체보관소를 찾아가 시체를 화실에 가져왔다. 하지만 그의 그림은 사실주의적이지 않다. 진짜 난파선 그림이라기보다는 낭만주의와 신고전주의 회화의 미학 규범을 존중하는 인간 비극의 재현물이다. 그의 그림에서 의미심장하게 바뀌는 것은 묘사된 주체들이다. 〈메두사호의 뗏목〉은 국왕과 귀족 대신 보통 사람들의 고통을 보여준다. 그림 속 인물들은 선원, 병사, 노동자, 목수, 하층계급 대표자 등, 프리깃 범선을 빠져나온 돛단배와 쌍돛대 범선에 타지 못한 이들이다.

바다에서 폭풍우에 휘말린 뗏목을 묘사한 이 그림은 절망과 희망의 대비에 초점을 맞춘다. 선원들을 압도하는 절망과, 저 멀리 수평선에 보이는 돛, 그들을 구하러 올 범선 아르고스호의 돛의 윤곽을 알아보는 몇몇 이들의 희망이 대비된다. 이런 한 가닥 희망은 빈 포도주 통에 올라서서 아마 자기 옷을 찢은 듯한 너덜너덜한 붉은 천을 흔드는 흑인 선원으로 구현된다. 근육질의 힘과 육체적 존재를 표현하면서 지친 동료들과 충돌하는 이 인물은 군중 전체를 압도한다. 실제로 뗏목에 흑인 생존자인 장-샤를이라는 선원이 있었는데, 제리코는 당시 파리에서 가장 유명한 흑인 모델이던 조제프의 특징을 따서 그 선원을 그렸다.[3] 노예제 폐지론자인 화가의 견해가 반영된 게 분명한 이 선택은 그가 노예무역에 반대하는 야심찬 그림을 그릴 계획이 있었음을 넌지시 보여준다. 하지만 〈메두사호의 뗏목〉을 현실화하느라 지친 그는 폐결핵으로 몸이 약해져서 1824년에 사망했다.

눈앞에 펼쳐진 수평선을 훑어보는 이 흑인 선원이 뒷모습만 보이는 것과 대조적으로, 그림의 두 번째 중심인물은 얼굴이 보인다. 다른 인물들보다 나이가 많은 그는 주변에 펼쳐진 난파선의 고통과, 아르고스호의 돛이 보이자 퍼져나가는 희망의 징조 둘 다에 무관심한 듯 보인다. 미켈란젤로의 〈최후의 심판〉(1534~41)에 등장하는 저주받은 인간을 분명하게 상기시키며, 오귀스트 로댕의 〈생각하는 사람〉(1904)을 이미 예고하는 이 인물은 수동적이고 정적이며 생각에 잠겨 있다. 그의 얼굴은 흔들림 없이 고요하다. 흰 턱수염이 그의 나이를 두드러지게 하고 지혜로운 분위기를 드리운다. 미켈란젤로의 저주받은 인간과 달리, 그는 얼굴을 감추지 않으며 크게 뜬 눈도 겁에 질린 것이 아니라 일종의 체념을 드러낸다. 그의 왼손은 창백한 시체를 감싸고, 그 앞에는 다리 없는 남자의 몸통이 놓여 있어서 앞에서 말한 식인 행위를 떠올리게 한다. 뗏목이 난파한 인류에 대한 은유라면, 그는 피할 수 없는 사건처럼 이 상황을 냉정하게 바라본다. 구조대는 없다. 구조의 손길을 찾는 것도 무의미한 일이다.[4]

〈메두사호의 뗏목〉에 등장하는 많은 특징은 후에 알레고리적 해석의 원천이 되거나 역사적 예시豫示의 사례로 소환된다. 1848년, 쥘 미슐레는 제리코의 그림에서 죽음과 희망, 과거와 미래 사이에서 갈라진 한 사회의 거울을 보았다. "이 그림은 프랑스 자체이며, 그가 이 뗏목에 실어 바다로 내보내는 것은 우리 사회 전체다."[5] 이제 더는 이국적이거나 신화적인 영역으로 외부화되거나 밀려나지 않은 채, 혁명이나 내전에서 벌어지는 사태와 비슷하게 폭력이 프랑스의 정체성 자체를 관통한다.[6] 최근 들어 미술사학자들은 이 걸작에서 신고전주의의 관행을 관통하는 하나의 메시지로 반식민주의와 흑인 해방의 예감을 탐지하고 있다. 휴 오너에 따르면, 이 그림은 서구 미술사 전체를 통틀어 흑인들의 자유와 평등 권리를 가장 효과적으로 주장한 작품이다. 사상 처음으로 흑인이 "직접적인 노예제 폐지론 도상에 함축된 열등성의 낙인"에서 해방된 시각적 주장이 나온 것이다.[7] 다른 관점에서 린다 노클린은 제리코의 작품에서 "여성 없는 여성성"의 징후들을 포착했다. "실제 여자 몸을 재현하는 것과 분리돼" 있지만 "거세당하고" "무력화된" 남성 신체의 집합을 전시함으로써 환기되는 여성적인 것의 묘사라는 것이다. 다시 말해, 이 "남성적 욕망의 교향곡"과 한데 뒤섞인 남자들은 정력의 승리와는 정반대를 나타낸다.[8]

이 캔버스에서 우뚝 솟은 인물은 붉은 넝마나 손수건을 깃발처럼 흔들고 있는 흑인 남자다—당시 인류 가운데 가장 억압당하고 멸시받은 집단의 상징이다. 그는 1819년에 이제 막 모습을 드러낸 어떤 사건—아이티 혁명—이나 아직 존재하지 않는 어떤 것—통치받는 인종과 계급의 반란 운동—을 알리는 전령이다. 당시에 붉은 깃발은 아직 반란의 보편적인 상징이 아니었다. 하지만 붉은 깃발을 흔들며 억압의 사슬을 끊는 근육질의 프롤레타리아의 몸을 보여주는 20세기 초 사회주의와 공산주의의 도상은 벌거벗은 신체의 재현이라는 이런 신고전주의적 전통에서 유래하는 게 분명하다. 1819년 파리 살롱 이후 200년 만에 〈메두사호의 뗏목〉을 난파선의 강력한 알레고리이자 혁명의 전조로 볼 수 있었던 것도 이 때문이다. 어떻게 이 뗏목을—대양을 항해하는 프리깃 범선처럼—미래를 정복하려고 했으나 결국 난파하고 만 어느 운동의 잔해로 보지 않을 수 있었겠는가? 무능한 선장을 어떻게 스탈린주의의 오류와 배신에 대한 암시로 보지 않을 수 있었겠는가? 뗏목에서 서로 잡아먹었다는 소름끼치는 증언 속에서 어떻게 자기 자식을 잡아먹는 혁명의 은유를 포착하지 않을 수 있을까? 어떻게 뗏목의 폭동을 1921년 크론시타트부터 1956년 부다페스트까지, 1968년 프라하에서 1980년 그단스크까지 사회주의의 권위주의적 전환에 맞서 벌어진 반란과 비교하지 않을 수 있을까?

다른 한편, 수동적으로 파국을 관찰하는 노인과 붉은 손수건을 정력적으로 흔드는 젊은 흑인의 강렬한 대비는 우리 시대에 널리 퍼진 또 다른 딜레마를 암시한다. 체념이냐 희망이냐, 굴복이냐 완강한 대안의 추구냐, 포기냐 부활이냐, 패배의 풍경 앞에서 무능과 절망에 빠질 것이냐 아니면 저항하려고 필사적으로 노력할 것이냐. 범선 아르고스호는 구조를 보장해주지 않는다. 몇몇 목격자는 아르고스호가 두 시간 동안 사라졌다가 뗏목 쪽으로 왔다고 말했다. 제리코의 그림에서 아르고스호는 수평선 위로 가까스로 보이는 작은 점에 불과하다. 해방은 불가피한 해피엔딩이 아니라 멀리 떨어진 하나의 가능성, 어떤 결과도 예측할 수 없는 가운데 붙잡아야 하는 기회다. 뤼시앵 골드만은 사회주의를 "모험과 실패의 위험, 성공의 희망"에 바탕을 둔 하나의 "내기"라고 묘사했다.[9] 아르고스호의 돛은 발터 베냐민의 말을 빌리자면 "앞선 모든 세대와 마찬가지로 우리 역시 타고난 … **미약한** 메시아적 힘"이다.[10] 사회주의는 이 미약한 메시아적 힘을 붙잡아 역사를 바꾸는 지렛대로 개조해야 한다. 20세기에 이 지렛대가 너무도 강력해진 나머지 많은 투사들이 이를 누구도 반박할 수 없는 역사의 궁극적 목적이라고 오인했다. 하지만 사회주의는 정복하는 범선 메두사호가 아니라 잠재적 구원자인 아르고스호였고, 혁명은 폭풍이 휘몰아치는 바다 한가운데에 내동댕이쳐진 뗏목처럼 휘청거렸다.

진실을 말하자면, 제리코의 그림은 이미 사회주의의 난파를 알레고리적으로 재현하도록 영감을 준 바 있었다. 1919년 소련 화가 V. V. 스파스키는 걸출한 프랑스의 선구자가 그린 걸작을 거의 공공연하게 인용한 공산주의 인터내셔널(코민테른)의 선전 포스터를 실감나게 그렸다. 정부가 제작한 이 포스터—포스터 위에 붙은 문구에 러시아 사회

그림 0.2 V. V. 스파스키, 〈공산주의 인터내셔널의 등대를 향해〉(1919). 소비에트 포스터. 모스크바 레닌 도서관.

주의연방 소비에트공화국이라고 적혀 있다—에 그려진 작은 뗏목은 난파선에서 멀지 않은 곳에서 파도에 맞서 분투하면서 밝은 빛 한 점이 반짝이는 캄캄한 해변으로 가려고 애를 쓴다. 『공산당 선언』으로 만든 책-뗏목이다. 왼쪽 페이지에는 '만국의 노동자여 단결하라!'는 문구가, 오른쪽에는 지은이 카를 마르크스의 이름이 적혀 있다. 이 포스터에 등장하는 유일한 조난자는 백인이지만 벌거벗은 등이 보일 뿐이며, 〈메두사호의 뗏목〉과 흡사하게 붉은 손수건을 붙잡고 있다. 그림 아래에 적힌 문구는 '공산주의 인터내셔널의 등대를 향해'라는 헌정사다.

이 난파선이 무엇을 상징하는 것인지 단정하긴 어렵다. 찢긴 깃발의 노란색 조각에서 암시되는 것처럼 몰락한 차르 제국이거나, 이쪽이 가능성이 더 높은데, 대전쟁[제1차 세계대전을 가리키는 당대의 표현. 이 책에서 지은이는 '대전쟁'과 '제1차 세계대전'을 구분해서 사용한다 | 옮긴이] 중에 모든 형태의 프롤레타리아 연대를 무너뜨린 제2 인터내셔널일 것이다. 그렇다 하더라도 포스터가 전하는 메시지는 분명하다. 공산주의 인터내셔널이 희망의 빛을 상징하기 때문에 사회주의의 미래를 양보할 수 없다는 것이다. 그리고 이 구원의 수단은 『공산당 선언』이라는 한 문서다. 20세기 말에 우리는 비슷한 혁명의 난파를 겪었지만 아직 눈에 보이는 등대는 없다.

1936년, 발터 베냐민은 〈메두사호의 뗏목〉을 언급하지 않은 채 비슷한 이미지를 스케치했다. 망명지에서 데틀레프 홀츠라는 필명으로 『독일인들』[11]이라는 제목 아래 중요한 계몽주의 사상가들이 쓴 편지 모음집을 엮던 때였다. 여동생 도라와 친구 게르숌 숄렘에게 헌정한 『독일인들』에서 베냐민은 이 책을 "유대교 모델을 본떠 지은 방주(네모난 배)"라고 소개했다. "파시즘의 홍수가 불어나기 시작할 때" 물에 띄운 방주였다.[12] 베냐민이 추구한 목적은 나치즘에 위협받는 독일 문화를 구원하는 것이었고, 숄렘이 설명하는 이 방주의 유대교적 원형은 문서 유산이었다. 베냐민은 수백 년에 걸쳐 "유대인들이 정전正典 문서인 성서에서 박해로부터 벗어나는 피난처를 찾았다"는 사실을 언급했다.[13] 이런 관점에서 보면, 스파스키의 책-뗏목 또한 "유대교 모델을 본떠" 만든 것이다. 그림에서 마르크스의 저작을 혁명적 좌파로 하여금 1914년의 민족주의의 파도와 사회민주주의의 배신 양자에 저항하게 해주는 방주로 묘사하기 때문이다. 하지만 20세기에 벌어진 여러 혁명의 난파는 아직 방주나 책-뗏목을 기다리는 중이다. 혁명을 구하기 위해 어떤 경험이나 문서의 훼손되지 않은 유산을 물신숭배적으로 보전할 필요는 없다. 정반대로 모든 이론이나 정전 문서를 남김없이 파헤치면서 과거를 비판적으로 샅샅이 탐구해야 한다. 하지만 방주나 뗏목이 없이는 이 작업을 이룰 수 없다.

혁명에 관한 이 역사 에세이에 영감을 준 방법론은 카를 마르크스와 발터 베냐민 두 사람에게 큰 빛을 지고 있다. 두 사람의 지적 전통을 충실히 따르는 이 책은 혁명을 역사적 연속체의 돌연한―그리고 거의 언제나 폭력적인― 중단, 사회·정치 질서의 단절로 다룬다. 현실 사회주의가 붕괴한 뒤 우후죽순처럼 등장한 '수정주의적' 서사, 즉 그 심오한 지혜라는 게 세계를 변혁한다는 것은 결국 전체주의의 건설을 의미한다고 주장하는 정도인 서사에 맞서 이 방법론은 혁명 개념을 근대역사를 해석하는 열쇠로 복원하는 것을 목표로 삼는다. 하지만 이 방법론은 역사주의적 시선을 채택하지 않는다는 점에서 고전적 마르크스주의와 결별한다. 무엇보다도 이 방법론은 혁명을 결정론적인 인과관계가 낳은 결과나 일종의 역사 '법칙'에 따른 소산으로 묘사하지 않는다. 많은 문서에서 마르크스와 엥겔스는 헤겔의 역사주의를 일종의 역사 진화론으로 변형시킨다. 노예제, 봉건제, 자본주의 등 억압의 수백 년을 거쳐 원시적 사회주의부터 근대 사회주의까지 이어지는 생산양식의 직선적 연속으로 보는 것이다. 마르크스에 따르면, 이런 역사의 진보는 한편으로는 생산력(경제에 적용되는 인간 노동, 기계, 기술, 과학의 복잡한 절합articulation['절합'은 관절로 연결된 상태를 뜻하는 알튀세르의 독특한

개념으로, 관절로 연결된 마디와 마디는 둘이면서도 하나처럼 작동하는 상태다 | 옮긴이])의 발전과, 다른 한편으로는 이데올로기적·정치적 상부구조의 총체가 그에 맞게 상응하는 특정 생산양식의 소유관계 사이의 충돌에서 생겨난다. 『정치경제학 비판을 위하여』(1859) 서문의 유명한 구절은 이런 결정론적인 혁명의 전망을 아주 분명하게 요약한다.

> 일정한 발전 단계에 다다르면 사회의 물질적 생산력이 현존하는 생산관계나 이제까지 그 관계가 작동한 틀이 되어온 소유관계—생산관계를 법률 용어로 표현한 것에 지나지 않는다—와 충돌하게 된다. 이런 생산관계는 이제 생산력의 발전 형태가 아니라 족쇄로 바뀐다. 그리하여 사회혁명의 시대가 시작된다. 경제적 토대의 변화는 조만간 거대한 상부구조 전체의 변혁으로 이어진다.[14]

하지만 마르크스의 정치 저술을 관통하는 혁명에 관한 두 번째 시각이 있다. 이 시각은 인간의 행위성에 초점을 맞추며 과거를 계급투쟁의 영역으로 묘사한다. 이 접근법은 사회적 갈등의 물질적 토대를 무시하지 않으면서 경제결정론을 피하고 정치적 주체성의 변혁적 잠재력을 강조한다. 계급투쟁은, 비록 대체로 마르크스의 경제적 저작의 배경으로 격하됐지만, 1848년 혁명에 관한 글에서부터 파리코뮌을 다룬 글에 이르기까지 그가 쓴 정치적 에세이의 모든 페이지에서 약동한다. 이 글들에서 역사는 이제 더는 "자연사의 한 과정"이 낳은 결과가 아니라 이기적 이해와 냉소주의와 심지어 증오와도 합쳐지는 집합적 행동과 정념, 유토피아와 사심 없는 충동의 결과가 된다. 마르크스와 엥겔스가 『신성가족』(1844)에서 말하는 것처럼, "역사는 아무것도 아니며, '막대한 부를 소유하지도 않고' '어떤 투쟁도 벌이지 않는다'. 이 모든 것을 하는 주인공, 부를 소유하고 투쟁을 벌이는 주체는 인간, 현실의 살아 있는 인간이다. 말하자면 '역사'는 자신의 목표를 달성하기 위한 수단으로 인간을 활용하는 동떨어진 한 사람이 아니다. 역사는 목표를 추구하는 인간의 활동에 다름 아니다".[15]

요컨대, 역사는 주체성을 생산하는 항구적인 과정이다. 계급투쟁은 그 전제를 넘어서는 역사적 전환을 낳으며, 경제적 필연성이나 구조적 요인들에 대한 기계적 복종을 통해서만 설명될 수 없다. 마르크스가 볼 때, 혁명과 반혁명 둘 다 "정치적인 것의 자율성"을 드러낸다.[16]

인과성과 행위성, 구조적 결정론과 정치적 주체성—마르크스의 저술에서 여전히 분리돼 있는 두 가지 설명의 열쇠—의 복잡한 뒤얽힘은 트로츠키의 『러시아 혁명사』(1930~32)부터 C. L. R. 제임스의 『블랙 자코뱅』(1938)까지, 다니엘 게랭의 『부르주아와 '팔뚝을 걷어붙인 이들'』(1947)에서부터 아돌포 힐리의 『멕시코 혁명』(1971)에 이르기까지 마르크스주의 역사학의 최고 성과를 여럿 낳았다.[17] 여기서 나는 이런 방법론적 뒤얽힘의 전형을 보여주는 대표적 사례인 트로츠키의 걸작 역사서에 대해 몇 가지 추가적인 논평을 제시하고 싶다.

이 붉은군대 수장이 자신의 책을 하나의 예술 작품으로 썼다는 것은 의문의 여지가 없다. 2권 서문에서 그는 프루스트와 디킨스를 인용하면서 사건의 연속을 분석하고 행위자들의 역할을 해석하는 것을 넘어 그들의 감정을 묘사할 수 있는 역사가의 권리를 주장한다. 역사가가 과거를 이해하기 위해 과거에 '마취'액을 주입해서 주인공들의 감정을 중립화하고 그들 자신의 정서를 제거할 필요는 없다. 웃음과 울음은 삶의 한 부분이며, 역사의 리듬을 특징짓는 집단적 드라마에 의해 지워질 수 없다. 행동하는 개인, 계급, 대중이 느끼는 분위기와 정념, 감정도 프루스트가 주인공들의 정신 상태와 심리를 수십 쪽에 걸쳐 탐구하는 것처럼 주의 깊게 들여다볼 가치가 있다. 트로츠키는 나폴레옹이 벌인 여러 전투를 충실하게 설명하려면 주둔지의 기하학적 구조와 참모부가 내린 전략적·전술적 선택의 유효성을 넘어서야 한다고 말한다. 충실하게 설명하려면 오해된 명령이나 지도를 읽을 줄 모르는 장군들의 무능, 돌격에 앞서 병사들과 장교들을 사로잡은 공포나 그에 따른 복통까지 간과해서는 안 된다.[18]

『러시아 혁명사』의 두드러진 특징은 주인공들이 한 행동의 뒤얽힘과 움직이는 집합적 집단들의 폭을 통해 전체적인 그림을 재구성하는 이야기의 힘, 여러 사건의 치열함을 낱낱이 되살리는 탁월한 능력에 있다. 트로츠키는 처음부터 이 책에서 포부를 밝힌다. "우리에게 혁명의 역사는 무엇보다도 대중이 자신들의 운명을 둘러싼 통치의 영역에 강제로 들어가는 역사다."[19] 수십 년간 벌어지면서 누적된 변화들이 집단적 의식의 재각성과 나란히 갑자기 동시에 진행되면 역사의 경로를 뒤바꾸는 지각변동이 일어난다. 트로츠키는 여러 쪽을 할애해서 차르 정권의 위기, 2월 봉기로 탄생한 임시정부에 도사린 여러 모순, 멘셰비키와 볼셰비키를 갈라놓고 반란 직전에 다시 볼셰비키를 분열시킨 이데올로기적·정치적 충돌을 분석한다.

하지만 트로츠키가 풀어내는 서사의 중심적 주체는 혁명적 대중이다. 이 대중은 파시즘이나 나치 집회에 모이는 복종적이고 조종당하며, 규율 잡히고 통제되는 무기력한 군중과는 전혀 공통점이 없다. 혁명적 대중은 현대 전체주의의 시나리오를 채우는 '장식용' 대중이 아니다. 트로츠키는 파시즘의 근원에 다른 저작들을 할애했다. 그가 이 책에서 서술하는 혁명적 대중은 역사의 의식적인 행위자들이다. 그들은 이례적인 역사적 상황 속에서 이제 더는 압도적이거나 난공불락이 아닌 권력을 뒤집어엎고 자신들의 운명을 스스로 틀어쥠으로써 새로운 토대 위에 사회를 재건하는 서발턴 계급이다. 혁명은 인류가 수백 년에 걸친 억압과 지배에서 해방되는 집단적 행동이다. 발터 베냐민이 혁명을 과거 속에 담긴 에너지를 방출하면서 강도를 몇 배로 증가시킬 수 있는 폭발인 핵분열과 비교한 건—"그렇게 숨막힐 정도로 흥분해서 끝까지 읽은 책은 몇 년 만인 것 같습니다"라고 어느 편지에서 썼다.[20]— 아마 트로츠키의 책을 읽고 나서일 것이다.[21] 대중을 바라보는 트로츠키의 시각은 전혀 신비적이지 않다—도이처는 그의 시각을 토머스 칼라일의 시각과 구분하는데, 쥘 미슐레의 시각과도 구분할 수 있을 것이다. "칼라일의 군중은 오로지 감정에 휩쓸려 움직이는 반면, 트로츠키의 군중은 생각하고 반성하"기 때문이다.[22] 트로츠키의 대중은 "객관적으로 조건지워진 과정"이라는 마르크스주의의 역사관에 속한다. 이 과정 속에서 인류는 자신의 선택과 목표, 정념에 따라 행동하지만, 바꿀 수 없고 피할 수도 없는 주어진 틀 안에서 행동한다. 놀라운 선견지명이 있든 근시안적이든, 단호하든 불길하든 간에 트로츠키의 책에서 개인의 행동은 대중 운동이라는 훨씬 더 견고하고 심오한 층위에 의지하는 피상적인 선동으로 나타난다. 어떤 상황에서는 개인의 행동이 결정적인 역할을 할 수 있지만—레닌에 관한 장을 생각해보라—, 그런 경우에도 그 행동은 전반적인 분위기와 완벽하게 일치하는 것으로 간주된다. 혁명은 인류가 집단적으로 살면서 구현하는 지진이며, 개인의 성격이 크고 작은 영향을 미치고 지휘할 수 있지만 혁명을 창조하거나 방해하지는 못한다.

트로츠키에 따르면, 혁명에는 혁명의 발전을 조절하는 고유한 '법칙'이 존재하며 대중의 행동은 이 법칙을 따른다. '역사의 법칙'은 실증주의가 승승장구한 시대인 19세기 말의 강박 관념 중 하나인데, 러시아 마르크스주의도 그 시대에 태어나 발전했다. 트로츠키가 보기에, 이런 법칙을 파악하는 것은 역사의 비밀을 꿰뚫고 역사의 운동을 통제하는 것을 의미했다. 그 결과, 이 마르크스주의 역사가의 임무는 "이런 법칙의 과학적 발견"을 추구하는 것이었다.[23] 이런 관점에서 볼 때, 역사가와 볼셰비키 지도자는 전혀 구별되지 않는다. 둘 다 행동뿐만 아니라 과거의 재구성에서도 고유한 내적 논리가 있는 객관적 과정을 드러내기 때문이다. 이런 '법칙' 가운데 하나가 아마 가장 중요할 텐데, 그 법칙에 따르면, 역사는 러시아가 후진성에서 발전으로, 동방에서 서방으로, 아시아에서 유럽으로 나아가는 기나긴 진보적 길로 정의된다. 우크라이나 소읍에서 태어나 런던, 파리, 빈, 뉴욕 등에서 오랜 망명 생활을 한 러시아 유대인인 트로츠키는—레닌을 비롯한 당대의 많은 러시아 지식인들과 마찬가지로— 급진적 서구화론자였다. 하지만 차르 제국의 근대화에 관한 그의 전망은 아직 제대로 알지 못했던 마르크스의 전망과 흡사했다.[24] 러시아를 동방에서 서방으로 이끄는 길은 직선적이기는커녕 글로벌 자본주의의 '불균등 결합 발전'에 의해 모양지어지는 구불구불하고 모순된 것이었다. 가장 선진적인 사고와 더없이 근대적인 사회 형태가 수백 년 묵은 원시성과 극심한 몽매주의와 뒤섞여 있었다. 러시아는 섬이 아니라 유럽과 세계의 미래에 자신의 운명이 새겨진 사슬의 한 고리였다. 따라서 러시아의 사회주의는 4세기에 걸쳐 서유럽 전역에 확산된 산업자본주의 단계를 강력한 추진력으로 건너뛸 수 있었다. 앞으로 살펴보겠지만, 러시아의 역사를 '변증법적' 총체성─트로츠키는 그 원리를 『평가와 전망』(1906)[25]에서 정식화한 바 있었다─의 일부로 보는 이런 시각은 마르크스 자신의 시각과 그렇게 멀지 않다. 트로츠키는 단지 역사적 과정의 일반적인 방향에 의문을 던지지 않은 채 '리듬의 차이'를 강조했을 뿐이다.

『러시아 혁명사』 같은 기념비적 역사 서술에는 역설적인 면이 있다. 트로츠키가 서론에서 지적한 것처럼, 그는 목격자가 아니라 역사학자로서 걸작을 썼으며, 모든 사실과 날짜를 꼼꼼하게 체크해서 재구성했지만, 이 역사적 사건의 정신이 책의 모든 페이지를 관통한다. 오로지 이 경험의 목격자─더욱이 주요한 행위자 중 하나─만이 그 서사적 차원, 즉 역사를 뒤바꾸는 집단적 행동의 압도적인 힘을 포착할 수 있었다. 트로츠키는 추방당한 패배자로 살던 튀르키예에서 이 책을 썼지만, 그의 시선은 여전히 승자의 눈길이었다. 그는 혁명 참여자들의 손상되지 않은 열정과, 적들─율리우스 마르토프 같은 옛 친구이자 동지를 포함해─을 경멸하며 "역사의 쓰레기통"으로 던져버리는 투사의 자신감으로 성공한 혁명을 묘사했다.[26] 스탈린이 집권하고 트로츠키는 망명 중이었지만, 혁명 과정은 소진되지 않았다. 혁명은 테르미도르 반동과 보나파르티즘 단계를 지나고 있었지만, 아직 패배하지는 않았다. 트로츠키는 1917년 10월이 '역사 법칙'의 시험장이었기 때문에 그 법칙을 믿었다. 개인적 요소와 역사적 요소가 이렇게 독특하게 결합된 덕분에 그의 책은 독보적인 성취를 이루었다.

오늘날 혁명의 분위기를 직접 경험하지 못하면서도 생생하게 전달하는 서사시적 이야기로 혁명을 묘사하는 것은 소수의 거장 작가들만이 구사할 수 있는 절묘한 기술이다. 최근 시대에는 프랑스 혁명과 러시아 혁명에 관한 주목할 만한 두 저서가 대표적인 사례다. 각각 에릭 아장과 차이나 미에빌이 쓴 두 책은 하지만 '역사의 법칙'을 서술하려 하지 않는다.[27] 지난 50년간 출간된 혁명 관련 저작 중 의심의 여지 없이 가장 중요한 책으로, 분석적 조사가 변호론적이기보다 훨씬 더 비판적인 아노 J. 메이어의 『복수의 여신들』(2000) 같은 역사 서술의 걸작도 역사의 법칙을 서술하는 데는 관심이 없다.[28] 무엇보다도 이 저작들은 혁명을 역사의 행진에 새겨넣지 않는다. 가장 관련이 있거나 알려진 사건들만 나열해도 1789년 프랑스, 1804년 아이티, 1848년 유럽 대륙, 1871년 파리, 1917년 러시아, 1919년 독일과 헝가리, 1936년 바르셀로나, 1949년 중국, 1959년 쿠바, 1975년 베트남, 1979년 니카라과 등이 있다. 이런 격변과 민중 반란의 인상적인 연속은 인과적 필연성에 상응하는 불가항력의 상승을 이루지 않는다. 모든 혁명은 나름의 원인을 초월하며, '자연스러운' 사물의 경로를 뒤바꾸는 고유한 동학을 따른다. 혁명은 인간의 **발명품**으로, 불가피한 발생을 드러낸다기보다는 유의미한 별자리의 랜드마크로서 집단적 기억을 건설한다. 혁명이 역사적 진행의 정기적이고 누적적인 시간에 속한다는 믿음은 20세기 좌파 문화의 가장 커다란 오해 중 하나였고, 너무도 자주 진화론의 유산과 진보 이념의 짐을 짊어졌다.

오늘날 널리 퍼진 경향—좌파 학자들 포함—은 낡은 '역사 법칙'의 화살을 그냥 거꾸로 뒤집어서 혁명의 패배를 불가피한 결과로 묘사한다. 이미 고인이 된 지 오래인 플레하노프를 비롯한 볼셰비키의 적수들에게 경의를 표하며 비통해하는 에릭 홉스봄의 쓰라린 평결에는 역사적 필연성의 풍미가 강하게 풍긴다. "10월 혁명의 비극은 이처럼 비정하고 야만적인 명령 사회주의command socialism만을 낳았을 뿐이라는 점이다."[29] 나는 그보다는 차이나 미에빌의 평가에 동의한다. "10월

은 여전히 근본적이고 급진적인 사회변혁을 논의하기 위한 시작 지점
이다. 10월의 타락은 정해진 게 아니었고, 어떤 별자리에도 씌어진 게
아니었다."[30] 나는 또한 하늘을 급습하려는 이 거대한 시도가 벌어지고
한 세기 뒤인 지금 미에빌과 마찬가지로, 다른 경로가 미리 씌어지지
도 않았고 우리에게 자명하지도 않았다고 생각한다. "혁명의 이야기,
그리고 무엇보다 그 이야기에서 생겨나는 온갖 의문들—변혁, 변혁이
어떻게 가능한지, 변혁을 괴롭히게 될 여러 위험 등의 긴급성—은 우
리를 훌쩍 넘어서 뻗어나간다."[31]

혁명은 들숨과 날숨을 쉬는 역사다. 혁명을 근대의 랜드마크이자 역
사적 변화의 전형적 순간으로 복원한다고 해서 혁명을 낭만화하려는
것은 아니다. 혁명을 서정적으로 회고하고 우상적으로 재현하기 쉽다
고는 해도 비판적 시선으로 그 해방적 특징뿐만 아니라 주저와 모호
함, 잘못된 길과 철수를 파악하는 것이 방해받지는 않는다. 이 모든 것
이 혁명의 여러 모순적 잠재력에 속하며, 혁명의 존재론적 강도에 들
어 있다. 사회 세력과 정치적 목표—종교, 부르주아, 프롤레타리아, 농
민, 민주주의, 사회주의, 반식민, 반제국주의, 민족, 심지어 파시스트
혁명까지—에 따라 혁명을 나누는 고전적 분류는 흔히 연대기적·정치
적 경계를 넘나드는 혁명의 정서적 차원을 파악하고자 하는 역사학자
들에게 별로 도움이 되지 않는다. 역사 연속체의 극적인—대부분 폭
력적인— 단절로서 혁명은 강렬하게 체험된다. 인류는 혁명을 만드
는 과정에서 일상생활의 정신적 기준을 훌쩍 뛰어넘는 다량의 에너지
와 정념, 정동情動과 감정을 드러낸다. 이 때문에 대부분의 혁명에 미
학적 전회aesthetic turn가 담겨 있거나 그런 전회가 발생한다. 10월 혁

명은 예술 영역에서 이례적인 흥분과 변혁을 낳으면서 미래주의, 절대주의, 구성주의 같은 아방가르드 사조를 꽃피웠다. 1918~19년에 독일 제국이 몰락하고 베를린에서 스파르타쿠스단 봉기가 일어나는 것과 동시에 다다이즘이 등장했고, 1920년대 초 초현실주의는 기존 질서의 전복을 무의식과 꿈의 힘들의 정신적 해방과 결합하는 것이 절대적으로 필요하다고 선언했다. 혁명의 격렬하고 열띤 흥분을 제대로 파악하지 못한다면 혁명을 오해할 뿐이지만, 또한 동시에 혁명을 정념과 증오의 분출로 축소해버린다면 마찬가지의 오류에 빠지는 셈이다. 〈봉기 Soulèvements〉 전시회는 비록 여러 면에서 주목할 만한 기획이지만 봉기의 미학적 측면을 특권시한 나머지 정치적 성격을 흐릿하게 만드는 지경까지 감으로써 이런 잘못된 해석을 저질렀다. 미적 수행의 아름다움을 재현하는 우아한 몸짓을 포착한다고 해서 그 정치적 의미를 밝혀주지는 않는다. 전시 도록의 표지 일러스트레이션은 돌멩이를 던지는 소년을 보여준다. 돌멩이가 손에서 떠나는 바로 그 순간의 모습인데, 힘껏 던지느라 소년의 몸이 한껏 뻗어 있다. 사진가 질 카롱이 찍은 이 이미지에는 신체의 조화와 어우러진 가벼운 느낌이 충만하다.[32] 순전히 미학적인 렌즈를 통해 봉기를 들여다보면, ─사진 설명에 나오듯이─ 이 젊은이가 1969년 런던데리에서 일어난 반가톨릭 폭동에 참여한 연합주의자라는 사실은 무시해도 좋은 세부사항이 된다. 바로 이 때문에 이 책에서 나는 혁명의 정서적 힘을 부각시키면서도 혁명이 본질적으로 사회적·정치적 사건이며 그 속에서 정동은 언제나 다른 구성요소들과 뒤섞인다는 사실을 결코 잊지 않는다.

미학에서 역사학으로 옮겨가는 다른 접근법들도 '파시스트 혁명'이라는 널리 퍼진 개념의 경우처럼 마찬가지로 의문스럽다. 파시즘은 고전적 자유주의와 공산주의 양자 모두에 대한 대안으로서 미래로 투사되며 일관된 세계관을 지녔다는 점을 강조하는 조지 L. 모스의 평가는 옳다. 파시즘은 분명 스스로 '혁명적' 성격을 부여하면서 대중을 '민족화'함으로써 동원할 수 있는 신화와 상징, 가치의 총체를 내놓았다.[33] 그리고 파시즘은 혁명적 수사를 오용했다. '로마 진군' 10년 뒤인 1932년 이탈리아에서 벌어진 '파시스트 혁명' 10주년 기념식의 으리으리한 축하 행사만 떠올려봐도 된다.[34] 그렇다 하더라도 파시즘은 진정한 혁명으로 이어진 적이 없다. 이탈리아 파시즘과 독일 민족사회주의(나치즘) 모두 법치를 폐지하고, 민주주의를 파괴하고, 완전히 새로운―전체주의적인― 정치 체제를 세웠지만, 합법적으로 집권했다. 무솔리니는 이탈리아 국왕 비토리오 에마누엘레 3세에 의해 총리로 임명되었고, 히틀러는 바이마르공화국 대통령 파울 폰 힌덴부르크에 의해 독일 총리로 선택되었다. 그들이 정치와 사회를 '동조화Gleichschaltung'한 것은 나중 일이다. 에스파냐에서는 3년에 걸친 유혈 내전 끝에 프랑코가 집권했지만, 그 역시 혁명을 이끌지는 않았다. 에스파냐 혁명은 프랑코의 쿠데타 시도에 맞서는 자생적인 대중 동원에서 생겨났다. 파시즘은 혁명의 수사를 구사하긴 했지만 분명 반혁명적 성격을 드러냈다.

프랑코의 쿠데타를 실행한 이들은 이것을 '봉기levantamiento'라고 묘사했다. 이 단어의 모호한 의미를 가리키는 동시에 이를 진정한 혁명과 구별해주는 정황이다. 아노 J. 메이어는 반역이나 반란을 혁명과 구분하는 개념적 불일치를 강조하면서 양쪽을 거의 정반대의 사건으로 대립시킨다. 그의 설명에 따르면, 반역은 "전통과 절망, 환멸"에 그 뿌리를 둔다. 반역은 구체적이고 실체적인 적을 지정해서 희생양으로 뒤바꾼다. 반역의 목적은 정치 체제를 끌어내리는 것이 아니다. 그보다는 대표자를 바꾸는 것이다. 대개 반역이 겨누는 표적은 계급이나 제도가 아니고 권력 자체도 아니며 개인이다. 따라서 반역은 범위가 제한되고 지속기간이 짧다. 메이어가 말하듯이, 반역이 만연할 수는 있지만 언제나 그 영역은 제한된다. 정반대로 혁명은 이데올로기와 유토피아적 기획으로 뒷받침되는 희망을 제기한다. 혁명을 수행하는 것은 대개 자코뱅이나 볼셰비키같이 정치적 기획을 구현하는 세력이다. 그들은 사회적·정치적 질서를 의식적으로 바꾸고자 한다.[35] 요컨대 그들은 1789년의 '인간과 시민의 권리 선언'과 10월 혁명에서 공히 입증된 대로 거대한, 때로는 보편적인 야심을 표현한다. 두 혁명은 러시아와 유럽의 경계를 넘어 국제적 규모로 영향력을 확대하기를 열망했다. 1919년에 창설된 공산주의 인터내셔널은 이런 보편적 의도를 실행하는 도구였다.

반란과 혁명을 정확히 어떻게 구분할 수 있는지를 둘러싸고 언제나 논란이 벌어질 테지만, 그래도 이런 구분은 유용하다. 반란을 찬미하는 것은 사람들이 일어서서 행동하는 그 서정적 순간을 실체화함을 의미한다. 한편 혁명을 해석한다 함은 한 질서가 파괴되고 새로운 질서가 건설되는 창조적 파괴 과정에 그 파열적 등장을 새겨넣음을 의미한다. 하지만 반란과 마찬가지로 혁명 역시 언제나 즐겁거나 흥분되는 것은 아니다. 많은 행위자들이 인류가 갑자기 중력 법칙을 극복하는 듯한 느낌에 사로잡히고 과거로부터 물려받은 온갖 형태의 굴복과 복종을 내던지면서 자기 운명의 주인이 되는 놀라운 무중력 상태로 혁명을 묘사한다. 하지만 혁명은 또한 절망으로부터 힘을 끌어내거나 자체의 모순에 빠져 계속 허우적댈 수 있다. 혁명은 비극으로 치닫기도 하고 일찌감치 어두운 면을 드러낼 수 있다. 쥘 미슐레는 프랑스 혁명의 주요한 단계들을 너무도 오랫동안 억눌린 좌절과 분노를 마치 파도처럼 분출하는 폭력의 폭발로 서술한다. 20세기에 사진은 집단적 행동의 정서적 흥분을 기록함으로써 황홀한 행복의 기운과 나란히 깊은 절망도 드러냈다. 1944년 8월과 1945년 4월 파리와 밀라노, 또는 1958년 12월 아바나의 반란자들의 웃는 얼굴은 1919년 1월 베를린에서 반란을 일으킨 노동자들의 심각한 표정과 대조를 이룬다. 1943년 4월 바르샤바 게토 봉기는 확실히 그 투사들에게 자신감과 자부심을 주었지만—그들은 강력한 군대에 맞서 한 달간 저항했다—, 희망이나 집단적 광채를 낳지는 못했다. 우리가 이 사건에 대해 갖는 유일한 이미지는 처형자들이 만든 것으로, 생포된 뒤 이미 죽을 각오를 한 젊은 남녀들을 보여준다.[36] 1943년 초 유대인전투기구Jewish Combat Organization 성원들은 행동에 나선다고 선언하는 전단을 뿌렸다. "우리 모두는 인간으로서 죽을 각오가 돼 있다."[37] 봉기 40년 뒤, 지도자 중 하나였던 마레크 에델만은 다음과 같이 봉기를 회고했다.

우리 대다수는 봉기에 찬성했습니다. 어쨌든 인류는 무기를 들고 죽는 게 무기 없이 죽는 것보다 아름다운 일이라는 데에 합의한 바 있었지요. 그래서 우리도 이 합의를 따랐습니다. 유대인전투기구에는 고작 우리 220명만이 남아 있었어요. 과연 그걸 봉기라고 부를 수 있을까요? 따지고 보면 결국 우리 차례가 왔을 때 그들이 우리를 도살하게 그냥 내버려두지 않겠다는 오기였습니다. 어떤 식으로 죽을지 선택했을 뿐이지요.[38]

혁명은 또한 별로 고귀하지 않은 이유 때문에 비극적 아우라에 휩싸일 수 있다. 1975년 4월 크메르루주의 프놈펜 입성은 의심의 여지가 없는 혁명이었다. 민족주의 게릴라 운동이 신식민 정권을 무너뜨리고, 새로운 권력이 수립됐으며, 사회가 급진적으로 변형될 터였다. 이 사건은 또한 4년에 걸친 테러와 죽음의 시작이었다. 도시 주민들은 곧바로 집에서 쫓겨났다. 그것은 억압당한 이들의 축제가 아니라 악몽의 첫날이었다. 그리고 이미 저항과 억압, 해방 투쟁과 무자비한 내전의 경계를 흐릿하게 만든 혁명의 군사적 패러다임의 극단적이고 발작적인 종말이었다. 크메르루주의 캄보디아에서 벌어진 참사는 분명 민족주의와 스탈린주의의 괴물 같은 공생이 반영된 것이었지만, 그것은 또한 기나긴 지배의 역사와 10여 년간 이어진 집중적 폭격이 낳은 결과였다. 프놈펜을 점령한 것은 정글에서 나온 새파랗게 젊은 전투원들로 이루어진 군대였는데, 그들은 정글에서 오로지 전쟁의 잔학행위만을 보았을 뿐이다. 폴포트 정권을 연구한 가장 유명한 역사학자인 벤 키어넌에 따르면, 이 정권은 폭발적 상황에서 일어난 토착적 혁명에서 생겨났다. "1966년을 시작으로 미국이 경제적·군사적으로 캄보디아의 안정을 무너뜨리지 않았더라면 폴포트가 권력을 잡는 일은 없었을 것이다."[39] 하지만 캄보디아의 사례—출발부터 전체주의와 대량학살로 귀결된 혁명—는 전형적이라기보다는 발작적인 것이다.

반란은 혁명으로, 즉 분노에서부터 상황의 의식적인 변형으로 전환될 수 있지만, 혁명은 마찬가지로 —안토니오 네그리의 표현을 빌리자면— 봉기의 "존재론적 힘"을 파괴할 수 있다.[40] 주디스 버틀러는 사람들이 공통의 에너지와 힘, 의도를 가지고 들고일어난다고 지적한다.[41] 혁명은 의식적으로 급진적 변화를 추구하는 반역이다. 이 책의 한 장에서 살펴볼 것처럼, 혁명과 반역의 신체는 상당히 다르다. 반역은 폭동이나 동란과 마찬가지로 **군중**에서 생겨난다. 엘리아스 카네티가 꿈꼼하게 관찰한 것처럼,[42] 발작적으로 행동하다가 분해되기 전에 마치 방출하듯이 최종적으로 폭발해버리는, 과도적이고 대개 덧없는 사람들의 군집 말이다. 혁명은 대체로 집합적 주체들이 수행하는 의식적인 성취다.

이 책에서 다루는 대상은 좋든 나쁘든 간에 혁명이다. 여기서 나는 나쁜 혁명을 버리고 좋은 혁명만 선택하지 않는다. 이런 구분 자체가 대개 까다롭거나 무익하다. 혁명은 언제든 우상화하거나 악마화할 수 있는 고정된 분명한 사건이 아니기 때문이다. 혁명은 형성 과정에서 변화하는 살아 있는 경험이며, 대부분의 경우에 단지 그 동학이 예측 불가능하기 때문에 혁명 스스로도 결과를 알지 못한다. 혁명은 도덕적 평가나 순진한 이상화, 비타협적 비난보다는 비판적 이해를 필요로 한다. 이것이 혁명의 역사적 의미를 파악하고 그 유산을 전파하는 최선의 길이다. 어느 유명한 문장에서 마르크스는 근대의 혁명은 "과거로부터 시詩"를 끌어낼 수 없다고 말한 반면, 베냐민은 패배자들을 구원하려는 열망 속에서 혁명의 숨은 동력, 즉 "과거 세대와 현재 세대의 비밀 협정"을 탐지했다.[43] 혁명은 두 시간대를 가르는 칼날 위에서 흔들리고 있는지도 모른다. 미래를 발명함으로써 과거를 구원하는 것이다.

혁명에 관한 대부분의 연구와 달리, 이 글은 폭력이라는 논쟁적 문제에 관해 특정한 한 장을 할애하지 않는다. 이런 장을 넣지 않은 데는 여러 이유가 있는데, 회피 전략에 따른 결과는 아니다. 가장 중요한 것은 공공연하게든 은밀하게든 혁명적 폭력이 압도적 존재로서 이 책의 모든 페이지를 관통한다는 사실이다. 거의 예외 없이 혁명은 폭력적 분출이다. 폭력은 혁명의 유전자에 새겨져 있으며 혁명의 존재론적 구조 안에 내장돼 있다. 평화적 혁명은 규칙이 아니라 예외이며, 많은 경우에 지연된 폭발의 전조일 뿐이다. 1974년 포르투갈에서 일어난 '카네이션 혁명'이 평화롭게 진행된 것은 군대의 한 집단이 촉발했기 때문이며, 15년 뒤 중유럽의 이른바 '벨벳 혁명'이 유혈 사태 없이 이루어진 것은 이미 소련에서 억압 세력이 무력화됐기 때문이다. 2011년 이집트에서 반란을 일으킨 젊은이들은 무바라크 독재를 평화적으로 무너뜨렸지만, 억압적 국가 기구를 해체하지 못한 탓에 결국 군사 정권이 복원되었다. 리비아에서 예멘과 시리아에 이르는 다른 아랍 나라들에서는 혁명이 순식간에 내전으로 바뀌었다.

폭력을 한 장으로 다루지 않은 두 번째 이유는 역사학 방법론과 직접 관련된다. 보수적인 역사학자들은 혁명을 현대 전체주의의 한—또는 심지어 걸핏하면 **유일한**— 원천으로 낙인찍는 검사처럼 글을 쓴다. 이런 역사학자들은 대개 두 범주로 나뉜다. 공공연히 밝히지는 않지만 파시즘 변호론자거나 고전적 자유주의의 기본 원리에 강한 애착을 갖는 정치적 지혜의 소유자인 것이다. 은밀한 파시즘 변호론자들—독일의 에른스트 놀테나 프랑스의 스테판 쿠르투아, 에스파냐의 피오 모아 같은 학자들을 생각해보라—은 혁명을 악의 근원으로 묘사한다. 자코뱅은 정치적 절멸 기획을 고안했고(쿠르투아),[44] 레닌은 "사람들을 독가스로 죽이는" 게 전문이었으며(엘렌 카레르 당코스),[45] 볼셰비키는 나중에 나치가 그대로 따라하는 계급말살class genocide을 실천했고(놀테, 쿠르투아),[46] 프랑코는 인민전선을 트로이 목마로 활용하는 공산주의로부터 에스파냐를 구했다(모아).[47] 다른 한편, 프랑수아 퓌레 같은 보수적인 학자들에게 프랑스 혁명은 광기 어린 정치적 정념의 분출이었고, 10월 혁명은 서구 사회가 시장경제와 자유민주주의로 나아가는 자연적 진화를 가로막은 역사적 사건이었다. 공포정을 '경로 이탈dérapage' 이라고 비난하는 것으로 시작해서 퓌레는 결국 근대 자유주의가 도래 하는 데에 이런 폭력의 분출이 필요하지 않았기 때문에 프랑스 혁명 자체가 실수였다는 결론에 다다른다.[48] 그들 모두는 혁명적 폭력을 어 떤 이데올로기적 정언명령이나 정치적 처방전의 결과로 묘사하는 경 향이 있다. 마틴 말리아와 리처드 파이프스에 따르면, 러시아 내전은 레닌과 트로츠키의 이데올로기적 광신주의와 전체주의적 의지가 낳은 결과였으며, 귀족의 반발과 국제적 반볼셰비키 군사 동맹은 1918년에 서 1921년 사이에 혁명 러시아를 유린한 광범위한 폭력을 설명하는 데 에 별다른 역할을 하지 않았다.[49] 그들 모두는 공포정이야말로 자코뱅 과 볼셰비키의 '이데올로기 통치ideocracy'가 가장 극명하게 표현된 결 과로 여긴다.

과잉, 열정, 광신주의는 모두 혁명에 속하지만—누구도 이런 사실을 진지하게 부인하지 않을 것이다—, 이것들은 혁명의 산물이지 원인이 아니다. 혁명은 포고령으로 결정되는 게 아니기 때문에 혁명 자체가 과잉이나 열정, 광신주의를 낳는다. 물론 광신주의와 이데올로기는 혁 명을 수행하는 데에 중요한 역할을 하지만, 없는 혁명을 만들어낼 수 는 없다. 혁명을 일으키려면 혁명의 과잉이나 전체주의, 막다른 길을 언제든 비난할 수 있는 자유롭고 비판적인 정신이 필요하다는 것은 말 할 나위도 없지만, 제아무리 계몽된 조언자라 할지라도 강압과 폭력을 막을 수는 없다. 그리고 혁명적 분노는 대개 수십 년이나 수백 년 묵은 억압과 착취, 굴욕과 좌절이 뒤늦게 낳은 결과물이다. 시간이 흐르면 서 쌓인 화약이 갑자기 폭발하는 것이다. 더욱이 적들이 광신주의라고 묘사하는 것은 흔히 이런 자생적 폭력이 저절로 소진될 때까지 무한정

표출되게 내버려두는 대신 폭력을 다른 방향으로 돌리고 통제하는 일련의 강압적인 정책이다. 많은 경우에 혁명적 폭력에 대한 보수적 비판은 시간이 흐르면서 배양된 폭발적 잠재력을 의식적으로 무시한다. 초자유주의적 비판의 경우에는 어떻게 혁명이 파괴되지 않은 채 강압을 피하거나 완벽한 자유를 보전할 수 있는지를 설명해주지 못한다.

폭력이 정부의 한 형태가 되어 통제 불가능해지고, 억압이 엔진처럼 제멋대로 작동하기 시작할 때, 광신주의가 혁명의 정치학에서 일정한 역할을 한다. 프랑스 혁명과 러시아 혁명에서 1793~94년과 1918~21년의 공포정 시기에 이런 일이 벌어졌지만, 이 경우에 공포의 정치학은 이미 각각의 역사적 맥락에 새겨진 폭력을 급진화했을 뿐이다. 그리하여 혁명의 공포정에서 과잉과 범죄적 일탈을 비난하는 것이—내전 당시보다 나중에 비난하는 게 더 쉽기는 하지만— 분명하고 필요한 만큼, 폭력을 마귀처럼 떨쳐버리는 것은 비판적 이해를 낳지 않는 한 쓸데없고 오해만 야기한다. "폭력은 역사의 산파"라는 마르크스의 유명한 언급과 "정화하는 힘la violence désintoxique"으로 작용하는 "대항폭력"이라는 파농의 혁명의 생명정치 개념[50]은 이런 배경에서 나온 것이다. 정신과 의사인『대지의 저주받은 사람들』(1961)의 저자는 식민주의의 억압을 영구적 근위축증 상태에 비유한다. 억눌린 공격성이 불가피하게 해방적 폭력으로 폭발한다는 것이다. "식민주의가 생각하는 기계가 아니고 추론 능력을 갖춘 신체가 아니라 … 자연 상태의 폭력"이라면, "더 큰 폭력에 맞닥뜨릴 때에만 굴복한다"고 해도 전혀 놀랄 일은 아니다.[51] 그후 파농은 "식민화된 인간은 폭력 안에서, 폭력을 통해서 자신의 자유를 찾는다"고 강조한다.[52] 식민화된 주체들이 드러내는 폭력에 관한 이런 평가는 —파농 자신이 말하듯이— 구체제하의 유럽 농민들에서부터 나치 게토의 유대인들에 이르기까지 다른 많은 억압받는 사람들에게도 확장할 수 있다. 그들의 "죽음-윤리thanato-ethics"[53]—완전무장한 채 죽기—는 또한 투쟁을 통한 신체적 해방이라는 독특한 형태를 나타냈다.

1919년 소비에트 권력이 백위군의 공세와 국제 동맹에 맞서 붕괴를 코앞에 둔 시기에 페트로그라드에서 일기를 쓴 빅토르 세르주는 오직 총소리만 들리는 극적인 상황을 묘사했다.

> 붉은군대의 정치원이나 전투원, 지휘관이 기습을 당하면 언제나 총을 맞고 죽는다. 우리로서도 전직 장교나 어떤 부류의 부사관이든 살려두지 않는다. 인도주의적 위선 따위는 없는 목숨을 건 전쟁이다. 적십자사나 부상자 운반인이 허용되지 않는다. 원시적 전쟁, 절멸전쟁, 내전이다.[54]

혁명의 존재론적 구조의 일부인 폭력을 설득력 있게 설명한 글이다. 슈미트적 용어로 말해도 된다면 친구와 적의 돌이킬 수 없는 충돌이다. 혁명은 역사의 분출이다. 혁명의 시기에는 규범론, 법치, 헌법상의 자유, 다원주의, 토론의 윤리, 인권의 철학 등이 모두 이전 시대의 쓸모없는 흔적으로 버려지고 무시되고 땅에 묻힌다. 이는 분명 미덕은 아니지만 하나의 사실이며, 자유를 주장하고 민주주의를 회복하거나 수립하는 혁명의 경우에도 마찬가지다. 혁명의 비극은 혁명을 해방으로부터 생존을 위한 투쟁으로, 결국에는 새로운 억압적 통치의 교화로 몰고 가는 치명적인 변형에 있다. 해방적 폭력으로부터 강압적 폭력으로 나아가는 것이다. 해방의 잠재력을 끈질기게 보전하는 열쇠는 아직 발견되지 않았지만, 그렇다고 해서 해방 자체를 비난해서는 안 된다.

어쨌든 혁명은 법을 신경 쓰지 않는데, 이는 최선의 방향과 최악의 방향 양쪽 모두로 나아갈 수 있다. 혁명을 새로운 주권이 등장할 수 있는 전제인 "법을 파괴하는" 폭력의 표출로 이해하기 위해 굳이 발터 베냐민의 메시아주의나 조르주 소렐의 신화론을 공유할 필요는 없다.[55]

혁명의 시대 구분과 역사적 해석을 거듭 언급하고 비판적으로 논하기는 하지만, 이 책에서 나는 연대적 순서를 따라 혁명을 서술하지 않는다. 이 책의 방법론은 역사적 자료와 그 해석을 동시에 포착하는 '변증법적 이미지'라는 개념에 있다. 발터 베냐민은 1927년에 집필을 시작한 미완의 저서 『아케이드 프로젝트』에서 이 개념을 정교하게 다듬었지만, 이 개념은 아비 바르부르크와 지그프리트 크라카우어의 이미지론과 일정한 관련이 있다.[56] 베냐민의 폐허에 대한 매혹을 전적으로 공유하지는 않지만, 나는 그의 비판적 관찰에서 패배한 혁명을 해석하는 데에 유용한 암시를 많이 발견할 수 있었다. 이는 역사적 인물로서 레온 트로츠키에 대한 나의 공감과 그의 『러시아 혁명사』와 관련된 비판적 거리―비판적이지만 존경심에 물든― 둘 다를 설명해주는 패배자의 시선을 함축한다.

베냐민은 역사를 이해한다는 것은 과거의 "구상성Anschaulichkeit"을 통해 과거를 들여다보고 과거를 "지각적으로" 고정시킴을 의미한다고 주장했다.[57] 혁명은 "역사의 연속체"를 폭발시키는 "변증법적 도약"이기 때문에 혁명의 역사를 서술하는 것은 혁명을 응축하는 이미지를 통해 그 의미를 포착함을 가정한다. "하나의 모나드monad로 결정화된" 과거인 것이다.[58] 변증법적 이미지는 역사 조사의 두 가지 본질적인 절차인 수집과 몽타주를 결합함으로써 생겨난다. 베냐민의 용어를 빌리자면, 이는 "가장 작고 정밀하게 절단된 구성요소들을 가지고 대규모 건축물을 조립하는 것"을 의미한다. "실제로 사소한 개별적 순간을 분석하면서 전체 사건의 결정체를 발견하는 것이다."[59] 인식론을 다루는 『아케이드 프로젝트』의 '뒤얽힘 N'에는 낭만주의에 관한 앙드레 몽글롱의 연구(1930)에서 따온 인용문이 들어 있다. "과거는 문학 텍스트에 자신의 이미지를 남겼다. 감광판에 조명이 남긴 이미지와 유사하다. 이런 표면을 완벽하게 살필 수 있는 유효한 현상액을 가진 것은 오직 미래뿐이다."[60] 우리는 이런 절차를 따르면서 변증법적 이미지를 끌어모아서 19세기와 20세기의 여러 혁명을 해석하고자 한다. 결국 밝혀지겠지만, 21세기인 오늘날 우리는 이런 강력한 현상액을 갖고 있다. 이것이 우리가 가진 인식론적 이점이다. 변증법적 이미지는 거울 이미지가 아니다. 변증법적 이미지는 지나간 사건들이 반영된 그림이 아니라 과거를 비추는 램프다.[61] 이 책에서 나는 마르크스가 자본주의의 여러 경제적 형태를 조사한 것처럼 혁명의 이미지에 다가간다. 현미경 렌즈를 통해 세심하게 관찰하는 물체가 아니라 마르크스가 『자본』(1867) 서문에서 설명한 것처럼, 추상적 개념으로 포착해야 하는 사회적 관계의 전체로 접근하는 것이다.[62]

뒤이어 여기저기 흩어지고 종종 잊힌 혁명적 과거의 지적·물질적 요소들을 끌어모아 변증법적 이미지들(기관차, 신체, 조상彫像, 기둥, 바리케이드, 깃발, 장소, 회화, 포스터, 날짜, 비범한 삶 등)로 만들어진 유의미한 구성물로 다시 절합한다. 개념이 정치적 필요와 집단적 의식(또는 무의식)의 지적 결정체로서 독특한 맥락에서 드러나는 한, 어느 정도는 개념 자체도 변증법적 이미지로 다룬다. 이 책에 도판으로 실린 수많은 이미지들이 순전히 장식적 역할을 하는 대신 책의 논지를 증명하는 필수적 증거를 제공하는 것은 이 때문이다. 여기서 나는 정치 이론과 지성사에서 혁명 개념의 위상을 재평가하면서 이미지, 기억, 희망과의 뒤얽힘을 통해 이 개념을 탐구한다. 그리하여 이 책에서 나는 관념과 재현을 끊임없이 연결하면서 이론과 역사 서술, 도상학 자료를 똑같이 중요하게 여길 것이다. 이 접근법은 갱신하거나 복원하기보다는 역사화하고 비판적으로 이해해야 마땅한 소진된 정치 모델(정당, 전략)을 훌쩍 뛰어넘어 과거가 좌파 급진주의에 유의미함을 드러내고 강조한다. 직선적 재구성이라는 전통적인 방식 대신 변증법적 이미지들의 몽타주로 만들어진 이 책의 구조도 이로써 설명된다. 책에서 다루는 자료가 광범위한 까닭에 대상의 다양성을 강조하는—의식적으로 떠맡은— 절충주의를 어느 정도 피할 수 없다. 역사학자가 "넝마주이"[63]로 변신할 때면 치러야 하는 대가다. 넝마주이가 된 역사학자는 작업장을 채우는 물건들을 배열하고 분류할 수 있지만, 이런 몽타주 작업이 최종적인 질서가 아님을 안다. 많은 물건의 적절한 자리는 미래에 건 내기일 뿐 그들 자신의 선택에 달려 있지 않다.

20세기를 거치면서 우리는 군사적 충돌로서의 승리와 패배에 익숙해졌다. 혁명은 무기로 권력을 정복했고, 패배는 군사 쿠데타와 파시스트 독재의 형태를 띠었다. 하지만 21세기 전환기에 우리가 겪은 패배는 다른 기준으로 측정해야 한다. 자본주의가 승리한 것은 우리의 삶과 정신적 아비투스habitus를 모양짓는 데에 성공했기 때문이다. 자본주의는 하나의 인류학적 모델로, 하나의 '생활방식'으로 자신을 부과하는 데에 성공했다. 제아무리 강력한 군대도 천하무적은 아니다. 한 세기 전 세계에서 가장 가난한 나라로 손꼽히던 베트남의 농민들은 영웅적이라고 규정해야 마땅한 투쟁을 통해 처음에는 일본과 프랑스의

식민 지배를 물리치고 뒤이어 네이팜탄 공격에도 불구하고 미 제국주의를 몰아냈다. 하지만 우리가 저지하지 못한 것은 마치 문어처럼 지구 전체를 휘감고 있는 보편적인 상품 물신화라는 지속적 과정이다. 자본주의는 현재 베트남의 경제 호황을 통해 복수했다.

지난 10년간의 사회·정치 운동이 자본주의 비판을 행동의 중심에 놓은 것도 이 때문이다. 미국의 '월스트리트 점령 시위', 에스파냐의 15-M(5월 15일) 운동, 프랑스의 밤샘Nuit debout 시위, 이스탄불의 게지 공원 시위, 다시 프랑스의 노란 조끼gilets jaunes 시위, 칠레 젊은이들의 반란 운동, 그리고 최근에는 미국의 '흑인의 생명도 소중하다'에서 시작된 전 지구적인 반인종주의 물결, 홍콩부터 민스크까지 전 지구적 차원에서 유사하게 벌어진 여러 운동—이 운동들 가운데 어느 것도 과거에 관한 전략적 토론에 큰 관심을 보이지 않았다. 이 운동들은 새로운 조직 형태와 동맹을 고안하고 때로는 새로운 지도부도 만들어냈지만, 대부분 자기조직화되었다. 그들은 공공 공간의 재전유, 참여, 집단적 숙의, 요구 목록, 사회적 관계의 상품화 비판 등을 바탕으로 새로운 삶의 형태를 실험하고자 한다. 그들은 정치적 중개를 좋아하지 않는다.

그 대신 좌파는 지난 세기에 걸쳐 상당한 경험을 축적하고 수많은 성공을 기록한 영토—무장 혁명—를 완전히 포기하는 듯 보인다. 이 영역은 현재 이슬람 근본주의가 완전히 독점하고 있는데, 이 세력은 인상적인 역사적 퇴행을 통해 반식민주의와 민족해방을 샤리아(이슬람법)로 대체하고 있다. 20세기 공산주의가 여러 차원에서 쌓은 경험—혁명, 정권, 반식민주의, 개혁주의—은 소진되고 있다. 최근 몇 년간 등장한 새로운 반자본주의 운동은 과거의 그 어떤 좌파 전통과도 공명하지 않는다. 그들에게는 계보가 없다. 이 운동들은 —교의보다는 문화적·상징적으로— 아나키즘과 더 커다란 친연성을 드러낸다. 그들은 평등주의, 반권위주의, 반식민주의를 추구하며, 목적론적 역사관에 대체로 무관심하다. 하지만 20세기에 대한 반발이 아니라 새로운 무언가를 구현한다. 그들은 부모 없는 고아이기 때문에 스스로를 재발명해야 한다.

이는 동시에 그들의 강점이다. 그들은 과거로부터 물려받은 모델의 포로가 아니며 기억을 상실했기 때문이다. 그들은 백지 상태로 태어났고, 과거를 샅샅이 탐구하지 않았다. 그들은 창의적이지만 또한 허약하다. 역사가 있음을 의식하고 자신들의 행동을 강력한 역사적 경향에 새겨넣는 데에 몰두하면서 하나의 정치적 전통을 구현하는 운동의 힘을 지니지 못했기 때문이다. 과거에 공산당원들은 역사의 '의지'를 실행한다고 스스로를 속였지만, 자신이 어떤 개인적 운명이든 초월하는 한 운동에 속해 있음을 알았다. 이런 인식은 가장 비극적인 순간에도 싸움을 벌이는 데에(그리고 때로는 승리하는 데에) 도움이 되었다. 새로운 운동들은 정치와 다른 관계를 맺고 있는데, 냉소적이지는 않더라도 대단히 도구적인 관계라고 정의할 수 있다. 그들은 착각에 빠지지 않은 채 정치를 '활용'한다. 그들은 민주주의를 재발명해야 하고 공허한 민주적 제도를 신성시하지 않아야 한다는 것을 안다. 아마 이 새로운 운동들에 가장 잘 맞는 조직 형태는 볼셰비키의 위계적 중앙집중제의 대척점에 있는 제1 인터내셔널의 연방제일 것이다. 국제노동자협회(제1 인터내셔널)는 마르크스주의자에서 아나키스트에 이르기까지 상이한 이데올로기적 경향들이 모였는데, 정당, 노동조합, 민족해방 운동, 다양한 종류의 서클이 공존했다. 오늘날 우리는 각기 다른 여러 경험을 이데올로기적 토대 위에서 제한하기보다는 위계질서 없는 '교차적' 방식으로 연합하여 대화에 끌어들일 필요가 있다. 아마 이런 이유 때문에 최근 들어 파리 코뮌이 10월 혁명의 원형보다는 자치와 공통성의 이례적인 경험으로 재발견되는 듯하다.[64] 파리 코뮌 행위자들은 20세기 산업 노동계급과 닮지 않았다. 그들은 장인, 불안정 노동자, 젊은 지식인과 예술가, 무직 여성이었고, 그들의 삶이 보여주는 이질적이고 불안정한 사회적 직조는 오늘날의 청년과 다른 새로운 주변인들의 삶을 상기시킨다.

파리 코뮌을 기념물로 만들고 방부 처리를 한 공산주의 정전 바깥에서 새로운 렌즈를 통해 봉기를 재발견하는 것은 분명 흥분되는 일이다. 하지만 파리 코뮌이 대학살로 끝이 났고, 러시아 혁명은 또한 무엇보다도 파리 코뮌의 결함을 극복하려는 시도였다는 것을 잊어서는 안된다. 20년 전 멕시코 신新사파티스타 경험을 가장 흥미롭게 해석한이로 손꼽히는 존 홀러웨이는 권력을 잡지 않고 세계를 변혁할 가능성을 암시하는 책을 썼다.[65] 하지만 아랍 혁명을 겪으면서 권력의 문제를 피할 수 없음이 입증되었다.[66] 로자바[시리아 북부 쿠르드족의 통치 지역 | 옮긴이] 쿠르드족의 경우에도 무장투쟁 문제는 20세기의 케케묵은 쟁점이 아니다.

이 책에서 나는 숱하게 많은 혁명의 역사적 해석이 빠져버린 (양극단에 있지만) 대칭적인 덫을 피하고자 한다. 보수적 낙인찍기나 맹목적 변호나, 반혁명의 살풀이나 절망적인 이상화 등이 똑같이 빠진 덫을. 우리에게는 흥미진진한 반란과 비극적 좌절 모두를 아우르는 이 혁명적 과거에 대한 다른 접근법이 필요하다. 이 책의 목적은 결코 혁명의 모델을 정의하거나 전파하는 게 아니라 과거를 비판적으로 **자세히 서술**하는 것이다. 요컨대 이 책에서 나는 사후死後 재판소나 박물관을 세우려 하지 않으며, 신블랑키주의적 문체로 시대착오적인 '무장봉기 지침'을 작성하려는 의도는 더더욱 없다. 이 책에서 내가 품은 야심은 그다지 대단하지는 않으나 그저 어떤 역사적 경험의 의미를 보전하기 위해 과거를 '샅샅이 탐구하는' 것이다. 우리 시대의 혁명이 자신만의 모델을 발명해야 한다면, 백지 상태에서, 또는 지나간 투쟁의 기억, 정복의 기억만이 아니라 더 많은 패배의 기억을 구현하지 않은 채 발명할 수는 없다. 물론 이 책은 하나의 애도 작업이지만 또한 새로운 싸움을 위한 훈련이기도 하다.[67] 과거를 샅샅이 탐구하는 작업을 피할 수 없는 것은 벽장 안에 숱하게 많은 해골이 있을 뿐만 아니라 과거가 우리에게 내미는 권리 주장을 무시할 수도 없기 때문이다. 혁명은 역사의 연속체를 폭파함으로써 과거를 구조한다. 혁명은 —스스로 알든 모르든 간에— 그 자체 안에 조상들의 경험을 담고 있다. 우리가 혁명의 역사를 숙고해야 하는 또다른 이유이기도 하다.

제1장
역사의 기관차

19세기가 미래의 연대표에서 다른 세기들과 나란히 자리를 잡을 때 그 상징이 필요할 텐데, 거의 필연적으로 철로 위를 내달리는 증기기관을 상징으로 삼을 것이다.

-H. G. 웰스 『인간의 삶과 사고에 기계와 과학의 진보가 어떤 반응을
미칠지에 관한 예상』(1902)

1917년 혁명은 기차의 혁명이다. 차가운 금속성 비명을 지르며 나아가는 역사. 영원히 측선으로 들어간 차르의 열차 궁전. 레닌의 무국적 봉인 열차. … 트로츠키의 장갑 열차, 붉은군대의 선전 열차, 냉전의 병력 수송 열차. 어렴풋이 다가오는 열차, 어둠을 뚫고 숲을 헤치며 돌진하는 열차.

마르크스가 말한 대로, 혁명은 역사의 기관차다. 레닌은 10월 혁명이 일어나고 채 몇 주가 되지 않은 때에 사적인 메모를 쓰며 마음을 다잡았다. "기관차의 기어를 최고속으로 올리고 선로를 잘 유지하라."

-차이나 미에빌, 『10월: 러시아 혁명 이야기』(2017)

철도 시대

『프랑스의 계급투쟁』(1850)에 등장하는 유명한 문장 가운데 하나에서
카를 마르크스는 "혁명은 역사의 기관차"라고 주장한다.[1] 150년 동안
수많은 비평가와 주석가 그 복잡한 의미를 해석하려 하지 않은 채
다채로우면서도 (결국은) 부수적인 은유로 이 강력한 정의를 의례적으
로 반복했다. 사실 역사적·정치적 변화가 가속화하는 이례적인 순간
으로 1848년 혁명을 언급하는 이 문장은 문학적 비유를 훌쩍 넘어선
다. 이 언급은 마르크스의 문화와 그를 넘어 19세기의 상상력을 드러
낸다. 이 은유의 대상은 우연히 선택한 것이기는커녕 혁명과 열차의
깊은 실체적 친연성을 가리키며, 이를 주의 깊게 살펴볼 필요가 있다.
더욱이 이 구절은 『공산당 선언』(1848)에서 『자본』(1867)에 이르기까지
열차와 철도를 되풀이해 암시하는 저작들 가운데서 이례적인 문장이
아니다.

　마르크스는 철도 시대에 살았으며, 런던에서 그가 직접 목격한 철도
의 등장과 확산은 철도 시대의 결정적인 출발점이었다. 19세기 산업자
본주의의 도약을 심대하게 모양지은 철, 증기, 전신이라는 삼두마차는
마르크스의 사고방식과 역사적 변화에 관한 시각을 틀 지웠다. 마르크
스가 『프랑스의 계급투쟁』에 담긴 이 구절을 쓸 때, 철도의 첫 번째 '영
웅적' 시기가 이제 막 끝나고 기관차가 공공 영역에서 이뤄지는 토론의
특권적 주제이자 영국과 유럽 문학에서 흔히 쓰이는 비유적 표현이 된
상태였다. 1830년 리버풀-맨체스터의 첫 노선이 개통한 뒤 철도는 놀
라운 발전을 보이면서 잉글랜드의 경제와 사회에 강한 파급력을 미
쳤다. 20년 만에 철도는 100마일(약 161킬로미터) 이하에서 6000마일(약
9656킬로미터)로 늘어났는데, 대부분 1846년에서 1850년 사이에 부설

된 것이었다. 철도 승객도 동시에 늘어나서 이 교통수단이 주로 상품과 광물을 운송할 것이라고 생각한 초창기 주창자들의 예상이 보기 좋게 빗나갔다. 1851년 런던 대박람회에는 600만 명이 넘는 방문객이 모여들었는데, 대부분 나라의 외진 구석구석에서 기차를 타고 수도로 왔다. 철도 붐은 철 생산을 자극함으로써 강력한 경제 성장을 낳았다. 철 생산은 1844년 140만 톤에서 1850년 200만 톤으로 늘어났다.[2] 철도를 운영하려면 철로와 역과 교량을 부설해야 했는데, 여기에는 수십만 노동자의 노동이 필요했다. 열차가 연기와 쇳소리를 내뿜으며 지나가자 이제까지 시골에 깔려 있던 고요가 깨졌다. 열차는 도시의 풍경도 변형시켜서 금세 도시를 지배하게 된 으리으리한 기차역에 매일 수만 명의 여행객이 모여들었고, 도로망과 전신선도 기차역으로 집중되었다. J. M. W. 터너의 〈비, 증기, 속도〉(1844)에서부터 에두아르 마네의 〈철도〉(1873)와 클로드 모네의 〈생라자르 역〉(1877)에 이르기까지 19세기 회화에서는 거무칙칙한 구름이 도시와 사람들을 가리고 시골 하늘에 기다란 자국을 남겼다. 철도는 금세 수익성이 무척 좋은 사업이 되어 소수 회사들이 독점한 가운데 국민경제에서 두드러진 역할을 떠맡았다. 많은 부유한 지주들의 투자를 끌어들이면서 철도는 오랜 귀족 집단과 새롭게 부상하는 부르주아 계급이 새롭게 공생하는 현장이었다. 마이클 로빈스가 『철도 시대』에서 말한 것처럼, 이 산업을 창조한 빅토리아 시대 사람들은 "악마의 에너지로 물든 종족"처럼 보였다.[3] 이 에너지는 이후 수십 년간 흔들림 없이 전 지구적 규모로 파급 효과를 발휘했다. 유럽 대륙에서는 1840년에서 1880년 사이에 철도망이 엄청나게 확장되었다. 19세기 말에 이르면 리스본에서부터 모스크바와 그 너머까지 기차를 타고 여행할 수 있었다.[4] 미국에서도 비슷한 성장이 이루어져 남북전쟁이 끝나는 시점에는 철도가 미국을 세계 산업 열강 대열로 부상시키는 상징이 되었다. 1838년에 첫 번째 노선이 개통하고 1869년에 북부와 남부를 서부와 연결하는 통합 철도망이 완공되기까지 30년 동안 철로가 2765마일(약 4450킬로미터)에서 5만 6213마일(약 9만 466킬로미터)로 늘어난 한편, 이 경제 부문에 대한 총투자는 1850년 9억 2700만 달러에서 1870년 20억 달러로 증가했고 세기말에는 150억 달러에 달했다.[5] 철도 덕분에 극서부의 무궁무진한 땅이 수용되면서 미국 자본주의가 도약을 이루었다. 철도의 신화가 프런티어의 신화와 결합하면서 거대한 나라를 하느님의 축복을 받으며 진보를 향해 달려가는 단일한 공동체로 통일해야 한다는 윤리적 사명으로 무장한 섭리의 서사가 등장했다. 존 포드는 영화 〈철마〉(1924)에서 이 새로운 신화를 찬미하게 된다. 1862년에서 1869년 사이에 이루어진 대륙 횡단 철도 부설 과정을 묘사하는 영화다.

마르크스와 엥겔스가 역사에서 부르주아가 수행하는 '혁명적 역할'을 찬미하는 『공산당 선언』의 유명한 구절에서 암시하는 것이 바로 이 정신이다. 두 사람에 따르면, 근대 산업으로 확립된 세계 시장 덕분에

상업과 해운, 육상 교통이 헤아릴 수 없을 만큼 발전했다. 이 발전은 다시 산업의 팽창을 자극했고, 산업과 상업, 해운과 철도가 신장하는 만큼 부르주아지도 발전하고 자본을 증식시켰으며, 중세에서부터 이어져 내려온 모든 계급을 뒷전으로 밀어내버렸다.[6]

기차가 평화로운 농촌 풍경을 무너뜨린 것처럼, 자본주의는 세계 시장을 창조함으로써 중세로부터 물려받은 "나태하기 짝이 없는 게으른

행태"를 허물어뜨렸고, "모든 나라의 생산과 소비에 코즈모폴리턴적 특징을 부여"했다.[7] 또한 부르주아지는

농촌을 도시의 지배에 종속시켰다. 거대한 도시들을 만들고 농촌 인구에 비교가 되지 않을 정도로 도시 인구를 어마어마하게 증가시킴으로써 부르주아지는 인구의 상당 부분을 농촌 생활의 우매함에서 건져냈다. 또한 농촌을 도시에 종속시킨 것과 마찬가지로 야만적이고 반半야만적인 나라들을 문명국에, 농업 민족을 부르주아 민족에, 동양을 서양에 종속시켰다.[8]

지속적인 축적 과정—화폐-상품-화폐 변환—을 바탕으로 자기팽창하는 경제 체제인 자본주의는 객관적 '한계Schränke'가 아니라 돌파하고 극복해야 하는 '장벽Grenze'만 알 뿐이다. 『정치경제학 비판 요강』(1857~58)에서 마르크스는 이렇게 말한다. "엄밀한 의미의 상품은 종교, 정치, 민족, 언어의 모든 장벽에 무관심하다. 상품의 보편적 언어는 가격이며 공동의 유대는 화폐다."[9] 자본가에게 "세계 시장은 모든 세계가 하나로 통합되는 숭고한 이념이다". 이렇게 해서 자본주의는 독특한 형태의 코즈모폴리터니즘을 건설한다. 이 "실천 이성 숭배"는 "인류의 신진대사를 방해하는 전통적인 종교, 민족, 그 밖의 모든 편견"을 점진적으로 파괴한다. 그러므로 자본주의는 "스스로 자유롭고 속박받지 않는다고 느낀다. 자본주의는 오로지 자기 자신에 의해서만, 자신의 생활 상태에 의해서만 제한된다".[10]

마르크스와 엥겔스가 『공산당 선언』에서 부르주아지는 "이집트의 피라미드, 로마의 수로, 고딕 성당을 한참 능가하는 기적을 이루었다"[11]고 말했을 때, 그들은 아마 빅토리아 시대의 상상력을 강타하고

대중 잡지의 일러스트레이션을 가득 채운 눈부신 철도 교량, 그리고 설계자들이 근대 고딕 성당으로 구상한 결과로 대도시에서 등장한 장대한 기차역을 생각했을 것이다. 철과 증기의 시대에 지배계급은 과거와의 연결을 끊으려고 하지 않았다. 기차역 홀과 플랫폼은 널찍하고 실용적이었지만, 역의 정면에는 기둥과 장미꽃 무늬 창, 아케이드, 돔과 탑으로 장식되었다. 역사驛舍는 아노 J. 메이어가 "구체제의 지속"이라고 지칭한 현상을 보여주는 시각적 증거였다. 전통과 근대를 통합한 한 세기의 혼종적 사회 형태에서 귀족의 제도와 관습, 양식과 심성이 새롭게 떠오르는 금융 및 산업 엘리트에게까지 확장되었다.[12]

『공산당 선언』이 출간되고 몇 년 뒤, 생시몽의 제자로 나폴레옹 3세의 고문이 된 미셸 슈발리에가 마르크스와 엥겔스의 산문을 인상적으로 상기시키는 철도에 관한 에세이를 발표했다. 그는 "오늘날 문명화된 나라들이 철도 부설에 보이는 열성이나 정열을 몇 세기 전 대성당 건설에 쏟아부은 열성이나 정열과" 비교했다.[13] 생시몽주의자들이 보기에 철도에는 민족들을 연결해서 협동과 산업주의에 바탕을 둔 보편적 공동체를 창설할 정도로 신비주의적 성격이 있었다. 만약 "'종교 religion'라는 단어가 '묶는다'는 뜻의 'religare'에서 나온 게 사실이라면, … 철도는 우리가 생각하는 것보다 종교적 정신과 더 많은 관련이 있을 것이다. 곳곳에 흩어진 사람들을 결집시키기 위한 … 이보다 강력한 도구는 존재하지 않았다".[14] 마르크스는 생시몽주의자들을 비롯한 산업주의의 열렬한 신봉자들의 신비주의적 어조를 피했지만, 그들과 나란히 새로운 산업 시대의 상징으로서 철도의 코즈모폴리턴적 사명에 대한 믿음을 공유했다.

어떤 장애물도 자본주의의 거침없는 발전에 저항할 수 없었다. 자

그림 1.1 1930년대의 철도: 생키밸리 고가교, 잉글랜드 랭커셔주. 엽서.

그림 1.2 런던 세인트판크라스 역, 19세기. 엽서.

본주의는 가련하고 보잘것없는 느러터진 마차를 무색하게 만들며 빠르게 달리는 기차같이 봉건제의 흔적을 파괴하면서 근대를 가져다주었다. 『공산당 선언』에 담긴 마르크스의 문장은 디킨스에게서 가장 멋진 문학적 해석자를 발견한 당대 상상력의 분석적 글쓰기로 읽힐 수 있다. 『돔비와 아들』(1846)에 등장하는 열차는 "모든 길과 도로를 무시하면서 온갖 장애물의 심장부를 관통했다. … 들판과 숲, 곡물과 건초, 백악층과 옥토, 진흙과 바위를 관통했다". "바람과 빛, 소나기와 햇빛을 헤치고 나아가며", 들판과 다리와 터널을 드나들었다.[15]

19세기 후반에 철도 열풍은 러시아와 아시아, 라틴아메리카와 중동까지 침투했다. 인도에서는 봄베이(지금의 뭄바이)와 캘커타(지금의 콜카타), 마드라스(지금의 첸나이)를 연결하는 첫 번째 노선이 1850년대 초에 개통되었다. 10년 뒤에는 인도 아대륙을 가로지르는 철도망이 2500마일(약 4023킬로미터)에 달했고, 1870년대에는 거의 4800마일(약 7725킬로미터), 1890년에는 1만 6000마일(약 2만 5750킬로미터)이 되었다. 마르크스가 보기에, 인도 철도의 발전은 승승장구하는 근대 산업이 등장하면서 전통적인 낡은 사회 형태가 산산이 무너진다는 그의 전망을 입증하는 강력한 예시였다. 1853년 『뉴욕데일리트리뷴』에 기고한 글에서 마르크스는 "인도 사회는 역사, 적어도 알려진 역사가 전혀 없다"고 썼다.[16] 섭리에 따른 인도의 운명은 지배를 받는 것이었고, 이런 시각에서 보면 영 제국은 비록 폭력적이고 잔인하긴 해도 경쟁자인 러시아 제국이나 오스만 제국보다 더 유익한 결과를 가져올 게 분명했다. 영국 식민 지배자들은 인도에서 두 가지 사명이 있었는데, "하나는 파괴적이고, 다른 하나는 재생적이었다. 즉 낡은 아시아적 사회를 절멸하고 아시아에 서구 사회의 물질적 토대를 놓는 것이었다".[17] 증기는 인도 아대륙을 선진 세계와 연결함으로써 "정체라는 기본 법칙"과 갈라 놓았다. 마르크스는 이렇게 "철도와 증기선의 결합을 통해" 서구와 연 결되면 동양적 전제정의 토대가 허물어질 것이라고 예측했다.[18] 철도 는 "마을의 자족적인 무력함에 토대를 둔" 인도의 낡은 사회 체제를 파괴하고 있었다. 이 기사의 결론은 모든 의심을 쓸어버렸다. "따라서 인도에서 철도 체계는 근대 산업의 진정한 선구자가 될 것이다."[19]

말년에 마르크스가 러시아어 번역가인 니콜라이 다니엘손, 그리고 특히 유명한 인민주의 지도자 베라 자술리치와 교환한 편지에서 자본 주의 체제라는 카우디네 산길[이탈리아 남부 베네벤토 인근의 좁은 산등성 이길. 기원전 321년 로마군이 삼니움족에게 포위당해 항복한 카우디움 전투가 벌 어진 현장이다 | 옮긴이]을 통과하지 않은 채 러시아 농촌 공동체(오브시 치나obshchina. 일명 미르mir)에서 근대 사회주의로 곧바로 이행할 수 있 는 가능성을 숙고했음은 주지의 사실이다. 하지만 이 가설을 실현하 려면 사회주의 혁명이 필요했다.[20] 1861년 농노제가 폐지된 이래 제정 러시아는 점차 자본주의의 길을 걷고 있었고, 고대와 근대, 전자본주 의적 집단주의와 후자본주의적 집단주의가 통합될 수 있는 사회적 전 제가 이미 사라지기 시작했다. 마르크스가 세상을 떠나고 10년 뒤인 1894년, 엥겔스는 러시아 철도의 발전을 친구가 상상하던 낭만적 가능 성이 마침내 사라졌음을 보여주는 증거로 들었다. 크림 전쟁 이후 러 시아 제국에는 하나의 길만이 열려 있었다. 후진적 경제에서 자본주의 산업으로 이행하는 길이었다. 이 전쟁을 계기로 차르 군대의 허약성이 극적으로 드러났는데, 오로지 철도를 대폭 발전시켜야만 이런 약점을 극복할 수 있었다. 하지만 이렇게 거대한 나라에 튼튼한 철로를 구석 구석 깔려면 레일과 기관차, 철도 차량 등이 필요했고, 이를 위해서는

국내 산업을 발전시켜야 했다. 얼마 뒤 엥겔스는 러시아에 자본주의적 생산양식을 세우기 위한 모든 토대가 마련되었고, 이는 불가피한 결과를 낳을 것이라고 결론지었다. "이 나라가 자본주의 산업국가로 이행하고 농민의 대다수가 프롤레타리아가 될 것이며, 낡은 농촌 공동체가 쇠퇴할 것이다."[21]

근대 자본주의는 세계 시장을 창출하면서 도시와 국가들을 대륙 철도 지도에 견줄 만한 하나의 거대한 네트워크로 연결했다. 근대 산업은 분업과 표준화, 동기화된 생산 때문에 확실히 원료와 상품을 수송하기 위해 철도를 필요로 했다. 실제로 근대 산업은 철도에서 자신에게 고유한 생산적 합리성의 벡터와 거울을 발견했다. 19세기를 거치면서 산업자본주의의 부상은 동질적인 세계 시간을 필요로 했고, 철도는 무엇보다도 시계 기술의 개선을 자극함으로써 시간 규정에 강력한 추동력을 제공했다. 1800년에 시간은 지방이나 지역 차원에서 맞춰졌다―하지만 열차는 전국적인 시간표 없이 달릴 수 없었고, 그러려면 다른 도시들 사이에 어떤 시간 차이도 없어야 했다. 세기말에 이르면 마침내 국제적 차원에서 시간 측정을 조정하고 결국 규정했다. 1855년 영국 공공시계의 98퍼센트가 그리니치 평균시에 맞춰졌고, 이 표준시는―워싱턴(1884)과 파리(1912)에서 두 차례 '세계 시간'에 관한 회의가 열린 끝에― 지구의 공식적 표준시가 되었다. 이와 동시에 회중시계(주머니 시계)의 숫자가 18세기 말 35만~40만 개에서 1875년 250만 개 이상으로 늘어났다.[22] 자본의 시대는 철도의 시대와 일치했다. 둘 다 경제적, 사회적, 문화적 합리화 과정을 촉발시켰다. 조지프 콘래드가 그리니치 천문대에 폭탄을 터뜨려서 '시간을 폭파하려' 한 아나키스트 음모를 다룬 매혹적인 소설 『비밀요원』(1907)에서 묘사한 문화적 분위

기가 바로 이런 것이었다.[23]

세속화와 시간화

미카엘 뢰비가 설득력 있게 증명한 것처럼, 마르크스의 자본주의 비판에는 '낭만적' 차원이 존재한다. 『공산당 선언』에서 마르크스와 엥겔스는 기계 생산 때문에 "프롤레타리아의 노동이 모든 개인적 성격을 잃고 그 결과로 모든 매력을 상실했다"고 강조했다.[24] 단순한 "기계의 부품"으로 전락한 노동자들은 이제 더는 자신이 창조자라고 느끼지 않았고, 노동자가 하는 일은 "가장 단순하고 단조로우며 배우기 쉬운 동작"으로 축소되었다. 포드주의 공장에 관한 설명을 미리 보여주기라도 하는 구절에서 마르크스와 엥겔스는 산업자본주의 때문에 군사적 위계질서에 복종하면서 "마치 병사들처럼" 대부분 혐오스러운 기계적 직무를 단순히 실행하는 "노동자 대중"이 창조되었다고 강조했다.[25] 하지만 이처럼 임금노동의 착취와 소외를 명료하게 인식하면서도 마르크스는 철도를 비난하는 적지 않은 낭만주의자 진영에 속하지 않았다. 그는 귀족의 후예가 주축인 당대 영국의 소설가와 시인들처럼 폭력적이고 경멸적인 언어를 구사하지 않았다. 워즈워스나 러스킨에게 철도는 농촌 풍경을 치명적으로 손상시키는 흉물이었고, 토머스 칼라일은 증기 철도를 "악마의 망토"에 비유했으며, 샤프츠베리 경조차 "악마는 여행할 때 기차를 타고 다녔을 것"이라고 생각했다.[26] 철로의 등장은 여행자와 풍경 사이의 강렬한 관계를 없애고 공간을 단순한 지리적 측정으로 축소함으로써 18세기의 여행기 문학 전통에 종지부를 찍었다. 자연과 융합되어 파노라마의 '아우라'를 숙고하는 순간인 괴테의 편력 시절은 이제 끝났다.[27] 열차 승객들은 자연의 스펙터클을 숙고하는 대신 정신없이 바쁜 근대의 리듬을 경험했다. 마르크스는 농촌 풍경의 '아우라'가 끝장난 것, 근대의 '철의 괴물'인 기관차의 경련과도 같은 움직임 때문에 농촌의 정적이고 나른한 아름다움이 산산이 깨진 것을 한탄하지 않았다. 철도가 고요한 전통적 풍경에 상처를 냈을 뿐만 아니라 오랜 토지 재산과 귀족 집단의 상징적 힘을 심각하게 침해한 것은 사실이지만, 이는 단지 "봉건적이고 가부장제적이며 목가적인 관계"의 종말을 의미했을 뿐이다.[28]

『자본』에는 철도에 관한 언급이 몇 번 나오는데, 여기서 마르크스는 대양 증기선 및 전신과 더불어 교통을 변혁하고 산업자본주의의 발전을 가능케 한 기반시설로 철도를 정의했다. 마르크스는 교통 기술의 발전을 다룬 전문 서적과 기사뿐만 아니라 교통 체계에 관한 역사적 연구도 인용했다. 특히 1860년대에 런던에서 간행된 왕립철도위원회 회보를 광범위하게 언급했다. 『자본』 1권에서 마르크스는 철도 교통의 사고와 나란히 철도 노동자들의 착취와 관련된 많은 수의 사상자를 비난한다. 기관차와 마찬가지로, 산업 기계 또한 "악마의 힘"에 사로잡힌 "기계 괴물"로 묘사되었다.[29] 일단 그 "거대한 사지"가 작동하면 그 활동이 정신없이 바쁘게 돌아가다가 마침내 "셀 수 없이 많은 작동 기관들이 숨가쁘게 돌아가는 소용돌이"로 분출했다.[30] 교차로와 분기점으로 국가와 대륙의 영역을 틀 짓는 철도 노선 지도는 "사회적 상형문자"라는 마르크스의 자본 개념에 구체적이고 알레고리적인 형태를 부여했다.[31]

근대는 이동과 철도에 의해 공간과 시간의 관계가 새롭게 설정되는 것을 의미했다. 이런 강렬한 가속화 과정을 통해 거리가 극적으로 줄어들고 시간이 압축되는 듯 보였다. 위르겐 오스터함멜은 19세기에 '속도 혁명의 시대'라는 별명을 붙였다.[32] 1840년대 이래 공간과 시간의 '소멸'이라는 주제가 철도의 등장을 묘사하는 흔한 비유적 표현이 되었다. 1751년 알렉산더 포프의 시에서 처음 등장한 이 표현은 괴테부터 발자크에 이르기까지 몇몇 작가가 계속 환기시켰다.[33] 1842년 시드니 스미스는 어떻게 "인간이 새가 되는지"를 찬미했다. 기관차 덕분에 "모든 게 가까워지고 모든 게 바로 옆에 있다. 시간과 거리, 지연이 사라졌다"는 것이었다.[34] 『자본』을 집필하기 위한 준비 노트인 『정치경제학 비판 요강』(1857~58)에서 마르크스는 이 공식을 받아들였다. "본성상 모든 공간적 장벽을 넘어서 질주하는" 경제 체제인 자본주의는 철도를 필요로 했다. 근대적 교통수단인 철도는 "지구 전체"를 정복해서 거대한 하나의 시장으로 변형시킴으로써 "시간을 통한 공간의 소멸den Raum zu vernichten durch die Zeit"을 낳았다.[35]

철도는 또한 자본의 순환과 주기적 위기 둘 다에 관한 은유를 제공했다. 볼프강 쉬벨부시가 훌륭하게 보여준 것처럼, 그전까지 생물학과 생리학 용어로 쓰이던 순환 개념은 19세기에 그 범위를 확대해서 금세 교통체계와 사회체social body의 통일성을 표현하는 은유가 되었다. 순환은 건강한 신체를 의미한 반면, 정적인 요소는 무엇이든 장애물이나 질병의 증후로 나타났다. 도시, 영토, 국가가 살아 있는 신체로 간주되기 시작했다. 푸코가 후에 근대적 생명정치라고 부르는 것의 대상이 된 것이다. 쉬벨부시는 오스만이 제2제정 아래서 프랑스 수도를 개조하던 시기에 출간된 막심 뒤 캉의 인기 있는 책을 인용하는데, 『파리의 기관과 기능, 삶Paris, ses organes, ses fonctions, sa vie』이라는 책의 제목이 의미심장하다. 작은 거리들로 이루어진 오랜 미궁을 대체하면서 근대적이고 합리적인 선을 따라 도시의 구조를 재설계한 널찍한 대로는 "순환과 호흡의 이중 체계"를 의미했다.[36] '교통Verkehr'이라는 사회적 개념이 '순환Zirkulation'이라는 생리학 개념과 결합했다.[37] 마르크스에 따르면, 순환은 생산과 나란히 자본의 생애에서 결정적 순간이며, 둘을 잇는 연결고리는 시간이다. 『자본』 세 권은 하나의 개념적 총체를 묘사한다. 1권에서는 직선적이고 균질한 생산의 시간, 자본의 순환과 확대재생산 과정을 분석하는 2권에서는 주기적인 순환의 시간, 이전체 과정을 생산의 시간과 순환의 시간의 통일체로 재구성하는 3권에서는 유기적인 자본의 시간.[38] 마르크스는 자본의 가치 증식(마르크스는 이를 사회적 필요의 충족과 신중하게 구별한다)에 불필요해지는 상품의 대량 창출이라는 '과잉생산'을 통해 자본주의 경제의 주기적 위기를 설명한다. 하지만 이런 주기적 위기는 하나의 간극, 즉 자본 순환의 영구적 운동이 갑작스럽게 충격적으로 중단되는 형태를 띤다. 물론 마르크스는 자본주의의 주기적 위기가 '우연적'이기는커녕 그 본성에 고유한 일부라고 주장했다. 하지만 '철도 시대'에 그토록 빈번하게 일어나면서 19세기의 상상력에 심대한 영향을 미친 치명적 사고들조차 외부적 간섭의 소산은 아니었다. 이 사고들은 경이로우면서도 무서운 이 새로운 교통기관 자체의 기능이 불가피하게 낳은 효과처럼 보였다. 『정치경제학 비판 요강』에서 마르크스는 자본주의의 주기적 위기를 "재발하는 재앙", 자본 자체의 일부를 파괴해서 축적 과정, 즉 자본의 가치 증식 또는 이윤 창출 능력이 다시 시작되게 만드는 "폭발이자 대격변"으로 묘사한다.[39] 이 대격변은 자본의 운동을 깨뜨린다. 자본의 순환은 영구적이며 체제 전체를 마비시키지 않고는 중단시킬 수 없다. 따라서 자본주의의 위기는 살아 있는 신체의 혈액 순환과 관련된 심장마비와 동시에 철도망을 마비시키는 열차 사고를 떠올리게 한다.

철도에 관한 이 모든 은유적 언급은 19세기 시간 인식의 전반적인 그림을 보여준다. 라인하르트 코젤렉에 따르면, 기관차는 가속화와 시간 축소 과정의 종합인 새로운 세속화 개념을 구현했다. 처음에 세속화는 성직자에서 시민의 신분으로 바뀌는 것을 규정하는 교회법의 범주였다. 이후 프랑스 혁명을 거치면서 "하느님의 은총으로" 통치하는 국왕으로부터 인민으로 주권이 이동하는 것, 그리고 그와 나란히 교회 재산을 국가가 몰수하는 것을 설명하는 사법-정치적 범주가 되었다. 마지막으로, 세속화는 역사의 의미 자체를 가리키는 철학-정치적 범주로 바뀌었다. "이제 구원은 역사의 종말에 추구하는 것이 아니라 역사 자체의 발전과 성취에서 추구하는 것이다."[40] 코젤렉은 1838년 독일 백과사전 『브로크하우스Brockhaus』에 실린 철도에 관한 글을 인용하는데, 여기서 철도는 "구원의 사명"을 부여받았다. 기관차는 세계 평화를 확립한다는 하느님의 목적을 달성하고 있었다. 칸트가 이미 사해동포법을 통해 실현되는 '영구 평화'라고 지칭한 윤리적 목표였다. 1871년 루터파 신학자이자 해외선교 주창자인 카를 하인리히 크리스티안 플라트는 미국의 대서양 연안과 태평양 연안을 연결하는 철도 노선을 신성한 임무라고 치켜세웠다. 철도로 지구를 통합하면 인류가 하나로 합쳐지고 하느님 왕국의 도래가 재촉된다는 것이었다.[41] 계몽된 사상가들에게 세속화란 시간의 가속화와 '진보'의 도래를 의미했다. 철도는 사회적·윤리적 미덕을 갖고 있었다.

혁명의 개념화

마르크스는 이런 순진한 평가에 웃음을 터뜨렸겠지만, 그럼에도 불구하고 '역사의 기관차'라는 그의 혁명관은 동일한 시대정신에 속했다. 이 정의는 사전에 방향이 정해지고 종착지도 알려진 경로를 따라 고정된 레일을 달리는 목적론적 역사관을 가정한다. 혁명은 진보를 향한 돌진이다. 사회주의는 1789년으로부터 역사적 단절, 사회적·정치적 파열, 구체제의 타도와 새로운 권력의 수립, 인민의 주권적 주체로의 변신 등 완전히 새로운 혁명관을 물려받았다. 혁명 개념은 기원으로 돌아간다는 뜻의 라틴어 단어 'revolutio', 'revolvere'에서 유래한다. 이 개념은 출발점으로 돌아가는 일종의 회전을 의미한다. 17세기에 'revolution'은 태양 주위를 도는 행성의 회전을 정의하는 천문학 개념이 되었다. 근대적 혁명 개념은 18세기에 등장했는데, 이것을 새로운 패러다임으로 성문화한 것은 프랑스 혁명이었다. 혁명은 사회를 미래로 내던지는 투사投射, 이례적인 역사의 가속화로 바뀐 상태였다. 코젤렉은 혁명을 "종말론적 기대의 무의식적 세속화"라고 정의한다.[42] 사회주의 유토피아는 시간화되어 미래 속으로 투사되었다. 이 역사적 변화 과정의 주체는 신에서 프롤레타리아트로, 종교적 실체에서 세속적 실체로 바뀌었고(세속화), 그 운동은 갑작스러운 가속화(혁명적 단절)를 겪었다. 이제 정의와 구원은 종교 영역, 하느님의 왕국에 속하지 않았다. 인간은 낙원과 행복에 다다르기 위해 죽음과 시간의 종말까지 기다릴 필요가 없었다. 이제 현세의 구원을 얻기 위해 싸울 수 있었다. 지상에서 하느님의 왕국을 정복해야 했다. 하느님의 왕국은 이미 세속적 장소가 되었기 때문이다. 이는 또한 마르크스가 루트비히 쿠겔만에게 보낸 편지에서 파리코뮌을 "하늘을 급습하려 한Himmel zu stürmen"

시도라고 언급한 저 유명한 호메로스풍 은유를 해명해준다. 올림포스 산을 급습한 티탄족처럼 프랑스 노동자들은 통치자들을 타도한 바 있었다.[43]

자본 축적의 합리화, 표준화된 시간은 혁명의 시간과 상응하지 않는다. 두 시간을 갈라놓는 차이는 세계 시장을 건설하는 부르주아지와 자유롭고 평등한 인류의 공동체를 위해 싸우는 프롤레타리아트가 각각 수행하는 정반대의 '혁명적 역할'의 대립만큼이나 깊다. 자본의 시간성은 객관적인 경제적 과정의 힘—시장 경제와 상품 순환의 추상적 시간—을 지닌 반면, 프롤레타리아 혁명의 시간성은 주관적이고 불연속적이다. 전자는 양적이고 누적적인 반면, 후자는 질적이고 예측 불가능하고 불가사의하며, 갑작스러운 가속화와 외견상의 정체기로 규정된다. 『루이 보나파르트의 브뤼메르 18일』(1852)에서 마르크스는 새로운 경제·정치적 통치를 확립함으로써 "잇따라 신속하게 성공을 거둔" 18세기의 "부르주아 혁명"과, "끊임없이 자기비판을 하고, 지속적으로 스스로 자신의 경로에 간섭하며, 새롭게 시작하기 위해 언뜻 완수된 것처럼 보이는 성과로 되돌아가는" 19세기의 프롤레타리아 혁명을 구분했다.[44] 다시 말해, 사회주의 혁명은 나름의 내적인 리듬이 있으며, 그 리듬의 의식적 동기화는 자본 축적의 탈동기화와 동시에 일어난다. 발터 베냐민은 혁명적 행동을 "역사의 연속체를 폭파하는" 질적 시간의 난입으로 묘사할 것이다. 혁명적 행동은 달력의 시간성, "역사적 의식의 기념비들"로 건설된 과거의 랜드마크의 시간성이며, "시계처럼 시간을 측정하지 않는다". 자본의 시간의 훈육적·생산적·도구적 이성과의 의식적 단절로서 혁명적 시간을 더없이 분명하게 환기시키는 '사유 이미지'는 1830년 7월 혁명에서 벌어진 한 유명한 일화다.

"전투가 시작된 첫날 저녁에 공교롭게도 파리의 몇 군데 장소에서 동시에 독자적으로 시계탑의 눈금판에 총격이 가해졌다."[45]

그리하여 역사의 기관차라는 혁명의 정의는 혁명이 자본의 시간에 난입하는 것처럼 보이는 역사적 시간 개념에 토대를 둔다. 마르크스가 볼 때 시간에는 독특한 차원이 존재한다.[46] 한편으로 시간은 헤겔로부터 물려받은 목적론적 화살로 정의되는 역사철학을 의미한다. 역사의 운동, 생산양식과 사회구성체의 연쇄, 인간 해방 추구, 계급 사회에서 공산주의로의 이행(인류의 '전사前史'의 종언)이 그것이다.[47] 다른 한편으로, 마르크스의 시간은 정치경제학에 의해 묘사되는 자본 축적의 시간을 의미한다. 『독일 이데올로기』(1846)에서 마르크스와 엥겔스는 헤겔의 '세계정신'의 움직임 뒤편에서 벌어지는 자본주의의 팽창을 밝혔다.[48] 두 사람은 이런 팽창이 사회주의의 전제인 생산력의 보편적 발전을 함축하는 한 목적론적 시각을 그대로 유지했다. 하지만 사회주의는 인간 행위 작용의 산물이었다. 정치경제학과 고전적 자유주의가 자본주의를 관찰한 공리에 따르면, 사회주의는 '자연적인naturwürsicht' 과정이 낳은 결과로 정의될 수 없었다. 사회주의는 정치적·전략적으로 선택한 노선에 따라 역사를 의식적으로 건설하고 이끌어야 함을 의미했다. 다시 말해, 역사의 운동의 주체와 객체를 뒤집어야 했다. 역사 변증법을 이렇게 이해하자 혁명은 생산력과 소유관계의 충돌의 결과로 자리매김되었다. 현존하는 소유관계가 이제 더는 생산력의 발전을 허용하지 않을 때, 이 관계는 바뀔 필요가 있었다.[49] 하지만 이전 시대들에서는 이런 이행이 사회경제적 구조 자체의 자연적인 변형으로 나타난 반면, 자본주의에서 사회주의로 넘어가는 것은 자생적이고 불가피한 형태를 띨 수 없었다. 사회주의 이행은 사회적·정치적 변화의 기획에 토대를 둔 인간의 자기해방 행위를 필요로 했다. 이 이행은 의식적인 혁명적 행동에서 생기는 것이었다. 그리하여 시간의 세 번째 차원이 도입되었다. 이 차원은 장기적 역사관(헤겔적 의미의)이나 자본의 추상적 시간(정치경제학에 의해 정의되는)과 다르다. 구체적이고, **카이로스적**이며, 파괴적인 혁명의 시간이다. 거대한 역사적 주기를 초월하고 자본의 발작적 운동을 폭발시키는 혁명은 고유한 자율성, 인간 해방과 행위성의 자기조정적 시간을 지닌다.

마르크스의 기관차 은유는 이런 점에서 모호성이 존재한다. 자본주의의 국제적 팽창의 기계적 도구들은 나름의 내재적이고 저항할 수 없는 발전의 동학을 갖고 있다. 이 도구들은 사회적·경제적·문화적 장애물을 낱낱이 파괴하며, 모든 국경을 뛰어넘는다. 하지만 혁명에는 그런 반半자동적인 동학이 없다. 혁명의 보편주의는 의식적인 구성물이다. 1789년이 아메리카부터 아이티까지 휩쓸고 파리에서 진원지를 발견한 대서양 혁명 물결의 클라이맥스였던 것처럼, 1848년 또한 유럽에서 동시에 혁명적 격변이 일어난 해였던 것은 사실이다. 하지만 이 모든 혁명은 종종 패배와 복원으로 귀결되는 불연속적 과정 내내 부침을 겪었다. 기관차 은유는 트로츠키적 의미의 영구 혁명 개념을 암시하는 듯 보인다. 생산력이 세계화된 까닭에 혁명이 원래의 장소를 넘어서서 스스로 국제화하는 경향이 있다는 것이다. 이 볼셰비키 지도자는 "일국 혁명은 자족적인 전체가 아니라 국제적 사슬의 한 연결고리일 뿐"이라고 설명했다. 그러면서 한마디 덧붙였다. 국제주의는 "추상적 원칙이 아니라 세계 경제의 성격, 생산력의 세계적 발전, 계급투쟁의 세계적 규모가 이론적·정치적으로 반영된 것이다".[50] 따라서 혁명의 기관차는 세계적 규모의 사회주의의 팽창이 세계 시장 건설을 뒤따르고 혁명의 법칙이 자본주의의 법칙에 상응한다는 점에서 일종의 대안세계화를 구현한다. 하지만 이 은유는 이 과정에 목적론적인(레일과 정해진 종착지) 동시에 기계적인(엔진의 속도와 힘) 성격을 부여함으로써 마르크스의 정치관을 손상시킨다. 더욱이『공산당 선언』은 여러 쪽을 할애해서 근대 산업과 기술의 해방적 잠재력을 순진하게 믿은 결과로 종말론적 기대를 품은 유토피아 사회주의의 환상을 비판한다. 요컨대 마르크스의 역사관과 정치에 대한 접근법 사이에는 여전히 불일치가 존재한다.

에너지와 노동력

19세기에 기관차는 증기기관에 토대를 둔 산업 문명의 힘과 역동성의 시각적 지각을 제공했다. 기관차는 기계 에너지의 무궁무진한 힘을 보여주었다. 이런 관점에서 보면, 생산력 발전에 관한 마르크스의 이해는 헬름홀츠의 에너지 보존 법칙으로 요약되는 근대 물리학과 열역학 시대에 새겨져야 한다.[51]『자본』1권의 많은 부분은 매뉴팩처(공장제 수공업)에서 산업으로 이행하고 새로운 동력 기관이 창조되는 근대 산업의 도래에 관한 분석에 할애된다. 노동 개념이 불가피하게 바뀌었다. 19세기에 인간 신체는 **인간 모터**로 관찰되기 시작했고, 이 모터의 신체적·정신적 작동이 꼼꼼하게 연구되고 측정되었다. 사회는 최대한 생산성을 향상시키고 피로를 줄이는 것을 목표로 삼는 노동의 과학을 필요로 했다. 1847년 이런 새로운 에너지Kraft 개념을 산업 사회의 은유로 재정식화하고 노동을 자기실현의 수단이 아니라 자유에 대한 억제로 파악하는 길을 닦은 이가 바로 헤르만 헬름홀츠다.[52] 그리고 사회주의를 세우기 위한 전제로 '노동력Arbeitskraft'이라는 새로운 개념을 정교화한 것은 마르크스다. 실제로 『자본』은 인간과 자연 사이의 신진대사 과정, 즉 인간이 지적·신체적 능력을 활용해서 통제하고 조절할 수 있는 교환이라는 고전적인(헤겔적인) '노동Arbeit' 정의로 시작한다. 이것은 전유, 변형, 그리고 마침내 지배를 의미하지만 또한 인간을 자연의 일부로 보는 시각을 함축하는 한 **소속**을 의미하는 신체적 관계다.[53] 그리하여 특히 『자본』 4편에서 노동은 이중의 의미를 갖는 새로운 개념인 '노동력'이 된다. 노동력은 상품으로 변형된 노동—경제적 잉여 생산의 비밀—이며 동시에 자연에서 해방되어 기계적 생산에 적용되는 인간 활동이다. 마르크스는 말하기를, "기계제에서 현대 산업은 순전하게 객체인 생산적 유기체를 갖게 되는데, 여기서 노동자는 이미 존재하는 물질적 생산 조건의 단순한 부속품이 된다".[54] 기계는 "근육의 힘이 필요 없는" 한 피로와 신체적 소모를 줄일 수 있었다. 하지만 자본주의 공장 체제 아래서 기계는 노동일(1일 노동시간)의 극단적인 증대, 위계적이고 억압적인 형태의 규율 도입, 심지어 아동노동(마르크스가 자본주의의 부도덕한 토대의 증거라고 강하게 비난한 비극) 같은 재앙으로 이어졌다. 1861~63년 경제학 수고의 몇몇 구절에서 마르크스는 증기기관의 도래를 노동 통제 및 규율과 분명하게 관련지으며 "증기의 도입은 인간의 힘의 적대자"라고 낙인찍었다.[55] 하지만 사회주의 아래서는 생산적 노동력이 발전하는 덕분에 기계가 필요노동의 극적인 감축을 허용할 것이다. "공산주의 사회에서는 부르주아 사회에서 가능한 것에 비해 기계를 활용하는 범위가 한결 달라지는" 것은 이 때문이다.[56] 수십 년 뒤 마르크스의 이런 사고를 재정식화하면서 발터 베냐민이 말하는 것처럼, 자본주의는 기술을 "행복의 열쇠"로 만드는 대신

"숙명의 물신"으로 바꾼다.[57]

　기계는 노동자와 동물의 근육 에너지를 대체하는 모터다(기관차는 '철마'라고 불렸다). 살아 있는 신체와 달리 기계는 지치는 법이 없이 끈질기게 작동한다. 기계는 인간의 자연적·도덕적 한계를 알지 못하기 때문에 증기기관은 에너지를 증가시키고 피로를 소멸시킨다. 증기기관은 인간과 자연 사이에 이루어지던 오랜 신진대사 관계를 근본적으로 수정한다. 다시 말해, 증기기관은 '노동'과 '노동력' 사이에 인간학적 단절을 도입한다. 아그네스 헬러는 이를 "노동 패러다임"에서 "생산 패러다임"으로의 이행이라고 묘사한 바 있다.[58] 이제 사회주의는 노동을 **통한** 해방보다는 노동**으로부터의** 해방을 의미하게 되었다. 자기실현의 구원적 활동보다는 마침내 적절한 기계로 실행하는 의무적 노동으로부터의 해방이 된 것이다. 이제 지적·신체적 능력을 기본적 필요의 충족 대신 창의적 작업의 달성에 쏟을 수 있었다. 앤슨 라빈바크는 이 주제를 다루는 최고의 연구서인 『인간 모터』에서 "마르크스의 『자본』에서 여전히 해방된 노동의 노래를 작은 소리로sotto voce 들을 수 있지만, 역사 진보라는 목적론적 모터를 추동하는 팽창하는 생산력의 굉음에 묻혀 잘 들리지 않는다"고 말한다.[59]

　이런 이해에는 모든 물질적 제약으로부터 벗어난 완전한 자유와 인간해방이라는 구상과 동시에 20세기에 나타난 사회주의와 생태주의의 논쟁적 관계를 알리는 기술의 위험한 이상화에 근거한 사회주의 유토피아의 전제가 담겨 있다. 실제로 마르크스의 저작 전체는 두 가지 모순적 경향의 해소되지 않는 긴장으로 규정된다. 한편에는 자본주의 생산양식과 자본주의를 넘어서 역사의 '작동 법칙'을 발견하려는 실증주의적 시도―당시에 너무도 전형적인―가 있다. 이 시도는 『정치경제학 비판을 위하여』서문에서 설명하는 사회구성체 연쇄의 진화론적 도식으로 귀결되었다. 다른 한편에는 사전에 방향이 정해지지 않고 최종 결과가 인간의 행위 작용에 좌우되는, 예측 불가능한 전환과 분기로 이루어진 열린 과정으로서의 변증법적 역사관이 있다.[60] 이 두 번째 이해에서 생산력—과학, 기술, 모터, 기계 등—의 발전은 사회주의와, 착취를 강화하고 자연 자체를 파괴하는 부정의 변증법 둘 다를 위한 전제였다. 본인의 저작에서 만족스러운 해법을 결코 찾지 못한 '결정론적' 마르크스와 '구성주의적' 마르크스 사이의 이런 긴장[61] 때문에 그를 실증주의의 '프로메테우스적' 옹호자나 현대의 정치적 생태주의의 선구자로 그리는 정반대의 묘사는 둘 다 아무 소득이 없다.[62] 라빈바크에 따르면, "마르크스와 헬름홀츠의 결합"을 찬미함으로써 친구의 모호성을 극복한 것은 바로 엥겔스였다. 『반뒤링론』(1878)에서 엥겔스는 마르크스주의를 "에너지와 초월적 유물론의 받침대 위에" 올려놓음으로써 기술을 물신화했다.[63]

현대 기술과 산업 기계를 해방된 사회를 위한 필수불가결의 전제로 본 마르크스가 19세기 초 잉글랜드—특히 랭커셔와 윌트셔—를 시작으로 산업혁명의 영향을 받은 대륙의 몇몇 나라에서 상당히 확산된 기계 파괴자들의 운동인 러다이트 운동에 대해 강한 회의를 표현한 것도 놀랄 일은 아니다. 마르크스는 러다이트 운동의 인상적인 확산을 공감과 동시에 경멸의 시선으로 관찰하면서 그 도덕적 정당성은 인정하면서도 정치적 무능과 시대착오적 성격을 지적했다. 마찬가지로 그는 식민화된 인도인들이 영국에 맞서 일으킨 반역 이면에 있는 타당한 이유를 강조했지만, 그의 눈에 그 반역은 역사적으로 운명이 정해져 있었다. 1853년 마르크스는 식민지 착취와 억압을, "넥타르(신의 음료)가 아니라 도살된 해골 물을 마시려 하는 흉측한 이교도의 우상"인 진보의 행진이 낳은 불가피한 결과라고 보았다.[64] 따라서 방적기를 때려 부순 러다이트들은 그저 『자본』에서 다음과 같은 구절로 낙인찍힌 미숙한 형태의 투쟁을 표현할 뿐이었다. "노동자들이 기계와 자본의 기계 사용을 구별하고 공격의 방향을 생산의 물질적 도구가 아니라 그 도구가 사용되는 방식으로 돌리는 법을 배우려면 시간과 경험이 공히 필요했다."[65]

이런 순진한 반란이 "반자코뱅 권력"에 "가장 반동적이고 강압적인 조치로 대응할 수 있는 좋은 구실"을 제공하는 한 그것이 낳은 결과는 역효과일 뿐이었다.[66] 자본가들이 기술을 이용해서 노동자에게 잔인한 규율과 위계적 복종 상태를 강제함으로써 노동자를 "산업군대의 이등병과 부사관"처럼 다루는 지옥으로 공장을 변모시킨 것은 사실이다. 마르크스가 거의 포드 공장의 조립라인을 예시하는 구절에서 덧붙인 것처럼, 기계는 노동자들이 "불규칙적인 노동 습관을 포기하고 복잡한 자동장치의 변함없는 규칙성에 스스로를 일치시키도록" 훈련시킨다. 공장 노동은 "신경계통을 극도로 소진시키면서 근육의 다면적 운동을 억압하며, 신체 활동과 정신 활동 모두에서 자유의 원자를 모조리 앗아간다".[67] 하지만 적은 사회적 착취 체제이지 그 체제의 수단이 아니다. 소외와 육체적 고통은 산업 기계와 본질적으로 관련된 것이 아니었다. 기계가 인간을 배반하게 만든 것은 자본주의이고, 사회주의는 그 대신 부르주아적 소유관계에 의해 목졸린 생산력을 '해방'시킴으로써 기계와 인간의 동맹을 찬미할 것이었다. 이런 헤겔적 관점에서 역사적 변증법은 긍정적 성과를 유지했다. 사회주의를 통해 '노동력'을 그 추상적 성격(상품 형태)으로부터 구출하고 구조해서 인간의 물질적

환경을 건설하는 구체적이고 창조적인 과정으로 만들어야 했다. 사용가치와 교환가치는 이렇게 대립된다.[68]

해방된 사회의 도래와 사회적 관계와 인간의 물화reification로 동시에 나아가는 이런 기술의 변증법에서 철도도 예외가 아니었다. 19세기에 이뤄진 철도의 확장은 새로운 생명권력으로의 이동과 질서정연한 사회의 도래를 낳았다. 'class(계급 또는 등급)'라는 단어가 기차 여행의 확산과 더불어 보통 사람들이 구사하는 어휘 목록에 들어온 것은 우연이 아니다. 실제로 철도를 통한 공간과 시간의 소멸은 시간을 압축하고 공간을 규제하는 과정이었다. 마크 심프슨에 따르면, 기차는 "움직이는 신체를 속도의 주체가 아니라 대상"으로 만듦으로써 "규율적 공간"을 만들어냈다.[69] 미셸 드 세르토가 『일상생활의 실천』(1980)에서 관찰한 것처럼, 기차 여행은 승객들을 "분류하고, 숫자를 세고, 규제하는" 일종의 "감금"이었다.[70] 승객은 표를 사지 않으면 여행을 할 수 없었고, 검표를 받은 다음 정해진 자리에 앉아야 했다. 여행 시간과 종착지는 열차 시간표에 따라 정해졌고, 객차 등급에 따라 신체의 기능(차지할 수 있는 공간, 식당차 등)을 발휘할 수 있었다. 승객은 압도적인 속도 덕분에 눈앞에서 사라지는 풍경을 수동적으로 지켜보는 사람이었다. 마르크스의 표현을 빌리자면, 속도는 승객에 좌우되는 게 아니라 증기기계가 "순전히 객관적으로" 만들어내는 결과였다.

마르크스주의자들이 과학과 기술이 '중립적'이라는 관념을 포기한 것은 대전쟁 이후일 뿐이다. 하이데거주의 마르크스주의자인 헤르베르트 마르쿠제는 "보통 말하는 기술은 그것의 용도와 분리할 수 없다"고 말하고, 생산력과 소유관계의 충돌이 해방적 결과보다는 지배의 강화로 귀결되는 부정의 변증법을 묘사함으로써 이런 이론적 변화를 성

그림 1.3 러다이트 운동 지도자(1812). 런던 영국박물관.

문화했다.[71] 하지만 그가 이 구절을 쓰던 1964년에는 이미 철도 시대가
끝난 뒤였다. 기술은 이미 총력전과 산업적 대량학살, 원자폭탄을 만
들어낸 상태였다. 마르크스 시대에는 반기술적 비판이 보수적 사상의
전유물이었다. 마르크스의 저술에서 낭만적 반자본주의가 이따금 표
면에 나타나기는 해도 저작의 전반적인 방향에 스며들지는 않았다. 물
론 마르크스는 당대에 광범위하게 퍼져 있던, 러다이트들을 '야만주의'
로 낙인찍고 결국 1812년 러다이트 탄압을 겨냥한 입법으로 귀결된 반
동적 담론에 가담하지 않았다. 하지만 그는 이 파괴자들을 미래가 아
니라 과거의 대변자로 보았다.

러다이트들이 남긴 유산은 한 세기 뒤 새로운 흐름의 노동사학자들

에 의해 복원된다. 1952년 에릭 홉스봄은 러다이트들에게 바친 선구적인 글에서 그들이 구사한 투쟁 방법을 "폭동을 통한 단체교섭"의 한 형태라고 정의했다.[72] 나중에 에드워드 P. 톰슨은 이 기계 파괴자들의 운동을 "군중의 도덕 경제"의 표현으로 재해석했다.[73] 톰슨의 눈에 비친 18세기와 19세기의 대부분 시기 동안 부상하는 자본주의 시장 경제와, 자신들의 관습과 공동체의 평등주의적 전통에 깊은 애착을 지닌 잉글랜드 평민의 "도덕 경제"가 폭력적으로 충돌했다. 『영국 노동계급의 형성』(1963)에서 톰슨은 러다이트들을 "시정자 집단"으로 묘사했다. 톰슨에 따르면 러다이트 운동은 "맹목적 항의"도 아니요, "원시적" 형태의 노동조합 운동도 아니었다. 이 운동의 대표자들은 탄탄하게 조직되었고 때로는 교양도 풍부했다. 러다이트들이 자신들의 전통적·공동체주의적 관습을 지키려고 했다는 점에서 산업과 시장 자본주의의 도래에 대한 그들의 저항은 분명 "낭만적"이었지만, 10시간 운동10 Hour Movement을 도입한 것에서도 입증되듯이 이 운동은 미래를 내다보았다.[74] 실제로 기계에 대한 러다이트들의 분노는 반기술적 편견의 표출이 아니었다. 그들은 현대적 기계가 신체적 노력과 피로, 복종을 줄임으로써 자신들의 노동조건을 향상시켜주는 경우에는 언제나 기계의 도입을 받아들였다. 오로지 자신들의 급여를 압박하고 노동을 일종의 노예제로 변형시키기 위해 공장에 기계가 설치될 때에만 기계를 부쉈다.

철도는 노동자와 기계 사이의 이처럼 복잡하고 때로는 모호한 여러 관계뿐만 아니라 사보타주(기계 파괴) 행위의 다면적 의미도 집약적으로 보여준다. 실제로 사보타주가 반드시 생산력 발전에 관한 과장된 담론과 양립 불가능한 것은 아니다. 제2차 세계대전 중에 철도 노동자들이 두드러진 역할을 한 유럽 레지스탕스를 생각해보라. 르네 클레망의 영화 〈철로변 전투〉(1946)에서는 자신들이 사용하는 기계를 자랑스럽게 여기는 숙련 노동자, 기술자, 철도 관리자들이 사보타주를 실행한다. 사보타주 자체는 기관차에 대한 어떤 반감도 함축하지 않으며 다만 기관차의 구조와 작동을 완전히 꿰뚫고 있음을 의미한다. 사보타주를 벌이는 목적은 나치 점령자들에게 몰수당한 국가 기술과 교통 체계를 보존하는 것이었다. 프랑스 철도공사는 이 영화를 지원했고, 영화는 칸 영화제에서 애국적 저항의 본보기로 인정받았다.[75]

철도를 반자본주의적으로 활용한 다른 사례로는 1870년대에서 대전쟁 사이에 무임승차를 일삼은 떠돌이 노동자인 호보hobo들의 '유개화차 정치boxcar politics'가 있다. 어떤 형태의 집단행동에도 어울리지 않는 이기적이고 개인주의적인 방랑자나 아메리칸 프런티어 문화에 속하는 낭만적 인물로 그리는 상투적 설명과 정반대로, 호보는 당대의 미국 노동계급에 소속감을 느끼는 이주 노동자들이었다.[76] 그들의 방랑은 통일된 나라에서 이루어지는 자본주의 팽창과 시간의 표준화, 공간의 정규화의 숨겨진 차원이었다. 그들은 '룸펜프롤레타리아', 즉 노동계급 가운데 가장 가난하고 보호받지 못하는 층이었지만, 마르크스가 『루이 보나파르트의 브뤼메르 18일』(1852)에서 경멸적으로 묘사한 룸펜과 대조적으로, 그들은 반혁명에 참여하지 않았다. 그들은 오히려 산업화하는 아메리카에서 노동계급의 전위였다. 그들은 불안정성(집 없음)과 이동성(노동 시장의 동학을 따라 이동하는 계절노동자)에 의해 생활 조건이 규정되는 이주 노동자였다. 표를 끊지 않고 화물열차를 이용하는 여행자인 그들은 철도의 도구적 합리성에 복종하지 않는 무법적 신체였다. '무임승차'하는 그들의 폴짝 뛰는 기술은 일종의 기계 길들이 기만이 아니라 철도 경비원들과 쫓고 쫓기는 영구적인 놀이를 함축했다. 그들은 세계산업노동자연맹Industrial Workers of the World(IWW) 안에 자신들의 노동조합이 있었고, 그들의 조직가들은 파업이 벌어지는 도시로 불법적으로 돌아다녔다. 존 레넌이 강조하는 것처럼, "기차에 폴짝 뛰어 올라탐으로써 호보들은 상징적으로나 실제로나 대륙 횡단 철도가 자욱한 연기와 덜컹거리는 바퀴로 약속한 팽창하는 자본주의 사회의 진보에 대한 저항으로 자신들의 몸을 제공했다".[77]

마르크스가 세상을 떠난 이래 기술에 관한 그의 19세기식 낙관주의와 문명화 기계로서 철도를 수용하는 태도는 몇몇 제자들에 의해 더 비판적으로 간주되기 시작했다. 로자 룩셈부르크는 영국 러다이트 운동의 기억을 복원시키지 않은 채 세계 시장의 창출로 인해 생겨난 경제 세계화 과정을 인간적·사회적 퇴행으로 해석했다. 『공산당 선언』 저자들보다 60년 뒤 글을 쓴 룩셈부르크는 이제 더는 혁명을 '역사의 기관차'로 여기지 않았다. 그는 『자본의 축적』(1913)에서 거의 두 장章을 할애해서 유럽과 미국의 산업화 과정과 유럽 식민지들의 철도 부설에 이은 농민 경제의 체계적인 파괴를 서술했다. "철도가 선두에 서고 폐허가 후미에 자리한 채—자본이 앞장선다. 자본이 지나가는 길은 만물의 파괴로 특징지어진다."[78] 새로운 교통수단은 지구상의 모든 대륙을 야만과 고풍스러운 과거, 경제 침체에서 구하는 대신 제국의 지배와 날카로운 형태의 착취를 도입했다. 미국에서 철도는 서부 정복의 뒤를 이었고, 프런티어는 아메리카 원주민의 절멸을 의미했다. 남아프리카에서 영국인들은 "철도를 부설하고, 카피르족을 깔아뭉갰으며, 에이트란더[uitlander. 외국인. 남아프리카에 이주, 정착한 영국인 | 옮긴이]의 봉

기를 조직하고, 마침내 보어 전쟁을 유발했다. 이미 농민 경제에 조종이 울린 상태였다."[79] 세실 로즈의 '제국주의 프로그램'이 낳은 업적이었다. 이런 사건들은 예외는커녕 식민지 세계에서 전반적으로 나타나는 경향이었다. "이와 같이 상품 경제의 위풍당당한 행진은 대부분의 경우에 원시림을 가로지르고 산을 관통하는 철도 노선, 사막을 연결하는 전신선, 외딴 항구들을 들르는 원양 정기선 같은 근대적 교통의 웅장한 건설로 시작된다. 하지만 이런 것들을 평화적인 변화로 보는 시각은 환상일 뿐이다."[80] 실제로 이런 대대적인 변화는 "무기력하기 짝이 없는 평화로운 농촌 인구의 … 주기적인 대량학살"을 초래했다.[81] 마이크 데이비스는 인도 철도 부설과 "빅토리아 시대 말에 벌어진 홀로코스트"의 유기적인 연관성을 확인한다. 1870년대에 철도는 전체 수자원 공사보다 13배나 많은 투자를 빨아들였다. 영국 사업가들은 관개나 운하, 배수로보다 철도에 투자했고, 이는 가뭄과 식량 부족, 그리고 마침내 1876년 기근으로 이어졌다. 번쩍거리는 새 기관차들이 나라를 가로지르는 가운데 농민들은 배를 곯았다.[82] 1853년 마르크스가 드러낸 낙관주의는 이미 비극적으로 부정당한 상태였다.

'미치광이 기관차'

철도는 멕시코 혁명에서 의미심장한 역할을 하면서 다시 한번 기계와 인간의 행위성, 자본주의의 경제적 합리성과 도덕 경제의 역사적 관계에 의문을 던졌다. 19세기 동안 철도는 진보와 근대화의 상징으로 등장하면서 통치 엘리트들의 끊임없는 찬양을 받았다. 멕시코의 태평양과 대서양 양안을 철도로 연결하는 계획은 1830년대에 구상됐는데, 멕시코시티와 베라크루스를 잇는 첫 번째 철도 노선은 1873년에 개통되었다. 포르피리아토Porfiriato, 즉 포르피리오 디아스 장군의 집권기인 1876~1911년에 멕시코는 진정한 철도 붐을 경험하면서 철도망의 길이가 398마일(약 641킬로미터)에서 1만 5000마일(약 2만 4140킬로미터) 이상으로 늘어났다. 혁명 직전에 전국 철도망의 건설이 완성되었다.[83] 철도는 나라를 가난과 후진성에서 구해주면서 근대와 경제 발전을 가져다줄 것으로 여겨졌다. 다른 많은 라틴아메리카 나라들의 경우처럼, 자유주의는 철도를 실증주의의 유명한 모토인 '질서와 진보'의 구현체로 보았다.[84] 주로 영국인과 미국인인 해외 투자자들이 앞장선 가운데 철도는 멕시코를 세계 시장에 개방하고 근대적 산업화의 개시를 자극했다. 철도는 또한 아센다도(hacendado. 농업 독점체)를 확장시키고 지주 귀족을 강화하면서 토지 재산의 집중을 부추겼다. 다시 말해, 원주민 공동체는 도시 엘리트들이 진보의 도래라고 찬미한 현상을 대규모 토지 몰수 과정으로 경험했다. 철도가 등장하는 곳에서는 어김없이 전통적인 농민 공동체가 파괴되었다. 수십 년에 걸친 포르피리아토는 모순적인 문화적 풍경을 낳은 철도 부설에 대항하는 농민 반란에 시달렸다. 한편에는 공식 담론으로 성문화되고 신문에 의해 여론에서 자명한 진실로 확산된 실증주의적 신념으로 이상화되고 옹호된 진보가 있었고, 다른 한편에는 뿌리 뽑힌 공동체의 현실을 폭로하는 노래와 구전으로 이루어진 민중 문화가 있었다.[85] 멕시코는 앞에서 언급한 근대의 양극성 진단의 전범이 된 상태였다. 혁명적 문화 자체 안에 존재하는 이중성이었다. 진보 옹호론자들이 보기에 멕시코의 철도망은 마르크스와 엥겔스가 『공산당 선언』에서 자본의 '문명화' 사명이라고 부른 것의 실례였다.[86] 다른 관점에서 보면, 멕시코는 로자 룩셈부르크가 글로

그림 1.4 사파티스타 열차, 쿠에르나바카(1911).

벌 경제 체제로서 자본주의가 초래한 '보편적 파괴'라고 이름 붙인 현
상을 생생하게 보여주었다. 이런 긴장이 멕시코 혁명 와중에 폭발했다.

  1911년에서 1917년 사이에 정부군과 반란 세력 둘 다 끊임없이 철
도를 이용했다. 정부군은 거의 전적으로 열차로 전선을 움직이고 연결
했다. 반란군은 말을 선호했다―멕시코 혁명은 비야와 사파타가 이끄
는 기병대의 이미지를 통해 우리의 집단적 기억에 들어왔다. 기마병들
은 챙이 넓은 솜브레로 모자를 쓰고 가슴에 탄띠를 걸친 모습이었다―
하지만 그들 역시 금세 철도를 최대한 활용하는 법을 배웠다. 철도는
그들의 고립 상태를 깨뜨렸고, 한 곳에 머물러 사는 다수의 농민들을
방랑 생활을 하는 투사 무리로 바꿔놓았다. 열차는 병력과 무기, 식량
과 연료, 가족만이 아니라 의사와 간호사, 부상병까지 실어 날랐다. 철

도 때문에 전선이 옮겨갔고, 교전 부대의 이동이 빨라지고 군대들 사이의 힘의 균형이 갑자기 바뀌었다. 일단 한 지역을 정복하면 열차가 사무소와 주방, 병원을 갖춘 막사로 변신했다. 존 리드는 『반란의 멕시코』(1914)에서 비야가 탄 열차에 대해 감탄하며 ―그리고 의심의 여지 없이 이상화하며― 이렇게 묘사한다.

하지만 비야는 교전수칙 따위는 들어본 적도 없지만 멕시코 군이 경험해 보지 못한 효율적인 야전병원을 유일하게 갖추었다. 유개차 40량으로 이루어진 야전병원은 내부에 에나멜 칠을 하고 수술대를 비롯한 최신 외과 기구를 갖추었으며, 의사와 간호사 수가 60여 명이 넘었다. 전투가 벌어지면 매일같이 심각한 부상을 입은 이들을 가득 태운 왕복 열차가 전선에서 파랄, 히메네스, 치와와에 있는 기지 병원들까지 달려갔다. 비야는 연방군 부상병도 자기 부하 병사들만큼 세심하게 돌봐주었다. 비야의 전용 보급 열차에 앞서 달리는 다른 열차에는 두랑고시티와 토레온 주변 농촌에서 굶주리는 주민들을 먹이기 위한 밀가루 2000자루 외에도 커피, 옥수수, 설탕, 담배가 실려 있었다.[87]

반군은 순식간에 열차를 능숙하고 효과적으로 활용하는 법을 배웠지만, 이 근대적 교통수단과 반군의 관계는 순전히 도구적이었다. 열차 덕분에 반군은 전략적 전투에서 승리하거나 농민 반란의 오랜 전통을 추구하면서 적의 성채를 마비시킬 수 있었다. 1914년 판초 비야의 북부사단은 열차 15대를 동원해서 토레온을 정복했다. 병력과 보급품, 심지어 앞서 언급한 대로 외과 장비를 실은 군사병원까지 열차로 실어 날랐다. 하지만 3년 전 비야는 시우다드후아레스를 겨냥한 성공적인 공세를 이끈 바 있었다. 트로이 목마로 변신시킨 화물열차 한 대에 몸을 숨긴 병사들을 이끌고 점령한 다음에는 철로를 끊어서 이 군사 요새를 지켰다. 기관차를 적에게 던지는 폭탄처럼 활용한 것도 여러 차례였다. '미치광이 기관차Máquinas Locas'는 대중의 상상에 깊숙이 침투했다. 사보타주가 워낙 자주 벌어지자 1914년에는 군대가 철로를 철두철미하게 방비했다.

보수 진영의 선전에서 볼 때, 철로를 절단하고 기관차를 사보타주의 도구로 사용하는 것은 혁명의 야만성을 보여주는 반박의 여지가 없는 증거였다. 분명 반란을 일으킨 농민들은 멕시코의 러다이트들이었다. 이런 시각은 혁명기의 가장 중요한 소설로 손꼽히는 마리아노 아수엘라의 『천민들』(1915)에서 문학적 형식을 발견했다. 소설에서 아수엘라는 사치스러운 부르주아 저택에 쳐들어가 값비싼 가구를 때려 부수는 반란자들을 묘사한다. 서재도 이런 반달리즘을 피해 가지 못하며, 특히 반란자들이 진가를 알지 못하는 게 분명한 단테『신곡』의 희귀본도 여지없이 종이쪼가리가 된다.[88] 멕시코 혁명은 문명에 대항하는 야만 행위였다. 바로 이것이 라파엘 무뇨스가 쓴 『판초 비야와 함께 가자』의 등장인물 한 명이 "문명을 무너뜨리는 파도una ola decivilizatoria"라는 분명한 구절로 표현하는 시각이다.[89] 또다른 위대한 작가 마르틴 루이스 구스만은 반란 세력의 현대식 기계 활용에 함축된 '질서와 진보'의 전복을 탐구하는 『독수리와 뱀』(1928)에서 멕시코 혁명 열차를 대단히 생생하면서도 유쾌하게 묘사한다. 철도 운송의 일상적 합리성—정확한 시간표와 일정표, 화물열차와 여객열차의 구분, 열차표 관리와 객실 등급에 따른 승객의 분리—은 완전히 내동댕이쳐졌다. 혼돈과 무질서의 현장이 된 열차에서 반란자들은 더없이 편안해했다. 구스만은 다음과 같이 말한다.

열차의 상황은 승객들에게 정확하게 반영되었다. 물질적 기구와 기계의
파괴―또는 큰 손상―는 손상된 기구를 여전히 사용하는 사람들의 정신적
기질의 타락과 손상이 낳은 결과였다. 열차 안의 생활은 매순간 원시 시대
로 복귀했음을 분명히 보여주었다. 문명의 구조화된 복잡성은 부분적으로
만 영향을 미쳤다. 화물열차와 여객열차의 구분은 사라지고 없었고, 객차
와 화차는 같은 용도로 번갈아 사용되었다. 그 결과, 사람과 짐이 차이가
없어졌고, 어떤 곳에서는 남녀노소가 짐짝처럼 한데 쌓이고, 다른 곳에서
는 여행가방과 트렁크가 좌석을 차지했다. 또한 설상가상으로 의자나 테
이블, 침대 같은 물건에 대해 신체적 예의를 지킨다는 생각 자체가 사라졌
다. 승객들은 화물차량 안에서 가장 편안한 듯 보였다. 마음 내키는 대로
몸을 뻗고 눕거나 앉을 수 있었기 때문이다. 그리고 열차 통로나 객차의
승강 계단에서처럼 화차에서도 오랫동안 잊고 있던 새로운 기쁨을 재발견
했다. 흙먼지와 쓰레기가 나뒹구는 바닥에서 음식을 먹는 즐거움이 그것
이다. 처음에는 고조되는 야만의 물결에 아직 휩쓸리지 않은 몇몇 승객이
무질서를 어느 정도 막으려고 했지만 이내 포기했다. 이런 경향은 흡사 눈
사태 같았다. 오로지 폭력적 조치로만 막을 수 있었다.[90]

그리하여 비야와 사파타의 투사들은 잉글랜드의 기계 파괴자인 러
다이트 조상들의 정신을 버리지 않은 채 현대식 기술의 혜택을 인식
하는 법을 배웠다―사파타는 말을 화물열차에 태우고 열차로 쿠에르
나바카와 멕시코시티를 오갔다. 기차는 농촌을 도시와 연결하고 농촌
공동체를 전국적 시장에 통합했지만, 이것이 혁명의 목표는 아니었다.

아돌포 힐리가 권위 있게 설명한 것처럼, 모렐로스 코뮌은 집단적 토지 소유라는 농민 전통에 뿌리를 둔 일종의 농촌 공산주의였다. 사파티스타는 현대적 기술 사회로 미래를 건설하는 데에는 관심이 없었다. 생산력의 발전은 그들의 주요한 관심사가 아니었다. 그들의 유토피아는 미래가 아니라 과거에 있었다.[91] 1914년 12월 비야와 사파타가 멕시코시티에서 만나서 양쪽 군대를 합쳤을 때, 두 사람은 마음이 편하지 않았다. 그들의 민주주의는 권력의 공백이었다. 중앙의 기구를 대표하지도 않고 그 기구에 통합되지도 않은 조직체였다.[92] 그들은 중앙의 권력을 통제하는 게 아니라 평등주의적인 농민 집합체들로 이루어진 탈중심적 체계를 세우기를 바랐다. 그들이 일으킨 격변은 마르크스가 현대식 철도에 대해 보인 열정보다는 베라 자술리치와 편지를 나누면서 러시아의 오브시치나(전통적 마을 공동체)에 대해 보인 관심을 떠올리게 한다.

장갑열차

러시아 혁명에서는 철도가 멕시코에서보다 훨씬 더 많은 전략적 역할을 했다. 특히 1918년에서 1921년까지 벌어진 유혈적 내전에서 톡톡히 역할을 했다. 하지만 마르크스의 19세기 서사에서 철도가 분명히 드러낸 다면적·복합적 차원은 이제 극적으로 붕괴한 상태였다. 1890년대에 플레하노프와 레닌이 인민주의에 맞서 활발하게 지적 싸움을 벌인 뒤, 마르크스주의는 급진적 근대화의 담론으로 러시아에 들어왔다.[93] 마르크스주의의 해석자들은 모두 정치적으로 어디에 충성하는지에 관계없이 진보와 산업화의 열렬한 지지자들만큼이나 차르의 반계몽주의와 러시아의 후진성을 경멸했다. 그들 대부분은 유형지에서 코즈모폴리턴 교육을 받아서 확신에 찬 서구화론자로 변신한 상태였다. 그들은 러시아 혁명의 성격을 둘러싸고 의견이 갈려서 '부르주아', '민주주의', 또는 즉각적인 '사회주의' 혁명을 목표로 내걸었고, 세력 간 관계와 러시아가 글로벌한 세계로 편입한 정도를 각기 다르게 인식했다. 멘셰비키는 사회주의를 위한 토대를 닦는 자본주의 발전의 시기를 예상한 반면, 트로츠키는 사회주의 건설을 전 지구적 과정으로 보았다. 1917년 레닌과 볼셰비키도 트로츠키에 동조한 이 시각에 따르면, 서구 선진국들에서 프롤레타리아 세력이 실행하기 전에 후진적인 러시아에서 사회주의 혁명이 일어나 이 과정을 작동시킬 수 있었다. 그들 모두는 사회주의를 생산력의 발전과 동일시했다. 생산력의 발전은 러시아가 봉건주의와 '아시아적' 나태에서 벗어나기 위한 조건이었다. 『제국주의』(1920) 프랑스어판과 독일어판 서문에서 레닌은 근대화의 전형적인 예로 철도의 역할을 강조했다. "세계 무역의 발전과 부르주아-민주주의 문명의 총체이자 가장 인상적인 지표다."[94] 유명한 한 정식화에서 레닌은 사회주의를 "소비에트(평의회) 더하기 전력 사용에 의한 통치"로 정의했다.[95] 소련을 근대적 산업 대국으로 변모시키는 이 거대한 기획은 1920년대 말부터 줄곧 스탈린주의에 의해 완수된다.[96] 하지만 내전을 거치면서 러시아 경제는 붕괴했고, 군사적 충돌로 기반시설이 심각하게 손상됐으며, 생산이 전쟁 이전 수준보다 한참 감소하고, 기근이 발생했다. 볼셰비키는 생존을 위해 분투했는데, 이런 극적인 상황에서 그들은 철도를 군사화하기로 결정했다. 1918년 4월 레닌은 "철도가 없으면 사회주의도 없을 뿐만 아니라 모두가 개처럼 굶어죽게 될 것"임을 분명하게 인식했다.[97]

1918년 봄, 볼셰비키가 통제하는 러시아 영토는 옛 모스크바 공국의 면적에 해당했고, 대부분 파괴되거나 뒤죽박죽된 3만 5000개 선으로 이루어진 철도망 가운데 겨우 3분의 1만 소유했다. 기관차의 70퍼센트는 사용하기에 부적합했다. 빅토르 세르주가 자서전에서 강조한 것처럼, 볼셰비키가 붉은군대를 건설하고, 반혁명군의 공격을 물리치고, 국제적 군사개입을 몰아내고, 농민층의 지지를 얻고, 마침내 내전에서 승리한 것은 지칠 줄 모르는 필사적인 에너지를 결집함으로써 가능했다.[98] 브레스트-리토프스크(지금의 브레스트) 조약 이후 몇 달간, 소비에트 권력은 붕괴하기 일보 직전이었다. 독일군은 데니킨이 이끄는 백군의 지원을 받아 폴란드와 발트 3국, 벨라루스와 우크라이나를 점령하고, 체코슬로바키아 파견대가 시베리아 횡단 철도선을 장악했으며, 영국군은 캅카스 산맥과 아르한겔스크, 무르만스크의 북부 영토를 점령한 한편, 콜차크의 백위군은 시베리아와 우랄 산맥에서 진격했다. 3년 뒤 소비에트 정권은 옛 차르 제국의 영토 대부분을 다시 정복했다. 이 시기 동안 소비에트 군대는 눈부시게 몸집을 키웠다. 1917년 10월 적위군 병력은 페트로그라드에 4000명, 모스크바에 3000명이었는데, 3년 뒤에는 붉은군대가 500만 명이 넘었다.[99] 이 눈부신 재건의 설계자인 레온 트로츠키는 군사 훈련 경험이 없는 지식인이자 혁명 지도자로 1917년 5월까지 망명 생활을 했다. 몇몇 군사軍史학자에 따르면, 이 재정복은 결정적인 역할을 한 철도선을 따라 이루어졌다(50년 전에 벌어진 미국 남북전쟁보다 철도가 한층 결정적인 역할을 했다).[100] 1920년 붉은군대는 장갑열차 103대를 보유했다. 기병대—1920년대에 이사크 바벨의 『붉은 기병대』로 불멸의 존재를 얻었다—가 전략적 전투에서 승리한 것은 사실이지만, 병참, 즉 무기, 병력, 물자의 수송은 결국 철도에 의지했다.

1929년 튀르키예 망명지에서 쓴 자서전에서 트로츠키는 한 장章 전
체를 할애해서 그가 본부로 만든 장갑열차에 관해 이야기한다. "혁명
당시 가장 힘든 시기에 나 자신의 개인적 생활은 그 열차의 삶과 떼려
야 뗄 수 없이 묶였다. 다른 한편, 그 열차는 붉은군대의 삶과 떼려야
뗄 수 없이 묶였다. 열차는 전선을 기지와 연결하고, 현장의 시급한 문
제들을 해결했으며, 교육하고 호소하고 보급하고 상을 주고 처벌했
다."[101] 그는 "나는 듯이 빠른 행정 기구"처럼 작동하는 이 차량을 자세
히 묘사했다.[102] 열차에는 비서와 속기사, 고문 등이 일하는 사무실 몇
곳과 더불어 전신기, 무선국, 발전기, 소규모 인쇄소, 주방, 식당, 기숙
사와 침실 등이 있었다. 열차에는 자동차도 두 대 실려 있어서 철도역
에 도착한 뒤에 트로츠키가 내륙을 돌아다닐 수 있었다. 붉은군대 총
사령관인 트로츠키는 전용 서재가 있어서 거기서 연구하면서 논설과
심지어 책까지 썼다. 특히 카를 카우츠키에 맞서 볼셰비키의 테러를
열렬히 옹호하는 『테러리즘과 공산주의』(1920)가 장갑열차에서 쓴 책
이다.[103] 열차는 '비트족'풍 제호를 붙인 『길 위에서V Puti』라는 신문을
발행했는데, 인쇄 부수가 4500부에 달했다. 기관차 두 량이 끄는 장갑
열차에는 물론 대포 차량과 기관총이 있었다. 몇몇 학자에 따르면, 트
로츠키는 이 열차를 타고 10만 킬로미터 이상을 달렸다.[104]

끊임없이 전선을 내달리는 장갑열차는 이따금 공격을 받거나 군사
작전에 휘말렸다. 트로츠키는 열차를 일종의 "바퀴 달린 참모본부"이
자 전투 도구라고 묘사한다. 그는 "모든 승무원이 무기를 다룰 줄 안
다"고 강조한다. "그들은 모두 가죽 군복 차림이어서 항상 대단히 위
압적으로 보인다. 왼쪽 어깨 바로 밑 팔뚝에 다들 커다란 금속 휘장을

그림 1.5 붉은군대 장갑열차(1919).

그림 1.6 장갑열차에서 내리는 트로츠키(1920).

붙이고 있는데, 조폐국에서 세심하게 만든 휘장은 군대에서 굉장한 인기를 누렸다. 차량은 전화와 신호 시스템으로 연결되었다."[105] 2년 반 동안 장갑열차는 405명에게 숙소를 제공했고, 병사 몇 명을 전투에서 잃었다.

내전이 진행되는 동안 트로츠키의 열차는 전략적 기능과 동시에 상징적 기능도 수행했다.[106] 붉은군대의 이동하는 전략회의실인 동시에 볼셰비키 언어의 전달자였다. 장갑열차는 모든 부대를 군대 전체와 연결했으며, 8000킬로미터에 뻗은 전선을 따라 아무리 외딴 부대라도 고립에서 구해주었다. 트로츠키는 종종 열차에서 병사들에게 연설을 했다. 장갑열차는 순식간에 거의 신화적인 존재가 되었다. 궁핍과 경제 파탄이라는 비극적 상황에서 장갑열차는 생산력의 확장보다는 승승장구하는 세계 혁명의 진전을 압축적으로 보여주는 존재였다. 1918년 11월 동맹국(독일, 오스트리아-헝가리)이 몰락하고 독일과 헝가리에서 혁명이 발발한 뒤, 트로츠키의 장갑열차는 소비에트 러시아와 서구에서 임박한 사회주의 격변을 연결한다는 약속을 실현했다. 독일 호엔촐레른 제국이 몰락한 1918년 11월 8일, 붉은군대 총사령관은 사관학교에서 한 연설에서 이렇게 확언했다. "카를 마르크스는 혁명은 역사의 기관차라고 말합니다. 맞는 말이죠."[107] 세계 자본주의—볼셰비키는 1919년에서 1922년 사이에 제3 인터내셔널이 연 초창기 네 차례 대회에서 이 경제 체제가 돌이킬 수 없는 전반적 위기에 빠졌다고 진단한 바 있었다—의 코즈모폴리턴적 동학과 단절된 채 혁명은 문자 그대로의 의미에서 역사의 기관차로 나타났다. 혁명은 유럽을 사회주의로 내몰고 있었다. 소비에트 러시아는 믿기지 않을 정도의 역사의 가속화를 통해 미래로 내달리고 있었다. 시간이 압축된 듯 보였고, 새로운 사회 건설을 통해 사회주의 유토피아의 시간이 확정되었다.

1920년, 볼셰비키는 베를린에서 공산주의 인터내셔널 차기 대회를 개최하는 것을 꿈꾸었다. 같은 해에 아제르바이잔 바쿠에서 동방인민

대표자회의가 열렸다. 폐막 연설에서 지노비예프는 20세기는 식민 세계가 해방되는 시기이자 너무도 강력해서 저항할 수 없는 전 지구적 해방의 거대한 물결이 될 것이라고 발표했다. 대륙 전체의 지배계급은 이런 전망에 심각한 위협을 느꼈다. 1919년 베르사유에 모인 서구 열강이 소비에트 러시아 주변에 구축하기로 결정한 저지선은 군사적인 동시에 외교적인 것이었다. 1792년 프랑스 혁명에 맞서 진군한 귀족 동맹에 견줄 만한 국제적 동맹이자 페트로그라드와 모스크바에서 태어나 지구 전체로 확산될 위협을 보이는 전염병을 차단하고 저지하려는 정치적 장벽이었다. 철도 시대가 정점에 다다른 1921년, '세계정신Weltgeist'은 이제 더는 백마를 타고 이동하지 않았다. 전설에 따르면 1806년 예나에서 헤겔이 묘사한 나폴레옹의 초상은 이미 수명을 다한 상태였다. 이제 세계정신은 장갑열차를 타고 내달렸다. 대전쟁은 이미 사회주의 혁명을 군사행동으로 변모시켰고, 볼셰비키는 이 행동을 하나의 전략적 전범으로 성문화했다. 역사의 기관차는 장갑을 두를 수밖에 없었다.

자본주의 위기의 시대에 고전적 자유주의와 사회민주주의 둘 다 이미 역사적 역할을 소진해버렸다. 자본주의는 팽창을 멈춘 상태였고, 세계 시장은 세계 경제 불황의 현장이 됐으며, 부르주아지는 1789년에 귀족 조상들이 그랬듯이 반혁명 세력으로 돌아섰다. 사회주의의 경우에는 이제 더는 선거에서 진전을 거둔 뒤 석탄, 철강, 철도의 기하급수적인 증가처럼 도저히 막을 수 없는 승리를 거둘 것이라는 환상을 품을 수 없었다. 진보와 평화적인 경제 발전의 시대는 끝났다. 혁명은 이제 더이상 사회 진화의 유기적 과정의 결과로 간주될 수 없었다. 1792년처럼 이제 혁명은 군사 기술, 즉 전술과 전략의 문제가 되었다.

역사의 기관차는 기술 가속화의 상징이기를 멈추고 순전히 정치적인 모터로 바뀌었다. 트로츠키는 마르크스의 은유가 가진 모호성을 해결했다. 이제 이 은유는 '정치적인 것의 자율성'을 나타내는 것이었다.

신화의 종언

트로츠키의 장갑열차는 기관차 은유에 토대를 둔 혁명적 상상의 정점과 종언을 전형적으로 보여준다. 1920년대 말부터 열차는 혁명의 알레고리적 영역을 포기하고 대신 근대와 산업주의, 기술 진보로 달려가는 소비에트 사회의 쇄도를 상징하게 되었다. 1930년에 만들어진 어느 선전 포스터는 미래로 향하는 길로 나서는 고속 철마를 묘사한다. 공장과 굴뚝을 배경으로 5개년 계획을 4년 만에 달성했음을 알리는 구호를 액자 삼은 철마는 길 위에 있는 모든 것, 특히 종교적 편견을 비롯해 이기심, 알코올 중독, 게으름, 가부장제 등 구질서의 여러 대표자들이 구현하는 부르주아적 재난을 쓸어버린다. 1920년대 말 이후 열차는 코즈모폴리터니즘, 산업 발전, 후진 지역의 근대화, 유럽과 아시아 인민들의 형제애적 융합으로서의 사회주의, 여성해방(여행자와 철도 노동자로서 여성은 독립성을 획득하고 근대를 향해 돌진한다) 등 새로운 문명의 꿈과 업적을 찬양하는, 소비에트 선전에서 선호하는 상징이 되었다.

더 넓은 역사적 관점에서 보면, 철도 시대를 고갈시킨 것은 다름 아닌 대전쟁이다. 19세기 말 2차 산업혁명으로 자본주의 발전의 에너지원이 변모했다. 석탄과 증기 대신 석유와 전기가 그 자리를 차지했다. 속도와 힘은 발전기관 및 열기관과 관련된 새로운 차원을 얻었다. 비행기가 공간과 시간의 소멸을 보여주는 새로운 상징이 되었다.[108]

그림 1.7 유리 피메노프, 〈종교 반대, 산업·재정 계획 찬성, 4년 안에 5개년 계획 완수〉 (1930). 소비에트 포스터.

그림 1.8 소비에트 포스터(1939).

1909년, 루이 블레리오는 영국해협을 가로지르는 첫 번째 비행을 하면서 "프랑스인의 활력 및 침착성과 결합된 프랑스의 과학적 천재성"이 낳은 업적을 전 세계에 보여주었다.[109] 1830년 맨체스터와 리버풀을 처음 연결한 열차가 철도의 세기를 연 것처럼, 블레리오의 비행은 항공의 세기를 열었다. 하지만 항공은 철도 운송보다 훨씬 빠르게 발전했다. 1927년 찰스 린드버그는 뉴욕에서 파리까지 첫 번째 대서양 횡단 단독 비행을 해냈다. 비행기와 나란히 자동차도 등장했다. 전쟁이 발발하기 직전에 디트로이트의 포드 자동차 공장은 조립라인을 통해 자동차를 생산하기 시작했다. 얼마 지나지 않아 자동차는 대중교통의 새로운 상징이 되었다. 물론 열차도 계속 운행됐지만, 대중문화에서 열차는 주권자의 지위에서 내려온 상태였다. 기관차는 이제 더이상 미래를 향해 돌진하는 세계의 유토피아적 전망을 물질화하지 못했다. 하지만 30년에 걸친 유럽 내전[지은이는 제1차 세계대전(대전쟁)과 제2차 세계대전을 1914~45년간 벌어진 유럽 내전으로 본다 | 옮긴이] 동안 기관차에 견줄 만한 아이콘은 나타나지 않았다. 전쟁 및 파괴와 곧바로 동일시된 비행기는 거의 자연스럽게 민족주의, 더 나아가 파시즘의 상상계로 통합되었다.[110] 제1차 세계대전 당시 조종사로 복무한 헤르만 괴링은 1935년 독일 공군 원수로 임명되었다. 같은 해에 레니 리펜슈탈은 선전 영화 〈의지의 승리〉를 찍었다. 마치 튜턴족(게르만족)의 신처럼 비행기를 타고 온 히틀러가 나치 전당대회에 참석하기 위해 뉘른베르크에 착륙하는 첫 장면은 유명하다. 무솔리니는 자신의 (제한된) 비행기 조종사 재능을 자랑스러워했고, 공중에서 묘사되는 것(미래주의의 많은 공중 초상화 aeroritratto처럼)을 좋아했다. 미래주의의 창건자로 1920년대에 파시즘 세력에 가담한 마리네티는 "기하학적 편대 비행"과 "불타는 마을에서

나선을 그리며 올라가는 연기"로 대표되는 공중전의 아름다움을 환호한 한편, 1931년 파시즘은 이탈리아 공군 원수이자 리비아 총독인 이탈로 발보가 리우데자네이루까지 대서양 횡단 비행을 한 것을 찬미했다. 대중문화와 정치 선전에서 조종사는 정력과 여성혐오, 국민적 힘을 상징하는 인물이었다. 대량살상 수단으로서의 비행기―H. G. 웰스가 일찍이 『공중전』(1908)[111]에서 예측한―는 제1차 세계대전 중에 제한된 정도까지 시험된 뒤 에티오피아 전쟁과 에스파냐 내전 중에 대규모로 시험되었고, 마침내 1939년에서 1945년 사이에 도시 전체를 몰살하기 위해 대대적으로 활용되었다. 게르니카와 히로시마 이후 비행기는 쉽사리 혁명적 상상의 은유가 될 수 없었다.

하지만 대중문화와 조립라인의 세기에 철도 신화가 종언을 고하긴 했어도 기관차의 알레고리 기능이 끝장나지는 않았다. '결정론적' 마르크스와 '구성주의적' 마르크스의 차이, 또는 노동을 **통한** 인간 해방의 옹호자들과 노동**으로부터의** 해방 옹호자들의 대립은 유럽이 위기에 빠진 시기에 마침내 가공할 만한 파괴의 기계로 변신한 혁명과 반혁명, 공산주의와 파시즘의 거대한 충돌 때문에 무색해진 듯했다. 인간과 기계의 공생 관계는 새로운 차원을 획득했다. 노동으로부터의 해방은 주변적·이단적 좌파 조류가 퍼뜨리는 유토피아적 선택지가 된 반면, (강력한 기계와 협동하는) 노동의 구원적 전망이 사회주의 문화의 헤게모니 경향들에 철두철미하게 스며들었다. 1940년 초 몇 달간 쓴 역사 개념에 관한 11번째 테제에서 발터 베냐민은 독일 사회민주주의가 프로테스탄트 노동 윤리를 "세속화된 형태로 부활시켰다"고 말했다. "모든 부와 문화의 원천"이라는 이런 "통속적 마르크스주의"의 노동 개념―이미 1875년 고타 강령에서 성문화되었다―은 사회주의를 생산력 발전과 동일시했는데, 그 결과 "사회의 퇴보가 아니라 자연의 정복에서만 진보"를 인식했다. 그리고 이런 기술 물신숭배를 보면서 베냐민은 "나중에 파시즘 속에서 등장하는 테크노크라시적 특징"을 떠올렸다.[112] 베냐민의 관찰은 흥미롭게도 이런 '구원' 개념의 가장 명백한 표현을 거론하지 않는다. 의기양양한 스탈린주의가 정점에 달했을 때 등장한 '사회주의 노동 영웅' 스타하노프 신화가 그것이다. 1935년 돈바스의 광부 알렉세이 G. 스타하노프는 종전의 모든 생산성 기록을 깨뜨림으로써 소비에트 사회의 '새로운 인간'을 구현했다. 영웅적 노동자들과 5개년 계획은 현대적 산업화 세계의 프로메테우스적 건설이라는 사회주의의 전망 속에 통합되었다. 같은 시기에 독일의 민족주의 작가 에른스트 윙거는 대전쟁의 참호 속에서 단련된 노동자-병사인 노동자der Arbeiter의 시대가 도래했음을 선언했다.[113] 한스 콘에게 허무주의와 기술의 이런 융합은 "철저하게 기계화·군사화된 노동자, 근대적 기계-인간의 신격화"로 보였다.[114] 볼셰비즘과 파시즘의 군사 경쟁은 이미 두 전체주의적 기계의 충돌이 되었다. 한나 아렌트를 참고하면, 호모 파베르의 승리는 광기로 바뀌었다.[115]

그리하여 양차대전 사이 시기에 '역사의 기관차'라는 마르크스의 혁명 은유는 의구심을 불러일으키기 시작했고, 결국 근본적으로 의문이 제기되는 지경까지 갔다. 낭만적인 반자본주의는 '과학적' 사회주의의 경계를 무너뜨리고 비판적 사상의 새로운 윤곽을 그려주었다. 진보는 파국과 동의어인 위험한 환상으로 나타났고, 파시즘이 근대의 산물로, 즉 문명 자체의 진전에 의해 생겨난 야만으로 인식되기 시작했다. 마르크스의 은유를 거꾸로 뒤집은 것은 이단적 마르크스주의자인 발터 베냐민이었다. 베냐민은 "본질적으로 진보의 개념을 절멸"했을 법

그림 1.9 아우슈비츠 진입로.

한 근본적으로 반실증주의적인 역사유물론을 제안했다.[116] 역사 개념에 관한 (지금은) 유명한 테제의 추가 항목에는 다음과 같은 문장이 담겨 있다. "마르크스는 혁명이 역사의 기관차라고 말한다. 하지만 아마 전혀 그렇지 않을 것이다. 어쩌면 혁명은 이 열차에 탄 승객들—즉 인류—이 비상 브레이크를 가동하려는 시도일 것이다."[117]

달리 말하면, 역사는 파국을 향해 달려가고 있다. 이것이 역사의 은밀한 목적인telos이다. 혁명은 굉음을 내며 문명을 전진시키는 기관차가 아니라 종착역에 이르기 전에 이 열차의 비극적 경주를 중단시키려는 의식적 행동이다. 혁명은 시간을 가속화하고 그 내적 논리를 완수하는 대신 이런 직선적인 역사적 시간을 깨뜨리고 새로운 (메시아적) 시간을 열어야 한다. 베냐민의 혁명 정의는 20세기의 가장 극적인 순간을 거울처럼 비춘다. 마르크스가 기관차에 매혹된 것이 낙관적인 만큼 이나 이 순간은 묵시록적이다. 마르크스는 산업자본주의와 고조되는 노동자 운동의 '악마적 에너지'를 찬미했다. 베냐민은 '세기의 자정'이던 1940년에 이 글을 썼다. 오늘날 철도는 명예로운 혁명보다는 오히려 아우슈비츠를 환기시킨다.

제2장

혁명적 신체

모든 것을 거꾸로 세우는 헤겔은 행정 권력을 군주의 대리인, 발산물로 뒤바꿔버린다. 그 존재 자체가 군주인 이념에 관해 이야기할 때 헤겔이 염두에 두는 것은 행정 권력의 현실적 이념, 즉 이념으로서의 행정 권력이 아니라 군주 속에 **신체적으로** 존재하는 절대 이념의 주체이기 때문에 행정 권력은 그의 신체, 즉 **군주의 신체 안에 존재하는 영혼의 신비스러운 확장**이 된다.

-카를 마르크스, 『헤겔 법철학 비판』[1] (1843)

공산주의 사회의 여성은 이제 남편이 아니라 자신의 노동에 의존한다. …결혼은 가족의 삶을 불구로 만드는 물질적 계산의 요소를 상실할 것이다. 결혼은 서로 사랑하고 신뢰하는 두 사람의 결합이 될 것이다. 이런 결합은 자기 자신과 주변 세계를 이해하는 일하는 남녀에게 더없이 완전한 행복과 최대한의 만족을 약속해준다.

-알렉산드라 콜론타이, 『공산주의와 가족』[2] (1920)

그림 2.1 마르크 샤갈, 〈전진, 전진!〉. 과슈. 파리 국립현대미술관.

반란의 신체

1918년 말, 비텝스크 예술 인민위원(장관)으로 일하던 마르크 샤갈은 〈전진, 전진!〉을 그렸다. 10월 혁명 기념일을 위한 하나의 연구라고 설명한 그림이었다. 이 그림에서 혁명은 러시아의 전통 복장을 입은 젊은이가 밑에 있는 마을을 뛰어넘는 가운데 무지개처럼 파란 하늘 위로 솟아나는 기다란 띠로 환기된다. 여기서 혁명은 미래를 향한 도약이다. 자서전에서 샤갈은 자신이 그림을 휙 뒤집은 것처럼 레닌이 러시아를 거꾸로 뒤집었다고 말해준다.[3] 비텝스크에서 인민예술학교를 이끌던 시절인 1918년에서 1922년 사이에 그가 그린 걸작들의 다수는 자유롭게 떠다니는 인물들—농민, 랍비, 젊은 연인—이 두드러진다. 유대인 '부유인luftmenshn'을 떠올리게 하는 이미지다. 그로부터 20년 뒤에 그는 〈혁명〉(1937)을 그렸는데, 이 작품에서는 레닌이 일종의 곡예사로 등장한다. 붉은 깃발이 휘날리는 내전의 풍경 속에서 주저하는 랍비를 앞에 두고 탁자 위에 한쪽 팔로 물구나무를 선 모습이다.

〈전진, 전진!〉은 혁명의 행위자들이 인식한 대로 혁명을 선명하게 묘사한다. 미래를 향한 도약과 무중력감이 생생하게 느껴진다. 이런 감정은 최악의 물질적 조건—전쟁의 참화, 식량 부족, 궁핍—과 아무 문제 없이 공존할 수 있으며, 아래로부터의 변혁에 의해 모든 것이 변화하고 있고, 낡은 세계가 끝을 맺고 새로운 세계가 다가온다는 깊은 확신에서 생겨난다. 새로운 사회를 건설하는 것은 어려운 과제이고, 막대한 희생을 필요로 하면서도 그 성과는 여전히 불확실한 엄청난 야심이지만, 자신에게 날개가 있어서 중력의 법칙을 거스를 수 있다는 이런 흥분된 느낌이 현재를 모양짓는다. 흡사 강력한 전류처럼 신체에 충격을 가해 활기를 불어넣는 느낌이다. 혁명은 또한 신체적 경험이기도 하다.

혁명의 행위자와 목격자 모두 갑자기 단일한 신체처럼 합쳐져서 행동하는 인간의 힘이 보여주는 예상치 못한 이례적인 스펙터클에 깜짝 놀란다. 다중의 활력과 지성이 의식적인 통합—이질적 대중이나 원자화된 요소들이 모인 도시 군중과는 정반대다—으로 합쳐질 때 모든 게 가능해진다. 수많은 역사적 사건들이 보여주는 현상을 설명하기 위해 흔히 인용되는 헤겔 변증법의 양질 변화의 법칙에 의지할 필요도 없다. '하늘을 급습하다.' 앞 장에서 이미 인용한 이 이미지가 이런 혁명적 분위기의 실체를 잘 보여준다.

혁명에 동조하지 않은 증인들에서 시작해보자. 1848년 프랑스 혁명을 집중적으로 다룬 『회상』(1850)에서 토크빌은 2월 봉기 중에 노동계급들이 정복한 파리의 스펙터클을 인상적으로 묘사한다.

나는 오후 내내 파리 곳곳을 돌아다녔다. 특히 두 가지가 인상적이었다. 첫 번째는 이제 막 일어난 혁명의 주요한 성격은 아니지만 독특하고 대단히 대중적인 성격이다. 민중—즉 손을 써서 일하는 계급—이라는 적절한 이름으로 불리는 이들이 혁명으로 다른 모든 이들보다 전능함을 얻었다. 두 번째는 악의적인 정념, 아니 사실상 어떤 열렬한 정념도 비교적 없다는 것이다. 이런 정념의 부재는 하층계급이 갑자기 파리의 지배자가 된 사실을 곧바로 분명히 해주었다.[4]

프랑스 대혁명[1789년. 1830년 7월 혁명, 1848년 2월 혁명과 구분하기 위해 1789년의 경우는 '프랑스 대혁명'이라고 지칭한다 | 옮긴이]에서 대중의 시야를 압도한 것은 부르주아 엘리트 출신의 문인들이었던 반면, 노동계급은 비록 대대적으로 결집하긴 했어도 "**사실상**으로나 **법적**으로나 국가의 유일한 지도자나 지배자가 된 적이 없었다".[5] 반면 1848년에 토크빌은 혁명이 "전적으로 부르주아지의 바깥에서 그들에 반대해서 이루어진 듯했다"고 놀라운 듯 말했다. 지배계급으로서는 새롭고 두려운 광경이었다. 토크빌은 이렇게 덧붙였다. "우리의 역사에서 이렇게 새로운 현상은 일찍이 없었다." 2월 봉기가 일어나는 동안 7월 왕정[1830~48년 루이 필리프의 왕정 | 옮긴이]의 국가기관뿐만 아니라 군대와 경찰부터 국민위병에 이르는 억압 기구의 모든 대표자들까지 사라져버렸다. 그 결과 "자연스러운" 사물의 질서가 완전히 뒤집어졌다. 토크빌이 볼 때 한층 더 놀라운 것은 혼돈이 확산되기는커녕 새로운 질서가 창출되고 있다는 사실이었다.

민중만이 무기를 소지한 채 공공건물을 지키며 감시하고 지시를 내리고 처벌했다. 부로 가득한 이 도시, 아니 거대한 나라가 아무것도 가진 게 없는 이들의 수중에 들어간 것을 보다니 참으로 이례적이고 끔찍했다. 중앙 집권 덕분에 파리를 통치하는 자가 프랑스를 다스리기 때문이다. 그리하여 다른 모든 계급들은 엄청난 공포를 느꼈다. 나는 대혁명 시기에 그처럼 거대한 공포를 느낀 적이 있는지 궁금했는데, 로마 제국의 문명 도시들이 갑자기 고트족과 반달족의 수중에 들어갔을 때나 이런 경험을 했을 게 틀림없다고 말하고 싶다.[6]

이어지는 몇 쪽에서 토크빌은 6월 봉기가 진압되는 와중에 다시 한 번 동료 귀족과 부르주아들에 둘러싸였을 때 느낀 감정을 묘사하면서 겁에 질린 관찰자의 망토를 벗고 공감하는 문체를 구사한다. 그는 그들 사이에서 "친구와 이웃인 수많은 지주와 변호사, 의사와 농장주"를 알아보고 감동했고, 내란에 이어 대학살이 벌어진 뒤 안도감을 느꼈다. 토크빌의 말을 빌리자면, 반혁명은 "파리 노동자들의 폭정에서 나라를 구하고 다시 나라의 소유권을 제자리로 돌려놓았다".[7]

1848년 6월 사태를 통해 새로운 정치적 신체의 탄생이 드러났다. 억압받는 대중과 노동계급이 역사의 주체로 구성된 것이다. 토크빌은 회고록에서 몇몇 개인을 언급하고 심지어 바리케이드도 묘사하지만, 그가 성원들을 식별하는 것("지주와 변호사, 의사")은 자기 계급에 관해 말할 때뿐이다. 파리의 민중계급들을 묘사할 때는 각기 다른 기관을 움직이는 식으로 행동하는 단일한 신체로 그린다. 토크빌은 숙련공, 구두 수선공, 목수, 제분업자, 짐마차 제조공, 대장장이, 벽돌공, 세탁부, 재단사, 바구니 제조공 등을 언급하지 않는다. 오로지 '노동자'와 '민중'만 언급할 뿐이다. 이 사람들은 의식적 신체로, 같은 시기에 마르크

스가 말한 이른바 '대자적 계급[경제적 생산수단의 소유 여부에 따라 정해진 즉자적 계급class in itself이 계급의식을 통해 정체성을 얻고 하나의 집단을 형성하면 대자적 계급class for itself이 된다 | 옮긴이]'으로 행동했다.[8]

토크빌의 회고를 다른 혁명의 행위자의 회고와 나란히 놓고 보면 흥미롭다. 『나의 생애』(1929)에서 레온 트로츠키는 비슷하게 인상적인 지면을 할애해서 1917년 페트로그라드에 팽배한 흥분 상태와 프롤레타리아 계급들의 각성을 묘사한다. 트로츠키는 외부의 관찰자가 아니라 혁명 지도자로서 글을 썼으며, 따라서 그가 민중이 정치 무대의 중심으로 이동하는 분자적(세밀한) 과정을 경험한 것은 민중 자체 안에서였다. 그의 말을 빌리자면, 이는 "역사에 고무된 광란"을 의미했다.[9]

이런 광적인 고무는 대단히 창의적이었다. 트로츠키는 민중이 하나의 정치적 주체로 변신하는 과정을 묘사하면서 지도자인 그 자신이 어떻게 민중에게 흡수됐는지를 설명했다. 민중은 그가 연설에서 사용하는 단어를 '제안'하면서 무의식적인 집단적 과정의 소망적 표현으로 그 단어들을 뒤바꿨다.

나는 보통 저녁 무렵에 모던서커스에서 연설을 했는데, 이따금 밤늦은 시간에 하기도 했다. 청중은 노동자와 병사, 열심히 일하는 어머니, 거리의 부랑아―수도의 억압받는 약자들이었다. 좁은 틈새 하나 없이 사람들이 빼곡하게 들어찼다. 소년들은 아버지 어깨 위에 올라타고, 젖먹이들은 어머니의 젖을 빨았다. 아무도 담배를 피우지 않았다. 인파의 무게를 견디지 못해 발코니가 무너질 것 같았다. 비좁은 인간 참호를 통과해 연단까지 갔는데, 때로는 사람들이 머리 위로 번쩍 들어서 옮겨주기도 했다. 기다림에 지친 인파가 내뿜는 숨결로 가득한 공기가 모던서커스 특유의 떠들썩한 고함과 열정적인 함성과 함께 터져 나왔다. 머리 위와 사방으로 사람들의 팔꿈치와 가슴, 머리가 짓눌렀다. 수많은 인체로 이루어진 따뜻한 동굴 속에서 연설을 했다. 내가 손을 뻗을 때마다 어김없이 옆 사람과 부딪혔지만, 오히려 고마워하는 몸짓을 보니 걱정할 필요가 없었다. 연설을 중단하지 않고 계속해야 했다. 제아무리 지친 연사라도 열정적인 인파의 팽팽한 긴장 앞에서는 주저할 수 없다. 사람들은 어디로 가야 할지를 알고, 깨닫고, 길을 발견하기를 원했다. 이따금 내 입에서 나오는 소리를 통해 이 군중의 진지한 탐구심이 하나의 전체로 통합되는 것처럼 느껴졌다. 그러자 미리 생각했던 모든 주장과 단어가 피할 길 없는 공감의 압력 앞에 무너지며 뒤로 물러났고, 연설자는 전혀 예상하지 못했지만 이 사람들은 절실히 필요로 하는 다른 단어, 다른 주장이 무의식에서부터 조리 있게 터져 나왔다. 이런 때면 마치 바깥에서 연사의 말에 귀를 기울이며 그의 생각을 따라잡으려고 애쓰는 것처럼, 흡사 나 자신의 의식적 추론의 소리에 놀란 몽유병자처럼 지붕 끝에서 떨어질까 걱정이 들었다.[10]

트로츠키는 귀스타브 르봉이나 무솔리니가 잘 묘사한 모델에 따라 논증과 이미지, 신화로 대중을 유혹하고 굴복시키면서 쥐락펴락하는 카리스마적 지도자이기는커녕 자신이 일종의 몽유병자나 복화술사가 된 것 같은 인상을 받았다. 자신은 대중 자체, "하나의 전체"로 변신한 군중의 목소리를 마치 영매처럼 표현하는 것 같았다.[11]

트로츠키가 묘사한 것은 군중이 아니라 혁명적 신체였다. 다중의 자생적 탄생과 행동하는 신체로의 변신에 관한 묘사는 엘리아스 카네티가 『귓속의 횃불』(1981)에서 탁월하게 그린 바 있다. 1927년 7월 15일 빈 폭동에 참여한 자신의 경험을 이야기하는 부분이다.[12] 시위를 벌이는 노동자들을 살해한 혐의를 받는 경찰관들을 무죄방면한 평결이 나오자 격분한 반응이 터진 상태였다. 대법원은 곧바로 집단적 분노의 표적이 되었다. 빈의 서민 동네에서 몰려나온 노동자들이 도시 심장부로 쳐들어가서 대법원을 불태웠다. 카네티는 오스트리아 수도에서 벌어진 민중계급의 역동적인 결집을 완벽하게 포착했다. 그는 이 군중이 스스로를 둘러싸고, 그리고 그에게 발산하는 저항하기 힘든 물리적 매력을 묘사했다. "군중의 흥분, 군중의 전진, 능숙한 움직임"; 내면의 "사악한 음악"의 리듬에 맞춘 춤처럼 거리를 휩쓸고 다니는 움직임; 경찰의 총격으로 바닥이 주검으로 뒤덮인 뒤에도 모든 두려움을 극복하고 다시 집결할 수 있게 해준 놀라운 힘과 평등주의적 성격; 그의 머릿속에 울리는 "진동"과 더불어 군중을 움직이게 만든 총격의 종류. 그는 르봉이나 가브리엘 타르드같이 경멸하는 눈길로 폭도를 묘사하지 않았다. 르봉과 타르드 역시 분명 현대 군중의 전염력과 창의적 상상을 인식했지만, 결국 그들을 "야수"나 "열등한 인종", "미개인"에 비유했다.[13] 카네티는 그 7월 15일에 발견한 대중에게 말 그대로 매혹되었다. 그로부터 53년 뒤 저 "환하게 빛나던 무시무시한 날"의 기억을 떠올리자마자 그는 여전히 군중의 물결을 뼛속깊이 느꼈다. "내가 온몸으로 경험한 혁명에 가장 가까운 날이었다."[14] 하지만 카네티는 혁명에 관심이 없었다. 감동적인 회고록에서 묘사한 것처럼, 그가 "완전히 녹아든" 군중은 극적이지만 덧없는 폭발의 주인공이었다. 군중은 대법원을 불태웠지만, 정부를 전복하지는 못했다. 정반대로, 토크빌과 트로츠키는 유일한 집단적 신체로 구성되어 역사를 바꾸기 위해 의식적으로 행동하는 민중을 묘사했다. 마틴 브리오의 말을 빌려 간략하게 정의할 수 있듯이, 혁명은 노동하는 동물animal laborans을 정치적 동물

zoon politikon으로 뒤바꾸는 민중적 경험plebeian experience이다.[15]

　하지만 집단적 행동은 혁명의 육체적 경험의 다양성을 소진시키지 않는다. 이런 경험은 추상적이거나 상징적·은유적인 신체—주권의 기관器官 같은—만이 아니라 물리적 신체와도 관련이 있으며, 다시 물리적 신체는 움직이는 사람들과 생명정치의 대상 둘 다. 신체는 혁명의 주체인 동시에 객체다. 혁명적 사건의 주체이자 혁명이 낳은 결과의 객체이며, 혁명의 드라마의 주체이자 그 재현의 객체인 것이다. 역사적 과정으로 볼 때, 혁명은 신체를 돌보고 규율하기 위한 새로운 정책의 전제일 뿐만 아니라 신체적 해방과 재생의 의미심장한 순간으로도 나타난다—그리고 혁명의 행위자들도 그렇게 느낀다. 이 모든 차원이 만화경 같은 형상을 창출함으로써 혁명의 거대한 소용돌이 속에 합쳐지기 때문에 이런 신체적 경험을 개념화하는 것은 쉬운 과제가 아니다. 이 장에서는 이런 상이한 차원들을 그 상호 연결 속에서 탐구하고 분석하고자 한다.

동물화된 신체

해방적 폭력은 결코 동떨어져서 일어나지 않는다. 구체제와 사회·정치적으로 단절하려면 사회체social body 전체에 영향을 미치는 극적인 수행과 상징적 표현이 필요하다. 혁명에는 적어도 한동안은 위반transgression으로 보이는 인류학적 차원이 존재한다. 그 차원은 대개 일시적으로 드러나지만 집단적 상상에 미치는 영향은 지속적이고 강력하다. 레닌이 혁명을 "억압받고 착취당하는 이들의 축제"[16]라고 정의하면서 제시한 은유는 거의 말 그대로 해석할 수 있다. 혁명은 사육제

carnival의 바쿠스 신도들과 축제에서 승인되는 규칙 위반을 떠올리게 하는, 스펙터클화되고 종종 의례화된 폭력—상징적인 동시에 실제적인 폭력—만이 아니라 과잉도 보여준다. 로제 카유아가 축제와 전쟁을 비교하면서 발전시킨 많은 관찰은 혁명으로도 확대할 수 있다. 구질서의 전복은 일시적인 중단을 낳는데, 이 공백은 새로운 사회적 흥분과 모든 수용된 관습의 위반으로 채워진다.[17]

반란은 대개 즐거운 정념의 분출이며, 사람들은 거리로 쏟아져 나와 서로를 끌어안고서 집결의 기쁨을 맛보고 따뜻한 공동체로 단합된 느낌을 만끽한다. 정중함과 체면이라는 관습적 형식과 감정 억제를 갑자기 녹여버리는 이런 기쁨의 분출에는 관능이 존재하며, 따라서 익명의 군중 한가운데서 모르는 사람과 입을 맞추는 것은 자연스럽고 즐거운 일이 된다. 해방의 희열이 존재하는 것이다. 해방된 광장을 극장으로 변모시켜 방금 전에 벌어진 역사적 사건을 재연하고 카메라로 고정시키는 —숱하게 많은 혁명에 전형적인— 경향은 이로써 설명된다. 남자들은 무기를 휘두르고 여자들은 들라크루아의 마리안처럼 깃발을 하늘 높이 휘날린다. 많은 이들이 증언을 통해 이런 순간의 격렬한 행복감을 묘사한 바 있다. 하지만 해방은 또한 다른 면모를 보이기도 한다. 마찬가지로 위반적이고 '성스러우'면서도 절대 유쾌하지는 않은 면모를. 낭비, 빈정댐, 무례함, 격분, 분노, 소극, 비웃음, 모욕—살인까지 포함된다— 등에서 보이는 '종교적 공명'은 고대의 인간 희생 의식과 관련되며 민중의 기억 속에 부끄러운 행동이나 살인, 범죄가 아니라 의례로 새겨진다. 혁명을 둘러싼 사회적 흥분이 더욱 퍼지고 깊어질수록 낡은 권력이 정지되면 이런 사육제의 위반 행위도 더 인상적으로 바뀐다. 적의 신체—상징적인 만큼이나 현실적인 적—가 주요한 표적이 된다.

이런 신체적 잔학행위의 사육제는 보통 권력 이동이 아직 진행 중인 때, 또는 혁명 과정의 이행기 중에 법률이 중지되는 집약적인 순간에 일어난다. 통제되지 않고 극단적이며 스펙터클화된 미개한 잔인성의 전형적인 사례가 프랑스 대혁명의 역사 서술에서 걸핏하면 반복되는 1792년 9월의 대학살이다. 코뮌(자치체)이 선포되고 왕이 투옥된 뒤 파리의 상퀼로트들이 자행한 학살이다. 몇몇 저자들이 말한 것처럼, 이는 구체제의 죄악을 피로 속죄하는 격분한 희생 의식이었다. 주검의 사지를 절단해서 전시한 뒤 마치 전리품처럼 앞세우고 거리를 행진했다. 기요틴을 사용한 공개 처형 정도로는 복수하는 군중의 "디오니소스적 충동"을 만족시킬 수 없었다. 군중이 정의의 완수에 참여해야 했다.[18] 쥘 미슐레는 이런 자생적 린치의 구경꾼들을 휩쓸어 잔학행위에 가담하게 밀어붙인 "강력한 자성磁性의 소용돌이"를 인상적인 언어로 묘사했다. 아찔한 흥분에 사로잡힌 구경꾼들은 거대한 움직임을 따르면서 이런 "끔찍한 마귀 축제"의 행위자가 되었다.[19] 발터 베냐민이 말한 것처럼, 혁명은 미래로 훌쩍 뛰어서 과거를 다시 가동하는 행위다. 혁명은 하나의 이미지로, 조상들의 충동으로 눈 깜짝할 새에 현재에 침입해서 많은 관습에 갑자기 의문을 제기한다.[20]

1792년의 혁명의 사육제는 20세기에 다시 나타났는데, 발작적 형태의 폭력이 벌어지기도 하고 없기도 했다. 러시아 혁명을 연구하는 많은 역사학자들은 10월 반란 이후 겨울궁전에서 벌어진 약탈 행위에 주목한다. 페트로그라드 소비에트 병사들은 수년간 물질적 궁핍을 야기한 세계대전이 한창인 가운데서도 귀족들이 사치에 몰두한 증거를 발견했다. 은식기 세트, 크리스털 유리 제품, 자기 식기, 잔뜩 쌓인 프랑

스 와인 등이었다. 하지만 겨울궁전 장악은 7월 14일[프랑스 대혁명 당시 바스티유 감옥을 습격한 날 | 옮긴이]이 아니었다. 그것은 페트로그라드 소비에트의 군사혁명위원회가 계획하고 관리한 행동이었고, 약탈 행위는 금세 중단되었다.[21]

잔학한 사육제는 에스파냐 내전 중에도 일어났다. 특히 1936년 여름 프랑코가 쿠데타를 일으킨 뒤 공화국 당국이 민중 반란으로 정복한 도시들을 아직 군사적으로 통제하지 못하던 시기에 벌어졌다. 혼돈과 공포, 거대한 사회적 폭발의 시기에 즐거운 순간과 끔찍한 순간을 결합하는, 감정적이고 통제되지 않은 민중의 고조는 중앙 권력의 공백을 확인해주었다. 즉석에서 만들어진 아나키스트 분대가 지주와 수도사, 사제를 대대적으로 처형하는 시기였다. 외국 통신원들의 보도에 따르면, 카탈루냐에서는 반란군이 사실상 모든 교회와 수도원을 불태우고 약탈했다. "승리에 도취한 폭도는 그후 성직자들의 옷을 입고 바르셀로나 거리를 행진했다." 일부 사제들은 "처형된 뒤 최후의 보복 행위로 머리와 팔이 잘렸다".[22] 공화파 정부가 다시 질서를 확립하고서야 '산책paseo'이 중단되었다.

제2차 세계대전 말 레지스탕스가 조직한 민중 봉기는 이런 잔학행위의 갤러리에 또다른 일화를 추가했다. 가장 악명 높은 사건은 1945년 4월 29일 밀라노 로레토 광장에 무솔리니와 그의 정부 클라레타 페타치의 주검을 전시한 일일 것이다. 군중은 두 주검에 야유를 보내며 짓밟은 뒤 거꾸로 매달았다. 두체(Il Duce. 지도자)의 정력과 압도적인 섹슈얼리티의 신화가 거꾸로 그를 겨누었다.[23] 이탈리아와 프랑스의 많은 도시에서 해방 시기 동안 깃발을 휘날리며 춤을 추는 즐거운 행진의 가장자리에서 '매춘 부역horizontal collaboration'을 했다고 고발당한 여자들의 머리를 삭발하는 '흉측한 사육제'가 벌어졌다.[24] 흔히 지방 도시의 중앙광장에 설치된 무대에 여자들을 올려서 머리를 밀었다. 청중이 욕과 야유를 퍼붓는 가운데 공개적으로 모욕을 주는 스펙터클이었다. 프랑스 중부 로제르의 한 신문은 이 불쾌한 쇼에 대해 이렇게 논평했다. "군중은 양과 같다. 유치하면서도 잔인할 수 있다. 하지만 같은 날 품위 있게 우리 순교자들의 장례 행렬을 뒤따른 것도 바로 이 군중이다."[25]

이 모든 일화에서 봉기가 펼쳐 보이는 단일한 과정 속에서 해방된 신체의 가벼움과 관능성이 상처 입은 이들의 모욕 및 도발과 공존했다. 이렇게 통제되지 않은 폭력의 순간들은 "왕좌가 비어 있고" 통상적인 모든 규칙이 깨진 권력의 공백에서 생겨났다. 프랑스 대혁명 시기에 공포정은 군중의 무정부적 진취성을 대체하고, 로베스피에르와 당통의 말처럼 이를 "법률의 칼"에 종속시킴으로써 폭력의 방향을 돌리고 합법화했다.[26] 에스파냐 내전에서 '산책'은 민병대를 조직하고 공화군을 창설하면서 끝났다. 많은 유럽 나라에서 제2차 세계대전이 끝나고 새로운 정부가 수립되면서 초법적 처형이 끝을 맺었다.

이런 혁명의 사육제는 집단적 상상에 강력한 영향을 미쳤다. 1789년에서 1794년 사이에 귀족들이 입은 심각한 정신적 외상이 오래 지속된 탓에 한 세기 넘도록 반혁명의 이데올로기적·미학적 재현이 생겨났다. 부르봉 정통주의와 반동의 언어 목록은 동물학 사전에 가까워졌다. 선전 팸플릿과 학술 연구 양쪽 모두에서 혁명가들은 야수로 묘사되었고 그들의 신체는 걸핏하면 동물로 그려졌다. 『현대 프랑스의 기원』(1878)의 저자 이폴리트 텐에 따르면, 대혁명은 "반란의 동물적 본능"이 분출된 사건이었다. 텐은 혁명 행위자들의 이념형을 그리면서 문명을 파괴하려는 욕망에 휘둘리는 미개인을 묘사했다. "야만인, 아니 원시적 동물, 피에 굶주려 얼굴을 찡그린 음탕한 원숭이가 냉소적 웃음을 터뜨리며 살인을 하고 자신이 파괴한 잔해 위를 신나게 뛰어다닌다."[27] 1871년 10월, 소설가 테오필 고티에는 파리코뮌을 동물원에서 탈출한 짐승들에게 갑자기 정복당한 도시에 비유했다.

모든 주요 도시마다 튼튼한 방책을 두른 동굴인 사자 구덩이가 있다. 맹수와 냄새가 고약한 동물, 독 있는 짐승을 넣어두려고 만든 것인데, 문명이 길들이지 못한 온갖 괴팍한 짐승들, 피를 사랑하고, 불꽃놀이만큼이나 방화를 즐기며, 도둑질을 기쁨으로, 강간을 사랑으로 여기는 자들, 야수의 심장과 기형의 영혼을 가진 자들의 공간이다. 백주대낮에는 알지 못하는 혐오스러운 인간들이 지하의 깊은 어둠 속에서 사악한 방식으로 빠르게 번식한다. 언젠가 조심성 없는 간수가 이 동물원의 문 안에 열쇠를 두고 나오면, 야수들이 사납게 울부짖으며 겁에 질린 도시를 날뛰며 돌아다닌다. 열린 우리에서 93년의 하이에나들과 코뮌의 고릴라들이 뛰쳐나온다.[28]

극작가 에르네스트 페이도에게 코뮌은 "순전한 수간獸姦"의 승리를 의미한 한편, 막심 뒤 캉은 코뮌을 "흉포한 낭화증[lycanthropy. 자신이 늑대라고 생각하는 망상증 | 옮긴이]"의 독특한 사례라고 묘사했다.[29] 파리코뮌에 참여한 여성들은 "방화녀pétroleuses"와 매춘부, 범죄자, 자기 성을 잊어버리고 들불의 스펙터클에 흥분해서 폭동에 참여한 몸이 되었다.[30] 고티에에 따르면, 대다수 코뮌 여자들은 "흡혈귀와 라미아[상반신은 여자고 하반신은 뱀인 그리스 신화 속 흡혈 괴물 | 옮긴이]의 분위기를 풍기"거나 "양성의 추악함을 두루 갖춘 갖가지 흉측한 암수한몸을 이루

면서 셰익스피어의 연극에 등장하는 콧수염을 기른 하르피아[여자의 머리와 몸에 새의 날개와 발톱을 가진 그리스 신화 속 괴물 | 옮긴이]들"처럼 보였다.[31] 세기말 실증주의가 영향력을 키우면서 에밀 졸라 같은 자연주의 소설가들도 코뮌을 사회체에 생긴 병리의 증거로 서술하게 되었다. 코뮌 행위자들은 알코올 중독과 매독으로 쇠약해진 사람들이었다. 범죄인류학의 창시자인 체사레 롬브로소는 『범죄자』(1876)에서 일정한 형태학—납작한 두개골, 매부리코, 돌출 귀, 다부진 턱, 돌출 광대뼈, "구린 데가 있는" 인상—으로 확인되고 미개인, 즉 원숭이와 인간의 중간 종과 비교되는 "타고난 범죄자"의 원형을 자세히 설명했다. 롬브로소가 볼 때, 이런 유형의 "타고난 범죄자"는 특히 국왕 시해범, 테러리스트, 코뮈나르, 아나키스트 가운데 많았다.[32]

혁명적 신체의 동물화는 1920년대 초에 정점에 달했다. 베를린의 스파르타쿠스단 봉기, 바이에른과 헝가리의 평의회 공화국 수립, 발트 국가들의 내전 등으로 볼셰비즘이 중유럽으로 팽창할지 모른다는 위협이 구체화된 때였다. 당시 만들어진 민족주의 포스터들에서 볼셰비즘은 도나우 강물에 피를 뚝뚝 흘리는 괴물이나, 보는 이를 단검으로 위협하는 고릴라로 묘사되었다. 1920년 윈스턴 처칠은 10월 혁명에 반대하는 격렬하고도 장황한 연설문을 썼는데, 러시아를 "인류의 적들"의 수중에 내동댕이친 파국적 사건이라고 비난했다. "도시의 폐허와 희생자의 주검 한가운데에 우글거리는 티푸스를 보유한 해충이나 흉포한 개코원숭이 무리"로 현실화된 "동물과 같은 형태의 야만"이 권력을 잡았다는 것이다. 그 지도자인 레닌은 "해골 더미" 위에 올라앉은 사나운 괴물이었다.[33] 파시스트 운동이 창건되기 전인 1918년, 무솔리니는 자신이 펴내는 신문 『이탈리아 민중』에서 볼셰비즘을 "동물적

그림 2.2 반볼셰비키 선전 포스터, 부다페스트, 1920년.
그림 2.3 〈전쟁과 실업, 기아를 초래하는 볼셰비즘〉(1920). 반볼셰비키투쟁동맹의 포스터, 베를린.

본능의 분출"이라고 소개했다.[34] 민족사회주의가 부상하면서 반혁명이 동물 은유 대신 암, 바이러스, 질병, 콜레라균 등으로 이루어진 생물학적인 인종주의 담론을 내세운 것은 나중의 일이다.

인민의 두 신체

혁명의 신체정치에는 또한 신학적 차원도 있는데, 이를 이해하려면 역사적 여담이 필요하다. 고대 이래로 신체 은유가 정치 어휘사전을 특징지었다면, 자연적 신체와 정치적 신체의 유사성이 체계화되고 문학적 토포스가 된 것은 16세기의 일일 뿐이다. 세계 지도의 정교화와 근대 지도학의 탄생을 가능케 한 대발견의 시대는 또한 인체 해부학이 극적으로 발전한 시대이기도 했다. 공간과 신체 둘 다 구성요소가 꼼꼼하게 묘사되었다. 공간은 대양과 육지와 강으로 만들어졌고, 신체는 살과 뼈, 신경과 피의 구조물로 구성되었다.『사람 몸의 구조(파브리카)』(1543)—인간의 신체를 내부에 감춰진 상호 연결된 기관들의 복잡한 구조물로 처음으로 완벽하게 재현한 안드레아스 베살리우스의 해부학 소책자—가 출간되고 한 세기 뒤에 국가를 '자연의 신체corpus naturalis'와 비교하는 게 흔한 일이 되었고, 둘 다 데카르트적 기계에 비유되었다. 솔즈베리의 요한, 장 보댕, 마키아벨리에 뒤이어 인간 신체라는 주권의 원형적 정의를 제공한 것은 바로 홉스였다.[35] 이 은유로 문을 여는『리바이어던』(1651) 서론에서 이 잉글랜드의 사상가는 신체와 국가의 유사성 목록을 확인했다. 주권은 영혼이고 번영은 힘이며, 법률은 이성, 행정은 사지, 처벌은 신경, 선동은 질병, 내전은 죽음이었다. 책의 유명한 표지 그림—국가 백성들의 신체가 하나로 모아져 만들어진 리바이어던—에서 시각적 표현을 발견하는 군주는 홉스에 의해 자신의 몸을 통해 국가의 힘과 미덕을 대표하며 머리가 신체 각 부위에 대해 갖는 것처럼 힘을 소유하는 인공적 인간으로 소개된다.[36] 홉스는 국왕의 신성한 권리라는 오랜 중세 교의를 포기하면서 국가를 모든 사람이 우월한 권력에 기꺼이 자신을 양도하는 상호 계약의 결과물로 정의했다. 주권을 구현하는 "필멸의 신"은 인민으로부터 나왔는데, 절대 권력은 인민을 초월했다. 따라서 홉스의 인간화된 권력 은유는 주권의 원천에 관한 새로운 정의에 있었다. 주권의 원천은 신이 아니라 인민, 즉 국민이라는 "거대한 다수"에 있었다. 홉스의 은유는 신화적 재현—성경 속 리바이어던의 이미지—을, 권력의 정당성을 인류의 동의와 관련짓는 사법적 구성물과 통합했다.

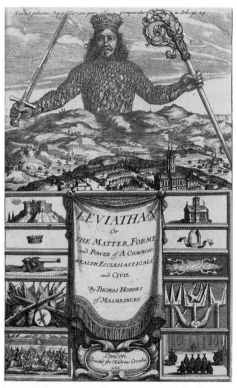

그림 2.4 토머스 홉스, 『리바이어던』(1651) 초판 표지 일러스트레이션, 코넬대학교 도서관 희귀본·수고본 담당과.

홉스의 『리바이어던』이 중세 정치신학으로부터 근대적 주권 이론으로의 이행을 전형적으로 보여준다면, 그 강력한 시각적 재현은 여전히 권력의 정당성의 새로운 원천으로서의 인민과, '필멸의 신'으로서의 주권자 사이의 개념적 이원론에 바탕을 둔다. 이런 관점에서 보면, 에른스트 칸토로비츠가 『왕의 두 신체』 서론에서 지적한 것처럼, "약간의 수정을 거쳐 20세기까지도 여전히 유효한 왕의 두 신체" 교의에 의문이 제기되지 않는다.[37] 이 중세 원리에 따르면, 신에게서 나오는 불멸의 정치적 신체corpus politicus가 일종의 숨은 신deus absconditus으로서 자연의 신체corpus naturalis, 즉 왕의 물리적인 필멸의 신체 안에서 움직인다.[38] 왕이 죽어도 왕국이 해체되지 않았다. 왕의 죽음은 단지 "왕권의 불멸의 부분인 '영혼'이 한 화신에서 다른 화신으로 옮겨갔음"을 알림으로써 왕권의 영원한 성격을 재확인했을 뿐이다. 이런 관점에서 보면, 리바이어던의 인간화된 재현은 그리스도의 신비체corpus mysticum, 즉 머리와 사지가 붙은 하나의 '유기체'로 합쳐진 기독교 공동체라는 신학적 관념을 재정식화했을 뿐이다.[39]

칸토로비츠가 중세와 근대 초 몇몇 저자를 참조해 꼼꼼하게 묘사하면서 주장하는 바에 따르면, 왕의 두 신체 교의는 왕의 장례식에서 극적이고 의미심장한 실례를 발견했다. 생드니 대성당에 묻히는 프랑스왕의 장례식은 엄격한 의례를 따랐다. 참석자들이 "폐하께서 돌아가셨다Le roi est mort!"고 애도하는 가운데 관이 지하 묘지로 들어갈 때, 왕의 깃발이 잠깐 내려졌다가 곧바로 다시 올라가면서 "국왕 폐하 만세를 누리소서Vive le roi!"라는 외침이 울려 퍼졌다.[40]

근대의 가장 위대한 두 혁명의 행위자들이 비슷한 의례를 수행한 것을 관찰하는 일은 흥미롭다. 프랑스 대혁명의 경우에, 물론 이런 비교는 루이 16세의 매장이 아니라 1793년 1월 21일 혁명 광장[Place de la Révolution. 대혁명 이전의 명칭은 '루이 15세 광장'. 1814년 부르봉 왕정복고 이후 '루이 15세 광장', '루이 16세 광장'으로 바뀌었다가 1830년 7월 혁명 이후 오늘날과 같은 '콩코르드 광장'으로 불린다 | 옮긴이]에서 이루어진 그의 처형과 관련된다. 국민공회의 결정을 거쳐 기요틴으로 마무리된 이 처형을 계기로 혁명 과정의 역설적인 모순이 드러났다. 한편으로 ─상징적인 차원에서─ 국왕의 처형으로 사형 절차에 이르기까지 정치권력과 사회

그림 2.5 루이 16세의 처형, 파리, 1793년 1월(판화).

의 세속화가 완수된다고 여겨졌다. 왕이라고 예외는 아니었다. 루이 16세, 일명 루이 카페의 처형은 혁명의 통상적인 적들의 처형과 다르지 않았다. 기요틴—기계적이고 비인격적이며 조용하고 신속한 살인 기구—은 사형 의례를 세속화하는 동시에 민주화했다.[41] 다른 한편으로, 왕의 처형은 신성한 행위, 즉 이제 막 생겨난 공화국 체제의 토대를 만드는 희생의 성격을 띠었다. 열광하는 군중이 단두대를 에워쌌고, 중세 왕들의 장례식을 패러디하듯 북소리로 처형이 선언됐으며, 사형 집행인이 참수된 왕의 목을 들어 보이는 순간 관리인들은 "공화국 만세!Vive la République!"라고 외쳤다.[42] 흥분한 많은 구경꾼들이 왕의 피를 손에 묻히려고 단두대로 뛰어올랐고, 병사들은 그 피에 군도를 적시기도 했다. 미슐레는 공포정 시기의 공개 처형을 묘사하면서 "그 광장은 일종의 극장이 되었다"고 말한다.[43] 로베스피에르 자신도 국왕 처형이 엄숙한 일임을 암묵적으로 인식하면서 이를 자연권의 "신성한 의무"를 완수하는 것이라고 묘사했다. 카미유 데물랭에 따르면, 왕의 피는 "프랑스 공화국을 선포하는 포고령을 확정지었다".[44] 왕의 처형은 군주정의 영속성에 환호를 보내는 대신 새로운 정치적 신체인 인민주권의 도래를 찬미함으로써 공화국의 불멸성을 확고히 했다.

마지막 차르 니콜라이 2세가 가족 전부와 함께 처형당한 것은 엄숙한 의식이 전혀 없는 다른 상황에서 이루어졌다. 볼셰비키는 루이 16세의 경우와 같은 공개 재판을 예상했었지만, 1918년 여름에 내전이 격화되자 스펙터클한 법적 절차를 준비할 시간이 나지 않았다. 트로츠키는 예카테린부르크가 백군에 함락된 뒤 모스크바로 돌아와서 소련 국가수반 야코프 스베르들로프에게서 차르 처형에 관한 이야기를 들은 기억을 떠올린다. 소비에트 정부의 생존이 위태로운 상황이었고, 볼셰비키는 적에게 "살아 있는 깃발"을 내줄 수 없었다. 트로츠키가 『망명일기』(1935)에서 설명한 바에 따르면, 차르의 처형은 결국 왕정을 복고할 수 있다는 조금의 희망도 백군에게서 빼앗기 위한 조치였다. 10월 혁명의 역사적 단절은 급진적인 만큼이나 돌이킬 수 없었고, 볼셰비키는 어떤 후퇴나 타협도 받아들이지 않을 것이었다. 황가는 군주정의 승계 원리의 희생양이었다고 트로츠키는 결론지었다.[45]

소비에트 권력의 부담을 덜어주기 위해 니콜라이 2세의 처형은 공개적인 구경거리로 진행되지 않았다. 몇 달 뒤 새로운 소비에트 정부가 선포되는 순간과 똑같이 엄숙한 의례 없이 이루어졌다. 공산주의 전례典禮를 부과하는 순간은 아직 오지 않았다. 20년간의 지하투쟁과 불안정한 망명 생활에서 벗어난 러시아 혁명가들은 여전히 그 어떤 제도적 의례에도 전혀 익숙하지 않았다. 사회주의의 불멸성에 대한 찬미는 나중에 이루어져서 레닌의 죽음으로 정점에 달했다. 레닌의 시신을 미라로 만들어 모스크바 심장부에 있는 영묘靈廟에 전시하기로 한 결정에 관해서는 나중에 다시 이야기하고자 한다. 여기서는 레닌의 장례식에 거대한 군중이 모이고 몇 주 동안 사람들이 계속 그의 관을 찾아와서 소비에트 지도부가 임시 무덤을 한층 장엄한 영구적 목조 영묘로 바꾸기로 결정했다는 사실만 강조하는 것으로 충분하다. 혁명 지도자가 서거했다는 발표는 그의 사상과 가르침의 불멸성에 초점을 맞추는 거대한 캠페인의 시작을 알리는 신호탄이었다. 붉은 광장에서 장례식이 시작된 1월 27일, 라디오 방송으로 장례식 전체를 지배하는 메시지가 퍼져나갔다. "레닌은 죽었지만 레닌주의는 살아 있다!"[46] 다음 날, 이 구호가 소비에트 신문을 통해 전국 각지에 울려 퍼졌다. 『이즈베스티야』는 헤드라인에서 '왕의 두 신체'라는 중세의 교의를 환기시켰다. "필멸의 레닌은 세상을 떠났지만, 그의 대의와 유산은 영원히 남으리라."[47] 『프라우다』는 사설에서 죽고 없는 일리치와, 러시아 인민과 세계 각지의 공산주의자들 사이에 불멸의 존재로 남아 있는 레닌을 구분했다. 블라디미르 마야콥스키가 레닌의 불멸성에 바친 시는 여러 차례 재간되었다. "레닌과 죽음—두 단어는 서로 적이다/레닌과 삶—은 서로 동지다/레닌은 살았고/살고 있고/살 것이다."[48]

이미 그전부터 시작되어 1923년에 사실상 제도화된 이 볼셰비키 지도자 숭배는 동일한 기본적 요소들을 다양하게 변주해서 결합한 풍부한 도상에서 가장 의미심장한 표현을 발견했다. 행진하는 인민과 붉은

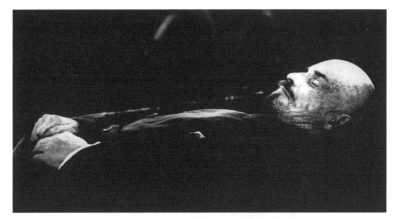

그림 2.6 레닌의 미라, 모스크바(1924).

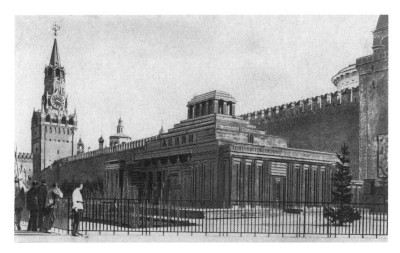

그림 2.7 목조로 지어진 레닌의 영묘, 모스크바(1924).

군대 병사들, 밭을 가는 농민, 공장에서 일하는 노동자 등에 둘러싸여 팔을 쭉 뻗어 손가락으로 미래를 가리키는 레닌의 도상이다. 몇몇 포스터는 홉스의 향취를 풍긴다. 1927년 로스토프에서 10월 혁명 10주

그림 2.8 '10월 기념', F. 체르노셴코가 만든 소비에트 포스터, 로스토프(1927).

년 기념으로 내건 플래카드에는 타원형 틀 안에 담긴 정치인 레닌을 향해 기뻐서 어쩔 줄 모르는 노동자와 농민이 양쪽에서 모여든다. 배경에서 떠오르는 태양은 목가적인 농촌 풍경과 나란히 도시 건물과 공장 굴뚝을 환하게 비춘다. 이 포스터는 1920년대의 대다수 다른 이미지에 비하면 거대하지 않지만, 그럼에도 일종의 소비에트판 리바이어던, 즉 자신 안에 수많은 사람의 신체를 통합하는 주권자인 레닌을 보여준다.[49]

현대의 혁명과 '왕의 두 신체' 의례의 이런 유사성은 세속화 과정에 강력한 빛을 새롭게 던져준다. 프랑스 대혁명 기간에 왕에서 인민으로 주권이 이동한 외상적外傷的 과정을 오로지 한 사회·정치 질서의 파괴와 이전의 신념과 가치의 포기로만 해석해서는 안 된다. 물론 종교에 맞선 싸움은 종교 제도에 근본적인 의문을 던졌고, 전통적 재현이 쇠퇴하면서 세계에 대한 전반적인 탈신비화가 이루어졌다. 하지만 이런 극적 변화는 신성성의 소멸이나 사회와 권력으로부터 신성성의 후퇴를 낳지 않았다. 주권의 이동은 오히려 신성성이 종교와 전통으로부터 세속적 가치로 이동함을 의미했다. 하느님과 성자, 교회와 왕—종교와 왕의 법과 제도와 상징—에 대한 숭배에서 그 나름의 제도로 구현되는 자유와 평등, 인류애, 민족, 이성 같은 세속적 가치에 대한 숭배로 옮겨간 것이다. 모나 오주프에 따르면, 이런 "신성성의 이동"은 혁명 달력에서부터 재생된 민족과 인류의 도래를 찬미하는 공화국 축제에 이르기까지 새로운 상징과 의례의 발명으로 귀결되었다.[50] 결국 바로 이것이 가장 혁명적인 변화들을 모양지은 우상파괴 물결의 진정한 의미다. 로베스피에르가 '최고존재Supreme Being' 숭배를 도입한 프랑스 제1공화국 시절의 '탈기독교화', 10월 혁명 이후 러시아의 정교회 폐쇄, 에스파냐 내전 당시 성직자를 겨냥한 폭력의 무정부주의적 폭발 등이 그 예다. 교회를 불태우고, 성상을 파괴하고, 유물을 파손하고, 기독교 십자가에 총포를 쏘고, 사제들을 죽인 것은 새로운 신성한 가치로 자유가 도래함을 알렸다. 그리하여 자코뱅의 프랑스와 볼셰비키의 러시아에서 새롭게 등장한 의례는 카를 슈미트가 『정치신학』(1922)에서 내린 다음과 같은 유명한 평가를 확인해주는 듯 보인다. "현대 국가 이론의 모든 중요한 개념은 세속화된 신학 개념이다."[51] 이런 해석의 열쇠를 채택하면, 루이 16세의 처형과 레닌의 장례식은 겉으로는 다른 의미(처형과 장례식)인 듯 보이지만 둘 다 '왕의 두 신체' 원리의 세속화된 판본처럼 보인다.[52] 왕의 처형은 인민의 주권적 신체, 즉 옛 왕의 **자연적 신체**를 억압하지 않고는 존재할 수 없는 새로운 **정치적 신체**의 탄생을 축하하는 사건이었다. 한편 레닌의 장례식은 지도자의 덧없는 신체적 개인성과 사회주의의 불멸성을 구분함으로써 이미 인민의 신체의 이원성을 확립했다. 하지만 레닌의 미라와 레닌주의의 상징들은 주권적 의지의 새로운 담지자인 인민의 불가능한 재현을 대체하는 역할을 수행할 수 있었을 뿐이다. 앞으로 살펴보겠지만, 국왕 주권의 정치신학의 세속화는 결국 인민이 새로운 권력에 의해 주조, 건조된 생명정치적 대상으로 임명되는 결과를 낳았다.

인민의 주권적 신체는 아포리아적 개념이자 거의 재현 불가능한 은유다.[53] 한편으로 혁명적 행동 안에서 통일성을 발견하는 진정한 인민—다수의 신체—은 어떤 허구적 재현도 필요로 하지 않는다. 이 인민은 국가에 맞서 싸움으로써 존재하며 그들의 승리는 구체제와 그 대표자들의 죽음을 의미한다. 혁명적 군중은 그들 고유의 상징—들라크루아의 〈민중을 이끄는 자유의 여신〉(1830)이나 에이젠슈타인의 〈10월〉(1927)을 생각해보라—을 갖지만, 기성 권력을 위해 행동하지 않는다. 그들 자신이 권력을 세우는 중이기 때문이다. 다른 한편, 새로운 주권의 상징과 제도의 등장은 돌이킬 수 없게도 다중, 즉 그들이 대표한다고 여겨지는 정치적 신체의 후퇴와 비가시성에 상응한다. 이 주권적 신체는 신비적이고 전능한 실체—『리바이어던』의 표지 삽화에서 인용하는 성경 구절을 되풀이하면서 "지상에 그와 견줄 만한 권력은 없다 Non est potestas super terram quae comparetur ei"고 말할 수 있다—로서, 오로지 입헌적 헌장이나 가공의 협약에 의해서만 존재한다. 인민주권은 모순어법이다. 주권은 인민 **위에 있는** 권력으로만 존재하기 때문이다. 미술사가 T. J. 클라크에 이어 에릭 샌트너는 다비드가 그의 유명한 그림 〈마라의 죽음〉(1793)을 통해 이런 불가능한 현현을 장엄하게 표현했다고 말한다. 캔버스를 보면, 프랑스 혁명가 마라의 유령 같은 주검—죽음의 형상을 담은 당대의 모든 정전正典과 단절하는 방식으로 욕조에 누운 모습으로 묘사된다— 위로 뒤편의 짙은 갈색 벽이 그늘을 드리우면서 그림의 대부분을 채운다. 샌트너에 따르면, 마라의 주검과 텅 비었지만 압도적인 벽의 대비는 "왕의 주권에서 인민주권으로 나아가는 이행기에 놓인 재현의 교착 상태"를 완벽하게 보여준다.[54]

주권적 신체

클로드 르포르에 따르면, 민주주의는 권력이 "텅 빈 장소", 즉 그 정당한 원천이자 보유자로 여겨지는 인민이 점유할 수 없는 장소가 되는 자리다. 따라서 이 장소는 "공적 권한을 행사하는 이들이 전유한다고 주장할 수 없는" 곳이다.[55] 이런 의미에서 민주주의는 그 장소를 "점유하는" 대의적 권력인 절대주의의 반대말이다. 절대주의는 사회를 균일한 하나의 신체로 건설하고 절대주의 없이는 존재하지 않는 정치 공동체를 창조하는 권력이기 때문이다. 르포르가 권력의 "공허"와 "대의불가능성"을 강조함으로써 "신체의 해체disincorporation"에서 민주주의의 주된 특징을 파악하는 것은 이 때문이다.[56] 한스 켈젠 같은 법실증주의 사상가들은 대의 기관에 바탕을 둔 민주주의는 언제나 법률 작성에 참여하지 않는 침묵하는 익명의 인민을 가정한다고 지적한 바 있다. "'대의적'이라고 불리는 현존하는 민주주의 가운데 어느 것도 실제로 대의적이지 않다는 사실은 의문의 여지가 없다."[57] 다시 말해, 인민이 주권적 신체로 자리를 잡은 것—'인간과 시민의 권리 선언'은 "모든 주권의 원천"이 인민에게 있다고 단정한다—은 구체적인 신체적 총체로서 인민의 해체를 함축하는 하나의 허구다. 프랑스 대혁명의 초기 몇 년 이래, 인민주권 개념은 귀족적 보수주의만이 아니라 아주 다른 여러 이유로 일부 계몽된 관찰자들에게도 의심스럽게 보였다. 에스파냐의 자코뱅 숭배자인 가스파르 멜초르 데 호베야노스에 따르면, '민족주권'에 관해 이야기하는 것은 의미가 없었다. 그가 주장한 것처럼, 주권은 언제나 통치자와 신민의 구별을 함축하며, 인민은 "자신들의 주권"이 될 수 없다.[58] 분명 혁명을 좋아하지 않았던 정치사상가 카를 슈미트는 근대 헌법 이론에서 '인민' 개념이 모호함을 강조했다. "공식적으로 조직된", 즉 법률에 따라 형성되고 정의된 주권적 인민은 오로지 인민을 대신해서 행동하는 정치인을 통해서만 존재하는 허구인 반면, 현실의 인민—법률에서 무시되는 인민이지만 흔히 쓰이는 언어의 실체—은 정확히 통치하지 않는 이들, 권력에서 배제되고 "예나 아니오로만 말하거나 … 환호만 할 수 있는" 이들이다.[59]

시에예스는 처음에는 인민을 민족—프랑스의 "산 몸을 먹어치운 끔찍한 질병"인 귀족 집단에 대립되는 "시민들의 거대한 신체"[60]—에 동화시키고, 뒤이어 민족을 제3신분으로 환원함으로써 이 모순의 해법을 찾고자 한 것으로 악명 높다. 재산과 교육의 기준에 따른 "능동적" 시민과 "수동적" 시민의 구분은 그가 "노동하는 기계"이자 "인간적 생산도구"라고 우아하게 지칭한 모든 육체노동자를 정치적 대표에서 배제했다.[61] 그리하여 시에예스는 19세기 전체에 걸쳐 뱅자맹 콩스탕에서 존 스튜어트 밀에 이르기까지 고전적 자유주의의 전통적 주제가 되는 차별적인 정치 원리를 도입했다. 설상가상으로 프랑수아 퓌레는 로베스피에르가 재산과 세금 자격에 근거한 대의 기관에 반대한 것이 인민의 이상화를 낳은 원천이며 이것이 공포정으로 이어졌다고 보았다.[62]

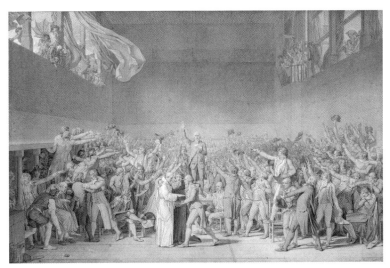

그림 2.9 다비드, 〈테니스코트의 서약〉(1791), 캔버스. 파리 카르나발레 박물관.

인민의 주권 의지에 시각적 재현을 부여하려는 보기 드문 시도 가운데 하나—이번에도 역시 다비드가 호화스럽게 그린 〈테니스코트의 서약〉(1791)—가 인민을 배제한 신체적 은유라는 사실은 의미심장하다. 캔버스는 열광적으로 흥분하는 군중을 보여주는데, 헌법 제정을 낭독하는 국민의회 의장 바이를 중심으로 모인 집단적 신체의 구성원들이다. 신체의 머리인 바이가 장면을 지배하며, 그 아래에 종교인 세 명—각각 수사, 사제, 개신교 지도자인 제를 신부, 그레구아르 신부, 라보 생테티엔—이 눈에 들어온다. 새로운 관용 정신과 민족의 심장을 상징하는 인물들이다. 하지만 이 집단적 신체는 제헌의회 성원들인 제3신분으로 구성된다. 부유하고 체통이 있으며 잘 차려입은 남자들의 몸짓은 혼란스럽고 흥분된 전반적 분위기에도 불구하고 위엄과 자신감을 전달한다. 그림의 양쪽 위에서 눈에 들어오는 평민들—여자도 몇 명 있다—은 무대에서 멀리 떨어진 높다란 연단 두 곳에 가둬진 채 역사

적 의식에 수동적으로 참여한다.[63]

바쿠닌과 아나키즘 전통은 말할 것도 없고 마르크스와 마르크스주의의 언어 사전에 인민과 주권이 부재한 것은 두 개념이 모호하기 때문이다. 아나키즘은 국가를 폐지하고자 하는 반면, 마르크스주의는 프롤레타리아의 권력 정복을 인간의 자기해방의 전제로 가정했으며 이런 자기해방이 이루어지면 국가가 필요 없어진다고 보았다. 프리드리히 엥겔스의 말마따나 "물레나 청동제 도끼와 나란히 골동품 **박물관에**" 들어간다는 것이었다.[64] 아나키즘과 마르크스주의 둘 다 주권을 파괴하는 것을 목표로 삼았다.

마르크스의 저술에서는 신체적 은유가 주로 국가를 묘사하는 데에 사용되며, 때로는 노동계급에도 사용된다. 『브뤼메르 18일』(1852)에서 마르크스는 "이 소름끼치는 기생체는 프랑스 사회의 몸을 휘감고서 구멍이란 구멍은 죄다 틀어막는다"고 말했다. 프롤레타리아트가 앞서 이런 기생체가 성장하면서 흡수한 힘과 기능을 "사회체"에 돌려주려면 이 거대한 관료·군사 기구를 해체해야 한다.[65] 마르크스가 『프랑스 내전』(1871)에서 지적하는 것처럼, 파리코뮌이 채택한 조치들 덕분에 주권 개념 자체가 필요 없어졌다. 보편참정권, 의원 소환제, 경찰 폐지, 대중교육(공교육) 등은 국가 없는 사회로 나아가는 첫걸음이었고, 이런 사회는 통치자와 국민의 분리―주권의 실체―가 더이상 존재하지 않는 정치 공동체였다. "의회 기구가 아니라 활동하는 행정부인 동시에 입법부"[66]인 코뮌은 통제되거나 통치받는 기구가 아니었고, 국가의 억압 기구를 파괴함으로써만 세울 수 있는 자주관리 기구였다. 마르크스는 두 개의 신체적 은유로 혁명을 정의했다. "기생하는 혹"을 "절단했다"는 것이었다.[67] 1848년 기조만이 아니라 1871년 티에르가 추구한 목표도 "프롤레타리아적 신체"의 이런 해방적 잠재력을 분쇄함으로써 질서를 회복하는 것이었다. 마르크스의 유기체 은유는 권력의 법적 형태보다는 정치 행동 및 집단적 상상과 관계가 있었다. 코뮌은 모든 제도적 차원을 넘어서는 생생한 경험이었고, 그 유산은 기억의 영역, 그가 신체적 은유를 통해 다시 표현하는 개념이었다. "코뮌 순교자들은 **노동계급의 거대한 심장** 속에 소중히 간직되어 있다."[68]

물론 1848년에서 1871년 사이에 마르크스의 정치 저술에는 연속성이 존재한다. 마르크스는 이 저작들에서 국가를 억압 기구이자 "기생하는 혹"으로 정의한다. 혁명은 생산수단을 사회화함으로써 프롤레타리아트를 새로운 지배계급으로 구성하는 동시에 나라의 경제적 토대를 변혁하기 위해 국가를 전복하려 했다. 하지만 마르크스가 대의 기구와 인민주권에 대립되는 직접민주주의—프롤레타리아 독재와 동의어로 제시했다—라는 새로운 개념을 정교화함으로써 "인민의 두 신체" 모델을 완전히 포기한 것은 파리코뮌을 경험하고 난 뒤의 일일 뿐이다. 『브뤼메르 18일』에서 마르크스는 1850년 5월 제2공화국이 보편 참정권을 억압한 것을 신체적 은유를 통해 격렬하게 비난했다. 그에 따르면, 이 조치로 프랑스 부르주아지는 "의회라는 머리와 국민이라는 몸통을 연결하는 근육을 두 동강 냈"으며 "자유롭게 선출된 인민의 대표 기관에서 권력을 찬탈하는 한 계급의 의회"로 변신했다.[69] 파리코뮌에서는 이제 이런 이중성이 존재하지 않았다.

1917년 여름에 쓴 『국가와 혁명』에서 레닌은 파리코뮌과 프롤레타리아 독재에 관한 마르크스의 사고를 체계화하려고 노력했다. 그가 이 글을 쓴 목적은 "마르크스가 국가라는 주제에 관해 정말로 가르친 바를 재확립하는" 것이었다.[70] 그 순간 레닌의 지적 성향은 반권위주의적이었다. 레닌은 이 글에서 1848년 혁명과 파리코뮌에 관한 마르크스의 저작을 다뤘는데, 소비에트가 투쟁 기관에서 권력 기관으로 전환하던 바로 그 순간에 러시아 혁명의 프리즘을 통해 그 저작을 재해석했다. 레닌이 볼 때, 이 이행이 낳은 결과는 처음부터 자신의 소멸을 위해 행동하는 새로운 권력이었다. 이 통치체에서는 "인민의 두 신체"—구체적인 '자연적 신체'와 추상적인 '정치적 신체'의 분리—가 이미 의미를 잃은 상태였다.

국가는 역사적으로 과도적인 기구라고 레닌은 말했다. 과거에 많은 인간 공동체가 국가 없이 존재했기 때문에 국가 없는 미래도 마찬가지로 생각할 수 있었다. 레닌에 따르면, 국가는 계급사회의 역사적 산물이었고, 따라서 지배계급의 도구였다. 이 부르주아 국가를 변형할 수 없었다. 폭력 행위로 억눌러야 했다. 하지만 이런 파괴는 창조적이었다. 프롤레타리아 독재의 모델인 파리코뮌은 "인간의 통치"를 "사물의 행정"으로 바꿔놓았다.[71] 프롤레타리아 독재로서 코뮌은 스스로 소멸하기 위한 전제를 창조한 국가였다. 『반듀링론』(1878)에서 엥겔스는 국가 소멸 과정을 언급했다. "국가는 '폐지'되는 게 아니라 **자취를 감추는 것**stirbt ab이다."[72] 이상 사회의 모습을 미리 보여준 갖가지 형태의 유토피아 사회주의와 달리, 마르크스는 공산주의를 "현재의 상태를 폐지하는 현실적인 운동"이라고 묘사했다. 안토니오 네그리는 주권을 겨냥하는 이 혁명 개념을 "확장적 입헌(구성적) 권력expansive constituent power"이라고 적절하게 특징지었다. 순수한 "해체적destituent" 권력으로 반란을 이상화하는 것과는 다른 개념이다.[73]

레닌 이론의 이런 '초자유주의적' 순간은 권력을 정복한 뒤 그가 보인 권위주의와 놀라우리 만치 다르다. 『국가와 혁명』을 읽다보면 그가 수많은 정형화된 묘사와 동떨어진 사상가라는 사실이 드러난다는 점에서 신선한 동시에 여러 문제가 제기된다. 레닌이 볼 때, 프롤레타리아 독재의 기관들은 입법부인 동시에 행정부로서, 선출된 대표자들이 위계질서 없는 체계 속에서 '사물의 관리'를 보장했다. 하지만 민주적 숙의가 어떻게 기능하고 누가 결정을 내리는가? 『국가와 혁명』에서 레닌은 권력 집중에 관한 어떤 고찰도 피했다(러시아가 한창 위기에 빠진 상황에서 정치 지도자로서 실제로 무시하지 않은 문제였는데도). 그는 혁명 국가의 법적인 틀을 검토하는 것을 완전히 도외시했다.[74] 혁명 국가에는 법률이 필요한가? 헌법이 있어야 하나? 정치적 다원주의를 보장하는가? 개인적·공적 자유의 획득을 지켜주는가? 혁명 국가의 기구들 안에서 소수 반대파의 자리는 어디인가? 모종의 검열이 필요한가? 볼셰비키는 이런 질문들에 경험적으로 맞닥뜨리게 되고, 1918년 소비에트 헌법은 1917년 12월 그들이 해산시킨 제헌의회의 산물이 아니었다. 기존 체제의 예외 상태가 아니라 입헌(구성적) 권력인 프롤레타리아 독재는 새로운 질서를 창출하기 위해 법률을 유예하고 폐지해야 했다. 공백 상태에서는 모든 게 가능해졌다. "구성적"인 것을 "해체적 잠재력을 포획해서 중립화하는 권력의 형상"이라고 정의한 조르조 아감벤이 옳다면,[75] 혁명 이론에서 주권 개념의 부재는 반란 정신을 지키는 데에 유리하지 않다. 이 부재는 대신에 통제 불가능하고 극도로 권위주의적인 구성적(입헌) 권력을 위한 전제들을 낳는다.

레온 트로츠키 또한 전통적인 법적 의미의 주권 개념을 신중하게 피했다. 『러시아 혁명사』(1930~32)에서 그는 인상적인 한 장章을 이중 권력 문제에 할애했다. 차르 체제가 붕괴한 이래 소비에트를 임시정부와 대립시킴으로써 러시아의 위기를 규정한 문제였다. 그가 볼 때, 이

중 권력은 영국 혁명과 프랑스 대혁명이 선명하게 보여준 것처럼 모든 혁명을 '규제하는 원리'였다. 잉글랜드의 초창기 부르주아지의 장로교 의회와 크롬웰의 평민 중심 신형군New Model Army의 대립뿐만 아니라 프랑스 군주정과 국민공회의 대치도 1917년 러시아에서 고스란히 재현되었다. 이 모든 혁명 경험에서 "내전을 계기로 이런 이중 주권이 영토라는 가장 가시적인 형태로 드러났다".[76] 혁명과 반혁명 둘 다 유일한 권한을 부과하기 위해 분투했다.

원래 1917년 4월 레닌이 사용한 '이중 권력dvoevlastie'이라는 용어가 '권력'을 뜻하는 러시아어 'vlast'에서 나온 것인데, 이 고대 슬라브어 단어가 권위, 통치, 통제, 힘을 의미한다는 사실은 흥미롭다. 몇몇 예외가 있긴 하지만, 레닌이나 트로츠키는 '주권'을 가리키는 현대 러시아어 'suverenitet'를 사용하지 않았다. 아마 독일어나 프랑스어에서 유래한 이 단어는 법적 의미의 권력을 가리킨다.[77] 법적·정치적 상부구조인 국가를 파괴하고 세계혁명을 통해 국제관계의 구조 전체를 깨뜨리려 한 혁명적 사상가들에게는 이 단어가 지나치게 법적인 개념처럼 보였다. 권력을 장악한 뒤 볼셰비키는 차르 정부가 서구 열강과 맺은 모든 비밀 협정을 공표하겠다는 의도를 선언했다. 1918년 3월, 소비에트 신정부가 중부 제국들과 별도로 평화를 교섭한 브레스트-리토프스크 요새에서 독일과 오스트리아의 외교관들은 트로츠키와 요페가 열차에서 내리면서 적군 병사들에게 폭동과 혁명을 선동하는 전단을 나눠주기 시작하자 자기들 눈을 믿을 수 없었다. 주권이 다시 등장한 것은 나중인 1920년대 초로, 외무 인민위원(외무장관) 게오르기 치체린이 열강의 소련 국가 인정을 교섭하기 위해 1922년 제노바 회담에 갔을 때다.

사실 혁명과 이중 권력, 국가 소멸에 관한 이런 지적 토론은 러시아 내전이 발발하면서 불과 몇 달 만에 완전히 종적을 감추고 말았다. 1917년 10월에 이중 권력이 임시정부와 소비에트 대회의 관계에 영향을 미친 반면, 12월에는 ―순식간에 지나가긴 했으나― 사회혁명당 우파가 지배하는 새롭게 선출된 제헌의회와, 볼셰비키가 처음에 사회혁명당 좌파와 동맹을 맺어 장악한 소비에트 정부의 대립으로 바뀐 상태였다. 하지만 내전이 벌어지면서 소비에트는 텅 빈 껍데기가 되었다. 경제가 붕괴하고, 산업 생산이 대폭 감소했으며, 볼셰비키의 사회적 기반인 공장 노동자들이 다수 붉은군대에 합류했다. 반혁명이 조직되고 소비에트 권력에 대항하는 국제적 동맹이 탄생한 가운데 소비에트 권력은 신속하고 집중적인 군사화 과정에 착수하는 식으로 대응했다. '인민의 두 신체'가 볼셰비키 정부로 구현된 프롤레타리아 독재로 다시 나타났다. 사회주의의 불멸의 신체는 허구가 되었고, 왕의 물리적 신체는 이제 군사화된 당과 일치했다. 레닌은 『국가와 혁명』에서 프롤레타리아트는 "착취자들의 저항을 분쇄하기" 위해 "국가 권력과 중앙집권화된 무력 기구, 폭력 기구"를 필요로 한다고 설명한 뒤 이미 당의 독재를 선언한 용어로 공산당의 헤게모니적 역할을 지적했다.

마르크스주의는 노동자 정당을 교육함으로써 권력을 잡고 전체 인민을 사회주의로 이끌며 새로운 체제를 지휘하고 조직할 역량이 있는 프롤레타리아트의 전위를 교육한다. 이들은 부르주아지 없이, 부르주아지에 맞서 사회적 삶을 조직하는 데서 교사와 안내자, 모든 노동 인민, 피착취 인민의 지도자가 될 수 있다.[78]

1920년 10월 니콜라이 부하린에게 보낸 편지에서 레닌은 극히 간단한 삼단논법을 통해 이런 견해를 나타냈다. "프롤레타리아 계급=러시아 공산당=소비에트 권력."[79] 러시아 혁명 총참모부로 변신시킨 장갑열차에서 트로츠키는 『테러리즘과 공산주의』(1920)를 썼다. 이 선동적인 글에서 그는 볼셰비키 당의 독재를 주장하고 이론화했다.

우리는 소비에트의 독재를 우리 당의 독재로 대체했다고 몇 번이고 비난을 받고 있다. 하지만 소비에트의 독재는 오직 당의 독재를 통해서만 가능해졌다고 말하는 것은 완전히 정당할 수 있다. 당이 소비에트에 노동자의 무정형의 의회에서 노동자가 수위를 차지하는 기구로 변신할 가능성을 부여한 것은 당의 분명한 이론적 관점과 강한 혁명적 조직 덕분이다. 이렇게 당의 권력을 노동계급의 권력으로 '대체'하는 과정에는 어떤 우연도 없으며, 실제로 대체라고 할 것도 없다. 공산주의자는 노동계급의 근본적 이해를 표현한다. 역사가 이런 이해를 거대한 규모로 당대의 가장 중요한 문제로 끌어올리는 시기에 공산주의자가 노동계급 전체에게 인정받는 대표자가 되는 것은 극히 자연스러운 일이다.[80]

이어지는 글에서 붉은군대 수장은 반혁명에 맞선 혁명적 공포정의 도래를 일종의 '역사 법칙'으로 강조한다. 트로츠키는 볼셰비키 당 독재의 장점을 주장하면서 정치적 다원주의 억압(반볼셰비키 정당이 모두 불법화되었다), 검열, 체카(Cheka. 초법적 억압 기구) 창설, 노동과 노동조합의 군사화, 그리고 심지어 강제노동의 도입을 정당화한다. "의무, 따라서 강제는 부르주아적 무정부 상태를 억제하고, 생산수단과 노동의 사회화를 확보하기 위해 필수적인 조건이다."[81] 1년 뒤 트로츠키는 그루지야(오늘날의 조지아)의 강제 소비에트화—소비에트 체제를 방어하기 위해 민족자결을 희생시킨다—와 크론시타트 반란 진압을 비슷한 논거로 옹호한다. 그의 눈에서 혁명적 공포정은 역사 속에 목적론적으로 새겨졌다. 그것은 '진보'와 미래를 구현하는 부상하는 계급이 과거를 대표하며 권력을 포기하려 하지 않는 쇠퇴하는 계급에 맞서는 공포정이었다. 볼셰비키는 '역사의 전진'을 가속화했을 뿐이다. 멘셰비키 지도자 라파엘 아브라모비치가 이런 식의 사회주의와 이집트 노예제가 어떤 차이가 있는지 묻자 트로츠키는 경멸하는 어조로 답했다. 아브라모비치는 "이집트에는 파라오가 존재하고, 노예주와 노예가 있었다"는 사실을 잊어버렸다는 것이다. "소비에트를 통해 피라미드를 건설하기로 결정한 것은 이집트 농민들이 아니다." 이와 달리, 소비에트의 강제는 "노동 대중의 이익이라는 이름 아래 노동자·농민의 정부가 적용한" 것이었다.[82] 20년 전 러시아 사회민주당 2차 대회에서 레닌의 '대체주의substitutionism'[83]에 가한 어느 비판을 뒤집으면서 트로츠키는 소비에트 독재를 일종의 홉스적 절대주의라고 묘사했다. 자유를 제약으로 대체하는 상위의 '자연법lex naturalis', 또는 이 영국 철학자의 용어로 하자면 '의무'와 동반하는 '자유'의 이름 아래 인민이 주권자에 완전히 복종하기로 동의했다는 것이다. '왕의 두 신체'라는 신학적인 정치 교의로 번역된 이 견해는 '신의 대리인인 왕rex vicarious Dei'이라는 중세의 모토와 일치했다. 신(인민)이 왕(당)에 완전히 포함되었다.[84]

불멸

이로써 우리는 레닌의 신체로 다시 돌아간다. 소비에트 정부에서 영묘에 주검을 전시한다는 선택지가 처음 논의된 것은 1923년 가을의 일로, 당시 볼셰비키 지도자가 서거하기 몇 달 전 건강이 극적으로 악화된 상태였다.[85] 칼리닌, 부하린, 트로츠키, 카메네프, 리코프가 참석한 비공식 정치국 회의에서 신임 당서기장 스탈린은 웅장한 장례식을 진행할 것을 제안했다. 그는 화장—엥겔스가 25년 전에 선택한 방식—은 러시아의 전통이 아니라고 주장하면서 몇몇 당원들이 국민이 이런 엄청난 손실에 익숙해질 수 있도록 잠시 동안이라도 지도자를 방부 처리할 것을 제안했다고 언급했다. 이 제안에 트로츠키와 부하린은 소스라치게 놀라면서 레닌의 유해를 정교회 성자처럼 성골聖骨로 바꾸는 데에 반대했다. 마르크스주의자이자 열렬한 무신론자인 레닌 스스로 그런 조치를 허락했을 리가 없다. 이후 며칠간 레닌의 부인 나데즈다 크룹스카야도 항의의 목소리에 힘을 보탰다. 이렇게 견해차가 있었음에도 정부는 장례식 동안 레닌의 주검을 전시한다는 원칙을 승인했다(공산주의 인터내셔널 서기장 그리고리 지노비예프는 당 기관지『프라우다』에서 레닌의 주검은 세계 혁명의 소유물임을 강조하면서 이 제안을 지지했다). 따라서 크룹스카야가 공개적으로 반대했음에도 레닌의 시신은 대중에게 공개되었다.

장례식이 끝난 뒤에도 보통사람들이 끝없이 줄을 서자 당은 시신을 무기한 보존하기로 결정했다. 그러려면 영구적인 지하 묘지가 필요했는데, 묘지 설계 공모가 진행되었다. 한편 레닌의 주검이 부패하는 조짐이 보이자 의사, 해부학자, 생화학자 연구팀이 다급하게 소집되었다. 냉동 보관하려는 애초의 계획을 포기하고 특수 방부 처리액을 주입해서 볼셰비키 지도자의 시신을 보존한다는 결정이 내려졌다. 그 결과물은 기묘한 혼종이었다. 생물학적 유해로 만들어진 성골이 아니라 알렉세이 유르차크의 인상적인 정의에 따르면 "조각된 초상"이 된 것이다. 레닌의 시신의 23퍼센트로 이루어진 물리적 신체였다.[86] 8월에 붉은 광장의 지하 묘지 대신 모더니즘 건축가 콘스탄틴 멜니코프가 만든 목조 영묘가 들어섰고, 5년 뒤에 알렉세이 시추세프가 대리석 영묘를 만들어 석관이 마지막 안식처를 찾았다. 〈제3 인터내셔널 기념비〉(1919)를 만든 구성주의 예술가 블라디미르 타틀린이 제시한 것 같은 아방가르드적인 설계안보다 이 근엄한 건물이 더 선호되었다.

여러 모순적인 동기와 목적이 섞여서 임시로 결정을 내리는 누적적 과정에서 생겨난 레닌 영묘를 누가 고안한 것인지 분명히 말하기는 거의 불가능하다. 이 과정의 다양한 단계를 사후적으로 나열할 수는 있지만, 그렇다고 해서 이 단계들이 신중하게 계획된 것이라고 말할 수는 없다. 사건들의 연쇄를 사후적으로 감안할 때, 이런 역설적 목적이 현대의 정치적 종교의 미학적·전례典禮적 특징을 구축하는 데서 한계점을 넘어선 것은 분명하다. 레닌이 숭배해야 하는 성상이 된 것이다. 이는 레닌주의의 망토를 걸친 채 기독교적인 성인 유물 숭배로 돌아감을 의미했다. 레닌의 장례식은 스탈린이 행한 놀라운 연설에서 분명하게 함축한 것처럼 종교 의식이었다. 서거한 지도자의 지시를 환기시키면서―"레닌 동지는 우리 곁을 떠나면서 … 당원의 위대한 자격의 순수성을 높이 들고 지키며, 프롤레타리아 독재의 원칙을 충실히 유지하고, … 당의 통일성을 더없이 소중히 지키라고 명했습니다."― 그는 똑같은 주문으로 각 문장을 마무리했다. "레닌 동지, 이 명령 또한 명예롭게 실행하겠다고 맹세합니다."[87]

하지만 레닌 영묘는 새로운 세속적 종교의 상징 이상이었다. 영묘의 벽은 전혀 다른 또 하나의 의미와 반향을 일으키면서 통합되었다. 그것은 미래를 정복하려는 혁명의 유토피아적 꿈이었다. 기독교 종말론의 오랜 믿음에 뿌리를 둔 불멸의 추구가 현대 과학과 기술의 언어로 번역된 하나의 신화로서 집단적 상상력에 제공되었다. 레닌의 주검을 무기한 보존하려는 결정적인 충동은 대외무역 인민위원 레오니트 크라신에게서 나왔다. 1월 29일 장례위원회 의장으로 임명된 크라신은 그후 이 기구를 레닌의 추억을 불멸로 만들기 위한 위원회로 변신시켰다. 구볼셰비키인 그는 1905년 제1차 러시아 혁명이 패배한 뒤 알렉산드르 보그다노프와 아나톨리 루나차르스키가 창시한 '건신god-building' 운동에 합류했다. 인간이 잠재력을 실현하려면 신앙과 영적인 메시지가 필요하다고 깊이 확신한 '건신주의자'들은 마르크스주의를 역사유물론의 원리와 현대 과학의 프로메테우스적 약속에 토대를 둔 새로운 인도주의적 종교로 간주했다. 루나차르스키에 따르면, 과학적 사회주의는 "모든 종교 가운데 가장 종교적"이었다. '건신주의자'들은 불멸을 믿으면서 이를 사회주의적 미래에서 인간 해방의 최종적 완성으로 묘사했다. 그들은 마르크스의 역사유물론, 다윈의 진화론, 마흐의 '경험비판론', 표도로프의 기독교 철학을 종합하면서 일종의 인간의 신격화로 사회주의를 해석했다. 1921년 크라신은 러시아 물리학자 레프 카르포프의 장례식 추도 연설에서 불멸에 대한 믿음을 공공연하게 옹호했다.

나는 과학이 전능해지는 때가 올 것임을, 과학이 죽은 생명체를 되살릴 수 있을 것임을 확신합니다. 한 사람의 삶의 요소들을 활용해서 물리적 인간을 되살릴 수 있는 때가 올 것임을 확신합니다. 그리고 그때가 되면, 과학과 기술의 모든 힘과 우리가 지금은 상상도 할 수 없는 힘과 역량을 활용해서 인류의 해방으로 위대한 역사적 인물들을 부활시킬 수 있음을 확신하며, 그때가 되면 그 위대한 인물들 가운데 우리의 동지 레프 야코블레비치(카르포프)도 부활될 것임을 확신합니다.[88]

여러 정황을 감안할 때, 크라신은 외형을 보존해서 석관에 전시할 수 있도록 레닌의 시신에 액체를 주입해서 방부 처리하는 것을 받아들였지만, 그 자신은 냉동 처리하는 쪽을 선호했을 것이다. 냉동해서 '가사'에 가까운 상태—산 것도 아니고 완전히 죽은 것도 아닌 상태—로 보존하면 레닌의 몸이 궁극적인 부활을 기다릴 것이었기 때문이다. 그리고 크라신만 그렇게 믿은 게 아니었다. 소련 초창기에 많은 불멸 옹호자들이 레닌 숭배자도 아니고 예전의 '건신주의자'도 아니었다. 죽음을 "논리적으로 불합리하고 윤리적으로 이해할 수 없으며 미학적으로 추하다"고 보는 '생명우주론자' 집단인 '전투적 무신론자 동맹 League of Militant Godless' 창건자 알렉산드르 아기엔코 같은 급진적 무신론자들도 불멸을 옹호했다.[89] 혁명이 새로운 세계의 창조를 추구한다면, 생산과 사회적 삶의 새로운 형태, 새로운 예술과 새로운 문화만 의미하는 게 아니었다. 혁명은 불멸을 통해 무궁무진한 잠재력을 실현하는 새로운 삶을 의미했다. 갑자기 메시아적, 미래주의적, 프로메테우스적 기대에 사로잡힌 사회는 시대와 대륙을 가로질러 끊임없이 돌아다니는 운명을 받은 방랑하는 유대인, 지치고 환멸에 빠진 아하수에로[13세기 무렵 유럽에서 생겨난 '방랑하는 유대인' 전설은 최후의 심판이 있는 날까지 방랑을 계속해야 하는 유대인을 가리킨다. 한편 아하수에로, 또는 아하스베루스라는 이름은 17세기 전후로 방랑하는 유대인에 붙여진 출처 불명의 이름이다 | 옮긴이]의 시선을 알지 못했다.

재생

레닌주의의 이데올로기적 정전에 포함되지는 않았지만, 불멸의 추구는 1920년대 소련에서 널리 토론된 주제였다. 불멸은 당시 소련에서 —헛소리까지는 아니더라도— 사치스러운 측면이 있긴 했으나 다른 많은 유토피아적 경향들 가운데 하나로 존재했다. 실제로 부활에 대한 이런 믿음은 가장 혁명적인 경험을 모양지은 인간, 사회, 정치적 재생 기획의 발작적 표현이었다.

재생은 프랑스 대혁명의 키워드였다. 1789년에 나타난 수많은 개혁 기획—국가, 행정, 교육 등등—의 개화는 금세 **재생**이라는 명사로 압축되는 단일한 과정으로 통합되었다. 모나 오주프에 따르면, 재생은 "무한한 프로그램이며, 그와 동시에 그야말로 새로운 인민의 창조라고 주장하는 물리적·정치적·도덕적·사회적 프로그램"을 의미했다.[90] 우리의 정치 어휘 목록에 있는 다른 단어들과 마찬가지로 재생 또한 새로운 의미를 획득했다. 앙투안 드 베크는 18세기 중반까지 이 개념의 사용은 대개 도덕(악덕으로부터의 재생), 종교(죄악으로부터의 재생), 의학(수술을 비롯해 신체의 회복을 돕는 의학 치료의 재생 능력) 등의 영역에 국한되었다고 지적한다. 대혁명과 더불어 이제 재생은 사회와 인류를 위한 치료법이 되었다.[91] 언어학자 앙드레-피에르 레나르가 1796년에 말한 것처럼, "자코뱅은 인류의 재생자를 자임했다". 그들은 "재생법"을 제안했으며, 그들이 추구한 최종 목표는 "재생하는 세계 공화국"이었다.[92] 그 레구아르 신부는 1788년에 발표한 유명한 에세이에서 프랑스 사회 전체를 위해 "유대인을 물리적, 도덕적, 정치적으로 재생시키는 것"의 이점을 설명했다. 게토의 담장을 허물어 고립에서 벗어나면 유대인은 편견을 털어버리고 사회에 "유용해질utiles" 것이었다.[93] 시에예스와 관련

그림 2.10 〈애국자들의 괴수 사냥〉(귀족 히드라), 판화. 파리 카르나발레 박물관.

해서 그는 선거를 민족 대표자들의 신체를 주기적으로 "재생하는" 하나의 절차로 보았다. 혁명의 도상학은 기생수 같고 뚱뚱하며 때로 짐승 같은 괴물의 이미지—히드라와 하르피아—를 통해 귀족과 성직자들의 "퇴화한degenerated" 신체를 묘사했다. 마라는 자신이 펴내는 신문『인민의 벗L'Ami du peuple』에서 귀족을 "인민을 굶주려서 자신만 살찐 남자"로 묘사했다.[94] 바렌으로 도망치려다가 붙잡힌 뒤인 1791년, 루이 16세는 '돼지왕'이나 '살찐 돼지왕'으로 희화화되었다.[95] 이런 동물화된 신체들의 회랑이 '애국적 사냥'에 참여한 재생된 민족의 거상巨像과 맞닥뜨렸다. 공포정 시기에 공안위원회가 민족을 재생한다는 목표를 정했을 때, 위원회의 임무는 기요틴으로 완수되었다. 다음과 같은 1794년의 성명에서 유창하게 드러나는 것처럼, 공포정의 언어와 이미지에는 신체 은유가 난무했다.

프랑스 인민은 헤라클레스 같은 자세를 취할 것이다. 그들은 이 강력한 정부가 모든 부위를 강화하고, 그 정맥을 통해 혁명의 활력을 퍼뜨리며, 자신을 에너지에 푹 담그고, 행동의 번개로 힘을 마무리할 것을 기다리고 있었다. 민족적 신체의 영혼인 법률은 곧바로 전파되고 정부를 통해 이동하면서 모든 정맥을 통해 신속하게 퍼지며 심장에서 말단까지 순식간에 다다른다.[96]

하지만 외과 수술과도 같은 혁명의 이미지는 공포정보다 먼저 등장했다. 앞에서 언급한 강령적 에세이 『제3신분이란 무엇인가?』(1791)에서 시에예스는 수족을 절단하는 수술의 은유를 전개하면서 혁명의 재생적 임무를 "억압자들을 몸에서 잘라내는 가장 바람직한 절단 수술"에 비유했다. 귀족은 민족의 건강을 위협하기 때문에 제거해야 하는 죽은 혹이었다.

이 특권적 신체가 사회 질서에서 어떤 자리를 차지해야 하는지 말하기란 불가능하다. 병자의 몸을 먹어치우면서 고통을 주는 악성 체액을 그 몸의 어느 자리에 놓고 싶은지를 묻는 것이나 마찬가지이기 때문이다. 그 체액은 **중화해야** 한다. 모든 기관의 건강과 상호작용을 철저하게 재건해서 신체가 활력의 가장 필수적인 원리를 오염시킬 수 있는 이런 병적 과정을 더이상 형성하지 않게 만들어야 한다.[97]

러시아 혁명은 현대적 선전의 기호들을 통해 표현된, 무척 흡사한

신체적 상징을 낳았다. 소비에트 포스터에서 차르 귀족과 백위군, 부르주아 계급, 강대국 지도자들은 우스꽝스럽거나 소름끼치는, 기형적이고 부풀어오른 괴물 같은 신체로 체계적으로 재현되었다. 이기심과 증오에 사로잡힌 몸들이었다. 1920년대 소련에서 가장 솜씨 좋고 인기를 누린 그래픽 아티스트인 빅토르 데니가 제작한 포스터는 볼셰비키의 사고를 이미지로 전환하고 소비에트의 적들에 맞서 대중 동원을 장려하는 데에 특히 효과적이었다.[98] 〈자본〉(1919)은 오늘날 스크루지 맥덕[도널드 덕의 삼촌으로 세계에서 제일 부자임 | 옮긴이] 만화의 풍자적 예시로 보인다. 포스터 속의 뚱뚱한 부르주아는 산더미처럼 쌓인 동전에 파묻혀 흡족한 듯 히죽히죽 웃는다. 그가 찬 시곗줄은 황금으로 된 하트 모양으로, 그에게 사랑이란 시간을 돈으로 바꾸는 것을 의미함을 보여준다. 배경에 있는 그의 공장들은 거미줄로 덮여 있다. 이 그림은 이례적으로 10만 부나 인쇄되었다. 같은 해에 내전이 최고조에 달하는 가운데 데니는 세 명의 백군 장군 데니킨, 콜차크, 유데니치를 미국, 영국, 프랑스 제국주의 앞잡이들에게 목줄이 묶인 광견병에 걸린 개로 묘사한 〈협상국의 개들〉을 완성했다. 당대의 공산주의 인터내셔널 재현과 풍자적 구성에서 놀랍도록 대칭적인 〈자본 주식회사〉(1920)에서 니콜라이 코체르긴은 자본주의, 제국주의, 군국주의, 귀족과 교회가 왕의 망토로 자신들을 감싸주는 벌거벗은 괴물의 거대한 몸체 아래 옹기종기 모인 형제애적 공동체를 묘사했다. 클레망소와 로이드 조지를 옆에 거느린 윌슨이 백군 장군, 지주, 투기꾼, 대량학살자, 온갖 전통 종교의 대표자를 비롯한 잡다한 무리의 진정한 지도자로 당당하게 서 있다.

프랑스 대혁명의 하이에나와 히드라, 개들은 러시아에서 다시 등장

그림 2.11 빅토르 데니, 〈자본〉, 소비에트 포스터(1920).
그림 2.12 빅토르 데니, 〈협상국의 개들: 데니킨, 콜차크, 유데니치〉, 소비에트 포스터
(1919).

그림 2.13 니콜라이 미하일로비치 코체르긴, 〈자본 주식회사〉, 소비에트 포스터(1920).

그림 2.14 보리스 미하일로비치 쿠스토디예프, 〈볼셰비키〉(1920). 모스크바 트레티야코프 미술관.

그림 2.15 『공산주의 인터내셔널』(1919).
그림 2.16 미하일 체렘니흐와 빅토르 데니, 〈지구에서 쓰레기를 쓸어내는 레닌 동지〉 (1920). 소비에트 포스터.

했다. 1920년대에 이 흉측한 짐승들에 맞서서 인민이 예리한 해방적 행동에 나서야 했다. 그 짐승들은 존 하트필드의 반파시즘 포토몽타주에서 광견병에 걸린 개나 위협적인 범고래로 등장하면서 전간기에 혁명의 도상학의 정전을 풍부하게 장식했다. 이런 반혁명의 괴물들과 나란히 헤라클레스적 거상 또한 언제라도 그들의 목을 벨 태세로 다시 등장했다. 레닌이 미래를 향해 팔을 뻗은 것처럼, 반란을 일으킨 노동자들은 대부분 위압적인 형상으로 묘사되었다. 보리스 쿠스토디예프의 유명한 회화 〈볼셰비키〉(1920)에서는 프롤레타리아 거인이 러시아 도시의 거리를 메운 군중을 가로질러 성큼성큼 걷는데 그의 뒤로 붉은 깃발이 물결친다. 공산주의 인터내셔널이 만든 포스터들은 자본가 뱀이나 문어를 죽이거나 세계를 가둔 사슬을 끊어서 세계를 해방시키는 정력적인 노동자를 보여주었다. 프랑스 대혁명에서 생겨난 이 이미지는 소련에서 많은 변형을 거친 뒤 마침내 에스파냐 내전에 진입해서 아나키즘 포스터에 영감을 주었다. 대단히 성별화된 이미지—도덕적 미덕과 정치적 이상으로 근육이 튼튼해진 남성 노동자의 벌거벗은 몸—를 통해 혁명 투쟁을 알레고리로 만드는 뚜렷한 성향에도 불구하고 이 해방하는 헤라클레스는 또한 상냥한 형태를 띨 수도 있었다. 초기 소비에트에서 손꼽히는 인기를 누린 포스터인 미하일 체렘니흐와 빅토르 데니의 〈지구에서 쓰레기를 쓸어내는 레닌 동지〉는 지구에서 은행가, 국왕, 교황을 쓸어내는 볼셰비키 지도자를 보여준다. 청소와 절단이라는 이런 문자적·시각적 은유는 자코뱅의 프랑스와 볼셰비키의 러시아에서 똑같이 사회적 신체를 폭력으로 재생시킬 수 있다는 사고를 분명하게 표현했다. 내전 시기에 폭력은 이제 선택이 아니라 피할 수 없는 필연이었다. 다시 활성화하는 혁명 작업을 보여주기 위한

그림 2.17 카프리에서 막심 고리키를 방문했을 때 알렉산드르 보그다노프와 체스를 두는 레닌, 1908.

전제였다.

1789년에 한 세기 동안 계몽주의를 거치며 재생 개념이 준비된 것처럼, 초창기 소련에서는 현대 과학의 여러 약속이 재생 개념에 스며들었다. 20세기 전환기에 내분비학, 유전학, 혈액학, 면역학, 생화학, 우생학 같은 새로운 분야가 속속 탄생했다. 수혈이 크게 발전하고 외과수술이 개선된 덕분에 최초로 장기 이식이 성공을 거두었다. 1905년 혁명 이후 레닌에 반대한 옛 볼셰비키 지도자 알렉산드르 보그다노프는 바로 이런 맥락에서 재생 개념을 사회·정치 영역에서 생물학의 영역으로 이동시킴으로써 이 개념을 재해석했다. 그가 볼 때, 재생은 평등, 사회정의, 새로운 제도, 새로운 교육 정책, 새로운 생산 형태와 새로운 공공 영역 이상을 의미했다. 재생이란 살아 있는 신체가 수혈을 통해 "다시 젊어지는 것"을 뜻했다.[99]

보그다노프는 의학, 자연과학, 철학 등을 다방면으로 공부하긴 했어

도 독창적인 사상가였다. 스스로 『테크톨로지Tektology』(1913)라고 이름 붙인 그의 조직 이론은 스펜서의 실증주의와 헤켈의 일원론, 다윈의 진화론, 마르크스의 역사유물론의 종합이었다. 과학과 기술에 바탕을 두고 사회주의 사회를 조직하기 위한 일관된 기획을 제시하는 게 이 이론의 목표였다. 크라신, 루나차르스키와 함께 '건신' 운동 창건자 가운데 하나인 보그다노프는 종교적 종말론의 기대를, 『붉은 별Red Star』(1908)을 비롯한 과학소설에서 문학적 차원을 발견한 유토피아 계획과 통합했다. 이 소설에서 그는 화성에 공산주의 사회를 건설하는 것을 상상했다. 이 행성의 주민들은 정기적인 수혈 덕분에 영원히 젊게 사는 상태를 달성한 뒤였다. 보그다노프는 1920년대에 볼셰비키 지도부와 거리를 두면서 자신에게 지적 영감을 받은 문학 및 미학 운동인 프롤레트쿨트Proletkult를 지지했다. 기존의 모든 전통의 백지 상태에 바탕을 둔 프롤레트쿨트의 신문화 주장은 그의 급진적인 미래 관념과 일치했다. 의학의 여러 성취와 수혈의 발전에 자극받은 그는 러시아의 '젊어지기' 운동의 선구자가 되었다. 보그다노프의 노력은 1926년 보건인민위원Narkomzdav이 그를 소장으로 하는 수혈연구소 창설을 선언하면서 보상을 받았다. 2년 뒤 그는 잠복성 결핵을 앓는 어느 학생과 수혈을 하다가 사망했다[보그다노프는 '젊어지기' 이론을 직접 실천하려고 젊은 학생 11명과 수혈(일방적인 수혈이 아닌 피 맞교환)을 했다. 그런데 12번째 학생은 공교롭게도 말라리아와 잠복성 결핵 환자였다. 보그다노프 등이 사전에 이런 사실을 알았는지는 논란이 분분하지만, 어쨌든 12번째 실험은 보그다노프의 목숨을 앗아갔다 | 옮긴이]. 학생은 목숨을 건졌지만, 보그다노프는 광범위한 용혈 반응에 시달리다 세상을 떠났다. 소비에트 정부는 국장을 조직했고, 『프라우다』는 그의 친구인 루나차르스키가 쓴 부고를 게재했다. 많

은 의학자들은 보그다노프의 이론에 회의적이었다. 일부는 부활에 관한 그의 사고에 깜짝 놀라서 그가 몽매주의와 비합리주의에 빠져 있다고 비난했다. 그들은 보그다노프가 "우리를 고대와 중세로 되돌리려고" 한다고 말했다.[100] 하지만 그의 유토피아주의는 초창기 소련의 정신과 상상 속에서 안식을 얻었다. 그는 대다수 의학자와 기관이 입을 굳게 닫거나 공공연하게 반대했음에도 소비에트 정부, 특히 루나차르스키와 크라신의 지원을 받아 수혈 연구소를 세울 수 있었다. 1920년대에 소비에트 신문과 잡지들은 '젊어지기'에 관한 기사를 종종 게재했다.[101]

레온 트로츠키는 '젊어지기'에 관해 글을 쓴 적이 없으며 프롤레트쿨트에 대한 가차 없는 비판자였다. 『문학과 혁명』(1924)에서 그는 프롤레타리아 문화라는 개념을 근본적으로 거부했다. 그가 볼 때 프롤레타리아 문화는 지나치게 단순하면서도 비현실적인 것이었다. 일정한 마르크스주의적 처방을 충실하게 따른 그는 백지 상태에서 사회주의를 건설할 수 없다고 보았다. 사회주의 경제가 자본주의에 의해 발전한 생산력의 토대 위에서만 존재할 수 있는 것처럼, 사회주의 문화도 이전 시대들의 문화적 성취를 철저하게 동화하지 않고는 등장할 수 없었다. 사회주의는 자본주의와 그 문명의 단순한 부정이 아니라 변증법적 '지양'을 의미했다. 트로츠키의 문학과 예술 개념은 우상파괴적이 아니라 누적적이었다. 그가 볼 때, 러시아 미래주의자들은 급진주의를 추구하면서도 러시아 보헤미안 진영의 순진한 반항과 미성숙함의 거울상 같았다. 따라서 그의 마르크스주의 해석은 보그다노프나 '건신주의자', 그 밖의 '생명우주론자'들의 해석과 상당히 달랐다. 그럼에도 불구하고 그들은 새로운 세계의 교화라는 사회주의에 관한 시각과 궁극

적으로 과학과 유토피아의 공생에 바탕을 둔 프로메테우스적 정신을
공유했다.

『문학과 혁명』의 몇몇 페이지에서 트로츠키는 기술에 의해 완전히
변모해서 인간의 삶 자체를 재정의하기에 이른 미래의 자연을 담은 인
상적인 이미지를 묘사한다. 트로츠키는 사회주의는 "거대한 건설 작
업"을 실현할 것이라고 말했다. 사회주의적 미래에서 인간은 "세계를
가장 완벽한 형태의 삶을 조각하기 위해 복종하는 진흙으로 바라보는
데에 익숙해질 것이다". 예술과 산업을 가르는 경계선은 무너질 테고,
오늘날과 같은 예술과 자연의 분할도 사라질 것이다. 기능주의의 원
리에 따르면, 예술은 "장식적"이기보다는 "형성적"이 되며, 루소적 의
미―태곳적이고 전원적인 "자연 상태"로의 낭만적 회귀―가 아니라
우월한 문명의 요구에 지구가 완전히 복종하는 것을 통해 자연과 새롭
게 조화로운 관계를 이룰 것이다. 그리하여 산과 강, 숲과 해안의 분포
가 크게 변화할 것이다. 기술을 정복한 덕분에 인류는 "산을 옮기고"
"자연의 지도"를 뒤바꿀 수 있을 것이다. 트로츠키는 결국 인간이 "지
구를 다시 건설할 것"이라고 예측했다. 인간중심주의적인 그의 관점에
서 보면, 인간과 자연의 관계는 위계적이어야 했다. "사회주의 사회의
인간은 기계를 통해 자연 전체를 지휘할 것이다." 보그다노프의 『테크
톨로지』와 그리 멀지 않은 일종의 기술적 유토피아주의를 지지하면서
트로츠키는 "기계는 삶의 모든 분야에서 현대인의 도구"라는 확신을
단언했다.[102]

사회주의는 자연을 변모시킨 뒤 궁극적으로 우생학적 형태를 띠는
생명정치 계획을 완수함으로써 인간의 삶 자체도 변모시킬 것이다.

인간은 마침내 스스로와 진정한 조화를 이루기 시작하리라. 인간은 노동과 보행, 놀이에서 자신의 사지를 극도로 정밀하고 목적의식적·경제적으로 움직임으로써 아름다움을 달성하는 것을 자신의 과제로 삼을 것이다. 인간은 호흡, 혈액 순환, 소화, 생식 등 자기 신체의 반半의식적 과정에 이어 무의식적 과정까지 숙달하고, 필요한 한계 안에서 이성과 의지의 통제에 이 과정들을 종속시키려 노력할 것이다. 순전히 생리적인 삶도 집단적 실험의 대상이 될 것이다. 호모 사피엔스로 압축된 인간 종은 다시 한번 근본적 변형 상태에 들어갈 테고, 스스로의 손으로 가장 복잡한 인위선택과 정신-신체 훈련 방법의 대상이 될 것이다.[103]

사회주의 사회의 해방된 인류는 "암울한 유전 법칙과 맹목적인 성선택"을 결정적으로 지양할 것이다. 또한 "병적이고 히스테리컬한 죽음의 공포"를 극복하고 계급사회의 "극단적인 해부학적·생리학적 부조화"를 끝장낼 수 있을 것이다. 다시 말해, 사회주의는 "차원 높은 사회생물학적 유형, 또는 이렇게 말해도 된다면 초인"을 창조할 것이다.[104] 이런 우월한 존재의 특징은 "아리스토텔레스나 괴테, 마르크스 같은 사람들의 장점"을 통합할 것이다. 새로운 인간은 "헤아릴 수 없이 더 강하고 현명하고 예리하며" 그의 신체는 "더 조화롭고, 동작이 더 리드미컬하며, 목소리가 더욱 음악적"일 것이다.[105]

비단 트로츠키만 이런 우생학적이고 반생태적인 환상을 품은 것은 아니다. 같은 시기에 영화감독 지가 베르토프는 몽타주 원리에 바탕을 둔 미적 창조물인 영화가 미래의 '새로운 인간'을 예시할 수 있는 잠재력에 환호를 보냈다. 「키노아이: 하나의 혁명」(1923)에서 베르토프는 다음과 같이 영화의 역할을 설명했다.

나는 시네아이Cine-Eye다. 나는 아담이 창조된 것보다 더 완벽한 인간을 창조한다. … 나는 한 인간에게서 가장 튼튼하고 재빠른 손을, 다른 인간에게서는 가장 빠르고 균형 잡힌 다리를, 세 번째 인간에게서는 가장 멋지고 표현력이 좋은 머리를 받아서 몽타주를 통해 새로운 완벽한 인간을 창조한다.[106]

트로츠키와 베르토프의 초인Übermensch은 무섭기는 했지만, 계급사회의 사회적 불평등을 통해 선택되지 않았고, 그의 우월성이 동시대인들의 열등성이 아니라 조상들의 후진성과 관련해서 측정되었다는 점에서 완전히 니체적 인간은 아니었다. 이 사회주의적 초인은 노예들로 이루어진 세계에서 승리를 계획한 나치의 '새로운 인간'보다는 푸리에의 팔랑스테르phalanstery나 인위적으로 새로 만든 세계어인 에스페란토, 또는 1840년대에 마르크스와 엥겔스가 코즈모폴리터니즘에 의해 변모된 세계에서 민족국가들의 소멸이 임박했다고 잠깐 생각한 미래상에 비유해야 한다. 하지만 기술과 우생학에 바탕을 둔 이런 사회주의의 미래상이 전간기 전체주의의 몇몇 유혹과 비슷하며, 에른스트 블로흐가 유토피아 사상의 "차가운 물줄기"라고 이름 붙인, 다채롭지만 불길한 관념에 쉽게 새겨질 수 있는 것도 사실이다.[107]

해방된 신체

혁명의 '재생' 정책과 신화를 그 해방적 차원과 분리해서는 안 된다. 혁명은 권위와 위계를 깨뜨리고, 새로운 사회·정치 제도를 고안하며, 새로운 삶의 형태를 창조한다. 혁명은 역사적 변화를 순식간에 느닷없이 이루어지는 격변 속에 응축한다.

많은 학자들이 말한 것처럼, 계몽주의 문화는 노예제를 억압의 상징으로 여기는 새로운 자유와 평등 사상을 정교화했다. 하지만 이런 수사적 문구는 그것이 참조한 역사적 경험과 근본적으로 분리되어 있었다. 노예는 상상의 영역에 자리한 추론적 형상이었을 뿐, 유럽 식민지에서 살면서 일하는 실존 인물로 그려지는 경우가 드물었다. 절대주의에 맞서 헌법적 권리와 개인의 자유를 얻기 위한 싸움에 참여한 고전적 자유주의 사상가들 가운데 일부는 그들 자신이 노예주이거나 노예무역에 관여했다. 프랑스와 영국에서 노예제 폐지를 위한 최초의 협회가 생겨난 것은 1788년에 이르러서일 뿐이다. 이듬해 프랑스 친노예제 단체의 어느 대표가 제헌의회에 앤틸리스제도의 대표성 확대를 요청하자, 미라보는 본국 프랑스에서도 말과 노새는 투표하지 않는다고 빈정거리며 답했다.[108] 인권선언의 보편적 성격과 식민지에서 노예제가 지속되는 현실 사이의 모순은 제헌의회와 국민공회 토론에서 으레 무시되었다. 흑인 노예를 열악한 인종이라는 자연적 조건의 희생자로 보는 시각은 여전히 강력한 정신적 습관으로 남았다. 1794년 국민공회에서 포고되고 이듬해 헌법에 새겨진 노예제 폐지는 1804년 아이티 독립으로 이어진 생도맹그 노예 혁명의 소산이었다. 해방된 흑인 노예들이 처음 세운 공화국이었다. 이 변화가 워낙 거대했던 탓에 적어도 한 세기 동안 유럽의 사상은 이를 자신의 철학적·정치적 범주 안에 통합할 수 없었다. 이 사건은 침묵에 붙여졌다.[109] 하지만 과거의 표상들은 사라지기 시작했다. 집단적 상상 속에서 노예제는 추상적이고 영원한 억압을 의미하기를 멈추었고, 흑인의 신체는 이제 더이상 오리엔탈리즘 회화의 장식적 형상으로 등장하지 않았다. 이제 흑인의 몸은 반란의 형상이 되었다. C. L. R. 제임스는 『블랙 자코뱅』(1938)에서 이렇게 말했다. "수백 명이 모여 있어도 백인 남자 한 명 앞에서 벌벌 떨던 노예들이 스스로를 조직해서 당대의 가장 강력한 유럽 나라들을 물리칠 수 있는 사람들로 변모한 것은 혁명적 투쟁과 성취의 가장 위대한 서사시로 손꼽힌다."[110]

18세기 말의 대서양 혁명—미국, 프랑스, 아이티 혁명—은 불균등하고 이질적인 과정이었다. 이 혁명들은 아이티의 독립과 프랑스에서 노예제 폐지를 가져왔지만, 어느 것도 여성을 해방시키지는 못했다. 프랑스 대혁명은 여성해방에 관한 계몽주의 논쟁에 정치적 차원을 부여함으로써 미래 변화의 몇 가지 고립된 징후들을 보여주었다. 이런 새로운 감성의 가장 의미심장한 표현은 '인간과 시민의 권리 선언'의 몇몇 맹점에 관해 비판적인 고찰을 발전시킨 유명한 두 문서였다. 둘 다 자연법에 토대를 둔 콩도르세의 「여성의 시민권 인정에 관하여」(1790)와 올랭프 드 구주의 「여성과 여성 시민의 권리 선언」(1791)은 여성을 시민에서 배제하거나 시민권을 제한하는 것은 "폭압적 행위"라고 비난하면서 참정권을 확대할 것을 요구했다. 두 사람은 결혼의 전제정은 가족 영역에서 벌어지는 귀족의 억압과 매한가지라고 주장했다.[111] 하지만 혁명적 평등은 여전히 여성 신체의 위계적 종속을 의미했다. 지롱드파와 가까웠던 콩도르세와 드 구주(선언문을 왕비인 마리-앙투아네트에게 헌정한 바 있었다) 둘 다 공포정하에서 처형당했다.

계몽주의 철학자들은 여성 억압에 관해 견해가 동일하지 않았다. 브리소, 콩도르세, 디드로, 엘베시우스, 돌바크 등이 완전한 시민권과 모든 차별의 종식에 찬성한 것과 달리 루소와 칸트는 여성의 타고난 열등함을 이론화했다.[112] 인종주의나 식민주의와 같이, 여성 문제는 계몽주의(급진적 계몽주의 포함)의 아포리아를 드러냈다. 프랑스 대혁명 시기에 여성들이 거둔 최고의 승리는 국민공회가 시작된 1792년 9월 남편과 부인의 동등한 권리를 확립한 이혼법이다. 올랭프 드 구주, 조피 콩도르세, 스탈 부인 같은 혁명적 여성들이 주장한 여성 참정권은 검토된 적이 없다. 1804년 제국 선포와 더불어 나폴레옹은 국민공회에서 이룬 모든 진전을 해체했다. 그는 여성을 "아기 만드는 기계"로 보았기 때문이다.[113]

대다수 프랑스 대혁명 역사학자들은 여성이 모든 중요한 사건에 적극적으로 관여했으며—많은 이들이 여성의 기요틴 숭배를 언급한다—, 이는 '혁명적 공화주의 여성의 파리 협회Paris Society of Revolutionary Republican Women' 같은 여러 클럽의 창설로 이어졌음을 지적한다.[114] 특히 도시 민중계급—여성판 상퀼로트인 '트리코퇴즈[tricoteuses. 뜨개질하는 여자들. 국민공회나 자코뱅 클럽, 혁명 재판소, 기요틴 처형장 등에서 뜨개질을 손에서 놓지 않은 채 참관하며 자코뱅파를 지지했다고 해서 붙은 명칭이다 | 옮긴이]'—에 뿌리를 둔 여성들은 빵을 위한 투쟁을 시민권을 위한 투쟁과 분리하지 않은 채 사회적·정치적 요구를 결합시켰다. 인민의 주권적 신체가 헌법상의 허구라면, 여성의 신체는 그 허구로부터 법적으로 배제되었다. 그리하여 혁명 권력이 추가로 성차별을 간단하게 성문화함으로써 능동적 시민과 수동적 시민의 구별이 심해졌다. 1793년 가을, 자코뱅 국민공회는 사회적 선동의 주요 원천 중 하나를 무력화하기 위해 여성 클럽을 전부 불법화했다. 자율적 행위자로서 여성을 혁명 과정에서 최종적으로 배제한 것은 1795년 여성들이 식량을 요구하며 국민공회로 행진한 파리 봉기를 폭력 진압하면서 이루어졌다. 1793년 헌법과 파리코뮌(대혁명기의 파리시 정부)의 민주적 제도

로의 복귀를 요구한 것도 비슷한 역할을 했다. 국민공회는 여성이 공공영역과 일체의 정치 활동에 참여하는 것을 금지하는 포고령을 몇 차례 반포했다.

프랑스 대혁명은 자연권 철학에 바탕을 두었음에도 인류의 다양성을 포용할 수 없는 보편적 인간 개념을 가정했다. 인간의 권리는 사실 여성의 권리와 대립되는 의미의 남성의 권리였다. 18세기에 등장한 경향을 그대로 반영한 대혁명의 정치 담론은 낡은 불평등과 젠더 위계를 해부학과 생리학의 언어로 재정식화함으로써 생물학화했다. 의학자들은 생식기의 위치—여성은 내부, 남성은 외부— 때문에 여성은 가정에, 남성은 공적 생활에 적합한 성향을 갖게 되었다고 설명했다.[115] 격앙파 enragé 코뮌 의장으로 공포정의 열렬한 옹호자였던 피에르-가스파르 쇼메트는 여자들이 "가정과 자녀의 요람을 돌보는 신성한 의무를 포기하고 … 공공장소와 화랑에서 벌어지는 토론, 의사당 참관석에 나온다"고 불만을 토로했다. 그는 만약 자연이 남자들에게 집안일을 맡겼다면 "우리한테 아이들 젖을 먹일 젖가슴을 주었는가?"라고 반문하며 "남자가 되려고 기다리는 파렴치한 여자들"을 비난했다.[116] 조앤 W. 스콧이 지적하는 것처럼, 프랑스 대혁명은 19세기 전체를 규정하게 되는 일련의 이항대립에 의문을 제기하지 않았다. 남성은 능동적 시민, 자유, 자율, 공적 생활 및 발언권과 동일시된 반면, 여성은 수동적 시민, 의무, 의존, 가정생활, 침묵으로 내몰렸다.[117] 스콧에 따르면, 1904년에도 의학자들은 올랭프 드 구주를 여전히 혁명의 히스테리를 보여주는 전형적인 사례로 들었다. 비정상적 섹슈얼리티(생리 과다출혈), 나르시시즘(매일 목욕을 함), 부도덕한 행동(재혼 거부) 등에 따른 정신적 병리라는 것이었다.

여성들에게 가장 커다란 진보를 안겨준 것은 한 세기 뒤에 일어난 러시아 혁명이었다. 혁명은 남성과 여성의 완전히 평등한 권리를 도입함으로써 모든 법적 차별을 폐지했을 뿐만 아니라 가부장제의 유산을 철폐하고 이제 더이상 핵가족을 바탕으로 삼지 않고 사회적 삶을 조직화하는 전제를 창조하고자 했다. 1918년 소비에트 가족법은 여성이 공부하고 노동할 수 있는 무제한의 권리를 장려하고 여성이 완전히 독립적으로 삶의 방식과 직업을 선택할 권리를 정식화했다.[118] 이런 해방적 법률로 야기된 공개적 논쟁에서 가족을 노예제나 농노제 같은 억압적 제도와 나란히 '짐'과 '시련'으로 정의하는 일이 무척 흔했다. 새로운 사회질서를 건설하기 위해 가족을 폐지해야 했다. 1919년 소비에트 정권은 아동의 집단교육과 집안일의 사회화에 유리한 여러 정책을 채택했다. 여성의 '노예화'를 낳은 기본적인 원천으로 지목된 가족과 결혼은 점진적으로 근절해야 했다. 볼셰비키가 볼 때, 여성해방은 사회주의를 위한 투쟁과 떼려야 뗄 수 없는 것이었다. 자본주의가 여성을 폭압적 법률로 성문화된 재산과 소유의 대상으로 뒤바꿨기 때문에 해방된 여성은 물화되고 소외된 사회적 관계를 종식시킬 때만 생겨날 수 있었다.

1922년 '남색'을 처벌하는 법률이 폐지되면서 동성애가 처벌 대상에서 제외되었다. 동성애는 대체로 '병리 현상'으로 간주됐지만, '도착'이나 공중도덕 위반으로 여겨지지 않았다.[119] 성개혁동맹League for Sexual Reform이 악명 높은 형법 175조에 맞선 투쟁을 이끈 바이마르 독일에 비하면, 소련에서는 동성애 논의가 많지 않았다. 성과학연구소Institute of Sexual Science 창립자인 의사 마그누스 히르슈펠트는 동성애를 장려했는데, 모스크바에 강연 초청을 받아 보건인민위원과 몇 차례 공식적

으로 접촉했다.[120]

일상생활에서 심층적 변혁이 일어난 이 활기 넘치는 시기는 10년 이상 지속되었다. 1930년대 중반, 스탈린주의가 '성적 테르미도르sexual Thermidor' 반동을 일으켜 핵가족의 우위를 복원하고 임신중지와 동성애의 불법성을 재확인했다.[121] 하지만 성혁명이 일어난 10년 동안 소련은 "붉은 사랑"을 경험했다.[122] 이 슬로건을 만들어낸 볼셰비키 지도자 알렉산드라 콜론타이는 1918년에 쓴 선구적인 글에서 주제로 다룬 '새로운 여성'에 관해 가장 선진적인 견해를 정교화했다. 그가 지적한 것처럼, 사회적으로 독립적이고 해방된 여성의 등장은 한 세대의 젊은 남자 전체를 전선으로 보낸 대전쟁이 낳은 산물이었다. 대전쟁을 계기로 여성을 가정생활로 내모는 전통적 관습이 흔들리고 그전까지 남자에게만 기회가 주어지던 많은 직업의 문이 여자에게도 열렸다. 전후 시기에 여성이 산업 노동자, 직원, 점원, 기술자, 관리자가 되었다. 여성 화가, 작가, 창작자도 이제 더는 이례적인 인물이 아니었다. 콜론타이에 따르면, 새로운 여성의 탄생은 깊은 심리적 변화, 즉 "우리 정신의 급진적인 재교육"을 함축했다. 수동성, 헌신, 복종, 상냥함 같은 많은 전통적인 여성적 '덕목'—가부장제 사회가 강제한 여성의 이미지—이 능동성, 저항, 결단력, 강인함 등으로 대체되었다. '감정적 황홀' 대신 '자제력'이 강조되었다.[123]

이런 변모는 섹슈얼리티에도 영향을 미쳤다. "새로운 여성"은 "하나의 인격체일 뿐만 아니라 여성의 한 대표로서 자기주장을 하는 행위를 의미하는 자연스러운 신체적 충동"을 감추지 않았다. "일방적인 성 도덕에 맞서는 여성의 '반란'은 이 새로운 영웅의 가장 예리한 특징"이었다.[124] 그리하여 아무리 이례적인 것이라도 인류에 해를 끼치지 않거

그림 2.18 알렉산드라 콜론타이(1900년 무렵).

나 경제적 계산에 바탕을 둔 게 아니라면 어떤 성적 관계도 허용되었다. 콜론타이는 '위대한 사랑'이라는 이상을 거부하지 않았지만, 이런 사랑은 드문 것이었고 그런 사랑을 추구한다고 해서 다른 형태의 에로틱한 우정을 배제해서는 안 되었다. 성적 문제에서 사회주의적 자유란 "삶을 풍부하게 하고 더 큰 행복에 기여하는 모든 즐거운 사랑-경험을 이해하는 것"을 의미했다. "개인이 지적·정서적으로 더 발전할수록 순전히 생리적인 사랑의 측면이 그 사람의 관계에서 차지하는 자리가 줄어들고 사랑 경험이 더 밝아질 것이다."[125] 일종의 "소유적 태도"로 간주된 질투는 "타자를 동지적으로 이해하고 타자의 자유를 수용할 것"을 옹호하는 공산주의 도덕에서 용인되지 않았다.[126] 시급히 요구되는 자유로운 사랑은 호혜적 공감과 매력만이 아니라 상호존중도 요구했다. 사랑하는 어떤 상대든 자율성이 으뜸이었다. 이런 사랑의 이상은 사랑하는 상대와 매력적인 신체의 성적·감정적으로 충만한 만남에 바탕을 두는 "날개 달린 에로스Winged Eros"였지만, 1923년에 내전 시기에 관해 쓴 글에서 콜론타이가 말한 것처럼, 가혹한 삶 때문에 "날개 없는 에로스"에도 여지를 두어야 했다. 서로 동의하는 "순전히 생물학적인" 성적 관계였다.[127]

콜론타이는 섹슈얼리티에 관한 저술에서 프로이트를 언급한 적이 없지만, 『새로운 여성』(1918)에서는 그레테 마이젤-헤스를 광범위하게 인용한다. 빈에서 프로이트의 제자였고 대전쟁이 끝났을 때 독일 좌파 페미니즘에서 두각을 나타낸 인물이다.[128] 1920년대 러시아에서 정신분석학은 치열한 논쟁의 대상이었는데, 소비에트 정부는 이를 지지했다. 트로츠키는 1907년에서 제1차 세계대전 사이에 빈에서 망명 생활을 하던 시절에 정신분석학을 발견했는데, 그곳에서 최초의 마르크스주의 정신분석학자인 알프레트 아들러와 유익한 관계를 맺었다. 붉은군대 총사령관은 정신분석학을 정치적 교의로 삼는 것에 관해서는 유보적 태도였지만, 임상적 실천으로서의 장점을 믿으면서 마르크스주의를 보완해서 유물론적 심리학을 발전시킬 수 있다고 강조했다.[129] 그리하여 트로츠키는 모스크바에 본부를 둔 국립정신분석연구소State Psychoanalytic Institute뿐만 아니라 정신공학psycho-technique(이사크 스필레인)이나 소아학(아론 잘킨트) 같은 러시아 심리학의 다른 흐름도 후원했다. 1920년대 후반기에 잘킨트는 정신분석학이 "생물학주의"이며 인간 행위에 계급의식을 희생시킨 채 섹슈얼리티의 역할을 지나치게 강조한다고 비난하면서 손을 뗐다. 콜론타이가 프로이트를 인용하지 않으면서도 성적 해방과 사회적 해방의 실질적인 관계를 수용한 것은 여러 면에서 프로이트마르크스주의 사상가인 빌헬름 라이히의 사상을 예견한 것이었다. 하지만 두 사람은 한 번도 만나지 않았다. 콜론타이가 노르웨이 주재 소련 대사로 일하던 1929년 라이히는 모스크바로 가서 '자연과학으로서의 정신분석학'에 관한 강연을 했다.[130] 라이히는 자본주의가 성적 본능을 억압하고 소외된 사회적 관계를 낳기 때문에 사회주의 혁명의 과제는 부르주아 도덕에 의해 질식된 성적 에너지를 해방시키는 데에 있다고 주장했다. 바로 이것이 오르가슴(콜론타이의 용어로 하자면 '날개 달린 사랑'의 절정이라고 부를 수 있겠다)을 달성함으로써 유지되는 사회주의적 행복의 전제였다.

'날개 달린 에로스'는 분명 사랑과 섹스의 규범적인 분리를 의미하지 않았지만, 섹슈얼리티에 대한 이런 새로운 접근은 빅토리아적, 또는 금욕적 정신의 감성을 불안하게 만들었다. 이네사 아르망과의 혼외관계를 숨기지 않은 레닌은 이른바 '물 한잔' 이론을 거부한 탓에 종종 이런 범주로 분류되었다. 1920년 그는 공산주의 사회에서 성적 욕망의 충족이 물 한잔 마시는 것처럼 간단하고 사소할 것이라고 가정하는 것은 터무니없는 오해라고 불만을 토로했다. 그가 볼 때 이런 가정은 마르크스주의적이기는커녕 "순전히 부르주아적"이었다. 그는 사실상 "부르주아적 사창가를 확대하는" 이런 이론이 젊은이들 사이에서 인기를 끄는 것을 개탄했다. "이 물 한잔 이론 때문에 우리 젊은이들이 제정신을 잃고 미쳐가고 있다."[131] 레닌을 회상하면서 이런 평가를 떠올린 클라라 체트킨은 또한 다른 좀더 미묘한 구절도 인용한다. "수도자 같은 금욕주의"에 대한 애도를 거부한 레닌은 "공산주의는 금욕주의가 아니라 무엇보다도 사랑으로 충만한 삶이 가져다주는 좋은 기운

과 삶의 환희를 안겨주어야 한다"고 강조했다.[132]

성해방은 러시아 내전이 발발하면서 그 중요성이 극적으로 강조된 건강 및 생산과 결합되어야 했다. 자유로운 사랑은 만연하는 빈곤과 실업, 성매매와 성병, 아동 유기와 일부 사례의 진짜 기아를 저지할 필요성을 무시할 수 없었다. 영양실조 상태에서는 성적 욕망을 실현하는 게 그리 쉽지 않았다. 1918년 창설된 이래 보건인민위원부가 장려한 '성적 계몽polovoe prosveshenie' 캠페인은 종종 핵가족을 해체한다는 사회주의적 목표와 충돌했다.[133] 경제·사회·문화적 회복이 새로운 생활 풍습 및 개인과 집단의 새로운 위생 관습을 관통했다. 알코올 중독, 담배, 불결함에 맞선 투쟁은 규율 있고 건전한 생활을 요구했다. 새로운 문명을 건설하는 의식적 과업에 참여하기 위해 신체적 활동과 지적 활동을 조화롭게 결합해야 했다. 이런 관점에서 신체적 실천이 규율되어야 했다. 성적 활동은 건강과 생산성 둘 다에 해로울 수 있었기 때문이다. 혼외 성관계가 저지되고 사회주의가 도덕적·생산적이고 건강한 신체와 동일시되기 시작했다. 사람들이 사는 집처럼 몸도 깨끗하게 관리해야 했다. 성적 자제와 금욕주의—음식과 놀이 절제, 알코올과 흡연 거부—가 이 새로운 남녀의 미덕이 되었다. 금욕주의는 악덕과 과잉, 기생, 타락한 관습 등을 받아들이는 부르주아적 퇴폐에 반대했다. 소비에트의 도상학에서 쿨락과 네프(NEP. 신경제정책) 수혜자들은 둘 다 뚱뚱하고 부패한 경멸할 만한 인간들로 그려졌다. 의식 있는 소비에트 시민은 레닌이 자본주의와 제국주의의 쓰레기를 지구에서 쓸어버리는 것처럼 자기 집을 깨끗이 청소해야 했다. 보건인민위원 니콜라이 세마시코가 설명한 것처럼, "신체 단련은 성적 비정상의 심리적 토대를 무너뜨린다".[134] 보건인민위원부에서 펴낸 수많은 교육 소책자 중 하나인

그림 2.19 아돌프 스트라호프, 〈해방된 여성: 사회주의를 건설하라!〉(1926).

『건강을 지키는 노동자Workers Take Hold of Your Health』(1925)는 소비에
트 시민들에게 필수적인 조언을 해주었다. "노동, 적절한 여가, 충분한
음식 섭취, 성인에게 맞는 정상적인 성생활, 모든 연령을 위한 스포츠.
이런 것이 건강한 삶의 토대다." 사회주의는 위생을 의미했다. 레닌 자
신의 말을 빌리자면, "사회주의를 위한 싸움은 동시에 건강을 위한 싸
움이다".[135] 트리시아 스탁스가 말하는 것처럼, 네프 시기 이후 대립적
인 신체적 은유—순수/오염, 건강한/병든—에 기반한 새로운 언어가
구체제에 대항하는 새로운 세계로서 사회주의와 자본주의의 이분법에
토대를 둔 전통적인 볼셰비키 언어와 중첩되었다.

　요컨대, 1920년대 동안 성혁명과 청교도적 금욕주의가 공존했다.
1926년 정신과 의사 아론 잘킨트가 건강하고 집단적으로 유익한 공산
주의적 삶을 위한 필수적인 규칙인, 12가지 '성적 계명'을 처방하는 놀

라운 글을 발표했다. 여기에는 남녀 둘만의 사랑, "혼전 성관계 자제", "연인들을 하나로 묶는 깊고 복잡한 여러 경험의 연쇄"의 막바지에만 허용되고 "자주 반복해서는 안 되는" 성적 행위 등이 포함된다. "섹슈얼리티를 계급의 이해에 종속시켜야" 했기 때문에 "추파 던지기, 구애, 교태 부리기 등 특별히 성적 정복을 노리는 행위"는 엄격하게 금지되어야 했다.[136] 다시 말해, 사회주의는 수도원처럼 엄격한 노역장이었다. 하지만 1920년대 말에 소비에트 서점에서는 잘킨트의 글과 나란히 사회주의를 에로스의 성취로 묘사하는 알렉산드라 콜론타이의 책을 살 수 있었다. 1928년 스탈린에게 패배하기 전에 네프 옹호자로 손꼽혔던 니콜라이 부하린은 잘킨트의 견해를 "속물적인 헛소리"라고 낙인찍었고, 세마시코는 그의 글을 계몽의 망토를 두른 "쓰레기 같은 문헌"이라고 비판했다.[137] 푸리에와 카베가 소비에트 러시아에 다시 등장한 것이었다.[138]

신체의 해방과 재생은 점차 신체적 규율로 대체되었다. 이렇게 해서 사회주의는 생명정치 권력으로 재정의되었다. 푸코의 언어로 말하자면, 시민일 뿐만 아니라 신체적 생명으로 여겨지는 인간을 보호하고, 돌보고, 통제하고, 규율하고, 관리함으로써 주권의 도구들을 인간 생명 자체에 적용하는 권력이다. 인민의 두 신체는 정치적 신체—레닌주의—의 순수성과 아직 불멸은 아니지만 최대한 재생되고 젊어지는 생명정치적인 자연적 신체를 결합하기 시작했다. 물론 이런 관점에서 보면 스탈린의 '성적 테르미도르'가 1920년대 동안 준비되고 예고되었지만, 혁명의 유토피아적 흐름이 이 10년을 관통해 이어지면서 군사적·경제적 파국의 한가운데서 소련을 재조직화할 필요성과 관련된 권위주의적 경향들과 항구적인 긴장을 이루었다.

생산적 신체

레닌의 저작은 러시아 혁명이 이처럼 성해방과 공존하는 새로운 형태의 생명권력으로 이동한 과정을 의미심장하게 반영한다. 러시아 내전 시기 동안 레닌은 테일러주의의 장점을 발견했다. 대전쟁 직전인 1913년, 레닌은 『프라우다』에 「'과학적' 착취 시스템」이라는 제목의 논설을 발표해서 프레더릭 W. 테일러의 "과학적 관리는 노동자를 착취하는 최신 방법"이라고 비판했다. 볼셰비키 지도자는 이 시스템은 "과학의 모든 규칙에 엄격하게 부합하는 착취"라고 눈살을 찌푸렸다.[139] 하지만 1918년 3월에 이르면 이런 판단을 수정했다. 「소비에트 정부의 당면한 임무」라는 제목이 붙은 계획적 개입에서 그는 테일러주의의 이중적 성격을 지적했다. 자본주의에서 테일러주의는 "노동 대중에게서 잉여량의 노동과 힘, 피와 신경을 쥐어 짜내는" 것을 목표로 삼기 때문에 "가장 가혹한 형태의 노예화"이지만, 사회주의에서는 다른 목표를 실현한다는 것이었다. 소련에서 "인간 노동의 효율성을 지금 당장 증대"하기 위해 "생산의 과학적 조직화의 최첨단"인 테일러주의를 채택할 수 있었다.[140] 따라서 레닌은 소비에트 산업에 테일러주의를 도입할 것을 권고했다. 계속되는 내전과 그에 따라 생산이 전쟁 전의 3분의 1 수준으로 감소한 거의 전면적인 경제 붕괴 상황에서 그에게 가장 발전한 '착취 기술'은 너무도 유익해 보였다. 실제로 레닌은 훨씬 더 권위주의적인 형태의 테일러주의를 도입할 것을 제안했다. 헨리 포드가 미국에서 운영하는 공장에서는 성과급으로 임금과 생산성이 연동된 것과 달리, 소련에서는 테일러주의가 '강제 노역'의 형태를 띠었다. 이를 위반하면 '형사 사범'으로 처벌받아야 했다.[141] 여기서 생산의 합리화는 극단적인 경제 붕괴에 따른 필연일 뿐만 아니라 후진적인 농촌 국가에서 근대 사회로 이행하기 위한 전도유망한 방법이기도 했다. 규율과 효율을 강제받은 러시아 노동자들은 농민 조상들로부터 물려받은 게으름과 지각, 무책임에서 점차 벗어날 것이었다.

레닌이 극찬한 J. 에르만스키의 『테일러 시스템』(1918)은 오로지 노동 과정을 강화하는 데만 몰두하는 미국식 과학적 관리와, 노동자 착취를 증대하는 식의 양적 목표만 추구하는 게 아니라 노동자 자신들을 관리 시스템에 통합하려 하는 소비에트식 산업 합리화를 구별했다.[142] 내전이 끝나자 트로츠키는 과학적 관리에 관한 전국 회의를 조직해서 테일러주의의 신봉자와 반대자가 각각 견해를 표명하게 했다. 이 문제는 여전히 결론이 나지 않았다. 그로부터 10년 뒤 이 논쟁이 낳은 결과가 스타하노프주의였다. 노동 영웅이자 '소비에트의 새로운 인간Soviet New Man'의 상징인 알렉세이 스타하노프는 단순히 4시간 45분 만에 석탄 100메트릭톤 이상을 채굴하는 기록을 세운 지치지 않는 열정적인 프로메테우스적 노동자가 아니었다. 그는 어마어마한 작업 역량을 기술적 숙련 및 높은 수준의 전문성과 통합한 생산자였다. 스타하노프주의는 노동자를 또한 실행자 겸 계획자로 관리 시스템에 통합했다.[143] 또한 신체적 힘과 현대 기술의 융합을 압축적으로 보여주었다. 스타하노프적 노동자들은 높은 연봉뿐만 아니라 여가와 스포츠, 그리고 콘서트, 강연, 박물관, 전시회 방문 같은 문화 활동을 포함한 복지 체계의 혜택을 누렸다. 『배반당한 혁명』(1936)에서 트로츠키의 스타하노프주의 비판은 본질적으로 사회주의적 평등주의 원리를 저버렸다는 점에 초점을 맞췄다. 스타하노프주의를 강제 노동—굴락(gulag. 강제노동수용소)에서 수행하는 노동—과 혼동해서는 안 되었지만, 새로운 반사회주의적 노동 윤리를 도입한 것은 사실이다.[144]

1920년대 소련에서 과학적 관리의 선구자는 일명 '러시아의 테일러'인 알렉세이 K. 가스테프다. 독창적인 인물—교사, 언론인, 수필가, 공장 노동자, 시인, 독학한 엔지니어—인 가스테프는 볼셰비즘 창건자 세대에 속해서 그들과 혁명과 망명 경험을 공유했다. 1917년 전에는 보그다노프와 가까운 친구였고, 1920년대 초에는 자신이 "산업 프롤레타리아트 철학의 정수"라고 묘사한 운동인 프롤레트쿨트의 대표자 중 하나가 되었다.[145] 1920년 가스테프는 모스크바에 중앙노동연구소Central Institute of Labour(CIT)를 세웠다. 소비에트 정부의 지원을 받아 러시아 공장들에 과학적 관리 도입을 장려하는 기관이었다.

가스테프는 기계에 관한 메시아적 견해를 설명하고 인체를 기계체mechanical entity로 변형하는 것을 이론화하면서 사회주의의 도래를 기술의 승리로 찬양했다. 이미 러시아 혁명 전에 그는 산업 노동을 찬미하는 철의 은유로 시를 가득 채운 바 있었다. 「우리는 철에서 자라난다We Grow Out of Iron」(1914)에서 그는 "철혈"을 채워 넣고 "강철 팔과 어깨"를 자랑하는 생산자들의 새로운 시대가 도래함을 선언했다. 그들은 마침내 "철인ironman"으로 합쳐졌다.[146] 1920년대에 그는 공산주의를 살이 금속으로 변형되는 것으로 묘사했다. 강철 신경과 철의 얼굴로 이루어진, 철의 규율과 철의 의지에 바탕을 둔 새로운 사회였다: 푸리에부터 쥘 베른, H. G. 웰스에 이르기까지 19세기의 위대한 유토피아 사상가 및 작가들의 적통을 이어받았다고 주장한 가스테프는 사회주의를 자기조정적 기계들로 이루어진 세계로 상상했다. "미래 사회를 관리하는 '생산 복합체'에서는 난공불락의 세계 안에서 기계의 의지와 인간 의식의 힘이 합쳐질 것이다."[147] 점차 투표를 통한 인간의 선택과 숙의 대신 자주관리 기계가 들어설 것이다. 이런 혁신들은 기술

그림 2.20 톨카초프가 알렉세이 가스테프를 미래주의 화법으로 그린 그림(1924).

의 규칙에 적응한 새로운 인류, 즉 언어와 몸짓, 사고가 표준화되면서 개조된 인류를 창조할 것이다. 가스테프의 말을 빌리자면, 인류는 "영혼이 사라지고 성격과 감정, 서정성이 없어질 것이다".[148] 요컨대, 인류는 기계체가 될 것이다. 기계는 이제 '통제의 대상'이 아니라 '주체'가 된다. 이런 '이상적' 사회주의 세계상은 보그다노프의 '테크톨로지'를 넘어서 아직 설익어 모호하게 하이데거적인 맛이 나는 부정적 존재론(역사의 주체로서 기계가 인간을 대신한다)의 형태를 띠었다. 이 세계상은 또한 1932년 에른스트 윙거가 동명의 에세이에서 묘사한 '노동-민병대원'(der Arbeiter)의 파시즘적 이상화를 예시했다. 이 글에서 윙거는 노동의 기계화와 예술과 기술을 가르는 모든 경계의 소멸(이미 사진으로 증명되었다), 그리고 마침내 금속 신체를 지닌 새로운 '인간형'의 등장을 선언했다.[149] 윙거의 '노동-민병대원'은 사회주의 혁명의 피조물이라기보다는 20세기를 열어젖힌 산업화된 충돌인 대전쟁의 산물이었지만, 이 인간형의 특징은 가스테프의 사회주의적 철인과 별로 다르지 않았다. 각각 대전쟁 시작점과 막바지에 씌인 「우리는 철에서 자라난다」와 『내적 경험으로서의 전투Battle as Inner Experience』(1922) 같은 민족주의 팸플릿의 유사점은 놀라울 정도다. 가스테프의 시는 기계에 의해 단조된 노동자를 이상화한다.

> 그들은 충동적이고, 대담하고, 강하다. 그들은 한층 더 큰 힘을 요구한다. 나는 그들을 보며 똑바로 일어선다. 내 정맥 안으로 새로운 철의 피가 흐른다. 나는 훨씬 더 높이 자랐다. 나 스스로 강철 어깨와 팔뚝을 이루 헤아릴 수 없이 강하게 만든다. 나는 건물의 철과 통합되고 있다. 나는 솟아나고 있다. 내 어깨가 트러스와 위쪽 대들보, 지붕을 밀어낸다. 내 다리는 여전히 땅을 딛고 있지만, 내 머리는 건물 위에 있다. 나는 여전히 이런 비인간/초인nechelovecheskie의 노력 때문에 가쁜 숨을 몰아쉰다.[150]

한편 윙거는 "모든 문명이 자라나는 토대이자 철의 시련을 겪기 전에 충분히 강하지 않으면 그 밑으로 가라앉아버리는 영원한 자연에서 생겨나는" 산업 전쟁인 현대 전쟁이 발발하면서 탄생한 새로운 인류를 찬미한다. 이 전쟁은 새로운 엘리트 집단인 영웅들을 탄생시킨 카타르시스의 순간이었다. "전쟁은 우리를 망치로 두드리고 끌로 새기고 단단하게 만들었으며, 오늘날의 우리로 변모시켰다. … 우리는 남은 생애 동안 전사로 남을 것이다."[151]

가스테프의 사상은 소비에트의 미적 아방가르드에 큰 영향을 미쳤다. 아방가르드에 선 뉴레프(New LEF. 새로운 예술좌파전선)의 구성주의

그림 2.21 메이예르홀트, N=A1+A2(생체역학 연극).

운동은 그의 사상을 지지했다. 그래픽 디자이너이자 사진가인 알렉
산드르 로트첸코나 극작가 세르게이 트레티야코프, 연출가 프세볼로
트 메이예르홀트 같은 예술가들에 따르면, 예술과 생산의 분리를 모
조리 극복함으로써 미적 창조의 영역으로 10월 혁명을 확장해야 했다.
특히 메이예르홀트는 배우들이 자기 신체의 모든 표현 자원을 통제하
는 새로운 연기 방식을 고안함으로써 테일러주의를 무대에 적용하려
고 했다. 신체와 동작, 시간의 상관관계가 바뀌어야 했다. 전통적인 연
극은 배우들에게 감정을 나타낼 것을 요구한 반면, 메이예르홀트의 작
품은 "신체는 하나의 기계이고, 일하는 사람은 기계 조작자"라는 원리
에 근거한 과학인 생체역학의 잠재력을 보여주었다.[152] 메이예르홀트
는 수학 공식을 통해 이 규칙을 정식화했다. 'N=A1+A2'에서 N(배우)은
A1(기계-고안자)과 A2(실행하는 신체, 또는 기계-조작자)의 합으로 생겨난
다.[153]

프롤레타리아트—포드주의 시대 초기의 산업 노동계급으로 재정의
된 프롤레타리아트—를 역사의 구원자로 보는 메시아적 시각에 뿌
리를 둔 이런 혁명적 신체 규율 사상은 분명 러시아의 경험을 넘어서

는 것이었다. 이탈리아 토리노에서 자동차 공장 점거 행동이 벌어진 1919~20년에 안토니오 그람시는 사회주의를 노동**의** 구원(노동**으로부터의** 해방이 아닌)으로 보는 인상적인 이론을 정교화했다. 그가 피에몬테 주도州都의 사회주의 신문 『신질서L'Ordine Nuovo』에 쓴 논설은 이 이탈리아 마르크스주의 사상가가 아직 알지 못한 소비에트의 여러 논쟁과 의미심장하게 공명했다. 그람시에 따르면, 피아트의 점거 공장에서 노동자들이 만든 공장 평의회는 프롤레타리아 독재의 잠재적 기관이었다. 사회주의는 산업 생산의 내재적 합리화를 나타냈으며 하나의 공장 체제로 조직되어야 했다. 산업 노동은 질서와 규율, 조직과 합리성 없이 살 수 없는 존재인 노동자의 독특한 심리를 벼려냈다. 노동 경험을 통해 형성된 이 심리는 대단히 집단주의적이었다. 그람시의 말처럼, 생산자로서의 노동자는 "인간 사회를 재생rigenerare하는 사명을 구체화한 혁명 세력"이자 "새로운 국가의 창건자"였다.[154] 그러므로 사회주의는 공장 모델 노선에 따라 사회를 운영하게 될 생산자들이 권력을 장악하는 것을 의미했다. 시민은 부르주아 국가에서 주권의 추상적 주체인 반면, 사회주의는 시민을 생산자 자신으로 대체할 것이었다. 공산주의 사회는 "대규모 공학적 작업의 모델에 따라" 구조화되며, 그 핵심은 노동자의 두뇌 기관인 공장 평의회가 될 것이었다. 그람시의 용어를 빌리자면, 공장은 노동계급이 독특한 '유기체'가 되는 영역이었고, 그 자연적 조직인 공장 평의회가 오래된 주권의 대표 기구를 대체해야 했다. 바로 이것이 국가의 '해체'에 관한 마르크스의 이론에 대한 그 나름의 해석이었다. 사회의 총체로 확장된 공장은 낡은 부르주아 국가를 대체하는 새로운 프롤레타리아 국가를 건설하고 있었다. 사회주의는 하나의 거대한 공장으로 조직된 생산자들의 공동체였다. 더욱이 이 모델은 전 지구적 규모로 확대될 수 있었다. 그람시는 "전체 인류의 이름으로 전 세계의 부"를 관리하는 일종의 세계적 공장 평의회를 상상했다.[155]

그람시의 『옥중수고』(1934)에서 테일러주의를 다룬 단편적인 글은 자본주의적 '노동 관리'의 한계를 극복할 필요성과 동시에 자유로운 섹슈얼리티와 산업 노동 윤리의 양립 불가능성을 강조함으로써 1920년대 소비에트에서 벌어진 논쟁과 공명한다. 테일러주의가 "자격 있는 전문적 노동의 정신-신체 결합체"를 깨뜨림으로써 노동자를 "훈련된 고릴라"로 변모시킨 반면, 사회주의는 자신이 관여하는 노동 과정을 통제하고 관리할 능력이 있는 "새로운 유형의" 의식적 노동자를 창조함으로써 더 높은 차원에서 이 결합체를 다시 세울 것이다. 이 우월한 종류의 생산자이자 인간은 거의 우생학적 계획이 낳은 소산이라고 그람시는 강조했다. "불가피하게 강제 선택이 벌어질 것이다. 낡은 노동계급의 일부는 노동의 세계에서, 그리고 어쩌면 간단히 말해 세계 자체에서 인정사정없이 제거될 것이다."[156] 이렇게 재생된, "우월한" 인류학적 표본은 생산자 역할을 하며 단련된 몇 가지 신체적 특징과 금욕적 습관을 지닐 것이다. "성 분야에서 가장 타락하고 '퇴행적인' 이데올로기적 요소가 생산 노동에 긴밀하게 묶이지 않은 계급들에 고유한 계몽되고 초자유주의적인 관념이라는 사실을 강조할 필요가 있다."[157] 프롤레타리아 엘리트는 노동계급에게 의식적 생산자에 가장 어울리는 생활방식을 보여주어야 한다. 프롤레타리아 권력은 "자기강제와 자기규율"을 의미했다(알피에리가 스스로 의자에 몸을 묶은 것처럼[19세기 이탈리아 극작가 비토리오 알피에리는 매일 아침 하인에게 자신을 의자에 묶어 달라고 지시했다. 스스로 정한 작업량을 채울 때까지 꼼짝 않고 글을 쓰기 위해서였

다 | 옮긴이]).[158]

　이렇게 인간을 규율 잡힌 생산적 신체로 개조한 생명정치는 '호모 파베르'와 동시에 생산력의 발전을 물신으로 숭배했다. 금욕적 생산자라는 '새로운 인간'의 도래는 사회주의의 '날개 달린 에로스'의 쾌락주의와 양립할 수 없었다.

제3장

개념, 상징, 기억의 영역

마치 중력에서 벗어나 자유롭게 떠다니는 꿈을 꾸는 것처럼, 혁명에서는 모든 일이 눈 깜짝할 새에 일어난다. … 혁명 시기에 사람들은 정신으로 충만해져서 정신이 없는 이들과는 완전히 달라진다. 혁명 시기에는 모두가 원래라면 훌륭한 개인들만의 몫이었던 정신으로 채워진다. 모두가 용감해지고 격렬하게 열광하는 동시에 서로를 돌보고 사랑한다.

-구스타프 란다우어, 『혁명』(1907)

패러다임 바로잡기

혁명은 역사의 얼굴을 바꿨지만 전 지구적 차원에서 공유하는 '기억의 영역'을 창조한 경우는 드물다. 물론 혁명의 몇몇 사건은 ―바스티유나 겨울궁전 습격처럼― 보편적인 은유가 됐지만, 여전히 민족적 사건의 투영으로 남아 있다. 18세기 마지막 사분기에 벌어진 대서양 혁명―아메리카부터 프랑스를 거쳐 생도맹그(아이티)까지 휩쓸면서 우리가 사는 근대의 이데올로기적·정치적 기반을 확립한 봉기의 순환―은 본질적으로 민족적인 기억 속에 축적되어 있다. 이 혁명들은 행위자들의 의식 속에서 분명하게 서로 관련되었지만, 이런 연관은 초민족적인 기억을 낳지는 못했다. 아메리카와 프랑스의 혁명은 종종 대립되는 양극단의 패러다임으로 여겨지는 반면, 블랙 자코뱅은 한 세기 반 동안 침묵 속에 묻혔고, 따라서 본질적으로 서구적인 혁명의 정전에서 배제되었다. 1848년 '민중의 봄Springtime of Peoples'은 팔레르모에서 파리까지, 프랑크푸르트에서 빈까지 사실상 동시에 휩쓴 물결이었지만, 그 혁명들이 남긴 자취는 민족적이다. '밀라노의 5일Five Days of Milan'은 이탈리아 바깥에서는 아무 의미도 없으며, 프랑크푸르트 의회도 독일 밖에서는 무의미하다. 1960년대는 프라하에서 멕시코, 베를린에서 도쿄에 이르기까지 거리에서 싸운 시절이지만, '68년 5월'이라는 표어는 국경선 안에서 벌어진 사건, 즉 파리 라탱지구의 바리케이드에 국한된다. 이런 사실은 피에르 노라의 진술을 확인해주는 듯하다. 프랑스와 영국, 독일 군대가 싸운 대전쟁의 전투인 베르됭이나 유럽 10여 개국의 유대인과 레지스탕스 투사들이 추방당해 절멸된 아우슈비츠 같은 "유일한 유럽 차원의 화신은 부정적이다".[1] 어디에나 존재하는 유산인 동시에 가늠하기 힘든 기억의 대상인 혁명이, 마르크스와 엥겔스가 발굴한 에드먼드 버크의 유명한 구절을 빌리자면, 오늘날 다시 "유럽을 배회하는 유령"이 되고 있다. 이 유령들은 우리에게 과거에 관해 말하지만, 아마 여전히 미래를 선언하고 있을 것이다.

혁명의 보편적인 유산은 무엇보다도 하나의 개념이다. '혁명'이라는 단어가 낡았다 하더라도, 모든 언어에서 이 단어가 현대적 의미를 갖게 된 것은 1789년 이후의 일일 뿐이다. 천문학에서 빌려온 이 단어는 원래 '회전'이나 '순환'을 가리키는 데에 사용되었다. 혼란의 시기가 끝나고 안정된 제도가 다시 확립된다는 뜻이었다. 이런 의미에서 영국인들은 헌법을 토대로 군주정을 평화롭게 복원한 1688년 '명예혁명'을 정의한 한편, 1640년대에 크롬웰이 이끈 격변은 '내전'으로 간주했다. 그리고 프랑스 대혁명이 미국의 탄생에 새로운 의미를 부여한 것도 1789년 이후 사후적인 일이었다. 부당하고 억압적인 지배에서 해방된 식민지 주민들은 크롬웰의 몸짓을 되풀이하지 않고 자신들의 정당한 권리를 되찾기를 바랐다. 그들이 벌인 반란은 원래 '독립전쟁'이었는데, '미국 혁명'이 되기 위해서는 20년을 기다려야 했다.[2] 1789년에 역사는 지난 경로를 추적한 게 아니라 앞으로 나아가는 거대한 도약을 이루었다.[3] 마르크스에 따르면, 자코뱅은 "로마 시대의 의상을 입고 로마의 언어를 사용해서 그들 시대의 임무, 즉 근대 부르주아 사회를 해방시켜 확립하는 임무를 수행했다".[4] 그들은 자신들이 고대의 작품을 다시 상연한다고 생각했지만, 실은 미래를 발명하고 있었다. 혁명은 인민의 주권을 확인함으로써 새로운 제도를 창조하는 정치적 중간 휴지caesura가 된 셈이었다. 계몽주의 사상가들 덕분에 비옥해진 영토에서 진보 개념을 구현한 것은 물질적인 동시에 도덕적인 이중의 완성을 보장한 사회 세력들이었다. 역사에는 목적인telos이 있었고, 혁명은 인류가 그 목적에 도달하게 해주는 '기관차'였다. 혁명은 역사의 직선성을 산산이 깨뜨리면서 세계를 새롭게 부상하는 시간성으로 내던지는 강력한 가속화를 가져왔다. 이 시간성에서는 어떤 것도 자기 자리에 머무르지 않았다. 비밀스러운 해방적 굴성(tropism. 屈性) 덕분에 모든 게 유토피아의 지평선을 향해 나아가는 것처럼 보였다.[5]

혁명의 옹호자에서부터 비방자에 이르기까지 모든 이들은 비록 평가는 근본적으로 갈라지더라도 혁명을 사회적·정치적 **파열**로 보는 데에 동의한다. 혁명 개념은 결국 이런 의미로 우리의 역사의식에 새겨졌다. 처음부터 공생적 연계가 혁명과 반혁명을 한데 뒤섞었다. 19세기 내내 혁명은 당대인들의 눈에 혁신과 혼돈의 단일한 혼합물이자 새로운 권력의 갑작스러운 출현, 사회가 무질서와 폭력으로 빠져드는 순간으로 보였다. 이런 이중적 인식이 근대의 정치적 지평선을 고정시켰다. 1789년 국민의회의 운명적인 회합에서 결정된, 위상학적인 동시에 존재론적인 **좌파**와 **우파**의 구분[6]은 프랑스 국경을 넘어 유럽에 이어 세계의 정치 지도를 다시 정의하게 되었다. 1790년대부터 줄곧 자코뱅주의는 구체제에 대항하는 유럽의 반란 운동이 되었다. 방데 전쟁으로 내부에서 위협을 받고, 각국 군주정의 귀족 연합에 의해 외부에서 위협을 받은 프랑스 대혁명은 수출되거나, 아노 J. 메이어의 표현을 빌리자면, **외부화**되었다.[7] 대혁명은 자신의 가치와 사회적 정복(시민법)을 널리 퍼뜨리면서 우선 따라야 할 본보기(거의 모든 곳에서 등장한 자코뱅 운동)가 되고 뒤이어 무너뜨려야 하는 새로운 전제정(나폴레옹의 지배에 대항하는 민족의식의 각성)이 되었다.

혁신과 혼돈, 미래의 약속과 야만. 프랑스 대혁명에 대한 해석은 한 세기 넘도록 이 두 극단 사이를 동요했다. 칸트와 헤겔은 비록 공포정을 저주했지만 이 사건에서 거대한 역사적 전환점을 인식했다. 무엇보다도 혁명은 이성으로 규제되는 해방된 세계의 예견적 징후signum prognosticum이자 사해동포법의 전제이며 인류가 마침내 성인이 되었다는 증거였다. 따라서 혁명은 그 폭력성에도 불구하고 여전히 그것의 전반적 가치에 사법적 형태를 부여한 도덕적 진보상의 결정적 일보였다. 독일에서 처음에 자코뱅주의를 열렬하게 지지한 많은 이들이 실망한 나머지 낭만적 보수주의로 돌아섰을 당시 생애 말년이었던 칸트는 자신의 저작『학부들의 논쟁』(1798)에서 프랑스 대혁명의 보편적 차원을 강조한다. 칸트는 "인류사에서 이런 현상을 **잊어서는 안 된다**"고 지적한다. 혁명은 누구도 무시할 수 없는 "향상을 추구하는 인간 본성의 경향과 능력을 보여주었기 때문이다". 이 사건은 "너무도 중요하고, 인류의 이해와 너무도 깊숙이 뒤얽혀 있으며, 그 영향이 세계 모든 지역에 너무도 광범위하게 퍼져 있기" 때문에 "모든 사람의 정신"이 그 교훈을 이해 못할 리가 없다.[8]

헤겔은『역사철학 강의』(1822~30)에서 프랑스 대혁명을 다름 아닌 철학의 완성으로 정의한다. "추상적 사고"가 현실에서 실현되기에 이르렀다는 것이었다. 헤겔은 이 혁명이 "영광스러운 정신의 여명"이었다고 결론지으면서 "마치 성聖과 속俗의 일치가 처음 달성된 것처럼 세계를 전율케 한 … 환희"와 "정신적 열광"을 강조한다.[9]『예나 강의』(1805~6)에서 헤겔은 비록 로베스피에르의 자코뱅 독재와 나폴레옹 제국의 폭압적 성격을 비판하면서도 이미 프랑스 대혁명을 역사의 행진에서 유력한 한 걸음으로 보는 견해를 강조했다. 그는 이 두 권력을 역사의 변증법의 표현으로, 따라서 절대 정신의 구현으로 여기면서도 혐오했다.[10] 헤르베르트 마르쿠제는 헤겔이 왕정복고 국가를 이상화하면서도 그것을 독일 종교개혁에서부터 프랑스 대혁명에 이르기까지 근대의 지속적인 성취를 구현하는 것으로 보았다고 적절하게 말했다.[11]

'민중의 봄'으로 명명된 해인 1848년, 프랑스 대혁명이 낳은 해방의 약속이 민주적·민족적이 되었고 마르크스나 블랑키 같은 몇몇 행위자들에게는 이미 **사회주의적**이 되었다. 이탈리아의 애국자로 단명한 로마공화국 지도자 주세페 마치니 같은 다른 이들은 1848년 봉기에서 앞서 10년간 자신들이 윤곽을 그린 유럽 연방 기획의 확인을 목격했다.

이 모든 공화주의, 민주주의, 사회주의 혁명가들에게 폭력은 해방 행동의 불가피한 한 차원이었고, 독재 개념은 종종 그들의 정치 논쟁에서 두각을 나타냈다. 마르크스가 새로운 권력을 창조하고 낡은 지배계급의 복고 위협에 맞서 권력을 지킬 수 있는 반역적 민중의 정치 형태인 '프롤레타리아 독재'를 이론화한 것은 바로 1848년 혁명의 물결을 재평가하는 과정에서였다. 1848년, 혁명은 이제 더이상 철학의 성취를 예견하는 징후가 아니라 반세기의 역사적 경험에 토대를 둔 하나의 정치 이론이 되어 있었다. 1850년에 쓴 글에서 마르크스는 "프롤레타리아트의 계급 독재"를, "계급 구별 일반의 폐지"와 "그 구별의 근거가 되는 모든 사회적 생산관계의 폐지로 나아가는 데에 필요한 이행점"으로 작용하는 "혁명의 영구성"의 표현이라고 정의했다.[12]

레닌이 『국가와 혁명』(1917)에서 마르크스의 이론을 성문화한 것은 다름 아닌 대전쟁 말 유럽의 위기, 즉 왕조 제국들이 붕괴에 직면하고 러시아 혁명이 한창인 격변의 맥락에서였다. 레닌은 그해 여름에 잠깐 휴식과 회복을 취하면서 이 글을 썼는데, 그의 목적은 대단히 실용적인 것이었다. 볼셰비키당을 재무장시켜 반란을 준비하기를 바랐기 때문이다. 레닌은 『공산당 선언』의 저자가 단편적인 형태로 설명한 많은 사고를 체계화함으로써 "진정한 마르크스의 국가 교의를 재확립"하는 것을 목표로 삼았다.[13] 마르크스주의의 **정전**을 구축하려는 억누를 길 없는 유혹을 드러낸 것이었다. 이제 와서 보면 마르크스는 프롤레타리아 독재 교의는 말할 것도 없고 완벽한 국가 이론도 정교화하지 않았다. 그의 저작은 19세기 혁명의 경험을 근거로 삼아 몇 가지 일반적인 개념의 개요를 제시하고 일부 가설을 정식화했다. 마르크스는 1852년 요제프 바이데마이어(미국으로 이주한 독일 사회주의자)에게 보낸 편지에서

'프롤레타리아 독재'를 다시 언급했는데, 여기서는 이를 '계급 없는 사회'로 이행하는 정치 형태로 정의했다.[14] 마르크스가 노동자 국가로 묘사한 파리코뮌―"노동의 경제적 해방이 이루어질, 마침내 발견된 정치 형태"[15]―은 그에게 일종의 반反독재였다. 즉 중앙집권적 국가기구를 파괴하고, 억압적 국가기구를 해체하고, 민중 민병대를 창설하며, 국가 관료제를 억누르고, 새롭게 선출되는 입법 및 행정 기구의 의회주의로 대체하고, 보편참정권을 실현하며, 노동자 임금을 받는 선출직들이 절대적 권한을 갖고, 생산자들이 스스로 자주관리를 하는 국가였다. 마르크스의『프랑스 내전』2판(1891)에 쓴 서문에서 파리코뮌을 프롤레타리아 독재의 탁월한 사례라고 정의한 것은 프리드리히 엥겔스였다.

> 최근에 독일의 속물들은 다시 한번 프롤레타리아 독재라는 단어를 보고 건전한 공포에 휩싸이고 있다. 좋다, 신사 여러분, 이런 독재가 어떤 모습인지 보고 싶은가? 파리코뮌을 보라. 바로 그게 프롤레타리아 독재였다.[16]

마르크스는 독재 개념을 분명하게 성문화하지 않으며, 프롤레타리아 권력의 **사회적 내용**의 정의와 그 **정치적 형태**, 즉 상황에 따라 민주적으로 선출된 기관들의 틀을 가질 수도 갖지 않을 수도 있는 새로운 계급 지배를 수립하는 절대 권력 사이에서 동요한다.[17] 그가 볼 때, 혁명은 주어진 사회의 생산력과 소유관계의 충돌이 낳은 산물이지만, 그 발발이 오로지 이 충돌에만 의존하지 않으며 또한 혁명의 정치 형태가 미리 확립되지도 않았다.『프랑스 내전』(1871)에서 파리코뮌을 독재라고 특징짓지 않은 채 노동자 국가로 분석하는 것도 이 때문이다(마르크스는 아마 코뮌이 충분히 독재적이지 않았다고 생각했을 것이다). 마르크스의 혁명 개념은 분명 자본주의의 전복을 함축했지만, 그 단계와 양상은 반란자들 스스로 창의적으로 고안하도록 여지를 남겨두었다. 이것은 정치적 존재론보다는 역사적 현상학의 문제였다. 혁명의 시기나 형태는 예측할 수 없었다. 그보다는 혁명이 언제나 그 행위자들을 놀라게 한다고 생각하면 된다. 더욱이 프롤레타리아 독재에 관한 마르크스의 언급은 오로지 유럽 대륙에만 관련된 것이었다. 일부 해석자들은 마르크스가 영국과 미국 양국에서는 사회주의로 평화롭게 이행할 가능성을 배제하지 않았다고 말한다.[18] 프리드리히 엥겔스의 경우에는 말년에 반란적 혁명 모델을 공공연하게 일축했다. 마지막으로 쓴 텍스트 중 하나인 마르크스의『프랑스의 계급투쟁』신판(1895) 서론에서 그는 다음과 같은 대차대조표를 제시했다.

기습공격의 시대, 의식 있는 소수가 의식이 부족한 대중의 선두에 서서 혁명을 수행하는 시대는 지나갔다. 사회 조직의 완전한 변혁이 문제가 되는 곳에서는, 대중들 스스로가 그 변혁에 참여해서 그들 스스로 문제가 되는 것이 무엇이며, 자신들이 몸과 마음을 바쳐 무엇을 위해 싸우는지를 파악하지 않으면 안 된다. 최근 50년의 역사가 우리에게 가르쳐준 교훈은 바로 이것이다.[19]

프로이센 제국의 케케묵은 차별적 제도에도 불구하고 엥겔스가 독일 사회민주주의의 성장을 "자생적으로", "꾸준히", "불가항력적으로" 펼쳐진 거의 "자연적인 과정"이라고 해석한 시기였다.

1917년에 이르러 대전쟁으로 인해 만년의 엥겔스가 품었던 낙관적 예언이 휩쓸려 사라지고 혁명은 다시 한번 군사 봉기가 되었다. 러시아가 소요로 들끓던 그 결정적인 해에 레닌은 마르크스가 던진 질문들을 해결하기 위해 그의 저작에서 몇 가지 구상을 끄집어내서 네 가지 기본 가정을 바탕으로 한 일관된 교의로 고정시켰다.

1. 국가는 과도기적 제도다. 과거에 인간 공동체는 국가 없이 존재할 수 있었고, 따라서 우리는 국가 없는 미래의 해방된 공동체를 상상할 수 있다. 국가는 계급 사회의 역사적 산물이며 "화해 불가능한 계급 적대"에서 나온다.[20] 자본주의 사회에서 국가는 필연적으로 부르주아 국가, 즉 지배계급의 이익을 수호하기 위해 구상되고 활용되는 도구다.

2. 혁명은 부르주아 국가를 뒤집고 혁명 권력을 세우는 억압받는 자들의 대중 봉기다. 부르주아 국가는 고쳐 쓸 수 없으며 폭력적 행동으로 파괴해야 한다(레닌은 마르크스의 용어 Zerbrechung[깨부수기]를 인용한다). 마르크스와 엥겔스의 말을 빌리자면, 그리하여 "새로운 사회를 수태한 모든 낡은 사회의 산파Geburtshelferin"로서 폭력의 역할이 확인된다.[21] 제1차 세계대전 말, 사회주의로의 평화적 이행이라는 관념은 레닌에게 그저 비현실적이고 우스꽝스럽게 보였을 뿐이다.

3. 혁명은 창조적 파괴다. 프롤레타리아 계급은 낡은 억압적 국가를 해체하고 새로운 권력, 즉 프롤레타리아 독재를 세운다. 이 새로운 권력은 민주적인—각 기관은 보편참정권을 통해 선출된다— 동시에 억압적이다. 낡은 지배계급이 자신들의 권력을 복구하려는 모든 시도에 맞서 프롤레타리아의 지배를 공고히 다지는 것을 목표로 삼기 때문이다. 프롤레타리아 독재의 모델인 파리코뮌은 낡은 군대와 경찰을 폐지하고 노동자 민병대(국민위병)로 대체했다. 프롤레타리아 독재인 코뮌은 대의 기구가 아니라 활동하는 기구를 세웠다. 코뮌은 "인간의 통치"

를 "사물의 행정"으로 대체했다. 선출된 코뮌 대표들은 행정관이며, 언제든 교체 가능하고 어떤 특권도 누리지 않았다.

4. 프롤레타리아 독재는 고유한 성격과 구조, 기능 때문에 사라지는 운명이다. 프롤레타리아 독재는 자신의 소멸을 위한 전제를 만드는 국가다. 사회가 완벽한 형태의 자주관리를 수행할 수 있게 되면 국가가 쓸모를 다해 필요 없어지고 사라지기 시작할 것이다. 엥겔스의 정식화에 따르면, 국가는 "스스로 사멸하며der Staat stirbt ab"[22] 그 흔적은 "물레나 청동제 도끼와 나란히 골동품 박물관에" 들어갈 것이다.[23]

정통 마르크스주의의 원리를 확립한 레닌은 사회민주주의적 개혁주의 및 아나키즘과 자신들을 가르는 틈새를 강조했다. 개혁주의는 1914년 전쟁 채권에 찬성표를 던진 데서 입증된 것처럼 단순히 국가를 파괴하는 것을 포기한 반면, 아나키즘은 아직 국가를 '폐지'한다는 환상을 버리지는 않았다. 마르크스주의와 아나키즘의 차이는 최종 목표와 관련된 게 아니었다. 계급이나 국가가 사라지는 사회인 공산주의에는 둘 다 찬성했다. 양자의 차이점은 이 목표를 달성하기 위한 수단에 있었다. 아나키스트들이 국가를 '폐지'하기를 바라면서도 '반권위주의'라는 이름 아래 프롤레타리아 독재 원리를 거부한 것과 대조적으로, 레닌은 혁명이 극도로 "권위주의적인" 행위라고 보았다. 양자의 차이가 얼마나 유의미하든 간에 마르크스주의와 아나키즘은 국가 없는 사회라는 동일한 최종 목적을 공유한다. 한스 켈젠 같은 법실증주의 주창자가 이런 목적론적 동질성을 검토하면서 마르크스를 아나키즘의 위대한 사상가로 손꼽은 것은 이 때문이다.[24]

혁명이 한창인 가운데 글을 쓴 레닌은 프롤레타리아 독재를 내전(프랑스 대혁명과 파리코뮌의 경험) 시기에 작용하는 강압적 권력으로 묘사하는 대신 소비에트 민주주의(평의회 민주주의)와 동일시했다. 국가 문제에 대해 유토피아적으로 접근하긴 했어도—자기해방을 이룬 인간 공동체에서 국가의 '소멸'을 가정했다— 레닌의 글은 여러 아포리아적 측면을 보여준다. 프롤레타리아 독재의 기관들을 순전히 행정적으로 묘사하는—선출된 대표자들이 "사물의 행정"을 보장한다— 이 글은 민주적 숙의가 어떻게 작동하고 선출된 행정 요원들을 어떻게 통제할 수 있는지를 분명하게 설명하지 않는다. 레닌은 혁명 국가의 정치적-사법적 차원—법적 틀—을 완전히 무시하면서 정치적 다원주의, 개인적·공적 자유, 반대파의 자리, 검열 같은 근본적인 쟁점들에 관해 아무런 실마리도 주지 않는다.[25] 고전적 독재는 법률을 중지할 수 있지만, 합법적으로 그렇게 할 수 있으며 법률을 재확립하기 위해 행동한다. 하지만 공백 상태에서는 모든 게 가능해진다. 가장 소박한 정식화에서 공산주의적 미래에 관한 마르크스주의의 묘사는 단순히 가장 비관적인 베버의 평가를 확인할 뿐이다. 서구 근대가 피할 수 없는 운명인 냉정한 합리화와 관료화라는 '쇠우리'에 관한 평가가 그것이다. 니콜라이 부하린과 예브게니 프레오브라젠스키가 『공산주의의 ABC』(1919)에서 계급과 국가가 없는 사회의 기능을 예견하면서 한 말을 생각해보라. 그들이 볼 때, 회의론자들의 반론—'누가 전체 사무를 감독할 것인가?'—은 진지하게 고려할 필요가 없었다. "이런 질문들에 대답하기는 어렵지 않다. 주된 방향은 다양한 종류의 회계 사무소나 통계국에 맡겨질 것이다."[26] 오늘날 읽어보면 '숫자에 의한 통치'에 대한 이런 순진한 믿음은 무척 당혹스럽다.

그로부터 몇 년 뒤 레닌은 내전 시기에 **당**의 독재가 필요하다는 사고를 옹호했다. 1921년 그는 당의 독재를 주장했을 뿐만 아니라 볼셰비키당 내에서 모든 경향을 억압할 것을 요구하기도 했다.[27] 내전 중에 경제가 혼란에 빠지고 노동자들이 병사로 변신한 까닭에 볼셰비키가 고립되었다고 느끼고 소비에트들이 사실상 유명무실해졌을 때 레닌의 견해는 경험적으로 바뀐 바 있었다.

레닌의 혁명 이론과 경험적인 권력 관리, 프롤레타리아 독재 개념과 그의 통치 아래서 드러난 현상학적 형태 사이에는 상당한 불일치가 존재하며 그는 이 간극을 메우려고 한 적이 없다. 마르크스의 사상을 일관된 하나의 교의로 성문화하려 한 그의 시도도 독재에 관한 정치 이론 속에 자리를 잡지 못했다. 정치사상의 고전적 전통에서 볼 때, 독재는 조르조 아감벤이 설득력 있게 설명한 것처럼 법의 영역에 외부적인 동시에 내부적인 "불확정" 상태인 예외 상태다.[28] 이 개념을 통해 법은 자신의 멈춤을 자기 안에 포함시키려고 한다. 다시 말해, 예외 상태는 법 자체에 의해 허용된 법의 중단이다. 예외 상태는 규범과 그 적용을 분리하며, 따라서 법 내부에 아노미 구역을 도입—하고 인정—한다. 법 없는 법의 강제다. 아감벤은 로마법에서 '권위auctoritas'와 '권한potestas'이 구별되었다고 주장한다. 개인적·신체적인 것으로 구현되는 '권위'는 "생명정치적" 권위라고 말할 수 있는 반면, '권한'은 사법적·대의적 신체로 구현된다. 예외 상태는 독재자의 모습 안에 "이질적이지만 조정된 두 요소"인 '권위'와 '권한'이 접합된 것이었다.[29]

이 구별이 사법 사상의 역사에서 대립되는 두 흐름의 원천이다. 정치적 주권의 사상가들이 한편에 있고, 다른 한편에 법실증주의 사상가들이 있다. 20세기에 카를 슈미트와 한스 켈젠이 구체화한 **결단주의**와 **규범주의** 두 전통이다. 슈미트는 국가를 실존적·정치적 의지Nomos에 의해 벼려지고 모양지어진 것으로 보는 반면, 켈젠은 정반대로 공식화된 규범의 구조물로 본다. 슈미트는 권력의 우선성을 가정하는 반면 켈젠은 법의 우선성을 가정한다. 결단주의에서 볼 때, 모든 사법 체계의 본래적 원천으로서 규범을 결정하는 것은 권력이다. 정반대로, 규범주의 입장에서는 법이 권력을 결정하며, 권력이 존재하는 것은 오로지 그것을 구조화하는 규칙의 체계 덕분이다. 실제로 권력은 보통 강제와 법이 결합된 결과물이다. 노르베르토 보비오가 지적하는 것처럼, 법 없는 권력은 맹목적이지만, 권력 없는 법은 무의미하고 무력하다. 다시 말해, 법적 제약의 체계에 의해 틀지어지지 않은 권력은 정당성을 상실하지만, 내용 없는 규범은 공허한 껍데기다. 베버가 강제Macht와 정당성Herrschaft을 분리하려고 하지 않은 것도 이 때문이다. 슈미트에게 규범은 결단을 따를 뿐이었던 반면, 켈젠에게서는 규범이 권력의 의미와 내용을 고정했다. 슈미트는 자신의 정치사상이 홉스를 모체로 삼는다고 주장하면서 권위가 법을 만든다—Auctoritas facit legem—고 강조한 반면, 켈젠은 주권 개념을 "근본적 규범" 개념으로 대체하는 경향이 있었다.[30]

권력과 법, 결단과 규범의 이런 불안하고 미묘한 접합이 깨지고 권력이 규범의 제약에서 스스로를 완전히 '해방'시키면, 예외 상태가 구조화·영구화되어 법 자체를 파괴한다. 이 경우에 예외 상태가 전체주의적 권력의 원천이 될 수 있다. 20세기의 경험이 바로 이런 것이다. 법적 측면에서 보면, 히틀러와 무솔리니는 전체적 권력인 '권위'를 구현하는 카리스마적 지도자이지 '독재자'가 아니었다. 그들의 권력은 독재가 아니라 '법의 정지iustitium'로서 예외 상태를 나타냈다(그들은 부여받은 독재 권력이 아니라 제한된 권력을 구현했다).[31] 그들과 더불어 독재의 의미가 바뀌었다. 과거에는 독재가 전제정이나 폭정과 구분되는 권력 형태였다. 민주주의와 대척점에 있기는커녕 예외적인 역사적 상황에서 나타나는 민주주의의 한 형태였던 것이다. 그 원형은 기원전 458년과 439년에 공화정을 방어하기 위해 로마 원로원에서 불러들여 잠시 동안 독재자가 됐다가 도시를 해방시킨 뒤 자기 농장으로 돌아간 킨키나투스다.

분명 **규범주의적** 국가 개념은 프롤레타리아 독재의 수립을 분석하는 데에 큰 도움이 될 수 없다. 『독재』(1922)에서 카를 슈미트는 자신이 '대리 독재commissarial dictatorship'라고 지칭하는 고전적 독재—법을 중지시키지만 합법적 권력에 의해 승인되는 예외 상태—와 혁명적·입헌적 권력에서 생겨나는 '주권적 독재sovereign dictatorship'를 구분했다. 소비에트 정부는 프랑스 대혁명 시기의 자코뱅 권력이나 영국 혁명 당시 크롬웰의 절대 권력처럼 이 두 번째 범주에 속했다. 프랑스와 러시아 혁명의 공포정의 기관인 공안위원회와 체카가 궁극적으로 의지한 원천은 1793년 국민공회와 1918년에서 1921년 사이의 소비에트 정부였다. 슈미트는 다음과 같이 강조한다. "국가에 관한 일반 이론의 관점에서 볼 때, 국가가 '소멸하는' 경제 상황으로 이행하는 과정에서 인민 일반과 동일시되는 프롤레타리아 독재는 국민공회의 이론과 실천의 근간을 이루는 주권적 독재 개념을 전제로 삼는다."[32]

요컨대 프롤레타리아 독재를 독재의 일반 이론에 새겨넣은 것은 레닌이나 트로츠키가 아니라 슈미트였다. 이런 교의적 아포리아를 야기한 주된 이유는 주권의 파괴, 즉 국가에 맞서는 민주주의라는 마르크스주의의 혁명 개념에 있다. 처음에는 결핍의 강제—모든 형태의 권위주의를 뿌리 뽑기 위해 행동하는 권위주의적 권력—로 묘사됐지만, 러시아 내전 시기에 볼셰비키는 프롤레타리아 독재 교의를 새로운 주권 이론으로 재정식화했다. 혁명의 '역량Potentia'은 혁명 국가의 '권한 Potestas'이 되었고, 혁명의 '폭력Gewalt'은 국가 '권력Macht'으로 대체되었다.

반혁명

칸트나 헤겔과 마찬가지로, 위대한 정통주의legitimism 사상가들은 프랑스 대혁명의 역사적·보편적 의미를 분명하게 인식했다. 반혁명은 혁명 없이 존재하지 않으며, 양자는 서로 깊숙이 얽혀 있다. 학자들은 반혁명의 주요한 두 이데올로기적 흐름을 구별하는 데에 익숙하다. 반동과 보수주의가 그것이다. 반동은 구체제로 구현되는 이상화된 과거의 이름으로 계몽주의가 도입한 가치—무엇보다 첫 번째로 '인간의 권리'—와 근대를 근본적으로 거부하는 것이다. 조제프 드 메스트르와 루이 드 보날이 이런 태도를 취했다. 보수주의는 전통을 옹호하면서 혁명 자체로 생겨난 역사적 상황에 전통을 적응시키려고 시도하는 태도다. 1814년 부르봉 왕정복고는 단순히 절대주의로 복귀하는 것을 뜻하지 않았다. 그보다는 프랑스 대혁명으로 도입된 여러 변화와 왕조 질서 사이에 타협을 찾은 입헌 군주정의 수립을 의미했다. 1814년 이후 귀족들이 누린 '인디언 서머'는 산업자본주의의 부상을 동반했다. 19세기에 보수주의는 젠트리와 부르주아지 사이의 균형을 유지했는데, 젠트리 계층은 시대에 뒤졌지만 그래도 문화적 모델로서 헤게모니를 지키면서 '끈질긴' 왕조 국가를 통치했다. 한편 부르주아지는 여전히 농업이 주축인 경제에서 금융과 산업 부문을 장악하면서도 아직까지 하나의 세계관, 생활방식, 그들 자신의 제도를 갖추지는 못했다.

르네 드 샤토브리앙과 에드먼드 버크가 프랑스와 영국에서 주요한 대표자였다. 자코뱅주의에 대한 버크의 혐오는 시장 경제에 대한 확신에 찬 지지만큼이나 근본적인 것이었다.

하지만 거대한 격변이 일어나는 동안 반동과 보수주의가 반혁명으로 수렴되었다. 1790년대에 버크와 메스트르는 프랑스 혁명 체제에 대항하는 국제적인 군사 동맹을 고무했다. 반세기 뒤, 후안 도노소 코르테스 같은 절대주의자와 토크빌 같은 고전적 자유주의 지지자가 1848년 6월 파리 노동자 학살에 한목소리로 환호할 수 있었을 때 이와 비슷한 수렴이 나타났다.

1790년대에 반혁명의 철학적 배경이 된 비합리주의는 이성으로 규제되는 세계라는 관념을 터무니없는 소리라고 일축했다. 신이 창조한 정통주의의 세계를 조직하는 것은 이성이 아니라 섭리였다. 버크는 자연법 교의를 거부하면서 영국 귀족의 '역사적 권리'를 프랑스 대혁명이 선언한 '인간과 시민의 권리'에 대립시켰다. 그가 볼 때 후자는 추상적이고 인위적인 합리성의 표현일 뿐이었다.[33] 하지만 버크는 반혁명의 '온건한' 흐름을 대표했다. 그는 영국 군주정의 법적 틀을 소중히 여겼고, 미국의 독립에 찬성했으며, 시장 사회의 발전을 긍정적으로 보았다. 그에 비해 유럽 대륙에서는 반혁명이 훨씬 급진적이었고, 때로는 거의 묵시록적 분위기를 풍겼다. 유럽의 반혁명 사상가들은 사회·정치적 불평등을, 윗사람을 섬겨야 하는 인간의 소명만큼이나 자연스러운 것이라고 여겼다. 경멸과 멸시를 받을 만한 인류는 벌을 받아 마땅할 뿐이었다. 역사는 피의 급류이자 영원한 학살, 인간이 죄의 벌을 받는 도살이었다. 권위, 위계, 규율, 전통, 복종, 명예, 이런 것들이 반혁명이 신봉하는 가치였다.

메스트르가 볼 때, 절대주의의 타도와 루이 16세의 처형은 "1월에 나무에서 곧바로 열매가 열리는 것"처럼 터무니없는 일이었다.[34] 그는 섭리적 역사관 때문에 공포정을 죄 많은 인류에게 신이 내리는 처벌이자 묵시록적 복수의 포고로 받아들일 정도였다. "악독한 도구를 사용한다면 재생을 위해 벌을 내려야 하며" 따라서 "루이 16세가 흘린 한 방울 한 방울의 피는 프랑스에 급류를 일으킬 것이다".[35]

에밀 파게는 가장 어둡고 다채로운 반혁명 인사인 메스트르를 "맹렬한 절대주의자, 분노한 신정론자, 비타협적인 정통주의자, 교황과 국왕과 교수형 집행인으로 이루어진 기괴한 삼위일체의 사도"로 묘사했다.[36] 메스트르는 프랑스 대혁명을 신성한 정치 질서의 형이상학적 토대에 대한 공격이라고 비난했다. 버크가 반혁명을 프랑스 공화정에 맞선 필연적인 전쟁으로 절정에 이르는 사회적·정치적 과정이라고 간주한 것과 달리, 메스트르는 섭리 자체가 낳은 헤아리기 힘든 결과로 보았다. 또한 버크는 계몽주의에 대한 보수적 비판을 발전시킨 반면, 메스트르는 묵시록적 형태의 비합리주의의 이름으로 계몽주의를 거부했다. 프랑스 대혁명은 "근본적으로 나쁜" 것이고 "악마적 성격"을 지녔기 때문에 반혁명은 인간 행위자들이 달성하는 정치 전략 이상이었다. 그것은 신성하고 섭리적인, 거의 형이상학적인 성취였다. "왕정복고는 … 정반대의 혁명이 아니라 혁명의 대립물일 것이다."[37]

이사야 벌린에 따르면, 메스트르의 반혁명은 이처럼 시대착오적이고 반계몽적인 겉모습 뒤로 파시즘과 전체주의의 근대성을 예시했다. 메스트르는 전체적 지배로써 신학적으로 구상된, 공포에 바탕을 둔 정치 질서를 가정했다. 말 그대로 폭력에 매혹된 그는 사형 집행인을 이런 신적 질서의 성스러운 대리인으로 이상화했다. 사형 집행인이 관장하는 폭력에는 신성한 인장이 찍혀 있었다. 부르봉 왕정복고 시기에 쓴 『상트페테르부르크의 대화』(1821)에서 메스트르는 교수형 집행인을 자기 고유의 정치신학의 기둥으로 묘사했다. "모든 위대함, 모든 권력, 모든 복종은 사형 집행인에게 의지한다." 그는 사형 집행인을 "공포인 동시에 인간 결사의 접착제"로 묘사했다. "불가해한 이 대리인을 세계에서 제거하면 당장 질서가 혼돈에 자리를 내주고, 왕권이 무너지며, 사회가 사라진다. 주권의 창조자인 하느님은 따라서 징벌의 창조자다."[38]

카를 슈미트가 영감을 받은 주요한 사상가의 하나로 손꼽은 도노소 코르테스는 고전적 반혁명과 현대 파시즘의 연계를 구현했다. 슈미트는 에스파냐의 철학자이자 에세이스트, 정치인인 그를 "19세기의 위대한 정치사상가 중 한 명"[39]으로 꼽으면서 그에게서 "'종말론적 예언자'와 '야심찬 직업 외교관'의 독특한 융합"을 발견했다.[40] 고전적 자유주의 시대에 도노소 코르테스는 1848년의 딜레마—가톨릭 절대주의와 무신론적 사회주의의 역사적 대결—를 완벽하게 이해했다. 이 딜레마는 20세기의 결정적인 양자택일, 즉 혁명이냐 반혁명이냐, 볼셰비즘이냐 파시즘이냐, 아나키즘이냐 권위주의냐의 양자택일을 예시하는 것이었다. 메스트르에 이어 도노소 코르테스도 "가장 급진적인 반혁명주의자이자 극단적 반동, 거의 중세적 광신에 빠진 보수주의자"였지만,[41] 슈미트 자신이 바로 이런 특징들에 억누를 길 없이 매혹되었다. 도노소의 저작, 특히 『가톨릭, 자유주의, 사회주의에 관한 담화Discourse on Catholicism, Liberalism, and Socialism』(1851)는 이 독일인 추종자가 자기 고유의 기본 개념 몇 가지—결단, 주권, 독재—를 추상적인 법적 규범이 아니라 세속화된 정치신학적 개념으로 세우는 데에 도움이 되었다.

한 세기 전에 자유주의를 무능한 '담론 계급clase discutidora'의 반영물이라고 낙인찍으면서 비인격적 법의 지배에 맞서 독재자의 정당성을 주장한 것이 바로 도노소다. 홉스와 마찬가지로, 도노소도 법은 정치 질서를 세우는 게 아니라 구체적인 권위에 토대를 둘 때에만 효과적일 수 있음을 알았다. 병사 숭배로 구현되는 가톨릭 절대주의는 시장과 합리적 법(한스 켈젠이 합법성Gesetzmässigkeit이라고 지칭한 것)에 근거한 법적·기계적 질서인 자유주의보다 비할 바 없이 우월한 영적 권력이었다. 1849년, 도노소는 혁명에 대항하는 독재를 분명하게 제안한 정력적 연설에서 바르셀로나와 세비야, 발렌시아에서 실패로 끝난 반란의 진압을 환영했다. 어떤 상황에서는 "독재가 정당한 정부"라는 게 그의 생각이었다.[42] 2년 뒤, 그는 혁명은 부유하면서 자유로운 나라들의 "질병"이라고 설명했다. 노예로 가득한 세계와 정반대인 이 나라들에서는 "종교가 부자에게는 자선을, 빈자에게는 인내심을 가르치며, 빈자에게는 체념을, 부자에게는 자비를 가르쳤다".[43] 슈미트는 도노소 코르테스의 알레고리적 문체와, 죄 많은 인간이 길을 잃은 거대한 미궁이나 폭풍의 한가운데서 술 취한 선원들이 조종하는 배로 역사를 묘사하는 설명에 매혹되었다. 슈미트는 또한 도노소가 귀족답게 인간을 경멸하는 것을 좋아했다. 도노소에게 인간이란 그저 짓밟혀 죽어 마땅한 타락한 죄인 무리일 뿐이었다(도노소의 "인간에 대한 경멸은 끝이 없다"[44]). 슈미트는 이처럼 설득력 있는 상상을 음미하면서 권위주의적 지도자에 대한 도노소의 호소에 확실히 동의했다. 인간은 지배를 받아야 했고, 그게 인간의 운명이었다.

혁명과 반혁명의 충돌은 대전쟁까지 계속되었고, 파리코뮌의 트라우마적 경험으로 인해 강화되고 악화되었다. 이폴리트 텐은『현대 프랑스의 기원』(1878) 2권에서 동물학("동물의 보존 본능")에서 인종 이론(혁명적 군중은 "노예 칸에 쟁여진 검둥이들"에 비유되었다), 유전학(혁명은 문명사회가 선조들의 야만으로 격세유전적으로 퇴보한 것이었다)에 이르기까지 당시 유행하던 여러 과학의 도움을 받아 프랑스 대혁명을 분석했다. 자코뱅은 미치광이들이었고, 코뮈나르도 마찬가지였다. 1789년과 1791년 봉기의 기원에는 "고통과 중병이 든 사회의 피로 뚫고 들어가서 열병과 섬망, 혁명의 경련을 일으킨 병적 씨앗이 있었다".[45] 마찬가지로, 이탈리아의 유명한 범죄학자 체사레 롬브로소는 '혁명'과 '반란'이 심대한 차이가 있는 사회 현상이라고 구분하면서 하나는 '생리학적'이고 다른 하나는 '병리학적' 현상이라고 보았다.[46] 프랑스 대혁명은 이름과 달리 병리학적 범주에 속했고, 범죄학 연구를 위한 무궁무진한 대상을 제공했다.

1917년은 혁명의 역사에서 새로운 순환을 열었다. 전 세계 수많은 사람들에게 10월 혁명은 1789년처럼 미래의 해방된 인류에 대한 '예견적 징후'가 되었다. 볼셰비키는 알베르 마티에가 1920년에 지적한 역사적 연속성의 틀 안에서 자코뱅에게서 자신들의 선구자를 알아보았다.[47] 하지만 프랑스의 선조와 달리, 러시아 혁명은 대륙을 가로질러 자신을 투사하는 데에 성공하지 못했다. 그 선례를 따르려 한 시도는 독일에서 헝가리, 발트 국가들에서 이탈리아에 이르기까지 모든 곳에서 실패로 끝났다(이탈리아에서는 1919~20년의 '붉은 2년Biennio Rosso'이 무솔리니의 집권으로 이어졌을 뿐이다). 러시아 혁명은 외부로 확대—1919년 볼셰비키는 이 과제를 위해 공산주의 인터내셔널을 창설한 바 있었다—되는 대신 뒤로 물러나서 유혈 내전에 몰두했다. 1792년의 적과 완벽하게 견줄 만한 국제적 연합에 맞서 필사적으로 스스로를 방어해야 했다. 스탈린주의는 이런 퇴각이 낳은 결과였지만, 혁명의 호소는 20세기 내내 힘차게 울려 퍼졌다. 20세기는 여러 충돌과 파열에도 불구하고 '혁명'과 '공산주의'가 거의 동의어가 되는 시대였다. 1920년 버트런드 러셀은 볼셰비즘을 프랑스 대혁명과 원형적 이슬람의 종합으로 정의했다. 볼셰비즘의 메시아주의가 가진 매력은 7세기 아랍 세계에서 무하마드가 내세운 메시아주의만큼이나 저항할 길 없이 강했다.[48]

1814년 이후 정통주의와 마찬가지로, 1920년대에 반혁명의 양상도 바뀌었다. 빈 회의에 의해 고정된 유럽 왕조 질서—카를 폴라니가 "100년의 평화"라고 정의한 체제—가 붕괴하면서 한 세기 동안 질서 신봉자들에게 영감을 주고 가톨릭과 반공화주의, 보수주의를 기둥으로 삼은 철학이 폐물로 전락한 상태였다. 많은 역사학자들이 제브 스테른헬과 조지 L. 모스를 따라 말한 것처럼, 19세기 말부터 우파가 '혁명적'으로 되어 대중의 지지를 얻었다. 앞선 세기에는 아주 잠깐의 시기를 제외하면 얻어보지 못한 지지였다.[49] 대전쟁과 더불어 대중의 민족화가 거대한 도약을 이루었다. 민족주의는 그전까지 혐오하던 자코뱅 모델—무장한 민중—에서 빌려온 여러 상징과 의례를 손에 넣었다. 흔히 평민 출신인 민족주의 지도자들은 가두 투쟁에서 정치를 발견했고, 혁명의 언어가 의회의 고상한 언어보다 그들에게 더 잘 맞았다. 전쟁 직후에 '보수 혁명'이라는 이데올로기 집합체가 형태를 갖춘 곳은 독일이었다. 가장 인기 있는 인물은 작가 에른스트 윙거였고, 오스발트 슈펭글러, 묄러 반 덴 브루크, 베르너 좀바르트 같은 존경받는 저술가와 학자들이 나란히 대열을 형성했다.[50] 그들은 이제 더이상 구체제를 그리워하지 않았고, 문화적 비관주의라는 이름 아래 근대를 꾸짖는 것을 중단했다. 그들은 반계몽주의가 유산으로 남긴 가치와 자신들을 매혹시킨 기술적 근대를 종합하고자 했다. 1920년대 전체에 걸쳐 '보수 혁명가'들이 점차 파시즘을 향해 수렴했다. 그들은 자유주의—19세기의 유산으로 여겨졌다—와 공산주의에 공히 대항하는 새로운 질서, 아니 새로운 문명을 세우고자 했다. 이 새로운 질서는 단호하게 근대적이었다. 파시즘의 야망은 참호 속에서 단련된 새로운 지배적 인종을 대표하는 '새로운 인간'을 창조하는 것이었기 때문이다. 1932년 무솔리니는 프랑스 선조들을 모방해서 자기 나름의 세속적 예배를 고안한 '파시즘 혁명'의 10주년을 축하했다. 이 혁명은 상징과 의례, 이미지와 슬로건을 통해 이제 살아 있는 카리스마적 지도자를 화신으로 한 '신'에 대한 고유한 신앙을 창조했다.[51] 민족사회주의의 경우에도 똑같이 강력한 혁명의 언어를 구사한 반면, 내전 중에 좌파를 짓밟으면서 집권한 프랑코주의는 이런 언어가 전혀 없었다. 에스파냐에서는 파시즘이 구사하는 모든 '혁명적' 담론이 초기 팔랑헤주의의 것이었다. 하지만 이 팔랑헤주의는 순식간에 민족가톨릭에 흡수되었다. 모든 파시즘 운동이나 정권은 정통주의의 유산을 초월했다.

카테콘

앞서 살펴본 것처럼, 카를 슈미트는 고전적 반혁명에서 파시즘으로 개념적 이행을 달성한 최초의 정치사상가였다. 파시즘은 자신의 근대성을 주장했고, 무솔리니는 1932년 『이탈리아트레카니백과사전 Enciclopedia Italiana Treccani』에 기고한 유명한 글에서 조제프 드 메스트르의 사도임을 부정했다. 그의 눈길은 구체제가 아니라 미래를 향했다. 그는 "파시즘은 드 메스트르를 예언자로 선택하지 않았다"면서 "군주

정의 절대주의는 과거의 것이며, 교회의 예배도 마찬가지"라고 썼다.[52] 하지만 슈미트는 과거를 복원하자고 말하지 않았다. 그는 고전적 절대주의의 세속화된 판본으로 여긴 새로운 형태의 절대권력—전체 국가—을 바라보았다. 『정치신학』(1922)에서 설명한 것처럼, 근대 정치 이론의 어휘록 전체가 세속화된 신학 범주로 구성된 것이었다.[53]

이런 평가를 보면서 우리는 다시 슈미트와 코르테스의 관계로 돌아간다. 라인하르트 메링이 말하는 것처럼, 이 독일 법사상가는 에스파냐의 반동을 일종의 "자전적 가면autobiographical mask"으로 뒤바꿨다.[54] 이런 모방은 보수 혁명의 조짐이 가톨릭 전통에서는 생소한 '순민족적 völkisch' 민족주의나 문화적 비관주의로부터 나온 바이마르 시기에는 이례적인 지적 배경을 드러낸다. 슈미트는 저술에서 파울 데 라가르데, 율리우스 랑벤, 아르투어 묄러 반 덴 브루크 등의 이름을 무시한 반면, 조제프 드 메스트르, 샤를 모라, 레옹 블루아 등의 열렬한 신봉자였다. 모두 프랑스 정통주의와 가톨릭 민족주의의 대표자들이다. 그리고 슈미트의 급진주의는 비록 반동적 특징을 띠긴 했으나 테오도어 도이플러나 후고 발 같은 다다이즘 작가들의 미학적 위반에 영향을 받는 결과를 낳았다. 이 작가들 덕분에 슈미트는 중앙당[Zentrum. 1871~1933년에 존속한 독일의 가톨릭 정당. 좌석이 의회 중앙에 위치해서 이런 이름이 붙었다 |옮긴이]의 정치적 순응주의를 훌쩍 넘어설 수 있었다. 도노소 코르테스와 마찬가지로, 슈미트도 언제나 가톨릭의 외부자를 자처했다.

슈미트에 따르면, 도노소 코르테스의 정치신학에는 한 가지 치명적인 한계가 있었다. 카테콘katechon을 알지 못했던 것이다.[55] 슈미트가 바울이 테살로니카인들에게 보낸 두 번째 서신(데살로니가후서)에서 발견한 이 개념은 그의 이데올로기적 선택에 영적 토대를 제공했다는 점

에서 그 자신의 정치신학의 한 기둥이 되었다. 적그리스도의 출현을 늦추고 세계가 완전한 불신앙으로 빠져드는 것을 막는 이 억제력Aufhalter 개념은 중세시대에 기독교도 황제들에 의해 구현되었다. 슈미트는 이 범주를 『대지의 노모스』(1950)에서 처음 이론화했지만, 1930년대 초 이래 많은 편지에서 거론했고 이따금 글에도 썼다.[56] 기본적으로 그는 카테콘이 또한 세속화된 형태를 발견할 수도 있다고 생각했으며, 현대에 카테콘과 비슷한 것을 찾으려는 노력이 그의 정치적 헌신의 은밀한 굴성이 되었다. 1919년 이 압도적인 종교적 힘이 바이에른 의용군단[Freikorps. 1918~19년 독일 혁명 시기에 소집된 준군사 민병대. 제1차 세계대전 참전군인이 주축인 의용군단은 바이에른 평의회 공화국, 스파르타쿠스단 봉기를 진압했다 | 옮긴이]을 고무했고, 1930년 이후 슈미트는 대통령에게 이런 역할을 주장하면서 헌법 48조[국가 위급 시 대통령이 의회 동의 없이 포고령을 통해 통치할 수 있다는 바이마르 헌법의 조항 | 옮긴이]를 적용할 것을 제안했다. 그리고 1933년 이후 슈미트는 민족의 구원자로 여긴 히틀러에게 같은 역할을 부여했다.

1944년, 마드리드대학교에서 도노소 코르테스를 주제로 한 강연에서 슈미트는 붉은군대의 진군에 맞서서 제3제국을 방어하는 독일군의 카테콘적 역할을 1848년 무신론적 사회주의를 상대로 유럽 각국이 벌인 반혁명과 비교했다. 그가 볼 때 1914년 시작된 유럽 전체의 내전은 이런 "거대한 세계사적 유사성"을 통해 이해할 수 있게 되었다.[57] 슈미트는 『어휘Glossarium』(1951)에서 역사적 시대마다 자기만의 카테콘이 있다고 주장했다. 기독교도 황제들의 시대가 소진되자 새로운 "일시적이고 순간적인, 조각 같고 단편적인 소유자들"이 등장해서 그들의 역사적 임무를 수행했다. 때로는 이런 영적인 힘의 세속적 측면이 결코 아름답지는 않았다. 그렇다 하더라도 1789년부터 스탈린그라드 전투까지 카테콘에게는 무신론, 사회주의, 볼셰비즘 등 눈에 띄는 적이 있었다. 어떤 형태를 띠든 간에 카테콘은 영웅적 차원을 보여주고 프로메테우스적 힘을 드러냈다.

혁명과 반혁명은 근본적으로 대립했다. 양자는 수렴할 수도, 타협점을 찾을 수도 없었다. 전통적 관념에서 오로지 양자가 고전적 자유주의에 대해 (서로 정반대의 이유로) 공유하는 적대에 초점을 맞추면서 둘을 같은 전체주의 범주에 두는 경향이 있는 것과 달리, 혁명과 반혁명은 비슷하거나 동등하지 않았다. 양자는 하나로 수렴하지 않았지만, 그 궤적은 인상적인 대칭을 드러냈다. 사회주의 혁명과 민족 또는 파시즘 혁명은 개혁주의와 의회주의, 사회민주주의와 자유주의의 전통적인 사고와 실천을 거부했다. 볼셰비즘과 파시즘은 급진적 조치를 취해서 기성 질서를 바꿀 수 있는 예외 상태—프롤레타리아 독재 또는 파시즘적 전체 국가—를 주장했다. 이 둘은 수단—아래로부터의 대중동원이냐 카리스마적 지도자냐—에 관해서는 근본적으로 의견이 갈렸지만, 양쪽 다 과거와의 폭력적 단절 이외의 다른 대안에 눈길을 주지 않았다. 양쪽 모두 유토피아(계급 없는 사회)나 신화(영원한 인종의 질서)가 존재하는 정치적 상상력을 동원하는 식으로 미래를 내다보았다. 이러한 양극단의 선택들 사이의 통합을 찾으려는 보기 드문 시도는 모호하거나—만년의 조르주 소렐이 무솔리니와 레닌에게 동시에 열광한 것[58]이나 독일에서 단명한 '민족볼셰비즘'의 경험[59]을 생각해보라— 언제나 실패했다. 혁명과 반혁명의 대립을 극복하는 것은 상상도 할 수 없는 일이었다. 그렇다 하더라도 양자의 대칭은 분석해볼 일이다.

마르크스주의와 파시즘의 '대화'가 불가능함을 상징적으로 비추는 거울은 1930년 발터 베냐민이 카를 슈미트에게 보낸 편지다. 여기서 베냐민은 자신의 책『독일 비애극의 원천』(1928)이 슈미트의 주권 이론을 드러낸 두 저작『정치신학』과『독재』에 얼마나 많은 영향을 받았는지를 강조했다. 베냐민의 말에 따르면, "예술 철학자로서" 자신이 구사하는 "작업 방식"은 보수적 법사상가가 발전시킨 "국가 철학에 대한 접근법"과 의미심장하게 일치했다.[60] 10년 뒤 베냐민은 세속적 범주와 신학적 범주인 마르크스주의와 메시아적 희망을 뒤섞은 텍스트「역사 개념에 대하여」(1940)의 유명한 테제들에서 다시 '적그리스도'—파시즘—와 억압받는 이들의 '예외 상태'를 언급했다. 여섯 번째 테제는 "구원자로서만이 아니라 … 적그리스도를 꺾은 승자로서도 오는" 메시아를 환기시키며, 여덟 번째 테제는 "억압받는 이들의 전통"에 따르면 "우리가 사는 '비상사태[Ausnahmezustand. 예외 상태]'는 예외가 아니라 규칙"이라고 주장한다.[61] 1930년에 슈미트는 베냐민의 편지에 답장을 보내지 않았지만, 이 책을 꼼꼼하게 읽었고 나중에『독일 비애극의 원천』2판 여백에 다음과 같은 의미심장한 메모를 남겼다. "넘을 수 없이 강렬한 논증이고 대화자로부터 극복할 수 없는 거리를 둔다."[62]

바이마르공화국에서는 —베냐민이 신봉하는 공산주의와 유대인이라는 사실 때문에— 불가능했던 이 대화를 제2차 세계대전이 끝난 뒤 다시 시도한 것은 유대인 아나키스트이자 허무주의적 신학자인 야코프 타우베스다. 독일 대학에서 추방당한 슈미트는 플레텐베르크에 은둔한 채 독일연방공화국이나 다른 어디서도 공적 역할을 수행하지 않았다. 1985년에 그가 세상을 떠났을 때, 타우베스가 쓴 부고는 그에게 바치는 인상적인 헌사였다. "마르크스주의의 세속화된 메시아적 화살"과 "반혁명의 묵시록적 예언자"의 정치사상을 갈라놓는 간극을 극복하려 하지 않은 채, 그는 근본적인 정치적 적대에도 불구하고 자기 자신도 이 독일 사상가에게 "가깝다"고 느끼는 "묵시록적 영혼"임을 인정했다.[63]

바이마르공화국 시기에 벌어진 이 파탄난 대화를 기억하는 것은 1920년대 독일 정치 문화의 복잡성과 발터 베냐민 같은 마르크스주의 비평가와 카를 슈미트 같은 가톨릭계 보수 사상가의 "위험한 접촉"을 가리킨다.[64] 본래적 영역의 경계를 넘어서는 이 대화는 또한 그 적절한 영역—정치신학—이 다음과 같이 요약할 수 있는 혁명과 반혁명의 **구조적 대칭**으로 이루어진 폭넓은 총체에 빛을 비추는 한 유의미하다.

발터 베냐민 혁명	카를 슈미트 반혁명
법적, 정치적 질서의 파괴	결단주의
아나키	전체 국가로서의 리바이어던
프롤레타리아트	독재자
프롤레타리아 독재	파시즘
유대 메시아주의	가톨릭 신학
적그리스도=파시즘	적그리스도=볼셰비즘
적그리스도에 맞서는 메시아	적그리스도에 맞서는 카테콘
세속화된 메시아주의인 공산주의	세속화된 절대주의인 파시즘
패자들	주권
기억	전통
아래로부터의 봉기	위로부터의 결단
혁명 좌파	극우파

우상파괴

모름지기 혁명은 새로운 질서를 세우고 자신만의 가치 체계를 창조하기를 바라지만, 언제나 앞선 지배의 상징들을 파괴하는 것으로 시작한다. 우상파괴는 혁명과 동일체로서, 혁명과 기억 영역의 물질성과의 이율배반적 관계를 설명해준다.[65] 혁명은 승리하기 위해 기성 질서와 그 제도만이 아니라 그것의 상징과 표상, 때로는 건물과 장소까지 파괴해야 한다. 대부분의 경우에 혁명의 구성적 부분pars construens은 이런 파괴적 순간을 초월하고 회피하며, 이런 우상파괴적 분노를 자신의 전제 가운데 하나로 삼더라도 파괴적 순간에 속하지는 않는다. 프랑스 대혁명이 유럽 각국 사회에 되돌릴 수 없는 변혁을 가져왔다는 전통적인 평가는 분명 사실이지만, 이는 혁명 과정의 업적이지 혁명적 봉기의 직접적인 결과가 아니었다. 다시 말해, 프랑스 대혁명이 없었더라면 중유럽에서 봉건제가 폐지되지 않았을 테고, 민법이 확립되지 않았을 것이다—하지만 이런 과제는 나폴레옹의 몫이었다. 나폴레옹 전쟁은 물론 1789년에 시작된 변화에 새겨졌지만, 테르미도르 9일[테르미도르 반동이 일어난 날. 1794년 7월 27일 | 옮긴이]은 하나의 단절을 나타냈고, 제국은 이미 제1공화국에서 고비를 넘기고 새로 시작한 상태였다. 1936년 스탈린주의적 헌법이 러시아 혁명의 역사에 속하는 것처럼 파리의 개선문도 프랑스 대혁명의 역사에 속한다. 양자는 혁명 과정의 장기지속longue durée에 새겨지지만, 이제 더이상 하나의 사건이나 역사적 연속체의 단절, 하나의 사회·정치 질서에서 다른 질서로의 폭력적 이행으로서 혁명의 광채에 속하지는 않는다—심지어 혁명의 광채와 모순된다. 이 둘은 오히려 혁명이 새로운 전제적 질서로 변형됨을 상징한다. 혁명 정신은 병에 담아서 박물관에 전시할 수 없다. 카르나

발레 박물관은 프랑스 대혁명을 국가 유산 속에서 자리를 찾는 하나의 역사적 대상으로 구체화하며, 이를 해방의 집단적 기억이 아니라 국가 연대기에 새겨넣는다. 다른 기록에서 마르크스, 엥겔스, 레닌, 스탈린의 옆얼굴을 나란히 보여주는 도상은 혁명의 기억을 전달하기보다는 소련의 역사를 설명한다. 뱀을 죽이는 천사장이 1848년 6월의 진압을 상징하는 생미셸 분수[66]나 파리코뮌의 분쇄를 정당화하기 위해 세워진 몽마르트르의 사크레쾨르 대성당[67] 같은 반혁명의 기억의 장소를 찾는 게 분명 더 쉬울 것이다. 이런 기념물들과 달리, 혁명의 기억 영역은 본질적으로 상징적이고 비물질적인 성격을 띤다. 그 영역의 가장 깊은 의미는 혁명 자체의 파괴력이 남긴 **공백**에 있다.

많은 증거가 이런 단순한 사실을 설명해준다. 1880년 제3공화국이 7월 14일을 국경일—오늘날 군사 퍼레이드를 하는 날—로 정했을 때,[68] 이렇게 축하하게 만든 혁명적 사건의 성격 자체가 완전히 무색해졌다. 프랑스 대혁명의 기억을 베르사유 궁전과 그다지 다르지 않은 국민적 유산으로 뒤바꾼 제3공화국이 제도화한 다른 장소나 상징, 문화적 관습에도 비슷한 고찰을 확대할 수 있다—팡테옹이나 〈라마르세예즈〉를 생각해보라. 혁명의 유산이라도 일단 길들여지면 부르주아 질서나 식민 제국과 충분히 공존할 수 있었다.

포부르생앙투안의 폭도들에게 바스티유 함락은 원래 그냥 —총에 쓸 화약을 손에 넣기 위해— 현실적으로 필요한 일이었지만, 이 사건은 금세 상징적인 파괴 행위로 바뀌었다.[69] 이 요새에 갇힌 죄수는 7명뿐이었지만, 중세시대 이래 귀족 통치를 체현하는 곳이었다. 19세기 프랑스의 집단적 기억 속에서 1789년을 비추는 거울로도 읽을 수 있는 역사 서술의 기념비적 작품인 『프랑스 혁명사』(1847)에서 쥘 미슐레는 파리 사람들이 완수한 과업이 얼마나 거대한지를 설명한다.

바스티유는 오래된 요새였음에도 불구하고 며칠 동안 포위해서 포격을 쏟아붓지 않는 한 난공불락의 성채였다. 그 위기 상황에서 파리 사람들에게는 시간도 없고, 정규 포위전을 벌일 수단도 없었다. 설령 그렇게 한다 하더라도 바스티유는 두려워할 이유가 없었다. 코앞에 있는 원군이 올 때까지 기다릴 만한 물자가 충분했고 탄약 보급도 넉넉했기 때문이다. 탑 꼭대기는 두께가 10피트(약 3미터)고 밑바닥은 30~40피트(약 9~12미터)인 바스티유의 외벽은 포탄 따위는 코웃음으로 버틸 수 있었다. 그사이에 요새의 포대로 파리에 포격을 퍼부어 마레와 포부르생앙투안 전체를 쑥대밭으로 만들 수 있었다. 창문과 총안銃眼이 난 바스티유의 탑은 이중 삼중의 쇠창살로 방비되었기 때문에 든든한 보호 속에서 수비대는 공격자들을 끔찍하게 몰살할 수 있었다.[70]

그리하여 미슐레는 결론짓기를, 바스티유 함락은 반란자들이 힘의 균형을 잘 계산해서 평가한 게 아니라 스스로도 억누를 길 없는 힘에 고무된 행동이었다. 미슐레는 그것이 합리적이기는커녕 "믿음에 따른 행동이었다"고 강조한다.[71] 이 성공적인 공격을 어떻게 설명할 수 있을까? 미슐레가 말하는 것처럼, 그 답은 이 건물의 상징적 차원에 있다. "바스티유는 온 세계가 알고 혐오하는 곳이었다. 어느 언어에서나 바스티유와 폭정은 동의어였다." 그리하여 "바스티유는 함락된 게 아니라 항복했다. 양심의 가책으로 고통받던 바스티유는 미쳐버렸고, 마음의 평정을 잃었다".[72]

함락된 다음 날 시작된 바스티유 철거는 1806년까지 마무리되지 않는다. 바스티유 습격이 선례가 되어 프랑스 곳곳에서 이루 헤아릴 수 없이 많은 교회와 성이 속속 파괴되었다. 한스-위르겐 뤼제브링크와 롤프 라이하르트가 강조하는 것처럼, 이 사건이 미친 파급력은 혁명 지도자들의 카리스마적 영향력보다는 군중의 행동과 관련된 그 집단적·익명적 성격과 관계가 있었다. 바스티유 습격의 가장 의미심장한 특징은 그 **도상성**(상징적 힘), **연극성**(대중적 스펙터클의 상연), **감동성**(집단적 상상에 영향을 미치고 자발적 동일시를 일깨운 행동)인데, 이런 특징 때문에 따라야 할 선례가 되었다.[73]

프랑스 대혁명의 우상파괴―근대의 모든 혁명의 전범이 된―는 1790년대를 시작으로 격렬한 논쟁의 대상이 되었다. 공화국의 전통은 거기서 정당한 동시에 억누를 수 없는 대중적 분노의 출구를 본 반면, 보수적 견해는 이를 **반달리즘**의 표출이라고 낙인찍었기 때문이다. 교회와 귀족 재산의 파괴는 종종 유희적 성격을 띠었고, 민중의 축제처럼 펼쳐졌다. 민중의 기억에 따르면 이 축제에서 사회적 위계가 조롱을 받으면서 무너졌다. 1792년 8월 14일, 국민의회는 이런 민중의 파고를 다른 데로 돌리고 억제하려 하면서 '편견'과 '폭정', '봉건제'를 위해 세워진 모든 기념물을 체계적으로 파괴하도록 규정하는 포고령을 반포했다. 그레구아르 신부는 구체제의 건축물을 체계적으로 파괴한 시기인 1794년에 그 독특한 힘을 강조하면서 '혁명적 반달리즘' 개념을 공공연하게 구축했다. 혁명의 파괴성은 '재생'이라는 과제와 떼려야 뗄 수 없는 것이었다.[74]

'반달리즘' 개념은 혁명적 우상파괴의 표출을 경멸적으로 과소평가할 뿐만 아니라 그 방법론적·의식적 차원도 포착하지 못한다. 전근대 시기의 "의례적 강탈"―교황의 서거가 발표된 뒤 로마에서 일어난 전

그림 3.1 장 테스타르, 〈바스티유 함락〉(1789년에서 1794년 사이). 프랑스 베르사유 궁전.

통적 약탈[75] 같은—과 달리, 근대 반란의 우상파괴적 순간은 표적을 신중하게 고를 뿐만 아니라 자생적 폭발로 축소할 수 없는 합리적 절차를 따른다. 물론 이런 순간은 증오하는 질서가 몰락하면서 생겨나는 강력한 집단적 감정을 의례화하며 거기에 스펙터클한 형태를 부여한다. 1848년 2월, 루이-필리프의 초상화가 대대적으로 파괴되거나 훼손되었고, 타도된 국왕의 흉상 목에 밧줄을 묶어 앞세운 행렬이 몇몇 프랑스 도시를 휩쓸었다. 왕의 권력을 수립한 의식을 모방해서 반복하는 행렬이었다. 하지만 대부분의 경우에 혁명의 우상파괴는 에마뉘엘 퓌렉스가 "정교한 몸짓"이라고 묘사하는 대단히 정밀하고 신중하게 계획된 기획의 총체에서 생겨났다.[76] 1871년 5월, 파리코뮌은 반란을 일으킨 프랑스 수도를 포위 공격하던 베르사유 정부의 수장인 아돌프 티에르의 저택을 파괴하기로 결정했다. 생조르주 광장의 부촌에 있던 저택에는 골동품도 가득했는데, 이것들은 모두 박물관으로 옮겨졌고 나머지 가구는 과부와 고아들에게 기증되었다. 저택 철거를 지휘한 장인인 앙투안-마티유 드메(국제노동자협회[제1 인터내셔널] 회원)는 이 조치가 반달리즘과는 아무 관련이 없다고 지적했다. 그는 코뮌 공청회에서 이 예술품들은 "인류의 역사에 속하는 것이며, 우리는 미래를 건설하기 위해 과거의 지성을 보호하고자 한다"면서 **"우리는 야만인이 아니다"**라고 선언했다.[77]

파리코뮌이 1871년 4월 12일 포고령에서 방돔 기둥을 철거하기로 결정했을 때에도 필연적으로 똑같은 구분이 반복되었다. 포고령의 표현처럼, 나폴레옹이 세운 이 기념물은 "야만의 기념물이자 짐승 같은 힘과 가짜 영광의 상징이며, 군국주의의 긍정이자 국제법의 부정, 패자에 대한 승자의 영원한 모욕, 프랑스 대혁명의 위대한 삼원칙의 하나인 우애에 대한 항구적 공격"이었다. 파리코뮌의 역사를 처음 쓴 프로스페르 올리비에 리사가레는 이 의례적 파괴를 다음과 같이 묘사했다.

5월 16일 2시, 철거의 결과를 보려고 안달이 난 엄청난 군중이 인근의 모든 거리에 모여들었다. … 기둥 꼭대기에 걸린 밧줄이 거리 입구에 고정된 윈치에 둘둘 묶였다. 국민위병이 광장을 빼곡히 메웠다. 창문과 지붕마다 호기심에 들뜬 구경꾼들이 가득했다. … 악단이 〈라마르세예즈〉를 연주하는 가운데 윈치가 돌아가다가 도르래가 부러져서 한 명이 다쳤다. 이미 반역자가 있다는 소문이 군중 사이에 돌았지만, 이내 사람들이 다른 도르래를 가져왔다. … 5시 반, 윈치가 다시 돌아갔고, 몇 분 뒤 기둥 꼭대기 부

분이 천천히 옮겨졌다. 샤프트가 조금씩 주저앉다가 갑자기 위아래로 흔들리더니 낮은 소리를 내며 부러졌다. 보나파르트의 머리가 바닥에 굴렀고, 존속살해를 저지른[자신이 지켜냈던 공화국을 스스로 쿠데타를 일으켜 무너뜨린 것을 리사가레가 비꼰 표현이다 | 옮긴이] 그의 팔이 몸통에서 떨어져 나와 뒹굴었다. 멍에를 벗어던진 민중의 갈채 같은 환호가 우레같이 폭발했다. 사람들이 기둥 잔해에 기어올라 열광적인 환호성을 질렀고, 정화된 기둥 받침에는 붉은 깃발이 나부꼈다. 그날 이 받침은 인류의 제단이 되었다.[78]

코뮌이 군대로 진압된 뒤, 코뮌 미술위원회 회장이던 화가 귀스타브 쿠르베가 이런 '반달리즘' 행위의 책임자로 지목되었다. 생트펠라지 감옥에 몇 달간 수감된 그는 막대한 배상금을 선고받았다. 사실 쿠르베가 기둥 철거를 결정한 것은 아니었다. 그는 비록 이 기둥이 "외국인의 조소를 일으키는 불행하고 가식적인 예술 작품"이고 "어떤 예술적 가치도 없는 기념물이자 제국 왕조가 신봉하는 전쟁과 정복의 이상을 영속화하는 건조물"이라고 여겼지만, 그 돋을새김 작품을 앵발리드로 이전해서 박물관 전시물로 설치할 것을 제안했었다.[79] 하지만 4월, 여러 사건이 펼쳐지면서 코뮌 평의회는 공개적이고 이목을 끄는 의식과 함께 기둥을 철거하기로 결정했고, 평의원 중 한 명인 쿠르베도 이 선택을 지지했다. 재판 중에 쿠르베는 혁명의 우상파괴와 복구된 도덕적·정치적 질서가 가하는 반달리즘이라는 비난을 대립시키는 상징적 전쟁에서 희생양 역할을 했다.

나폴레옹의 '대육군Grande Armée'을 기념하기 위해 1810년에 루이 14세 동상(1792년에 파괴됨)이 있던 자리에 세워진 방돔 기둥은 왕정복고와 7월 왕정, 제2제정 시절에 몇 차례 수정이 가해졌다. 처음에는 꼭

그림 3.2 브뤼노 브라케, 〈파괴된 방돔 기둥〉(1871). 파리 오르세 미술관.

대기에 앙리 4세의 기마상이 설치됐다가 로마 황제처럼 차려 입은 나폴레옹 1세의 새로운 조각상이 세워졌으나 결국 코뮌 시기에 철거되었다. 나중에 제3공화국이 발을 내딛는 1873년에서 1875년 사이에 재건될 것이었다. [코뮌 시기,] 시간의 연속성을 깨부수고 승자들의 역사와 단절을 나타내고자 한 혁명이 일으킨 우상파괴의 파고가 다시 한번 기념물을 표적으로 삼았다. 1871년 5월, 방돔 기둥의 파괴는 몇 가지 목적을 달성했다. 이 행동을 주도한 이들은 코뮌을 방어하기 위해 파리인들을 결집시키고자 했고, 파리 노동자들이 전투도 치르지 않고 항복하는 일은 없을 것이라는 분명한 메시지를 베르사유 정부에 보냈으며, 마지막으로, 프랑스 주요 도시들에 보내는 지원 호소문을 발표했다(『코뮌공식신문Journal Officiel de la Commune』은 방돔 기둥을 파괴한 바로

그날 호소문을 실었다).[80]

　1790년대 프랑스와 마찬가지로 정교 교회와 차르 궁전을 조직적으로 파괴한 러시아 혁명은 그 나름의 우상파괴에 관한 흥미로운 이론적 고찰을 이끌어냈다. 1924년 소비에트 정권이 페트로파블롭스크 요새를 혁명 박물관으로 개조하기로 결정한 것이 계기가 되었다. 원래 이 건물은 황가 묘역이었다가 차르 시대에 감옥이 되었다. 1917년 이후 반혁명 장교들을 수감하는 교도소에 이어 볼셰비키당 사무실, 그리고 마지막으로 내전 중에는 군사 요새로 바뀌었다. 옛 수도가 레닌그라드로 이름을 바꾸고, 직전에 세상을 떠난 1917년 10월의 카리스마적 지도자의 유해가 모스크바의 영묘에 미라로 모셔지며, 붉은군대 지도자 트로츠키가 권력에서 쫓겨나던 순간에 숱한 논란을 낳는 기억의 장소를 박물관으로 변신시키는 것은 혁명과 러시아의 과거와의 관계에 의문을 제기했다.[81] 혁명적 사건의 폭발적 시간—10월과 내전의 휴지기—과 마침내 스탈린주의로 이어지는 공고해진 소비에트 체제의 시간 사이에서 이행이 이루어지던 순간이었다. 트로츠키의 렌즈를 통해 이런 이행을 소비에트의 테르미도르(반동)로 해석할 수도 있다. 하지만 이 이행은 정치적 사건일 뿐만 아니라 역사성의 새로운 체제로 나아가는 이동이기도 했다. 한 시간에서 다른 시간으로의 이행은 불가피한 게 아니었고, 혁명과 과거의 관계가 수정됨을 함축했다. 러시아 아방가르드들, 특히 미래주의와 절대주의suprematism 지지자들에게 혁명 정신은 그 본성상 박물관과 양립할 수 없었다. 혁명은 박물관을 만드는 게 아니라 파괴해야 했다. 박물관은 죽은 것들을 보존하는 반면, 혁명은 과거와 단절하고 인류를 미래로 투사하기를 원했다. 혁명은 스스로를 역사로 동결시킴으로써 뒷걸음질 치는 게 아니라 그 힘을 추구해

그림 3.3 상트페테르부르크, 페트로파블롭스크 요새. 작자 미상의 19세기 사진.

야 했다.

활발한 논쟁이 벌어졌고, 이행은 긴장으로 얼룩졌다. 한편에서는 혁명 자체에 의해 소비에트 체제의 여러 전제가 제기되었고, 다른 한편에서는 1920년대 말까지 그 정신이 영속화되었다. 이 시기에 박물관 투어가이드로 일한 표트르 스톨퍈스키는 혁명의 직선적 역사를 말하기보다는 세르게이 에이젠슈타인의 몽타주 개념으로 접합한 일련의 '변증법적 이미지들' 앞으로 방문객들을 안내해서 혁명의 메시지를 전달하기를 원했다.

다른 혁명들도 비슷한 우상파괴적 분노를 활용했다. 에스파냐 내전이 시작된 1936년 12월, 아직 바르셀로나가 혁명의 패기를 보이던 순간에 도시에 도착한 조지 오웰은 "교회마다 내부가 파괴되고 그림과 조각상이 불에 탔다"고 말했다. 도시의 몇몇 장소에서 오웰은 교회들이 "노동자 무리에 의해 조직적으로 파괴되는 모습"을 보았다.[82] 아나

그림 3.4 바르셀로나의 불탄 성당, 1936년. 작자 미상의 사진.

키스트들이 장악한 대다수 지역에서는 "교회가 부서지고 사제들이 밖으로 내동댕이쳐지거나 살해되었다".[83] 자생적 사육제를 닮은 상황이 펼쳐지면서 민병대원들이 유물을 훼손하고 신부복을 걸쳐 입었으며, 축복 기도를 흉내내고 그리스도 상에 총을 쐈다. 공화국 군대가 마을을 점령할 때면 종종 교회를 화장실로 사용했다. 이렇게 불경하고 야만적인 광경에 깊은 인상을 받은 오웰은 이를 일종의 대체 신앙의 표현으로 해석했다. 자신들의 폭력에 신성한 성격을 부여하는 것이다.

외국의 몇몇 반파시즘 신문들은 심지어 교회를 공격하는 건 파시스트들의 요새로 사용되는 경우뿐이라는 가련한 거짓말까지 했다. 사실을 말하자면, 어디서나 당연한 듯 교회가 약탈당했다. 에스파냐 교회는 자본가들의 부정한 돈벌이 수단이라고 널리 알려져 있었기 때문이다. 에스파냐에서 6개월 지내는 동안 멀쩡한 교회는 두 번밖에 보지 못했고, 1937년 7월 정도까지 어떤 교회도 다시 문을 열고 미사를 드리는 게 허용되지 않았다.

마드리드에 있는 개신교회 두 곳만 예외였다.[84]

1956년 10월, 헝가리 반란자들은 부다페스트 도시 공원에 서 있던 스탈린 동상을 파괴했다. 그로부터 40년 뒤 이번에는 베를린 장벽이 사람들 손에 무너졌다. 하지만 우리가 본 것처럼, 1989년의 혁명은 새로운 질서를 건설하려는 야심이 없었다. 베를린에서는 만장일치로 극악무도하다는 평을 받은 독일민주공화국(동독)의 옛 공화국 궁전이 파괴되고 그 자리에 옛 호엔촐레른 성이 재건되었다. 방돔 기둥에 관해 말하자면, 역사가 과거로 되돌아가고 있었다. 얼마 멀지 않은 니콜라이피어텔 근처에는 여전히 마르크스와 엥겔스의 동상이 있었는데, 그 받침대에 누군가 낙서를 해놓았다. "우리는 죄가 없다Wir sind Unschuldig."

상징

『희망의 원리』(1954~59)의 저자인 에른스트 블로흐에게 더 나은 세계의 꿈은 '비동시적인' 세계의 긴장에서 생겨난다. 이 세계에서는 각기 다른 시대에 속하는 상이하고 때로 정반대되는 시간성이 동일한 사회적 공간 안에 공존한다. 그가 볼 때, 이런 역사적 시간의 이질적 구조—그는 이를 비동시성Ungleichzeitigkeit이라고 불렀다—가 유토피아적 사고와 상상의 원천이 된다. 여기서 과거와 미래가 합쳐져서 새로운 미적·지적 지형을 고안한다. 따라서 그의 저작은 주로 해방된 미래를 향한 탐색의 증거를 제공하는 무궁무진한 경험과 사고, 대상의 저장고인 과거를 발굴하는 것으로 이루어졌다. 집단적 꿈의 자국, 흔적,

자취Spuren, 자유롭고 평등한 인간들의 바람직한 공동체를 묘사하는 이미지들이다. 고대부터 20세기에 이르기까지 여러 유토피아를 담은 인상적인 백과사전 같은 세 권짜리 『희망의 원리』에는 역설적으로 미래 세계에 대한 예측이 전혀 들어 있지 않다.[85] 그보다 이 책은 "미래의 과거들"에 관한 역사적 조사, 즉 오래전부터 사람들이 미래를 상상하거나 '예견한' 헤아릴 수 없이 많은 방식들의 비판적 목록이다. 미래를 찾기 위해 과거로 떠나는 이 변증법적 여행은 블로흐를 일종의 고고학자로 변신시킨다. 놀라운 박식으로 무장한 그는 우리 조상들이 꾸었던 '백일몽Tagträume'을 끈질기게 파헤쳐서 재구성한다. 전시회, 서커스, 춤, 여행기, 소설, 민담, 이야기, 시, 그림, 오페라, 대중가요, 영화 등등이 모두 발굴의 대상이 된다. 블로흐는 미학과 기술을 거쳐 의학에서부터 건축에 이르기까지 인간 지식의 스펙트럼 전체에 새겨진 유토피아들을 분석한다.

하지만 이 수집가는 순진한 휴머니스트와는 거리가 멀다. 그는 자동적 진보를 믿지 않으며 과학의 결과를 이상화하지도 않는다. 그의 역사 재건이 분석적으로 비판적인 만큼이나 공감적으로 선택적인 한, 그는 단순히 기술·지리·사회·정치 등등의 여러 유토피아를 구별하면서 분류하는 게 아니다. 한편에는 위계적, 권위주의적, 억압적 질서를 예시하는 "차가운 흐름"의 유토피아가 있다. 플라톤의 **국가**, 생시몽의 **새로운 산업 질서**, 에티엔 카베의 **이카리아** 같은 전前전체주의적 소우주가 그것이다. 다른 한편에는 토머스 모어, 샤를 푸리에, 카를 마르크스로 대표되는 초자유주의, 공산주의 유토피아의 "따뜻한 흐름"이 있다. 세 사람은 각각 가장 탁월한 르네상스 인문주의자, 자연과 기술이 조화롭게 공존하는 영역인 팔랑스테르의 고안자, 계급투쟁을 통한 인간 해방의 사상가다. 전쟁과 혁명으로 얼룩진 묵시록적 시대인 20세기에 유토피아는 이미 구체적인 동시에 가능해져서 추상적 환상 같은 예전의 성격을 포기했다. 블로흐가 『유토피아 정신』(1918)을 쓴 대전쟁이 끝날 무렵이면, 유토피아적 희망은 정치적 기획과 일치하고 새로운 혁명적 상징들로 응축되었다.[86]

1917년 이후 가장 강력한 혁명의 상징 가운데 분명 세르게이 에이젠슈타인의 영화가 손꼽힌다. 소비에트 권력 10주년인 1927년, 〈10월〉은 우상파괴와 혁명의 기억, 역사적 휴지기와 새로운 **전통**의 발명의 종합을 창조했다. 영화는 1917년 2월 차르 동상의 파괴로 시작해서 11월 겨울궁전 점령으로 끝난다. 두 장면 모두에서 주인공은 움직이는 대중이다. 에이젠슈타인은 개인이 아닌 집단의 렌즈를 통해 사태를 바라보는 서정적이고 영웅적인 정신으로 두 장면을 찍었다. 두 장면은 최소한 두 세대의 집단적 무의식 속에 자리를 잡으면서 혁명의 이미지를 벼리고 정전으로 만들었다. 기억의 상징이자 영역으로 변형시킨 이미지다.

소련 국가영화기구인 소브키노Sovkino가 위탁하고 존 리드의 연대기 『세계를 뒤흔든 열흘』(1919)에서 영감을 받은 선전 작품으로 탄생한 에이젠슈타인의 영화는 운명적인 10월의 날들을 리얼리즘적인 역사적 재구성으로 묘사하려고 하지 않았다. 영화가 추구한 목표는 전위당이 이끄는, 군사행동의 형태를 띠는 대중적 반란이라는 볼셰비키의 혁명 개념을 이미지를 통해 보여줌으로써 그 날들의 역사적 의미를 재현하는 것이었다. 그는 이 정신으로 마르크스의 『자본』을 영화화하려는 계획도 세웠다. 1930년에 그가 쓴 것처럼, 그의 영화는 작품에 역동적 특징을 부여함으로써 경험과 감정, 사고의 종합을 달성하는 예술 형태였다.

예전에, 그러니까 마술과 종교의 시대에 과학은 감정의 요소인 동시에 집
단적 지식의 요소였다. 이원론이 [계몽주의 시대부터 줄곧] 등장하면서 사물
이 분리되었고, 우리는 한편에 사변적 철학과 다른 한편에 순수한 감정의
요소를 갖게 되었다. 이제 우리는 종교적 상태의 원시적 단계가 아니라 감
정적 요소와 지적 요소의 비슷한 종합을 향해 돌아가야 한다.[87]

영화는 이미지를 통해 사고를 변형하고 응축함으로써 추상적 관념
에 활기를 불어넣을 수 있는 특권적 장치다. 이는 발터 베냐민이 말
한 "사유-이미지" 또는 "사유의 형상Denkbilder"—언어를 초월하며 자
기 안에 관념과 경험과 감정을 응축하는 이미지—과 아주 잘 들어맞는
다.[88] 7월 반란 중에 넵스키 대로에 운집한 대중이나 겨울궁전 습격 같
은 〈10월〉의 몇 장면이 은유와 상징의 아이콘 같은 지위를 얻은 것은
이 때문이다.[89] 이 장면들은 어떤 역사적 사건의 동학과 감정적 차원을
보여줌으로써 그 의미를 포착하며, 동시에 혁명의 전형을 무장 반란으
로 고정한다(후자는 1917년 페트로그라드 소비에트 군사위원회 서기 안토노프-
옵세옌코가 영화에 참여함으로써 강화된다). 우리는 겨울궁전이 대중 행동
의 "습격을 받은" 게—볼셰비키의 것을 포함한 여러 연대기와 역사적
설명은 이 점을 강조한다— 아니라 평화적으로 항복했다는 것을 안다.
그렇지만 혁명은 자신의 상징, 자기만의 바스티유 점령을 필요로 했다.
그리고 이는 또한 〈10월〉에서 가져온 몇몇 실루엣 사진이 영원한 사건
이라는 혁명의 은유가 된 이유이기도 하다. 지그프리트 크라카우어에
따르면, 〈10월〉에서 에이젠슈타인은 몇몇 사건—도개교 사건, 또는 겨

그림 3.5 세르게이 에이젠슈타인, 겨울궁전 습격, 〈10월〉(1927).

울궁전 습격―을 "행동이 벌어진 시간에서" 빼내서 "감정을 증폭시키거나 사유를 납득시키기 위해 확대한다".[90] 이것이 혁명이 클라이맥스에 다다른 순간을 포착해서 사려 깊고 영원한 이미지들의 별자리로 뒤바꾸는 에이젠슈타인의 파토스의 비밀이다. 베냐민이 "일시정지의 변증법"이라고 부른 과정이다.[91] 『러시아 혁명사』(1932)에서 트로츠키는 이 순간을 혁명의 변증법의 "끓는점"으로 포착했다. "축적되는 양이 폭발과 함께 질로 변화하는 임계점이다."[92] 이 상징, 은유, 또는 '사유의 형상'이 "짧은" 20세기의 혁명적 상상력에 양분을 제공했다.

한 사건이 상징으로 변형되는 과정은 그 의미를 수정할 수 있는 여러 매개를 거친다. 명백한 보편주의와 전 지구적 차원에도 불구하고 혁명은 종종 자신을 국민적 유산에 새기는 것으로 끝난다. 7월 14일이 원래는 혁명적 사건이었다면, 오늘날에는 무엇보다도 프랑스의 국경

일이 되었다.

파리코뮌의 경우에는 이와 비슷한 변형이 일어나지 않았다. 코뮌은 지금도 프랑스 국경을 훌쩍 넘어서 집단적 상상 속에서 혁명을 상징한다.[93] 코뮌의 기억은 여전히 독보적으로 모든 형태의 제도화나 의미론적 재해석에 저항한다. 파리코뮌을 기념하는 열병식을 상상하기란 쉽지 않다. 일시적이고 단명에 그치기는 하지만, 때로 공통의 대상이나 관습, 의례로 혁명을 바꾸면서 초역사적이고 초민족적인 경험으로 기념하는 관습과 대상이 존재한다. 여기서는 시각적 흔적을 다루기 전에 몇 가지 상징—바리케이드, 붉은 깃발, 노래—을 검토하고자 한다.

바리케이드의 기원은 확실하지 않지만, 1588년 파리에서 처음 사용되었다. 종교 전쟁으로 프랑스에서 대량학살이 벌어지는 가운데 앙리 3세의 군대가 진입하는 것을 막기 위해 주민들이 들고 일어섰을 때였다. 그로부터 60년 뒤 프롱드의 난 당시 다시 바리케이드가 등장했는데, 이후 프랑스 대혁명까지 빛을 잃는다. 1795년 5월(혁명력 3년 프레리알[풀 자라는 달. 목월]) 테르미도르 공회(테르미도르파)에 맞서 폭동이 일어나면서 잠깐 동안 다시 바리케이드가 세워졌다.[94] 바리케이드는 사람들이 도시를 다시 장악하려는 군대를 저지하기 위해 거리에 이질적인 물건들—뒤집은 수레, 가구, 나무통, 도로 포장석—을 쌓아서 만드는 것이다. 군중의 발명품인 바리케이드는 19세기의 혁명을 지배했다. 1830년 7월 혁명 중에 파리에서 다시 등장했고, 벨기에에서도 세워졌으며, 1848년에는 유럽 전역에 나타났다. 그리고 파리코뮌 시기에 정점에 달했다가 점차 쇠퇴를 겪었다. 하지만 1905년과 1917년 러시아, 1919년 베를린, 1936년과 1937년 바르셀로나, 1944년과 1945년 유럽의 수많은 도시, 그리고 다시 1968년 5월 파리에서 모습을 드러냈다.

이때쯤이면 바리케이드의 성격이 바뀌어 실용적·군사적 기능이 대부분 사라지고 상징적 차원만 유지되었다.

바리케이드가 정신에 그토록 심대한 영향을 미치고 집단적 기억에 영원히 새겨진다면, 그것은 언제나 익명의 눈부신 성격 때문이다. 바리케이드에는 지도자가 없으며 위에서부터 결정이 이루어지지 않는다. 바리케이드는 긴급한 상황에서 자기조직화 능력에 의지해서 군중이 자발적으로 창조한 구조물이다. 그 광경에서 오직 자연스럽게 복종하는 사람들만 눈에 들어오는 관찰자는 그 진실을 알지 못한다. 토크빌은 『회상』(1850년에 씀)에서 1848년 6월의 나날에 파리 시청사 근처의 거리에 바리케이드를 세우는 신중한 과정을 묘사한다. 반란을 일으킨 노동자들과 사회적·심리적·실존적 거리를 둔 그의 글에서는 곤충학의 설명 같은 분위기가 풍긴다.

나는 직접 가서 실제 상황을 확인하기로 마음먹고 시청사 근처로 걸음을 재촉했다. 시청을 둘러싼 좁은 거리마다 사람들이 바리케이드를 세우느라 열심이었다. 기술자처럼 정교하고 규칙적으로 작업을 해서 굉장히 두텁고 견고한, 심지어 깔끔하게 세우는 담장의 토대를 쌓는 데 필요한 만큼만 포장석을 뜯어냈다. 보통 바리케이드를 들고나는 사람들이 겨우 통과할 정도로 주택 옆으로 좁은 길만 남겨두었다.[95]

또다른 적대적 관찰자인 귀스타브 플로베르는 『감정교육』(1869)에서 1848년 2월 파리에 세워진 바리케이드를 다음과 같이 묘사했다.

아송프시옹 성당의 철책은 이미 뽑힌 상태였다. 조금 더 가니 길 한복판에 바리케이드를 치기 위한 것이 분명한 포장석 세 개가 보였고, 깨진 병 조 각과 기병대의 진입을 막기 위한 철사 다발이 널려 있었다. … 열광적인 웅변을 할 줄 아는 사람들이 길모퉁이에 모인 군중을 향해 열변을 토했다. 또 어떤 이들은 교회에 들어가 힘껏 종을 치기도 했다. 납을 녹여 총알을 만들고, 탄약을 제조했다. 큰길의 가로수, 남자용 공중변소, 벤치, 철책, 가스등, 모든 것이 뽑히고 뒤집혔다. 아침이 됐을 때 파리는 바리케이드로 뒤덮여 있었다. 저항은 오래가지 못했다. 국민위병이 사방을 장악했다. 그 리하여 8시가 됐을 때, 민중은 순순히 혹은 무력으로 병영 다섯 곳과 전략 적으로 확실한 거점인 대부분의 구청을 점령했다. 왕정은 아무 저항도 없 이 자진해서 빠른 속도로 와해되었다.[96]

도시를 마비시키고 도시의 풍경을 뒤바꾸는 바리케이드는 눈부신 장관이다. 갑자기 사회적 위계를 뒤집어엎고 도시 공간을 재조직하는 것은 서발턴 계급이다. 하지만 바리케이드는 엄격하게 사회학적인 구 분을 초월하며 진정으로 대중적인 성격을 띤다. 바리케이드에는 노동 자들과 나란히 여자와 아이들뿐만 아니라 학생에서 예술가까지 다양 한 사회 집단이 있다. 바리케이드는 현실적이면서도 상징적인 이중의 기능을 한다. 반란자들을 보호하고, 주변 지역을 통제하며, 진압 세력 의 개입을 무력화하고, 역관계를 강제하는 등 반란에 형태를 부여하는 한편 사람들을 결합시킴으로써 혁명적 군중을 단련시킨다. 알랭 코르 뱅은 바리케이드가 "19세기 내내 끊임없이 반란을 발견한 민중을 만 들어내는 기계"라고 말한다.[97] 행동의 장소인 바리케이드는 치열한 감 정의 사회성을 창조한다. 바리케이드에 적합한 이 사회성은 전투가 벌 어지는 동안 순식간에 축제—뒤집힌 질서—에서 희생 제물로 바뀔 수 있다. 그리하여 바리케이드에서 맞는 죽음에는 성스러운 아우라가 씌워진다. 애국의 서사를 위해 전장에서 명예롭게 죽는 것과 맞먹는 혁명의 죽음이다. 존재론적으로 덧없는 성격에도 불구하고, 아니 어쩌면 그 덕분에 바리케이드가 회화에서 사진, 영화에 이르기까지 지속적인 시각적 전통을 낳은 이유다.

1848년 6월 파리의 바리케이드를 보여주는 은판 사진 두 장이 있다. 항쟁에서 가장 유혈적인 날들로 손꼽히는 6월 25일과 26일 라모리시에르 장군의 군대가 공격을 하기 전과 후의 생-모르-포팽쿠르 거리의 모습이 담긴 사진이다. 사진을 찍은 이는 아마추어 사진가 M. 티보인데, 멀리서 그 광경을 담은 그의 사진은 회화 같은 분위기를 풍긴다. 우리가 이 은판 사진을 찍은 날짜를 아는 것은 7월에 잡지 『릴뤼스트라시옹L'Illustration』에 사진이 게재되고 나중에 항쟁 특별호에 포함되었기 때문이다. 두 사진은 언론에 실린 사진 삽화의 첫 번째 사례로 여겨지며,[98] "역사의 유령"의 아우라를 풍긴다.[99] 반란의 전투를 개시하는 물결의 흔적이다. 미술사에서 가장 유명한 바리케이드는 에르네스트 메소니에가 1851년 살롱전에 '바리케이드'라는 제목으로 전시한 그림이다. 파리 시청사 인근의 모르텔리가에서 벌어진 군사 진압의 희생자들을 묘사한 작품이다. 바리케이드는 무너졌고, 젊은 남자들의 주검이 흩어진 자갈 위로 널브러져 있다. 남자들의 찢어진 옷은 프랑스 국기의 삼색을 떠올리게 한다. 메소니에는 국민위병의 포병 대위로 반란자 학살에 가담해서 엄청난 유혈 사태를 목격하고 충격을 받았다.

모르텔리가의 바리케이드를 장악하던 순간 나는 이런 전투의 참화를 낱낱이 깨달았다. 나는 수비대가 총에 맞아 쓰러지거나 창문 밖으로 떨어지고,

그림 3.6 티보, 〈군대가 공격하기 전 생-모르-포팽쿠르 거리의 바리케이드〉, 1848년 6월 26일.

그림 3.7 티보, 〈군대가 공격한 후 생-모르-포팽쿠르 거리의 바리케이드〉, 1848년 6월 26일.

그림 3.8 에르네스트 메소니에, 〈바리케이드〉(1851). 캔버스. 파리 루브르 박물관.

바닥에 주검이 널브러지고, 땅이 아직 미처 스며들지 않은 피로 붉게 물드는 광경을 보았다.[100]

불편한 마음과 심지어 희생자들에 대한 동정심까지 나타내는 것과 상관없이 그의 그림은 ―T. J. 클라크가 말하듯이― 노동계급에게 보내는 경고로 여겨졌다. 혁명은 무자비하게 분쇄될 것이라는 경고였다. 거리에 나뒹구는 주검들은 신원을 알 수 없고, 얼굴도 없으며, 그들을 에워싼 죽음의 후광에 휩싸여 있다. 어느 푸리에주의자 평론가에 따르면 "피부와 옷이 포장석과 혼동되는" 이 이미지에서 바리케이드는 "인간 오믈렛(omelette d'hommes)"이 되어버렸다.[101] 보수주의자 오귀스탱

티에리가 볼 때, 메소니에의 그림은 오해를 살 만하게 모호한 작품이었다. 무장하지 않은 주검들이 무고한 희생자로 나타날 위험이 있었던 것이다. 티에리는 훈계를 늘어놓았다. "우리는 승자들을 모욕하고 분노에 차서 패자들에게 말을 거는 식으로 평화를 충고하지는 않는다. 복수를 호소하는 식으로 사람들에게 내전의 참화를 납득시키지도 않는다."[102] 이 일화를 보면, 보수주의가 바리케이드 이미지를 전유하는 것이 거의 불가능함이 증명된다.

바리케이드 사진들은 파리코뮌 시기에, 특히 베르사유 군대가 공격하기 전에 유행하게 된다—가장 유명한 사진은 콩코르드 광장을 찍은 것이다.[103] 이런 사진은 대전쟁이 끝난 뒤에 일어난 여러 혁명에서 다시 등장했다. 1919년 베를린 스파르타쿠스단 봉기의 이미지들이 바리케이드를 불멸화하는 엽서의 형태로 널리 유포되었다.[104] 1871년 국가 통일을 이룬 뒤, 독일은 이미 수십 종의 신문과 화보 잡지를 거느린, 유럽 출판사와 언론의 수도가 되었다. 언론사마다 자체 사진가 팀을 보유했다. 1919년 1월 봉기 중에 무장 노동자들이 언론 지구로 몰려가서 그 심장부인 모세Mosse 빌딩을 점거하고는 인쇄기를 이용해서 스파르타쿠스단 기관지 『붉은 깃발Rote Fahne』을 찍어냈다. 거리와 광장의 전략적 요충지마다 큼지막한 카메라를 세워둔 사진가들은 이미 반란자들에게 익숙한 존재였고, 그들의 존재는 사진에 담는 사건들에 엄숙함을 부여했다. 때로는 카메라를 위해 특별히 바리케이드를 세우고 노동자와 병사들이 전투 동작을 되풀이하기도 했다. 반란자들의 용기를 보여주고 그들의 희생을 기념하기 위해 전투 이후 벌어진 처형을 담은 많은 사진들이 이런 경우다. 이런 사실은 행위자들이 자신이 참여하는 사건의 역사적 차원만이 아니라 그 상징성도 뚜렷이 인식하고 있었음

그림 3.9 빌리 뢰머, 베를린, 1919년 1월 11일(자유-엽서).

을 증명한다. 1919년 스파르타쿠스단 봉기와 뮌헨 소비에트공화국 열
사들의 초상이 담긴 '자유-엽서Freiheit-Postkarte' 수만 장이 이미 독일
에서 퍼져나갔다.

베를린 반란은 실패가 예정돼 있었다. 사회민주당이 여전히 노동 운
동의 다수를 장악했고, 반란 노동자들은 고립되었다. 이 소요의 한가
운데에서 탄생한 스파르타쿠스단은 헤게모니와는 거리가 멀었다. 반
란을 막으려던 로자 룩셈부르크와 카를 리프크네히트의 시도가 실패
로 돌아가자 두 사람은 반란의 지도부를 자처하면서 기꺼이 자신들을
희생했다. 베를린과 뮌헨 두 곳 모두에서 바리케이드는 큰 효과가 없
었다. 19세기의 바리케이드에서 겨울궁전 습격으로 바뀐 상징적 이동
은 혁명을 대표하는 패러다임에서 나타난 의미심장한 변화를 압축적
으로 보여준다. 이제 권력을 장악하는 것은 반란을 일으킨 민중이 아
니라 조직된 군대인 것이다. 이런 관점에서 볼셰비키는 오귀스트 블랑

키가 1848년 6월의 패배에 관한 고찰에서 제기한 몇 가지 질문에 대답했다. 「무장봉기를 위한 지침」(1868)에서 블랑키는 바리케이드가 효과가 없음을 강하게 강조하면서 심지어 이를 패배의 주요 원인으로 지목했다. 그는 1830년 7월과 1848년 2월에 바리케이드를 세운 성공적 전술은 "요행에 지나지 않았다"고 힘주어 말했다. 6월에 바리케이드는 재앙까지는 아니더라도 쓸모없음이 입증되었다. 블랑키는 가혹한 비난을 퍼부었다.

봉기가 발발하자마자 각기 다른 여러 지역에 있는 노동자 지구 이곳저곳에 되는 대로 바리케이드가 세워졌다. 대부분 무기도 없는 남자들이 5, 10, 20, 30, 50명씩 닥치는 대로 모여서 마차를 뒤집고, 포장석을 파헤쳐서 쌓아놓았다. 이따금 거리 한가운데에 바리케이드를 세우기도 했으나 대부분 도로를 막기 위해 교차로에 세웠다. 이 장벽들은 대개 기병대에 장애물이 되기 어려웠다. 때로는 방어 시설 건설을 대충 시작한 뒤 바리케이드를 짓던 이들이 소총과 탄약을 찾으러 자리를 뜨기도 했다. 6월에 세워진 바리케이드가 600곳이 넘었다. 그 가운데 전투에 정면으로 맞선 것은 기껏해야 30곳이었다. 나머지, 그러니까 20곳 중에 19곳에서는 총 한 발 쏘지 못했다. 그리하여 사람 한 명 없는 바리케이드 50곳을 떠들썩하게 점령했다는 영광스러운 보도들이 쏟아졌다. 몇몇은 포장석을 파헤치고 다른 이들은 근위대를 무장해제하거나 총기제작자에게서 화약과 무기를 강탈하기 위해 작은 무리를 이루어나갔다. 이 모든 행동이 서로 화합을 이루거나 지도를 받은 게 아니라 각자 내키는 대로 이루어졌다. 그러는 사이에 더 높고 튼튼하게 제대로 지은 몇몇 바리케이드 주위로 점차 수비대가 모여들기 시작했다. 이런 주요 요새들의 위치는 신중한 계산을 통해서가 아니라 우연히 결정되었다. 겨우 몇 군데만 그나마 초보적인 군사적 감각에 따라 중요한 도로가 열리는 것을 막기 위해 고안되었다.[105]

시간을 낭비하고 거리를 차지해서 통행을 막는, 구상과 제작 모두 어설픈 이런 바리케이드의 대안은 사기와 규율을 두루 갖춘 노련한 혁명가들로 이루어진 군사 조직의 창설이었다. 오직 그들만이 정부군처럼 힘과 유능함을 갖추고 행동할 수 있었다.[106] 형제애와 집단행동의 순수하고 황홀한 순간─바리케이드를 세움으로써 인민을 구성하는 것─으로서 혁명은 패배를 피하지 못했다. 혁명은 '무장 반란prise d'armes'이 아니면 승리할 수 없었다. 트로츠키에 따르면, 이런 고찰은 적절하다. 블랑키는 반란을 촉발하는 사회적·정치적 조건을 오해했지만, 1848년 6월에 혁명의 패배를 낳은 원인들에 관한 그의 비판적 관찰은 명료하고 소중한 것이었다.[107]

1848년 이래 바리케이드는 붉은 깃발과 떼려야 뗄 수 없는 것이 되었다. 붉은 깃발은 이미 프랑스 대혁명 시절부터 당국이 공공질서를 위협하는 골칫거리를 경고하는 도구로 사용되었고, 1791년을 시작으로 왕당파와 공화파 간의 분쟁의 대상이었다. 조레스의 말을 빌리자면, "붉은 깃발의 역사에는 그 의미가 과거와 미래 사이에서 오락가락한 모호한 시기가 있었다".[108] 붉은 깃발이 오늘날과 같은 의미를 갖게 된 것은 일종의 기호학적 반전이 이루어진 때문인 것으로 보인다. 원래 왕정 당국이 상퀼로트들을 처형할 때 사용하던 것이었는데, 상퀼로트 세력이 이를 전유해서 자신들의 상징으로 삼기 시작한 것이다(1792년 8월 10일의 반란에서 이런 일이 벌어졌는데, 당시 혁명 군중이 튈르리 궁전을 습격해서 왕정을 끝장내고 국민공회를 세웠고, 국민공회는 9월에 공화국을 선포했다). 붉은 깃발은 1830년에 다시 등장했고, 바리케이드처럼 1848년의 모든 혁명에서 반란자들의 상징이 되었다. '민중의 봄' 시기에 붉은 깃발은 분명 국기와 대립되지 않았지만, 자유주의와 민주주의의 요구를 넘어서 '사회적 공화국'을 위해 싸우는 사회주의 운동을 구별하는 표시였다. 1848년부터 냉전 시대까지 보수 세력에게 붉은 깃발은 입에 칼을 문 볼셰비키가 휘두르는 피와 증오의 상징을 나타냈고, 좌파 운동에게는 평등한 사회를 쟁취하기 위한 전투의 상징이었다. 마르크 앙주노에 따르면, 1848년에 붉은 깃발은 "고유한 법률과 의례를 가진 대항사회"를 선언하는, 지배 질서와의 급진적 단절을 가리키는 은유가 되었다. 바리케이드 위에 내건 붉은 깃발은 "일상 세계가 새로운 유토피아적 현실로 변형됨"을 가리키는 신호로 등장했다.[109]

1848년부터 탈식민화 시대까지 붉은 깃발과 국기는 복잡하고 종종 상충하는 관계 속에서 공존했다. 두 깃발은 민족해방 투쟁 속에서 어우러지면서 제국과 충돌했다. 러시아 혁명은 차르 제국을 이루는 민족들의 자결권을 선포했지만, 내전이 발발하자 소비에트 권력의 방어와 민족독립의 인정 사이에 갈등이 생기는 일이 비일비재했다. 제2차 세계대전 시기에 붉은군대는 유럽과 아시아 두 대륙에서 강력한 민족적 성격을 띤 레지스탕스 운동과 합쳐졌다. 1944년 8월, 삼색기가 해방의 상징으로 파리 거리를 장식했다. 하지만 1년 뒤, 이 깃발은 이미 알제리에서 식민 억압의 상징이 되어 있었다. 세티프와 겔마에서 민족 운동이 유혈 진압된 뒤, 알제리 주민들은 행진을 벌이면서 프랑스 국기 앞에 고개를 숙여야 했다.[110]

붉은 깃발과 국기의 이런 상징적 충돌은, 사회주의가 민족해방을 지지하면서 분명 완화되긴 했어도, 이미 1848년에 명백하게 나타났다. 프랑스에서 결정적 전환점이 된 이해 6월에 붉은 공화국이 삼색 공화국에 패배했다. 2월 25일 반란군이 파리 시청사 정문과 인근 건물 지붕 위에 붉은 깃발을 내걸자 반사회주의 공화주의자들이 격렬하게 항의했다. 이 세력의 가장 카리스마적인 대표자인 라마르틴은 "공포의 깃발"에 반대하는 열정적인 연설을 토해냈다. 다가오는 '빨갱이 공포 Red Scare'의 세기에 펼쳐지는 각종 주장을 요약한 내용이었다. 1793년 공포정 내내 휘날린 "이 피 묻은 깃발"을 일축하면서 라마르틴은 "전 세계에 프랑스와 프랑스의 영광, 프랑스의 자유의 상징으로 알려진 공화국과 제국의 깃발"인 삼색기를 옹호했다.[111] 그가 승리했고, 그는 삼색기로 장식된 시청사에서 제2공화국을 선포했다. 다음 날 오귀스트 블랑키는 삼색기는 이제 더이상 공화국의 깃발이 아니라 "루이-필리프와 왕정의 깃발"이라고 쏘아붙였다. 삼색기는 "노동자들의 피로 스무 번이나 흠뻑 젖은" 깃발인 반면, 붉은 깃발은 "패배와 승리의 이중 축성祝聖"을 받아서 노동계급의 상징이 되었다. "오늘부터 계속 이 깃발은 노동계급의 것"이라고 블랑키는 설명했다. 물론 라마르틴이 주장한 것처럼 그것은 "피 물든 깃발"이지만, 단지 "그 깃발을 공화국 국기로 만든 열사들의 피"로 채색되었기 때문이다. 따라서 시청사에서 붉은 깃발을 내리는 것은 "민중에 대한 모욕이자 망자들에 대한 신성모독이다".[112]

하지만 1871년에 파리코뮌이 다시 붉은 깃발을 내걸었을 때에는 라마르틴같이 삼색기를 옹호하는 이가 없었다. 5월 4일, 국민위병 병사들이 시청사에서 열병식을 하면서 붉은 깃발에 충성 맹세를 했다. 병사들은 "붉은 깃발을 지키다가 죽을" 각오가 되어 있었다.[113] 신문『뒤

셴 영감Le Père Duchesne』—프랑스 대혁명기에 자크 에베르가 펴낸 동명의 신문에서 따온 이름—은 비슷하게 열정적인 어조로 이제 삼색기와 붉은 깃발이 양립할 수 없게 되었다고 설명했다.

우리는 당신들의 부끄러운—이른바 온건하고 체통 있는— 공화국들의 사기 치는 깃발과 더는 엮이고 싶지 않다. 우리는 루이-필리프의 배불뚝이 공모자들이 수다를 떨며 진탕 마셔댈 때 내건 깃발, 12월의 병사들이 잔치를 열며 대학살을 벌일 때 치켜든 깃발과 더는 엮이고 싶지 않다. … 한 민족의 깃발이 그렇게 수치스러운 진창에 질질 끌렸으면 이제 그 천을 바꾸고 색깔도 바꿔야 한다. 반동 세력 때문에 민중이 흘린 피로 색깔이 물든 붉은 깃발이 르크뢰조 광부들의 뇌수로 뒤덮여 오슈[프랑스 대혁명 당시 방데 반란을 진압한 공화정의 군인 영웅 라자르 오슈 | 옮긴이]의 피가 가려진 깃발을 대신해야 한다.[114]

1848년 6월의 폭력 진압과 1871년 5월 파리코뮌을 짓밟은 "피의 한 주" 이후 반혁명은 붉은색을 미신적 악마화의 대상으로 만들었다. 붉은색은 어떤 것도 용납되지 않았고, 붉은 천을 태우는 것은 정화의 의례이자 공공안전의 관습이 되었다. 1849년, 최초의 보수적 공화 정부 총리 레옹 포셰는 아주 정교한 지침이 담긴 회람장을 도지사들에게 보냈다. "붉은 깃발은 반란의 호소이며, 붉은 모자는 피와 애도를 상기시킴. 이런 통탄할 표시를 몸에 지니는 것은 불복종을 도발함을 의미함." 따라서 정부는 이런 "선동적 상징"을 즉각 추방할 것을 지시했다.[115] 파리코뮌 이후 한 목격자는 회고록에서 "의복, 깃발, 사고, 언어 자체 등 온갖 붉은색에 대한 미친 듯한 분노"가 도시를 사로잡았다고 썼다. 붉

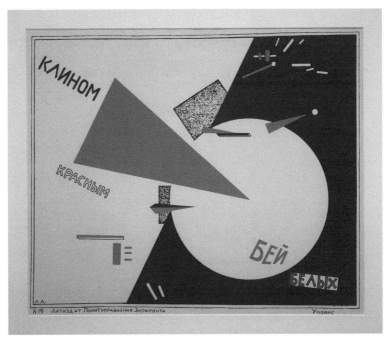

그림 3.10 엘 리시츠키, 〈붉은 쐐기로 백군을 강타하라!〉(1919). 캔버스. 런던 테이트 미술관.

은색은 "페스트나 콜레라"와 같이 어떻게든 다시 돌아오는 것을 피해야 하는 "치명적인 질병"이 되어버렸다.[116]

소비에트 공화국이 거의 자연스럽게 붉은 깃발을 채택한 1917년에 이런 상징적 색깔 전쟁이 다시 시작되었다. 러시아 내전 동안 혁명적 테러는 "붉은 공포정"이 되었고, 유럽에서 미국에 이르기까지 반볼셰비키 물결이 "빨갱이 공포"로 세계를 휩쓸었다. 소비에트 아방가르드는 붉은색을 혁명의 상징으로 넘겨받아 미적 창작품에서 대규모로 활용했다. 절대주의 화가 엘 리시츠키가 그린 석판화 〈붉은 쐐기로 백군을 강타하라!〉(1919)에서 혁명과 반혁명의 충돌은 추상적 형태와 색채의 대결이 된다. 붉은 삼각형이 화살촉처럼 흰색 원을 뚫고 들어간다.

혁명의 기억은 또한 소리의 차원도 지닌다. 소리의 차원은 투쟁을 선동하기 위해 창작되어 이후 정체성의 표시가 되고 계속해서 그 의미가 바뀌는 노래들을 통해 전달된다. 가장 널리 알려진 사례는 〈라마르세예즈〉다.[117] 선전포고 다음 날인 1792년 4월 25일 밤에 조제프 루제 드릴이 원래 〈라인군 군가〉라는 제목으로 작곡한 이 노래는 동시에 혁명과 애국의 행진곡으로 순식간에 널리 퍼져나갔다. 노래는 왕정복고기에 금지됐다가 1848년에, 그리고 뒤이어 파리코뮌에서 거대하게 부활했다. 1917년 러시아 혁명에 동반한 것도 역시 〈라마르세예즈〉였다―파리코뮌에 참여했던 러시아 나로드니키 철학자 표트르 라브로프가 개사한 사회주의 버전에서는 조국patrie이 사라지고 그 대신 '노동대중'과 '굶주린 민중'이 등장하기는 했지만.[118]

　1917년 4월 스위스 망명을 끝내고 러시아로 돌아온 레닌을 환영한 것은 〈라마르세예즈〉에 이어 〈인터내셔널가〉를 연주하는 오케스트라였다. 혁명과 소비에트 권력 초창기에 두 찬가가 공존했는데, 1920년대 초에 소비에트 권력은 마침내 〈인터내셔널가〉를 선택했다. 시인 외젠 포티에가 이 사회주의 찬가의 가사를 쓴 것은 코뮌과 함께 싸운 유혈의 일주일이 끝난 직후인 1871년 6월 파리에 숨어 있던 때였다. 하지만 20년 뒤 플랑드르 작곡가 피에르 드게테르가 새로 곡조를 붙여서 가사 자체로는 획득할 수 없는 파토스를 가득 채우고 나서야 노래가 정말로 퍼져나가기 시작했다. 그리하여 이 노래는 사회주의 인터내셔널 대회와 아나키스트 시위에서 울려 퍼졌고, 결국 공산주의 인터내셔널의 공식 찬가가 되었다.[119] 강한 메시아적 함축―"이것은 최후의 싸움이고", "대지가 새로운 토대 위에 솟아나리니, 아무것도 아니었던 우리가 이제 전부가 되리라", "만인의 구원을 포고하라", "인터내셔널은 인류가 되리니"—이 담긴 이 노래는 거의 종교적 의미로 투쟁을 해방, 아니 구원의 행동으로 격상시키며, 19세기와 20세기의 사회주의 문화에 넘쳐흐르는 유토피아에 서정적 형태를 부여한다. 노동자 운동에서 벌이는 시위에서 〈인터내셔널가〉의 의례화—〈인터내셔널가〉 제창은 행진부터 당과 대회에 이르기까지 공산주의 전례에서 여전히 필수 요소로 남았다—는 기억의 영역이 된다. 여타의 상징들과 달리 이 노래는 제도화와 관료화라는 환멸의 요소들을 한결 쉽게 피해 간다. 1960년대와 1970년대에 〈인터내셔널가〉의 곡조는 공산주의 정권의 소박한 장식 한가운데만이 아니라 서구 세계 청년 반란의 행진에서도 울려 퍼졌다.

우리가 —끔찍한 파열로, 또는 시간을 가로질러 퍼져나가는 과정으로— 어떤 프리즘을 통해 보든 간에, 혁명은 그 격렬하고 의기양양한 순간들로만 환원될 수 없다. 대부분의 경우에 혁명은 패배로 끝난다. 혁명의 기억은 애도에 파묻힌다. 전쟁과 마찬가지로, 스러진 투사들의 기념과 열사들의 신성화는 혁명의 추억을 지탱한다. 하지만 전쟁과 달리, 혁명에서는 기념비에 새겨지는 공식적 기억이 언제나 중요한 것은 아니다. 혁명의 기억은 '마라노의' 기억[마라노는 중세 에스파냐와 포르투갈에서 박해를 모면하기 위해 기독교인으로 개종한 유대인을 말한다. 종종 은밀하게 유대교를 믿었다 ┃ 옮긴이], 즉 권력의 서사에 맞서 치켜드는 대항기억counter-memory처럼 길러지는, 숨기거나 금지된 기억의 형태를 띤다. 이런 관점에서 보면, 레닌과 마오의 영묘는 육안으로 보이면서도 오도하는 사례다. 영묘와 나란히 우리는 또한 서발턴 계급의 지하의 기억에도 관심을 기울여야 한다. 디에고 리베라가 프레스코화 〈대지를 비옥하게 만드는 혁명 열사들의 피〉(1927)에서 보여주는 것과 같은 기억에. 1871년 5월 학살이 벌어진 이래 해마다 페르라셰즈 묘지에 있는 코뮈나르의 벽 발치에는 누군가 몰래 꽃을 놓고 간다. 첫 번째 공개 기념식이 열린 것은 1878년으로, 쥘 게드가 펴내는 신문 『평등L'Égalité』에서 조직한 우애를 나누는 연회의 형태였다. 그후 1880년에 코뮈나르들이 사면을 받은 뒤 이 기념식이 하나의 전통이 되었다. 인민전선 시절인 1936년에는 위풍당당한 행진이 벌어졌다. 그날 좌파 신문들은 이런 의례의 의미를 지적했다. 『뤼마니테L'Humanité』는 "이 묘지에는 망자들을 모독하는 게 아니라 죽음에 거역하는 커다란 기쁨이 있다"고 썼고, 『르포퓔레르Le Populaire』는 "죽음 앞에서 삶이 행진했다"고 적었다.[120] 하지만 베를린 프리드리히스펠데 묘지에서 열리는 카를 리프크네히트와 로자 룩셈부르크 기념식은 의례의 정치적 의미가 달라질 수 있음을 보여준다. 바이마르공화국 아래서 대규모 공산주의 집회가 열리는 특권적 장소였던 이 혁명기념비Revolutionsdenkmal는 1926년에 만들어졌다. 설계자인 건축가 루트비히 미스 판 데어 로에는 훗날 바우하우스 교장이 된 인물인데, 소박한 설치물을 선택했다. 장식적 양식을 일체 배제한 기하학적 선들로 이루어진 모더니즘 구조물이다.[121] 이 공산주의 기념비는 하나의 상징—별 안에 새겨진 낫과 망치—과 독일 노동자 운동에서 로자 룩셈부르크 때문에 대중화된 마흔여덟의 시인 페르디난트 프라일리그라트의 문구를 내세웠다. "내가 있었고, 있으며, 있으리라Ich war, Ich bin, Ich werde sein!"는 구절은 사회주의 이상의 영원한 특징을 환기시킨다. 이 기념비가 나치 정권 아래서 파괴되었음은 말할 나위도 없다.[122] 이후 룩셈부르크의 죽음은 스파르타쿠스단 반란의 유산을 의미 있는 침묵으로 만드는 서정시에서 파울 첼란이 기념한 '마라노의' 기억으로 바뀌었다. "란트베어 운하는 속삭이지 않는다./아무것도 멈추지 않는다."[123] 독일민주공화국(동독)이 수립된 뒤 1950년대에 기념비가 재건됐을 때에는 그 윤곽이 바뀌어 있었다. 훨씬 더 크고 으리으리해진 구조물은 이제 사회주의자 기념비Gedenkstätte der Sozialisten로 불렸다. 이 명칭은 이제 더이상 혁명을 환기시키지 않고 순전히 기념하는 함의Gedenken만 지녔으며, 룩셈부르크의 명문銘文은 새로운 경구로 바뀌었다. "망자들이 우리에게 훈계한다Die Toten mahnen uns." 전복적 운동의 집회가 조상들을 동원해서 자신의 권위를 정당화하는 정권의 축전에 자리를 내주었다.[124]

사유-이미지: '갈림길에 선 남자'

전간기의 가장 강력한 '사유-이미지'로 손꼽히는 것은 의심의 여지 없이 1934년 디에고 리베라가 〈인간, 우주의 통제자〉라는 제목으로 멕시코시티 예술궁전에 그린 벽화다. 압도적인 크기—4.80×11.45미터—의 이 비범한 프레스코화는 하나의 풍경으로 마르크스주의의 역사관, 사회주의의 미래상, 혁명의 패러다임을 생생히 보여주는 까닭에 꼼꼼히 들여다볼 필요가 있다. 대중을 위한 예술 작품으로 구상된 이 거대한 회화를 그린 취지는, 리베라에 따르면, "만국의 노동자와 농민이 이해할 수 있는 언어"를 개발하려는 것이었다.[125] 벽화는 중세와 르네상스 시대 성당 벽을 뒤덮는 그림들과 똑같이 서로 연관된 이미지들의 통일을 통해 관념과 가치를 전달하고자 했다. 물론 멕시코 벽화가는 입체파와 표현주의, 러시아 아방가르드의 교훈을 철저하게 동화한 채 20세기에 그림을 그렸지만 말이다. 전쟁과 혁명으로 얼룩진 험난한 시

그림 3.11 디에고 리베라, 〈인간, 우주의 통제자〉(1934). 벽화. 멕시코시티 멕시코 예술궁전.

대에 "예술과 사고와 감정은 부르주아지에 적대해야 한다"고 굳게 확신한 그는 "[자신의] 예술을 무기로 사용하기를" 바랐다.[126] 여러 개념과 역사와 정치적 메시지를 한데 뒤섞은 그의 이미지들은 사회주의 혁명을 위한 활력 넘치는 호소였다.

　이 프레스코화에 대한 분석적인 설명을 시도하기 전에 이 벽화의 대
단히 상징적인 기원에 관해 몇 마디 하지 않을 수 없다. 1932년 11월,
디에고 리베라는 맨해튼 심장부에 신축하는 뉴욕 록펠러센터 로비를
장식할 거대한 벽화를 그려 달라는 주문을 받았다. 이 마천루는 은행,

기업, 여러 나라의 무역협회, 박애 협회, 쇼핑몰, RCA를 비롯한 다양한 문화 활동을 아우르는 '도시 속의 도시'가 되려는 포부를 품었다. 매일같이 수만 명이 드나드는 이 '록펠러 시티'는 소유주들과 미국의 업적을 동시에 축하하고자 했다. 아메리카 프런티어 신화—몇십 년 전 프레더릭 잭슨 터너가 고전적 저작에서 찬미한[127]—를 공공연하게 언급하는 머를 크로웰의 안내문에 따르면, 록펠러 빌딩은 미국의 경제적·사회적 진보의 상징이 되려는 야심을 품었다. 「새로운 프런티어들」이라는 제목이 붙은 이 글은 미국 자본주의의 경제·사회 세력과 노동 운동의 "새로운 합의" 정신을 언급했다. 뉴딜을 예시하는 "새로운 합의"였다. 이 정신 속에서 존 록펠러 주니어와 그의 부인으로 박애주의자이자 예술 후원자인 애비는 디에고 리베라에게 프레스코화를 그려줄 것을 주문했다. 안내문의 설명대로 하자면 특정한 사건을 보여주거나 유명인을 묘사하지 않은 채 "갈림길에 선 채 확신은 없지만 희망과 드높은 선견지명을 갖고 더 나은 새로운 미래로 이어지는 길을 선택하려는 인간"을 묘사해 달라는 주문이었다.[128]

그 결과가 어떻게 됐는지는 다들 아는 사실이다. 1932년 11월, 리베라는 계약서에 서명했다. 1933년 3월에 작업을 시작했는데, 루시엔 블로흐와 벤 샨 같은 화가들로 이뤄진 전문가 조수팀의 지원을 받아 두 달이 채 되지 않아 프레스코화의 3분의 2를 완성했다. 4월 24일, 『월드 텔레그래프』는 존 록펠러 주니어가 자기 건물에 공산주의 선전 작품을 내걸게 돈을 대주었음을 알리는 기사를 내보냈다. 5월 1일에는 레닌 초상화가 벽화에 등장했다. 존 록펠러의 아들 넬슨은 리베라에게 편지를 보내 이 이미지를 본 미국인 방문객 대다수가 충격을 받을 거라면서 레닌을 '무명의 사람'으로 대체할 것을 요청했다. 화가는 거절했고, 대신에 에이브러햄 링컨을 추가로 넣는 쪽으로 타협을 보자고 제안했다. 미국 통일과 노예제 폐지의 상징인 링컨을 볼셰비키 지도자의 대칭적 대위법으로 내세우겠다는 것이었다. 하지만 합의점을 찾을 수 없었다. 9일 뒤 리베라는 제작비를 받고 해촉되었고, 프레스코화는 덮개를 쓴 채 대안적 해법을 기다리는 신세가 되었다. 얼마 전에 뉴욕에 문을 연 현대미술관(MoMA)으로 벽화를 옮기자는 넬슨과 애비의 잠정적 계획이 실패로 돌아간 뒤, 벽화의 법적 소유주인 존 록펠러 주니어는 작품을 파기하기로 결정했다. 1934년 2월 9일, 디에고 리베라의 프레스코화는 사라졌다. 이 소식이 전해지자 미국 지식인과 예술가들 사이에 항의의 물결이 일었다. 그들은 부르주아 '반달리즘'의 표출이라고 낙인찍으며 개탄했다. 미국인 억만장자가 시스티나 성당을 사들여서 파괴할 수 있는가? 특히 목소리를 높인 것은 당시 샌프란시스코 코이트타워 담장에 그림을 그리던 화가들이었다. 이 화가들은 자신들의 벽화에 이 일화를 삽입했다(특히 버나드 잭하임이 그린 '도서관'과 랠프 스택폴이 그린 '캘리포니아의 산업' 부분).[129] 리베라는 자신이 받은 돈으로 조수들에게 작업비를 지급하고 공산주의 소수파 단체에 속하는 뉴욕의 건물 두 곳에 정치 벽화 두 점—〈미국의 초상〉과 〈제4 인터내셔널〉—을 그렸다. 6월에는 뉴욕에서 방금 전에 파기된 프레스코화를 다시 그리기로 멕시코 정부와 계약을 맺었고, 그해 말에 멕시코시티 예술궁전에 〈인간, 우주의 통제자〉를 완성했다. 모든 제약에서 벗어난 리베라는 자신의 정치적 입장을 급진화했다. 제목이 바뀌긴 했지만 프레스코화는 원래 판본을 충실하게 재현했는데, 그래도 몇 가지 중요한 디테일이 바뀐 상태였다.

물론 리베라 같은 혁명적 예술가와 록펠러 가문의 이런 충돌이 충분히 예측 가능했다고 말할 수도 있다. 멕시코 화가는 자신의 정치적 신념을 감춘 적이 없었다. 록펠러의 제안이 있기 1년 전에 리베라는 『모던쿼털리The Modern Quarterly』에서 기업가의 후원과 자신의 관계를 분명하게 설명한 바 있었다. 혁명적 예술가들은 "부르주아 예술의 최첨단 기술적 성취를 활용하면서도 이를 프롤레타리아 혁명의 요구에 맞게 바꿔야 하"며 자신은 "부르주아지의 수중에서 탄약을 챙기는" 일종의 "게릴라 투사"라는 것이었다. 그가 들먹인 사례들은 감동적이었다. "게릴라 투사는 때로 기차를 탈선시키고, 때로 다리를 폭파하지만, 이따금 전신줄 몇 가닥을 자를 수 있을 뿐"이라면서 자신은 "게릴라 투사의 자격으로" 미국에 온 것이라는 말을 반복했다.[130] 이런 전제에서 보면, 록펠러 빌딩에 그린 벽화가 자본주의와 월스트리트의 박애를 찬미하는 작품이 아닐 것이라는 사실은 더없이 분명했다. 하지만 그가 계약서에 서명한 1932년 11월과 다시 그린 벽화가 멕시코시티에 전시된 1934년 말 사이에 몇 가지 역사적 변화가 벌어져서 그의 신념과 행동을 급진화하는 데 확실히 기여했다. 그 결정적 2년 동안에 벌어진 중대한 사건들을 간단히 상기하는 것만으로 충분한 설명이 될 것이다.

1933년 1월 말, 히틀러가 독일 총리로 임명되었다. 한 달 뒤에는 제국의회에 불이 나고 나치 정권이 수립되었다. 5월에는 '전면적 획일화Gleichschaltung'가 달성되고 바이마르공화국이 파괴되었다. 유럽에서 파시즘이 퍼져나가고 있었다. 튀르키예의 망명지에서 레온 트로츠키는 이것이 독일 노동 운동의 역사적 패배를 의미하고 스탈린주의의 실패를 입증한다고 썼다. 이런 가혹한 평가의 결과로, 트로츠키는 새로운 공산주의 인터내셔널인 제4 인터내셔널을 세워야 한다고 호소하기 시작했다. 앞으로 살펴볼 것처럼, 이런 정치적 전환이 리베라의 프레스코화에 몇 가지 흔적을 남겼다. 미국에서는 프랭클린 루스벨트가 가장 암울하고 극적인 경제 공황의 순간에 대통령 임기를 시작하면서 뉴딜의 도래를 알리는 정력적이고 거의 '독재적인' 조치를 취했다. 1934년 봄, '톨레도 전투'에서는 일렉트릭오토라이트에서 파업을 벌인 노동자 1만 명이 오하이오주 방위군과 대결했고, 몇 주 뒤에는 미니애폴리스에서 총파업이 벌어졌다. 두 행동 모두 좌파 급진 조직이 이끌었다. 이 파업들은 한 해 뒤 산업별회의(CIO)가 창설되는 토대를 닦았다. 1934년 2월 빈은 오스트리아 사회당 민병대인 슈츠분트Schutzbund가 파시스트 반동에 맞서 이끈 노동자 봉기가 패배하는 무대가 되었다. 프랑스에서는 2월 6일에 쿠데타로 이어질 뻔한 극우파 시위로 결국 15명이 사망하고 자생적인 반파시즘 대중 행동이 일어났다. 2년 뒤 선거에서 승리하는 인민전선의 시작이었다. 에스파냐에서는 1934년 10월에 아스투리아스 광부들의 폭력적 파업이 발발했다. 중국에서는 마오쩌둥이 개시한 대장정이 3년 동안 지속되면서 중화소비에트공화국 군대가 장시성江西省에서 산시성陝西省까지 이동했다. 그리고 마지막으로, 멕시코에서는 1934년에 좌파 민족주의 지도자 라사로 카르데나스가 대통령에 당선되었다. 그가 옹호한 거의 사회주의적인 6개년 계획—소련 모델을 따라 구상된 것이었다—은 대농장latifundium에 맞선 농민협동조합 창설, 전국적인 공교육 시스템, 핵심 산업 국유화 등을 장려했다. 요컨대 이런 세계적 사건들이 디에고 리베라로 하여금 야심찬 벽화에 한층 더 강한 혁명적 차원을 부여하도록 재촉했다. 그가 〈인간, 우주의 통제자〉를 완성한 것은 바로 이런 폭발적 상황에서였다. 자서전에서 그는 이 벽화가 일종의 경고라고 설명한다. "미국이 자신의 민주적 형태를 지키고자 한다면 파시즘에 맞서 러시아와 동맹을 맺을 것이다."[131] 제2차 세계대전 이후의 이런 해석은 아마 뒤늦은 감이 있지만, 그의 프레스코화가 파시즘과 사회주의의 엄청난 충돌을 알리는 작품이었음은 분명하다.

벽화 자체는 여러 요소를 대칭적으로 배치한 기념비적 풍경을 묘사한다. 대중 행동의 서사시적 광경과 개념적 묘사가 일종의 조절된 동학을 창출함으로써 복잡하면서도 대단히 질서정연한 앙상블 속에 결합된다.[132] 갈림길에 있는 남자는 과거와 미래, 악과 행복, 이기주의와 형제애, 병과 건강, 편견과 계몽, 반계몽주의와 진보, 자본주의와 사회주의 사이에서 거의 완벽한 균형을 이루며 서 있다. 미래가 자신의 선택에 달려 있음을 아는 그는 심각해 보인다. 그의 중심적 위치뿐만 아니라 재킷과 장갑으로 볼 때도 그는 숙련 노동자나 기술자, 또는 조종사다. 이륙 준비를 한 비행기 프로펠러같이 교차하는 두 타원과 함께 복잡한 기계의 가장 중요한 부분에 자리잡고 있기 때문이다. 그를 둘러싼 피스톤 엔진과 바퀴는 공장을 떠올리게 한다─이 물체들은 어쩔 수 없이 루이스 하인의 『일하는 사람들』(1932)에 실린 사진들과 심지어 그전 몇 년간 디트로이트에서 리베라 자신이 묘사한 산업 노동을 상기시킨다. 프레스코화 아래쪽에 자리한, 다양한 열대의 키 작은 나무와 작물로 이루어진 자연적 토대와 유기적으로 연결된 공장이다. 이 무성한 식물들은 비록 온실 속에서 합리적으로 재배되지만 죽을 운명으로 보인다. 그 생명의 즙을 흡수해서 갖가지 측정기와 시계로 이루어진 정교한 시스템을 통해 분배하는 기계 엔진과 관련이 있기 때문이다. 1933년 4월에 리베라를 인터뷰한 『뉴욕타임스』 기자 아니타 브레너에 따르면, 이 자연의 토대는 "지구를 열린 책으로 보는 묘사"였다. "책의 페이지에 담긴 지질학적 층에 있는 생물과 토양 표면에서 싹을 틔우는

식물이 주요한 구성요소"다.[133]

화가 자신이 친구인 버트럼 울프가 꼼꼼하게 기록한 '자세한 구두 설명'에서 두 타원의 의미를 설명한다. 울프는 1939년 이 멕시코 화가에게 책 한 권을 헌정한 미국의 마르스크주의 역사학자다. 록펠러 빌딩의 첫 번째 기획에서 망원경—갈림길에 있는 남자의 오른쪽에 놓여 있다—이 "머나먼 천체를 인간의 시야와 이해로 가져오는" 한편 현미경—그의 왼쪽에 있다—은 "극미한 생명체를 인간이 보고 파악할 수 있게 하면서 원자와 세포를 은하계와 연결한다".[134] 아래에 있는 두 타원의 경우에는 "노동자"—울프는 리베라의 단어를 대문자 형태로 재현했다—가 통제하는 기계가 어떻게 그 안테나로 포착되는 "우주 에너지"를 "생산적 에너지"로 변형했는지를 보여주었다.[135] 하지만 1934년에 그려진 프레스코화의 최종 판본에서는 자연 생명의 우주 에너지가 아래에 있는 두 타원 속에서만 나타난다. 행성과 별을 보여주는 망원경은 혁명적 대중을 향하는 타원 안에 들어 있는 반면, 병든 세포와 암을 유발하는 세포를 포함한 세포와 박테리아를 드러내는 현미경은 전쟁 세력을 향하는 타원 안에 자리한다. 기계 양쪽에 대칭적으로 설치된 거대한 두 렌즈로 조명을 받는 두 타원은 데카당스와 진보의 은유적 구현을 담고 있다. 왼편에는 질병 세포 바로 아래서 상류사회의 축하 연회가 벌어져서 우아한 숙녀와 신사들이 춤을 추고 담배를 피우고 카드놀이를 하고 칵테일을 홀짝거린다(존 록펠러 주니어가 눈에 들어온다). 그들 옆에 기계 몸체 바깥에서 노동자들이 벌이는 대규모 시위가 기마 경찰에게 폭력적으로 진압된다. 프레스코화와 수평선을 이루어 드러나는 거리 시위 이미지들에 담긴 피켓의 문구가 눈에 띈다. '우리는 빵을 원한다!' '우리는 자선이 아니라 일자리를 원한다' 등의 구호는 록펠러의 박애 사업을 경멸적으로 암시한다. 자연의 활력을 빛내면서 젖을 먹이는 어머니의 이미지 쪽으로 이동하는 별과 우주 에너지의 타원들로 짜인 오른쪽에는 레닌이 있다. 엄숙한 자세를 한 레닌은 노동자와 농민, 병사의 손을 잡음으로써 그들의 동맹을 다짐한다. 기계의 철벽 너머에는 거리 시위와 대칭을 이루는 젊은 여자 운동선수들이 건강한 삶을 상징한다(지가 베르토프의 〈카메라를 든 사나이〉에서 영감을 받은 듯하다).[136] 리베라가 1932년에 한 설명에 따르면, 농민은 인류의 기본적인 부를 생산하고, 도시 노동자는 "대지가 주는 원료를 변형시켜 분배하며", 병사는 종교와 전쟁의 세력들에 종속된 세계에서 "희생을 나타낸다".[137] 서로 다른 인종─노동자는 흑인이다─에 속하는 그들은 또한 인간 형제애의 보편적 정신을 구현한다. 노동자·농민·병사 소비에트에 권력을 부여한 10월 혁명의 설계자 레닌에 의해 1934년에 노농병의 동맹이 실현된다.

학생(왼쪽)과 노동자(오른쪽) 청중이 렌즈 스크린을 바라보는 프레스코화의 양쪽 끝도 마찬가지로 상징적 가치로 가득하다. 왼편에서는 교사가 동물과 인간의 조화로운 관계를 호소하는 것으로 다윈의 진화론을 설명한다. 그 앞에 있는 인간화된 원숭이는 아버지처럼 스크린을 보면서 아이에게 손을 내민다. 다윈 옆에 있는 발전소와 방사선 사진이 과학의 도구를 통해 자연을 길들이는 인간의 역량을 보여주는 한편, 다인종으로 구성된 학생 청중은 진지하게 수업을 듣는다. 오른편에는 붉은 깃발이 새로운 공산주의 운동을 호소한다. '전 세계의 노동자여 제4 인터내셔널로 단결하라!' 깃발은 든 이는 레온 트로츠키와 프리드리히 엥겔스, 카를 마르크스다. 트로츠키 뒤에는 흑인 노동자와 미국의 공산주의 소수파 지도자 제이 러브스톤을 닮은 이가 서 있다.

마르크스 뒤로는 교사 자세를 한 울프가 서 있다. 당시 뉴욕 노동자학교 교장을 맡은 인물이다. 이 이미지는 리베라의 예언을 나타낸 것임을 알 수 있다. 마르크스와 엥겔스가 트로츠키의 운동에 이론적 영감을 주는 역할을 하지만—마르크스가 자신의 교의가 담긴 두루마리를 들고 있다— 러브스톤과 울프는 부하린의 공산주의 소수파 운동에 속한 채 새로운 인터내셔널 창설을 비판했다. 프레스코화의 양쪽 끝에 우뚝 선 두 고전적 조각상은 분명 알레고리적 인물이다. 오른편 트로츠키와 마르크스 바로 뒤에 있는 조각상은 목이 잘린 카이사르를 나타낸다. 바닥에 나뒹구는 그의 머리에 관람하는 노동자들이 의자 삼아 앉아 있다. 그의 손에는 이탈리아 파시즘의 상징인 나뭇가지 묶음이 쥐어져 있고, 거기에 나치의 만자 문양이 새겨져 있다. 리베라의 설명에 따르면, 이 머리 없는 조각상은 "폭정의 제거"를 나타낸다.[138] 왼편의 조각상은 목에 기독교 십자가를 건 기묘한 제우스 또는 유피테르인데, 그의 손은 번개에 맞아 잘렸다. 인간의 지능은 이 자연의 힘을 유용한 전기(종교 신앙을 물리치는 과학과 비슷하다)로 뒤바꿨다.

프레스코화의 역사적 맥락을 드러내는 서사시적 차원은 위편에 펼쳐진다. 총과 총검, 방독면으로 무장한 위협적인 군대가 화염방사기와 비행기, 탱크의 지원을 받으면서 붉은 깃발을 든 프롤레타리아 운동의 질서정연한 행진에 맞선다. 이 붉은 바다 뒤로 크렘린의 탑과 레닌의 영묘가 눈에 들어온다. 사회주의 혁명은 트로츠키와 새로운 인터내셔널을 창설하자는 그의 호소로 상징되는 반면, 사회주의의 요새는 여전히 소련이다. 혁명과 반혁명의 이 거대한 충돌에서 반혁명을 대표하는 병사들은 분명 제1차 세계대전을 떠올리게 한다. 철모와 방독면에 감춰진 병사들의 비인간적인 신체는 총력전의 산업적 대량학살을 환

기시키며, 그들의 무기는 과학과 기술이 대량살상 수단으로 변형됨을 드러낸다. 이러한 형상은 1920년대와 1930년대에 흔했고—많은 표현주의 그림을 생각해보라—, 우뚝 솟은 흉상이 병사들과 합쳐진 유피테르 조각상은 아마 그 시절에 수많은 형태의 반동적 모더니즘을 심대하게 모양지은 신화와 기술의 통합을 나타낼 것이다.[139] 이런 관점에서 보면, 프레스코화의 중심부에서 기계를 움직이는 '노동자'는 불가피하게 윙거—『노동자』(1932)—의 기미가 보이며 프리츠 랑의 〈메트로폴리스〉(1927)에 나오는 저 유명한 '몰록'[영화 속에서 자본가의 아들 프레더는 노동자 마리아를 찾아 내려간 지하에서 노동자들이 부속품처럼 일하는 거대한 기계로 이루어진 공장을 목격한다. 불길한 음악이 서서히 고조되면서 갑자기 기계의 압력이 높아지고 불꽃이 튀다가 공장 전체가 폭발하고, 이미 신전 모양을 암시하던 공장은 몰록의 아가리로 바뀐다 | 옮긴이] 장면과 일치한다.[140] 하지만 프레스코화의 전반적인 세계관 안에 새겨지면 이 노동자는 마르크스주의적 기술 개념을 강력하게 예증하는 존재로 나타난다. "갈림길에 선" 이 남자는 "우주를 통제하는" 비밀을 가진 채 엄청난 선택에 맞닥뜨리고 있다. 발터 베냐민의 말을 빌리자면, 그는 기술을 "행복에 이르는 열쇠"로 활용할 수도 있고, "파멸의 물신"으로 변형시킬 수도 있다.[141] 다시 말해, 혁명과 반혁명, 파시즘과 공산주의의 적대적 힘이 미래를 결정하는 역량을 제공할 기계—현대 기술—를 정복하려고 분투하는 중이다.[142]

리베라의 벽화에서는 일하는 남녀의 이미지가 계속 등장하는 반면, 순수미술관에 그린 프레스코화의 '노동자'는 훨씬 더 심오한 은유적 의미를 띤다. 화가 자신이 그를 일종의 "집단적 영웅"으로 그렸다. 이 "인간-겸-기계"는 자신이 "공기와 물, 태양의 빛만큼이나 중요하게"

되는 미래 사회를 지배한다.[143] 인류와 기술을 합치는 이 프로메테우스적 인물은 확실히 우리를 겁먹게 할 수 있지만, 하이데거적인 익명의 '뼈대Gestell'와 비슷하지 않다. 리베라는 종종 자본주의를 억압과 소외의 원천으로 묘사했지만―경비원이 지키는 가운데 잠자는 사람들이 줄을 맞춰 시체처럼 누워 있는 지하 기숙사 위로 뉴욕의 마천루들이 우뚝 솟은 〈동결 자산〉(1931)을 생각해보라―, 대개 기술과 공장 노동을 창의적 힘으로 찬미하는 경향이 있었다. 테리 스미스가 설득력 있게 주장한 것처럼, 리베라의 그림, 특히 디트로이트에 그린 벽화들에서는 노동자가 결코 로봇이나 비인간적인 인물로 등장하지 않는다. 프리츠 랑의 〈메트로폴리스〉에서는 노동자가 현대판 노예인 것과 달리, 리베라의 벽화에서는 여전히 농민의 분위기를 풍기는 한편, 기계 자체가 종종 인간화된 차원을 띤다. 벽화 연작 〈디트로이트 산업〉(1932~33)에서는 포드 자동차 공장의 스탬핑프레스 기계가 거의 아즈텍 여신이 된다.[144] 그가 그린 공장들은 입체주의·미래주의적이며 때로는 베르토프의 영화를 떠올리게 하지만, 조립라인을 갖춘 포드주의 공장으로 나타나지 않는다.

리베라의 벽화에서 제시하는 역사상은 의심의 여지 없이 진화론적이지만―왼쪽 끝에 자리한 다윈의 초상에서 입증된다―, 직선적인 역사적 시간으로 이어지지 않으며 사회민주주의에 의해 지켜지는 평화적이고 누적적인 진보 개념과도 합쳐지지 않는다. 그의 역사상은 오히려 역사적 불연속성과 정치적 분기의 전망으로 귀결된다. 인류는 갈림길에 서 있는 것이다. 물론 이 프레스코화에서 묘사되는 기술은 '중립적'이며―파시즘과 공산주의 둘 다 가리지 않고 활용할 수 있다― 리베라의 철학적 지평은 어떤 종류의 하이데거적 마르크스주의와도 거리가 멀다.[145] 오로지 파시즘만이 기술을 전체적 지배라는 '쇠우리'로 변형시킬 것이다. 해방적인 프롤레타리아 세력이 정복한 기술은 인간을 소외시키지도, 자연을 파괴하지도 않을 것이다. 낭만적 반자본주의와 프로메테우스적 사회주의라는 양자택일에 직면한 멕시코 화가는 주저하지 않고 후자를 택했다. 그는 많은 벽화와 회화에서 원주민 농민과 대지/시간의 어머니의 조화롭고 유기적인 관계를 찬미하며 낭만적 반자본주의를 옹호한 바 있었지만, 1930년대에 문제가 되는 미래는 오로지 기술을 정복하는 데에 달려 있었다. 마르크스의 『정치경제학 비판 요강』과 『자본』에서처럼, 생산력—과학과 기술 포함—의 발전이 필연의 왕국에서 자유의 왕국으로 이행하기 위한 전제였다.[146] 폴 라파르그의 인상적인 정식화에 따르면, "게으를 권리droit à la paresse"의 달성인 사회주의[147]는 근대화와 5개년 계획, 사회주의를 방어하기 위한 붉은군대의 전투라는 이 시대에는 맞지 않았다. 리베라는 파시즘이 근대적이고 기술과 과학에 바탕을 둘 수 있음을 인정했지만, 그가 기술 및 산업 문명과 동일시한 '진보' 개념을 포기하지 않았다. 이 문명은 사회주의가 자신의 윤리적·사회적 목적에 따라 길들여야 하는 거대한 기계였다. 바로 이것이 혁명적 화가와 록펠러 가문 사이에 오해를 낳은 전제였을 것이다. 양쪽 다 '진보'를 신봉했지만 그것을 달성하는 수단을 놓고는 근본적으로 의견이 갈렸다. 리베라는 진보를 자기해방된 생산자들의 평등한 공동체라고 생각한 반면, 록펠러 가문은 박애를 통해 조절하는 자본주의라고 보았다.

〈인간, 우주의 통제자〉에서 사회주의는 알렉세이 가스테프의 미래주의나 안토니오 그람시의 『옥중수고』에서처럼 거대한 기계로 나타난다. 이런 의미에서 디에고 리베라의 위풍당당한 프레스코화는 공산주의 혁명의 모델만이 아니라 역사와 사회주의의 미래상까지 장대하게 그려낸다. 오늘날 이 강력한 '사유-이미지'는 20세기의 기억의 매혹적인 영역이 되었다.

개념, 경험, 상징, 기억은 서로 이끌리고 관련되면서 단일한 혁명의 자기장의 여러 극을 이룬다. 혁명은 개념에 구체적 차원을 부여하며, 현실로 옮겨지면서 상징으로 변형되고 마침내 기억의 영역이 되는 정치적 패러다임을 만들어낸다. 자생적인 반란과 달리, 역사의 경로를 의식적으로 바꾸는 한, 혁명은 행동으로 전환된 개념, 즉 활력과 역동적 힘을 지닌 수행적 개념이다. 혁명은 또한 '사유의 형상'을 창조한다. 단순히 말로 표현되는 것을 넘어서 이미지로 응축되는 관념이다. 그리하여 프랑스 대혁명은 19세기에 혁명의 모델이 되었고, 10월 혁명은 20세기의 대다수 혁명이 의식적으로 가정하는 새로운 패러다임을 벼려냈다. 이 패러다임은 하나의 이론―레닌의 『국가와 혁명』―인 동시에 서사―트로츠키의 『러시아 혁명사』―, 그리고 상징적 형상들로 결정체를 이룬 집단적 상상의 영역이었다. 국왕의 처형, 파리코뮌, 겨울궁전 습격, 솜브레로 모자에 총을 차고 어깨에 탄창을 두른 채 말에 탄 에밀리아노 사파타, 장갑열차에서 연설하는 트로츠키, 베이징 톈안먼 광장에서 중화인민공화국을 선포하는 마오쩌둥, 아바나에 입성하는 피델 카스트로와 체 게바라 등등. 관념과 사건이 상징으로 변형되는 것은 모순적 과정일 수 있다―바스티유와 방돔 기둥에서 이를 목격했다. 혁명의 우상파괴적 분노는 종종 집단적 경험의 물질적 토대를 제거하기 때문이다. 그리하여 집단적 경험은 순전히 가상의 기억의 영역이 되어버린다. 그리고 개념에서 행동으로, 경험에서 이미지로 바뀌는 변화 자체가 사건으로서의 혁명에서 역사적 연속체로 드러나는 혁명으로 이행함을 통해 불가피하게 개조된다. 사건은 파괴적·해방적 순간이지만, 그 상징은 집단적 기억, 즉 사건을 우상화함으로써 현재와 떼어놓는 혁명의 **전통**에 속한다. 이런 식으로 관념이 스콜라주의적 정전―마르크스레닌주의 교의―으로 통합되고, 상징은 박물관 전시실에 곧바로 진열할 수 있는 얼어붙은 고문서를 창조했다. 우리는 피에르 노라의 필연적인 평가를 안다. "잔여적인 연속의 감각이 유지되는 기억의 장소lieux de mémoire가 존재한다." "기억의 환경milieux de mémoire, 즉 기억이 일상적 경험의 현실적 일부가 되는 환경이 더이상 존재하지 않기" 때문이다.[148] 이 문장은 일반적 경향을 파악하는 데에 유용하지만, 단서를 붙일 필요가 있다. 이 말은 발터 베냐민이 말하는 '지금 시간Jetztzeit'―"기억이 번쩍 빛나는" 순간, 과거가 재활성화되어 현재와 일종의 별자리를 형성함으로써 양자가 상호작용하는 시간[149]―을 무시할 뿐만 아니라 기억 자체, 심지어 가장 제도화되고 재성문화되어 원래의 의미를 박탈당한 기억의 영역 자체의 수행적 성격을 외면하기도 한다. 붉은군대가 전선으로 가는 도중에 모스크바에서 스탈린을 앞에 두고 열병식을 한 1941년 10월 혁명 기념식을 생각해보라. 결국 따지고 보면, 혁명 전통은 자기해방의 황홀한 순간과 조직화된 행동으로의 불가피한 변형 사이의 해결할 수 없는 모순이다. 양자의 긴밀한 상충적 관계는 미술사의 영역에서 아방가르드에서 고전주의로, 보헤미아니즘에서 아카데미로 이행하는 것과 상응한다. 이런 이행은 관습과 사고를 바꾸었다. 이 이행은 많은 실존에서 내적인 열상裂傷으로 경험되었고 여러 세대 혁명가들의 삶을 손상시켰다. 우리는 전통이 "발명될" 수 있고,[150] 또한 전통이 사건을 후광으로 에워싸면서 사건에 관한 인식을 바꿈으로써 사건 자체를 수정할 수 있음을 안다. 하지만 전통의 지속은 그 대상이 아직 죽지 않았음을 입증한다. 19세기와 20세기에 혁명의 전통은 수많은 사람들에게 세계를 바꾸는 것이 환상이 아니라 자신들의 역사적 시간의 지평 안에 새겨진 목표임을 입증했다. 충분히 가능한 구체적인 유토피아였던 것이다.

제4장

혁명적 지식인, 1848~1945

노동자와 부르주아를 막론하고 수많은 젊은 식자층이 혐오스러운 굴레 아래 떨고 있다. 그들은 굴레를 깨부수기 위해 칼을 뽑을 궁리를 하고 있나? 천만의 말씀! 펜, 언제나 펜, 오로지 펜만 생각할 뿐이다. 공화주의자의 의무에 걸맞게 둘 다 휘두르면 안 될까? 폭정의 시대에 글을 쓰는 건 좋지만, 노예화된 펜은 무기력하니 싸우는 게 더 낫다. 아, 그런데 아니다! 그들은 신문을 찾고 감옥에 가지만, 어느 누구도 기동술 책을 펼쳐들고 24시간 안에 우리 억압자들에게 그 모든 힘을 부여하는 직업을 배워 복수를 하고 억압자들에게 벌을 내릴 생각을 하지는 않는다.

－오귀스트 블랑키, 『무장봉기를 위한 지침』(1868)

역사의 경계선

이 장에서 추구하는 목표는 정치적 근대에서 가장 커다란 격변이 일어난 1848년에서 제2차 세계대전의 100년 사이에 등장한 혁명적 지식인의 형상을 정의하는 것이다. '혁명적'이라는 형용사에 워낙 많은 의미가 담겨 있고 종종 오용되는 까닭에 다음의 서술에서 어떤 의미로 이 형용사를 사용할지를 분명히 밝힐 필요가 있다. 이 형용사의 범위는 아나키즘에서 공산주의까지 수많은 이데올로기적·정치적 흐름을 아우르는 한에서 대단히 넓은 동시에, 오로지 지배적인 사회·정치 질서에 맞서 의식적으로 행동하는 사상을 지닌 이들만을 가리키기 때문에 제한적이다. 마르크스는 1843년 저 유명한 포이어바흐에 관한 11개 테제에서 지금까지 철학자들은 세계를 해석했지만 이제 세계를 변혁할 때가 왔다고 쓰면서 이런 정의를 암묵적으로 제시했다. 이 전제를 고려할 때, 혁명적 지식인은 혁신적·반란적·전복적 이론을 정교하게 만들어내거나 옹호할 뿐만 아니라 이 이론의 성취를 목표로 하는 삶을 수행하고 정치에 몰두하는 쪽을 선택한 이들이다. 혁명에 관해 폭넓게 글을 쓰면서 정치 운동을 이끈 미하일 바쿠닌과 카를 마르크스, 로자 룩셈부르크는 분명 혁명적 지식인이다. 반면 19세기에 가장 대중적인 혁명의 우상이었던 주세페 가리발디는 혁명적 지식인이 아니다. 그는 활동가였지만 어떤 이론이나 글에서도 자신의 사상을 정확히 밝히지 않았다. 테오도어 W. 아도르노도 혁명적 지식인으로 간주할 수 없다. 지배에 대한 그의 비판은 강력했고 때로 —특히 전후 독일의— 몇몇 급진 운동에 영감을 주었지만, 그는 어떤 형태의 정치적 참여나 충성도 신중하게 거부하면서 언제나 권위를 존중하는 수동적 태도와 두려움을 드러냈다. 그의 사상에는 예리한 비판적 차원이 있지만 여전히 추상적이고 순전히 내성적이다. 루카치에 따르면, 이런 자세로는 "부르주아지의 물화된 의식"을 극복할 수 없었던 반면, 혁명적 헌신이란 정확히 이론과 실천의 새로운 관계를 의미했다.[1] 『소설의 이론』(1916) 과 『역사와 계급의식』(1923) 같은 책을 출간하는 사이에 쿤 벨러의 소비에트 공화국에 참여해서 헝가리 붉은군대 5사단을 이끈 이 철학자의 눈에 막스 호르크하이머나 테오도어 W. 아도르노는 사치스럽고 엘리트적인 "그랜드 호텔 어비스Grand Hotel Abgrund"의 지배인이었다. "온갖 편의를 갖췄지만 심연, 무, 부조리의 모서리에" 자리한 호텔이었다.[2] 하지만 이런 이상형들 사이에 여러 가지 중간 형태의 헌신이 존재했다. 가령 아도르노와 루카치의 사이에는 '홈리스', 즉 학계와 제한적으로 연결된 비당파적 급진 사상가인 발터 베냐민이 있었다.

주요한 문화, 과학, 기술 혁명과 역사적으로 이름이 연결되는 많은 사상가가 대단히 순응적이거나 보수적인 심성, 습관, 취향을 지녔다. 정신분석학의 창안은 확실히 지적 혁명이었지만, 프로이트는 부르주아의 체통을 주장하면서 온 생애에 걸쳐 자기 운동의 정당성과 공적 인정을 받기 위해 분투했다. 아인슈타인은 물리학의 전통적 양상을 뒤엎었지만, 그의 정치 참여는 —고귀하기는 해도— 전복과는 거리가 멀었다. 확신에 찬 반파시스트였던 그는 루스벨트 대통령을 설득해서 미국이 원자폭탄을 만들게 했다. 피카소는 입체주의 회화에서 형태를 해체하면서 예로부터 이어진 예술적 형상의 규칙을 뒤집었지만, 스스로 자신은 정치에 맞지 않는다고 인정했다. 〈게르니카〉는 의심의 여지 없이 1930년대 미적 반파시즘의 최정점이었지만, 그는 여전히 국제적 유명인사로 보호를 받으며 독일 점령하의 프랑스에 머물렀고 전후 시기에는 꽤 수동적인 공산주의 동조자가 되었다. 미적 창조와 정치 행동을 구별하지 않고 정치적 메시지를 퍼뜨릴 수 있는 이미지를 창안하는 데에 온 생애를 바친 존 하트필드 같은 혁명적 예술가와 대조적으로, 피카소는 정치가 아니라 예술을 위해 살았다. 그러므로 이 장에서 분석하는 혁명적 지식인 개념은 시시한 광고는 말할 것도 없고 대개 언론에서 치켜세운 뒤 일반적 가정으로 널리 퍼진 숱한 '혁명적' 혁신과는 아무 관계가 없다. 20세기는 헨리 포드부터 빌 게이츠까지 생산수단을 바꾸고 계속해서 수많은 사람들의 생활방식까지 뒤바꾼 '혁명적' 산업 수장들의 시대다. 포드는 백인 우월주의자였다. 디트로이트 자동차 공장에 '과학적 관리' 원리를 도입하고 몇 년 뒤, 그는 『국제적 유대인』이라는 저명한 반유대주의 팸플릿을 출간했다. 게이츠는 박애주의자가 됐지만 분명 게릴라 운동 지지자는 아니었다.

이런 사례들은 충분히 명백하지만 그래도 오해를 피하기 위해 언급해야만 한다. 아래에서 검토할 혁명적 지식인의 유형 분류는 철저한 것과는 거리가 멀지만, 그 전제들을 보면 비판적 사상의 몇몇 탁월한 인물이 생략된 이유가 설명이 된다. 또한 이 장의 주인공들과, 많은 급진 사상가들이 대학에서 따뜻한 안식처를 찾은 전후 시기의 인물들을 구별하는 데도 도움이 된다. 전후의 상황은 이론 자체가 생산되는 조건들을 뒤바꾼 의미심장한 사회학적 변화였다.[3] 이는 혁명적 지식인만이 아니라 좀더 일반적으로 '공적' 지식인, 즉 비교적 폭넓은 독자를 위해 글을 쓰고 자신의 지식으로 대의에 이바지하며, 사회·정치·윤리적 쟁점에 대해 입장을 취하고, 지배자의 권력 남용과 억압적 조치를 비난하는 글쟁이들의 수도 줄어듦을 의미했다. 에드워드 사이드의 입을 빌리자면 "약자와 대표되지 못하는 이들의 편에 서는" 지식인들 말이다.[4] 서구에서는 장기간의 평화롭고 민주적인 정치 풍경과 결합된 도시 보헤미아의 종말과 대중 대학교의 도래가 대다수 지식인이 캠퍼스로 도피하는 데에 유리하게 작용했다. 이런 지식인들은 공적 역할을 거의 하지 않은 채 대개 자기들만의 사회적 공간에서 소비되는 난해한 저술을 쓰는 경향이 있다. 비판적 사상이 대학으로 도피하는 이런 현상은 공적 영역의 물화와 일치했다. '혁명적' 지식인의 지위를 심대하게 뒤바꾼 치명적인 결합이었다. 전후의 지식인들은 노엄 촘스키나 에드워드 사이드, 장-폴 사르트르 같은 '소수 반대파'로, 혁명적 행동에 직접 관여하는 활동가는 드물었다. 후자의 방식은 남반구에서 비교적 흔하지만—아밀카르 카브랄이나 프란츠 파농, 체 게바라 같은 인물을 생각해보라—, 서구에서는 1960년대와 1970년대의 반란의 시기를 제외하면 대단히 이례적이다.

연대기적 경계선이 대륙별로 각기 다르다는 사실을 감안하면, 혁명적 지식인들의 시대를 역사화하는 것은 쉬운 일이 아니다. 유럽에서는 1848년 혁명에서 제2차 세계대전에 이르는 시기가 여기에 해당된다. 식민지 세계에서는 몇 가지 예외가 있긴 하지만, 러시아 혁명 이후 시작되어 쿠바 혁명에서 정점에 다다른다. 각각 탈식민화의 시작과 정점을 나타내는 순간이다. 물론 혁명적 지식인들은 1848년 이전과 1958년 이후에도 존재했지만, 그들은 변칙에 해당된다. '민중의 봄' 이전에 혁명적 지식인들은 그들의 성장 환경을 강제로 제한한 구체제로부터 물려받은 사회 구조에서 등장했다. 1945년 이후에는 식민지 세계로 이주했다.

혁명적 지식인의 역사적 배경은 미학적·문학적 모더니즘의 등장과 일치한다. 도시화와 산업화라는 폭넓은 과정의 결과로 대중 사회가 탄생한 시점이다.[5] 이는 이민 유입과 교통·통신의 호황, 문맹의 종말, 저널리즘의 부상, 근대적 공론장의 등장을 의미한다. 정치 분야에서는 의회 논쟁과 새로운 주체로서 노동 운동 조직이 등장한 시대다. 혁명적 지식인은 여전히 구체제의 지속에 의해 모양지어진 민주주의 이전 사회에서 등장한다. 대부분의 문화 기관이 귀족적 기원을 보여주고 귀족의 습관이 상승하는 산업·금융 엘리트들의 지평을 여전히 규정하는 사회다. 또한 하층계급이 '위험한' 집단으로 낙인찍히고 사회주의 좌파가 정치권력에서 배제되는 사회이기도 하다. 당시에 대학은 영국이나 독일, 오스트리아, 이탈리아에서처럼 보수주의에 지배되거나 프랑스의 경우처럼 민족-공화주의에 지배되었다. 유럽 대학들이 근대적 문명Zivilisation에 맞서 문화Kultur를 낭만적으로 옹호하는 특권적 영역으로서 권위의 이데올로기적 수호자 역할을 할 때, 앞장서서 착취, 억압, 권위주의를 비판하고 자유와 민주주의를 요구한 것은, 낮은 계급으로 떨어지고 취약하고 경제적으로 불안정하지만 언제든 바리케이드로 뛰어들 각오가 되어 있던 인텔리겐치아였다. 아나키스트와 사회주의자를 막론하고, 민주주의와 사회정의를 위해 싸운 이 혁명적 인텔리겐치아는 불가피하게 기성 질서에 대항하는 "음모를 꾸몄다". 첫 번째 세계화 시대—민족주의가 정점에 달하는 것과 동시에 일어난 세계의 변화—에 혁명 사상이 나라와 대륙을 가로질러 널리 퍼졌고 그 사상을 구현하는 사람들도 퍼져나갔다. 혁명적 지식인들은 맹렬한 민족주의 시기에 코즈모폴리턴적 행위자였다. 그들과 경제·정치 권력의 관계는 보헤미아니즘 및 미적 아방가르드와 아카데미즘 및 그 기관과의 관계에 견줄 만한 것이었다. 근본적으로 적대적인 관계였던 것이다. 에릭 홉스봄은 양쪽 다 "부르주아 정통에 반대하는 동시에 배척당하는" 마르크스주의자와 아나키스트를 예술가 및 아방가르드와 통합한 "실존적 연계"를 관찰하면서 "이단들끼리 겹쳐졌다"고 말했다.[6]

1914년 유럽의 왕정 질서가 붕괴하고 1917년 러시아에서 격변이 일어난 뒤, 혁명적 지식인이 변두리에서 벗어나 1945년(또는 아시아의 경우에 1950년대 초)까지 지속되는 새로운 '30년 전쟁'의 중심 행위자가 되었다. 혁명과 반혁명, 자본주의와 사회주의, 파시즘과 반파시즘, 민족해방과 제국주의의 충돌은 혁명적 지식인들을 국제적 비극의 무대로 밀어 올렸고, 그들은 ―말 그대로 그들의 육신과 영혼으로 비극을 체화하면서― 영웅이자 희생자로 역할을 다하게 된다.

좀더 자세히 검토해보면, 혁명적 인텔리겐치아의 고갱이에 자리한 이론과 행동의 유기적 관계는 1914년 옛 왕정 질서의 붕괴로 극적으로 강화된 대중문화와 산업자본주의 시대의 일반적인 특징이었다. 이런 관점에서 보면, 이론과 강령이 점점 실용적으로 바뀌는 경향이 있던 순응주의적·보수적 사상가와 좌파 사상가 사이에는 의미심장한 유사점이 있다. 20세기 전환기에 마르크스주의는 경제와 정치에 초점을 맞추면서 자본주의의 변화와 제국주의의 도래에 관해 상당히 많은 연구와 더불어 정치 행동의 조직 형태와 수단에 관한 활기찬 논쟁을 낳았다. 농업 문제에 관한 카를 카우츠키의 저작, 금융자본의 등장에 관한 루돌프 힐퍼딩의 저작, 그리고 제국주의에 관한 로자 룩셈부르크와 부하린, 레닌의 저작을 생각해보라. 정당을 둘러싸고 레닌과 마르토프, 룩셈부르크, 트로츠키가 벌인 논쟁을 생각해보라. 독일 사회민주주의 안에서 '정통' 마르크스주의자와 '수정주의' 마르크스주의자가 대결한―카우츠키, 룩셈부르크가 에두아르트 베른슈타인과 대결했다― 개혁과 혁명에 관한 논쟁을 생각해보라. 그리고 1917년 10월을 역사적 전환점이라고 선언한 트로츠키의 영구혁명론을 생각해보라.

이 모든 논쟁에는 가장 이론적인 논쟁조차도 현실적인 목적이 있었다. 하지만 이는 프레더릭 W. 테일러의 '과학적 관리' 이론, 발터 라테나우의 계획적 전시경제 개념, 존 메이너드 케인스의 화폐론, 그리고 서로 관점이 다르긴 하지만, 한스 켈젠과 카를 슈미트의 입헌주의 연구도 마찬가지다. 마르크스주의 사상가들은 자본주의와 부르주아 국가를 어떻게 전복할지를 논한 반면, 보수주의 사상가들은 자본주의를 어떻게 합리화하고 보전할지, 혁명적 소요가 일어나지 않도록 국가기구—주권의 도구—를 어떻게 강화할지를 연구했다. 전간기 동안 안토니오 그람시와 존 메이너드 케인스의 전략적 고찰은 거의 판에 박은 듯 대칭을 이뤘다. 그람시는 서구에서 성공적인 혁명의 경로에 관해 생각한 반면, 케인스는 자본주의를 역사적 위기에서 구하는 방도를 숙고했다. 모든 곳에서 이론은 경험적 전회empirical turn를 경험했다. 볼셰비즘과 파시즘은 이런 방향 전환의 가장 급진적인 판본이었다. 자본주의의 전 지구적 위기와 국제적 내전의 시대에 혁명적 지식인은 하루종일 영국도서관에서 작업하면서 (서구) 세계 전역에 있는 통신원 네트워크와 편지를 교환한 19세기의 마르크스처럼 고립된 인간으로 남을 수 없었다. 파시즘 감옥에 갇혀서 누구와도 정치적 고찰을 나눌 수 없었던 그람시조차 '집단적' 지식인이라는 혁명 정당 개념을 정교화했던 것은 의미심장하다.

국가적 맥락

그렇다면 혁명적 지식인의 등장은 19세기 전체를 관통하고 대전쟁 직전에 독특한 지리적 분포만이 아니라 뚜렷한 이데올로기적·정치적 윤곽을 지닌 하나의 사회 집단 속에서 합쳐진 과정의 결과였다. 이 새로운 역사적 행위자를 이해하려면 또한 '지식인intellectual'과 '인텔리겐치아intelligentsia'라는 단어가 일정한 뉘앙스를 띠게 된 상이한 문화적·의미론적 맥락을 구별해야 한다.[7] 두 용어 모두 긴 역사를 갖고 있지만,

그 개념화는 서로 다른 경로를 따랐다.

프랑스와 서유럽에서 '지식인'이라는 단어는 보통 세기말 프랑스의 제3공화국을 뿌리부터 뒤흔든 정치적 위기인 드레퓌스 사건과 관련된다.[8] 그 사건 전에 이미 이 단어가 존재해서 근대의 몇몇 새로운 행위자를 가리키기 위해 —자주는 아니나— 사용되었다. 학자, 작가, 언론인, 사무원, 법률가 등 요컨대 펜으로 먹고사는 사람들이었다. 이 단어는 종종 부정적 의미를 띠었다. '지성intellect'—인간의 고귀한 능력—과 달리 '지식인'은 자연과 분리된 근대적이고 '지적인' 행위자로 제시되었다. 추상적 가치들로 이루어진 인위적 세계 안에 갇혀서 아무 쓸모없고 창의적이지 않은 사고에 몰두하는 운명을 받은 인간이었다. 드레퓌스 사건으로 생겨난 분열은 순식간에 제3공화국과 그 적들 사이의 대립과 합쳐졌다. 한편에는 '인간의 권리'라는 문화 속에 토대를 둔 정치체제가 있었고, 다른 한편에는 반계몽주의의 보수적 문화가 있었다. 미셸 비노크는 이 이분법을 양극단에 있는 가치들의 충돌로 요약한다. 진실 대 권위, 정의 대 질서, 이성 대 본능, 보편주의 대 민족주의, 진보 대 전통, 개인주의 대 전체주의holism의 충돌이라는 것이다.[9] 드레퓌스 대위 지지자들은 자유와 근대를 대표한 반면, 그의 적들은 보수주의와 반공화주의를 대변했다. 드레퓌스는 유대인이었고, 반공화주의자들은 극렬한 반유대주의자였다. 이런 대립의 대표자는 각각 『나는 고발한다!』를 쓴 유명 작가 에밀 졸라와 '악시옹프랑세즈Action Française'에 영감을 준 모리스 바레스다. 프랑스 보수 혁명의 최초 선언문인 『민족주의의 현장과 교의』(1902)에서 바레스는 지식인에 관해 다음과 같은 정의를 제시했다. "사회가 논리에 근거해야 한다고 생각하는 개인."[10] 바레스의 지식인은 '본능'을 경멸하며 자신이 보통사람보다 우월하다는 것을 믿어 의심치 않는다. 이 지식인은 일종의 위험한 칸트주의를 품은 채 나름의 특성과 문화를 지닌 현실의 인간—"브르타뉴, 로렌, 프로방스, 파리에 사는 우리의 젊은 주민들"—을 "보편적 인간", 즉 "언제나 변치 않는 이상적이고 추상적인 인간"으로 대체해야 한다고 생각한다. 이런 견해에 소스라치게 놀란 바레스는 프랑스에는 "우리 땅과 우리 역사, 우리의 민족의식에 굳건히 뿌리를 둔 인간"이 필요하다고 생각했다.[11]

프랑스에서 반지성주의는 대혁명을 계기로 생겨난 자유주의와 구체제의 역사적 분리에 뿌리를 두었다. 보수 사상가들 눈에 지식인들은 20세기 전환기 유럽 반동의 거대한 신화 가운데 하나인 데카당스를 반영하는 존재였다. 자연과 단절된 채, 모든 것이 수량화되어 측정되고 현실 전체가 익명적·비인격적·기계적—대도시만큼 추악하게 반시적anti-poetic—으로 바뀐, 추상적 가치들로 이루어진 인위적 우리에 갇힌 그들은 근대의 가장 혐오스러운 특징을 구현하는 이들이었다. 땅에 뿌리를 둔 민족의 재능을 이해하지 못하는 지식인들은 '코즈모폴리턴'이었다. 집안의 재산처럼 한 세대에서 다음 세대로 전달되는 구체적인 **민족적** 특징을 알지 못하는 지식인들은 정의나 평등, 자유 같은 보편적이고 추상적인 가치를 옹호했다. 보수주의 주창자들이 볼 때, 유대인은 지식인주의intellectualism의 가장 완성된 형태를 구현했다.

독일에서는 문화Kultur와 문명Zivilisation, 공동체Gemeinschaft와 사회Gesellschaft, 그리고 이번에도 역시 독일 정신과 유대교를 대립시키는 근본적 충돌로서 전통과 근대의 분열이 문화 전체에 만연했다. 프랑스에서는 지식인들이 제3공화국의 기관—무엇보다도 소르본을 비롯해서 드레퓌스 지지자들의 보루였던 대학— 안에서 대표된 것과 달리,

독일에서는 학자Gelehrte와 지식인Intellektuelle 사이의 심연이 극복할 수 없는 수준이었고, 바이마르공화국 아래서 더욱 깊어졌다. 독일에서는 학자들이 국가기관에 속해서 과학과 질서를 구현했으며, 대학을 민족주의의 성채로 변모시켰다. 대학이 국가 관료제의 상층부를 교육시키고 정치 엘리트들을 선발한 반면, 지식인들의 영역은 대학 바깥의 시민사회에 자리했다.[12] 전통의 신전인 몇몇 최고의 대학은 소도시와 농촌 지역에 자리했다. 반면 지식인들은 자신들이 강력한 문화 산업의 부흥과 더불어 등장한 대도시가 익숙했다.

프랑스와 독일 양국—하지만 이런 관찰은 다른 많은 나라들로 쉽게 확대할 수 있다—에서 보수적 인텔리겐치아의 대표자들은 아주 많았다. 민족주의 작가와 이데올로그, 반계몽주의 사상가, 반유대주의 선전가, 낭만적 전통주의자, '보수 혁명가'들은 대개 신문과 잡지에 통달했지만, 자신들을 '지식인'이라고 부르는 것을 단연코 거부했다. 그들은 근대적 도구를 사용해서 근대에 맞서 싸웠지만, 근대라는 꼬리표는 오직 적들에게만 붙였다. 하지만 프랑스에서 '지식인'—자의로든 타의로든 정의된 대로—이 자신을 국가기관과 동일시한 것과 달리, 독일에서는 대전쟁 이후에야 이런 현상이 벌어졌다. 아나키스트와 사회주의자, 자본주의와 기성 질서에 분명하게 반대하는 반역적 작가·화가·사상가 등으로 구성된 주변적 층인 혁명적 지식인의 경우에 제3공화국이나 바이마르공화국 어느 쪽도 지지할 생각이 없었다. 둘 다 파리 코뮌과 스파르타쿠스단 봉기, 바이에른 사회주의공화국을 유혈 진압하고 탄생한 정치체제였기 때문이다. 드레퓌스 사건이 끝나는 시점인 1900년, 폴 라파르그는 '지식인'은 언제나 권력의 하인 노릇을 했다고 선언했다. 장 조레스가 드레퓌스 옹호를 군국주의와 권위주의, 반공화주의와 반유대주의에 맞선 정의와 평등을 위한 싸움으로 지지한 것과 대조적으로, 카를 마르크스의 사위는 군장교의 대의를 옹호하는 것이 확실히 내키지 않았다. 라파르그는 대다수 학자들이 "학문 자체를 자본가 부르주아지에게 팔아치웠고" 정의와 자유라는 추상적 가치를 극찬하는 이들이 실제로는 계급적 불의를 지지한다고 주장했다. 그는 과학자와 경제학자, 법률가, 국회의원, 언론인 등을 경멸했다. "그들은 더 높이 고개를 치켜들수록 무릎은 더 아래로 꿇는다."[13] 사회주의에 가세한 지식인들은 어떤 종류의 특권도 누려서는 안 되고 국가기관에 절대 들어가서는 안 된다는 게 라파르그의 결론이었다. 요컨대, 혁명적 지식인에 대한 그의 정의는 반세기 전에 테오필 고티에가 묘사한 파리 보헤미아의 초상("예술에 대한 사랑과 부르주아에 대한 증오")과 크게 다르지 않았다.[14]

드레퓌스 사건 당시 놀랍게도 이 싸움에 참여한 지식인들—졸라 같은 유명한 소설가들, 미래의 대통령 조르주 클레망소, 소르본의 많은 교수, 『잃어버린 시간을 찾아서』의 여러 페이지에서 프루스트가 잘 묘사한 교양 있는 부르주아지의 공화주의 대표자들—은 이제 1848년에 바리케이드를 기어 올라가고 1871년에 코뮌을 이끈 보헤미안 화가나 작가가 아니었다. 오귀스트 블랑키 같은 직업적 음모가, 귀스타브 쿠르베 같은 화가, 쥘 발레스 같은 작가, 루이즈 미셸 같은 교사들과는 다른 이들이었다. 이 혁명적 인텔리겐치아와 '지식인' 사이에 다리를 놓은 이들은 상대적으로 주변적인 인물들로, 그들의 개입은 효과적일 수 있었지만 전면에 드러나지는 않았다. 그들은 베르나르 라자르나 메시슬라 골베르 같은 아웃사이더였다.

19세기 말에 '인텔리겐치아'라는 단어가 러시아에서 서구로 들어왔다. 1860년대 러시아에서는 이미 이 단어가 정치에 몰두하는 문필가를 가리키는 의미로 매우 흔하게 사용되었다. 이런 의미론적 이동은 순환 운동을 보여준다. 애당초 이 단어는 독일어 'intelligenz'나 폴란드어 'inteligencja'가 러시아어로 변용된 것이기 때문이다.[15] 하지만 러시아에서는 이 단어에 독특한 의미가 있었다. 이사야 벌린의 말에 따르면, 서구 지식인들과 달리 러시아 인텔리겐치아 성원은 일정한 이해관계나 비슷한 사회적 지위보다 훨씬 더 많은 것을 공유했다. 그들은 "스스로를 마치 복음과도 같은 특정한 삶의 태도를 퍼뜨리는 데 헌신하는 집단, 거의 세속적인 사제단으로 여겼다".[16] 그리고 누가 '인텔리겐치intelligenty', 즉 인텔리겐치아 성원이었을까? 그들은 이중적 의미에서 소수 추방자였다. 한편으로 문맹인 농민들의 나라에서 교양 계층 집단이었고, 다른 한편으로는 아직 태동기의 공공영역이 억압된 사회에서 문학, 언론, 인문교양의 대표자였다. 그들은 절대주의와 충돌하면서 정치적 급진주의로 내몰렸고, 차르 전제정은 그들을 반역자와 음모가로 변모시켰다. 19세기 중반 이래 많은 이들이 러시아 대학에서 쫓겨나고 때로 유형에 처해졌다. 일부 소수는 귀족 출신(게르첸, 바쿠닌, 베라 피그네르, 크로포트킨은 지주 젠트리 계층이었다)이고 다른 이들은 성직자 출신(니콜라이 체르니솁스키와 니콜라이 도브롤류보프)이었던 반면, 다수는 소지주와 지방 성직자 등 하층 중간계급 집안에서 태어났고(세르게이 네차예프, 드미트리 카라코조프, 베라 자술리치, 또는 레닌의 형 알렉산드르 울리야노프), 심지어 몇몇 경우에는 유대인 집안 출신(마르크 A. 나탄손과 아론 I. 준델레비치)이었다. 출신과 상관없이 러시아 인텔리겐치아는 절대주의 구조 안에서 도시화와 산업화 과정을 겪는 사회에서 "특별한 지

위가 전혀 없는 사람들"을 뜻하는 '데클라세déclassés' 또는 '라즈노친
치raznochintsy' 집단을 이루었다.[17]

보수주의와 근대화의 이런 격렬한 충돌의 심장부에 자리한 인텔리겐
치아는 자연스럽게 인민주의부터 허무주의, 아나키즘부터 사회주의에
이르기까지 가장 급진적인 정치 이데올로기에 끌렸다. 역사학자들은
흔히 고전 소설인 이반 투르게네프의 『아버지와 아들』(1862)의 인물들
을 통해 이런 혁명적 인텔리겐치아의 부상을 묘사한다. 아버지 니콜라
이는 주로 독일의 이상주의에 영향을 받아 근대를 열렬히 추구하지만
결국 상황을 바꿀 능력이 없었던 민주적 자유주의의 첫 세대를 전형적
으로 보여준다. 다음 세대의 허무주의를 구현하는 인물은 니콜라이의
아들의 친구인 바자로프인데, 그는 의학 공부를 포기하고 과학을 파괴
적 도구로 바꾸면서 급진적 형태의 유물론을 끌어안았다. 그는 '모든
것'을 거부한다.[18] 니콜라이는 1840년대의 민주적이고 자유주의적인
세대, 즉 데카브리스트 반란 이후 등장한 게르첸과 벨린스키 세대를
대표하는 반면, 바자로프는 1860년대 초 세대, 즉 네차예프의 『혁명가
의 교리문답』에서 반영되는 체르니솁스키 세대를 전형적으로 보여준
다. 1909년 빈에서 망명 생활을 할 때, 레온 트로츠키는 "바자로프의
미학적 허무주의"와 라즈노친치 정신의 인상적인 초상을 묘사했다.

소수의 지식인들과 그들의 뿌리 없음, 권리의 부재, 빈곤. 이 모든 상황 때
문에 그들은 하나의 집단을 만들고, '공동체'를 세워야 했다. 자기보전을
위해 격렬하게 싸우느라 그들은 항구적인 도덕적 충동의 정신 상태에 빠
졌고 독창적인 메시아적 집단으로 변신했다. 일상적 개인주의에 대한 그
들의 반감은 자신들의 비참한 상황의 이면이었다. 그들은 아무것도 가지

지 못한 채 서로에게 의지하며 살았다. 바로 이것이 러시아 급진적 지식인들의 정치경제학의 오랜 비밀이다.[19]

하지만 이런 특징은 다음 세대로 이어졌다. 트로츠키에 따르면, 이 시기는 1905년 혁명까지 지속됐는데, 이해에 혁명적 지식인들은 고립을 깨뜨리고 자신들의 메시아적 경향과 분파적 경향을 포기했다. 마틴 말리아는 혁명적 인텔리겐치아가 투르게네프의 '손자' 세대에서 정점에 달했다고 말한다. 알렉산드르 2세가 암살당한 뒤 1890년대에 생겨난 인민주의자와 마르크스주의자 세대다.[20] 그리하여 혁명적 행위자로 등장한 것은 러시아 인텔리겐치아 전체다.

인상학

1929년 쾰른의 사진가 아우구스트 잔더는 『우리 시대의 얼굴』을 출간했다. 민족사회주의가 등장하면서 결국 완성하지 못한 대단히 야심적인 기획의 첫걸음이었다.[21] 독일 사회의 초상을 사진으로 담으려 했던 이 책에는 '혁명가들'이라는 제목이 붙은 사진이 실려 있다. 벽돌집의 문지방에 몸을 붙이고 앉아 있는 세 남자가 보인다. 카메라를 바라보는 가운데 사람은 에리히 뮈잠이고 왼쪽에는 알로이스 린드너, 그리고 오른쪽에서 다정한 친밀감의 표시로 뮈잠의 어깨에 손을 올린 이는 귀도 코프다. 에리히 뮈잠은 아나코-공산주의자 수필가이자 시인, 극작가로서 두 차례 투옥된 인물이었다. 첫 번째는 반전 선전 활동으로, 두 번째는 1919년 봄 바이에른 혁명에 가담한 이유로 투옥되었다. 린드너와 코프도 비슷한 경로를 따른 공산주의자였다. 뮈잠은 1934년 오라

그림 4.1 아우구스트 잔더, 〈혁명가들〉(알로이스 린드너, 에리히 뮈잠, 귀도 코프). 『우리 시대의 얼굴』(1929).

니엔부르크 강제수용소에서 사망했다. 코프는 부헨발트에서 살아남았고, 린드너는 소련으로 이주해서 스탈린주의의 박해를 받다가 1943년에 실종되었다. 코프와 린드너는 자전적 글을 남겼다.[22]

잔더는 둘의 친구인 파울 프뢸리히를 통해 뮈잠을 만났다. 독일 공산주의자 프뢸리히는 1916년에 제1차 세계대전에 반대하는 치머발트 사회주의자 대회에 참여하고 1920년대에 제국의회의 공산당 의원이 된 뒤 당에서 제명되어 소수 좌파인 사회당(SAP)을 창설했다. 다작의 수필가였던 프뢸리히는 1933년에 나치 정권에 의해 투옥되었고, 이

그림 4.2 아우구스트 잔더, 〈공산주의 지도자〉(파울 프룈리히). 『우리 시대의 얼굴』(1929).
그림 4.3 아우구스트 잔더, 〈프롤레타리아 지식인들〉(엘제 라스커-슐러, 트리스탕 레미,
프란츠 빌헬름 자이베르트, 게르트 아른츠). 『우리 시대의 얼굴』(1929).

듬해에 미국으로 도망쳐서 그곳에서 로자 룩셈부르크의 전기를 썼다.
『우리 시대의 얼굴』에는 '공산주의 지도자'라는 제목이 붙은 프룈리히
초상사진도 실려 있는데, 잔더는 전체적인 기획 안에 다른 정치인들
사진 사이에 이 작품을 배치했다. 뮈잠과 코프는 2부―'활동 유형'―에
담겼는데, 이는 정치적 헌신을 넘어서 혁명이 실제로 그들의 '직업적'
활동이었음을 강조하는 것이다. 2부에는 다른 단체사진인 〈프롤레타
리아 지식인들〉(1925)도 실렸다. 시인 엘제 라스커-슐러, 프랑스 작가
트리스탕 레미, 다다이즘 화가 프란츠 빌헬름 자이베르트, 그래픽아티
스트이자 디자이너인 게르트 아른츠가 한자리에 모인 사진이다. 제목
의 형용사는 10월 혁명 이후 러시아를 비롯한 여러 나라에서 탄생해서
당시에 그들 모두가 속했던 '프롤레타리아 문화'를 위한 운동을 암묵
적으로 언급한다. 사실 이들의 옷차림은 린드너와 뮈잠, 코프에 비해

그다지 프롤레타리아처럼 보이지 않지만—라스커-슐러는 러시아식으로 차려 입었다— 그들 역시 정신적 공동체의 느낌을 표현한다.

아우구스트 잔더의 기획은 그의 시대에 대단히 이례적인 것이었다. 자신의 작업에 관해 쓴 보기 드문 글 중 하나인 「보편적 언어로서의 사진」(1930)에서 그는 초상사진을 통해 인물들의 성격을 포착함으로써 독일 사회를 압축해서 보여주려고 했다고 설명한다.[23] 『우리 시대의 얼굴』에 서문을 쓴 알프레트 되블린은 잔더의 작업을 "글쓰기가 아니라 사진 찍기를 통해 사회학을 저술하는 일"이라고 설명했다.[24] 그리고 발터 베냐민은 「사진의 작은 역사」(1931)에서 이 책을 극찬하면서 엄청난 미학적 차원과 '과학적' 차원을 동시에 갖고 있다고 지적했다. 베냐민에 따르면, 잔더는 "에이젠슈타인이나 푸돕킨이 세운 어마어마한 인상학 갤러리에 결코 뒤지지 않는 일련의 얼굴들을 엮어냈다".[25]

잔더 자신은 초상사진 작품집을 일종의 "기원의 지도제작Stamm-pappe"이라고 정의했다.[26] 이 개념이 모호하기는 해도—'stamm'에는 인종적 함의가 담긴 가계나 부족이라는 뜻도 있다— 그의 접근 방식은 당대의 인상학적 사고에 담긴 인종주의 이론이나 민족주의 경향과 아무 관계가 없다. 한스 귄터나 페르디난트 L. 클라우스가 얼굴과 표정 이면에 담긴 생물학적 본질을 탐지하기 위해 인간 초상사진을 수집한 뒤 인종별로 분류된 아카이브로 만든 것과 달리, 잔더는 직업과 경제활동에 따라 정리된 사회적 유형의 목록을 모았다. 그의 '지도제작'은 위계적이지 않을 뿐만 아니라—그의 사진집에서는 로마니인(집시)이나 실업자가 은행가와 정치인만큼이나 중요하다— 그는 그들을 직접 저술하는 주체로 묘사하기 위해 주의를 기울였다. 주어진 공간적 연속체 안에서 카메라에 포착되는 수동적 객체가 되는 대신, 그들은 자신의 몸짓과 표정, 환경, 의상—일상복, 나들이옷, 오버롤 작업복—만이 아니라 많은 경우에 자기 직업의 상징으로 내보이고 싶어하는 오브제도 선택했다. 사진가는 자의식 있는 사람들이 내보이고자 하는 이미지를 포착하고 기록했다. 그는 사람들의 삶의 한 순간을 포착한 게 아니라 그들의 정체성을 고정시켰다.[27] 독일의 게슈탈트 이론에 빗진 게 분명한 장-폴 사르트르의 현상학적 언어를 빌리자면, 잔더가 찍은 초상사진은 "육체적인 것, 사회적인 것, 종교적인 것, 개인적인 것이 밀접하게 뒤섞여" 결국 하나의 "살아 있는 종합체"로 응축된 "분리 불가능한 총체"라고 정의할 수 있다.[28] 『우리 시대의 얼굴』이 출간되기 직전에 쓴 사진에 관한 유명한 에세이에서 지그프리트 크라카우어는 이런 종류의 이미지를 단순히 현실의 객관적인 재현으로 나타나는 이미지와 구별하면서 전자를 "모노그램monogram", 또는 "기억 이미지"—잊을 수 없는 것을 보존하면서 한 사람의 실제 역사의 단편 속에 나타나는 의미 있는 그래픽 형상—라고 지칭했다.[29] 잔더의 인상학적 초상은 개인의 주체성과 동시에 그들이 속한 역사적 시간의 사회적 특징도 포착했다.

〈혁명가들〉은 무척 흥미로운 단체사진이다. 잔더의 아카이브에 있는 다른 이미지들, 숙련공과 육체노동자만이 아니라 독일 지배계급 대표자들의 이미지와 비교하면 더욱 흥미롭다. 젊은 농부, 페이스트리 제빵사, 장인 열쇠공, 벽돌공, 그 밖의 노동자들은 상류사회에 속하지 않았을 테지만 그들의 포즈는 탄탄한 자신감을 내뿜는다. 그들은 아무리 비천한 것이더라도 자신의 노동과 완벽한 일체감을 갖는다. 노동이 자존감을 부여하고, 많은 경우에 사회적 자부심의 원천이기 때문이다. 기성 예술가와 아카데미 기관 성원들—피아니스트, 작곡가, 지휘자,

예술학자, 철학자—의 인상은 그들의 주체성을 강조한다. 그들은 단순히 자기 직업의 대표자보다는 독보적인 창작자와 사상가로 보이고 싶어하기 때문이다. 하지만 그들 모두는 성공적 활동, 대중적 인정, 사회 세계에서의 확고한 입지를 누리는 사람들의 외적인 특징을 드러낸다. 지배계급의 대표자들—산업자본가, 상인, 은행가, 홍보 관리자—은 자기 존재의 호화로움을 전시하거나 오만한 포즈를 취할 필요가 없다. 그들의 권력은 평정심과 냉정할 정도로 우아한 수트, 얼굴에 담긴 침착한 무게에 새겨져 있다. 이 초상사진들을 하나로 엮는 공통의 끈은 그들의 권위를 정당화하는 도덕, 지조, 체통의 복합체—독일어 단어 'Sittlichkeit(인륜)'로 응축되는 자질의 총체—다.[30] 이 초상사진들은 대공황 직전 바이마르공화국이 정점에 달한 1929년에 부르주아의 자기인식의 증거를 권위 있게 보여준다.

이 이미지들과 뮈잠과 동료 혁명가들의 단체사진의 대비는 놀랍기만 하다. 세 사람의 허름한 옷차림은 가난은 말할 것도 없고 내면의 정신적 동요를 거울처럼 반영하는 그들의 경제적 불안정을 증언한다. 세 사람의 얼굴에 담긴 근엄함은 자기만족 대신 두려움을 드러내며, 한껏 붙어 앉은 모습은 친밀감과 유대만이 아니라 위험 앞에서 서로 돕는 관계까지 나타내는 듯하다. 부스스한 머리 아래 드러나는 뮈잠의 시선은 날카로우면서도 묘하다. 특별하지 않은 주변 환경에는 그들이 조화롭거나 유기적인 관계를 보일 수 있는 어떤 것도 담겨 있지 않다. 세 사람 모두 안경을 쓰고 있는데, 지식인이라는 지위를 보여주는 주요한 표식이다. 그들은 주변으로 몰린 뿌리 뽑힌 음모자들, 선동적 보헤미안 삼인조를 이룬다.

1921년 뮈잠은 공산주의 잡지 『디악치온(Die Aktion. 행동)』에 글 하나를 발표해서 지식인이 당연히 프롤레타리아트에 속하는 것은 아니라고 지적했다. 노동자들은 지식인들의 역량과 교육을 인정하면서도 그들에게 "신중하면서도 의심하는" 태도를 보였다. 노동자들에게 받아들여지기 위해 지식인들은 계급투쟁에서 자신들이 정치적으로 유용함을 입증해야 했다. 하지만 앞서 1906년에 뮈잠은 빈에서 카를 크라우스가 펴내는 저널 『디파켈(Die Fackel. 횃불)』에 발표한 에세이에서 주저 없이 자신을 '보헤미안'으로 묘사했다. 그의 주장에 따르면, 보헤미안은 "범죄자, 부랑자, 매춘부, 화가 등과 함께 모든 조직 바깥에서 싸우는 국외자"다.[31] 사회적 국외자인 보헤미안 예술가들은 자신의 창작을 사업으로 여기지 않으며, 정치 활동가로서 그들은 종류를 막론하고 권위주의적·위계적 조직을 혐오한다. 보헤미안 지식인들은 "급진적 회의론"과 "모든 보수적 가치에 대한 근본적 부정"으로 이루어진 "허무주의적 기질"을 나타낸다. 그들은 "대중 사회의 본능"에 맞서 자아를 방어하며 그들의 역할은 노동계급을 자기들 편으로 획득하는 것에 있다. 크라우스가 내린 결론은 묵시록적인 만큼이나 큰 기쁨을 준다. "범죄자, 방랑자, 매춘부, 화가: 바로 여기가 새로운 문화로 나아가는 길을 열어줄 보헤미아다."[32]

보헤미안의 생활방식은 노동, 절제, '세속적 금욕주의', 경제적 합리성, 자본 축적, 체통 추구 등의 부르주아적 에토스와 정확히 반대된다. 이런 가치에 맞서 보헤미안은 돈을 경멸하고, 부르주아적 편견을 거부하며, 반생산적 윤리와 자유연애를 옹호하고, 쓸모없는 미적 창조를 예술을 사업으로 바꾸는 시장과 대립시켰다. 그들이 볼 때, 자유란 반권위주의만이 아니라 평등주의와 계급 구별의 종식을 의미하기도 했다.[33]

잔더의 카메라 앞에서 포즈를 취한 1929년, 뮈잠의 보헤미아적 아나키즘은 20년에 걸친 투쟁과 전쟁, 혁명의 패배와 투옥이라는 시련을 겪은 상태였다. 하지만 그의 시선은 여전히 대중 운동으로 간단하게 용해될 수 없는 **자아**를 드러냈다. 독일 공산주의와 그의 관계는 갈등을 겪은 만큼이나 견고했다. 1920년 그는 뮌헨의 대중 지도자였다. 바이에른 소비에트공화국이 유혈 진압되는 과정에서 기적적으로 살아남은 뒤, 그는 오랜 박해를 받고 지식인 아웃사이더라는 원래의 지위로 돌아갔다. 그의 여정은 확실히 독특하지만, 아마 전반적인 경향을 드러낸 것일지도 모른다.

보헤미안과 데클라세

아나키즘이 보헤미안 화가와 작가들을 자신들의 자연스러운 대표자로 환영한 것과 대조적으로, 마르크스주의는 인텔리겐치아를 의심의 눈초리로 보면서 무척 매력적인 동시에 대단히 역겨워 보이는 이 낯선 행위자를 결코 쉽게 받아들이지 않았다. 마르크스주의 사상가들 스스로가 —적어도 사회학적으로 볼 때— 지식인인 한, 이런 역설적 행태는 분명 정체성의 위기와 주저하는 자기인식을 드러냈다. 이런 기묘함은 마르크스와 엥겔스에서 시작됐는데, 그들의 철학적·정치적 이력은 독일의 소규모 좌파 헤겔주의자 서클 안에서 격렬하게 벌어진 논쟁으로 시작되었다. 「유대인 문제」(1843), 『신성가족』(1844), 『독일 이데올로기』(1845), 『철학의 빈곤』(1847) 같은 글과 책은 브루노 바우어, 루트비히 포이어바흐, 모제스 헤스, 막스 슈티르너, 피에르-조제프 프루동을 비롯한 1840년대의 준보헤미안적인 젊은 아나키스트와 사회주의 인텔리겐치아 대표자들과의 묵은 원한을 폭력적으로 청산한 결과물이었다.

『공산당 선언』(1848)의 한 구절은 사회주의 인텔리겐치아의 탄생을 지배계급 내의 분열의 결과로 제시한다. 심각한 경제적·사회적 위기의 시기에 이 분열을 통해 부르주아지의 일부 집단이 자신의 기원과 가치를 포기하고 서발턴 계급의 영역에 가담했다. 이 분리는 계급투쟁이 낳은 결과이자 적들의 통일전선을 돌파하는 프롤레타리아트의 힘이 커지고 있음을 보여주는 상징이다. 1848년 유럽 혁명 직전에 마르크스와 엥겔스는 이런 진단을 내놓았다.

> 마침내 계급투쟁이 결전의 시기에 가까워지면 지배계급 내부에서, 아니 실은 낡은 사회 전체 안에서 전개되던 해체 과정이 매우 격렬하고 날카로운 양상을 띠기 때문에 지배계급의 일부가 떨어져나와 혁명계급, 즉 미래를 손에 쥔 계급의 대열에 합류한다. 그리하여 과거에 귀족의 일부가 부르주아지로 넘어갔듯이, 이제 부르주아지의 일부가, 특히 힘겹게 노력하여 역사의 운동 전반을 이론적으로 이해하기에 이른 부르주아 이데올로기 이론가 일부가 프롤레타리아트로 넘어오게 된다.[34]

혁명적 지식인에 관한 이 정의는 거부할 수 없이 자화상과 비슷한 까닭에 『공산당 선언』의 저자들이 보헤미안 화가와 작가를 반역적 프롤레타리아트의 잠재적인 동맹자로 여기지 않았음을 보면 흥미롭다. 『루이 보나파르트의 브뤼메르 18일』(1852)에서 마르크스는 그들을 주변적 유형의 집단, 즉 프랑스 수도의 "룸펜 프롤레타리아트의 수장"인 루이 보나파르트 같은 거짓말쟁이이자 권위주의자, 민중 선동으로 독재자를 열망하는 인간을 거의 자연스럽게 지지하는 "생계수단과 기원이 수상쩍은 부패한 무위도식자들"로 폄하했다. 일단 권좌에 오른 나폴레옹 3세는 자신의 정치적 모험을 지지했던 신문들과 나란히 그들을 내팽개쳤다. 마르크스는 "부랑자, 제대군인, 출옥 범죄자, 갤리선에서 탈출한 강제노역자, 사기꾼, 협잡꾼, 거지, 소매치기, 사기도박사, 노름꾼, 포주, 뚜쟁이, 짐꾼, 거리 악사, 넝마주이, 칼갈이, 땜장이, 동냥아치" 등으로 이루어진 잡다한 군중 사이에 "문인"을 언급했다. 요컨대 마르크스는 "뿔뿔이 흩어져 여기저기에 던져져 있는 정체불명의 대중을 프랑스인들은 보헤미아라고 부른다"고 결론지었다.[35]

프롤레타리아의 싸움에 가세하기 위해 자신의 계급을 저버리는 부르주아인가, 아니면 룸펜 '문인'인가? 당대의 반역적 지식인에 대한 마르크스의 정의는 이 두 극단 사이에서 동요하면서 어떤 종합도 발견하지 못했다. 사회학적 관점에서 보면, 그의 친구인 프리드리히 엥겔스는 맨체스터에 있는 집안의 섬유 공장을 경영한 사회주의 사상가로, 첫 번째 선택지에 아주 잘 들어맞는다. 파리에 정착한 젊은 독일 철학자인 마르크스로 말하자면 당시 프랑스 수도에서 추방당해 브뤼셀로 도망쳤고, 계속해서 1848년에 쾰른에서 민주주의 신문을 지휘하다가 런던으로 이주해서 "수상쩍은 생계수단"으로 생활했으니, 아마 룸펜 지식인이라는 두 번째 정의에 훨씬 잘 들어맞을 것이다. 하지만 이와 같은 사회적 불안정과 지적 보헤미아주의의 상태는 확실히 그의 자아정체성과 부합하지 않았다. 런던에서 그의 삶 전체는 부르주아의 겉모습 뒤에 가난을 감추려는 필사적인 노력이었고, 그의 격렬한 반보헤미아주의는 이런 현실에 대한 인식과 동시에 공포를 드러내는 것이었다. 언론인으로 활동하긴 했어도 분명 소호의 중간계급 주택에서 가족과 하인을 두고 살 여력이 되지는 않았다. 마르크스가 이런 식으로 살았다면 그건 오로지 친구 엥겔스의 너그러운 지원 덕분이었다. 1858년

그림 4.4 카를 마르크스(1861).

에 엥겔스에게 보낸 편지에서 말한 것처럼, "지금까지 지켜온 체통은 무너지지 않으려는 유일한 수단"이었다.[36] 하지만 개인적 삶에서 그는 몇 가지 보헤미안적 관습에 탐닉했다. 열심히 일하면서도 규칙적인 생활을 하지 않아 밤새 글을 쓰고 정오에 일어났다. 확실한 것은 지식인이라는 그의 지위가 그의 정치적 판단과 공적 이미지에 끊임없이 간섭했다는 것이다. 제1 인터내셔널에서 논쟁이 벌어질 때마다 그는 걸핏하면 바쿠닌을 진정한 프롤레타리아 계급과 단절된 부르주아 이데올로그이자 교조주의자라고 비난한 반면, 아나키스트들은 (전에 프루동이 그런 것처럼) 마르크스주의자들의 권위주의를 헐뜯었다. 그들에 따르면 "프롤레타리아 독재" 개념은 "과학자의 통치(세계에서 가장 고통스럽고 끔찍하며 경멸할 만한 정부)"에 지나지 않았다.[37]

19세기 말 제2 인터내셔널의 '교황'이자 독일 사회민주주의의 이론 저널『신시대Die Neue Zeit』편집장인 카를 카우츠키는 마르크스의 평가를 재정식화하면서 미묘한 차이를 보였다. 분명 인텔리겐치아의 우월한 일부 집단—독일의 '고위 관료들'을 가리키는 말이었다—은 지배계급과 유기적으로 연결됐지만, 그는 지식인을 중간에 낀 비교적 독립적인 사회 계층으로 정의하는 쪽을 선호했다. 지식인의 정체성과 사회적 의식은 토지 소유나 생산수단 소유에 근거한 게 아니라 문화적 상부구조에서 그들이 행하는 역할에 바탕을 둔 것이기 때문에 지식인은 자본주의 사회에서 적대하는 두 계급에 모두 가세할 수 있었다. 실제로 지식인은 부르주아지와 프롤레타리아트 양쪽의 이념을 정교하게 만들었다. 지식인은 확실히 자신들만의 사회를 건설할 수 없지만, 그들의 지원이 없으면 부르주아지는 자신의 권력을 관리할 수 없고 프롤레타리아트는 사회주의적 미래를 상상할 수 없었다. 요컨대, 인텔리겐치아는 일종의 새로운 '중간계급'으로, 그들의 이질적 구조 때문에 상이한 구성원들이 부르주아 계급이나 프롤레타리아 계급, 자본주의나 사회주의 어느 쪽으로든 가세할 수밖에 없었다.

실증주의와 진화론에 물든 카우츠키의 사회주의는 특정한 사회 계층에 의해 구현되는 경제적, 기술적, 과학적 진보의 원리에 따라 인간 생활을 재조직하는 것을 의미했다.

과학의 매개자는 프롤레타리아트가 아니라 **부르주아 인텔리겐치아**다. 현대 사회주의는 바로 이 계층의 개별 성원들의 정신에서 기원했으며, 지적으로 발전한 프롤레타리아에게 사회주의를 전한 것도 그들이다. 이후 이 프롤레타리아들은 프롤레타리아 계급투쟁 안으로 사회주의를 도입하며,

계급투쟁의 조건 덕분에 사회주의를 실행할 수 있게 된다. 그리하여 사회
주의적 의식은 프롤레타리아 계급투쟁에 외부로부터 도입되는von Aussen
Hineingetragenes 것이지 자생적으로urwüchsig 내부에서 생겨나는 게 아니
다.[38]

1902년 레닌은 이 구절을 인용하면서 노동계급이 "오로지 자신들만
의 노력으로" 사회주의 강령을 만들 수 없다고 강조했다. 순전히 노동
조합적인 의식의 초보적 단계를 극복할 수 없기 때문이다. 노동자들은
자신들의 투쟁을 통해 배우면서 임금 인상을 요구하고 생활조건을 충
족시킬 수 있지만, 자신들의 착취를 결정하는 사회적 관계의 구조 전
반에 의문을 제기할 수는 없었다. 따라서 사회주의는 보호적 노동 입
법 이상을 의미했다. 레닌은 사회주의 이론은 "유산 계급의 교육받은
대표자, 즉 지식인이 정교하게 만들어낸 철학, 역사, 경제 이론에서 생
겨난다"고 지적했다. 그러면서 "현대의 과학적 사회주의의 창시자인
마르크스와 엥겔스 스스로가 그들의 사회적 지위 때문에 부르주아 인
텔리겐치아에 속했다"는 사실을 상기시켰다.[39]

러시아에서 사회주의는 인민주의와 함께 등장했고, 1870년대에 마르
크스가 발견한 최초이자 가장 열렬한 독자들도 나로드니키였다. 10년
뒤 마르크스주의가 인민주의에 맞서는 독자적인 사상의 흐름이자 정
치적 기획으로 등장했다 하더라도 그 유산은 여전히 엄청난 영향을 미
쳤다. 외부에서부터 노동계급에게 사회주의 사상을 가져다준다—지식
인들이 프롤레타리아트 내에 사회주의 사상을 도입한다—는 레닌의
관념은 분명 인민주의 모델을 고스란히 재현한다. **나로드니키**와 마찬
가지로 볼셰비키도 의식을 일깨우고 해방의 메시지를 퍼뜨리는 임무

를 구현하는 계몽가들이었다. 이런 시각은 또한 소비에트(평의회)가 반란을 일으킨 대중들에 의해 대안적 권력으로 등장한 1905년 혁명 이후에도 레닌이 주장한 음모가들의 중앙집중적·위계적 조직을 건설하는데에 기여했다. 1903년 러시아 사회민주주의에서 볼셰비키와 멘셰비키가 분열된 이후 벌어진 가시돋친 논쟁에서 양쪽 모두 상대를 지식인주의라고 비난했다. 레닌에 따르면, 중앙집중제의 적은 개인주의 바이러스에 감염되어 프롤레타리아 규율로 도저히 다루기 힘든 프티부르주아 지식인들이었다. 반면 로자 룩셈부르크와 레온 트로츠키에 따르면, 레닌은 노동자들이 부르주아 인텔리겐치아의 특정한 집단인 관리자와 기술자가 정해놓은 업무를 실행해야 하는 공장의 위계적 관계를 사회주의 정당 안에서 재현하려고 했다.[40] 그렇다 하더라도 러시아 사회민주주의의 모든 경향은 노동계급과 지식인 사이에 간극이 존재한다는 것을 인정했다. 1905년 상트페테르부르크 소비에트 의장이자 10월 혁명 이전에 레닌의 중앙집중제를 가장 강력하게 비판한 인물로 손꼽히는 레온 트로츠키는 노동자가 거의 자생적으로, "자기 계급과 나란히 전체의 일부로서" 사회주의 편에 서는 것과 달리, 지식인은 "한 개인이자 인격으로 자기 계급의 탯줄을 끊지" 않고서는 사회주의 편에 설 수 없다고 말했다.[41]

1920년대 초, 루카치는 '계급의식' 개념을 통해 이런 대립을 변증법적으로 종합할 것—헤겔주의적 지양Aufhebung이라는 의미에서—을 제안했다. 자신의 계급과 단절하는 지식인들은 '외부로부터' 프롤레타리아 계급에 지식을 가져오지만, 오직 프롤레타리아 계급이 지식의 주체와 객체 사이에 완벽한 균일성을 확립하는 정도로 이 지식을 전유할 때에만 '계급의식'이 생겨난다. 그후 지식인은 자기 집단의 대표가 아니라 이런 계급의식의 표현으로서 혁명 운동에 속하게 된다. 이때 계급의식은 이론과 실천, 세계관과 정치적 기획, 계급과 그 역사적 사명을 응축하는 것이다.[42]

이런 이론적 논쟁의 언어는 다음과 같이 요약할 수 있다. a) 지식인은 부르주아 계층이다. b) 지식인은 자기 계급을 저버림으로써만 프롤레타리아트 대열에 가담할 수 있다. c) 프롤레타리아트는 자신들의 사회주의 이데올로기를 세우기 위해 지식인을 필요로 한다. d) 몰락한 지식인—룸펜이나 보헤미안—은 1848년 프랑스의 경우처럼 정치적 반동에 가세하기 쉬운 불안정하고 신뢰할 수 없는 사회 계층이다. 이 논쟁에서 가장 인상적인 측면을 하나 꼽자면, **자기부정**이다. 누구도 마르크스주의 지도자, 활동가, 사상가의 압도적 다수가 몰락한 지식인이라는 사실을 기꺼이 인정하지 않았다. 프로이트에 따르면, 부정은 주체가 불편한 현실을 무시하거나 없애버리게 해주는 심리적 방어 기제다. 자본주의에서 사회주의로의 이행을 과학과 문화, 기술 진보와 생산력의 고차원적 발전을 가져오는 불가피한 과정으로 가정한 목적론적 역사관을 고집하는 마르크스주의 사상가들은 주변적 행위자들이 이런 거대한 성취를 이룰 수 있다고 상상할 수 없었다. 이 혁명적 지식인들이 아무리 능수능란하더라도—다수가 재능있는 남녀였고, 그중 일부는 당대에 우뚝 선 인물이었다— 그들 대부분은 국외자로 살았다. 마르크스는 생의 대부분을 뿌리 뽑힌 지식인으로 망명지에서 살았다. 세기말 마르크스주의의 가장 존경받는 이론가이자 분명 당대의 사회주의 사상가들 가운데 가장 "확고히 자리를 잡은" 인물이었던 카우츠키는 대학교수가 될 생각은 조금도 해보지 못한 언론인이었다. 볼셰비키든 멘셰비키든 러시아 마르크스주의 사상가는 전부 코즈모폴리턴 지식인으로, 차르 제국의 감옥에 갇혀 있지 않으면 서유럽에서 불안정한 삶을 살면서 정치적 이민자들로 이루어진 고립된 진영에 활기를 불어넣었다. 이런 자기부정은 1917년까지 계속되다가 그때를 기점으로 분자적·누적적 사회변혁이라는 사회민주주의의 관념이 역사적 분기, 불연속, 단절이라는 시각으로 대체되었다. 1914년, 유럽 질서가 붕괴하면서 새롭게 열린 역사의 풍경 속에서는 이제 의식이 뚜렷하고 대담한 소수가 갑자기 대중 운동과 혁명적 소요의 키를 쥘 수 있었다. 주변부에서 탈출한 사회주의 지식인들은 그 시대의 결정적 행위자가 될 수 있었다.

혁명적 국외자들은 사회적 출신이 달랐지만 서로 처지가 같고 비슷한 지위를 얻었다. 러시아 귀족 출신의 방랑하는 아나키스트 미하일 바쿠닌은 지배계급으로부터 급진 좌파로의 이행이 자발적인 계급적 몰락을 함축한다는 것을 명료하게 인식했다. 이런 철학적·정치적 단절은 반부르주아적 에토스와 떼려야 뗄 수 없었고, 불가피하게 사회적 변신을 의미했다. 명백한 자전적 향취를 풍기는 그의 언어는 마르크스의 자기부정과 정면으로 대립했다.

부르주아적 환경에서 태어나 자란 사람이 정말 진심으로 노동자의 친구이자 형제가 되려 한다면, 그의 지난 삶의 조건과 부르주아적 관습을 모두 포기하고, 부르주아적 세계의 정서와 허식, 지성과의 모든 연계를 깨뜨리고, 이 세계에 등을 돌리면서 그 적이 되고, 그 세계를 향해 전면적인 전쟁을 선포하며, 어떠한 제한이나 남김도 없이 자신을 노동자의 세계에 전적으로 내던져야 한다. 만약 그가 이런 결의와 용기를 불어넣을 만큼 충분한 정의에 대한 열정을 자기 안에서 발견하지 못한다면, 그가 자기 자신이나

노동자를 우롱하게 놔두지 말라. 그는 절대 노동자들의 친구가 되지 못할 테니.[43]

바쿠닌의 아나키즘과 충돌한 것이 아마 마르크스가 국외자라는 자신의 지위를 부정한 주된 원인이었을 것이다. 대중적인 정치 운동을 건설하는 데에 몰두한 그는 니힐리스트나 음모가라는 혁명가의 아나키즘적 이미지와 단절하지 않으면 사회주의가 성공할 수 없다고 믿었다. 진정한 사회주의자는 네차예프나 카라코조프 같은 광신적인 젊은 테러리스트들과 공통점이 없었다. 1872년, 아나키스트들이 국제노동자협회(제1 인터내셔널)에서 분리되자 마르크스와 엥겔스는 바쿠닌을 겨냥해 격렬한 비난을 퍼붓는 팸플릿을 썼다. 두 사람은 그를 데클라세 분파의 정치적 야바위를 부추기는 자라고 묘사했다. 엥겔스는 당대의 보수적 편견을 반영하는 경멸적인 언어로 이 개념을 설명했다.

프랑스어로 '데클라세'는 유산계급에서 쫓겨나거나 떨어져나왔어도 프롤레타리아가 되지 못한 이들, 즉 모험적 사업가나 불한당, 도박꾼을 가리키며 대부분 직업적 문인이나 정치인 등이다. 프롤레타리아트에도 나름의 데클라세의 부류가 있다. 그들이 **룸펜프롤레타리아트**를 구성한다.[44]

이 데클라세의 정치를 가장 유창하게 표현한 저작인 『혁명가의 교리문답』(1869)은 모든 혁명가의 도덕적·정치적 의무는 문명 질서 전체를 깨부수는 것이라고 선언하는 네차예프의 묵시록적 강령이었다. 여기서 네차예프는 혁명가들이 "기계학, 물리학, 화학, 그리고 어쩌면 의학"의 분야에서 이뤄진 모든 중대한 업적을 흡수해서 오로지 기성 체

그림 4.5 세르게이 네차예프, 1860년대 말.
그림 4.6 미하일 바쿠닌(1860), 나다르가 찍은 사진.

제를 파괴하려는 목적으로 활용하는 새로운 "파괴의 과학"을 선포했다.[45] 마르크스와 엥겔스에 따르면, 모든 권력을 철폐한다는 구실을 내세워 단순히 "부르주아적 부도덕을 극단으로" 밀어붙일 뿐인 이런 류의 허무주의적 기획이 바쿠닌이 국제적 정파를 세운 바탕이 된 이데올로기였다. 이 이데올로기에 프롤레타리아적 성격이 없었던 이탈리아에서는 아나키즘 운동이 "잡동사니 데클라세들"을 끌어모으는 데에 성공했다. 그 지도자들은 "의뢰인 없는 변호사, 환자도 의학 지식도 없는 의사, 당구 배우는 학생, 상업이나 기타 직업 때문에 돌아다니는 여행자, 그리고 주로 평판이 다소 의심스러운 소규모 신문사의 언론인"이었다.[46]

역사유물론 주창자들에게 과학은 생산력이었고, 사회주의는 앞선 사회구성체의 업적에 토대를 두어야 했다. 혁명은 자신의 역사적 임무를 의식하고 과학과 생산을 집단주의적 노선에 따라 재조직할 준비가 된 노동 운동을 건설함으로써 준비되어야 했다. 혁명은 소이탄이나 살상도구로 **촉발할** 수 없었다. 차르 전제정의 억제는 사회적·정치적 혁명으로 달성되는 결과로, 차르 암살과 혼동해서는 안 되었다. 엥겔스의 유명한 정식화에 따르면, 사회주의를 유토피아에서 과학으로 끌어올리는 것은 노동자들의 손에 다이너마이트를 쥐어주는 것을 의미하지 않았다. 1870년대 초반 마르크스주의와 아나키즘의 차이는 분명했다. 하지만 마르크스의 격렬한 비판은 너무 극단적이고 마치 퇴마의식처럼 들린다. 마르크스가 쓴 편지에는 자신의 가난과 자원 부족을 씁쓸하게 불평하는 구절이 많이 있지만, 그는 한 번도 자신을 보헤미안이나 데클라세로 묘사하지 않았다.

로베르트 미헬스는 대중 정당에 관한 유명한 연구에서 바쿠닌의 말을 인용하면서 데클라세 개념의 미묘한 의미를 설명하고 두 종류의 "지식인 프롤레타리아트"를 구별했다. 한편에는 국가기구 안에서 존경받는 직업이나 제도권에서 주요한 지위를 얻는 데에 실패한 이들이 있고, 다른 한편에는 혁명 운동의 지도자가 되는 "국가의 불구대천의 원수", 즉 "영원히 들썩이는 정신"이 있다. "과두제의 철칙"과 엘리트 순환론의 이론가는 이제 더는 민주주의를 믿지 않았지만, 그래도 자신이 무슨 이야기를 하는지 알았다. 노동 운동에 속했던 시기에 이 재능있는 학자 자신이 "지식인 프롤레타리아트"의 대표자였다. 파시스트로 변신해서 이탈리아 대학 제도에서 빛나는 경력을 추구하기 전에 그는 정치에 몰두한다는 이유로 독일 학계에서 배척당했다. 이런 배경을 보면 지식인의 사회적 몰락을 "역사적 사실"이 아니라 "프롤레타리아로 태어나지 않은 이들의 효과적인 사회주의적 행동이라는 심리학적 가정"으로 보는 그의 시각이 설명된다. 제1 인터내셔널 내부에서 치열

그림 4.7 카를로 카피에로(1878).

한 논쟁이 벌어지는 중에 마르크스가 데클라세라고 경멸적으로 낙인 찍은 카를로 카피에로의 경우, 미헬스는 귀족 출신의 이 이탈리아 아나키스트가 존경받을 만한 인물이라고 말했다. 카피에로가 "상당한 재산 전부를 당의 처분에 맡기고 자신은 가난한 보헤미안의 삶을 산" 것은 "자기희생의 정신과 자신의 신념에 대한 불굴의 확고함" 때문이라고 보았다.[47] 체통이나 규칙 준수, 예의 등을 아랑곳하지 않는 것을 넘어서 거의 저주하는 지경까지 이른 바쿠닌에 대해서도 비슷하게 평가할 수 있다. 자서전에서 알렉산드르 게르첸은 이 1860년대 러시아 아나키스트의 초상을 이렇게 묘사했다.

50세에도 그는 여전히 예전과 같은 방랑하는 학생, 부르고뉴가의 집 없는 보헤미안으로서 내일 따위는 신경 쓰지 않고 돈을 경멸했다. 수중에 돈이

들어오는 즉시 사방에 뿌려버리고, 돈이 없을 때면 애들이 부모한테 빌리는 것처럼 천진난만하게 아무한테나 빌렸으며, 담배 사고 차 마실 돈만 남기고 마지막 남은 한 푼까지 남한테 쥐어주는 것처럼 아무 생각 없이 전혀 갚을 생각을 하지 않았다. 그는 이런 생활방식에 전혀 거리낌이 없었다. 그는 위대한 방랑자, 위대한 국외자로 타고난 인물이었다.[48]

현대 사회에서 지식인의 본성과 기능을 진지하게 분석한 유일한 마르크스주의 사상가가 이런 자기부정을 실제로 극복하지 못했다는 사실은 의미심장하다. 안토니오 그람시는 『옥중수고』(1929~35)의 몇 절에서 이 주제를 역사적 관점에서 접근하며 다룬다. 그는 지식인을 이데올로그가 아니라 일차적으로 각 사회계급의 세계상을 정교하게 만들어내는 문화의 조직자로 정의했다. 그람시는 이후 정전화되는 이분법을 제시하면서 '전통적' 지식인과 '유기적' 지식인을 구분한다.[49] 전통적 지식인은 전근대 사회에 속하며 그 전형적인 대표자는 성직자와 법률가로, 봉건주의와 절대주의의 세계관Weltanschauung을 성문화함으로써 귀족 사회의 권력을 정당화했다. 하지만 이 지식인을 가장 대중적으로 구현한 것은 작가와 철학자, 화가로, 인문주의적 교양의 대리인들이다. 유기적 지식인은 현대 사회에 속하며, 여기서 그들은 가치를 옹호하고, 이데올로기적 틀을 고정시키며, 지배계급의 정치적 기획을 설계한다. 법률가와 철학자만이 아니라 학자, 기술자, 경제학자, 경영자 등도 유기적 지식인에 해당한다. 그들의 역할은 시민사회 안에서 "한 사회 집단의 헤게모니를 조직하는" 데에 있기 때문에 그들은 정치를 무시할 수 없다. 지식인은 사회적 분업으로 생겨난 기술자와 전문직의 커다란 부문으로 환원할 수 없다. 헤게모니란 지식인들에게 할당

된 영역인 상부구조의 통제와 안내를 의미한다. 그람시는 그들을 지배계급의 "공무원"이라고 부른다. 모든 계급 사회가 각자 고유한 지식인을 만들어낸다는 점을 생각하면, 서발턴 계급 역시 자신들만의 문화적 헤게모니를 확립하지 않고서는 정치권력을 획득하거나 생산관계를 변혁할 수 없다. 따라서 프롤레타리아트의 유기적 지식인이 공장에서 생겨나야 한다. 그람시의 견해에 따르면, 공장은 산업노동의 영역이자 생산의 합리성에 토대를 두는 새로운 사회의 본보기다. 사회주의의 유기적 지식인은 기술자이자 집합적 공장의 생산자다. 그들은 고전적인 인문주의적 문인의 한계를 넘어서 새로운 형태의 삶을 창조하는 데에 참여하고 '건설자'이자 '조직자'라는 실용적 임무를 완수할 것이다. 1920년 토리노의 공장들을 점거하는 데에 결정적인 역할을 한 사회주의 주간지 『신질서』의 성공은 다름 아닌 "일정한 형태의 새로운 지식인주의를 발전시킨" 능력에 그 비결이 있었다.[50]

그렇다 하더라도 과거의 '전통적' 지식인과 러시아의 소비에트와 토리노의 노동자 평의회에서 예시된 사회주의적 미래의 '유기적' 지식인 사이에 놓인 현재의 혁명적 지식인은 여전히 상상하기 힘든 수수께끼의 대상이었다. 『신질서』 창건자들은 어디에서 온 걸까? 그람시는 그의 지식인 정의를 자신에게 적용하는 데는 별 관심이 없었던 듯하다. 이 질문에 답하기 위해서는 그가 전통과 근대, 20세기 초 이탈리아 사회의 '전통적' 지식인과 '유기적' 지식인의 충돌에서 탄생한 인물이라는 점을 말할 수 있다. 그람시는 경제적으로 뒤처진 시골 섬인 사르데냐의 하급 사무직원과 지주 집안에서 태어났다. 전통적인 고등학교를 다닌 뒤 반도에서 가장 산업화된 도시인 토리노의 대학교에서 사회주의를 발견했다. 사회주의 신문에서 언론인이자 문예비평가로 일한 그

그림 4.8 안토니오 그람시, 1920년대.

는 사무직원도 생산자도 아니고, 교사도 기술자도 아니었다. 보수주의
자들의 눈에는 위험한 정치 선동가였지만, 대학 학자들은 그를 프롤레
타리아 지식인이나 데클라세로 여겼다.

지도 I : 서구

1914년 이전 "빈 서쪽에서는" 마르크스주의 지식인이 "희귀종 새"였
다는 에릭 홉스봄의 평가는 아마 1920년대로까지 확장할 수 있을 것이
다. 물론 몇몇 소수 집단은 두드러진 가시성을 획득하긴 했지만.[51] 전
반적으로 살펴보면, 대전쟁이 끝날 무렵 유럽 문화는 민족주의에 지배
되었다. 독일에서 중요한 위치를 차지한 것은 '보수 혁명'의 잡다한 무
리였다. 호엔촐레른 왕가가 붕괴한 뒤, 문학계의 베스트셀러는 에른스
트 윙거의 전쟁 회고록『강철 폭풍 속에서』(1920)와 오스발트 슈펭글러
의『서구의 쇠퇴』(1918~22)였고, 묄러 반 덴 브루크나 베르너 좀바르트,

한스 프라이어, 레오폴트 치글러 그리고 그들보다는 처지는 숱한 작가들이 쓴 반동적이고 반유대주의적인 글들이 그 뒤를 이었다. 학계는 여전히 '독일 보수 인사들'의 성채였는데, 가톨릭계 학자 두 명도 여기서 등장했다. 법사상가 카를 슈미트와 젊은 철학자 마르틴 하이데거가 그들이다. 이런 보수적 경향 외에 에른스트 로베르트 쿠르티우스와 막스 베버, 카를 야스퍼스 같은 '이성적 공화주의자Vernunftrepublikaner' 들도 있었다. 마음을 비우고 바이마르공화국을 지지하면서도 마음속으로는 여전히 프로이센 제국을 그리워하는 민족주의자들이었다(그중 일부는 이후 10년간 마음을 바꾸게 된다). 민주주의를 받아들인 대다수 학자들, 심지어 알버트 아인슈타인같이 사회민주주의에 합류한 이들조차 공공연한 반공주의자였다. 피터 게이가 설득력 있게 주장한 것처럼, 베르톨트 브레히트의 작품이나 프리츠 랑의 영화, 발터 그로피우스의 바우하우스와 발터 베냐민의 문예비평과 동일시되는 오늘날 흔히 말하는 '바이마르 문화'는 실상 대단히 창의적인 소수 집단의 분출이었다. 망명지에서 자신의 운명을 발견한 한 무리의 화가와 작가들이 "화산의 가장자리에서 벌인 춤판"이었다.[52]

이탈리아에서는 무솔리니 체제가 공고화되기 전부터 많은 작가와 화가, 지식인들이 파시즘에 합류했다. 전쟁 중에 자신의 정치적 카리스마를 발견한 시인 가브리엘레 단눈치오가 민족주의에 몰두한 것은 무솔리니 자신에게 본보기가 되었다. 당대의 가장 중요한 미학적 아방가르드인 미래주의는 혁명적 생디칼리슴과 전전戰前 민족주의의 여러 흐름만이 아니라 파시즘 운동도 열정적으로 지지했다. 지식인의 저항을 구현한 것은 철학자 베네데토 크로체 같은 고전적 자유주의의 대표자들이었다. 1925년 크로체가 반파시즘 청원을 제출하자 조반니 젠틸레는 곧바로 파시스트 '선언'을 고무하는 식으로 응답했다. 망명을 선택한 가장 유명한 지식인으로는 가톨릭 사제 루이지 스투르초와 사회주의 역사학자 가에타노 살베미니가 손꼽힌다.[53] 좌파 지식인이라고 해봤자 다섯 손가락으로 꼽을 수 있었다.

프랑스에서는 훗날 공산당 공식 시인이 되는 루이 아라공이 1917년에 10월 혁명을 "정부 차원의 모호한 위기"라고 묘사했다.[54] 1920년대에 프랑스 문화에는 여전히 신성동맹Union sacrée의 정신이 만연했다. 전쟁 중에 앙리 베르그손에서 샤를 페기, 에밀 뒤르켐에서 마르크 블로흐에 이르기까지 드레퓌스를 지지하는 대다수 지식인을 악시옹프랑세즈와 뭉치게 한 정신이었다. 1920년대에 가장 인기 있는 신문은 샤를 모라의 민족주의·반유대주의 사상에 가까운 『캉디드Candide』였는데, 이 신문은 『주쉬파르투(Je suit partout! 나는 어디에나 있다)』나 『그랭구아르Gringoire』 같은 1930년대의 파시즘 잡지의 본보기가 되었다. 바로 이런 맥락에서 많은 민족주의 지식인—로베르 브라지야크, 마르셀 데아, 뤼시앵 레바테, 피에르 드리외 라 로셸, 그리고 당시 허무주의 작가였던 루이 페르디낭 셀린이나 가톨릭계 시인 폴 클로델—이 토착적 형태의 프랑스 파시즘을 창조하려고 했다.[55]

그렇다면 제1차 세계대전이 끝났을 때 혁명적 지식인들은 누구였을까? 10월 혁명 직후에 그 숫자가 늘어나기 시작하기는 했어도 빈 서쪽에서는 그렇게 많지 않았다. 그들을 하나의 광범위하고 대략적인 유형 분류 체계로 모아보면, 몇 가지 일반적인 범주로 구별할 수 있다. 동유럽과 중유럽의 다민족 제국 출신 유대인, 전쟁에 반대하는 아나키스트와 사회주의자, 초현실주의자와 표현주의자 같은 아방가르드 작가와 화가, 미국의 보헤미안, 페미니스트, 식민 세계 출신의 반제국주의 지식인 등이다. 확실히 첫 번째와 마지막 부류가 이 이질적인 무리에서 가장 중요한 집단이었다.

이 흐름들을 자세히 살펴보기에 앞서 역사적 맥락을 미리 고찰할 필요가 있다. 1914년 민족주의 물결을 비판한 아나키스트와 사회주의자들은 소수 집단이었다. 각국 지부가 전쟁 채권에 거의 만장일치로 찬성표를 던진 제2 인터내셔널이 붕괴한 여파는 1918년 이후에 명백해졌다. 하지만 많은 지식인이 도덕적 전쟁 거부를 통해 혁명가로 돌아섰다. 루카치 죄르지가 걸은 여정은 더 폭넓은 경향을 압축적으로 보여준다. 그는 "윤리적 고려" 때문에 헝가리 공산당에 합류하기로 결정했지만, 금세 이런 정치적 선택이 "칸트학파의 추상적인 도덕적 정언 명령"을 훌쩍 뛰어넘어 행동을 수반하는 하나의 철학적 교의이자 정치적 기획에 이르렀다고 말한다. 혁명은 이미 "투쟁하는 프롤레타리아트의 윤리의 화신"이 되어 있었다.[56]

러시아에서는 결정적인 해인 1917년이 투르게네프의 '손자들', 즉 반역적 학생과 작가, 언론인과 음모가들의 승리를 나타낸다. 노동 운동을 접하고 차르 정권에 맞서 최초로 벌어진 대중적 봉기에서 주도권을 잡은 1905년에 이미 주변부에서 등장한 이들이다. 그들은 1917년에 무대를 장악하면서 제국 감옥에서 탈출하고 서구 망명지에서 페트로그라드와 모스크바로 돌아온다. 볼셰비키와 멘셰비키, 메즈라욘카(Mezrayonka. 트로츠키 그룹)는 노동자·농민·병사 소비에트에서 막대한 영향력을 발휘했지만, 그 지도부는 젊은 지식인들로 구성되었다. 가장 나이가 많은 축―레닌, 마르토프, 표도르 단―이 40대였다. 11월 8일 의장 레닌, 외무 인민위원 트로츠키, 군사 인민위원 블라디미르 안토노프-옵세옌코, 교육 인민위원 아나톨리 루나차르스키 등으로 구성된 첫 번째 소비에트 정부에는 모두 장기간 수감과 시베리아 유형, 서유럽 이주를 경험한 17명이 포함되었다(25세의 행정관 니콜라이 고르부노프는 예외였다). 대부분 2월 혁명 이후 귀국한 이들이었다. 그리고 백군과 서구의 반볼셰비키들이 팸플릿과 포스터로 선전하면서 열렬하게 강조한 것처럼 그들 다수가 유대인이었다. 1917년, 그들은 멘셰비키당과 볼셰비키당 양쪽의 중앙위원회에서 4분의 1~3분의 1을 차지했고,[57] 따라서 차르 체제의 몰락과 러시아 혁명을 초래한 진정한 '악성 종양'처럼 보였다. 전설이 대개 그렇듯이, 유대-볼셰비즘의 신화—혁명을 유대인의 음모로 보는 시각—는 실제 상황에 바탕을 두고 상상적 서사를 구축했다. 대중적 소요의 해에 소비에트 권력은 **인텔리겐치아**가 이끄는 혁명 과정이 낳은 결과였고, 차르 제국 안에서 가장 배제되고 박해받는 소수 집단인 유대인이 이 사회 계층에서 과대 대표되었다. 아시아인 무리에 둘러싸인 작은 안경을 쓴 유대인 괴물 트로츠키는 분명 신화적 묘사이지만, 트로츠키는 붉은군대의 카리스마적 지도자였다.[58]

코즈모폴리터니즘은 이 혁명적 인텔리겐치아의 가장 두드러진 특징으로 손꼽혔다. 러시아 사회민주주의의 창건에 이어 수감됐다가 시베리아 유형을 겪은 뒤, 레닌은 1900년부터 1917년까지 서구로 이주해 살았다—순서대로 뮌헨, 런던, 제네바, 크라쿠프, 파리, 취리히에서 살았다. 트로츠키도 감옥과 시베리아 유형과 서구 이주를 오가면서 제네바에서 런던, 뮌헨, 빈, 파리, 뉴욕에서 살았다. 카를 라데크(카롤 소벨손)는 합스부르크 갈리치아의 수도인 렘베르크[르비우의 독일어 명칭 | 옮긴이]에서 태어나 오스트리아와 폴란드 문화를 오가며 성장했다. 1917년 페트로그라드로 이주해서 외무 부인민위원이 되기 전, 그러니까 1918년 3월 이 자격으로 트로츠키와 함께 브레스트-리토프스크 평

그림 4.9 카를 라데크(1925년 무렵).

화 교섭에 참여하기 전에, 그는 차르 치하의 폴란드와 독일, 특히 브레멘에서 정치적 삶에 깊이 관여하면서 1914년 이후 전쟁에 반대하는 사회주의 좌파를 이끌었다. 1919년 베를린에서는 스파르타쿠스단의 반란에 참여했고, 체포된 뒤에는 감방을 소비에트 대사관 별관으로 뒤바꿔서 그곳에서 독일 정부 고위 관료들을 접견했다. 이후 몇 년간 코민테른 서기를 맡고, 1923년에는 독일에서 실패로 끝난 공산주의 반란을 조직했으며, 1925년에는 볼셰비키당 좌익반대파의 일원으로 모든 정치적 직책에서 배제되었다. 국민당과 공산당이 동맹을 맺은 시기에 중국 학생들을 교육하기 위해 모스크바에 설립된 중산대학교 학장으로 임명되기도 했다. 여러 언어를 구사한 라데크는 폴란드어, 독일어, 러시아어를 말하고 썼다. 그의 전기를 쓴 워런 러너는 그를 조국 없는 자 vaterlandslos라고 적절하게 묘사한다. 비애국적인 동시에 국적이 없다는 뜻이다. 스스로 러시아인이라고 생각한 레닌과 트로츠키에 비할 바

없이, 라데크의 조국은 혁명이었다고 말해도 전혀 과장이 아니다. 그의 존재 전체를 규정한 혁명은 정치적 기획이자 교의, 목표, 구체적 경험, 생활방식이었다.[59]

코즈모폴리터니즘은 이 혁명적 사상의 모체 중 하나였다. 룩셈부르크, 부하린, 레닌의 제국주의 이론은 자본 축적을 국제적 과정으로 검토하면서 금융자본, 식민주의, 군국주의의 복잡한 관계에 초점을 맞췄다. 선진국과 후진국의 변증법적 관계를 가정하는 세계경제의 '불균등 결합 발전'에 관한 트로츠키의 분석은 그의 영구혁명론의 토대였다. 이 이론은 생산력 증대의 기계적 결과로 보는 '단계론적' 사회주의 관에 의문을 제기했으며, 러시아같이 가장 약하고 발전이 더딘 나라들, 그리고 1920년대부터 줄곧 식민 세계에서 전 지구적 사회주의 변혁이 시작될 수 있는 가능성을 시사했다. 모든 나라에서 민족주의의 물결을 자극하고 대륙 전체를 폐허로 만든 세계대전이 한창일 때, 이 코즈모폴리턴 인텔리겐치아는 분명히 포스트민족적 관점을 채택했다. 트로츠키는 『전쟁과 인터내셔널』(1914)에서 이렇게 썼다. 민족은 "문화적, 이데올로기적, 심리적 사실로 계속 존재하는 게 분명하지만, 그 경제적 토대는 발밑에서부터 무너지고 있다".[60] 이런 역사적 상황에서 프롤레타리아트는 "끝까지 살아남아 낡은 민족적 조국"을 지켜서는 안 된다고 트로츠키는 결론지었다. 프롤레타리아트의 임무는 그게 아니라 "한층 거대한 저항의 힘으로 훨씬 더 강력한 조국을 창조하는 것"이었다. "세계합중국의 토대로 유럽합중국을 건설"해야 했다.[61]

이런 코즈모폴리터니즘은 또한 식민 제국 시대에 새롭고 강력한 "아래로부터의 보편주의"를 만들기 위한 전제였다.[62] 마나벤드라 나트 로이는 회고록에서 1920년 초여름 모스크바에서 열린 공산주의 인터내셔널 2차 세계대회를 다음과 같이 묘사한다.

사상 처음으로 갈인과 황인이 고압적인 제국주의자가 아니라 친구이자 동
지인 백인, 식민주의의 악폐를 해결하려고 하는 백인과 만났다. 흑인도 소
수 참가했다. 미국에서 일부, 남아프리카에서 두어 사람이 왔다. 그들로서
는 린치를 당할 위험을 무릅쓰지 않은 채 백인 여자와 공개적으로 춤을 출
정도로 백인과 자유롭게 어울리는 게 신선한 경험이었다. 사실상 러시아
여자들이 흑인들에게 가장 강한 매력을 느끼는 듯했다. 아마 흑백 대비가
조화를 이루는 사례였던 것 같다.[63]

중유럽의 유대인—특히 1914년 당시 민족주의가 득세하고, 정치적
으로 고전적 자유주의에 기울었던 교양 시민 계층Bildungsbürgertum에
속한 이들—은 자국의 동료 시민들처럼 볼셰비즘에 끌리지 않았지
만, 유대인 인텔리겐치아는 페트로그라드 소비에트들이 보낸 메시지
를 따뜻하게 환영했다. 혁명가들은 유대인 가운데 소수 집단이었지만,
유대인은 혁명가들 사이에서 대단히 중요하고 종종 지도적인 소수였
다. 독일에서는 폴란드에서 베를린으로 이주한 유대인 마르크스주의
사상가 로자 룩셈부르크가 1919년 1월 스파르타쿠스단 반란을 이끌었
다(스파르타쿠스단의 다른 카리스마적 인물은 카를 리프크네히트였다). 1920년
대 초반, 독일 공산주의 지도자 대다수는 파울 레비, 루트 피셔(엘프리
데 아이슬러), 아르카디 마슬로브(이사크 에피모비치 체메린스키), 카를 라
데크(소벨손) 같은 유대인 지식인이었다. 1919년 뮌헨과 부다페스트에
서 일어난 혁명에서도 유대인 지식인들이 주역이었다. 1918년 11월에
서 1919년 2월 사이에 바이에른 대통령을 지낸 쿠르트 아이스너는 대

학 바깥의 좌익 사회주의자이자 언론인이었다. 반유대주의 극우 민족주의자들이 그를 암살한 뒤 잠깐이나마 표현주의 극작가 에른스트 톨러가 이끄는 진정으로 보헤미안적인 정부가 세워졌다. 당시 구스타프 란다우어와 에리히 뮈잠 같은 아나키스트 작가들이 톨러 주변을 에워 쌌다. 그들은 감옥을 열고 화폐를 폐지했으며, 항상 가톨릭이 독점하던 영역인 교육을 개혁하는 책임자로 유대인을 임명했다. 스위스가 우익 민병대 의용군단의 위협을 받던 바이에른공화국에 기관차 60량을 빌려주는 것을 거부하자 외무 인민위원 프란츠 리프 박사가 스위스에 선전포고를 한 것은 희극 같은 일이었다. 세 번째 소비에트공화국 정부의 지도자였던 공산주의자 오이겐 레비네는 대부분 실직 노동자인 2만 명의 병사로 붉은군대를 창설했다. 의용군단과 공식 군대에 맞서 싸우기 위한 조치였으나 결국 5월에 공화국이 진압되었다. 바이에른의 혁명가들은 전부 체포되었고 란다우어를 비롯한 많은 이들이 처형되었다. 1919년 3월부터 8월까지 지속된 헝가리 소비에트공화국에서는 의장 쿤 벨러부터 문화 인민위원 루카치 죄르지에 이르기까지 인민위원 29명 가운데 18명이 유대인이었다. 몇몇 학자들에 따르면, 지식인들이 혁명의 지도부를 형성했고, 그들 중 압도적 다수(70~95퍼센트)가 유대인이었다.[64]

아이작 도이처는 이런 동유럽과 중유럽의 혁명적 지식인 세대를 묘사하기 위해 기억에 남을 만한 정의—자화상이기도 하다—를 만들어냈다. 그들은 '비유대적 유대인'이라는 것이었다. 도이처는 "유대인을 초월한 유대 이단자는 유대인 전통에 속한다"면서 스피노자, 하이네, 마르크스, 룩셈부르크, 트로츠키를 언급했다.[65] 이 유대인 지식인들은 자신의 종교 및 전통 문화와 단절했지만, 반유대주의 때문에 박해의

그림 4.10 아이작 도이처(1957년 무렵). 암스테르담 국제사회사연구소.

역사와 배제와 낙인찍기의 현재를 가정하면서 스스로를 유대인으로 인식했다. 현대 세계에서, 특히 유대인 해방 이후에 유대교는 그들에게 "너무 협소하고 낡고 제약이 심해" 보였다. 유대교 전통의 보편주의적 핵심은 유대교 자체를 넘어서야만 발전시킬 수 있었다. '비유대적 유대인'은 세속화를 함축하면서도 무신론과 유대교를 두루 아우르는 변증법적 인간형이다. 다시 말해, 이 인간형은 유대교를 거부하는 대신 초월한다. 반순응주의, 이단, 비판적 사상의 이런 '전통'에 새겨진 이 외부자들은 독특한 위치에 서 있었다. 일종의 종교적 몽매주의라고 여긴 유대교와 단절한 동시에 기성 질서의 제도와 체통, 공적 경력에서도 배제된 것이다. 그들은 대전쟁 말 중부 제국들의 붕괴 같은 이례적인 역사적 상황에서 지도적 집단으로 등장할 수 있었지만, 도이처는 그들의 취약한 위치를 명료하게 지적했다. 그들은 사회적·정치적 위기가 발생할 때마다 안성맞춤의 희생양이었다.

이 위대한 혁명가들은 모두 대단히 취약했다. 하나같이 유대인이어서 어

그림 4.11 『신질서』, 1920년 12월 11~18일자.

떻게 보면 뿌리가 없었다. 하지만 그들은 어떤 면에서만 그랬다. 지적 전통과 당대의 가장 고귀한 열망에 가장 깊숙이 뿌리를 두었기 때문이다. 허나 종교적 관용이나 민족주의적 감정이 부상하는 경우에는 언제나, 교조적인 편협성과 광신주의가 승리를 거둘 때면 언제나 그들이 첫 번째 희생자가 되었다. 그들은 유대인 랍비들에게 파문당하고, 기독교 사제들에게 박해를 받았으며, 절대 통치자의 경찰과 군대에 사냥을 당했다. 사이비 민주주의 속물들에게 혐오의 대상이었고, 자신들이 속한 당에서 추방당했다. 거의 모두가 자기 나라에서 망명길에 올랐고, 모든 이의 저술이 이런저런 시기에 화형을 당했다.[66]

대다수 서유럽 나라에서 유대인이 보통 국가 제도에 적절하게 통합됐지만, 혁명적 지식인들은 대체로 다른 주변화된 집단들에 속했다. 아나키즘이 역사적으로 이런 전통을 구현한 이탈리아에서 공산당에 합류한 유일하게 중요한 지식인 집단은 앞서 언급한『신질서』편집진뿐이었다. 토리노에서 젊은 언론인 네 명, 즉 안토니오 그람시, 안젤로 타스카, 팔미로 톨리아티, 움베르토 테라치니가 창간한 신문이었다. 이들 모두 토리노대학교에서 공부하고 이 사회주의 언론에 글을 쓰면서 정치 활동을 시작한 이들이었다. 그들은 서른 살이 안 되는 나이에 『신질서』를 창간했는데, 이 신문은 곧바로 1920년 노동자들이 피아트 공장을 점거하는 시기에 공장평의회를 결집시키는 중심지가 되었다.[67]

프랑스에서는 신성동맹의 교의가 만장일치로 지지를 받았다. 러시아 출신의 역사학자 보리스 수바린과, 피에르 모나트와 알프레드 로스메르가 주도하는 잡지 『노동자의 삶La Vie ouvrière』을 중심으로 모인 아나코생디칼리스트들같이 주변화되고 분산된 사회주의 국제주의자들을 제외하면 누구도 이 교의에 반대하지 않았다. 로맹 롤랑의 『싸움을 넘어서Au-dessus de la mêlée』(1915)와 앙리 바르뷔스의 『포화』(1916)로 대표되는 평화주의 문학계는 민족주의에 반대하는 대신 전쟁의 비인간성을 비난했을 뿐이다.[68] 마르셀 카생이나 뤼도비크-오스카르 프로사르같이 1920년 투르에서 열린 공산당 창당 대회에 참가한 사회당 (SFIO) 국회의원들은 6년 전에 전쟁 채권에 찬성표를 던진 바 있었다. 프로사르에게 볼셰비즘은 1789년의 후계자였다. 레닌과 트로츠키는 1793년의 조상들의 교훈을 깨우쳐서 권력을 장악한 것이었다. 전쟁 중에 파리에서 망명 생활을 한 트로츠키는 공산주의 인터내셔널 프랑스 지부의 민족주의적 경향을 강하게 비판했다.[69]

1920년대에 이런 공화적 민족주의 분위기를 깨뜨린 것은 젊은 지식인들이 활기를 불어넣은 아방가르드 경향들이었다. 1919년 바르뷔스가 창간한 잡지 『클라르테(Clarté. 빛)』는 금세 혁명적 좌파 지식인들의 기관지가 되었다. 잡지는 보리스 수바린, 피에르 나비유, 마르셀 푸르니에 같은 공산주의 평론가들만이 아니라 소렐주의 작가 에두아르 베르트가 기고한 글도 실었고, 반공화주의, 반자본주의, 반민족주의, 반식민주의, '반인도주의' 지향을 공공연하게 내세웠다. 1924년 잡지는 '주검Un cadavre'이라는 제목의 특별판으로 아나톨 프랑스의 죽음을 축하했다. 『클라르테』는 또한 공산주의와, 전쟁 이후 프랑스에서 나타난 가장 중요한 아방가르드 경향인 초현실주의가 만나는 갈림길이었다. 앙드레 브르통이 창시한 이 운동은 볼셰비즘으로 대표되는 사회적·정치적 혁명을, 전복적 무의식의 해방, 그리고 실존을 다시 황홀하게 만들고자 하는 미적 창조와 결합하고자 했다. 철저하게 비순응적이고 '삶을 바꾸자'는 랭보의 명령에 충실했던 초현실주의는 종류를 막론하고 고전주의와 아카데미즘을 거부했다. 브르통과 그의 친구들은 공산주의를 정신분석 및 아나키즘과 결합하고자 했다. 발터 베냐민에 따르면, 초현실주의는 바쿠닌 이래 유럽이 잃어버린 "급진적 자유 개념"을 재발견한 운동이었다. 하지만 "혁명을 위해 도취의 에너지를 얻는 것"으로는 충분하지 않았다. 베냐민은 이 임무에만 초점을 맞추는 것은 "방법론적이고 규율적인 혁명 준비를 오로지 신체 훈련과 사전 축하 사이를 오락가락하는 실천에만 종속시키는 셈"이라고 경고했다.[70] 요컨대, 베냐민이 이런 식의 '고딕 마르크스주의'에서 비난한 것은 보헤미안에 대한 애호였다. 피에르 나비유가 브르통과 그의 동료들을 볼셰비즘 쪽으로 밀어붙이려고 쓴 글인 『혁명과 지식인』(1926)의 핵심에 자리한 것도 이런 주장이다. 나비유의 말에 따르면, 그들의 운동은 "현재 상태의 파괴에 대한 믿음"을 함축하는 대단히 "전복적인 정신 자세attitude de l'esprit"를 표출했지만, 이런 믿음의 성격은 아직 분명하지 않았다. 초현실주의는 "절대적인 아나키즘적 태도와 혁명적 마르스크주의의 행동 사이에서" 동요했기 때문이다.[71] 리프 전쟁[1919~26년 모로코

그림 4.12 『초현실주의 혁명』, 1926년 12월 1일.

의 리프족이 에스파냐에 대항해 벌인 전투. 멜리야 전쟁이라고도 한다 | 옮긴이]과 1931년 파리 식민지박람회에 맞서 활발하게 결집한 초현실주의는 그 래도 여전히 순전히 미학에만 전념하는 한계를 넘어서 그 시절에 불가 피하게 공산주의와 중첩되는 정치적 행동에 관여했다.

독일과 프랑스에서는 대학의 마르크스주의 학자들이 "희귀종 새" 라기보다는 사실상 전혀 존재하지 않았다. 바이마르공화국 시기에 예 외가 있다면 『마르크스주의와 철학』(1923)의 저자로 서구 마르크스주 의의 선구자인 카를 코르쉬다. 그는 제국의회에서 독일공산당 국회의 원으로 선출되기 직전인 1924년 예나대학교에서 전임 교수가 되었다. 마르크스주의적 지향을 숨기지 않은 사회조사연구소Institute for Social Research는 프랑크푸르트대학교 부설 기관이었지만, 아르헨티나의 부 유한 지주와 곡물상 집안 출신 학생인 펠릭스 바일이 내놓은 독립적 기 금의 혜택을 받았다. 오스트리아 법학 교수 카를 그륀베르크의 지휘 아래 1919년 다비트 랴자노프가 모스크바에 설립한 마르크스-엥겔스연구소Marx-Engels Institute의 독일판이 되고자 했던 초기 연간(1923~30년)에 공산주의와 가까웠던 프랑크푸르트학파는 공산주의 활동가나 동조자를 여럿 수용했다. 프란츠 보르케나우, 헨리크 그로스만, 헤르베르트 마르쿠제, 프리드리히 폴로크, 카를 비트포겔 등이 대표적이다. 하지만 1930년에 막스 호르크하이머가 소장으로 임명된 뒤 연구소는 정치 관여를 신중하게 피했고, 미국에 망명한 시절에는 이런 입장을 더욱 강화했다. 헤르베르트 마르쿠제에 따르면 당시에는 정치가 "엄격하게 금지"되었다.[72] 프랑스의 경우에 대학은 유대인 학자를 전혀 배제하지 않았지만 많은 혁명적 지식인이 학문적 훈련은 받았어도 언론인이나 고등학교 교사로 일했다. 조르주 프리드만, 앙리 르페브르, 피에르 나비유, 폴 니장, 조르주 폴리체르 같은 공산주의 철학자와 수필가들이 이런 경우였다. 그들 중 일부는 제2차 세계대전 이후에야 대학 경력을 시작하게 된다. 폴 니장은 기성 학자들이 노동계급의 상태에 무관심하다고 공공연하게 혹평했다. 『경비견들』(1932)에서 그는 추상적 가치의 영역에 갇혀 있는 소르본 철학자들의 "무책임"과 "수치스러운 부재"를 비판했다. "숱한 박사학위 논문 가운데 어떤 것도 부르주아지가 벌이는 계급투쟁, 산업 노예제, 그리고 통치자들이 프롤레타리아트에게 느끼는 혐오와 공포와 분노를 표현하지 않는다."[73]

미국에서도 보헤미아는 볼셰비키 러시아에서 나오는 호소에 가장 민감하게 반응하는 환경이었다. 이민자 사회주의의 지배적인 환경 이외에—미국 공산당의 첫 번째 서기는 이탈리아 태생의 독학한 언론인이자 마르크스주의 수필가인 루이스 C. 프레이나(루이지 프라이나)였다—

10월 혁명이 진정한 인기를 얻은 유일한 지식인 집단은 뉴욕 그리니치빌리지의 보헤미아였다. 1911년 이 집단의 기관지나 다름없는 잡지 『대중The Masses』을 창간한 맥스 이스트먼, 존 리드, 루이즈 브라이언트는 1917년에 공산주의자가 되었다. 『대중』의 정신은 존 리드의 소개 글에 잘 요약돼 있다.

이 잡지는 편집진이 협동적으로 소유하고 발간한다. 이 잡지는 지불해야 하는 배당금이 없으며, 누구도 잡지를 통해 돈을 벌려고 하지 않는다. 개혁이 아니라 혁명을 위한 잡지, 유머감각이 있지만 체통 있는 자들을 존경하지 않는 잡지. 솔직하고 오만하며 무례하고 진정한 대의를 추구하는 잡지, 어디서든 경직성과 교조에 반대하는 잡지. 돈만 밝히는 언론이 보기에는 너무 노골적이거나 진실인 내용을 보도하는 잡지, 독자라 하더라도 아첨하거나 회유하지 않는 것을 최종 방침으로 삼는 잡지—미국에는 이런 간행물을 위한 영역이 존재한다.[74]

미국이 전쟁에 뛰어들면서 『대중』은 판매 금지되었다. 『해방자The Liberator』라는 이름으로 다시 등장해서 금세 공산주의 잡지가 됐지만, 많은 나이든 협력자들의 비순응주의적 태도와 미학적 모더니즘이 새로운 정통 지향과 충돌했다. 『빈털터리 유대인들Jews without Money』(1930)로 미국 '프롤레타리아 문학'의 대표자가 된 마이크 골드는 『해방자』의 교조주의와 분파주의, 청교도주의를 좋아하지 않은 반면, 조지프 프리먼은 급진적 보헤미안들 사이에 너무도 만연한 "부르주아적 에고 숭배"를 공공연하게 개탄했다.[75] 뉴욕 보헤미아의 혁명적 헌신을 자신의 삶에 일관되게 반영한 것은 존 리드였다. 미국에서 노동자 파업을 지지해서 몇 차례 수감되고『반란의 멕시코』(1914)라는 스릴 넘치는 르포르타주에서 멕시코 혁명을 묘사한 언론인이었다. 리드는 러시아 혁명을 다룬 가장 인기 있는 서술인『세계를 뒤흔든 열흘』(1919)을 썼는데, 이 책은 그가 모스크바에서 죽기 불과 1년 전에 출간되었다.[76]『대중』과『해방자』의 보헤미안들은 새로운 세대의 뉴욕 지식인들—절대 다수가 유대인이었다—이 등장하는 길을 닦았다. 새로운 세대는 새로운 저널인『파르티잔리뷰Partisan Review』를 창간하고, 공산주의와 종종 트로츠키주의에 대한 애착을 확인했으나 결국 냉전과 매카시즘의 도래를 맞이해야 했다.[77]

1920년대의 빨갱이 소동Red Scare은 강한 외국인혐오적 성격이 있어서 많은 사회주의자와 아나키스트 이민자들을 추방하는 결과를 낳았다. 이 민족주의 캠페인이 정점에 달한 것은 국적법National Origins Act 제정에 이어 1927년 니콜라 사코와 바르톨로메오 반제티를 처형한 사건이었다. 원형적 파시즘은 말할 것도 없고 뚜렷한 인종주의와 반유대주의의 성격으로 모양지어진 이 민족주의 물결은 분명 좌파 지식인들을 겨냥했지만, 독일의 신보수주의와 나치 운동이 취한 발작적 형태에까지 이르지는 않았다. 이런 관점에서 보면 앞에서 언급한 아우구스트 잔더의 에리히 뮈잠 사진과, 1931년 토머스 하트 벤턴이 뉴스쿨을 위해 그린 〈오늘날의 미국〉이라는 호화로운 벽화에 담긴 맥스 이스트먼의 초상을 비교하는 것도 흥미롭다.[78] 산업 노동, 기술적 성취, 마천루, 재즈 오케스트라, 치열한 도시 생활 등 1920년대 미국의 광범위한 이미지를 제시하는 벤턴의 그림 프로젝트는 잔더의『우리 시대의 얼굴』과 비슷한 점이 몇 가지 있다. 하지만 두 작품에서 각각의 사회적 공간에 새겨진 뮈잠과 이스트먼의 모습은 거의 대척점에 서 있다. 독일 아

그림 4.13 토머스 하트 벤턴, 〈오늘날의 미국〉(1931). 에그 템페라. 맥스 이스트먼의 초상 부분. 뉴욕 메트로폴리탄 미술관.

나키스트는 국외자의 전형으로 가장자리에 불안한 모습으로 나타나는 반면, 이스트먼은 도시 환경 속에서 편안해 보인다. 뉴욕 지하철 객차에 앉아 있는 그의 앞에는 멋쟁이 숙녀가, 옆에는 아프리카계 미국인 여행자가 있고, 그는 주변 사람들에게 무관심한 채 생각에 잠겨 있다. 그는 한 명의 지식인으로 이런 흥분되는 모더니즘의 풍경에 자연스럽게 속하는 기품 있는 남자가 되고 싶어한다. 벤턴은 이 혁명적 지식인이 자본주의 미국의 이런 역동적 초상화 속 배우들 중 하나라는 점, 이 나라에서는 사회적·정치적 갈등이 미래를 향한 프로메테우스적 열정에 흡수된다는 점을 말하려 한다.

급진 페미니즘

10월 혁명으로 촉발된 해방에 대한 호소는 페미니즘에도 상당한 영향을 미쳤고, 볼셰비키 러시아는 여성해방의 실험실로 여겨졌다. 제2장에서 살펴본 것처럼, 알렉산드라 콜론타이는 성해방과 자유연애를 이론화했을 뿐만 아니라 사회복지 인민위원으로서 젠더 평등을 확립하려는 구체적인 조치도 취했다. 콜론타이가 볼 때, 사회주의적 미래는 사회 구조의 근본적 핵심으로서 가부장적 가족의 종말을 의미했다. 독일의 클라라 체트킨, 네덜란드의 헨리에테 롤란트-홀스트, 영국의 실비아 팽크허스트 등 많은 페미니스트가 공산주의에 가세했다. 페미니즘이 혁명적 지식인 가운데 가장 흥미로운 인물인 클로드 카욍(뤼시 슈보브)을 낳은 것은 아마 프랑스일 것이다. 미카엘 뢰비의 말마따나 "예술가는 흔히 외부자이자 위반자이지만, 클로드 카욍만큼 경계에 도전하는 많은 자질을 구현한 이는 거의 없다. 카욍은 레즈비언 초현실주의자이자 마르크스주의 소수파, 비유대적 유대인, 사진가, 시인, 비평가, 레지스탕스 활동가였다".[79] 클로드 카욍은 부르디외적인 의미에서 "상속자"였다. 부르주아 출신—아버지가 저명한 출판업자였고, 삼촌

그림 4.14 클로드 카윙, 〈어느 젊은이의 자화상〉(1920), 뉴욕 현대미술관.

은 문학평론가 마르셀 슈보브였다―인데다가 높이 평가받는 저널 『메르퀴르 드 프랑스Mercure de France』에 글을 쓰면서 경력을 시작했기 때문이다. 하지만 아방가르드에 발을 들여놓는 순간 실존적·지적 여정에 급진적인 단절이 나타났다. 카윙은 레즈비어니즘을 받아들이고 퀴어 정체성(프랑스어로 남성과 여성 모두를 아우르는 그녀의 새로운 이름 Claude로 강조된다)을 주장하면서 모든 성적 관습을 걷어찼으며, 또한 초현실주의 안에서 미학적·정치적 책무를 채택했다. 요컨대 카윙은 이제 더는 제도권의 일부가 아니었다. 외부자가 된 것이다. 카윙은 사진 작업을 식민주의와 파시즘에 반대하는 저술과 결합했고, 전쟁 중에도 자신의 주변성을 받아들이면서 초현실주의를 레지스탕스 실천으로 뒤바꾸고 독일 점령하에서 유대인 신분을 회복했다.[80]

하지만 우리는 클로드 카윙이 예외적 인물이라는 사실을 무시해서

그림 4.15 외젠 아페르, 〈루이즈 미셸의 감옥 초상사진〉(1871).
그림 4.16 국민위병 군복 차림의 루이즈 미셸, 『베를리너일루스트리에르테 차이퉁』, 1904.

는 안 된다. 앞서 살펴본 것처럼, 공산주의와 페미니즘의 우연한 만남은 일시적이고 모순적이었으며, 종종 모호했다. 1922년 볼셰비키당 여성 부문인 제노텔Zhenodtel 설립자가 외교관으로 해외에 파견되었고, 그녀의 페미니즘적 활동은 일련의 자전적 글쓰기에만 국한되었다. 로자 룩셈부르크에서 안젤리카 발라바노바까지, 이네사 아르망에서 루트 피셔까지, 돌로레스 이바루리에서 헨리에테 롤란트-홀스트까지 공산주의 운동에서 지도적 역할을 한 대다수 여성은 자신의 젠더 정체성을 전면에 내세우지 않았다. 1920년대 내전과 정치적 소요의 영웅적 시기에 혁명군 병사로서 볼셰비키의 군사적 모범은 불가피하게 신체적 힘에서 용기와 대담성에 이르기까지 전통적으로 남성과 동일시되는 많은 자질을 찬미했다. 이런 경향은 완전히 새로운 것은 아니었지만—파리코뮌 당시 군복 차림으로 찍은 루이즈 미셸의 사진을 생각해

보라[81]— 대전쟁을 거치면서 한층 강화되었다. 1930년대에 가족적·위계적 젠더 규범이 복원되자 여성은 서발턴의 지위에 고정되었다. 브리기테 슈투더가 지적하는 것처럼, 계급투쟁에 강하게 기반을 두는 정치적 이데올로기는 젠더 지배 및 억압과 관련된 모든 쟁점을 의도적으로 주변화함으로써 프롤레타리아 자격을 제외하면 혁명적 여성들이 —심지어 상징적으로도— 재현될 여지를 남겨놓지 않았다.[82] 여성은 —소비에트의 많은 포스터에서 나타나는 것처럼— 노동자와 농민이었고, 페트로그라드를 방어하는 동료 민병대원들 옆에서 무기를 들었지만, 프롤레타리아 계급의 성원으로서만 존재했다. 여성 노동자, 농민, 병사가 전통적인 모성의 상징화에 대립되자 여성을 지식인으로 재현할 여지가 전혀 남지 않았다(초현실주의자 카욍처럼 중성적 국외자는 예외였다). 이는 전형적인 혁명적 지식인이 전통적으로 **남성**이었음을 의미한다. 여성 혁명가들이 분명 존재했고, 중요한 역할을 할 수 있었지만, 이는 그들의 젠더를 부정함을 함축했다. 혁명 운동의 위계적 구조는 그들에게 서발턴의 지위를 부여했다. 소련에서 여성은 두 주요 대학을 이끌었지만—클랍디야 키르사노바는 국제레닌학교를, 마리아 프룸키나는 서부소수민족대학을 이끌었다—, 볼셰비키당 정치국에서 여성은 크게 과소대표되었다. 슈투더의 설명에 따르면, 코민테른에서 여성은 대부분 비서나 타자수, 통역자로 활용되었다.[83] 그들의 지위는 공식 도상학에서 어떻게 재현되는지—또는 재현되지 않는지—에 고스란히 반영된다. 1919년 공산주의 인터내셔널 1차 대회에서 찍은 단체사진을 보면 50명 정도의 대표단이 촘촘하게 모여 앉거나 섰는데, 그중에 여자는 2명만 눈에 들어온다. 1922년 4차 대회의 단체사진에는 유색인이 훨씬 많지만 여성의 숫자는 바뀌지 않았다. 이미 사회주의 리얼리

그림 4.17 모스크바, 공산주의 인터내셔널 1차 대회(1919).

그림 4.18 이사크 이즈라일레비치 브로드스키, 〈공산주의 인터내셔널 2차 대회 개막 축제〉(1924). 캔버스. 모스크바 국립역사박물관.

그림 4.18-1 코민테른 2차 대회에서 연설하는 레닌, 1920년 7월. Humbert-Droz Archives. 브로드스키는 이 사진을 바탕으로 그림을 그렸다.

즘 양식으로 그려진 이사크 브로드스키의 1924년 그림은 페트로그라드의 타우리데 궁전에서 열린 코민테른 2차 대회 개막식을 보여준다. 거대한 이 그림에서는 이런 행사의 열띤 분위기가 생생하게 드러나는데, 많은 지도자를 뚜렷하게 알아볼 수 있다. 연단에서 발언하는 레닌 옆에 카를 라데크가 있고, 그 뒤로 한 단 위에는 알프레드 로스메르, 클라라 체트킨, 그리고리 지노비예프, 레온 트로츠키가 눈에 들어온다. 다른 많은 지도자가 인파가 운집한 거대한 회의실의 국제적 청중 사이에 흩어져 있다. 곳곳에서 '이국적인' 의상이 눈을 사로잡지만, 여성은 극소수를 이룰 뿐이다. 레닌의 연단 바로 밑에 젊은 여자 6명이 커다란 책상에 앉아 있는데, 대회 속기록을 작성하거나 번역하는 데에 집중한 모습이다.[84] 페미니즘과 교차성은 여전히 멀리 떨어진 곳에 있었다.

지도 II: 식민 세계

10월 혁명은 식민 세계에서 새로운 세대의 혁명적 지식인의 등장을 촉발하는 전환점이 되었다. 1914년 이전에 이 세계에서는 서구에 비해 혁명적 지식인이 한층 더 "희귀종 새"였다. 필리핀 지도자 호세 리살에 관한 베네딕트 앤더슨의 권위 있는 연구에 따르면, "초기 세계화"의 시대에 그들의 정치적 급진화는 반제국주의, 아나키즘, 민족해방이라는 세 깃발 아래 이루어졌다.[85] 농촌 세계 출신인 그들은 농민에 대해 마르크스 같은 편견이 없었기 때문에 농민을 혁명의 주체로 여기는 성향이 강했다. 농민을 보는 마르크스의 시각은 1848년 프랑스의 경험에서 나온 것이었는데, 당시 농민들은 보나파르티즘의 한 기둥을 이루었다. 마르크스주의가 사회주의를 생산력 발전의 결과로 정의하고 초기의 산업 프롤레타리아트를 사회적·정치적 변혁의 주요 벡터로 여긴 것과 달리, 아나키스트들은 식민 세계가 산업화된 뒤까지 해방을 미룰 생각이 없었고, 농민을 반란의 저장고로 보았다. 마르크스의 지적 환경이 기본적으로 베를린과 파리, 런던을 꼭짓점으로 하는 삼각 지대였고 이따금 상트페테르부르크와 뉴욕까지 확장된 반면, 아나키스트들은 동유럽과 남유럽, 주로 러시아 제국, 프랑스, 이탈리아와 에스파냐에 행동의 근거지를 두었고, 동시에 라틴아메리카와 유기적 연계를 확립했다. 그들의 코즈모폴리터니즘은 확실히 마르크스주의 2세대 지식인들의 그것과 견줄 수 있었다. 앤더슨에 따르면, 리살 시대의 필리핀 지도자들은 다언어 세계에 익숙해서 "오스트리아인에게는 독일어로, 일본인에게는 영어로, 자기들끼리는 프랑스어나 에스파냐어, 타갈로그어로 편지를 썼고, 마지막으로 아름다운 국제적 언어인 라틴어를 자유자재로 끼워 넣었다".[86]

하지만 아나키스트의 행동은 무엇보다도 '사실적 선전'이나 '행동을 통한 선전'에 바탕을 두었는데, 이런 행동은 대개 국왕이나 정치인 암살로 정점에 달했다—드미트리 카라코조프가 발명하고 주로 러시아와 이탈리아 아나키스트 테러리스트들이 실천한 특별한 분야였다. 10월 혁명 이후, 식민지 출신 젊은 지식인들이 어마어마한 규모로 대중 운동에 지도부를 제공했다. 볼셰비키의 세계 혁명 호소—와 소련이 이 기획에 투여한 물질적 지원—는 이 지식인들이 아나키즘과 민족주의에서 마르크스주의로 옮겨가게 만든 전제였다. 이 호소에 처음 응답한 이들은 학생과 젊은 언론인, 서구의 몇몇 대도시에 살거나 여행 온 민족주의 망명자와 이민자 등이었다. 몇 가지 사례가 이 과정을 여실히 보여준다.

'코민테른의 브라만' 마나벤드라 나트 로이와 베트남 독립의 아버지 호찌민은 비슷한 경로를 걸었다. 로이는 1887년 서벵골주 캘커타에서 태어났고, 호찌민은 3년 뒤 프랑스령 인도차이나의 한 마을에서 태어났다. 둘 다 식민지 학교에서 교육을 받고, 영국과 프랑스 행정청에서 일했으며, 서구로 여정을 떠나기 전에 자기 나라에서 민족주의자가 되었다. 제1차 세계대전 중에 인도 민족주의에 대한 독일의 지지를 받으려고 활동하던 로이는 영국의 단속에 부딪혀서 우선 일본으로 도망쳤다가 옮겨간 뉴욕에서 마르크스주의를 접했다. 영국 요원들에게 쫓기자 멕시코로 옮겨가서 사회주의 잡지 『엘푸에블로(El Pueblo. 민중)』에 글을 쓰기 시작했으며 1919년 멕시코 공산당 창건에 참여했다. 이듬해 모스크바에서 코민테른 2차 대회에 참석해서 유명한 '민족과 식민지 문제에 관한 테제'를 제출해, 노동계급, 농민, 민족 부르주아지를 아우르는 반제국주의 동맹이 필요하다는 레닌의 견해를 비판했다.[87] 1911년에서 1918년 사이에 호찌민은 뉴욕과 런던에서 밑바닥 일자리를 전전하면서 반식민주의 논설을 썼다. 1919년에서 1925년 사이에 프랑스에 정착한 그는 1920년 투르에서 프랑스 공산당 창건에 참여했고, 식민지연합Intercolonial Union의 기관지인 『르파리아(Le Paria. 천민)』를 창간했다. 자신이 주요 필자를 맡은 월간지였다.[88] 로이와 호찌민 둘 다 1918년 우드로 윌슨이 민족자결권의 선구자로 등장하자 그에게 청원서를 제출했고, 결국 반제국주의 투쟁을 통해 독립을 쟁취해야 한다는 결론에 도달했다. 1920년대에 두 사람은 코민테른 활동에 깊이 관여했다. 1927년 호찌민이 중국 광둥에 있을 때 공산주의 봉기가 일어나 실패로 끝났다. 소련 내부 투쟁에서 부하린 편에 섰던 그는 2년 뒤 베를린에서 자신이 코민테른에서 축출된 사실을 알게 되었다. 그리하여 정치 활동을 계속하기 위해 인도로 돌아갔다. 베트남에서 영향력 있는 트로츠키주의자가 됐을 뿐만 아니라 베트민(베트남독립동맹)에 처형까지 당한 따투터우와 달리, 호찌민은 스탈린주의를 비판하지 않았다. 중국을 돌아다니면서 상하이와 광둥에서 공산주의 반란이 패배하는 것을 경험한 뒤, 호찌민은 1930년 홍콩에서 베트남 공산당을 창건했다. 대일 전쟁에 관여한 그는 게릴라전의 이론과 실천에 익숙해서 1940년 프랑스의 패배 이후 베트남에 이 경험을 성공적으로 도입했다.[89]

중국에서 공산주의가 탄생한 것은 1911년 혁명에 참여하고 1919년 5월 학생 운동 이후 청년층에서 영향력을 크게 확대한 소수의 동년배 지식인 집단이 정치적으로 진화한 결과였다. 처음으로 "반엘리트주의에 몰두하는 엘리트주의"를 경험한 집단이었다.[90] 1921년 공산당이 창당하는 순간에 주요 이데올로그였던 천두슈陳獨秀와 리다자오李大釗 둘 다 도쿄대학교 학생 시절에 마르크스주의를 발견했다. 당 지도자들 가운데 마오쩌둥만이 해외 여행 경험이 없었다. 이 집단에서 가장 젊은 축인 저우언라이周恩來와 덩샤오핑鄧小平은 프랑스 이주 생활 중에 공산주의자로 변신했다. 고위 관리 집안 출신인 천두슈를 제외하면, 모두 하위 행정 계층 출신으로 베이징과 상하이의 대학에서 공부했다. 모두 급진적 서구화론자였다. 마오가 서구의 혁명 패러다임과 단절하면서 공산당 지도부를 맡아 농민 게릴라전에 기반한 새로운 전략을 도입한 것은 1925년과 1927년 상하이와 광둥에서 일어난 노동자 반란의 패배에서 교훈을 끌어낸 뒤의 일이다. 이로써 적어도 10년간 코민테른과 긴장과 갈등을 겪게 된다.[91]

중국에서 마르크스주의의 도입은 유럽 근대의 강력한 매력과 유교

문화에 대한 비판적 재평가를 두루 나타낸 반면, 네덜란드령 인도네시아에서는 중국의 동지들과 마찬가지로 일본과 서구의 이주 생활을 경험한 젊은 세대의 지식인들이 민족주의와 반제국주의, 이슬람 전통 사이에 새로운 관계를 설정한 결과였다. 탄 말라카(이브라힘 겔라르 다툭 수탄 말라카)가 이런 경우로, 1913년부터 1919년까지 네덜란드에서 공부한 수마트라 출신 교사였던 그는 그곳에서 네덜란드 사회주의의 지도자이자 인도네시아 공산당 창건자인 헨크 스네블리에트에게 마르크스주의를 배웠다. 1920년대에 말라카는 공산주의 인터내셔널 관리로 중국에서 태국, 필리핀에서 싱가포르까지 동양 전역을 돌아다니면서 수차례 체포되었다. 중국 공산당 내의 전략 논쟁이 국민당과의 갈등 관계에 초점을 맞춘 반면, 인도네시아에서 '부르주아 민족주의'를 구현한 것은 사레카트이슬람(Sarekat Islam. 이슬람동맹)으로, 스네블리에트와 말라카는 이 세력과 유기적 연합을 이룰 것을 호소했다. 말라카는 이슬람에 대한 독창적 해석을 정교하게 다듬으면서 양자의 연속성을 강조해서 마르크스주의와 통합했다. 서구에서 마르크스주의가 급진적 계몽주의에서 생겨난 것처럼, 인도네시아에서 마르크스주의는 이슬람의 유산을 떠안음으로써만 해방 운동의 지도적 이데올로기가 될 수 있다고 그는 주장했다. 제2차 세계대전 중에 그는 '마딜로그(Madilog. 유물론, 변증법, 논리의 줄임말)' 개념을 만들어내면서 근대적 인도네시아를 건설하는 데에 이슬람의 합리적 유산이 중요함을 강조했다.

이슬람은 그전까지 순전히 교조와 신앙에만 근거하던 기독교에 그리스 철학을 가져다주었다. 서양에서는 위대한 아리스토텔레스의 제자 아베로에스라는 이름으로 유명한 의사이자 철학자 이븐 루시드는 … 중세시대 기독교가 지배하는 서양에서 오늘날 자본주의 세계에서 마르크스주의를 보는 것과 똑같은 대접을 받았다. 아랍의 철학 선생들에게 받은 졸업장을 가지고 에스파냐에서 서유럽이나 북유럽으로 돌아온 기독교도 학생들은 기독교 사제들에게 혁명가로 간주되었다. 이탈리아의 아베로에스주의 대학 세 곳은 유럽의 이슬람 좌파로서 '합리주의'를 발전시켰다.[92]

말라카가 범이슬람 운동을 지지하고 1930년대에 스탈린주의의 '교조와 신앙'에 반기를 든 철학적 배경이 여기에 있다. 스네블리에트는 이런 시각을 철학적·신학적 토대 위에 올려두지 않았지만 정치적 결과는 공유했다. 말라카는 독립 인도네시아의 여러 아버지 중 하나가 되었고, 아시아에서 오랜 세월을 보내며 인도네시아와 중국 공산주의의 창건에 참여한 스네블리에트는 네덜란드 레지스탕스에 깊숙이 관여하다가 1942년 암스테르담에서 나치에 의해 처형되었다.

전통과 근대, 조국과 서양, 이론과 행동 사이에서 갈팡질팡하는 아시아의 혁명적 지식인들의 정신과 생애를 어느 정도 포착한 것은 앙드레 말로의 소설 『인간의 조건』(1933)이다. 1925년 상하이에서 벌어진 공산주의 반란을 소설화한 작품이다. 소설의 주인공 기요를 둘러싼 인물은 카토프와 첸이다. 카토프는 이미 1905년과 1917년 혁명에 참여한 러시아인으로, '보편적 형제애'의 이름으로 중국 공산주의 운동에 가담해서 대의를 위해 자신을 희생할 각오가 되어 있다. 첸은 "곧바로 행동으로 전환되지 않는 이데올로기로는 살아갈 수 없다"는 점에서 19세기 테러리즘의 후계자다.[93] 기요는 "혼혈인 국외자로, 백인 남자, 그리고 심지어 백인 여자들에게도 경멸의 대상이다".[94] 아버지는 베이징대학교를 나온 프랑스 마르크스주의 학자이고 어머니는 일본인이다. 부인 메이는 독일인이다. 기요에게 마르크스주의는 비판적 이론을 넘어서 행동을 위한 강령인데, 이런 태도는 그의 면모에 반영된다. "금욕적 수도원장"을 닮은 아버지의 특징은 그의 "사무라이 같은 얼굴"에서 이제 더이상 찾아보기 어렵다.[95] 기요에게 사상은 "생각하는 게 아니라 삶으로 실천하는 것"이며, 이것이 그의 삶에 의미를 부여한다. 혁명은 "지금 이 순간 역병과도 같은 기근으로 서서히 죽어나가는 이 사람들"을 위해 존엄을 획득하는 길이다.[96] 말로의 소설은 1925년 상하이에 뚜렷하게 만연한 정신 상태, 즉 실패할 운명인 반란의 절망감을 거울처럼 반영하지만, 이런 비극적 경험에도 불구하고 탈식민화 과정을 이끌게 되는 한 세대의 희망과 부합하지 않았다.

라틴아메리카에서 아나키즘과 사회주의는 20세기 전환기에 토착적 지식인층이 형성되기 전까지는 사실상 유럽에서 수입된 산물이었다. 하지만 이곳에서도 '아버지와 아들', 심지어 손자 사이에 인상적인 이분법을 관찰할 수 있다. 아르헨티나에서 오라시오 타르쿠스는 몇 세대의 마르크스 해석자들을 구분한 바 있다. 1870년대 파리코뮌 이후 프랑스인 망명자들, 1880년대 독일 이민자들의 '과학적 사회주의', 그리고 1890년대 특히 아르헨티나인이 우세한 3세대─그중에는 호세 인헤니에로스(주세페 인제니에리)와, 1898년 마르크스의 『자본』을 처음 에스파냐어로 번역한 후안 B. 후스토 같은 대학교수도 있다─, 1880년대 말에서 1890년대에 태어나 1920년대에 공산주의 정당을 창건한 더 급진적인 젊은 세대 등이다.[97] 1919년부터 줄곧 라틴아메리카 대륙을 휩쓴 대학 개혁 운동은 국내의 권위주의 정권에 맞선 싸움에 참여한 학생 세대를 정치에 개입시켰다. 훌리오 안토니오 메야가 그린 궤적은 이 집단을 상징한다. 아바나대학교 법학과 학생이던 그는 헤라르도 마차도의 독재에 반대하는 저항 운동의 지도자가 됐다가 중앙아메리카를 거쳐 멕시코로 도망쳐야 했다. 1925년 그곳에서 쿠바 공산당—모스크바에서 인정받은 최초의 공산당—을 창건했다.

명백한 차이가 있기는 해도 아시아와 라틴아메리카 사이에는 여전히 몇 가지 결정적인 유사점이 있다. 라틴아메리카는 식민주의와 이민 유입으로 만들어진 유산인 유럽과의 탯줄을 끊음으로써 자신만의 정체성을 만들어내려 한 대륙이다. 두 대륙 공히 마르크스주의는 수많은 민족적 맥락에 스며든 토착적 문화들과 합쳐지지 않고서는 헤게모니적인 정치 문화가 될 수 없었다(그리하여 미카엘 뢰비의 말마따나 "토착주의"와 유럽주의의 두 "대척적 유혹" 사이에서 갈라지게 된다).[98] 두 대륙 모두에서 노동계급은 압도적 농촌 사회에서 소수 세력이었고, 사회주의는 반제국주의 민족 운동의 등장에 직면했다. 노동계급 운동의 원형적인 형태는 1924년 리마에서 빅토르 라울 아야 데 라 토레가 창건한 아메리카 인민혁명동맹American Popular Revolutionary Alliance(APRA)이다. 오늘날 라틴아메리카 문화의 으뜸가는 인물로 손꼽히는 『페루 현실을 해석하는 일곱 편의 에세이』(1928)의 저자 호세 카를로스 마리아테기의 작업 한가운데에 놓인 딜레마가 바로 이런 것이다.

1927년 1월 아르헨티나의 문학평론가 사무엘 글루스베르그에게 보낸 편지에서 마리아테기는 다음과 같은 말로 자신을 소개했다.

나는 95년에 태어났습니다. 열네 살 때 신문사에 조수로 들어갔어요. 1919년까지 일간신문에서 일을 했는데, 『라프렌사(La Prensa. 신문)』를 시작으로 『엘티엠포(El Tiempo. 시간)』를 거쳐 마지막에는 『라라손(La Razón. 이

성)』에서 일했습니다. 이 마지막 일간지에서 우리는 대학 개혁 운동을 촉구했습니다. 1918년부터 크리오요[원래는 신대륙에서 태어난 에스파냐인을 지칭하는 말이었으나 점차 아메리카에서 태어난 프랑스인, 에스파냐인에 이어 백인과 원주민의 혼혈까지 가리키게 되었다 | 옮긴이]의 정치에 신물을 느끼면서 단호하게 사회주의로 돌아섰고, 당시 만개했던 세기말 데카당스와 비잔틴주의로 충만한 문인이 되려는 첫 번째 시도와 단절했습니다. 1919년 말부터 1923년 중반까지 유럽 곳곳을 여행했습니다. 2년 넘게 이탈리아에서 살면서 한 여자와 몇몇 사상과 결혼했지요. 프랑스, 독일, 오스트리아, 그 밖에 다른 나라들을 돌았습니다. 아내와 아이 때문에 러시아에는 가지 못했어요. 유럽에서 페루인 몇 명하고 의기투합해서 사회주의 행동을 벌였습니다. 그 시기에 쓴 글들을 보면 사회주의로 나아가는 과정이 두드러지지요. 1923년 페루에 돌아오자마자 보고서와 학생연맹과 인민대학교에서 한 강연, 논설 등을 통해 유럽의 상황을 설명하면서 마르크스주의적 방법에 따라 페루의 현실을 연구하는 작업을 시작했습니다. 이미 말한 것처럼, 1924년에 하마터면 목숨을 잃을 뻔했지요. 한쪽 다리를 잃고 몸이 아주 안 좋아졌어요. 평온하게 살았으면 분명 이미 건강을 완전히 회복했을 거예요. 그런데 가난 때문에, 그리고 정신적으로 워낙 바빠서inquietud intellectual 그러지 못했지요. 당신이 이미 아는 것 말고 더는 책을 내지 못했습니다. 두 권을 써놨고 두 권을 더 작업 중입니다. 이렇게 몇 마디 말로 내 인생을 정리해보았습니다. … 하나 빼먹었군요. 나는 독학자autodidacto 입니다. 리마에서 문학 강좌에 등록한 적이 있지만, 아우구스티누스에 관한 라틴어 강좌를 듣는 데만 관심이 있었지요. 그리고 유럽에서는 자유롭게 몇몇 강좌를 들었지만, 대학에 속하지 않은, 어쩌면 반대학적인 지위를 포기할 생각은 없었습니다. 1925년 학생연맹은 내 전문 분야의 강사로 나

를 추천했습니다. 하지만 총장의 악의와, 어쩌면 내 건강 상태 때문에 이 구상은 좌절됐지요.[99]

리마의 대학에서 교편을 잡지 못한 것은 다름 아닌 독학자라는 그의 지위 때문이었다. 그는 열다섯 살에 리마의 신문 『라프렌사』에서 일을 시작해서 스무 살에 첫 번째 논설을 발표했다. 같은 해인 1927년에 『아마우타Amauta』라는 저널을 창간했는데, 그를 공산주의 '음모'의 설계자로 낙인찍은 비방 캠페인의 표적이 되자 몇 차례 논설을 써서 음모와 혁명의 차이를 설명했다. 편지에서 밝힌 것처럼, 그는 유럽을 여행했는데, 그곳에서 발견한 것은 대전쟁으로 폐허가 된 대륙이었다. 페루 언론을 위해 쓴 보고서는 구세계에 영향을 미친 파국과 문화적 변화의 비범한 초상이다. 베르사유 회담; 이탈리아의 단눈치오, 마리네티, 미래주의와 파시즘; 프랑스의 다다이즘, 초현실주의, 베르그송과 소렐; 독일의 그로스와 표현주의; 오스트리아의 슈테판 츠바이크, 러시아의 톨스토이, 알렉산드르 블로크, 트로츠키, 루나차르스키 등을 다뤘다. 이탈리아에서 마리아테기는 1921년 공산당 창당 대회에 참석했고, 그람시, 톨리아티와 긴밀하게 교류했다.

『아마우타』는 바르뷔스와 나비유가 펴내는 프랑스 저널 『클라르테』를 모델로 삼았지만, 한결 분명하게 마르크스주의를 지향했다. '아마우타'는 '대가'나 '현자'를 뜻하는 케추아어로, 잉카 제국의 기억을 전하는 스승들을 가리킨다. 마리아테기에 따르면, 페루의 사회주의 혁명은 토지와 원주민의 지위라는 서로 연결된 두 가지 문제의 해답을 찾아야 한다. 연안 지역의 자본주의와 내륙 지역의 대토지 소유(라티푼디움)를 철폐하는 것과 동시에 집단적 토지 사용을 기반으로 콜럼버스

그림 4.19 호세 카를로스 마리아테기, 리마, 1928년. 아르헨티나 화가 호세 말랑카가 찍은 사진. 리마 호세 카를로스 마리아테기 문서고.

이전의 원주민 공동체를 다시 활성화해야 한다—크리오요의 연안과 원주민의 내륙이라는 이분법을 극복함으로써 근대적 민족을 건설하는 것이다. 그리하여 마리아테기는 낡은 과거를 낭만적으로 이상화하는 것과는 아무 관계가 없는 일종의 혁명적 '원주민주의'를 주창했다. 1925년에 말한 것처럼, 일정한 역사적 상황에서는 민족 개념이 "자유의 정신을 구현할" 수 있었다. 서유럽에서는 이 개념이 낡은 것이었지만—제1차 세계대전으로 의심의 여지 없이 입증된 사실이다—, 과거에는 혁명적 역할을 했다. 이제 제국주의에 억압을 받는 나라들에서 민족 개념이 비슷한 역할을 했다.[100]

마리아테기가 『클라르테』를 페루 독자들에게 소개한 글에는 인텔리겐치아와 혁명의 관계에 대한 비판적 평가가 들어 있었다.

지식인은 대체로 규율과 강령, 체계를 고분고분 따르지 않는다. 지식인의 심리는 개인주의적이고 사고는 이단적이다. 무엇보다도 그들의 개인주의적 정서는 과도하고 끝이 없다. 지식인의 개인성은 언제나 공통의 규칙을 넘어서고자 한다. 게다가 지식인은 흔히 정치를 깔본다. 그들에게 정치란 관료와 협잡꾼이나 하는 활동이다. 그들은 일상적 시기에는 그렇다 하더라도 혁명적 시기, 새로운 사회적 상태와 새로운 정치의 형태를 예고하는 소요와 격변의 시기에는 다르다는 것을 잊어버린다. 이런 시기에 정치는 이제 더이상 직업적 카스트의 단조로운 사무가 아니다. 이런 시기에 정치는 일상적 기준을 초월해서 삶과 인간성의 모든 차원을 사로잡는다.[101]

민감하고 창의적인 정신은 이런 급격한 변화에 무관심할 수 없다. '정치가 곧 삶'이기 때문이다. 이런 시기에 일종의 미학적인 정치 거부를 주장하는 것은 보수적 사고를 가리는 몸짓일 뿐이라고 마리아테기는 결론지었다.

역사학자 세드릭 로빈슨에 따르면, 20세기 초 카리브해 지역의 흑인 인텔리겐치아 안에서 민족주의가 등장했다. 인구의 압도적 다수—노예의 후손들—와 지배층인 소수 백인 부르주아지 사이에 자리한 집단이었다.[102] 백인 사회에서도 배제되고 자신들의 문화적 뿌리에서 떨어져 나온 주변화된 인텔리겐치아였다. 식민지 교육기관에서 공부해서 서구의 문학과 가치관을 통해 사고가 형성된 그 대표자들은 동화의 교의를 거부함으로써 민족해방의 길을 걸었다. 급진적 반식민주의를 향한 첫 번째 걸음은 런던이나 파리, 뉴욕을 찾아가 범아프리카주의를 발견하고 흑인 정체성 개념을 정교화하는 것이었다. 1963년, C. L. R.

그림 4.20 C. L. R. 제임스, 1939년.

제임스는 이 세대가 걸은 궤적을 다음과 같이 요약했다.

자유로 나아가는 첫 단계는 해외로 나가는 것이었다. 자기 자신을 자유롭
고 독립적인 사람으로 볼 수 있으려면 우선 아프리카의 것은 무엇이든 본
래 열등하고 타락했다는 낙인부터 머릿속에서 씻어내야 했다. 서인도의
민족 정체성으로 가는 길은 아프리카를 통해 깔려 있었다.[103]

트리니다드 출신의 두 젊은 지식인이 바로 이런 길을 걸었다. 1920년
대 중반 미국으로 이주한 조지 패드모어는 그곳에서 공산당에 가입했
고, 제임스 자신도 1934년 런던에서 마르크스주의자가 되었다. 한 해
뒤, 둘 다 에티오피아 전쟁에 반대하는 국제적 캠페인에 깊숙이 관여
했다. 제임스는 트로츠키의 『러시아 혁명사』(1932)와 오스발트 슈펭글
러의 『서구의 쇠퇴』(1918)를 읽은 뒤 마르크스주의자가 됐다고 썼다.[104]
슈펭글러가 독일 보수주의 선언에서 이미 수명을 다한 채 현재의 고
통으로 묵시록적 분위기를 조성한 '유기체'인 부르주아 문명의 고갈을

묘사한 반면, 트로츠키는 10월 혁명을 설명하면서 해방의 시대를 선포했다. 파리에서는 마르티니크 출신의 학생 에메 세제르가 세네갈 시인 레오폴 세다르 상고르와 네그리튀드Negritude 운동을 창시했다. 초현실주의와 가까웠던 세제르는 프랑스 공산당에 가입했다. 1935년 그는 저널 『흑인학생L'Étudiant noir』을 창간해서 '동화주의'에 대한 급진적 비판을 발표하고 자신의 흑인 정체성이 일종의 인종적 자부심이라고 주장했다. "예속과 동화는 서로 비슷하다"고 그는 말했다. 둘 다 "수동성의 형태"로, 그는 여기에 "행동과 창조"를 의미하는 "해방"의 길을 대립시켰다.[105] 흑인 정체성은 또한 잊고 가려진 해방투쟁의 전통을 재발견하는 것을 의미했다. 1938년 제임스는 아이티 혁명을 재구성하고 해석하는 『블랙 자코뱅』을 출간했다. "수백 명이 모여 있어도 백인 남자 한 명 앞에서 벌벌 떨던 노예들이 스스로를 조직해서 당대의 가장 강력한 유럽 나라들을 물리칠 수 있는 사람들로 변모한" 혁명이었다.[106]

베네딕트 앤더슨이 환기시킨 식민지 혁명의 세 깃발—사회주의, 반제국주의, 민족해방—을 영원히 하나로 엮을 수는 없었다. 때로는 세 깃발의 공존이 긴장과 갈등의 원천이 되기도 했다. 이런 잠재적 이율배반을 고려할 때 남반구 출신 혁명적 지식인들의 유형에는 서로 다른 세 집단, 즉 뿌리를 둔 코즈모폴리턴, 토양적telluric 혁명가, 뿌리 뽑힌 국제주의자가 포함될 수 있었다. 물론 이 경향들은 모두 '이상형'으로, 단일한 운동 안에서 순조롭게 뒤섞이거나 심지어 어느 혁명적 지식인의 실존적·정치적 궤적 안에서 상이한 단계를 구성할 수도 있었다. 국제주의와 민족주의, 보편과 특수의 이런 복잡한 변증법을 보여주는 많은 사례가 존재한다.

미첼 코언이 만들어낸 "뿌리를 둔 코즈모폴리터니즘" 개념은 몇몇 혁명 운동에 참여하고, 여러 언어로 글을 쓰고, 자기가 태어난 나라와 깊은 연계를 잃지 않은 채 어느 정도 길게 망명 시기를 경험한 많은 지식인들의 지위를 아주 잘 포착한다.[107] 가령 호찌민은 30년 가까운 세월을 여러 나라와 대륙을 전전하며 보냈지만, 마침내 베트남 혁명에서 지도적 역할을 했다. 1911년에서 1941년 사이에 호찌민은 파리, 뉴욕, 런던, 모스크바, 광둥, 상하이, 왐포아, 홍콩 등에서 살았지만, 프랑스가 패배한 뒤 베트남으로 돌아와서 일본 점령에 맞서는 무장투쟁의 지도자가 될 수 있었다. 몇 년 만에 그는 성공적 군사 전략가의 카리스마를 훌쩍 넘어서는 국민적 영웅의 지위를 얻었다. 그의 여정은 뿌리를 둔 코즈모폴리턴 혁명가가 또한 '토양적' 성격을 가질 수 있음을 보여준다.[108] 카를 슈미트에 따르면, 파르티잔은 자신이 속해서 정치 행동을 벌이는 인구 집단 및 영토와 강한 관계를 맺는다. 파르티잔은 자신들의 게릴라 운동을 지지하는 농민들에게 숙식을 제공받거나, '기술적' 사보타주 활동을 감추는 도시민들의 보호를 받고자 한다. 혁명적 지식인들은 배제와 주변성, 망명을 두려워하지 않았지만, 완전히 뿌리 뽑힌 반란자는 민족해방을 위한 대중 운동이나 투쟁을 이끌 수 없었다. 그들은 "자유롭게 떠다니는" 방랑을 멈추고 자신의 행동을 고정시킬 안식처를 필요로 했다.

하지만 이런 뿌리를 둔 코즈모폴리턴들 외에 일부 혁명적 지식인들은 거의 배타적으로 토양적 성격을 보여주었다. 이 집단의 고전적 사례는 스탈린과 마오쩌둥이다. 스탈린은 1917년 전에는 그루지야에 근거를 두다가 이후 죽을 때까지 모스크바에 머물렀다. 그는 외국 망명을 경험한 적이 없으며, 차르 제국을 벗어난 것도 서유럽에서 열리는 볼셰

그림 4.21 프랑스 공산당 창립대회에 참가한 호찌민, 투르, 1920년 12월.

비키당 회의에 참가하는 드문 경우뿐이었다. 그는 1913년에 빈에서 한 달을 보냈는데, 몇 가지 기본적인 자료를 제공한 부하린의 도움을 받아 그곳에서 마르크스주의와 민족 문제에 관한 글을 썼다. 그는 외국어를 전혀 구사하지 못했다. 많은 역사학자에 따르면, 그의 '토양적', 반코즈모폴리턴적 기질—1930년대에 일종의 대러시아 민족주의로 변모한 특성—이 '일국 사회주의' 이론을 정교화하는 데에 결정적인 역할을 했다. 결국 이 이론이 코민테른의 세계혁명 전략을 대체한다. 올랜도 파이지스는 이런 새로운 전망이 1917년 볼셰비키당에 가입한 2세대 지식인, 중역, 관리자들 사이에 큰 지지를 얻은 반면, 코즈모폴리터니즘은 혁명을 이루고 결국 모스크바 재판과 굴락에서 몰살당한 세대가 공유한 특징이었다고 말한다.[109]

'토양적' 혁명 사상가의 다른 주요한 사례인 마오쩌둥은 중국만큼 거대하고 다양한 나라에 관해서는 속속들이 알면서도 서구나 다른 아시아 나라들에 관한 직접적 지식이 전혀 없었다. 이런 독특한 면모 때문에 그는 일본과 서유럽에서 공부하거나 모스크바에서 이데올로기적·군사적 훈련기를 거친 중국 공산주의의 다른 많은 주요 성원들과도 동떨어진 인물이었다. 1920년대 중반 일어난 여러 도시 혁명의 패배를 전략적으로 고찰하면서 우선 장시성에 소비에트공화국(1929~34)을 세운 뒤 장대한 대장정(1934~35)을 조직하기로 결정한 것도 마오였다. 대장정 덕분에 공산주의자들은 군사 조직을 보전하면서 반일 투쟁과 1949년 혁명을 위한 전제를 세울 수 있었다. 1925~27년 도시 봉기가 비극적으로 실패한 뒤 처음에는 일시적 방편으로 여겨졌던 이 농촌으로의 철수는 농민 혁명으로 전략적 방향을 다시 잡는 계기가 되었다. 바로 이것이 러시아 공산주의와 중국 공산주의의 '핵심적인' 차이였다. 슈미트가 독일 공산당 전 지도자 루트 피셔의 말을 인용해서 지적하는 것처럼, 볼셰비키는 "해외 이민자가 대다수를 이루는 한 무리의 이론가들이 이끌었다".[110] 반면 중국 공산당은 분명 지적이고 프롤레타리아적인 도시 환경에서 탄생했지만, 자신의 이론과 행동을 농민층 안에 새김으로써 승리를 거두었다. 마오주의의 독특한 성격에 관한 아이작 도이처 같은 통찰력 있는 분석가의 관찰은 인용할 만한 구절이다.

> 말하기 조심스럽지만, 규모로 볼 때 역사상 가장 거대한 혁명인 중국 혁명을 혁명 정당 가운데 가장 편협하고 '배타적인' 당이 이끈 것은 사실이다. 이런 역설은 혁명 자체의 고유한 힘을 더욱 선명하게 보여준다.[111]

토양적 혁명가와 코즈모폴리턴적 혁명가가 반드시 대척점에 섰던 것은 아니다. 1940년 멕시코시티에서 열린 레온 트로츠키 장례식에서 사파티스타 군대의 기병들이 대열을 이뤄 상징적으로 행진한 것은 양쪽이 사실상 동맹을 이루었음을 보여주는 시각적 재현이다. 하지만 전쟁과 혁명의 세기에 독특한 성격을 띠어서 쉽게 무시해서는 안 되는 세 번째 집단도 있었다. '뿌리 뽑힌 코즈모폴리턴' 그룹이 그들이다. 이 꼬리표는 스탈린주의와 파시즘이 경멸적으로 사용한 것이지만—분명 외국인 혐오와 반유대주의의 함의가 있었다— 그럼에도 불구하고 분명히 현존하는 집단을 가리키는 것이었다.

마나벤드라 나트 로이가 걸은 궤적은 호찌민의 그것과 비슷하지만, 두 사람이 남긴 성과는 매우 다르다. 1914년에서 1931년 사이에 로이

그림 4.22 마나벤드라 나트 로이, 모스크바, 1924년. 사진 중앙에 있는 로이를 쉽게 알아볼 수 있다. 왼쪽에서 오른쪽 순서로 라데크, 부하린, 레닌, 고리키, 지노비예프, 스탈린도 눈에 들어온다.

는 고베神戸와 팰로앨토, 뉴욕, 멕시코시티, 모스크바, 타슈켄트, 광둥, 베를린 등지에서 살았지만, 봄베이로 돌아왔을 때 그는 자신의 혁명적인 초민족적 경험과 인도 민족해방의 경로를 종합하는 길을 찾지 못했다. 1935년 에티오피아 전쟁 시절에 반식민주의와 반파시즘은 조화롭게 합쳐졌다. 제2차 세계대전 중에는 반파시즘 때문에 영국에서 독립한다는 목표를 뒤로 미뤘다. 그는 인도의 호찌민이 되지 못했다. 전쟁 시기에 그는 '유럽 추종자'로 여겨졌고, 심지어 '영국의 첩자'라는 비방까지 받았다.

C. L. R. 제임스는 생도맹그의 '블랙 자코뱅들'의 탁월한 역사가인데, 미국에서 추방된 뒤—매카시즘 아래 엘리스섬에서 1년을 보내면서 멜빌의 『모비딕』에 관한 걸출한 책을 썼다— 범아프리카주의의 주창자가 됐지만, 트리니다드를 떠난 뒤로는 대중 운동을 이끈 적이 없다. 그리고 그는 대학에 속한 적이 없고, 대신 런던에서 주변인, 즉 '뿌리 뽑힌 코즈모폴리턴'으로 살았다. 뿌리 내림과 코즈모폴리터니즘 사이의 평형 상태는 복합적이며, 종종 불안정하거나 과도적이다. 혁명이 실패하는 경우에 수십 년 동안 쉼 없이 싸운 많은 지식인이 급진주의를 포기하거나 외부자라는 원래의 주변적 역할로 돌아간다. 토양적 코즈모폴리턴은 보기 드문 변증법적 종자다.

우리는 '토양적 인격'을 인위적으로 창조할 수 없음을 인식하기 위해 대지와 죽은 이들에 대한 민족주의적 숭배를 채택할 필요가 없다. 이런 관점에서 보면, 체 게바라가 걸은 궤적이 매우 교훈적이다. 20대에 라틴아메리카 곳곳을 여행한 이 아르헨티나의 의사는 1954년 과테말라에서 쿠데타가 벌어지고 이듬해 멕시코시티에서 피델 카스트로를 만난 이후 열렬한 반제국주의 활동가가 되었다. 그는 부에노스아이레스에서 볼 때 이국적으로 비칠 수 있는 나라의 민족해방 운동에 선 뜻 나서서 합세한 코즈모폴리턴 지식인이었다. 1958년 쿠바 혁명에 참 여했을 뿐만 아니라 지도부의 일원으로 활동하고 자신의 삶을 이 카 리브해 섬의 삶과 통합했다. 낭만적 반란자이자 보헤미안, 정치인, 반 제국주의의 국제적 선구자였던 그는 또한 유명한 글인 『게릴라전: 하 나의 방법』(1963)을 통해 자신의 혁명 경험에서 교훈을 끌어낸 사상가 였다. 그의 전략은 일군의 구조적 전제에 토대를 두었다. 라틴아메리 카에서는 만연한 빈곤과 대규모 착취, 경제적 저발전이 군사독재를 통 해 통치하는 탓에 평화적 수단으로는 무너뜨릴 수 없는 과두 권력과 뒤섞여 있었다. 그가 볼 때, 게릴라전은 소수의 전투 행동이 아니라 대 중 운동이 되어야만 승리할 수 있었다. 하지만 그는 또한 농촌과 도시 의 대중을 결합하는 전반적인 봉기를 일으킬 객관적 조건은 게리예로 스(guerrilleros. 게릴라 전사) 자신들에 의해서만 만들어질 수 있다고 믿 었다. 여기서 이른바 포코(foco. 게릴라 거점) 이론이 나온다. 이 이론에 따르면, 게리예로스의 소수 중핵은 "반격을 가하거나 고난을 견딤으로 써" 성공을 거둘 수 있었다.[112] 그리하여 게바라는 파르티잔 전쟁을 하 나의 단순한 기법이 아니라 혁명 전략으로 구상했다. 그의 환상은 포 코, 즉 소규모 (외국인) 투사 집단이 일으킨 불꽃에서 산불이 퍼져나갈 수 있다고 생각한 데에 있었다. 1967년 볼리비아에서 소집단의 투사 들이 미 중앙정보국(CIA)과 현지 무장 세력에 추적을 당해 해체되면서 모험적 게릴라 활동이 파국적 종말을 맞자 그가 성공적인 혁명 운동의 토양적 차원을 터무니없이 과소평가했음이 입증되었다. 노동조합과 정당이 이끄는 노동자 투쟁과 도시 투쟁의 전통이 강한 볼리비아에서 는 농민 게릴라가 활동할 조건이 존재하지 않았다. 뿌리 뽑힌 코즈모폴리터니즘은 한편으로 혁명적 순교의 강력한 상징을 낳았지만, 다른 한편으로는 넘을 수 없는 한계를 보여주었다.

의식적 천민

앞에서 살펴본 풍경은 분명 철저하지는 않지만 1848년부터 제2차 세계대전까지의 시기를 아우르는 전 지구적인 혁명 지도—대략적이고 불완전하지만 그래도 의미 있는—의 윤곽을 보여준다. 아나키스트, 사회주의자, 공산주의자 반란자들의 이 다채로운 집단은 이데올로기적 차이에도 불구하고 자본주의와 순응적 가치, 기성 질서, 전제정과 부르주아 국가에 대한 증오를 공유한다. 그들 대부분은 또한 학계를 비롯한 국가 기관에서 배제되었을 뿐만 아니라 공공 영역에서 전반적으로 낙인이 찍힌 데서 생겨난 주변성이라는 사회적 조건을 공유한다. 대다수는 막스 베버가 『경제와 사회』(1921)에서 제시하고 한나 아렌트가 1944년에 쓴 유대인의 조건에 관한 유명한 글에서 정교화한 '천민pariah' 정의와 아주 잘 들어맞는다.[113]

베버는 사회학 논문에서 '지성주의' 개념을 합리화 및 세속화, 즉 모든 종류의 신화에 대립되는 정신 습관 및 세계관과 동의어로 사용했다. 지성주의는 "지성의 희생"을 함축하는 "종교적 믿음Glaubensfrommigkeit"을 극복한다는 것이다.[114] 하지만 그의 저작에 드물게 나타나는 '지식인'이라는 명사는 주로 작가나 언론인 같은 근대 사회의 인물들을 묘사하는 용어로, 때로 '천민의'라는 형용사가 따라붙는다. 『고대 유대교』(1917)에서 베버는 전근대 유럽의 유대인들을 몇 가지 독특한 특징을 보이는 '천민Pariavolk'—카스트 없는 세계에서 일종의 인도 '카스트'—으로 정의했다. 그들은 외국인 신분으로 다른 민족 사이에 섞여 살았고, 다른 사람들과 "의례적으로" 분리를 유지했으며, 본질적인 도시적 성격 때문에 농업에 종사하지 않았고, 일종의 "이중적 도덕"을 실천했다. 자기 공동체 내부의 도덕과 전체 환경에서 실천하는 도덕이 달랐다.[115] 『경제와 사회』에서 '천민 지성주의'의 대표자들은 탄탄한 사회적 지위가 없고 기존의 사회적 위계에 속하지 않는다. 그들은 확고한 물질적 토대가 없이 생활하며 주변에서 세계를 관찰한다. 베버는 '천민 지식인'의 몇몇 사례로 17세기 잉글랜드의 청교도, 제정 러시아의 독학 농민과 퇴락하는 귀족, 서유럽의 아나키즘과 혁명 이데올로그, 그리고 마지막으로, 하지만 앞의 사례들과 마찬가지로 중요한 동유럽과 중유럽, 특히 독일의 유대인 지식인을 꼽았다.[116]

아렌트에게 '천민 유대인'은 하인리히 하이네, 베르나르 라자르, 찰리 채플린, 카프카 등을 아우르는 "감춰진 전통"이었다. 아렌트는 특히 드레퓌스를 옹호한 프랑스의 아나키스트이자 『욥의 똥 무더기』(1890년대에 쓴 저서로 사후인 1929년에 출간되었다)의 저자로 유대인 천민을 반역자로 묘사한 라자르에게 깊은 인상을 받았다. 라자르 이전에 '천민'이라는 단어는 순전히 미학적이거나 문학적·도덕적 의미로만 사용되었다. 배제된 비참한 사람들, 동정과 연민의 대상을 정의하는 단어였다. 뉴욕에서 난민으로 살던 1944년, 아렌트는 강한 정치적 의미를 새롭게 부여함으로써 이 개념을 재정식화했다. 천민은 민족과 국가가 없는 망명자가 되었다.[117] 요컨대 시민에서 배제된 사람, 또는 『전체주의의 기원』(1951)에서 말하는 것처럼 "권리를 가질 권리가 없는" 사람인 것이다.[118] 아렌트에 따르면, '천민'은 대전쟁이 끝나고 유럽 대륙이 지정학적으로 변모하는 시점에 유럽의 위기에서 생겨난 새로운 범주의 인간을 형성했다. 그들은 국가 없는 사람으로, 유럽의 다민족 제국들이 붕괴한 뒤 생겨난 민족국가에서 배제되어 종족청소의 첫 번째 대상이 되었다. 그리하여 그들은 역설적인 모순을 구현했다. 한편으로 그들은 가장 보편적인 의미의 '인간'의 진정한 대표자였다. 계몽주의가 가정한 인간의 추상적 정의를 압축적으로 보여주었기 때문이다. 하지만 다른 한편으로 정치적 권리를 존재의 근거로 가정하는 인간에서 배제되었다. 카를 야스퍼스에게 보낸 편지에서 아렌트는 천민을 정치적·법적 기성 공동체에서 배제된 채 인간애나 우정, 연대 같은 가치를 주장하는 개인들이라고 정의했다. 아렌트는 재산이 전혀 없는 사람들에게는 정동이 중요하다고 지적했다.[119]

다시 말해, 아렌트에게 천민의 조건은 존재론적이라기보다는 **역사적인** 것이었다. 아렌트는 또한 베르나르 라자르를 따라 배제된 자신의 조건을 받아들이는 천민은 '의식적 천민'이자 반역자가 된다고 말했다. 천민이라 함은 어떤 조건에 처해지는 것만이 아니라 스스로 선택하는 것일 수도 있다. 동유럽과 중유럽 유대인, 식민 세계, 카리브해 등지의 혁명적 지식인들을 생각해보면, 그들의 천민적 조건은 주어진 것일 뿐만 아니라 선택한 것이기도 했다. 그 조건은 서발턴의 지위인 동시에 의식적으로 떠맡은 정치적 입장이기도 했다. 그들은 낙인찍힌 소수에 속했으며, 지식인이자 정치적 아방가르드로서 지배받는 다수를 대표했다. 대학과 지체 높은 세계에서 배제된 것, 여기저기 떠도는 삶, 감옥살이와 망명 때문에 더욱 몰락한 계급적 지위. 이 모든 요소들이 그들의 정치적 성향을 급진화하고 인식론적 입장을 예리하게 갈아주었다. 그들은 주변부에서 세계를 관찰하면서 자신들이 사는 나라의 문화적, 정치적, 정신적, 심지어 심리적 편견에서도 벗어났다. 그들은 게오

그림 4.23 『르파리아』, 파리, 1922~26.

르크 지멜의 의미에서 '이방인stranger'이었고—그들은 각기 다른 여러 문화를 동화하고 통합했다—, 카를 만하임의 의미에서 "자유롭게 떠다녔지만free-floating"—어떤 견고한 사회적 연결도 갖지 못했다—, 이런 지위 덕분에 역사와 사회, 정치를 비판적 시선으로 볼 수 있었다.[120] 어쩌면 북아프리카와 서아프리카, 아시아와 카리브해 지역 출신으로 1920년대에 파리에 살았던 젊은 공산주의 지식인들이 앞에서 언급한 『르파리아』라는 저널을 펴내기로 결정한 것은 우연의 일치가 아닐 것이다. 이 제목은 그들의 지위를 완벽하게 요약해준다.

보수적 반지성주의

기성 질서에 맞선 행동에 끊임없이 관여하는 데클라세의 반역자들은 부르주아적 체통의 수호자들 사이에서 경멸과 공포, 심지어 혐오의 감정을 일깨운다. 얼마 지나지 않아 혁명적 지식인들은 그들이 공적 위험을 초래할 것이라고 경고하는 보수적 사상가와 이데올로그들의 주요한 표적이 되었다. 이 사람들은 대부분 도덕적 혐오와 신체적 혐오를 느끼며 혁명적 인텔리겐치아를 대했다. 보수적 학자, 고위 성직자, 민족주의자, 파시스트, 나치스 등의 인용문을 나열해보면 유쾌하지는 않더라도 흥미롭고 의미심장하다.

프랑스 귀족의 자랑스러운 대표자 토크빌이 『회상』(1851) 같은 사적인 글에서 묘사한 블랑키의 초상은 진심 어린 격렬한 혐오의 전형을 보여주면서 연재를 시작한다.

바로 그때 자기 차례가 되어 연단에 오르는 그를 보았다. 그후 다시는 만나지 못했지만 그에 대한 기억을 떠올릴 때마다 공포와 혐오의 감정이 치밀어올랐다. 창백하고 수척한 뺨에 허연 입술, 허약하고 사악하며 역겨운 표정, 지저분하게 창백한 안색이 곰팡이가 핀 주검의 모습이었다. 리넨 속옷을 입지 않은 듯했고, 낡은 검정색 프록코트가 가늘고 야윈 팔다리에 딱 맞았다. 하수도에서 평생을 살다가 방금 나온 것처럼 보였다. 누군가 저자가 바로 블랑키라고 말해주었다.[121]

실증주의가 부상하고 범죄인류학 같은 새로운 사회과학이 등장해서 혁명을 사회체의 병리 현상으로 재해석하는 분석 범주를 제공하던 19세기 후반기에 자코뱅, 즉 사회주의와 아나키즘 지식인들은 흔히 "퇴화한 인간"이라고 묘사되었다. 매독으로 엉망이 된 병든 몸을 들여다보는 의사처럼 1789년 이후 프랑스의 역사를 연구한 이폴리트 텐의 저작에서 혁명가들은 콜레라, 발진티푸스, 말라리아, 알코올 중독, 암 등 그가 의학 용어로 묘사한 온갖 위험한 질병의 보균자였다.[122] 제2장에서

그림 4.24 오귀스트 블랑키. 부인 아멜리 세르가 그린 초상화(1835년 무렵). 파리 카르나 발레 박물관.

우리는 세기말 프랑스 정치 문헌에서 널리 유행한 파리코뮌의 "하이 에나"와 "고릴라"들을 보았다. 범죄인류학의 창시자 체사레 롬브로소 는 좀더 섬세하게 접근하면서 테러리스트 살인자와 그를 부추기는 허 무주의자를 구별했다. 전자는 대체로 "타고난 범죄자"로, 인간을 증오 하고 윤리적 가치를 전혀 믿지 않으며 "정치적 간질과 히스테리" 같은 질병을 구현하는 퇴화한 개인이었다. 후자는 보통 지식인인데, 얼굴 에 타락이 씌어 있고 두개골 형태로 뚜렷하게 탐지할 수 있는 폭력의 실행자와 달리, "아주 아름다운 골상"을 보일 수 있었다. 이런 사람은 "타고난 범죄자"라기보다는 "정념에 휘둘린" 정치적 범죄자로, "핏줄 로 물려받은" 신경증, 광신, 신비주의 등을 드러내면서 너그러움을 순 교로 대체하는 지경에 이르렀다.[123] 그리하여 롬브로소의 분류는 루이

그림 4.25-6 '혁명가와 정치범들' 도판, 체사레 롬브로소, 『정치범과 혁명가들』(1890).

즈 미셸이나 1878년 국왕 움베르토 1세를 암살하려 한 이탈리아 아나키스트 조반니 파사난테 같은 "범죄자와 반미치광이" 혁명가와, 바쿠닌, 체르니솁스키, 자술리치 등의 "정념에 휘둘린 정치적 범죄자"를 구분했다.[124]

롬브로소의 열광적 팬인 막스 노르다우도 마찬가지로 "혁명가와 아나키스트의 저술과 행동은 퇴화의 결과"라고 생각했다. 아나키스트들은 "강렬한 박애 정신"과 인류에게서 불의를 근절하려는 욕망에 영향을 받았지만, "퇴화한" 존재, 즉 기존의 환경에 적응할 능력이 없고 "의지의 유기적 약함"을 드러내는 개인으로서 그들은 자신들의 "불합리성과 모든 현실적 관계에 대한 극악한 무지" 때문에 범죄로 내몰렸다는 것이다.[125] 그러므로 혁명적 지식인들은 서구의 대도시에서 이미 나타나는 다른 현상들과 나란히 근대적 삶의 퇴화를 보여주는 또 하나의 사례였다. 타락한 욕망을 만족시키기 위한 상품을 파는 상점, 마약 거래와 성도착, 자살, 도시의 소음으로 인한 광기와 살인의 거침없는 확산, 인습에 어긋나게 대로에서 흡연하는 여성 등이 그런 현상이었다. 문학과 철학에 보들레르, 입센, 오스카 와일드, 니체가 있다면 이론과 정치에는 혁명적 지식인들이 있었다.

『비밀요원』(1907)에서 조지프 콘래드는 20세기 전환기에 여론에 널리 퍼진 데클라세 아나키스트 인텔리겐치아의 이미지를 흥미진진하게 소설화한다. 그리니치 천문대를 겨냥한 테러 공격을 조직하는 소수 음모자 집단은 광신자, 소시오패스와 국외자로 이루어지는데, 섬뜩한 만큼이나 기괴한 그들의 신체적 특성과 전반적 행동거지가 그들의 타자성을 드러낸다. 그들 모두는 만년 학생, 종파적 이데올로그, 전복적 사상가 등 하층 계급에 속한다. 이 집단 중 가장 나이든 축인 윤트는 "늙수그레한 대머리로, 가느다란 백발의 염소수염 가닥이 턱 위로 힘없이 처져 있다". 그의 중재는 애처로울 뿐이지만, "은밀한 악의의 이례적인 표정이 희망 없는 그의 눈동자에 남았다". 그의 몸짓을 보면 "빈사 상태에서도 남은 힘을 쥐어짜내 마지막으로 찌르려고 애쓰는 살인자"가 떠오른다.[126] 그는 지하 회의와 테러 음모를 벌이며 온 생애를 보내지만, 그가 말할 때면 "그의 사악한 재능의 그림자가 마치 오래된 독극물 병에 든 독약 냄새처럼" 여전히 그의 곁을 떠나지 않는다.[127] 이 집단에서 전단을 도맡아 쓰는 오시폰은 큰 키에 건장한 의대생 출신으로 졸업장은 없다. "주근깨 많은 불그스레한 얼굴" 위로 "노란 곱슬머리"가 수북하고, 아몬드 모양의 눈동자가 시선을 가리키는 반면, 코와 입은 "흑인같이 뭉툭하게 생겼다". 롬브로소의 팬인 그는 이 범죄학자가 묘사하는 '퇴화한' 범죄형 인간의 초상과 완벽하게 들어맞는다. 집단 토론 중에 그의 얼굴에 드러나는 감정은 "흑인 유형의 얼굴을 두드러지게 한다".[128] '교수'—별명으로만 등장한다—는 빈민 가정 출신으로, 어느 기독교 교파의 "열렬한 순회 전도사"인 아버지에게 정신적 기질을 물려받았다. "합법성에 대한 대중적 믿음을 파괴하는" 꿈에 사로잡힌 그는 광신자이며 "자신의 사악한 자유를 보장해주는 지고한 물건"인 폭탄 제조에 일가견이 있다.[129] 마지막으로, "가석방된 사도"인 미케일리스는 몇 년간 수감 생활을 한 탓에 병적으로 뚱뚱해져서 "욕조처럼 비대한" 몸집이다.[130]

확실히 콘래드가 그린 초상은 몇몇 유명한 아나키스트 인물들을 하나로 뭉뚱그리면서 당대 테러리스트의 전형을 희화화한다. 각각의 신체적 특징을 제외하면, 이 기괴한 음모자들은 바쿠닌이 "훌륭한 젊은 광신자들, 신 없는 신자들"의 세대를 대표한다고 열광적으로 묘사한 네차예프를 떠올리게 한다.[131] 또한 그들이 계획한 공격은 표트르 크로포트킨이나 에리코 말라테스타를 상기시킬 수 있었다. 각각 과학자와 의대생이던 두 사람은 '행동을 통한 선전'의 대변인이었다. 하지만 크로포트킨이나 말라테스타가 부유한 귀족 출신이었던 것과 달리, 콘래드는 소설의 인물들을 사회의 떨거지 출신의 주변인으로 만드는 쪽을 택했다.

러시아 혁명 이후 혁명적 지식인의 전형은 아나키스트 테러리스트에서 유럽을 배회하는 새로운 유령인 볼셰비키로 바뀌었다. '소명으로서의 정치'(1919)라는 유명한 강연에서 막스 베버는 최근에 등장한 이 인간형을 부르주아 학자, 책임 있는 정치인 같은 다른 사회적 행위자와 구분하면서 묘사했다. 이 사람들이 자기 직업의 합리성과 자기 행동의 결과를 예측하는 능력과 관련된 '책임의 윤리 Verantwortungsethik'를 구현하는 것과 달리, 지식인은 가장 신뢰할 수 없고 예측하기 어려운 사회적 주체였다. 부르주아는 합리적으로 조직된 생산과 이윤 창출 시스템에 맞춰진 일종의 속세적 금욕주의에 바탕을 둔 프로테스탄트 노동 윤리를 내면화한다. 학자는 학문을 하는 사람이다. 학자는 객관적이고 가치론적으로 중립적인 지식을 추구하기 때문에 어떤 감정적 간섭에서도 자유로운 비판적 거리를 이룰 수 있다. 예술가와 마찬가지로, 책임 있는 정치인─정치를 위한 소명을 달성하는 사람─은 합리화의 규칙에서 벗어나며 위계질서에 종속되지 않지만, 자기 나라의 우선적인 이해를 무시하지 않는다. 다른 한편, 지식인은 한 계급이나 '지위(order, Stand)'에 속하지 않으며, 사회 구조나 경제에서 안정된 위치를 차지하지 않는다. 계급과 '지위' 모두─각각 부르주아지와 성직자를 생각해보라─ 일관되고 매우 발전된 세계관을 가진 반면, 지식인은 사회적으로 뿌리가 없고 정치적으로 자유롭게 떠다니며, 불안정한 상태 때문에 거의 자연스럽게 반순응주의와 기성 권력 비판으로 내몰린다. 모든 지배 기구에 태생적으로 반항하고 거스르는 지식인은 혼돈의 원천이 된다. 사회적·정치적 소요의 시기에 지식인은 혁명 운동에 참여하기 쉽다. 지식인은 가장 뿌리 뽑힌 사람이자 이방인, 이민자이며 흔히 언론인이다. 제1차 세계대전이 끝났을 때, 지식인들은 극단적 악선동demagogy을 일삼는 태도로 이끌리면서 우발적 정념에 노출되고 메시아적 꿈에 걷잡을 수 없이 유혹되었다. 그들은 볼셰비키, 즉 "일상생활에 정서적으로 맞지 않거나 일상생활과 그에 따른 요구를 혐오하는 까닭에" 불가피하게 "거대한 혁명의 기적 이후 굶주리고 목이 마른" 낭만적 지식인이었다.[132] 이런 분위기는 "특정한 지식인 유형", 즉 "천민 카스트"—러시아와 독일 모두— 성원으로 "혁명이라는 자랑스러운 이름으로 명예를 얻는 이 축제"에서 결정적인 역할을 한 이들의 "무익한 흥분"이었다.[133] 베버는 이것이 "천리안 Augenmaß"과 책임성이 전혀 없는 가운데 이루어진 정치적 행동이 낳은 개탄할 만한 결과라고 결론지었다.

정치적 극단주의와 결합된 악선동은 새로운 형태의 메시아주의, 즉 근대적 합리성에 집어삼켜졌지만 여전히 향수적으로 기억되고 아직 열망되는 믿음에 대한 세속적 대용품을 낳았다. 전쟁 전에 하이델베르크에서 자기 진영에 참여했다가 나중에 신비주의로 채색된 열정으로 러시아 혁명을 지지한 두 젊은 철학자인 루카치 죄르지와 에른스트 블로흐를 암묵적으로 환기시키면서 베버는 "말하자면 보증받은 진품 골동품으로 자기 영혼을 채우려는" 일부 "근대적 지식인"의 성향에 낙인을 찍었다. 그 새로운 종교의 이름은 볼셰비즘이고, 그 예언자인 레온 트로츠키는 "자기 집에서 이 실험을 하는 데에 만족하지 않고" 실험을 수출하기를 바라면서 "전 세계 곳곳에서 누구도 따라잡을 수 없는 대대적인 사회주의 선전"을 장려한 지식인이었다. "러시아 문인다운 허영심에 물든" 트로츠키는 독일에서 "논쟁을 통해" 내전을 일으키기를 바랐다고 베버는 강조했다.[134] 트로츠키의 추종자들은 정부에 압력을 가하는 게 아니라 국가 자체에 의문을 던지기 위해 "거리의 정치"를 고안한 "커피하우스 지식인들"이었다. 의회 정치의 대척점에 있는 공공영역의 중추인 커피하우스는 탄탄한 사회적 지위가 없이 기성 정당 바깥에 존재하는 정치 활동가들만이 아니라 수많은 뿌리 뽑힌 지식인을 끌어당기는 자석 역할을 했다. 베버는 스파르타쿠스단 봉기와 1919년 바이에른 혁명의 지도자들—로자 룩셈부르크, 카를 리프크네히트, 쿠르트 아이스너—도 이 대열에 포함시키면서 "한 줌도 안 되는 거리의 독재자들"이라고 비하했다.[135]

베버가 뮌헨에서 강연을 한 그해에 장래에 교황 비오 12세가 되는 에우제니오 파첼리는 바이에른의 교황대사로서 바티칸에 보고서를 보냈다. 그중 하나인 4월에 쓴 보고서에서 그는 의용군단의 위협을 받는 혁명 권력을 재조직하려고 한 소비에트의 대리인 막스 레비엔을 소름 끼치는 언어로 묘사한다. 그의 참모가 소비에트 정부 본부를 방문한 적이 있는데, 남자 동지들과 편하게 어울리는 많은 여자들을 보고 깊은 인상을 받았다. 그들은 "나머지 사람들과 마찬가지로 유대인으로, 수상쩍은 외모의 젊은 여자 무리"였다. "이 어중이떠중이 여자들의 우두머리는 레비엔의 정부였는데, 이 젊은 러시아 여자는 유대인 이혼녀였다." 레비엔으로 말하자면 특히 섬뜩한 인간이었다. "이 레비엔이라는 자는 서른에서 서른다섯쯤 되는 젊은이로 역시 러시아인이자 유대인이다. 창백한 낯빛에 지저분하고 취한 눈빛에 목소리가 거칠며, 천박하고 혐오스러우며, 지적이면서도 교활한 얼굴이다."[136] 파첼리의 말에 따르면, 이 국외자 지식인들은 『시온 장로 의정서』의 음모론자들뿐만 아니라 성적으로 방탕한 포르노 그림에도 딱 들어맞았다.

10년 뒤, 파시즘적 반지성주의는 반유대주의와 동성애 혐오 논조를 결합하면서 지식인들을 남자다움의 대립물로 묘사했다. 미노 마카리는 1933년 『일셀바조(Il Selvaggio. 야만인)』에 쓴 글에서 "지성주의란 일종의 열매를 맺지 못하는 지능, 즉 불임의 지능"이라고 지적했다. 지성주의는 "병자들의 인터내셔널, 동성애자gli invertiti del sesso 인터내셔널이나 아나키스트 인터내셔널이다. … 그들은 여자 역할을 하지만 그것도 최악이다. 그들의 여성성은 모성을 의미하지 않기 때문이다."[137]

독일 민족주의자들―특히 나치스―의 반지성주의는 이탈리아 동료들보다 훨씬 강했다. 이탈리아의 파시즘은 미적 아방가르드를 너그럽게 허용하는 한편, 지식인을 박해하기보다는 타락시키려고 했기 때문이다. 하지만 바이마르공화국 아래서 '커피하우스 지식인들'을 공격하는 것은 우파 신문들의 일상이었고, 금세 민족주의 이데올로그들의 전문 분야가 되었다. 테오도어 W. 아도르노는 이 우글거리는 집단을 "반지성적 지식인들"이라고 불렀다.[138] 그들이 펴내는 저널 중 가장 명성이 높았던 『디타트(Die Tat. 행동)』는 볼셰비즘을 대개 맥주 양조장에 더 어울리는 "뿌리 뽑힌 자, 합리주의자, 이론가, 지식인" 집단이 지은 "인위적 구조물"이라고 묘사했다. 이 선전이 겨냥하는 거대한 표적은 독일을 괴롭히는 전염병인 "문화적 볼셰비즘Kulturbolschewismus"이었다. 당시에 나치가 펴내는 출판물에서 볼셰비키와 지식인, 유대인은 동의어로 사용되었다. 유대인은 대도시에서 우호적인 토양을 발견하고 그 첩자들, 즉 혁명적 지식인들이 위험하게 실행하는 코즈모폴리턴, 합리주의, 반독일 정신을 구현했다. 히틀러청년단이 "타락한" 책자를 화형에 처하기 직전인 1933년 5월 베를린 홈볼트대학교 앞에서 한 연설에서 요제프 괴벨스는 "극단적으로 선명한 지성주의überspitzen Intellektualismus가 판을 치는 시대가 끝났다"고 엄숙하게 선언했다.[139] 민족사회주의 혁명은 전쟁이 끝나면서 "하등인종 세력Untermenschentums이 정치 영역을 장악함으로써" 혼돈 속으로 던져버린 독일을 구원하는 행동이었다. 그 세력은 너절한 "아스팔트 문학"으로 독일 도서관을 가득 채웠기 때문에 이런 대대적인 분서 행위는 상징적인 정화를 넘어서는 특징이 있었다.[140]

대체로 나치는 지식인을 "냉담"하고 "피도 눈물도 없는" 정신으로 묘사했다. 괴벨스는 마르크스주의에서 영감을 찾은 "지식인 선동자"를 모조리 낙인찍는 데에 익숙했다. 그는 "이 인간 타락의 참으로 훌륭한 종자"는 유대인임을 분명히 했다.[141] 마르크스주의 같은 혁명 이데올로기와, 동방 세계의 "하등인종"이 배후에 도사리고 있는 슬라브 정신의 동맹을 이루는 한, 유대 볼셰비즘은 서구 문명을 위협하는 주요한 세력이었다. 유대인 지식인—소련의 진짜 두뇌—은 이런 폭발적 칵테일의 유해한 혼합기였다. 알프레트 로젠베르크에 따르면, "볼셰비즘은 유대-코즈모폴리턴 지성주의와 정념으로 똘똘 뭉친 동양의 종교적 열정이 결합된 최종 산물"이었다. 그리고 인종 생물학의 도움을 받으면 이 위험한 허무주의 이데올로기의 기원을 추적할 수 있었다. 1935년에 로젠베르크는 이렇게 설명했다. "볼셰비즘 현상을 역사적 맥락에서 이해하려면, 우선 기생생물이 식물군과 동물군의 세계만이 아니라, 따분한 과학의 언어로 말하자면, 인간의 세계에도 존재한다는 관념을 받아들여야 한다."[142] 다시 말해, 볼셰비즘은 "유대인 핏줄의 독특한 특징"인 **기생생활**의 이데올로기적 표현이었다. 히틀러로 말하자면, 1933년 그는 프롤레타리아 독재를 "유대 지성주의의 독재"와 간단하게 동일시하면서 "세계 혁명의 유대-지식인 지도부"를 비난했다.[143]

1937년 11월 28일 뮌헨에서 요제프 괴벨스는 독일박물관 도서관이 주최하는 〈영원한 유대인Der ewige Jude〉 전시회의 개막을 선언했다. 유대인들의 인종적 배경을 폭로함으로써 그들이 국내와 국제 정치에서 역사적으로 어떤 유해한 역할을 했는지를 낱낱이 폭로하는 전시회였다. 전시장에 걸린 거대한 패널에는 유대인 사회민주당원 루돌프 힐퍼딩과 볼셰비키 카를 라데크를 중심으로 대표적인 유대인의 초상화가 전시되었다. 이 초상화들 아래서 관람객은 제국의회의 유대인 공산주

그림 4.27 〈영원한 유대인〉 전시회, 뮌헨, 1937년.

그림 4.28 베르너 숄렘
(1930년 무렵).

의자 의원(이자 카발라 역사학자인 게르숌 숄렘의 형)인 베르너 숄렘의 라이프 마스크(석고로 본뜬 산 사람의 얼굴)를 감탄하며 바라볼 수 있었다. 라이프 마스크 옆으로 그가 갇혀 있던 다하우 강제수용소에서 만들어진 그의 귀와 코, 입의 주형 확대본이 전시되었다. 숄렘은 이듬해 부헨발트 수용소에서 사망했다. 나치스는 이 전시회를 위해 라이프 마스크 전통을 살려냈다. 19세기 말 독일 식민지 주민들의 인종적 특징을 기록하기 위해 유행한 전통이었다. 숄렘의 마스크 위에는 다음과 같은 설명이 적혀 있었다. "그들은 전형적인 신체적 특징이 있다(Sie haben typische äussere Merkmale)." 나치 기관지 『푈키셔베오바흐터』에 따르면, 괴벨스는 이 전시회를 흡족해하면서 "더없이 훌륭하다"고 극찬했다.[144]

'동조자'

혁명적 지식인과 공산주의 '동조자'를 혼동해서는 안 된다. 물론 이런 구분이 항상 분명한 것은 아니다. 둘 사이를 가르는 선은 가늘고 유동적이지만, 그럼에도 불구하고 존재했다. '동조자'라는 개념 자체가 무척 모호하다. 이 개념은 트로츠키의 『문학과 혁명』(1924)에 등장하는데, 19세기 말 독일 사회민주주의의 환경 안에서 만들어진 꼬리표로 처음 언급된다. 이제 트로츠키는 이 단어를 볼셰비즘 대열에 공식적으로 합류하지 않은 채 혁명의 소용돌이로 뛰어든 러시아의 젊은 소설가와 시인 집단에 적용했다. 트로츠키의 주장을 들어보자. "반복이나 침묵 속에서 점점 쇠약해지는 부르주아 예술과 아직 태어나지 않은 새로운 예술 사이에서 바야흐로 과도적 예술이 탄생하는 중이다. 이 예술은 러시아 혁명과 어느 정도 유기적으로 연결되지만 동시에 혁명의 예술은 아니다."[145] 세르게이 예세닌이나 보리스 필냐크 같은 훌륭한 인물을 비롯한 그 대표자들은 아직 헌신적인 볼셰비키와 나머지 모든 사람을 가르는 강을 절반밖에 건너지 않았다. 트로츠키는 혁명이 그들의 지평을 고정시켰고, 그들은 혁명을 각자 나름의 방식으로 받아들였다고 역설했다. "하지만 이 개인들의 수용에는 공산주의와 그들을 날카롭게 분리하고 언제나 공산주의에 반대하게 만들 위협이 있는 한 가지 공통된 특성이 존재한다. 그들은 혁명 전체를 움켜쥐지 않으며, 공산주의의 이상은 그들에게 생소하다." 트로츠키의 결론에 따르면, 그러므로 그들은 프롤레타리아 혁명의 예술가라기보다는 그 "동조자 paputchiki"였다.[146] 다시 말해, 볼셰비키는 그들을 공감으로 대하고 친구로 여겼지만, 약간의 경계를 피할 수 없었다. 그들은 여정의 일부를 공유할 수 있지만, 어디까지 같이 가는지를 아는 게 중요했다.

하지만 이런 꼬리표의 통용되는 의미가 1930년대에 등장해서 냉전 시기에 분명하게 고정되었다. 이 과정에서 몇몇 서구 언어에 공산당과 관련된 학자, 작가, 화가의 넓은 범주를 가리키는 단어('compagnons de route', 'compagni di strada', Mitläufer)로 들어갔다. 장-폴 사르트르는 프랑스 공산당 당원인 적이 없었지만—이따금 공산당을 비판했다—, 공산주의자들과 일정한 "도로 구간"을 공유했으며, 파블로 피카소도 마찬가지였다. 공산주의 '동조자'가 정확히 언제 탄생했는지 말하기는 쉽지 않다. 코민테른이 이른바 '3기'의 종파적·극단적 정치—사회민주주의를 '사회파시즘'이라고 규정했다—를 포기하고, 사회주의 정당과의 동맹과 파시즘에 맞선 폭넓은 결집에 근거한 인민전선 전략을 채택했을 때 동조자가 등장했다.

1934년 2월 사태 이후 프랑스에서 이런 정치적 전환이 이루어졌다.

2월 6일 극우파 시위대가 정부 청사인 부르봉 궁전으로 행진하겠다고 위협을 가하고, 뒤이어 콩코르드 광장에서 충돌이 벌어져 14명이 사망하고 수백 명이 부상을 당한 사건이었다. 독일에서 히틀러가 권좌에 오른 뒤 파시즘이 유럽에서 확산되고 있었고, 프랑스 좌파는 자발적으로 사회당(SFIO)과 공산당(PCF)의 통일전선을 만들어 바이마르공화국 아래서 나치 운동이 부상하는 토양이 됐던 분열을 피했다. 이 전환의 설계자인 세 학자—철학자 알랭, 물리학자 폴 랑주뱅, 민족학자 폴 리베—는 반파시즘 지식인 자경위원회Comité de vigilance des intellectuels antifascistes를 창설했다. 이런 결집은 에스파냐 내전 시기에 정점에 달해서 세계 곳곳의 예술가와 작가들이 공화국을 위해 싸우러 에스파냐로 달려갔다.[147] 1935년 5월, 프랑스-소련 상호원조 조약으로 인민전선을 향한 전환이 더욱 강화되었고, 인민전선은 계속해서 이듬해 봄 선거에서 승리를 거두었다. 모리스 토레즈의 지휘 아래 프랑스 공산당은 자코뱅주의의 유산을 주장하면서 '국가방위' 원칙을 지지했다. 1935년 6월, 앙드레 말로와 앙드레 지드가 의장을 맡고 일리야 에렌부르크가 지휘한 1차 문화수호를 위한 국제작가대회International Writers' Congress for the Defence of Culture가 열린 곳도 파리였다.[148] 1930년대의 정치적 상황에서 공산주의와 어느 정도 길을 동행한다고 해서 반드시 혁명 운동에 합류하는 것을 의미하지는 않았다. 그보다는 파시즘에 맞선 싸움에서 이런 선택이 피할 수 없는 경로라고 느끼고 실천했을 뿐이다. 이런 물결에는 10월 혁명에 전혀 매혹을 느끼지 않았던 학자와 공적 지식인들이 참여했다. 프랑스의 지드와 말로나 독일의 하인리히 만과 리온 포이히트방거, 또는 영국의 해럴드 래스키, 조지 버나드 쇼, 시드니 웹(제1대 패스필드 남작이자 런던정경대학 창립자) 같은 좌파 자유주의 대표자들을 생각해보라. 1935년, 시드니와 부인 비어트리스는 스탈린주의에 대한 대단히 부끄러운 변론서—『소련 공산주의: 새로운 문명인가?』—를 출간해서 소련 산업화의 성과를 찬양했다. 이는 정당한 대의를 위한 전반적인 헌신의 비도덕적 차원이었다. 반파시즘은 정치 전략이나 혁명적 노력이라기보다는 하나의 **정신**이자 도덕적 의무였다.[149] 『모스크바 1937』에서 포이히트방거는 한 걸음 더 나아가 소련 검사 안드레이 비신스키가 선언한 기소장을 공공연하게 지지했다.[150] 하지만 그들과 소련의 관계—앙드레 지드의 『소련 방문기』(1937)[151]의 경우처럼 비판적이든 아니면 소련에 아부하든—는 외적인 것으로, 물질적 지원이나 제약에 묶여 있지 않았다. 혁명적 지식인들에게 스탈린주의가 비극적이지만 단순한 딜레마—굴종이냐 박해냐—를 던진 것과 달리, 많은 '동조자'들은 개인적으로 회의적 견해를 표명할 수 있는 사치를 누렸다. 1938년 덴마크 스코우스보스트란에서 발터 베냐민과 나눈 대화에서 베르톨트 브레히트는 소련을 "노동자 군주정"으로 정의하면서 "심해에서 뿔 달린 물고기를 비롯한 괴물"이 등장한 것 같은 "기괴한 자연 현상"에 견주면서도 공개적으로 여전히 동조자로 남았고, 1949년에 동베를린으로 옮겨갔다.[152] 1929년 로맹 롤랑은 파나이트 이스트라티에게 편지를 써서 그의 소련 비판 덕분에 자신이 눈을 떴다고 말하면서도 그 글을 출간하지 말라고 간청했다. 국제적 반발만 거세질 것이기 때문이라는 게 이유였다.[153] 그로부터 6년 뒤 롤랑은 모스크바로 가서 스탈린을 인터뷰했다.

기본적으로 볼셰비키와 '동조자'가 공개적으로는 견해차가 없는 모습을 나타냈다 하더라도 양쪽 다 서로의 차이를 의식했다. 볼셰비키는 자신들이 진보와 휴머니즘의 선구자임을 입증하기 위해 서구 인텔리겐치아의 지지를 필요로 했다. 대학과 군사학교가 전 지구적 차원에서 직업적 혁명가 세대를 교육하는 것을 목표로 삼은 것과 달리, 전연방대외문화유대협회All-Union Society for Cultural Ties Abroad(VOKS)는 서구에 소련의 이미지를 홍보할 의사가 있는 해외 지식인을 정기적으로 초청했다. 1931년에서 1937년 사이에 초대와 2대 협회장인 올가 카메네바―레프 카메네프의 부인이자 1929년에 해임된 트로츠키의 여동생―와 알렉산드르 아로세프는 망명 경험이 있는 인물로, 자신들이 초청하는 많은 학자와 작가를 진심으로 존경했다. 그들의 목표는 공산주의 동조자와 소련의 친구들을 망라하는 네트워크를 세우는 것이었다.[154] 지금 와서 보면, 이 저명한 방문자들이 여행에서 돌아오며 가져온 열정적인 연대기와 증언은 소련 사회에 관해 새롭거나 독창적인 내용은 전혀 아니었지만, 대개 편견과 몰이해로 가득한 그들 자신의 정신세계에 무척 흥미로운 창을 열어주기는 했다. 그들은 자신이 이해하지 못하는 외국을 찾은 여행자였다.

볼셰비키는 러시아를 서방과 동방을 잇는 혁명의 다리로 여긴 반면, 많은 동조자들은 소련의 실험을 너그러운 오리엔탈리즘의 프리즘을 통해 보았다. 그들에게 러시아는 후진적인, 아시아에 가까운 나라로 보였다. 무자비하지만 "아이 같은" 천진함 때문에 '고귀한 야만인'의 매력을 풍기는 농민들이 거주하고, 지식인들이 이런 원시적 사회의 산물인 급진적 유토피아주의를 추구하며 농민을 이끄는 나라였다. 시어도어 드라이저는 『모스크바 일기』(1927)에서 소련 국민들의 "이국적" 성격을 묘사했다. "유럽인과 아시아인의 혼혈"인 그들을 보면 미국의 저개발 지역에 사는 "흑인"들이 생각난다는 것이었다.[155] 소련을 방문해서 실망하고 비판적인 글을 쓰기 3년 전인 1933년 1월, 앙드레 지드는 일기에서 소련의 실험에 대해 진심어린 지지를 표명하면서 "성공을 거두기를 진심으로 바란" 한편, 이런 이례적인 실험이 러시아에는 가치가 있지만 서구에는 가치가 없다고 솔직하게 인정했다. 그는 볼셰비키가 건설하는 "사회적 국가가 우리 국민들에게 바람직한 것"이라고 생각하지 않았다.[156]

앞에서 언급한 1935년 파리 국제작가대회에서는 국제적 협회를 창설하기로 결정했다. 바르뷔스와 지드, 말로 외에도 쥘리앵 방다, 일리야 에렌부르크, 올더스 헉슬리, 싱클레어 루이스, 토마스 만, 가에타노 살베미니, 조지 버나드 쇼 같은 인물들이 이사회에 포함되는 조직이었다. 이 잡다한 작가와 수필가 무리를 하나로 모으는 공통된 목표는 혁명이 아니라 문화와 문명의 수호였다. 파시즘을 마주하게 되자 이제까지 볼셰비즘을 일종의 준아시아적 아나키즘으로 여겼던 많은 지식인들이 갑자기 열정적인 소련 지지자가 되었다. 이 사회적·정치적 창조물에서 계몽주의의 현대적 버전을 발견한 것이다. 그들은 진보와 민주주의, 자유, 평등, 평화의 가치를 재확인하고 싶어했다.[157] 일부 보수적 역사학자들이 말하는 것처럼, 그들은 소비에트 전체주의가 놓은 덫에 순진하게 걸려든 걸까? 프랑수아 퓌레는 "반파시즘을 통해 공산주의가 민주주의의 트로피를 되찾"고 소련의 대공포 시대[Great Terror. 스탈린이 대숙청을 벌인 1937년 전후 | 옮긴이]에 "자신을 자유 자체로 재발명"했다고 말한 점에서 옳지만, 그의 평가에는 단서를 달아야 한다.[158] 반파시즘이 사회주의자, 자유주의자, 트로츠키주의자, 아나키스트, 그리고 심지어 자크 마리탱, 루이지 스투르초, 파울 틸리히 같은 종교 사상가들까지 아우르는 대단히 폭넓고 이질적인 운동이었다는 점을 간단하게 무시하기 때문이다. 대부분의 경우에 그들은 공산주의와의 차이

그림 4.29 앙드레 브르통. 앙리 마뉘엘이 찍은 사진(1927).
그림 4.30 빅토르 세르주(1920년대).

를 인정했고, 이 동맹은 그들 대부분이 공개적으로 표명하는 것만큼 화합적이지 않았다. 1935년 파리 대회 중에 '동조자' 대열 안에서 혁명적 지식인과 스탈린주의의 갈등이 터져 나왔다. 앙드레 브르통이 빅토르 세르주(소련 강제수용소로 추방된 상태였다)의 석방을 요구하면서 에렌부르크와 격렬한 대결을 벌인 끝에 대회에서 공식 발언을 금지당한 게 계기였다(그의 발언은 시인 폴 엘뤼아르가 자정에 대신 읽었는데, 대부분의 청중이 이미 대회장인 매종드라뮈튀알리테Maison de la Mutualité를 떠난 상태였다).[159]

반파시즘은 덧없는 경험이었다. 계몽주의의 수많은 상속자들―고전적 자유주의부터 혁명적 마르크스주의에 이르기까지―이 비합리주의와 반인도주의, 생기론, 인종주의, 반유대주의, 권위주의, 민족주의 세력에 맞서 반파시즘의 깃발 아래 공동전선으로 결집했다. 유럽 파시즘이 1789년부터 히틀러까지 이어지는 반혁명의 기다란 궤적의 정점으로 나타나자 자코뱅주의를 볼셰비즘과 연결하는 역사적 연속성이라는 마티에의 견해가 널리 수용되었다. 계몽주의의 양극단을 이루는 두 정신은 통일전선이 쓸모를 다한 1945년 이후 갈라서게 된다. 소비에트 공산주의와 자유민주주의는 한 구간의 도로를 공유할 수 있었다. 이런 상황이 공산주의 동조자들의 등장을 낳은 전제였지만, 또한 동조자들과 혁명적 지식인들이 대결하는 밑바탕이 되기도 했다. 이런 점에서 소련을 지지한 민주적 작가들은, 1935년에 지드와 말로가 세르주의 석방을 위해 중재에 나선 것처럼, 이단적 공산주의자와 정통 공산주의자 사이에서 중재자로 결정적인 역할을 할 수도 있었다. 이런 반파시즘 동맹은 적어도 냉전이 발발할 때까지 지속되었다. 많은 지식인들이 배신이라고 비난한 독소 상호불가침 조약 시기인 1939년에서 1941년 사이에 짧지만 충격적으로 동맹이 중단되기도 했지만 말이다.

토마스 만의 알레고리

혁명적 지식인과 공산주의 '동조자'의 이런 갈등적이면서도 상호 수용적인 조우, 다르게 말하자면, 혁명과 자유민주주의, 메시아주의와 합리주의, 해방적 격변과 직선적 진보의 이런 일시적 타협의 조짐을 놀랍게 보여주는 걸작 문학이 있다. 토마스 만의 소설 『마의 산』(1923)이 바로 그것이다. 대전쟁 직전 스위스 산맥에 자리한 다보스의 요양원을 드나드는 병자들의 작은 공동체에서 우리는 아나코-공산주의자 유대 지식인의 매혹적인 형상인 나프타와, 전형적인 문명지식인 Zivilisationsliterat으로 합리주의 원칙을 비타협적으로 옹호하는 세템브리니를 발견한다. 나프타와 세템브리니는 거의 모든 문제에 대해 완

고하게 의견이 갈리지만, 좋은 친구 사이다. 나프타는 이방인의 흥미로운 인간형, 주변적 인간이다. 그는 동유럽 볼리니아 출신 유대인이다. 아버지는 의례 제물 도살자로, 그에게 동물을 도살하는 일은 종교적 의무를 완수하는 것이었다―나프타는 어린 시절부터 피가 범벅된 광경에 익숙했다. 아버지는 유대인 박해 시절에 살해되었고, 나프타는 그를 애정어린 말로 상기한다. 세템브리니는 희화화된 계몽주의 사상가다. 이탈리아인으로 리소르지멘토[Risorgimento. '부흥'이란 뜻으로 19세기 이탈리아에서 일어난 국가 통일과 독립 운동을 가리킨다 | 옮긴이]의 상속자인 그는 진보와 민주주의, 인간의 권리를 신봉한다. 19세기의 민주주의 사상가가 모두 그렇듯이, 그도 사회, 경제, 기술, 도덕의 진보가 하나로 뒤얽힌 단일한 과정이라고 믿는다. 진보는 역사의 법칙이며 진보의 승리는 피할 수 없는 일이다.

나프타는 국외자다. 그는 유대인 출신이지만 가톨릭으로 개종해서 예수회 대학에서 공부했다. 그는 낭만주의자인 동시에 보수주의자이자 혁명가이며, 신정 국가와 중세시대 옹호론자이자 볼셰비즘과 국제 혁명 주창자다. 그가 갑자기 공산주의자의 태도를 취하기 전까지 그의 주장은 과격한 보수주의자처럼 보인다. 그의 공산주의 이상은 계급과 국가가 없는 공동체적·평등주의적 사회의 형태로 과거에 자리한다. 만은 이런 식으로 그를 묘사한다.

그는 작고 마른 몸집에 깔끔하게 면도를 한 남자로, 너무 못생겨서―거의 부식성으로 좀먹은 못생긴 얼굴이라고 말할 수 있었다― 사촌들이 깜짝 놀랄 정도였다. 왜 그런지 모르겠지만, 그는 모든 면이 부식돼 보였다. 얼굴을 압도하는 매부리코, 잔뜩 오므린 작은 입, 연한 안경테의 두꺼운 렌즈 뒤로 보이는 연회색 눈동자, 일부러 꾸민 침묵까지. 입을 굳게 다문 모습을 볼 때 그가 내뱉는 말이 부식적이고 논리적일 게 분명했다.[160]

나프타는 묵시록적 반역자의 모호한 인물이었다. 몇몇 학자는 그의 초상이 각각 독일인과 헝가리인인 에른스트 블로흐나 루카치 죄르지에게 영감을 받았다고 말한다. 토마스 만이 전쟁 전에 알고 지낸 젊은 유대 지식인들이다.[161] 당시에 두 사람 모두 낭만적 반자본주의와 메시아적 희망을 지향했다. 루카치는 1919년 쿤 벨러의 헝가리 소비에트 공화국에서 문화 인민위원이 되었고, 블로흐는 『유토피아 정신』(1918)에서 중세시대에 많은 페이지를 할애했다. 세템브리니로 말할 것 같으면, 토마스 만의 형으로 프랑스 드레퓌스 지지자들의 사고를 독일에서 구현한 하인리히를 패러디한 인물이다. 세템브리니는 계몽주의의 원리를 신봉한다. 그가 볼 때, 전제정과 법, 폭정과 자유, 미신과 과학 등 양극단의 두 세력이 세계를 정복하기 위해 싸운다. 하지만 그는 역사의 행진이 명백하게 이성과 과학과 법의 동맹에 근거한 보편적 형제애로 다가가고 있다고 마음 깊이 확신한다. 이 당대의 볼테르는 시대착오와 순진함에 젖어 있음에도—소설은 대전쟁의 발발과 더불어 끝난다— 그에게는 매력적이고 고귀한 면이 있다. 그는 "갈색 머리에 끄트머리가 말린 검은 콧수염이 돋보이는 섬세한 인간"으로 "파스텔 체크무늬 바지"에 "지나치게 긴 옷깃이 넓은 더블코트" 차림인데, "자주 세탁을 해서" 하이칼라가 거칠어졌다. 그의 사회적 상태는 분명 그리 대단하지 않지만, 몸짓은 우아하고 목소리는 "정확하고 가락이 있으며" 이탈리아 억양의 완벽한 독일어를 구사한다. 걸음을 멈출 때면 "지팡이에 몸을 기대고 다리를 꼬면서 우아한 자세"를 취한다.[162] 유행

그림 4.31 에른스트 블로흐(1920년 무렵).
그림 4.32 헝가리 소비에트공화국 인민위원 루카치 죄르지. 1919년.

에 뒤진 중고 옷을 입지만, 그와 대화를 나눠보면 곧바로 그가 신사라는 걸 알 수 있다. 그의 얼굴은 "초라함과 매력이 뒤섞인" 기묘한 모습이다.[163]

『정신과 행동』(1911)에서 하인리히 만은 인간의 권리를 옹호하고 제국 독일을 민주화하기 위해 작가와 학자들이 대중의 눈에 개입할 것을 호소한 바 있었다. 앞에서 언급한 것처럼, 1930년대에 특히 에세이집 『증오』(1933)를 출간한 뒤 그는 소련의 '동조자'가 되었다.[164] 『어느 비정치적 인간의 고찰』(1918)에서 '보수 혁명'의 대변인이었던 토마스 만은 1930년대에 형과 합류해서 '문명지식인'으로 변신했다. 파시즘을 마주한 상황에서는 나프타와 세템브리니조차 일정한 도로 구간을 공유할 수 있었다.

코민테른의 지식인들

10월 혁명을 지성사의 코페르니쿠스적 전환으로 만드는 많은 이유 가운데 한 가지가 두드러진다. 소련의 탄생과 더불어 모든 대륙에서 쫓겨난 반란자들이 모국을 발견한 것이다. 이번에도 역시 그들 대부분에게 소련은 불안정한 안식처이자 덧없는 경험, 끔찍한 환멸이었던 반면, 다른 이들에게는 강력한 정박지나 심지어 항구적 거주지가 되었다. 그들 모두에게 이는 실존적 변화를 의미했다. 우선, 소련은 그들의 물질적 지위에 큰 영향을 미쳤다. 옛 차르 제국에서 불법화되어 박해받던 한 세대의 지식인 망명자들이 갑자기 내전의 한가운데서 단련돼야 하는 새로운 국가의 정치, 경제, 경영, 문화, 심지어 군사 부문의 엘리트가 되었다. 사상 최초의 소비에트 정부의 의장이 되기 불과 몇 달 전에 레닌은 취리히에 거주하는 망명자 신세였다. 브레스트-리토프스크에서 독일과 강화 조약을 교섭하는 소비에트 대표단을 이끌기 1년 전에 트로츠키는 뉴욕에서 러시아 이민자들이 펴내는 사회주의 신문에 글을 기고했고, 카를 라데크는 반전 선전 활동을 하다가 오스트리아 경찰에 쫓기고 있었다. 트로츠키를 밀어내고 외무 인민위원에 오른 게오르기 치체린은 런던의 감옥에서 러시아 혁명이 일어났다는 소식을 들었고, 소비에트 정부에서 레닌에 이어 부의장을 맡은 레프 카메네프는 2월 혁명으로 시베리아 유형지에서 풀려났다. 헝가리의 경우에 쿤 벨러는 감옥에서 나오자마자 소비에트공화국 수반이 되었다. 이 목록은 계속 이어진다. 공산당에 합류한 지식인들에게 모스크바는 새로운 세계 수도가 되었다. 그곳에서 그들은 물질적 지원을 발견하고 전략적 토론을 벌였으며, 모든 대륙에서 온 혁명 운동 대표자들을 만났다. 자국에서는 국외자 신세였던 그들은 정치기구 및 국가기관과 유기적 연

계를 확립했지만, 몇몇 아나키스트들은 이 체제를 1870년대에 바쿠닌이 비판한 마르크스의 공산주의보다 훨씬 더 권위주의적이라고 보았다. 어떻게 보면, 볼셰비키가 —프랑스 선배들의 발자국을 따르면서— 일종의 집합적인 '철인왕(哲人王, philosopher king)'을 권좌에 앉혔다고 말해도 틀린 것은 아니다. 그 왕은 금세 이상적 폴리스를 세우는 대신 생존을 위해 싸워야 한다는 것을 깨달았다. 이런 새로운 의존에는 역설적인 면이 있다. 18세기가 막을 내린 이래 철학자와 지식인homme de lettres들은 귀족이 지배하는 궁정의 후원에서 —물질적, 이데올로기적, 심리적으로— 해방되기 위해 분투했다. 20세기에는 그들의 가장 급진적 상속자들이 그들 스스로 세우는 데 조력한 새로운 궁정에 자진해서 복종했다. 그리고 한 세기 뒤와 똑같이, 현대 자본주의의 여명기에 이런 의존을 받아들이지 않은 이들은 구체화된 공공영역의 가장자리와 부르주아 국가의 문화 산업에서 일정한 자유의 공간을 발견했다. '세계의 편지 공화국'[원래 17~18세기 계몽주의 시대 유럽과 아메리카 지식인들이 활발하게 편지를 교환하면서 형성한 지식인 공동체를 가리키는 표현. '문필 공화국'이라고도 한다. 국경을 가로질러 문화와 언어의 차이를 존중하면서 나눈 사상적·철학적 교류는 근대 학문의 밑바탕이 되었다 | 옮긴이]이 그들을 구해주었다.

그리하여 많은 주변적 지식인들이 정규 수입을 버는 '직업적 혁명가'가 되고 일부는 당간부apparatchik로 변신했다. 프랑스에서 추방된 뒤 1917년에 스위스에서 불안하게 살다가 소비에트 교육 인민위원이 된 아나톨리 루나차르스키가 이런 변신의 전형을 보여준다. 이런 변신은 확실히 그들의 물질적 처지가 상당히 개선되고 상징적 지위도 극적으로 역전되는 결과를 낳았지만, 이런 변화는 외부자와 기득권 집단이라는 고전적 이분법에 들어맞지 않는다.[165] 첫째, 새로운 기득권 집단이 비교 대상으로 삼아 자기 정체성을 확인할 수 있는 외부자가 거의 없었고, 둘째, 볼셰비키 외교관(이자 전에 루마니아 감옥에서 지낸) 크리스티안 라콥스키가 "권력의 직업적 위험성"이라고 지칭한 형태로 "과두제의 철칙"이 나중에 나타났기 때문이다.[166] 그리고 사회적 위계가 복원되고 소련 고위 관료들이 실질적 특권을 누리게 된 1930년대에도 이런 이점은 자본주의 세계의 이점과 비교하면 여전히 낮은 수준이었다. 1920년대에 소비에트 정부의 고위 관료들은 호텔이나 기숙사로 개조한 옛 귀족 저택에 살았다. 가정생활의 종말을 가정하는 평등주의적 기대가 한껏 높아진 시기에 과도적인 조정이 낳은 결과였다.[167] 이후 수십 년간 상황이 바뀌었다. '정부 생활관house of government'—1931년부터 계속해서 모스크바 심장부에 존재한 대규모 10층 건물로, 소비에트 노멘클라투라의 주거용 아파트가 500채 있었다— 거주자의 생활을 폭넓게 조사한 유리 슬레즈킨에 따르면, 그들 대부분의 생활수준은 대단히 검소했다. 1936년에 네덜란드를 여행하면서 쓴 편지에서 전 소비에트 의장 니콜라이 부하린은 네덜란드 주택과 호텔의 사치스러운 모습에 놀라움을 표명했다. 러시아에서는 본 적이 없는 생활수준—"방마다 널찍하고 수납공간도 많이 있다"—이었다. "우리는 끔찍한 호텔에서 생활하고 있다. 나는 이런 호텔에서 살아본 적이 없다."[168]

하지만 에릭 홉스봄이 증언하는 것처럼, 당에 들어가는 것은 분명 "삶을 바꾸는" 일이었다. 홉스봄은 이탈리아 공산주의 지도자로 『삶의 선택』이라는 아름다운 자서전을 쓴 조르조 아멘돌라의 말을 인용하며,[169] 그 선택은 그에게 가시밭길만 걷게 만든 선택이었다고 말한다. 그것은 보헤미안의 자유 및 비순응주의적 행동과 공존하면서도 또한

흔히 엄격한 형태의 "세속적 금욕주의"와 규율로 대체될 수 있는 희생과 제약의 삶을 선택한 것이었다.[170] 진정한 공산주의자는 한스 마그누스 엔첸스베르거가 "극도로 엄격한 삶을 살면서 항상 매사를 의식하고 꼼꼼히 챙기고 놀랍도록 겸손한 … 쾌락주의자라기보다는 청교도"라고 묘사한 19세기의 러시아 혁명가와 크게 다르지 않았다.[171] 남녀를 막론하고 대다수 사람들에게는 이런 선택지를 받아들이는 것이 학계의 경력이나 존경받는 직업을 포기하는 것 이상을 의미했다. 그것은 가정생활을 포기한다는 의미였다. 이런 '혁명 전문가'들의 도덕 규칙은 그들이 반대하는 부르주아 사회보다 여러 면에서 훨씬 엄격하고 억압적이었다. 정치적 임무를 띠고 해외로 파견된 많은 여성들이 몇 년간 자녀와 떨어져 지냈다. 이런 행동 양식은 부르주아 세계의 외부자들을 '총체적 시설[total institution. 군대, 감옥, 수도원 등 다수의 사람들이 오랜 시간 동안 일반 사회와 단절된 채 공동으로 생활하는 시설. 사생활이 제한되고, 수면, 놀이, 노동 등 모든 생활이 한 공간에서 이루어진다 | 옮긴이]'의 많은 특징을 지닌 공산주의—당이든 코민테른이든—의 완벽한 내부자로 변신시켰다.

하지만 이것은 "들어오고 나가는 게 자유로운" 독특한 유형의 "개방된" 총체적 시설이었다. 이 시설에서는 상위 권력에 대한 복종이 일련의 내면화된 규칙과 특정한 "자아의 기술"을 함축했다.[172] 많은 전前 공산당원이 설명하는 것처럼, 공산당은 당원들에게 일종의 "대항사회", 즉 학교, 교회, 재판소, 병영, 그리고 "혁명 전문가"[173]들을 위한 국제적 기업으로 보였다. 에드가 모랭이 자서전에서 말한 것처럼, 당은 "가톨릭교회만큼이나 의례와 축제, 열정과 악, 관습과 위선과 비밀을 지닌 이례적이고 신성한 위계적 우주"를 운영했다.[174] 당은 당원들을 교육하기 위해 기관지와 신문, 출판사만이 아니라 자체 학교까지 거느렸다(소련은 외국 공산주의자를 위한 대학을 몇 곳 설립했다. 모스크바국제레닌학교 Moscow International Lenin Institute가 대표적이다). 당의 이데올로기는 정통 성직자들이 감독하는 교의의 교조—마르크스-레닌주의—를 중심으로 뭉친 신자 공동체를 군건하게 뭉쳤고, 이 성직자들은 또한 철칙을 통해 정의를 관리했다. 혁명 군대의 병사들인 공산주의 활동가들은 규율과 필요한 경우에는 가혹한 제재를 함축하는 위계 체계에 복종했다. 『역사와 계급의식』(1923)에서 루카치는 규율을, 그 기술적·실제적 측면을 훌쩍 넘어서, 혁명 조직에 의해 실현되는 자유와 연대의 변증법적 종합으로 정의했다. "공산당의 규율, 즉 인격 전체를 운동의 실천에 무조건 흡수하는 것이 진정한 자유를 초래하는 유일하게 가능한 길이었다."[175] 루이스 A. 코저는 볼셰비즘을 막스 베버의 사회학적 의미에서 종교 교파로 정의했다. "특별한 종교 수행자들의 배타적 신체"처럼 작동하는 "순결한 교회"라는 것이었다.[176] 빌리 뮌첸베르크—코민테른 선전 활동의 떠돌이 조직가—나 펠릭스 제르진스키—체카의 완강한 수장—, 라리사 라이스네르—트로츠키가 "미묘하고 아이러니한 정신을 전사의 용기와 결합한 … 올림포스의 여신"이라고 묘사한 인물— 같은 혁명적 지식인들의 삶을 생각해보면, 아이러니하게도 그들이 1869년 네차예프가 그린 허무주의자의 초상과 딱 들어맞는다는 결론을 내릴 수 있다.

혁명가는 길 잃은 사람이다. 그는 자기만의 이해나 대의가 없으며, 감정이나 습관, 재산도 없다. 심지어 이름도 없다. 그 안의 모든 것은 하나의 배타적인 관심, 하나의 사고, 하나의 정념에 흡수된다. 혁명이 바로 그것이다.[177]

그리고 공산주의는 초민족적 기관이 되었고, 모스크바에 자리한 두 뇌가 세계 곳곳에서 임무를 조직했다. 하지만 국제주의가 협조된 해방 투쟁을 의미했던 1920년대와 달리, 1930년대의 국제주의는 대체로 소련을 수호하면서 모든 공산당의 활동을 소련 대외정책의 우선적 이해에 종속시키는 것을 의미했다.

1927년 1월─모스크바에서 소련 문화기관의 대표들을 만나고 소련 극장에서 일하던 애인 아샤 라치스를 매일 찾아가던 때였다─ 발터 베냐민은 공산당에 가입하면 어떤 결과가 생길지 궁금해하면서 "부르주아 작가들 사이에서 익명으로 활동하는 불법적 신분"을 끝내게 될 선택의 장단점을 재보았다. 그는 이런 선택지를 배제하지 않았지만, 그 결과로 자신의 연구와 지적 독립성에 장애물이 생길 수도 있음을 알았다. 한편으로 이 선택은 "암묵적일 뿐이더라도 확실한 지위와 권한", "다른 사람들과의 접촉을 조직적으로 보장받는 것"을 의미했고, 다른 한편으로는 또한 "개인적 독립성을 포기"하고 "이미 정해진 힘의 장 같은 역관계에 나 자신의 사고를 투사할 수 있음"을 의미했다.[178] 결국 베냐민은 히브리어를 배워 예루살렘에 있는 친구 게르숌 숄렘에게 합류하는 선택지를 진지하게 고려한 적이 없는 것처럼, 독일 공산당에도 가입하지 않았다.

볼셰비키의 중앙집중제가 분명 이런 끔찍한 체계를 세우는 데에 역할을 했을지라도 이런 실존적 소우주는 마르크스주의 이론이나 레닌의 음모 강박에서 자연스럽게 나온 결과가 아니었다. 유대인의 국제적 음모라는 반유대주의의 신화를 떠올리게 하는 반공주의 학문의 환상과 달리, 이는 악의적인 이데올로기의 산물이 아니었다. 그보다는 국제적 내전이 한창인 가운데 살아남아 소련을 효과적 행위자로 세우려고 분투한 혁명의 군사화가 낳은 최종적 결과였다. 혁명은 사투르누스처럼 자기 자식들을 집어삼켰고, 지식인들은 스탈린주의의 희생자들 가운데 맨 앞자리를 차지했다.

두말하면 잔소리지만, 마르크스주의를 혁명 이론으로 채택한 한 세대의 지식인들에게 이런 변화는 압도적인 정신적 궁핍화를 가져왔다. 홉스봄이 자서전에서 상기시키는 것처럼, 1930년대에 마르크스주의는 순식간에 "변증법적·역사적 유물론", 즉 "다소 19세기적 의미에서 과학적" 세계관으로 변모시킨 일군의 "교육적 단순화"가 되었다.[179] 전간기에 서구 마르크스주의(그람시, 루카치, 코르쉬, 프랑크푸르트학파)만이 아니라 가장 창의적인 형태의 반식민적 마르크스주의(C. L. R. 제임스나 마오쩌둥)도 코민테른과 소련의 통제권 밖에서 만들어졌다. 몇 안 되는 예외—루카치가 대표적이다—가 있긴 하지만, 창의적 지식인들은 이런 '총체적' 시설의 강압적인 구조 안에서 사유할 수 없었다. 1930년대에 대다수 혁명적 지식인이 걸은 길은 극적으로 갈라졌다. 일부는 스탈린주의를 수용했고, 일부는 일종의 이단적 공산주의를 받아들였으며, 일부는 자신들의 독립적 사고를 지키기 위해 당 바깥에 머무르기로 결정했고, 일부는 반공주의자가 되었다(첫 번째 물결은 독소조약 이후 1939년, 한층 더 큰 두 번째 물결은 냉전 시기였다). 러시아와 동유럽의 혁명적 지식인들로 말하자면, 대다수는 1936년에서 1938년 사이에 숙청으로 비명횡사했다. 1917년 11월 창설된 볼셰비키당의 첫 번째 정치국 성원 8명 중 6명—레프 카메네프, 니콜라이 크레스틴스키, 레온 트로츠키, 그리고리 지노비예프, 안드레이 부브노프, 그리고리 소콜니코프—이 1936년에서 1941년 사이에 스탈린에게 살해당했다. 레닌과 스탈린 본인만 자연사였다.

1930년대에 모스크바 재판은 볼셰비키, 그리고 세계적 차원에서 간접적으로 혁명적 지식인 세대 전체를 완전히 갈라놓은 상충하는 경향과 도덕적 딜레마를 놀랄 만큼 똑같이 반영하는 거울이 되었다. 개인적 이해를 초월하는 공산주의의 이상을 옹호하는 그들의 도덕적 헌신은 두 가지 뚜렷한 흐름 때문에 영원히 위협을 받았다. 첫 번째는 윤리적 극단주의로, 그 이름 아래 어떤 사회적, 정치적, 심지어 인간적 결과도 사소하고 수용 가능한 것으로 여겨질 수 있고 어떤 타협이든 배신이자 비열한 형태의 현실정치라고 비난할 수 있는 절대적 가치를 가정했다.[180] 바쿠닌과 네차예프는 일종의 혁명법에서 그 규칙을 정한 바 있었다.

자신에게 냉정한 혁명가는 타인에게도 냉정해야 한다. 친족 관계, 우정, 사랑, 감사, 심지어 명예까지 모든 부드럽고 여성적인 감정을 혁명의 대의를 위한 차가운 외곬수의 열정으로 질식시켜야 한다. 혁명가에게는 오직 하나의 기쁨과 하나의 위안, 하나의 보상과 하나의 감사만이 존재한다. 혁명의 성공이 그것이다. 혁명가는 밤낮으로 가차 없는 파괴라는 한 가지 목표만 생각해야 한다. 이 목표를 냉담하게 지치지 않고 추구하면서 혁명가는 스스로 죽을 뿐만 아니라 목표 달성을 가로막는 모든 것을 자기 손으로 파괴할 각오를 해야 한다.[181]

두 번째 흐름은 혁명적 윤리의 구현으로 간주되는 당과 관련된 일종의 자기소외였다. 1917년 이후 이런 경향이 우세하면서 점차 개인적 자율의 모든 영역을 압도했다. 루카치에 따르면, "당의 진정한 힘은 도덕적인 것"이다.[182] 탁월하고 소중하며, 너그럽고 종종 용감한 혁명적 지식인의 한 세대가 끔찍하기 짝이 없는 상상적 범죄를 "자백"하면서 스스로 반역자라고 실토하는 모스크바 재판의 소름끼치는 광경은 스탈린주의가 공산주의 윤리를 파괴하는 현실만이 아니라 공산당을 윤리 자체의 구현으로 보는 위험한 철학·정치 이론이 낳은 극단적 결과도 만천하에 드러냈다. 이런 자기소외 실천의 비극적 결과에 직면한 몇몇 공산주의자들은 급진적 휴머니즘의 미덕을 재발견했다. 빅토르 세르주의 자서전에 이런 문장이 담겨 있다.

> 인간 옹호. 인간 존중. 인간은 권리와 안전, 가치를 보장받아야 한다. 이런 것들이 없이 사회주의란 없다. 이런 것들이 없으면 모든 게 거짓이고 파탄나며 엉망이 된다. 그러니까, 인간, 어떤 인간이든, 가장 비천한 인간이라도 상관없다. '계급의 적'이나 부르주아의 아들이나 손자나 상관없다. 인간이 인간이라는 사실을 결코 잊어서는 안 된다. 매일, 어디서나, 내 눈앞에서 이런 사실이 망각되고 있다. 그 어떤 것보다도 역겨운 반사회주의적 현실이다.[183]

결론: 하나의 이상형

한 세기 반 동안 혁명적 지식인 유형은 보헤미아니즘과 당파성 사이에서 끊임없이 동요하며 숱한 변화를 겪었다. 편리하게 수정된 카를 슈미트의 '파르티잔' 정의가 혁명적 지식인을 묘사하는 데에 도움을 줄 수 있는 것은 이 때문이다. 여전히 불가피하게 대략적이고 만족스럽지 못한 이상형이기는 하지만 말이다. 슈미트의 『파르티잔 이론』(1963)은 인텔리겐치아의 문제를 다루지 않지만, 몇몇 사상가의 저작을 세심하게 분석하면서 "계급투쟁으로서의 내전"을 언급함으로써 혁명을 공공연하게 탐구 대상에 포함시킨다. 여기서 말하는 내전이란 반란자들이 "적 국가의 정부를 제거하는" 것을 주된 목표로 삼는 상황이다.[184] 다시 말해, 파르티잔 전쟁은 정치적인 것의 핵심이 가장 완전한 표현을 발견하는 싸움—친구와 적의 절대적 충돌—이다. 혁명과 반혁명의 대결과 흡사한 전쟁이다. 의미심장하게도, 슈미트는 글에서 또한 레닌을 "파르티잔과 철학의 동맹"을 형성하는 "직업적 혁명가"의 전형으로 언급한다.[185]

파르티잔은 어떤 규칙도 존중하지 않는 아노미적 충돌인 내전 시기에 등장한다. 내전에서는 교전법규를 무시하며 전투원들이 서로를 살상하려고 애쓴다. 생포되는 전투원은 전쟁 포로로 대우받을 것이라고 기대하지 않는다. 범죄자로 처형될 수도 있다. 파르티잔 전쟁은 합법성과 정당성의 충돌을 분명하게 나타낸다. 합법적 권력 입장에서 적은 산적이자 범죄자인 반면, 파르티잔 입장에서는 합법적 권력이 모든 정당성을 상실한 채 권력을 찬탈한 것에 불과하다. 내전에서 전투원들은 상대방을 합법적 적으로 간주하지 않으며 돌이킬 수 없는 적으로 여긴다. '합법적인 적iustus hostis'이 아니라 '원수inimicus'가 되는 것이다. 혁명적 지식인은 자본주의와 타협하거나 평화적 관계를 조정하려고 하지 않는다. 자본주의를 파괴하기 위해 일할 뿐이다. 혁명적 지식인이 —볼셰비키가 브레스트-리토프스크에서 한 것처럼— 강화조약이나 휴전을 교섭하는 경우에 이는 장기전의 한 단계일 뿐이다. 그리고 많은 아방가르드 예술가들도 자신을 미학적 파르티잔으로 묘사한다(2장에서 디에고 리베라가 자본주의적 후원을 상대로 벌인 게릴라전을 검토하면서 살펴본 바 있다).

그리하여 혁명적 지식인의 초상을 그린다면 본질적이면서도 항상 공존하지 않고 때로 상충하는 몇 가지 특징을 압축해서 보여주어야 한다. 치열한 이데올로기적·정치적 헌신, 반자본주의 정신, 몰락한 보헤미안의 자유롭게 떠다니는 상태, 종종 토양적 성격과 결합되는 코즈모폴리턴적 행동 등이 그것이다. 이제 각각의 특징을 좀더 자세히 설명해보자.

이데올로기적 헌신. 혁명적 지식인들은 사회의 급진적 변혁과 국가의 전복을 위한 비판적 사상을 정교하게 설명했다. 그들은 각기 다른 지식 영역—경제학에서 정치학, 철학과 역사학에서 미학에 이르기까지—을 다뤘지만, '자유사상가'나 고립된 비순응주의적 작가가 아니었다. 그들의 사상은 해방이라는 정치적 기획—아나키즘, 사회주의, 공산주의. 젠더, 인종, 민족의 해방—에 의식적으로 몰두했기 때문이다.

유토피아주의. 이데올로기적, 정치적 헌신에는 운동을 메시아적 공동체로 바꿀 수 있는 강력한 유토피아적 차원이 존재했다. 비판적 사고는 대안 사회를 건설하기 위한 논거를 제공하고 미래로 투사된 상상력에 양분을 제공했다. 이런 유토피아적 흐름은 또한 과거에 접근하는 방식에 영향을 미치고 해방투쟁의 대장정이라는 역사관을 제시했다. 이를 통해 지식인들은 혁명 전통의 수호자이자 반란에 대한 집단적 기억의 전달자가 되었다.

도덕적 헌신. 이런 이데올로기적, 정치적 선택은 쾌락주의적이거나 희생적 형태를 띨 수 있는 반자본주의 정신에 토대를 두었다. 이는 자유연애와 '세속적 금욕주의', 일체의 부르주아적 체통의 전통에 대한 급진적 거부와 혁명을 수도원적 생활방식과 동일시하는 청교도주의, 보헤미안적 공동체주의와 규율과 자기부정의 희생적 상태를 통합했다. 억압받는 자와 지배자의 불화는 선과 악, 덕과 이기심의 윤리적 이분법과 상응했다. 혁명적 삶은 조직적인 불의의 체계로 여겨지는 기존의 관습 및 지배적 가치와 대척점에 있었다. 혁명적 삶은 확신의 윤리와 책임의 윤리 사이에 특별한 관계를 설정했다. 확신의 윤리는 폭력의 사용을 해방의 도구로 받아들였고—또는 심지어 권했고—, 책임의 윤리는 개인적 이해를 우월한 집단적 관심에 종속시켰다.

보헤미안적 주변성. 파르티잔이 공식 군대에 속하지 않고 군복을 입지 않는 비정규 전투원인 것처럼, 혁명적 지식인도 대학에 속하지 않고, 제도권의 인정을 받으려 하지 않으며, 전통적 경력이라는 상징적 표지를 거부했다. 사회적 출신과 상관없이 혁명적 지식인은 몰락한 계급이거나 보헤미안적 사상가, 작가나 논객이었다. 이 지식인은 정규 수입이 없이 불안정한 생활을 하면서 이따금 문화 산업의 주변부를 차지하는 정기간행물에 글을 쓰고, 사회주의 운동 및 혁명 운동의 출판물과 더 자주 협력했다. 대부분의 경우에 그들은 소련에서 물질적 지원을 받더라도 '기성 집단'이 되지 않았다. 혁명은 언제나 페미니스트, 유대인, 흑인, 아방가르드 화가와 작가 등 온갖 부류의 국외자들을 끌어당겼다.

이동성. 혁명적 지식인들의 이동성은 학계의 지도보다는 아방가르드와 비판적 사상의 유통을 따랐다. 그 방향은 대학 고용 시장의 발전이 아니라 계급투쟁의 동학이었다. 이동성은 확고한 사회적 소속의 부재—카를 만하임이 말한 "자유롭게 떠다니는" 지식인의 지위 freischwebende Intelligenz[186]—와 그들을 장기간의 망명 생활로 내몬 국가의 억압이 낳은 결과였다. 스스로 선택한 것이든 강제된 것이든 간에, 이런 이동성은 코즈모폴리터니즘의 원천이었고, 그 덕분에 혁명적 지식인들은 국경을 넘어서 사고할 수 있었다.

코즈모폴리터니즘. 1848년부터 쿠바 혁명에 이르기까지 숱하게 많은 아나키스트와 사회주의, 공산주의 지식인들을 구별지은 코즈모폴리터니즘은 종종 민족적 맥락에 뿌리를 둔 정치적 헌신과 합쳐지거나 그것으로 대체되었다. 호찌민의 사례를 보면, 코즈모폴리턴적 반역자들이 심대한 토양적 성격을 드러낼 수 있음이 드러나며, 멕시코 망명지에서 죽은 트로츠키의 사례도 마찬가지로 붉은군대의 카리스마적 수장으로 변신한 보헤미안이 뿌리 뽑힌 코즈모폴리턴이라는 원래의 지위로 돌아갈 수 있음을 보여준다. 블랑키부터 레닌까지, 교조주의자들은 불편한 군복을 만들려고 했지만, 많은 경우에 이 군복은 비판적 사고의 독립성에 열정적으로 집착하는 자유로운 정신의 실존적 궤적에 들어맞지 않았다. 전설에 따르면, 1956년 소련 탱크가 부다페스트의 평의회 정부를 전복했을 때, 어느 장교가 루카치 죄르지에게 무기를 넘기라고 요구하자 루카치는 펜을 건넸다. 호르티 장군의 탄압과 모스크바 재판을 견뎌낸 늙은 혁명 철학자는 유머 감각을 잃지 않았지만, 그의 몸짓에는 더 깊은 상징적 의미가 있었다. 혁명적 지식인들은 골칫거리인 것이다.

표 1. 혁명적 지식인

치열한 이데올로기적·정치적 헌신
아나키즘/사회주의/공산주의
유토피아주의
반자본주의적 정신의 양극단: 자유연애 대 세속적 금욕주의 부르주아적 가치 거부 대 당의 규율 인습 거부 대 희생적 소명 확신의 윤리 대 책임의 윤리 개인주의 대 집단주의 독립적 사고 대 정통
보헤미아니즘: 몰락한 지위와 사회적 불안정 천민(파리아) 지위: 페미니즘/유대인/흑인/식민지 반아카데미즘: 외부자/기득권 이분법
코즈모폴리터니즘: 이동성: 국외 이주, 망명 뿌리를 둔 코즈모폴리터니즘/토양적 성격/뿌리 뽑힌 코즈모폴리터니즘

표 2. 19세기의 혁명적 지식인들(1800~50년대 세대)

	고등교육(대학)	교편	언론	감옥	망명	혁명	권력	살해됨
M. 바쿠닌 1814	●		●	●	●	●		
A. 블랑키 1805	●		●	●	●	●		
C. 카피에로 1846	●		●		●			
D. 드 리언 1852	●	●	●					
F. 엥겔스 1820	●		●	●	●	●		
V. 피그네르 1852	●			●	●	●		
J. 게드 1845	●		●	●	●			
A. 게르첸 1812	●		●		●			
가타야마 센片山潜 1859	●		●		●			
K. 카우츠키 1854	●	●	●		●	●		
P. 크로포트킨 1842	●		●	●	●			
An. 라브리올라 1843	●	●	●					
P. 라파르그 1842	●		●	●	●			
F. 라살 1825	●		●	●		●		
P. 라브로프 1823	●		●	●	●	●		
레오 1824			●		●	●		
E. 말라테스타 1853	●		●	●	●			
K. 마르크스 1818	●		●		●			
F. 메링 1846	●	●	●			●		
L. 미셸 1830	●		●	●	●	●	●	
W. 모리스 1834	●	●	●					
S. 네차예프 1847	●			●				●
G. 플레하노프 1856	●		●	●	●	●		
P.-J. 프루동 1809	●		●	●		●		
J.-E. 르클뤼 1830	●	●	●	●	●	●		
J. 리살 1861	●		●	●				●
G. 소렐 1847	●		●					
고토쿠 슈스이幸德秋水 1871	●		●	●		●		●
F. 트리스탕 1803	●	●			●			
J. 발레스 1832		●	●	●	●	●	●	
V. 자술리치 1851	●		●	●	●	●		
C. 체트킨 1857	●		●	●	●	●		

표 3. 20세기의 혁명적 지식인들(차르 제국: 1870~90년대 세대)

	대학	교편	언론	감옥	망명 (유형)	혁명	권력	살해됨
A. 보그다노프 1873	●	●	●	●	●	●		
N. 부하린 1888	●	●	●	●	●	●	●	●
V. 체르노프 1873	●	●	●		●	●	●	
F. 제르진스키 1877	●		●	●	●	●	●	
L. 요기헤스 1867	●		●	●	●	●		●
L. 카메네프 1883	●		●	●	●	●	●	●
A. 콜론타이 1872	●		●	●	●	●	●	
V. 레닌 1870	●		●	●	●	●	●	
A. 루나차르스키 1875	●	●	●	●	●	●	●	
J. 마르토프 1873	●		●	●	●	●		
K. 라데크 1885	●	●	●	●	●	●	●	●
D. 랴자노프 1870	●	●	●	●	●	●		
J. 스탈린 1878	●		●	●	●	●	●	
I. 루빈 1886	●	●	●	●	●	●		●
B. 사빈코프 1879	●		●	●	●	●	●	●
Y. 스베르들로프 1885	●		●	●	●	●	●	
L. 트로츠키 1879	●		●	●	●	●	●	●
볼린 1882	●		●	●	●	●		
G. 지노비예프 1883	●		●	●	●	●	●	●

표 4. 20세기의 혁명적 지식인들(중유럽: 1870~90년대 세대)

	대학	교편	언론	감옥	망명	혁명	권력	살해됨
M. 아들러 1873	●	●	●		●	●		
O. 바우어 1881	●		●		●	●		
E. 블로흐 1885	●	●	●		●	●		
R. 피셔 1895	●		●		●	●		
P. 프뢸리히 1884	●		●	●	●	●		
H. 그로스만 1881	●	●	●		●	●		
K. 코르쉬 1886	●	●			●	●		
쿤 벨러 1886	●		●	●	●	●	●	●
G. 란다우어 1870	●		●	●		●		●
P. 레비 1883	●		●			●		
E. 레비네 1883	●		●	●		●	●	●
K. 리프크네히트 1871	●			●		●		
루카치 죄르지 1885	●	●	●	●	●	●	●	
R. 룩셈부르크 1871	●		●	●		●		●
H. 마르쿠제 1898	●	●			●	●		
W. 뮌첸베르크 1889	●		●		●	●		●
E. 뮈잠 1878	●		●	●		●	●	●
F. 펨페르트 1879	●		●		●	●		
W. 라이히 1897	●	●			●	●		
R. 로스돌스키 1898	●	●	●		●	●		
W. 숄렘 1895	●		●	●		●		●
A. 탈하이머 1884	●	●	●		●	●	●	
E. 바르가 1879	●	●	●		●	●	●	

표 5. 20세기의 혁명적 지식인들(서유럽: 1880~1900년대 세대)

	대학	교편	언론	감옥	망명	혁명	권력	살해됨
L. 아라공 1897	●		●					
A. 보르디가 1889	●		●	●				
A. 브르통 1896	●		●		●			
C. 카윙 1894	●		●	●				
G. 프리드만 1902	●	●	●					
A. 그람시 1891	●		●	●				
D. 게랭 1904	●		●	●				
H. 르페브르 1901	●	●	●					
P. 나비유 1904	●	●	●	●				
A. 닌 1892	●		●			●		●
P. 니장 1905	●		●					
S. 팽크허스트 1882	●		●	●	●			
A. 파네쿡 1873	●	●	●					
P. 파스칼 1890	●	●	●					
B. 페레 1899	●		●		●			
G. 폴리체르 1903	●	●	●	●	●			●
H. 롤란트-홀스트 1888	●		●		●			
A. 로스메르 1877			●					
V. 세르주 1890			●	●	●	●		
P. 톨리아티 1893	●		●	●	●			

표 6. 20세기의 혁명적 지식인들(남북아메리카: 1870년대와 1900년대 두 세대)

	대학	교편	언론	감옥	망명	혁명	권력	살해됨
A. 버크만 1870	●		●	●	●			
L. B. 부딘 1874	●		●					
L. 브라이언트 1885	●		●					
J. 버넘 1905	●	●	●					
M. 이스트먼 1883	●		●					
L. 프레이나 1892	●		●					
S. 프론디지 1907	●	●	●					●
A. 조바니티 1884	●		●	●				
M. 골드 1894	●		●					
E. 골드만 1869	●		●	●		●		
J. 인헤니에로스 1877	●	●	●					
J. C. 마리아테기 1894			●					
J. A. 멜라 1903	●		●	●	●			●
An. 폰세 1898	●	●	●		●			
Ph. 라브 1908	●	●	●					
J. 리드 1887	●		●	●		●		

표 7. 20세기의 혁명적 지식인들(남북아메리카: 1870년대와 1900년대 두 세대)

	고등교육 (대학)	교편	언론	감옥	망명	혁명	권력	살해됨
A. 세제르 1913	●		●					
천두슈 1880	●		●	●		●		
덩샤오핑 1904	●					●	●	
C. L. R. 제임스 1901	●		●	●	●			
호찌민 1890	●		●	●	●	●	●	
마오쩌둥 1893	●		●			●	●	
T. 말라카 1897	●		●	●	●	●		●
C. 맥케이 1889	●		●		●			
G. 패드모어 1903	●		●					
리다자오 1889	●	●	●			●		●
La. 셍호르 1889			●					
마나벤드라 나트 로이 1887	●		●	●	●			
따투터우 1906	●		●	●	●	●		●
저우언라이 1898	●					●	●	

제5장

자유와 해방 사이

혁명은 자유의 적에 맞서 벌이는 전쟁이다.

-로베스피에르, 「혁명 정부의 원칙에 관하여」(1793)

정부 지지자들만을 위한 자유—그 수가 아무리 많더라도—, 일개 당의 당원만을 위한 자유는 자유가 아니다. 자유는 언제나 오로지 생각이 다른 사람들을 위한 자유여야 한다. '정의'라는 어떤 광신적인 개념 때문이 아니라 정치적 자유에서 유익하고 건전하고 깨끗한 것은 모두 이런 본질적 특징에 의존하기 때문이며, '자유'가 어떤 특권이 되는 순간 그 효과가 사라지기 때문이다.

-로자 룩셈부르크, 『러시아 혁명』(1918)

계보

자유를 생각하는 것(수백 년간 정치철학이 한 일이다)과 역사화하는 것(구체적인 역사적 경험들을 해석함을 의미한다)은 똑같지 않으며, 자유와 혁명—해방적 행동—의 관계는 이런 불일치를 강조해준다. 자유에는 많은 계보가 있는데, 그 경로가 다양할 뿐만 아니라 자유 개념도 여러 가지이기 때문이다. 마르크스주의나 고전적 자유주의의 관점에서 볼 때, 자유가 지나온 경로는 크게 달라진다. 실제로 자유는 의심의 여지 없이 우리의 정치 언어사전에서 가장 모호하고 다의적인 단어로 손꼽힌다. 모두들 자유를 입에 올리지만, 누구도 같은 의미를 부여하지 않는다. 계몽주의 시대 이래 자유는 거의 누구나 받아들이는 이상이지만, 그 정의는 무척 다양하며—많은 경우에 양립 불가능하다— 자유의 개념장은 역설로 가득하다. 앞 장에서 이미 만난 구체제의 가장 음울한 변호론자인 조제프 드 메스트르는『프랑스에 관한 고찰』(1797)에서 정통주의의 정의를 내놓았다. 자유란 "신의 손길 아래서 자유로운 존재가 하는 행동이다. 자유로운 노예들"[1]이라고. 300년 동안 '우정', '형제애', 그리고 … '자유' 같은 이름을 도발적으로 내건 선박들이 아프리카, 유럽, 남북아메리카를 오가며 노예무역을 수행했다.[2] 20세기에도 사정은 바뀌지 않았다. 조반니 젠틸레와 베니토 무솔리니는 「파시즘의 교의」(1932)라는 유명한 글에서 자유를 전체주의와 동의어로 정의했다. "파시즘은 자유를 상징하며 우리가 가질 만한 유일한 자유는 국가의 자유와 국가에 속한 개인의 자유다."[3] 그러므로 전체주의 국가로 이해되는 파시즘이 유일하게 참된 자유의 달성이었다. 두 사람의 설명에 따르면, 파시즘에서 개인들은 "쓸모없고 대개 해로운 모든 자유freedom"를 박탈당하지만, 그들의 기본적 자유권liberty은 보전된다. "이 문제를 결정하는 권력은 개인이 아니라 국가만 가질 수 있기" 때문이다.[4]

첫 번째 모스크바 재판이 열린 해인 1936년 제정된 소련 헌법에도 자유가 포함되었지만, 이 자유는 공산당의 권력과 동일시되었다. 『배반당한 혁명』(1937)에서 레온 트로츠키는 새로운 헌법이 —표현, 언론, 집회, 거리행진 등— 많은 "자유를 보장했지만", 실상 이런 "자유"는 "손발에 채워진 족쇄나 묵직한 재갈"의 형태를 띠었다고 말한다. 그리하여 소비에트 법률의 진정한 의미는 자체의 공식적인 평가와 정반대였다. 조지 오웰의 『1984』를 미리 보여주기라도 하듯, 트로츠키는 언론의 자유는 "선출직이 아무도 없는 중앙위원회 서기국이 사슬을 쥔 지독한 사전 검열의 지속"을, 사상의 자유는 "과학, 문학, 예술에 대한 노골적이고 무지한 지휘"를, 집회의 자유는 "당국이 미리 준비한 결의안을 채택하기 위해 열리는 집회에 일부 국민 집단이 참가할 의무"를 의미한다고 지적했다. 그 결과 새로운 헌법 아래서 수천 명의 사람들이 "무오류의 교의에 위배되는 범죄를 저질렀다는 이유로 감옥과 강제수용소"에 갇혔다.[5] 스탈린의 헌법에서 자유의 의미는 "하나부터 열까지 강탈과 냉소주의의 정신"으로 흠뻑 젖었다고 트로츠키는 결론지었다.[6] 하지만 스탈린은 전반적 경향의 발작적 표현에 불과했고, 자유를 재해석하려는 그의 시도는 많은 만만찮은 경쟁자를 발견했다. 전후戰後 시기에 국제적인 보수주의 선전 기관 가운데 손꼽히게 강력한 곳은 '문화자유회의Congress for Cultural Freedom'라는 이름이었다.[7] 공산주의의 위협에 맞서 '자유세계'를 수호한다는 깃발 아래 미국 국무부는 몇 가지 사례만 들어도 이란(1953), 과테말라(1954), 인도네시아(1965), 칠레(1973) 등지에서 쿠데타와 군사독재를 조직하거나 지원했다.

많은 정치철학 입문서는 1819년 뱅자맹 콩스탕이 정한 고대인과 현대인의 자유를 가르는 표준적 구분으로 시작한다. 이사야 벌린은 이를 "적극적" 자유와 "소극적" 자유, 즉 어떤 것에 대한 자유와 어떤 것으

로부터의 자유로 재정식화했다.[8] 전자는 집단적인 자유로, 공공생활에 대한 능동적 참여로 이루어진다. 국가의 미래를 결정할 자유다. 후자는 개인적인 자유로, 시민들이 외부의 간섭 없이 모든 강제에서 자유롭게 자신의 삶을 조직할 역량에 바탕을 둔다. 전자는 정치 공동체를 가정하며, 후자는 원자화된 개인들—시장 사회—을 가정한다. 집단주의의 반대말로 이해되는 소극적 자유는 민주주의를 필요로 하지 않는다. 콩스탕에 따르면, 대의기관의 목표는 인민주권을 구현하는 게 아니라 개인의 진취성과 사업가 정신의 자유로운 발전을 돕는 것이었다. 그가 글의 말미에서 설명한 것처럼,

> 대의제도는 한 나라가 자신이 직접 할 수 없거나 하고 싶지 않은 일을 몇몇 개인에게 맡기는 조직에 다름 아니다. … 대의제도는 자신의 이해관계를 지키고 싶지만 항상 스스로 지키기에는 시간이 없는 다수의 사람들이 일정한 수의 사람들에게 그 일을 위임하는 것이다.[9]

이런 시각에 따르면, 소유자의 자유가 분명 시민들의 민주주의보다 우선한다. 프리드리히 A. 하이에크는 신자유주의의 선언문인 『노예의 길』(1944)에서 "사유재산 제도는 자유를 보장해주는 가장 중요한 장치"[10]라고 말하면서 히틀러보다 한참 전에 사회주의가 전체주의의 싹을 도입했다고 설명했다. 하이에크에 따르면 사회주의는 사유재산에 대한 적개심으로 모든 근대적 자유를 위협하는 정치적 조류였다. 그가 볼 때, 자유란 소유를 의미했고, 전체주의는 가장 완성된 형태의 집단주의였다. 서론에서 그는 "파시즘과 나치즘의 발흥은 앞선 시기의 사회주의적 추세에 대한 반발이 아니라 이런 경향들이 낳은 필연적인

결과"라고 강조했다.[11] 또한 민주주의는 "본질적으로 하나의 수단, 즉 국내적 평화와 개인의 자유를 보장하기 위한 공리주의적 장치"다.[12] 따라서 민주주의는 확실히 "무오류"가 아니며 "최악의 독재만큼이나 억압적"으로 바뀔 수 있다.[13] "분배 민주주의"가 노예 상태로 가는 가장 확실한 방법인 한, 효과적인 반전체주의 투쟁은 무엇보다도 문명의 수호, 또는 "시장의 비인격적 힘에 대한 인간의 복종"을 의미했다.[14] 따라서 추축국과 맞서 싸우는 것만으로는 충분하지 않았다. 하이에크는 또한 "우리 안에 있는 전체주의자들", 즉 존 메이너드 케인스처럼 국가의 경제 개입이라는 위험한 조치를 처방하는 사람들에 맞서 싸우자고 제안했다.[15] 이런 전제에서 보면, 자유의 역사는 소유와 시장 경쟁의 의기양양한 행진이 되며, 이는 결국 신자유주의적 호모 에코노미쿠스 homo economicus의 정신적 아비투스와 삶에 새겨진다. 오늘날 자유는 이런 계보에 의지하면서 세계은행, 국제통화기금과 함께 승승장구하고 있다.

하지만 소유를 거부하는 전혀 다른 자유의 계보 또한 존재한다. 이 계보의 출발점은 아마 루소의 『인간 불평등 기원론』(1754)일 텐데, 이 책의 2부는 유명한 서두로 시작한다.

땅 한 뙈기에 울타리를 두르고 "이 땅은 내 것이다"라고 말하려고 생각하면서 다른 사람들이 그런 말을 믿을 만큼 단순하다는 사실을 발견한 최초의 인간이 문명사회의 진정한 창시자다. 누군가 말뚝을 뽑아버리고 토지의 경계로 파놓은 도랑을 메우면서 동료 인간들에게 "저런 사기꾼의 말을 듣지 마세요. 땅에 나는 과일은 모두의 소유이고 그 땅은 그 누구의 소유도 아니라는 사실을 잊는다면 당신들이 지는 겁니다"라고 외쳤더라면, 그는 얼마나 많은 죄악과 싸움과 살인, 얼마나 많은 비참과 공포에서 인류를 구제해주었을 것인가?[16]

소유 비판에 근거한 자유 개념은 근대 자본주의 아래서 가장 중요한 순간들을 발견했다. 1842년 청년 카를 마르크스는 라인란트 지방의 인클로저에 관한 글 몇 편을 『라인신문』에 썼다. 수백 년 동안 숲의 말라 죽은 나무는 공동 물자로 누구나 쓸 수 있었고, 농민들은 필요한 만큼 가져다 썼지만, 숲이 사유재산으로 바뀌면서 농민들은 갑자기 '도둑'이 된 상태였다. 소유는 농민들이 집단적 삶의 기반으로 삼은 조상 대대로 내려오는 자유를 파괴해버렸다. 마르크스의 주장은 설득력 있었지만 새로운 것은 아니었다. 수평파Levellers—퍼트니 논쟁에서 이 문제를 다룬 바 있었다[17]—부터 자코뱅에 이르기까지 걸출한 선조들이 그와 같은 소유 비판을 한 바 있었기 때문이다. 1793년 프랑스 헌법 초안의 심장부에는 소유와 '생존권'의 충돌이 도사리고 있었다. 마르크스는 사유재산의 이름으로 쓰러진 나무를 모으는 행위를 절도로 뒤바꾼 라인란트 법에 강력하게 반대했다. 그는 "빈곤층을 위한 **관습법**"을 요구하면서 이를 "최하층의 재산이 하나도 없는 기본 대중"을 보호하기 위한 기본적인 인권으로 보편적으로 확대해야 한다고 보았다.[18]

프랑스 철학자 다니엘 벤사이드가 이 논쟁에 관해 지적한 것처럼, 과거와 현재 사이에는 인상적인 유사점이 몇 가지 있다.[19] 18세기 말 영국과 1840년대 초 독일에서 벌어진 인클로저는 20세기 말 이래 '커먼스commons'(자연과 문화 둘 다)가 사유화되고 시장 경제의 법칙에 종속되면서 점차 파괴된 것과 놀랍도록 비슷하다. 오늘날 물 같은 천연자원은 사기업에 전유되고 판매용 상품이 되고 있다. 2세기 전 인클로저가 자본 축적 과정의 결정적인 순간을 특징지은 것처럼, 오늘날 생명공학, 유전학, 특허권, 갖가지 형태의 지적소유권은 인류의 자산을 빼앗기 위한 수단이다. 카를 폴라니가 『거대한 전환』(1944)에서 설명한 것처럼, 시장 사회는 "중립적"이거나 "자연적"이기는커녕 고유한 자유의 형태를 지닌 공통성을 계획적으로 해체하는 방식으로 세워졌다. 폴라니는 하이에크의 주장을 거꾸로 뒤집으면서 이른바 19세기 문명이 계획 경제 구상에 집착한 우파나 좌파의 야만인들의 합동 공격으로 파괴된 게 아니라고 강조했다. 그가 볼 때, 파시즘은 자기조정적 시장 사회라는 환상이 낳은 최종 산물이었다. 이 시장 사회는 민주주의와 극복할 수 없는 충돌을 겪게 되자 민주주의 자체를 파괴함으로써 모순을 해결하고자 했던 것이다. "복합 사회에서 자유"를 지키려면 자유시장 자본주의의 교의에 의문을 던져야 했다. "이러한 지각변동[제2차 세계대전과 파시즘]의 기원을 찾으려면 시장경제의 발생과 몰락을 살펴보아야 한다."[20] 자본주의를 그 자신의 악마들 손에 맡기면 불가피하게 자유가 위험에 빠진다.

많은 학자들이 고전적 자유주의와 인종적 노예제라는 "독특한 쌍생아의 탄생"을 강조한 바 있다.[21] 소유를 궁극적 기반으로 삼는 한, 자유는 식민주의나 노예제와 양립 불가능하지 않았다. 식민주의는 주인 없는 땅terra nullius을 전유하는 것을 의미했고, 노예제는 흑인 강제 노동자들을 노예주의 자산으로 뒤바꿨다.[22] 수전 벅-모스가 말한 것처럼, 대다수 계몽주의 사상가들은 노예제를 자유와 대립되는 의미의 강제를 묘사하기 위한 유용한 비유로 여겼지만, 그들에게 노예제란 순전히 추론적 형태였다.[23] 고대에서 빌려온 수사적 형상으로 이해된 노예제는 노예무역과 노예노동으로 만들어진 역사적 현실과 충돌하지 않았다. 존 로크는 자유를 소중히 여기면서 노예제를 "부도덕하고 비참한 인간의 상태"라고 비난했지만, 왕립아프리카회사의 주주가 되는 데에 아무 거리낌이 없었다. 아프리카 흑인들을 노예로 잡아 버지니아 플랜테이션에 판매하는 데에 관여하는 영국 회사였다.[24] 노예제 폐지가 피해자들에 대한 경제적 배상으로 귀결되는 대신 노예주들과의 보상 합의로 귀결된 것도 의미심장하다. 노예와 식민지 사람들의 관점에서 자유의 계보를 쓴다면 고전적 자유주의의 많은 일반적 가정들에 의문이 던져질 것은 분명하다.

자본주의적 자유의 위선과 기만을 폭로하는 것은 19세기 내내 좌파 급진주의의 주요한 주제 가운데 하나였다. 그 표적 중 하나—자본주의적 번영으로 자유를 강력하게 시각적으로 재현한 것—는 자유의 여신상으로, 1886년 뉴욕 리버티섬에서 개막식이 열렸다. 남북전쟁 이후 재건기가 끝나고 대법원에서 인종차별법을 시행한 당시에 남부 주들에서는 린치가 최고조에 달했다. 흑인이 소유한 『클리블랜드가제트』는 자유의 여신상 헌정식을 빈정대는 사설로 다루면서 KKK단과 인종적 증오의 나라에 설치된 "세계에 빛을 비추는" 이 자유의 상징은 "우스꽝스럽기 짝이 없다"고 주장했다.[25] 19세기 유럽의 이민 유입 물결의 종말과 패권적 세계 강대국 미국의 등장을 알린 사건인 대전쟁 시기에 당시 뉴욕에서 망명 생활을 하던 저명한 러시아 사회주의자 알렉산드라 콜론타이는 이 조각상을 시대착오적으로 목숨을 이어가는 과거, "기억에서 잊힌 낡은 전설"이라고 묘사했다. 미국의 신화가 이미 소진된 지금, 이 상징은 너무 늦게 온 것이었다.

우리 할아버지와 증조할아버지들에게 신세계는 진정으로 자유의 땅이었다. 늙어가는 유럽에서 어떤 존재였건 간에 여기서 우리 조상들은 자유로운 나라의 아들이자 평등한 시민이라고 느꼈다. 여기서 그들은 각자 자기가 좋아하는 의례에 따라 하느님께 기도를 드릴 수 있었다. 여기서 그들은 여전히 사람이 자신의 행복과 부와 운명을 자기 손으로 개척할 수 있다고 믿었다. 여기서 성공의 우화는 여전히 사람이 살지 않는 땅과 비옥한 평원, 황금이 감춰진 황량한 산맥에 자유롭게 손짓을 했다.[26]

하지만 미국의 자유 이야기는 이제 끝이 났고 자유의 여신상은 위압적인 뉴욕의 스카이라인에 비하면 보잘것없고 무의미해 보였다. 자유의 왕국은 자본의 땅으로 변모한 상태였다.

마천루들은 자유의 여신에게서 후광을 앗아갔으며, 이제 이 국제적 도시의 만 위로 우뚝 솟은 것은 자유의 여신이 아니고, 이제 더는 이 여신이 국제적 항구로, 신세계로 들어가는 길을 밝혀주지도 않는다. 50층짜리 마천루들이 그득한 업무지구의 창에서 뿜어져 나오는 수많은 빛이 자유의 여신의 빛을 무색하게 만든다. 잿빛 거인들이 비좁은 뉴욕 거리를 조롱하듯 내려다본다. 사업가와 사원들이 우글거리는 뉴욕의 거리는 절벽 사이를 흐르는 협곡처럼 한참 아래로 굽이굽이 이어진다. 바로 이 견고한 석조 담장, 미국 자본의 왕들의 안식처가 이제 당혹스러운 듯 보이는 저 가련하고 움츠린 청록색 조각상보다 콜럼버스의 대륙을 다스리는 '정신'을 더 완벽하게 표현한다.[27]

재현

자유와 해방 사이의 긴장은 '부르주아 혁명'의 시대인 19세기 문화의 가장 의미심장한 특징 가운데 하나였다. '민중'—초기 산업자본주의의 대중 계급들—이 실행한 이 격변은 부르주아지를 유럽의 새로운 지배 계급으로 권좌에 앉혔다. 하지만 "구체제가 지속되는" 시기에 산업 엘리트나 금융 엘리트, 또는 그들의 지적·정치적 대표자들도 봉기에 참여하거나 바리케이드를 세우지 않았다.[28] 1830년 전반기에 향후 프랑스 7월 왕정의 화신이 되는 프랑수아 기조는 여전히 샤를 10세의 왕국을 어떻게 개혁할지 궁리하고 있었다. 그는 부르주아의 자유주의 제도를 확립한 예상치 못한 갑작스러운 혁명의 물결을 수동적으로 관찰했다. 1830년 7월 27~29일의 '영광의 3일'의 주인공은 숙련공, 목수, 자물쇠 제조공, 제화공, 석공, 인쇄공 등등의 파리 민중을 형성한 숙련 노동자들이었다. 운동이 몸집을 불리면서 소수의 학생들이 가세했고, 국민위병의 상당 부분도 점차 반란자들 편으로 이동했지만 그래도 지도적 역할을 하지는 않았다. 부르주아지는 일단 권력을 탄탄히 굳히자 자신이 부추기지도 않고 이끌지도 않은 사건을 상징적으로 전유해야 하는 어려운 과제에 직면했다. 1835년에서 1840년 사이에 세워진 바스티유 광장의 7월 기둥은 마침내 프랑스 수도 곳곳에 흩어져 있던 수많은 기념물과 합쳐져서 국가적 영광이 되었다. 기둥 꼭대기를 장식한 조각상은 오귀스탱 뒤몽의 〈자유의 정신〉인데, 겉모습이나 의미나 두드러지게 '중립적'이다.

길들여진 부르주아적 자유와 해방 운동의 기억 사이의 이런 모순, 또는 달리 말하면 7월 혁명에서 7월 왕정으로의 이행은 외젠 들라크루아의 유명한 그림 〈민중을 이끄는 자유의 여신〉에서 의미심장한 표현을 발견했다. 다양한 해석의 대상이 된 이 그림의 내적 모호성은 1831년 살롱에 전시되고 루이-필리프 왕에게 팔린 뒤 순식간에 공적 전시에서 사라져서 1848년까지 감춰진 이유를 설명해주는 듯하다. 제3공화국 아래서 신성시된 이 그림은 결국 루브르 박물관으로 옮겨졌다. 화가가 "현실적 알레고리allégorie réelle"[29]라고 묘사한 이 위풍당당한 그림을 압도하는 것은 자유의 여신의 형상이다. 젖가슴을 드러낸 여신은 바리케이드의 잔해를 가로질러 반란자들을 이끈다. 여신은 총과 삼색기를 들고 있는데, 7월 봉기 때 다시 등장해서 부르봉 왕조의 흰색 깃발을 대체한 깃발이다. 여신 옆에는 세 명의 반란자 시신이 놓여 있는데, 거의 벌거벗은 노동자와 병사 두 명이다. 세 번째 젊은 반란자는 몸을 바치겠다고 애원하는 몸짓으로 여신 앞에 무릎을 꿇는다. 여신 뒤에서는 한창 전투가 벌어지고 있다. 다른 세 명의 봉기의 주인공들이 여신을 에워싸고 있다. 권총 두 자루를 휘두르는 청소년과 평범한 노동자 두 명이다. 한 명은 아직 작업복 차림으로 칼을 휘두르는 반면, 총으로 무장한 다른 한 명은 재킷에 실크모자, 타이 차림의 젊은 숙련공이다. 바닥에는 삼각모를 쓴 학생이 눈에 들어온다. 이 인물들 대부분은 물론 자유의 여신 자신을 시작으로 다양하게 해석되고 있다. 반쯤 벌거벗은데다가 위압적인 몸집의 여신은 확실히 —공화국과 마찬가지로— 알레고리적 재현의 전반적인 회화 전통에 속하며, 여신을 성적 해방의 상징으로 여길 수 있는지는 무척 의심스럽지만, 확실히 민중 출신의 여자로 나타난다.[30] 이 그림을 해석하는 많은 학자들이 지적한 것처럼, 들라크루아는 오귀스트 바르비에의 『쟁탈전』에서 영감을 받았다. 반란 직후에 쓴 이 시에서 자유의 여신은 "민중의 박수갈채를 즐기며 확신에 찬 걸음을 내딛는 … 풍만한 젖가슴을 가진 강한 여자"

그림 5.1 외젠 들라크루아, 〈민중을 이끄는 자유의 여신〉(1831). 캔버스. 파리 루브르 박물관.

로 나타난다.[31] 1831년 살롱에서 들라크루아의 그림을 감탄하며 본 발자크 또한 소설 『농민』(1855)에서 이 작품을 언급한다. 여기서 자유의 여신은 하층계급 출신 여자인 카트린으로 묘사된다.

공화국과 마찬가지로 어느 모로 보나 조각가와 화가들이 자유의 여신의 모델로 삼는 젊은 여자같이 키가 크고 튼튼한 카트린은 똑같이 풍만한 젖가슴과 똑같은 근육질의 다리, 튼튼하면서 유연한 똑같은 풍채, 통통한 팔, 불꽃으로 활기 넘치는 눈동자; 거만한 태도, 굵직하게 땋은 머리카락, 남자 같은 눈썹, 반쯤 흉포한 미소로 곡선을 그리는 붉은 입술 등으로 아 본 계곡의 젊은이들을 매혹시켰다. 외젠 들라크루아와 다비드 당제가 성공적으로 포착해서 재현한 모습이다. 보통사람들의 생생한 이미지인 까무잡잡한 피부에 열정적인 카트린은 밝은 황갈색 눈동자, 병사같이 오만한 표정으로 꿰뚫어보는 듯한 눈동자로 반란의 신호를 보냈다. 그녀는 아버지에게서 그런 격렬한 기질을 물려받아서 포도주 가게에서 일하는 가족 전체가 두려워할 정도였다.[32]

들라크루아의 그림에서 이 여성 전사는 민중 반란을 이끈다. 몇몇 미술 평론가가 지적한 것처럼, 총을 휘두르는 젊은 반란자는 부르주아가 아니다. 실크모자와 타이는 도시 숙련공들 사이에 무척 흔한 복장이었고, 그의 평범한 사회적 지위는 바지와 허리띠로 분명하게 드러난다. 그러므로 그림은 프롤레타리아트와 여전히 혁명적인 부르주아지의 계급 '동맹'을 그리지 않는다. 1830년의 평론가와 해설자 가운데 누구도 이 젊은 반란자를 부르주아로 여기지 않았다. 보수주의자 샤를 파르시는 이 반란자를 "반은 부르주아고 반은 노동자인 모호한 인물"로 보았다.[33] 그들 모두 한목소리로 들라크루아의 그림을 민중 반란의 재현으로 보았다. 일부 몰락한 부르주아가 지지하는 가운데 파리 노동계급, 즉 노동자와 숙련공이 체현하는 운동이었다. 바로 이런 까닭에 오를레앙파 신문은 너무도 실망했다. 1830년 반란의 진정한 승자이자 7월 왕정의 새로운 지배계급인 자유주의 부르주아지가 이 그림에 전혀 등장하지 않았기 때문이다. 서로 동기는 정반대였지만, 정통파와 공화파 모두 들라크루아의 미적 성취에 환호를 보냈다. 정통파는 이 그림을 폭도, 대중, 어중이떠중이, 하층민canaille의 초상화이자 프랑스 수도의 야만인들에 대한 경고—몇몇 평론가는 이 수치스러운 여자의 거슬리는 모습을 강조하면서 심지어 털이 수북한 겨드랑이까지 언급했다—로 본 반면, 공화파는 민중을 정치적 행위자로 인정한 예술 작품에 환호를 보냈다.

〈민중을 이끄는 자유의 여신〉은 역설적인 요소들이 뒤얽힌 작품이다. 의심의 여지 없이 민중이 주인공으로 등장하는데, 1831년 살롱을 찾은 공화파가 열광한 이유를 설명해주는 증거다. 이런 관점에서 보면, 이 그림은 또한 젊은 화가의 공화주의를 드러내는데, 20년 뒤 그는 1848년 6월 반란을 진압한 것을 축하하기 위해 루브르에 있는 아폴론 갤러리의 천장화를 그린다. 하지만 다른 특징들은 이 그림의 모호성을 부각시킨다. 오른편에 보이는 노트르담 성당의 윤곽은 자유의 여신의 알레고리적 형상에 종교적 특징을 부여한다. 거의 알아보기 힘든 바리케이드에도 불구하고 그림의 구성은 매우 보수적인 미적 규범을 재생산한다. 삼색기를 든 자유의 여신은 〈아르콜 다리를 건너는 오제로〉(1798)를 공공연하게 참조하는데, 신고전주의 화가 샤를 테브냉이 나폴레옹 장군의 영웅적 과업을 찬미하려고 그린 작품이다. 1830년 당시 테브냉은 프랑스 대혁명과 제1제정의 전투를 그린 화가로 유명했는데, 들라크루아는 이런 미학적 모델을 선택함으로써 자유의 여신이 든 삼색기에 분명하게 보나파르티즘의 차원을 부여한다.[34] 더 나아가 1830년 7월 혁명과 동시에 1차 알제리 전쟁이 벌어졌음을 감안하면, 이런 자유의 알레고리는 이미 프랑스 공화주의의 모호성을 널리 알린 셈이다. 보편주의와 민족주의의 뒤얽힌 관계, 그리고 혁명적 정복으로서의 자유와 식민지의 '문명화 사명'이라는 목표가 그것이다.

깃발과 총을 들고 싸우는 늠름한 여자로 그려진 이 자유의 초상은 그럼에도 불구하고 매우 이례적이다. 알레고리적 여성의 형상은 대체로 순진하고 무기를 들지 않은 모습인 반면, 해방의 상징적 이미지는 남성의 신체적 힘을 강조하면서 강력하게 성별화되어 있었다.[35] 이런 경향은 한 세기 넘도록 지속된다. 앞 장에서 이미 살펴본 것처럼, 1920년대 초의 공산주의 선전에서는 세계혁명이 흔히 원기왕성한 근육질의 남성적 프롤레타리아가 제국주의의 족쇄를 깨부수는 모습으로 나타났다. 하지만 이런 특성이 몇 가지 친연성을 숨겨서는 안 된다. 성별적 함축과 이데올로기적 지향, 문화적 배경이 서로 다름에도 불구하고, 들라크루아의 그림과 나중에 나온 소비에트 포스터는 둘 다 자유를 해방적 행동을 통해 획득해야 할 목표로 묘사한다. 프랑스 대혁명부터 줄곧 자유는 해방과 분리될 수 없다. 억압의 사슬을 깨뜨리는 인간, 전제정의 담장을 무너뜨리고 바리케이드로 달려가는 인간의 재현과 분리할 수 없는 것이다. 19세기가 시작된 이래 자유를 단순한 은유로 축소하거나 어떤 섭리나 계몽의 힘이 내준 선물로 묘사함으로써 자유를 길들이려고 여러 차례 시도한 것도 이 때문이다.

유럽과 남북아메리카에서 노예제 폐지론의 부상을 규정한 노예제 관련 담론의 핵심에 자리한 것도 바로 이것이다. 프란츠 파농이 『검은 피부, 흰 가면』(1952)에서 말한 것처럼, 자유와 정의는 언제나 "흰 자유와 흰 정의", 즉 주인이 노예에게 너그럽게 내준 놀이와 휴식이었다. "흑인은 백인에게 감사하면서 만족했는데, 이런 사실을 입증하는 가장 강력한 증거는 이제 막 사슬이 끊어진 이 다정한 흑인의 곱슬머리를 어루만지는 프랑스 백인을 조각한 동상이 프랑스와 식민지 각지에 얼마나 많이 세워졌는지에 관한 수치."[36] 미술사학자 휴 오너가 설득력 있게 주장한 것처럼, 19세기 내내 노예제 폐지론의 재현은 하나같이 강력한 온정주의에서 영감을 받은 한편—빅토르 쉴셰르나 에이브러햄 링컨의 그림과 조각상을 생각해보라—, 벌거벗은 아프리카 전사의 이미지가 흑인의 야만성에 대한 신화적 시각과 유럽 식민자들의 문명화 작업을 분명히 보여주었다.[37] 이런 이데올로기를 뚜렷하게 반영

그림 5.2 프랑수아 오귀스트 비아르, 〈프랑스 식민지의 노예제 폐지 선언〉(1849). 캔버스. 프랑스 베르사유 궁전.

하는 작품이 프랑수아 오귀스트 비아르의 〈프랑스 식민지의 노예제 폐지 선언〉(1849)이다. 노예 부부가 서로 끌어안는데, 남자의 손에는 잘린 사슬이 들려 있고, 바로 앞에는 프랑스 공화국의 백인 대표가 삼색기를 옆에 두고 발언하는 중이다. 그 주위로 가슴을 드러낸 흑인 여자들이 프랑스 국기 앞에 무릎을 꿇으면서 자애로운 백인 숙녀들에게 감사를 표한다.

　18세기의 대다수 철학자들의 저작만이 아니라 1780년대에 등장한 프랑스와 영국의 노예제 폐지 협회의 공적 발언에서도 증명되듯이, 유럽인들이 식민지 세계의 유색인 주민들을 "문명화할 사명"이 있다는 관념은 계몽주의 문화에 깊이 뿌리를 두었다.[38] 검은 자코뱅들은 생도맹그에서 노예제를 타도했지만, ―1794년 국민공회의 첫 번째 노예제 폐지와 시기적으로 일치한 프랑스 대혁명의 짧은 순간을 제외하면[39]―

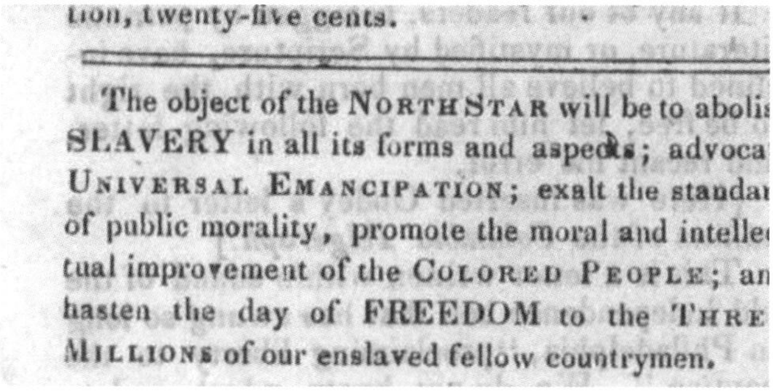
tion, twenty-five cents.

The object of the NORTH STAR will be to abolis
SLAVERY in all its forms and aspects; advoca
UNIVERSAL EMANCIPATION; exalt the standa
of public morality, promote the moral and intelle
tual improvement of the COLORED PEOPLE; an
hasten the day of FREEDOM to the THRE
MILLIONS of our enslaved fellow countrymen.

그림 5.3 『북극성』, 1850년 2월 22일자.

이처럼 널리 퍼진 편견을 격파할 수는 없었다. 결국 19세기는 과학적 담론으로 성문화된 인종주의의 황금기가 된다.

바로 이런 온정주의적 심리와 이데올로기적 성향—해방된 노예들은 외부의 권력이 부여한 권리의 수동적 수혜자였다—에 맞서 흑인 급진주의의 많은 대표자들은 자기해방의 과정이라는 대안적 시각의 노예제 폐지론을 강조했다. 이런 사고를 분명하게 정식화한 것은 1847년에서 1851년 사이에 로체스터에서 프레더릭 더글러스가 발행한 노예제 폐지론 주간지 『북극성North Star』의 성명서였다. "『북극성』의 목표는 노예제의 모든 형태와 면면을 폐지하고, 만인의 해방을 옹호하며, 공적 도덕의 기준을 높이고, 유색인들의 도덕적·지적 향상을 도모하며, 노예 상태인 우리 동포 300만 명에게 한시바삐 자유의 날을 안겨주는 것이다."[40]

흑인 노예제 폐지 운동은 비슷한 입장—생도맹그 혁명의 기억을 여전히 인식할 수 있는 입장—을 지지하면서 1854년 클리블랜드 대회에서 다음과 같이 엄숙히 선언했다.

어떤 억압받는 이들도 억압자들이 자발적으로 관대한 행위를 해서 그들의 권리를 얻은 적이 없다. 우리의 백인 미국인 억압자들이 도덕적으로 선량한 행동을 통해 그런 결과를 가져올 것이라고 기대하는 것은 헛된 희망이다. 우리가 자유를 바란다면 다른 이들이 그 대가를 치름으로써만 자유를 획득할 수 있을 뿐이다.[41]

남북전쟁은 서로 같은 목표를 추구할 수 있는데도 다른 문화에 속해서 이질적인 동기를 표출한 행위자들이 복잡하게 휘말린 싸움이었다. 북동부 주들의 부상하는 산업자본주의와, 이미 세계 시장에 통합되었지만 여전히 전근대적인 노예주들이 지배하던 남부 면화 경제의 충돌은 불가피한 상태였다. 백인의 노예제 폐지 운동은 자신의 뿌리를 알고 미국의 미래를 걱정하는 WASP 부르주아지의 명예 가치관과 도덕에 의해 고무된 반면, 흑인의 노예제 폐지 운동은 노예들—억압받는 소수 인종—의 자기해방을 위한 투쟁이었다.[42] 그들에게 무기를 드는 것은 자기해방의 순간이었다. 그리하여 링컨의 1862년 노예해방 선언은 자유의 두 가지 다른 계보가 교차하는 지점이었다. 첫 번째 계보는 미국 독립혁명의 원리—자유시장과 정치적 민주주의에 토대를 둔 번영하는 사회의 전제를 창조한 원리—를 확장했고, 두 번째 계보는, 생도맹그 혁명과 더불어 시작된 뒤 1807년 노예무역 폐지에 이어 각각 1833년과 1848년 영 제국과 프랑스 제국에서 노예해방으로 전개된 자기해방 과정의 새로운 단계였다. 다시 말해, 남북전쟁은 C. L. R. 제임스가 말한 이른바 "범아프리카 반란"의 역사의 한 단계였다.[43]

존재론

자유 개념이 모호하고 다의적이라면, 그 계보는 우리에게 자유의 **정치–철학적** 정의와 **역사적** 정의를 구별할 것을 요구한다. 법적·정치적 지위로서의 자유는 획득해야 할 목표이거나 활용해야 할 조건이다. 헤르베르트 마르쿠제가 지적한 것처럼, 억압 아래서 자유를 요구하는 것에는 해방적·비판적 잠재력이 존재한다. 반면 자유로운 사회에서 자유를 요구하는 것은 공허한 수사나 순응주의적 자세를 위한 정당화가 되는 경향이 있다. 현실 사회주의를 생각해보라. 1953년 6월 동베를린 거리에서 시위를 벌인 노동자들이나 1956년 11월 부다페스트에서 스탈린 동상을 끌어내린 이들, 1968년 프라하의 봄의 주인공들, 1980년 폴란드에서 연대노동조합Solidarność을 창립한 이들에게 자유의 의미는 분명했다. 하지만 오늘날 '자유'라는 단어는 중유럽의 많은 극우파 운동의 이름을 장식하고 있다.

마르쿠제는 계몽주의의 변증법을 설명하면서 자유가 공허한 껍데기나 새로운 형태의 억압을 숨기는 거짓 겉모습이 될 수 있다고 강조했다. 그가 볼 때, 이성이 해방의 도구에서 맹목적인 도구적 합리성으로 변모하는 것은 완전히 물화된 사회에서 환영적 자유의 등장과 일치했다. 폭력과 공포로 자유를 파괴하는 전체주의는 가능한 여러 지배 형태 가운데 하나일 뿐이고 어쩌면 "이미 진부한" 것이었다.[44] 마르쿠제가 『일차원적 인간』(1964)에서 말한 것처럼, 풍요한 사회에서 쾌락의 충족은 복종을 낳는 일종의 "억압적 탈승화"나 "억압적 관용"—사회적으로 인정받고 지향되는 향유의 범위가 확대되는 한 축소되는 "쾌락원리"—이 된다. 마르쿠제의 결론에 따르면, "억압적 전체의 지배 아래서 자유권은 지배의 강력한 도구가 될 수 있다".[45] 근대의 억압은 세 가지 기둥에 근거한다. 소외, 또는 "오직 쾌락과 만족만을 원하는 감각적 충동"의 억압; 우리의 삶을 법적 권리와 의무의 복잡한 연결망 안에 새겨넣는 분업; 자연의 정복을 의미하는 기술이 그것이다. 고전적 자유주의는 이 셋을 하나의 철학적 자유 개념 안에 결합한다. "사회적으로 수용되는 쾌락"의 경계 안에서 "금욕"과 극기에 근거한 도덕적 자유(소외); 법에 의해 우리에게 부여되는 자율성의 한계로서의 정치적 자유(분업에 상응하는 의무); 지적 자유, 또는 인간 이성을 통해 세계를 변화시키는 우리의 역량(기술). "자유의 이 세 측면에 공통된 정신적 실체"는 "합리적 부자유"나 "합리적 지배"다.[46] 다시 말해 우리가 말하는 자유는 소외와 국가권력, 그리고 인간과 자연적 배경 사이에서 점점 커지는 분리에 다름 아니다.

　자유의 존재론적 정의는 프랑스 사상가 사르트르가 나치 점령 아래서 출간한 첫 번째 위대한 저작인 『존재와 무』(1943)의 핵심에 자리한다. 데카르트와 헤겔, 그리고 무엇보다도 하이데거의 영향을 뚜렷이 감지할 수 있는 이 인상적인 철학적 담판은 만장일치의 찬사를 받지 못했다. 사르트르의 전기를 쓴 아니 코엔-솔랄에 따르면, 1944년 프랑스가 해방을 맞은 열광적 분위기 속에서 이 책은 자유와 "개인적 아나키즘"에 대한 훌륭한 호소로 열정적인 환영을 받았다.[47] 하지만 마르쿠제를 비롯한 다른 평자들은 이 책의 성격이 문제적이고 매우 모호하다고 지적했다. 하이데거의 '본래성Eigentlichkeit' 개념을 좇으면서 사르트르는 현실과 주관, 즉 불안과 동시에 억누를 길 없는 자유를 향한 욕망의 항구적인 원천인 개인의 즉자적 존재être-en-soi와 대자적 존재être-pour-soi의 구체적이고 세속적인 조건 사이의 넘을 수 없는 불일치를 가정했다. 실존의 외부적·우발적 조건보다 의식의 우월성을 주장한 사

그림 5.4 장-폴 사르트르(1945).

르트르는 임금노동과 노예제에서 반유대주의의 박해에 이르기까지 어떤 역사적 형태의 소외와 지배, 억압으로 환원할 수 없는 이런 존재론적 자유의 사례를 여럿 제시했다. 민족사회주의(나치즘) 아래서 유대인이 처한 조건은 박해의 현실과 이런 무너뜨릴 수 없는 주관적 자유 사이의 기본적인 균열을 보여주었을 뿐이다. 사르트르의 설명에 따르면, 유대인이라 함은 반유대주의자가 볼 때 "유대인임"을 의미한다. 물론 이는 "그 상황의 외부적·객관적 한계"를 규정하지만, 유대인은 이런 외부적 제약에서 빠져나올 수 있으며, 자신이 "유대인임"을 잊어버림으로써 자유로운 주체라는 자신의 존재론적 지위를 재발견할 수 있다. 사르트르는 주장하는 바, 만약 "반유대주의자를 순수한 **객체**로 여기는 게 마음에 든다면, 내가 유대인이라는 사실이 곧바로 사라지고 자유롭고 제한될 수 없는 초월의 단순한 의식이 그 자리를 차지한다".[48] 인간은 소외되고, 억압받고, 모욕당할 수 있지만, 그래도 여전히 자유롭게 반항할 것이며 자유를 향한 소망은 파괴할 수 없기 때문에 어떤 객관적 상황보다도 우월함을 입증한다.

사르트르는 아마 자신의 책이 파리 서점에서 판매되기 시작할 때 아우슈비츠와 트레블링카에서 가스실이 최대 전력으로 가동되고 있었던 사실을 알지 못했으리라. 1948년에 『존재와 무』의 서평을 쓰던 마르쿠제는 이런 혐오스러운 우연의 일치를 알았고, 사르트르식 실존주의의 모호성을 비추는 거울로 여겼다.

> 만약 철학이 인간이나 자유라는 실존적-존재론적 개념들 덕분에 박해받는 유대인과 처형의 희생자가 여전히 절대적으로 자유롭고 스스로 책임지는 선택의 주인임을 증명할 수 있다면, 이 철학적 개념들은 단순한 이데올로기, 즉 그들 자신이 인간적 현실réalité humaine의 중요한 한 부분인 박해자와 처형자들에게 가장 편리한 정당화를 제공하는 이데올로기로 전락한 셈이다.[49]

마르쿠제는 사르트르의 입장을 역사를 개인적 주관성의 순전히 우발적인 특징으로 묘사함으로써 역사를 무시하는 이상주의라고 낙인찍었다. 이는 자유를 외부적 요인들에 의해 절멸될 수 없는 인간 존재의 구조 자체로 간주함을 의미했다. 사르트르는 역사적 사건을 자신의 철학적—궁극적으로 형이상학적— 자유 개념을 보여주는 유용한 사례로 다뤘다. "사르트르의 시각에서 보면, 인간이 전체주의의 노예가 되는 때나 그 전후에도 인간의 본질적 자유는 여전히 그대로다."[50] 마르쿠제는 결론짓기를, 사르트르의 급진주의는 여전히 그의 철학 바깥에 존재했다. 그의 저작의 내용이 아니라 문체에서 자리를 찾을 수 있었던 것이다.[51]

그림 5.5 헤르베르트 마르쿠제(1945년 무렵).

　의미심장한 우연의 일치로, 『존재와 무』는 1943년 6월 프랑스 서점에서 판매가 시작됐는데, 나치스친위대(SS) 사령관 위르겐 슈트로프가 지휘하는 군인들이 바르샤바 게토 봉기를 진압하고 불과 몇 주가 지난 뒤였다. 이처럼 황량한 죽음의 풍경 속에서 굶어죽는 유대인들이 "자유롭고 제한될 수 없는 초월"의 느낌에 사로잡혀 있을 리는 만무했다. 게토는 가장 근본적인 자유의 부정이었을 뿐만 아니라 자유는 게토 주민들의 실존적 지평을 아예 저버린 상태였다. 게토 봉기는 해방 운동이 아니었다는 점에서 반란의 역사에서 특별한 자리를 차지한다. 1년 뒤 일어난 바르샤바 봉기의 주요한 목표가 붉은군대가 도착하기 전에 도시를 해방시키는 것이었던 것과 달리, 형편없는 무장으로 독일군에 격렬하게 저항한 젊은 유대인 투사 몇백 명은 자유를 기대하지 않았다. 그들은 확실히 억압에 맞서 싸웠지만 해방은 전혀 불가능한 것이었다. 그들은 싸우다가 죽는 쪽을 택했고 그들의 선택은 인간 존엄성의 확인이었다. 바르샤바 게토의 연대기를 작성한 에마누엘 링겔블룸은 스물네 살의 봉기 지도자 모르데하이 아니엘레비츠의 죽음을 묘사하면서 이 젊은이들을 압도한 정서는 '명예로운 죽음'의 추구였다고 강조했다. 그들은 탈출하거나 '아리아인' 서류를 입수하거나 게토

그림 5.6 모르데하이 아니엘레비츠. 여권 사진, 폴란드, 1930년대 말.

담장의 반대편에 은신처를 구하는 식으로 살아남으려고 하지 않았다. "그들이 유일하게 걱정한 것은 가장 명예로운 죽음, 2000년의 역사를 지닌 민족이 맞이해야 하는 죽음의 방식뿐이었다."[52] 이 선택이 순전히 허무주의적인 것은 아니었다. 아니엘레비츠의 투쟁에는 게토의 경계를 넘어서는 메시지가 담겨 있었기 때문이다. 그는 마르크스주의 시오니즘 운동인 하쇼메르 하차이르Hashomer Hatzair 성원이었고, 링겔블룸은 그가 '세계혁명'을 신봉한다고 강조했다.[53] 장 아메리가 말한 것처럼, 바르샤바 유대인 게토에서 일어난 항쟁은 소비부르와 트레블링카 절멸수용소에서 벌어진 것과 마찬가지로 생존이나 자유를 위한 싸움이 아니었다. 이 항쟁은 "자발적 죽음die Freiheit des Zum-Tod-Seins"을 통한 "인간의 구원"을 보여주는 사례다. 지배자가 강요하는 죽음과 정반대로 싸움을 통한 죽음을 택한 것이다. 그들이 자신들의 보편주의를 확인하고 국제적 해방 운동에 가세한 것은 바로 이런 "자발적 죽음"을

통해서였다.[54]

푸코, 아렌트, 파농

자유와 해방의 개념적 구별은 자유주의와 사회주의의 규범적 충돌을 훌쩍 넘어선다. 미셸 푸코에 따르면, 자유는 존재론의 영역이라기보다는 사회적으로 생산된 삶의 형식이며, 그러한 것으로서 권력과 대립하는 게 아니라 여러 긴장과 실천을 통해 권력 안에 새겨진다. 사회적 관계를 변형시키고, 단단하게 굳어진 위계를 수정하며, 지배적 국가기구의 구조에 영향을 미침으로써 분산된 군사 다발같이 모든 것을 아우르는 권력의 "미시물리학" 안에서 작용하는 "자유의 실천들"이 존재한다.[55] 만약 권력이 "양치기가 양 떼를 보호하듯" 우리의 신체를 규율하고 우리 삶을 돌보면서 우리를 모양짓고 구축하는 관계와 연결망의 통일체라면, 권력이 "해방" 행동을 통해 파괴될 수 없는 한 권력과 자유의 대립은 말이 되지 않는다. 푸코가 볼 때, 주권 국가와 반란하는 주체의 폭력적 대결이라는 의미의 해방은, 자유라는 본래의 기층을 정치적 권위가 덮고 감추고 속박한다고 보는 일종의 신화적 서사였다. 자유는 "정복될" 수 없으며, 권력 관계 안에 저항의 실천을 도입함으로써 구축되어야 한다. 자유는 과정의 결과물, 새로운 주체성을 구축함으로써 생기는 결과다. 예를 들어, 섹슈얼리티는 "해방"되는 게 아니라 적절한 "자기의 테크놀로지", 즉 주체가 자기 자신을 구성하는 통로인 실존의 새로운 실천—욕망, 강제, 저항, 운동으로 이루어진다—에 의해 다시 모양지어질 수 있다.[56]

자유와 해방의 이런 푸코적 구별은 유익한 동시에 문제적이다. 이

그림 5.7 미셸 푸코(1970년대).

구별은 단순히 의지의 행위로 '자유의 왕국'을 선포하거나 세울 수 없음을 상기시키는 소중한 교훈이다. 모든 혁명은 과거의 유산에 사로잡혔는데, 이런 사실은 새로운 사회를 건설하려는 모든 시도를 심대하게 모양지었다. 하지만 푸코가 해방의 물신숭배를 비판한 독창적인 인물은 아니다. 19세기 중반부터 마르크스는 국가를 '폐지'함으로써 자유를 달성한다는 바쿠닌의 환상과 더불어 혁명을 일종의 반란 기법으로 축소하려는 블랑키의 유혹을 조심하라고 경고했다. 중요한 것은 이런 순진한 자유 개념을 비판함으로써 푸코가 해방의 문제에서 손을 뗀다는 점이다.

　푸코의 언급은 진지하게 고찰할 필요가 있으며, 1970년대 교도소의 상태에 항의한 그의 헌신적인 활동은 그가 말하는 "자유의 실천"이 공허한 정식화가 아니었음을 보여주는 증거다. 그렇다 하더라도 자유의 이름으로 해방을 거부한 것을 보면 정당한 회의가 생겨난다. 물론 자유와 해방의 연결고리는 목적론적이지 않으며, 콩도르세가 『인간 정신의 진보에 관한 역사적 개요』(1795)라는 유명한 저작에서 묘사한 것처럼 역량과 향유의 지속적이고 돌이킬 수 없는 팽창을 보여주는 직선적인 상승 곡선을 그리지 않는다.[57] 자유는 섭리적이고 불가피한 자기실현의 결과가 아니다. 20세기 말에 에릭 홉스봄은 이제 더는 목적론적 서사를 믿지 않았다. 1960년대 초 그는 19세기와 20세기 역사를 해방 물결의 연속으로 서술하는 사부작을 시작했다. 1789년, 1848년, 1871년 파리코뮌, 그리고 러시아 혁명과 마지막으로 제2차 세계대전 이래 줄곧, 그러니까 중국에서 쿠바와 베트남에 이르기까지 아시아와 라틴아메리카에서 벌어진 혁명의 연속으로 이어지는 역사였다. 역사에는 목적인이 있었고, 자유는 역사의 자연적인 지평선이었다. 역사란 진보를 의미했고, 노동 운동은 그 도구였다. 1989년과 현실 사회주의의 붕괴 이후, 홉스봄은 이런 시기 구분이 어떤 결정론적 인과성을 반영하지 않으며 직선적 궤적을 그리지도 않는다는 것을 인정했다. 그렇다 하더라도 그의 역사 서술을 관통하는 해방의 경험은 존재했다. 구체제 아래서 자유란 구체적인 "자유권"의 묶음을 의미했다. 일부 집단에게 주어지는 면제와 허가, 특권이었다. 대서양 혁명은 자연권과 실정법에 새겨진 새로운 보편적 자유 개념을 확립했다. 집단적 상상 속에 세워지고 두 세기 넘도록 강력한 상징을 결집시킨 개념이다.[58] 홉스봄이 19세기와 20세기에 관한 사부작에서 연구한 혁명적 단절은 이런 보편적 개념이 수행적 성격이 있었음을 증명한다.

푸코는 1980년대에 자유와 해방의 이분법을 만들었다. 많은 비판론자들에 따르면 그가 개인주의와 신자유주의에 대해 공공연한 애호를 표명한 시기로, 그의 지적 궤적의 마지막 단계였다. 몇몇 주변적 텍스트에서 푸코는 분명 봉기를 자유의 실천에서 배제하지 않았지만—"사람들은 봉기하는바, 그것이 주체성(위대한 인간이 아니라 모든 사람의 주체성)이 역사에 들어와서 그 숨결을 불어넣는 방식이다"[59]— 모두 예외적인 발언이었다. 그는 저작의 어디에서도 혁명에 대해 관심을 표명하지 않는다. 고전적 혁명이나 당대의 혁명이나 마찬가지다(이란 혁명은 기묘한 예외인데, 그는 이탈리아 신문『코리에레델라세라Corriere della Sera』에 이 혁명의 연대기를 기록하는 데에 동의했다). 푸코를 유용하게 활용하려면 아마 그의 자유관을 다시 역사화해서 해방과 다시 연결해야 할 것이다. 19세기에 새로운 생명권력—푸코가 말하는 "통치성"—이 도래해서 마침내 주권의 낡은 형식들을 대체했다—"생사를 결정할 권리" 대신 신체, 인구, 영토의 관리—는 주장은 논란의 여지가 있다.[60] 통치성은 주권을 고갈시키지 않은 채 다시 모양지었다. 총력전과 혁명으로 얼룩진 20세기의 역사는 주권 권력의 묵시록적 오만을 보여준다. 푸코의 많은 범주는 마르크스, 베버, 슈미트의 범주와 연결되지 않으면 역사학자들에게 별로 쓸모가 없다.[61] 역사적으로 보면, 자유는 앞선 주권 권력과 대립하면서 이를 기각하는 입헌 권력(구성적 권력)으로 등장했다.

한나 아렌트는 설령 다른 철학적 전제를 출발점으로 삼기는 해도 푸코와 비슷하게 해방과 자유를 구별했다. 『혁명론』(1963)이라는 유명한 에세이에서 아렌트는 해방을 자유만이 아니라 전제정도 창조할 수 있는 자발성—정의상 과도적이고 일시적인—의 행위로 묘사하는 한편 자유는 공화적인 정치 제도를 요구하는 영구적 지위라고 지적했다. 자유는 인간으로 하여금 시민으로서 상호작용하게, 즉 공통의 공공영역에 동등한 주체로 참여하게 해준다. 아렌트는 오직 공화적 자유, 즉 입헌적 자유constitutio libertatis의 토대적 순간으로서만 혁명에 관심이 있

그림 5.8 한나 아렌트(1963).

었다. 이를 바탕으로 아렌트는 미국 혁명과 프랑스 대혁명을 양극단의 두 모델로 비교했다. 두 역사적 경험을 비교하기보다는 상충하는 두 이상형을 나란히 놓아보려고 했다. 그리고 분명한 결론을 내렸다. 미국 혁명은 공화적 자유를 확립하는 데에 성공한 반면, 프랑스 대혁명은 자유의 정복을 사회적 해방과 결합하려는 야심 때문에 실패했다는 것이었다. 프랑스 대혁명은 자유를 넘어서 감히 사회를 착취와 궁핍에서 해방하려고 했다. 하지만 이런 시도는 사회체에 대한 권위주의적 개입을 함축했으며, 정치적 장의 자율성을 보전할 수 없기 때문에 권위주의와 전제정, 그리고 결국 전체주의를 낳았다. "미국 혁명은 여전히 자유의 토대와 지속적인 제도의 확립에 전념한 반면, 프랑스 대혁명은 폭정이 아니라 궁핍에서 해방되어야 한다는 긴급한 요구에 따라 결정되었다."[62] 아렌트는 정치와 사회를 화해 불가능한 두 영역으로 급진적으로 분리하면서 "인류를 정치적 수단으로 빈곤에서 해방하는"

것은 "쓸모없는" 동시에 위험하다고 간주했으며, 따라서 프랑스 대혁명을 전 지구적인 실패로 여겼다. 그 결과는 "궁핍이 인간이 진정으로 자유로울 수 있는 유일한 영역인 정치의 영역을 침범한 것"이었다.[63] 흥미롭게도 아렌트는 이 글에서 자본주의를 폐지함으로써 사회의 기반 자체를 바꾼다는 목표를 의식적으로 추구한 러시아 혁명을 분석하지 않는다.

『전체주의의 기원』(1951)에서 아렌트는 인권의 철학을 비판한 최초의 보수주의 학자인 에드먼드 버크에게 몇 쪽을 할애하면서 그를 전체주의적 통치의 선구자로 묘사했다.[64] 그로부터 10년 뒤, 아렌트는 버크를 프랑스 대혁명의 명쾌한 비방자로 높이 평가했다. 그가 볼 때, "인간의 권리"에 대한 버크의 비판은 "한물간 것도 아니요 반동적이지도 않"았다. 버크는 프랑스의 계몽주의자들이 구체제가 인간에게서 자유나 시민권이 아니라 "생명과 자연의 권리"를 박탈했다는 이유로 비난한다는 것을 이해했기 때문이다.[65] 『혁명론』은 모순적인 텍스트다. 한편으로 여기서 아렌트는 특히 파리코뮌과 1917년의 소비에트(평의회), 1956년 헝가리 혁명에서 전형적으로 나타나는 직접민주주의 형태의 공화국에 관한 시각에서 아나키즘에 가까운 자유 개념을 옹호한다. 다른 한편으로, 프랑스 대혁명에 대한 그의 비판은 루소의 급진민주주의적 유토피아주의를 전체주의의 전제라고 항상 폄하하는 보수적 자유주의의 여러 상투어를 재현한다. 이런 모순은 탐구해볼 필요가 있다.

아렌트에 따르면, 자유란 공적인 삶에 직접적·능동적으로 참여하는 것을 함축한다. 자유는 민주주의의 "분투적agonal" 또는 "시각적ocular" 형태로서, 대의의 원리를 거부한다. 자유는 "'존재'와 '외관'이 일치하는" 행위의 영역이다.[66] 자유는 민주적 다원주의를 의회에서 대표되는 정당의 다수성으로 지정하지 않는다. 그보다는 자유로운 시민들의 상호작용으로 활성화되는 공공영역을 의미한다. 아렌트가 볼 때, 정치란 "함께 존재한다Mitsein"는 하이데거의 존재Sein 개념의 재정식화인 인프라infra의 영역이다.[67] 앞선 저작인 『인간의 조건』(1956)에서 아렌트는 인간 실존의 세 주요한 형태를 구별한 바 있었다. 인간과 자연 사이의 일차적인, 거의 신진대사와 같은 교환을 의미하는 **노동**, 물질세계와 우리의 사회적 환경을 창조하는 **작업**, 그 자체가 목적인 까닭에 수단과 목적의 변증법에 종속되지 않는 자유의 영역인 **행위**가 그것이다.[68] 다시 말해, 가장 높고 고귀한 형태의 정치인 자유는 사회로부터 근본적으로 분리되는 자율적 영역이며, 어떠한 간섭도 전제정을 낳을 위험이 있다. 그러므로 아렌트의 '공화국'에는 어떠한 사회적 내용도 없다. 자유는 경제적·사회적 억압으로부터의 해방을 의미하지 않으며, 사회의 공백 속에서 자유롭게 떠다니는 자유로운 시민들을 의미한다.

아렌트는 자유와 필연(궁핍)을 근본적으로 구별함으로써 공공영역에 참여하기에 앞서 생명의 필요를 충족시키는 게 주된 관심사인 모든 사람을 은연중에 정치에서 배제하며, 시간과 지식, 교육 등이 부족해서 공공영역에 참여하지 않는 사람을 단순히 무시한다. 하지만 혁명이란 배제된 사람들이 목소리를 되찾고 그들의 외침에 귀를 기울여야 하는 순간에 다름 아니다. 마르크스는 공산주의를 생산의 영역을 넘어서 확립될 수 있는 '자유의 왕국'으로 정의했다. 아렌트는 전前정치적이거나 반反정치적이라고 본 사회 혁명에 적대적이었다. 그가 볼 때, 이런 비극적 오해를 낳은 궁극적인 책임은 마르크스에게 있었다. "인간 자유의 역사에서 마르크스의 자리는 언제나 여전히 불분명할" 것인데, 그 이유는 "필연의 명령 앞에서 자유를 포기하는 것"이 마르크스라는 "이론가"에게서 발견됐기 때문이다.[69] 에릭 홉스봄은 아렌트의 혁명 개념을 비판하면서 역사학자로서 자신은 아렌트와 대화를 나눌 수 없다고 언급했다. 홉스봄과 아렌트는 근대 초 유럽의 신학자와 천문학자처럼 서로 다른 언어로 말했다(이 비유에서 누가 갈릴레오이고 누가 종교재판소인지는 쉽게 상상이 갈 것이다).[70]

이런 갈등은 근대적 자유의 본래적 아포리아로까지 거슬러 올라간다. 1842년 라인란트의 인클로저에 관한 저술에서 청년 마르크스가 분석한, 계몽주의의 문화 전체를 모양짓는 인간과 시민의 내적 모순이 그것이다. 최부유층과 극빈층은 시민으로서는 '동등'하지만 '사적 개인', 즉 고전적 자유주의에서 정의하는 대로 자유의 핵심인 자산 소유자로서는 절대 동등하지 않다. 1793년 프랑스 헌법은 인간과 시민의 이런 이분법을 극복하고자 했다. 모든 인간(양도할 수 없는 보편적 권리를 상징하는)은 시민(실제로 제도화된 유효한 권리를 향유하는)이었고, 재산은 '존재할 권리'에 종속되었다. 다시 말해, 자유와 평등은 함께 가는 것이었다. 둘의 연결고리는 개인적 소유가 아니라 공동체의 요구에 의해 확립되었다. 에티엔 발리바르는 이런 결합을 **평등자유**equaliberty 개념으로 묘사한다.[71]

토크빌은 미국 혁명과 프랑스 대혁명을 비교한 점에서 아마 아렌트보다 더 명쾌할 것이다. 미국 혁명은 외부 권력을 겨냥한 것이고 과거로부터 물려받은 어떤 경제적·사회적 구조도 파괴하려 하지 않은 반면, 프랑스 대혁명은 구체제를 겨냥한 것이었다. 프랑스 대혁명의 정치적 해방은 수백 년간 심성과 문화와 행동을 규정하면서 지배한 권력 체계인 절대주의의 구조물 전체를 파괴하지 않고서는 이루어질 수 없었다.[72] 프랑스 대혁명은 정치적 해방과 사회적 해방을 분리할 수 없었다. 낡은 사회를 대체하기 위해서는 새로운 사회를 발명해야 했다. 한편 미국 혁명은 프런티어(변경)를 통해 사회 문제를 해결했다. 공간은 자유의 지평선이었고, 민주주의는 정착민과 지주를 창출하는 정복으로 상상되었다. 프런티어는 무궁무진한 전유의 지평선이었다.[73] 미국 혁명을 이상화하기 위해 아렌트는 이 혁명의 본래적 낙인(원주민 대량학살과 노예제 수용)을 무시할 수밖에 없었다. 하지만 한 세기 뒤 벌어진 남북전쟁은 프랑스 대혁명과 러시아 혁명 당시의 공포정만큼이나 폭력적이고 치명적이었다. 아렌트는 로자 룩셈부르크와 미국 민주주의의 또다른 숭배자인 토크빌 사이에서 동요하며 기묘한 자유 개념을 옹호했다.

미국에서 시민권을 위한 투쟁이 벌어지던 때인 1957년 리틀록[학교의 흑백 인종 분리가 위헌 판결을 받으면서 아칸소주 리틀록에 있는 공립학교인 센트럴고등학교에 흑인 학생 9명이 입학했다. 법원의 판결에도 불구하고 주지사가 주 방위군을 동원해 흑인 학생들의 등교를 가로막았고, 연방 정부는 주지사를 소환하고 연방군을 투입해 흑인 학생들의 등교를 보호했다 | 옮긴이]에 관한 유명한 논쟁적 글에서 아렌트는 아프리카계 미국인에 대한 모든 형태의 법적 차별을 열렬하게 비난했지만, 그들의 사회적 분리를 정치적 조치로 해결할 수 없는, 불가피하고 결국 받아들여야 하는 사실이라고 간주했다. 1959년에는 이렇게 썼다. "문제는 어떻게 차별을 철폐할 것인가가 아니라 어떻게 차별이 정당할 수 있는 사회적 영역 안에 그것을 국한하고, 차별이 파괴적일 수 있는 정치적·개인적 영역으로 침범하는 것을 막을 것인가 하는 점이다."[74] 우리는 사회적 문제를 정치 영역에서 배제하는 것이야말로 고전적 자유주의가 언제나 소유와 관련된 특권 및 권력을 정당화하기 위해 활용하던 바로 그 주장이라고 말할 수 있다. 19세기에 민주주의는 "사회적 문제가 정치 영역에 침범하는 것"으

로 여겨졌다. 존 스튜어트 밀에서 벵자맹 콩스탕에 이르기까지 저명한 자유주의 사상가들이 투표권을 자산과 연결함으로써 거부한 위험한 체제였다. 물론 아렌트가 사회 문제에 눈감은 것은 고전적 자유주의의 철학적 전통보다는 정치적인 것의 '자율성'이라는 실존주의적 관념이 낳은 결과다.[75] 하지만 결론은 여전히 똑같다. 자산을 신성화(콩스탕과 밀)하든, 무시(아렌트)하든 간에 그들 모두는 빈곤층을 정치의 영역에서 배제했다.

아렌트의 논쟁적인 자유관을 어떻게 설명해야 할까? 본인이 몇 차례 말한 것처럼, 아렌트는 '유대인 문제'를 통해 정치를 발견한 바 있었다. 정치적으로 차별받고 박해받으면서도 사회적으로는 통합된 소수자의 문제였다. 아렌트는 반유대주의가 어떻게 유대인을 천민, 즉 시민권이 없어서 어떤 법적·정치적 존재도 갖지 못하는 무국적자로 바꿔놓았는지를 분명하게 밝히는 강력한 글을 썼다. 그가 볼 때 유대인은 계몽주의의 내적 모순—인간과 시민의 해소되지 않은 분리—과 20세기 민족국가의 위기를 두루 반영하는 존재였다. 사실 미국의 흑인 차별은 나름의 역사가 있었고, 유대인의 프리즘을 통해 해석할 수 없는 것이었다.[76] 나치가 1935년 뉘른베르크법을 공포했을 때, 유대인 게토는 이미 100여 년 전에 독일에서 사라진 상태였다. 법적 차별을 폐지하는 것은 분명 진보였지만, 그렇다고 해서 사실상 법적 해방 자체를 무효화한 인종차별이나 사회적 억압이 종식되지는 않았다.

좀더 일반적으로 보면, 한나 아렌트는 어떤 형태의 반식민 혁명에도 무관심했다. 데이비드 스콧이 말한 것처럼, "아렌트에게는 18세기의 혁명이 두 개, 즉 프랑스 대혁명과 미국 혁명뿐"이었고, 아이티 혁명은 생각조차 할 수 없는 것이었다.[77] 『폭력론』(1970)에서 아렌트는 "상속권

이 없고 짓밟힌 이들이 노예 반란이나 봉기를 일으키는 일은 드물다"고 지적하면서 "그런 일이 벌어지면 … 모든 이들에게 꿈이 악몽으로 바뀔 정도로 … 미친 분노"가 치솟았다고 덧붙였다.[78] 사르트르에 반박하며 쓴 글에서는 식민지 피지배자들의 폭력은 그들이 겪는 억압보다 더 나쁘다고 말했다. 세계를 바꾸지 않은 채 지도자만 교체하는 것을 넘어서 어떤 결실도 맺을 수 없는 전前정치적 "화산 폭발"일 뿐이기 때문이다. "제3세계는 현실이 아니라 이데올로기"이며, 제3세계의 단결은 민족과 상관없는 프롤레타리아의 단결을 호소한 마르크스의 주장만큼이나 위험한 신화였다.[79] 마오쩌둥과 카스트로, 체 게바라, 호찌민은 탈식민화라는 혁명적 과정의 지도자라기보다는 냉전에서 대립하는 두 진영인 동구와 서구 양쪽에 환멸을 느끼는 학생들의 "유사종교적 주문"이었고, 블랙파워Black Power는 아프리카계 미국인과 이 신화적 '제3세계'의 동맹(다시 말해 잠재적으로 인종차별적인 반反 백인 운동)을 창출한다는 환상에 바탕을 둔 것이었다. 1970년에 이런 글을 쓴 것은 단순히 부정확한 것도, 혐오스러운 경멸을 나타내는 것도 아니었다. 그것은 뚜렷한 유럽중심주의적·오리엔탈리즘적 편견은 말할 것도 없고 놀랄 만한 지적 맹목의 표현이었다.

아렌트는 혁명을 탈역사화함으로써 하등 인종과 후진적 대륙의 야만성에 관한 보수적 클리셰를 신봉했다. 사실 극단적 폭력은 식민지 혁명의 독점적인 특징이 전혀 아니었다. 영국과 프랑스, 러시아에서 일어난 혁명은 왕을 살해함으로써 아래로부터 오는 자생적 폭력의 물결의 방향을 돌리고 통제하려고 했다. 프랑스와 러시아 혁명의 공포정을 탐구한 위대한 역사학자 아노 J. 메이어에 따르면, 폭력은 두 혁명, 어떤 질서나 지배 권력도 뒤엎은 두 "분노의 여신들"과 동일체였

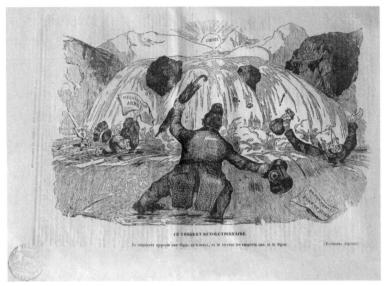

그림 5.9 『샤리바리』, 〈혁명의 급류〉(1834).

다.[80] 1834년 프랑스의 풍자 잡지 『샤리바리Charivari』는 혁명을 억누를 수 없는 광포한 힘으로 모든 것을 휩쓸어버리는 '급류'로 묘사했다. 혁명은 종종 과거를 지우고 백지 상태에서 미래를 발명하는 것을 목표로 삼는 걷잡을 수 없는 나선형 운동으로서 자율적인 동학을 따른다. 그리고 혁명의 입헌 권력은 낡은 주권과 폭력적으로 충돌하기 때문에 혁명은 그 권력의 상징을 파괴할 필요가 있다. 왕을 처형하지 않고서는 자유란 있을 수 없다. 이미 살펴본 것처럼, 혁명이 전시하는 스펙터클한 우상파괴적 습격은 해방을 가시적이고 만질 수 있는 성취로 뒤바꾼다. 7월 14일은 바스티유를 습격해서 조직적으로 파괴한 날을 가리킨다. 파리코뮌 또한 상징적인 우상파괴 행위를 필요로 했으니, 이 행위는 방돔 기둥의 철거로 이루어졌다. 반란은 보통 사람들이 거리에 난입하고, 권력의 장소들을 점거하고, 필요하면 무기를 집어들고

그림 5.10 페레 카탈라 피크, 〈반파시즘〉(1938). 바르셀로나 국립 카탈루냐 미술관.

자신들의 힘을 보여주며, 형제애와 행복의 표명을 통해 해방을 축하하려는 억누를 길 없는 욕망을 느끼는 집단적 순간이다. 가장 엄격한 혁명의 사상가인 레닌에 따르면, 혁명은 "억압받는 이들이 벌이는 축제"다. 혁명의 기억이 강력한 상징적 랜드마크를 필요로 한다는 것을 안 세르게이 에이젠슈타인은 영화 〈10월〉(1927)을 반란을 일으킨 군중이 차르 동상을 무너뜨리는 장면으로 시작했다. 에스파냐 내전이 발발한 1936년 7월, 자유는 또한 파시즘에 맞선 투쟁을 의미했으며, 따라서 언제나 파시즘의 상징을 분쇄하는 행위로 표현되었다. 그리하여 반식민 투쟁의 폭력 또한 전혀 이례적이지 않다. C. L. R. 제임스는 생도맹그의 노예 혁명 중에 벌어진 플랜테이션 방화를 분석하면서 이를 유럽에서 비슷하게 일어난 몇몇 사건에 비유했다. "노예들은 지치지 않고 파괴했다. 자크리의 난 당시의 농민이나 러다이트 파괴자들과 마찬가지로, 그들도 가장 분명한 방식, 즉 그들이 볼 때 고통을 안겨준 원인을 파괴하는 방식으로 자신들의 구원을 추구하고 있었다. 그들이 많은 것을 파괴했다면 그만큼 많은 고통을 받았기 때문이다."[81]

반식민주의 폭력에 관한 아렌트의 말―"미친 분노"와 "악몽"―을 읽다보면 어쩔 수 없이 프란츠 파농의 『대지의 저주받은 사람들』(1961)에서 폭력을 다룬 유명한 장이 생각난다. 두 사람은 인상적인 대조를 이룬다. 아렌트의 자유와 필연의 단정적 구분은 이분법적 식민 도시를 묘사한 파농의 초상을 상기시킨다. 실제로는 분리된 두 도시가 공존했다. 백인의 도시와 유색인의 도시가. 전자는 유럽인의 "문명화된" 도시였고, 후자는 원초적인 걱정에 지배되고 보통 동물학의 용어(색깔, 냄새, 난교, 오물, 무질서, 소음 등등)로 묘사되는 "원시적인" 도시였다. 파농은 이런 소외의 신체적 증상에 초점을 맞췄는데, 이를 "근육 경련", 즉 "테타니tetany"라고 묘사했다. 이 증상은 "자기파괴"로 변할 수 있는 내면화된 공격성을 나타냈는데, 많은 서구 전문가들은 이 행동을 원주민의 "히스테리"로 해석했다.[82]

아렌트가 "미친 분노"라고 부른 것은 파농에게는 재생적 폭력이었다. 그가 볼 때, 폭력은 억압받는 이들을 "해독"해서 "재인간화"하는 해방의 필수적 수단이었다. "식민화된 인간은 폭력과 더불어, 폭력을 통해 자신을 해방한다."[83] 대항폭력으로 태어난 폭력은 해방이라는 변증법적 과정에서 결정적인 단계가 되었고, 헤겔의 용어로 하자면 이 과정에서 "부정의 부정"이라는 역할을 했다. 환상적인 "화해"("인간화하는" 식민주의라는 유해한 관점)가 아니라 지배자와 피지배자 양자의 근본적인 억압이었다. 식민주의가 세운 주체-객체 관계는 무너졌다. 이미 객체가 주체가 된 것이다. 혁명적 폭력은 인정 투쟁으로 해석할 수

그림 5.11 프란츠 파농(1960).

없었다. 그것은 식민 질서를 파괴하기 위한 싸움이었고, 이런 의미에서 폭력의 무질서는 "증상인 동시에 치료제"였다.[84]

물론 아렌트의 "미친 분노"가 파농의 구원적 폭력으로 바뀌는 이런 개념적 변신은 피식민자의 눈을 통해 식민주의를 바라보고 비서구적 관측점을 채택하는 **인식의 전치**epistemic displacement를 함축한다. 아렌트는 그런 관점 변화를 이룰 역량이 없었다. 아우슈비츠로 추방된 전력이 있고 알제리 전쟁 중에 알제리 민족해방전선(FLN)을 지지한 오스트리아 유대인 장 아메리(한스 마이어)가 파농을 존경하고 그의 폭력관을 옹호했다는 사실은 흥미롭다. 아메리가 지적하듯, 파농은 "이제 더 이상 증오와 경멸, 원한의 폐쇄회로에 갇히지 않았다".[85] 그는 정치적 전망을 품었고, 조르주 소렐이나 젊은 발터 베냐민("신성한 폭력"), 조르주 바타유(신성한 것에 관능적으로 접근하는 행위로서의 고통)의 저작에서 발견할 수 있는 것과 같은 신화적, 허무주의적, 신비적 폭력의 정당화와 아무 관계가 없었다. 폭력과 억압은 피할 수 없는 운명이 아니었다. 태곳적부터 이어진 양자의 사슬을 깨뜨릴 수 있었다. 전쟁과 추방에 관한 증언록인 『마음의 극한에서』(1967. 독일어판 원제는『죄와 속죄의 저편』)에서 아메리는 벨기에 브렌동크 요새에서 레지스탕스 대원으로 고문을 당할 때 "인간의 얼굴에 주먹을 날리는 식으로 자기 존엄성에 구체적인 사회적 형태"를 부여할 수 있기를 바랐다고 회고한다.[86] 아메리에 따르면, 파농의 폭력 개념은 실존적인 동시에 역사적인 것이었다. 폭력은 "틀림없이 메시아적-천년왕국적 측면"을 부여받았지만, 이는 단순히 그 정당성을 강화했을 뿐이다. "자유와 존엄은 자유와 존엄이 되기 위해 폭력을 통해 획득되어야 한다."[87] 아메리가 파농의 견해를 옹호한 것은 실존주의 철학자로서가 아니다(사르트르가『대지의 저주받은 사람들』의 서문을 쓴 바 있었다). 나치 수용소의 유대인 생존자로서 옹호한 것이다. 혁명적 폭력은 "역사의 산파일 뿐만 아니라 역사에서 자신을 발견하고 만들어내는 인간의 산파이기도 하다".[88]

『전체주의의 기원』에서 아렌트는 19세기 제국주의와 민족사회주의를 연결하는 유전적 고리를 파악한 바 있지만, 이후의 저작에서는 이런 강력한 직관을 포기했으며 결국 정치에 대한 그의 접근법은 여전히 심각하게 유럽중심적이었다. 혁명에 관한 글에서 아렌트는 아이티 혁명을 언급하지 않는다. 노예들의 자기해방 운동이 식민주의를 무너뜨린 것은 아렌트의 자유 범주 안에서는 "생각조차 할 수 없는" 일이었다. 제2차 세계대전 말에 결실 있는 직관을 보여주었음에도 그는 결국 유럽중심적 주류에 다시 합류했다.

도메니코 로수르도가 말하는 것처럼, 19세기에 자유는 계급과 인종, 젠더의 강력한 경계에 의해 제한되었다. 오직 재산만이 백인 남성들에게 완전한 시민권을 허용한 반면, 프롤레타리아와 식민지 주민, 여성은 투표권이 없었다.[89] 그후 이어진 자유의 계보는 역사적으로 사회주의, 반식민주의, 페미니즘의 이름을 차지한 세 가지 형태의 자유를 연결하는 과정으로 보아야 한다.

자유, 빵, 장미

사실 자유와 사회적 해방의 연결고리는 프랑스 대혁명의 독특한 특징이 전혀 아니다. 1848년, 독일 급진주의자들은 '먹을 자유Fressenfreiheit'가 없이는 '읽을 자유Pressenfreiheit'를 진정으로 향유할 수 없다고 지적했다. 베르톨트 브레히트는 이 경구를 '일단 먹고 나야 도덕을 찾는다'고 재정식화하게 된다. 1917년 2월, 러시아 혁명은 상트페테르부르크에서 여자들이 빵을 요구하며 벌인 시위로 시작되었다. 그로부터 몇 달 뒤, 볼셰비키가 평화와, 노동자에게 공장을, 농민에게 땅을 약속하면서 권력을 잡았다. 1912년 매사추세츠주 로렌스에서 파업에 가담한 섬유 노동자들은 "모두를 위해 빵을, 그리고 장미도 달라"는 구호를 만들어내면서 정치적 자유와 사회적 해방의 이 연결고리의 의미를 훌륭하게 포착했다.[90]

사실 대부분의 해방의 경험은 사회적 해방과 정치적 자유를 통합할 뿐만 아니라 문화, 미학, 성, 그 밖에 많은 집단적 삶의 영역에 심대한 변형을 가져오는 새로운 실천의 발명을 의미한다. 파리코뮌 시절이던 1871년 4월, 귀스타브 쿠르베가 이끄는 화가연맹은 '공동의 사치'라는 개념으로 이런 열망을 압축하는 선언을 발표했다.[91] 크리스틴 로스가 설명하는 것처럼, 이는 국가 집산주의나 부르주아적 사치의 모방이 아니라 '작동하는 평등'과 풍요와 향유를 안겨주는 모든 인간 활동의 사회화를 의미했다. 코뮈나르 지리학자 엘리제 르클뤼가 몇 년 뒤 말한 것처럼, 코뮌은 미래를 자처했다.

태생이나 작위, 부에 따른 주인도, 출신이나 카스트, 노예제에 의한 노예도 없는 사회다. 모든 곳에서 '코뮌'이라는 단어가 자유롭고 평등한 동료로 구성된 새로운 인류를 가리키는 가장 넓은 의미로 이해되었다. 낡은 경계의 존재를 잊은 채 세계의 한쪽 끝에서 반대쪽 끝에 이르기까지 평화롭게 서로 돕는 인류 말이다.[92]

다른 많은 혁명의 경험에서도 이와 비슷한 열망이 등장했다. 소비에트 러시아의 초기 연간인 1918년에서 1922년 사이에 샤갈과 리시츠키, 말레비치는 비텝스크에 인민예술학교를 창설했다. 물질적 조건은 열악하고 각기 다른 화파—구상화, 입체주의, 미래주의, 절대주의— 사이에 갈등이 있긴 했지만, 이 기관은 새로운 미적 형식들로 일상생활을 변화시키고 도시 풍경을 개조하는 것을 목표로 삼았다. 소속 화가들은 포스터와 잡지를 만들고, 전차표와 식량 배급표를 디자인했으며, 건물 외관과 광장, 거리를 장식했다.[93] 알렉산드라 콜론타이가 소비에트 정부 '여성부'인 제노텔을 이끌면서 인간관계가 이제 더이상 소유관계가 아닌 사회에서의 자유연애와 성해방을 이론화한 때였다. 1921년 콜론타이는 이렇게 말했다. "사랑하는 사람에 대한 질투와 소유욕은 상대방에 대한 동지적 이해와 자유에 대한 수용으로 대체되어야 한다."[94]

『카탈루냐 찬가』(1938)에서 조지 오웰은 에스파냐 내전의 처음 몇 달간 바르셀로나의 인상적인 초상을 보여준다. 당시 도시는 새로운 자유의 실천을 고안하면서 변모하고 있었다. 1936년 12월 오웰이 발견한 카탈루냐 수도에 대한 묘사는 인용할 만한 가치가 있다.

바르셀로나의 면면은 놀랍고도 압도적인 모습이었다. … 상점과 카페마다 집단화되었다는 표지판이 붙어 있었다. 구두닦이도 집단화되어 구두닦이 통이 붉은색과 검은색으로 칠해져 있었다. 웨이터와 매장 관리자가 손님 얼굴을 정면으로 쳐다보면서 동등하게 대했다. 굴종적이고 격식을 차리는 말투는 일시적으로 사라진 상태였다. … 자가용은 존재하지 않았고, 모든 차량은 징발당했으며, 전차와 택시 전부, 다른 많은 교통수단도 붉은색과 검은색으로 칠해져 있었다. 곳곳에 붙은 혁명 포스터가 선명한 빨강과 파랑으로 빛나면서 남아 있는 몇 안 되는 광고물이 진흙 반죽처럼 초라했다. … 겉으로 보면 부유한 계급이 사실상 사라진 도시였다. 몇몇 여자나 외국인을 제외하면 '잘 차려입은' 사람이 아예 없었다. 실제로 모두들 허름한 노동계급 옷이나 파란색 작업복, 또는 개량한 군복 차림이었다. 이 모든 모습이 기묘하면서도 감동적이었다. 내가 이해하지 못하는 면도 많았지만, 그래도 싸워 쟁취할 만한 삶의 모습이라는 점을 곧바로 깨달을 수 있었다.[95]

이 구절은 수사적 정식화의 파토스를 초월하면서 새로운 삶의 강렬함, 사람들끼리, 그리고 세계와의 새로운 인간관계의 발견에 기여하는 해방의 정서적 차원을 여실히 보여준다. 법적 상태이자 사회정의의 한 형식으로 고정된 자유는 권리를 집단적 삶을 규제하는 영구적인 성문화된 규칙으로 기록한다. 새로운 사회를 건설하는 것은 어렵고 종종 고통스러운 과정이다. 해방의 행동은 덧없이 짧지만 또한 매우 흥미진진하다. 이 행동은 보통 사람들이 역사의 주체가 되는 자기해방의 순

그림 5.12 1936년 바르셀로나. 호텔 리츠가 전국노동총연맹(CNT) 아나키스트들에 의해 인기 있는 '미식 호텔'로 바뀐 모습.

간이며, 그 자체로 즐겁고 기쁜 일이다. 많은 이미지가 보여주듯이, 여기에는 흔히 정신과 육체가 모두 관여한다.

하지만 이런 해방의 감정 뒤에는 여전히 물질적 기층이 존재한다. 1936년, 에스파냐의 아나키즘 노동조합인 전국노동총연맹(CNT)은 호텔 리츠에 관한 단편 영화를 만들었다. 한때 바르셀로나에서 가장 호화로운 호텔로 손꼽혔으나 이제 민병대 막사로 바뀌었고 유명한 레스토랑도 구내식당으로 변모한 곳이었다.[96] 영화는 음식에 초점을 맞추는 방식으로 '공동의 사치'—사회적 위계와 특권을 억누르는 데에 바탕을 둔 향유— 개념을 구현한다. 해방이란 배 터지게 먹는 것을 의미했고, 이제 미식은 부자 카스트의 전유물이 아니었다. "사회정의 없이 자유는 없다"는 원칙은 또한 "먹거리 없이 자유는 없다"는 구호로도 번역될 수 있었다—또는 좀더 쾌락주의적 표현으로 하자면, "모두에게 빵을 달라, 그리고 좋은 포도주와 맛있는 디저트도 달라". 자유와 해방은 개념적으로 구분할 수 있겠지만 둘의 공생적 관계를 고려하지 않고서는 역사적으로 이해하기가 불가능하다. 궁핍(필연)으로부터의 해방, 다시 말해 사회적 해방 없이 자유란 존재하지 않는다. 또는 자유란 민주주의(공포정과 하층민의 전제정으로 간주되었다)와 대척점에 있던 19세기에 이해된 바로 그대로 단순히 특권을 의미했다. 자유와 평등의 결합이 좌파의 정체성을 구조화하며, 자유의 좌파적 개념과 우파적 개념의 구분을 규정한다.

고전적 자유주의가 소유를 신성시한 것과 똑같은 방식으로 급진 좌파는 자유를 지속 가능한 질서로 확립하기 위해 필요한 정치적·사법적 규범 체계를 등한시함으로써 해방을 물신화한 것도 사실이다. 소비에트 정부가 탄생하고 러시아 제헌의회가 해산된 지 몇 달 뒤, 로자 룩셈부르크가 볼셰비키를 가혹하게 비판한 것도 이 때문이다. 독일 감옥에서 쓴 글에서 룩셈부르크는 보수주의와 반동에 맞서 무조건적으로 지지한 프롤레타리아 해방 과정의 한 단계인 10월 혁명의 역사적 의미를 강조했지만, 볼셰비키가 취한 몇몇 조치, 그리고 더욱 심층적으로는 볼셰비키의 권력관에 대한 이견을 숨기지 않았다. 그는 지적하기를, 프롤레타리아 독재는 한 **계급**이나 **당**의 독재가 아니며, 따라서 "인민대중의 가장 능동적이고 제한 없는 참여, 또는 제한 없는 민주주의"를 의미해야 했다. 볼셰비키는 "형식적 민주주의의 우상숭배자였던 적이 없다"는 레닌과 트로츠키의 주장을 다루면서 룩셈부르크는 논의를 명료하게 할 필요성을 느꼈다.

우리는 언제나 **부르주아** 민주주의의 정치 형태를 사회적 본질과 구분했

그림 5.13 로자 룩셈부르크(1900년 무렵).

다. 우리는 항상 형식적 평등과 자유라는 달콤한 껍데기 아래 숨겨진 사회적 불평등과 자유의 부재라는 견고한 본질을 폭로했다. 형식적 평등과 자유를 거부하기 위해서가 아니라 노동계급이 껍데기에 만족하지 않고 정치권력을 획득함으로써 —민주주의 자체를 제거하는 게 아니라— 부르주아 민주주의를 대체할 사회주의적 민주주의를 창조하도록 독려하기 위해서였다.[97]

독재는 "**민주주의의 제거**가 아니라 이를 **적용하는 방식**에 있다"는 게 룩셈부르크가 내린 결론이다.[98]

시간의 해방

마르크스에 따르면, 인간 해방이란 결국 시간의 해방을 의미한다. 자본주의의 역사는 고유한 시간성을 지닌 생산 체제의 제약에 인간을 종속시킴으로써 시간을 정복한 대규모의 폭력적 과정으로 거슬러 올라갈 수 있다. 많은 학자들이 근대의 도래를 시간의 합리화로 설명한 바 있다. 시계의 보급, 도시와 농촌, 국가와 대륙 사이의 사회적 삶의 점진적 동기화, 시간적으로 연결된 활동의 전체로서 분업의 발전이 그 양상이었다.[99] 이런 시간의 합리화는 자연과의 연결이 점점 더 끊어지는 생산적 시간의 등장을 의미했다. 산업혁명과 더불어 승리를 거둔 기계적 시간이었다. 공공건물 외관에 붙은 시계의 존재, 공장의 정밀 시계 도입, 점차 정밀성과 기능성을 위해 미적 형태가 희생된 손목시계의 확산 등은 근대 자본주의의 시간을 알려주었다. 자연의 순환적 리듬—계절의 변화, 낮과 밤, 태양과 비와 눈의 변화—에 따라 삶—노동과 여가 모두—이 조직되는 수많은 사람들에게 산업적 시간의 합리화는 자연의 정복이 아니라 기계 생산이라는 비인격적 몰록 신에게 복종함을 의미했다. 그들의 관습과 의례, 문화적 관행—에드먼드 버크와 함께 말하자면 그들이 물려받은 '자유'—은 새로운 노동 과정에 의해 무자비하게 대체되었다. 자연의 외적인 변화나 인간 신체의 심리적-육체적 욕구와 연결이 끊긴 채 순전히 기계적이고 생산적인 합리성을 따르는 노동 과정이었다. 19세기는 점차, 하지만 가차없이 농촌 세계에 의해 만들어진 관습에 따르는 사람들이 사는 시간을 산업혁명의 측정된 시간과 통일했다. 시계탑이 서서히 해시계를 밀어냈다.[100] 시간의 합리화는 감탄을 불러일으키는 기술적 성취 이상이었다. 에드워드 P. 톰슨이 지적한 것처럼, 그것은 "노동 착취의 수단이 된 시간 측정"과

밀접하게 관련된 새로운 "시간-감각"의 도래였다.[101] 톰슨과 푸코가 꼼꼼하게 설명한 것처럼, 이런 역사적 변화는 사회적 삶의 모든 측면에 영향을 미치는 폭넓은 규율 과정과 일치했다. 초등학교에서 병영과 공장에 이르기까지 사람들은 자본주의적 시간의 신체 규율과 강력한 규칙을 배웠다. 막스 베버가 인간의 삶이 합리성의 악령에 갉아 먹힌 불가피한 결과라고 묘사한 '쇠우리'는 또한 시간-우리time-cage이기도 했다. 러다이트 기계 파괴자들은 ―흔히 쓰이지만 잘못된 묘사에 따르면― 기술적 허무주의라는 시대착오적 형태를 구현하기는커녕 자본주의적 시간 조직화에 대한 급진적 거부를 표명했을 뿐이다.

유럽에서 사회적 시간의 이런 변형은 산업혁명에서 대전쟁까지 이어졌다. 대전쟁은 인간 생활의 탈자연화에서 강력한 한 단계로 묘사할 수 있다. 조명탄과 폭발로 밤하늘이 밝게 빛나고, 탱크와 폭격, 기관총 사격으로 신체가 끊임없이 위험에 빠지는 가운데 군복을 입은 수백만의 농민이 총력전의 불길한 스펙터클을 발견했을 때, 인간적·자연적 면모를 모조리 상실한 살인 기구가 시간을 조직했다. 발터 베냐민은 대전쟁을 이야기꾼의 상징적 종언으로 묘사했다. 농촌 세계에서 태어나 기계에 의한 연속적 절멸의 전장에서 인간 신체가 얼마나 약한지를 깨달은 한 세대에게 경험이란 이미 공허하고 무의미한 단어가 되었다. 모든 이야기꾼의 서술에서 핵심적 실체인 경험은 산업 전쟁이 절멸시킨 전달 가능한 기억을 함축한다.[102] 포드주의 공장에서 일하는 노동자처럼, 현대 군대의 군인들은 물려받은 지식이나 실용적 문화가 아무 쓸모없는 기계적인 작업을 수행했다.

자본 축적의 역사적 과정에 관한 마르크스의 분석은 그 내적인 시간-구조를 무시하지 않는다. 『자본』 1권에서 마르크스는 직선적이고 균일하며 추상적인 생산의 시간을 묘사한다. 2권에서는 자본의 확대 재생산과 교환가치의 순환이라는 순환적 시간을 다루며, 3권에서는 생산의 시간과 순환의 시간을 단일한 운동(Gesamtkapital. 총자본)으로 통합한다.[103] 이 과정은 균일하거나 조화로운 경로이기는커녕 생산 자체의 연속성을 깨뜨리고 경제 외적 요인들과 결합해서 이를 팽창과 수축의 물결의 연속으로 변형시키는 주기적 발작을 의미하기도 한다. 그리하여 자본주의의 전제는 노동자를 생산수단에서 분리하는 것뿐만 아니라 노동자의 생활-시간을 전유하는 것이다. 이제 이 생활-시간은 '합리화'되어 상품 생산에 따라 측정된다. 일단 '추상'노동으로 변형되면—이 책 1장에서 이미 언급한 '노동력'의 도래와 관련된 변화다—노동자의 활동은 자연의 시간과 단절된다. 그리고 추상노동은 노동하는 주체의 물화를 의미한다. 장인이 노동 과정을 숙달하고 자신의 필요와 결정에 따라 노동 시간을 정하면서 사용가치를 창조하는 것과 달리, 공장 노동자는 상품, 즉 교환가치를 생산한다. 이런 노동자는 자기 노동 도구를 소유하지 않을 뿐만 아니라 자신이 관여하는 노동 과정을 통제하지도 못하며, 그의 시간은 외부의 기준에 따라 계산된다.[104] 자본주의 생산의 추상노동은 생산자가 소외됨, 즉 노동 규율과 조직화된 생산이라는 시간 장벽 안에 생산자의 삶이 갇힘을 의미한다. 마르크스는 1857~58년 경제학 수고에서 자본주의의 폐지가 시간을 인간의 성취와 행복으로 돌려놓는 것이라고 고찰한다. 생산력의 발전은 자본 축적의 조건이 되는 대신 자유 시간을 창출하고 생산자를 자유로운 주체로 변모시켜야 한다. 소외가 종말을 고하면서 추상노동은 공동의 사회화된 부의 창조로 대체되며, 진보의 잣대는 이제 더는 노동이 아니라 **자유 시간**이 된다.

진정한 절약은 노동 시간의 절약에 있다. … 하지만 이 절약은 생산력의 발전과 동일하다. 따라서 향유의 포기가 아니라 **힘**, 즉 생산 능력과 그 결과로 향유 능력 및 향유 수단의 발전. 향유 능력은 향유의 조건, 그리하여 향유의 기본적 수단이며, 이 능력은 개인적 성향, 즉 생산력의 발전으로 창출된다. 노동 시간의 절약은 자유 시간, 즉 개인의 완전한 발전을 위한 시간의 증대와 같으며, 이런 발전 자체가 가장 커다란 생산력으로서 다시 노동 생산력에 작용한다. … 부르주아 정치경제의 관점에서 보이는 것처럼, 당면한 노동 시간 자체가 여전히 자유 시간과 추상적 대립 관계일 수 없음은 자명하다. … 자유 시간—여가인 동시에 고차원적 활동을 위한 시간—이 있는 사람은 자연스럽게 또다른 주체로 변모한다.[105]

『자본』 3권에서 마르크스는 사회주의를 필연의 왕국에서 진정한 자유의 왕국으로 이행하는 것이라고 설명한다. 이제 더이상 물질적 제약에 종속되지 않고 삶을 창의적으로 조직한다는 뜻이다. 실제로 그는 "자유의 왕국은 필연과 세속적 고려에 따라 결정되는 노동이 끝나는 곳에서만 시작된다"고 말한다. 인간 욕구의 충족이 생산력 증대라는 정언명령과 단절되면, 사회화된 인간은 사실상 자유로워질 것이다. "그 자체가 목적인 인간 에너지의 발전, 즉 진정한 자유의 왕국이 시작"되려면 "필연의 왕국"을 넘어서야 한다. 다시 말해, 사회주의란 자유 시간을 의미한다. "노동일(하루 노동시간)의 단축이 기본적인 선결 요건이다."[106] 한편으로 마르크스는 노동이 즐거운 놀이로 변형되는 것을 묘사한 푸리에를 비판하면서도 프랑스의 이 유토피아 사상가가 집단적 행복의 추구에 고무된 의식적 주체들로 이루어진 사회를 상상할 능력이 있었다고 소중히 여겼다. 이윤에 바탕을 둔 경제 체제에 연루

된 소외된 노동자들과는 정반대의 주체들이었다. 마르크스의 『정치경제학 비판 요강』에 실린, 앞에서 인용한 구절의 의미를 처음으로 강조한 사상가로 손꼽히는 헤르베르트 마르쿠제는 명쾌한 결론을 내렸다.

자유는 노고 없는, 불안 없는 삶이며, 인간 능력의 놀이다. 자유의 실현은 **시간**의 문제다. 노동일을 양을 질로 전환하는 최소한으로 감축하는 문제인 것이다. 사회주의 사회는 노동 시간이 아니라 자유 시간이 사회적 부의 척도이고 개인 실존의 차원이 되는 사회다.[107]

이런 관점—인간의 행위성의 동력이자 자유로운 사회의 토대가 되는 쾌락 원리—에서 보면, 푸리에의 유토피아 사회주의와 마르크스주의 사이에는 주목할 만한 연속성이 존재한다. 『게으를 권리』(1883)라는 도발적 에세이를 쓴 폴 라파르그에 따르면, 사회주의는 프로테스탄티즘의 금욕주의와 노동 윤리의 급진적인 반명제였다. 공장 노동일 평균이 14시간이던 세기에 라파르그는 노동일을 3시간으로 줄이는 것이 합리적인 목표라고 주장했다. 박애주의자와 기술 진보 숭배자 양자 모두를 비꼬듯 조롱하는 낭만적인 반자본주의적 자세를 취한 그는 자본주의를 비인간적 체제로 낙인찍었다. "농촌 주민들 한가운데에 자본주의적 공장을 세우는 것보다 역병을 퍼뜨리고 샘물에 독을 푸는 게 훨씬 나을 것이다. 공장 노동을 도입하면, 기쁨과 건강, 자유는 안녕이다. 삶을 아름답고 살 만하게 만드는 모든 것과 안녕이다."[108] 사회주의란 "기독교 윤리, 경제 윤리, 자유사상 윤리의 온갖 편견"을 끝장내는 것을 의미했다. 사회주의는 프롤레타리아트가 자신의 "자연적 본능"을 재발견하는 것을 뜻했다. 그 재발견은 "부르주아 혁명의 형이상학적

그림 5.14 폴 라파르그(1871).

변호사들이 만들어낸 무기력한 '인간의 권리'보다 천 배는 더 고귀하고 신성한 '게으름의 권리'"를 선포하는 데에 있다. 프롤레타리아트는 "하루에 3시간만 일하고 나머지 낮과 밤의 시간은 여가와 잔치를 위해 남겨놓는 데에 익숙해져야 한다"는 게 그의 결론이었다.[109]

마르크스의 『정치경제학 비판을 위하여』(1859)의 유명한 서문에 담긴 문구를 빌리자면, 시간의 해방을 "인간 사회의 전사前史"가 종언을 고하고 진정한 역사가 시작되는 계기라고 부를 수 있겠다.[110] 하지만 이 이행은 마르크스의 저작 자체에서 말하는 대로 두 가지 다른 방식으로 해석할 수 있다. 한편으로 시간의 해방은 이제 더이상 이윤과 착취를 지향하지 않지만 여전히 전근대적 형태의 창의적 노동에 대립되는 사회 조직의 틀 안에서 생산력 발전이 성취된 것으로 볼 수 있다. 이런 접근법은 아시아를 변화 없이 정체된 사회 체제―'불변'의 세계―로 보는 마르크스의 시각 안에 함축돼 있었다. 그가 볼 때 아시아는 식민 주의라는 외부의 타격으로만 뒤흔들고 마침내 무너뜨릴 수 있었다.[111] 레닌도 비슷하게 서구를 동유럽의 후진적이고 느린 시간에 대립되는 진보의 시간으로 보는 변호론적 시각을 옹호했다. 레닌은 오래된 은 유를 끄집어내면서 유대 사회주의 신봉자들이 "역사의 수레바퀴를 거 꾸로 돌린다"고 비난했다. 그가 볼 때 이 수레바퀴는 상트페테르부르 크에서 베를린과 런던, 뉴욕으로 돌아가는 것이지, 그 반대가 아니었 다.[112] 다른 한편, 자본주의의 폐지를 사회 세계의 물화와 인간 노동 소 외의 종언이라고 강조한 마르크스의 시각은 '전사'에서 인류의 진정한 역사로의 이행을 질적으로 다른, 새로운 해방된 시간의 조직화가 도래 한 것으로 묘사한다. 자유로운 인간의 시간은 도구적 합리성, 즉 생산 의 계산된 맥박과 정신없이 바쁜 상품의 춤의 시간이 아니었다. 해방 된 시간은 자본주의적 시간의 **부정**이었다.[113]

베냐민의 메시아적 시간

자본주의적 시간의 부정인 해방이야말로 발터 베냐민의 혁명 이론의 핵심이다. 베냐민은 혁명을 **메시아적 시간**이라는 신학 범주와 동일시 했다. 메시아적 유대교는 그의 마르크스주의 해석에 묵시록적·종말론 적 차원을 채워넣었다. 고전적 마르크스주의가 가정한 계급투쟁을 통 한 사회적·정치적 해방은 메시아적 구원과 일치했다. 사회주의는 역 사적 궤적―석기시대부터 해방된 풍요로운 사회까지 이어지는 문명의 경로—의 종착점이기는커녕 후역사post-historical 시대, 즉 이전의 역사나 문명과 급진적으로 단절하는 새로운 메시아적 시간의 지각변동 같은 도래를 의미했다. 1921년, 아마 로젠츠바이크와 소렐의 저작에 영향을 받았을 텐데, 베냐민은 허무주의적 아나키즘을 뚜렷하게 지향하는 폭력에 관한 수수께끼 같은 글을 썼다. 역사를 억압적 폭력의 연속적 전시로 묘사하면서 베냐민은 역사의 영역에서 "신성한 폭력"이 분출하는 것을 상상했다. 법에 바탕을 둔 정치 질서를 모조리 파괴하고 자기 나름의 정당성을 창출하는 폭력이었다.[114] 그로부터 몇 년 뒤, 이런 구원적 폭력의 전망—형이상학적인 것은 말할 것도 없고 추상적인 만큼이나 급진적이다—은 마르크스주의의 언어를 통해 새로운 정식화를 얻었다. "신성한 폭력"은 사회적·역사적 주체에 뿌리를 둔 프롤레타리아 혁명이 되었다.

메시아적 유대교와 세속적 마르크스주의를 종합하려는 베냐민의 시도가 가장 완성된 형태에 다다른 것은 대단히 난해한 텍스트인 「역사의 개념에 대하여」라는 유명한 테제에서다. 이 텍스트의 서문에서 베냐민은 마르크스가 "계급 없는 사회"의 전망 속에서 "메시아적 시간messianische Zeit 개념을 세속화했다"고 지적했다. 널리 퍼진 형태의 낭만적 민족주의나 종교적 보수주의가 향수에 젖어 유기적인 사회적 위계와 권위주의적 정치 제도를 떠올리는 것과 달리, 베냐민의 근대 비판은 과거를 복원하는 것을 목표로 삼지 않았다. 지나간 시대를 아쉬워하는 그의 마음은 과거를 통해 미래를 내다보는 일종의 우회로였다. 그의 낭만적 반자본주의는 절대주의나 봉건주의를 복원하기는커녕 지극히 유토피아적이었고, 부르주아 질서를 극복하고 사회주의로 나아가는 것을 지향했다. 「파리, 19세기의 수도」라는 에세이에서 그는 잊힌 과거의 계급 없는 공동체 이미지와 해방된 사회의 미래 사이의 변증법적 긴장을 묘사했다. 가장 오래된 시대는 인류의 '꿈 이미지Wunschbilder' 속에서 살아남았는데, 여기서 유토피아적 기대와 합류했다.

처음에는 낡은 생산수단의 형태에 여전히 지배받는 새로운 생산수단의 형태와 상응하는 것은 새로운 것과 낡은 것이 서로 스미는 집단적 의식 속의 이미지들이다. 이 이미지들은 소망의 이미지다. … 각 시대가 계승자의 이미지를 향유하는 꿈 속에서 계승자는 원역사(Urgeschichte. 原歷史)의 요소들, 즉 계급 없는 사회의 요소들을 고집하는 모습으로 나타난다. 그리고 이런 사회의 경험—집단의 무의식 속에 저장된—은 새로운 것과의 상호 침투를 통해 유토피아를 낳는다. 오래가는 건축물에서부터 지나가는 유행에 이르기까지 수많은 삶의 형상 속에 흔적을 남긴 유토피아다.[115]

베냐민의 역사 개념은 **역사주의**(즉 그의 언어 사전에서 레오폴트 랑케나 뉘마 드니 퓌스텔 드 쿨랑주 같은 학자들과 동일시한 일종의 실증주의)와 근본적으로 대립했다. 역사주의 입장에서 과거는 닫힌 대륙이자 결정적으로 완료된 과정이었으며, 연대순으로 정리하고 기록을 만들어서 박물관에 넣어야 하는 죽은 물건의 축적을 의미할 뿐이었다. 베냐민은 이 개념에 열린 시간성으로서의 역사관을 대립시켰다. 베냐민에 따르면, 과거는 영원히 위협받는 동시에 결코 완전히 잃어버릴 수는 없는 것이었다. 그에게 과거는 현재를 어슬렁거리는 존재로, 다시 활성화할 수 있는 것이었다.

역사주의는 "게으른 심장"에 바탕을 둔 일종의 "승자의 공감"이었다.[116] 지배자의 승리를 불가피한 것으로 받아들이는 이런 접근법에 맞

그림 5.15 발터 베냐민(1929).

서 그는 현재의 모순들을 하나로 꿰으로써 다시 가져올 수 있는 과거와의 변증법적·구원적 관계를 옹호했다. 베냐민은 미완의 과거를 다시 활성화하는 이 과정을 '회상'이나 '기억Eingedenken'이라고 불렀다. 물론 역사를 구조하는 것은 과거로 돌아가서 다시 만드는 것이 아니라 그보다는 현재를 변화시키는 것을 의미했다. 다시 말해, 과거를 구원하기 위해 인간은 부활해서 패배한 이들의 희망을 실현해야 한다. 그들이 품었던 소망과 기대에 새로운 생명을 불어넣어야 하는 것이다. 역사주의는 크로노스khronos, 즉 '균일하고 공허한 시간'으로서의 순전히 직선적이고 연대기적인 역사관을 옹호한 반면, 역사유물론은 카이로스kairos, 즉 열려 있고 가만히 있지 않으며 변화하는 시간성으로서의 변증법적 역사 개념을 옹호했다.

베냐민은 사회민주주의를 역사주의의 정치적 등가물로 묘사했다. 사회민주주의의 무능함은 역사를 생산력의 양적 축적으로 보는 시각에 그 근원이 있었다. 이런 역사관에 따르면 경제 성장은 사회적 진보를 의미했고, 사회주의의 도래는 문명의 불가피한 성과로 나타났다. 사회민주주의의 문화와 실천에서 진보는 과학과 기술의 잠재력이 아니라 사회민주주의의 필연적이고 돌이킬 수 없는 결과, "자동적으로 직선형이나 나선형의 경로를 따라가는 무언가"였다. 베냐민이 볼 때, "독일 노동계급을 가장 부패하게 만든 것은 그들이 시류에 따라 움직인다는 관념이었다".[117] 베냐민은 이런 관념은 마르크스의 이론과 대척점에 있다고 설명했다. 마르크스의 이론은 "억압받는 계급"을 물질적 진보의 전령이 아니라 "짓밟힌 여러 세대의 이름 아래 해방의 임무를 완수하는 복수자"로 보았다.[118]

과거를 구조한다는 것은 베냐민이 말한 이른바 '지금-시간Jetzt-Zeit' 또는 '현실화', 즉 지나간 시간과 유토피아적 미래 사이의 변증법적 연결고리 속에서 나타나는 과거를 붙잡는 것을 의미했다. "지금까지 존재한 것Gewesene은 섬광 속에서 현재Jetzt와 하나로 합쳐져서 별자리를 이룬다."[119] 과거와 현재의 이런 만남은 덧없지만 강렬한 이미지로 응축된다. 그리하여 '지금-시간' 개념은 연대기적 시간의 연속성이 부서지고 과거가 갑자기 현재 속에서 나타나는 파열적 순간을 지정했다. '지금-시간'과 '회상' 개념은 역사와 기억의 공생 관계를 가정한다. 베냐민에 따르면, 이런 의미에서 역사는 "과학"일 뿐만 아니라 또한, 그리고 어쩌면 무엇보다도, "일종의 회상Eingedenken"이었다. 이렇게 상상된 역사는 직선적 서사(역사주의에 전형적이다)가 아니라 '변증법적 이미지들Denkbilder'의 몽타주로 귀결되었다.

1940년의 14번째 테제에서 베냐민은 혁명을 역사의 영역, 즉 적대적 계급 관계와 정치적 갈등에 시달리는 한 사회에서 이루어진, "과거로 향하는 호랑이의 도약"이라고 정의했다. "역사의 야외에서 이루어진 똑같은 도약이 변증법적 도약으로, 마르크스는 혁명을 이렇게 이해했다."[120] 혁명은 역사 발전의 자동적 결과가 아니라 하나의 잠재력이었다. 혁명의 대안은 파시즘으로, 이는 현재와 과거, 살아 있는 인간과 죽은 조상을 모두 위협했다. "사회주의냐 야만이냐"는 로자 룩셈부르크의 경고를 암묵적으로 떠올리게 하는 구절에서 베냐민은 파시즘이 "멈춤 없이 승승장구하고 있다"면서 파시즘이 결국 승리를 거둔다면 "죽은 사람들도 안전하지 못할 것"이라고 지적했다.

제1장에서 살펴본 것처럼, 혁명을 '역사의 기관차'로 본 마르크스의 시각은 목적론적 역사철학의 통로를 열었는데, 베냐민은 이에 맞서서 열차의 "비상 브레이크"에 의해 과거가 재활성화된다는 신학적 혁명 개념을 내세웠다.[121] 이런 견해 때문에 베냐민은 마르크스주의와 유대교의 두 전통에서 무척 독특한 위치를 차지한다. 한편으로 그는 역사유물론의 목적론적 해석을 거부했으며, 다른 한편 과거에서 물려받은 온갖 메시아적 신학(구원을 신이 역사에 불쑥 끼어드는 것으로 가정했다. 이렇게 가정하면 인간은 신의 개입을 유발하거나 완수하는 게 아니라 기다려야 한다) 형태와 분명히 단절했다. 베냐민이 볼 때, 역사의 직선적 경로에 메시아가 개입하는 것은 혁명적 행동의 결과였다. 헤르베르트 마르쿠제가 말한 것처럼, 이런 시각은 종교적 천년왕국론과 무신론적 사회주의의 전통적 충돌을 "구원이 유물론적 정치 개념, 혁명 개념으로 바뀌는" 종합 속에서 변증법적으로 극복하려고 했다.[122] 요컨대, 혁명은 서로 관련된 세 주제를 중심으로 세워진 마르크스주의 재해석의 핵심이

었다. **역사주의**(직선적 시간성) 비판, **결정론적 인과성**(자동적 사회 변화) 비판, **진보 이데올로기**(목적론적 철학과 무기력의 정치) 비판이 그것이다. 베냐민의 마르크스주의는 역사의 불연속성과 메시아적 단절의 이론이었다. 사회주의란 역사의 조류를 가속화하는 게 아니라 문명의 변화를 의미했고, 이 변화는 역사적 시간성에서 메시아적 시간성으로의 이행과 일치했다. 정치신학의 용어로 하자면, 이는 메시아적 구원, 즉 세속의 도시civitas terrena에서 천상의 도시civitas celestis로의 이행으로 정의될 수 있었다.

 '역사의 개념에 관한' 테제에서 베냐민은 하나의 세속적 이미지를 통해 역사적 시간에서 메시아적 시간으로의 이행을 환기시켰다. 파리의 몇몇 장소에서 "각자 독립적으로 동시에" 시계탑의 시계바늘에 총을 쏘는 7월 혁명의 반란자들의 모습이다. 그들은 자본주의의 양적·'합리적' 시간을 해방의 질적 시간, 즉 혁명 자체가 창조한 공동체의 비도구적·비공리주의적인 즐거운 시간으로 대체하고자 했다. "혁명 계급들이 행동하는 순간에 그들을 특징짓는 것은 자신들이 이제 막 역사의 연속체를 폭파하려는 참이라는 인식이다."[123] 시계로 잴 수 없는 질적 시간에 대한 이런 추구를 보여주는 또다른 증거는 프랑스 대혁명에서 도입한 새로운 역법이다. 역사적 의식에 바탕을 두고 시간을 표현한 것은 규칙적이고 불가피하며 극단적으로 동일한 시간, 날짜, 월, 연도의 연속 대신에 의미 있는 사건들을 기억하려는 시도였다.

 1793년 국민공회에서 도입한 혁명력은 1806년 프랑스 제1제국에 의해 폐지되었다. 나폴레옹은 혁명의 유산의 소유권을 주장하면서도 구체제와 자신의 통치의 역사적 연속성을 다시 확립하고자 했다.[124] 대혁명으로 탄생한 축제나 의례, 상징과 마찬가지로, 새로운 역법도 '재생된' 사회에 새로운 시대가 도래했음을 의미했다. 흥미롭게도 볼셰비키는 새로운 역법을 만들지 않고 단지 율리우스력을 폐지하고 레닌이 '서유럽 역법'이라고 부른 그레고리력으로 대체했다. 물론 새로운 국경일—1905년 혁명의 도화선이 된 '피의 일요일'을 기념하는 1월 22일, 헤이마켓 열사들을 기리는 날로 인터내셔널의 날이 된 5월 1일, 프롤레타리아 혁명의 날인 11월 7일 등등—을 도입하기는 했지만, 소비에트 역법 개혁의 주된 목표는 세계 표준시에 합류하는 것이었다. 근대의 세계화가 시작되고 몇십 년 뒤의 시점에서 이는 필수적인 과제였지만, 또한 레닌이나 트로츠키 같은 혁명적 서구화론자들이 정교하게 밝힌 역사와 사회 이론의 충실한 반영이기도 했다. 소련 초창기에 질적이고 유토피아적인 새로운 (메시아적) 시간성의 창안은 미학과 동시에 정치의 문제였다. 한편에서는 미래주의와 절대주의의 아방가르드가 탄생하고, 다른 한편에서는 공산주의 인터내셔널이 세계혁명의 전략적 준비에 몰두했다. 경제 분야에서 볼셰비키는 폐허가 된 가난한 나라를 재건하려고 필사적으로 분투했다. 생산력 증대는 피할 길 없는 정언명령이었다. 바로 이런 맥락에서 예술과 생산을 통합하려고 한 구성주의적 시도가 소비에트 공장에 테일러주의를 도입할 수 있는지를 둘러싸고 벌어진 토론과 공존했다. 20세기에 벌어진 대부분의 봉기와 마찬가지로, 볼셰비키 혁명도 사회적·경제적 후진성의 조건에서 이루어졌다. 트로츠키가 주장한 것처럼, 혁명은 러시아의 '불균등 결합 발전'이 낳은 결과였지만, 혁명을 영구혁명으로 바꾸려는 시도는 베를린과 뮌헨, 부다페스트와 빈에서 멈춰섰다. 1919년에서 1923년 사이에 이 도시들은 서구 사회주의 혁명의 전초기지가 비극적으로 실패한 현장이었다. 베냐민의 말을 빌리자면, 진정한 "자유의 왕국"은 "욕망의 이미지Wunschbild"로 남았다. 레닌과 트로츠키는 내전 시기에 자유가 무엇을 의미하는지를 깨달았다. 언젠가 생쥐스트가 내린 정의와 가장 가까운 형태였다. "혁명은 자유가 적들에 맞서 벌이는 전쟁이다."[125]

제6장

공산주의의 역사화

공산주의는 확립해야 하는 **상태**가 아니라 그에 맞춰 현실을 조정해야 하는 하나의 **이상**이다. 우리는 공산주의를 현재 상태를 폐지하는 **현실의** 운동이라고 부른다.

-카를 마르크스, 프리드리히 엥겔스, 『독일 이데올로기』(1845)

오늘날 끝난 것은 세계를 변혁하려 한 거대한 모험의 괴물 같은 발걸음이다.

-에드가 모랭, 『자기비판』(1959) 2판 '서문'(1991)

시기 구분

이 연구의 결론에서는 근대 혁명의 전반적인 그림을 다시 요약해보도록 하자. 연속된 세 번의 물결이 장기 19세기를 휩쓸었다. 첫 번째인 '혁명적 대서양'의 물결은 1776년 아메리카에서 시작되어 1789년 프랑스를 관통하고 마침내 카리브해에 도달해서 1804년 1월 1일 반란 노예들이 아이티 독립 국가를 선포했다.[1] '혁명적 대서양'은 정치의 실험실이었다. 1776년부터 1804년까지 이어진 바로 이 '말안장 시대 Sattelzeit'에 자유와 평등, 해방, 혁명 자체 같은 개념들이 오늘날과 같은 의미로 등장했다. 이 개념들은 미국 독립선언(1776)에서 프랑스의 '인간의 권리 선언'(1789)까지, 프랑스 국민공회의 노예제 폐지 포고령(1794)에서부터 아이티 혁명에서 영감을 끌어온 라틴아메리카 민족해방 투쟁을 위한 선언인 시몬 볼리바르의 앙고스투라 연설(1819)까지 당시의 모든 강령 문서에 새겨졌다.[2] 두 번째 물결은 세기 중반에 일어났다. 첫 번째보다 폭이 넓었지만 공간상으로나 정치적으로나 그만큼 통일성이 있지는 않았다. 이 물결의 가장 중요한 순간들—1848년 유럽 혁명, 청 제국의 태평천국의 난(1850~64), 1857년의 인도 반란, 미국 남북전쟁(1861~65)—은 줄곧 서로 단절되어서 공통의 과정 속에 합쳐질 수 없었다. 동시에 일어나긴 했어도 정치적 친연성 때문은 아니었고, 유럽과 아시아, 북아메리카에 공동의 변증법이 있었던 것도 아니다. 태평천국의 반란자들—유교와 개신교 복음주의의 독특한 절충에 고무받았다—과, 식민지 이전의 인도를 복구한다는 이름 아래 영국의 통치에 맞서 싸운 세포이들은 너무도 많은 문화적·이데올로기적·정치적 차이 때문에 갈라졌다. 세 번째 물결에는 대전쟁의 가장자리에서 발발한 유라시아 혁명이 포함된다. 1905년 러시아 차르 제국에 맞서 일어난 봉기는 아시아와 이슬람 세계에 커다란 영향을 미쳤다. 레닌이 말한 것처럼, 이 혁명은 이란의 입헌혁명(1905~11), 오스만 제국의 청년투르크 혁명(1908), 1911년 청 왕조를 끝장내고 중화민국을 선포한 쑨원의 운동을 강하게 고무했다.[3] 이 세 번째 물결은 멕시코 혁명(1910~17)으로 남북아메리카를 결합시켰다. 멕시코 혁명은 19세기와 20세기의 교차로에서 오래된 혁명의 순환을 끝내고 새로운 순환을 연

토지와 자유를 위한 농민의 투쟁이었다. 러시아와 멕시코를 예외로 하면, 이 세 번째 물결은 지식인과 군부 엘리트들이 실행한 '위로부터의 혁명'들로 이루어졌다.[4] 대중의 지지가 없이 이루어진 변화, 또는 그람시가 『옥중수고』에서 비자코뱅적 혁명 또는 '수동 혁명'으로 정의한, 엘리트가 조장한 제한된 대중 동원인 이탈리아의 리소르지멘토를 상기시키는 혁명들이었다.[5] 사회주의적 목표로 보나 끈질기게 남은 기억으로 보나 19세기에 가장 중요한 혁명 경험인 파리코뮌은 정반대로 아래로부터의 혁명이었지만, 어떤 초민족적 물결에도 새겨넣을 수 없는 고립된 불꽃놀이였다. 물론, 파리코뮌은 1830년과 1848년 프랑스에서 일어난 소요의 뒤를 이으면서 공화주의와 사회주의적 평등주의, 그리고 오귀스트 블랑키 같은 혁명의 고무자들을 물려받았다. 그렇다 하더라도 코뮌의 유성이 그린 궤적은 다른 곳에서 벌어진 비슷한 운동과 전혀 연계를 찾지 못했다.

20세기 혁명의 지도는 광대한 만큼이나 다채롭고 파편적이다. 지도에는 서구의 사회주의 혁명과 많은 경우에 사회주의적 성격을 띠는 남반구의 반식민 혁명, 모든 대륙에서 벌어진 위로부터의 혁명과 현실 사회주의의 몇 나라에서 벌어진 반관료적 혁명이 포함된다. 에릭 홉스봄이 인상적으로 정의한 '파국의 시대'는 전쟁과 파시즘, 제노사이드의 시대만이 아니었다. 그 시대는 또한 사회주의가 실제로 가능한 구체적 유토피아가 될 수 있다는 드높은 희망의 시대였다. 사회주의 혁명은 대전쟁이 끝난 시점의 동유럽과 중유럽, 1920년대 중반 중국, 1936년 내전이 시작되는 시점의 에스파냐, 제2차 세계대전 말의 유럽과 아시아, 1945년에서 1949년 사이에 유고슬라비아, 그리스, 인도차이나, 중국에서 일어났다. 다뉴브강과 오데르-나이세선[제2차 세계대전

이후 정해진 독일과 폴란드 국경선 | 옮긴이] 동쪽에서 소련과 구조적 동화 과정을 거치면서 자본주의가 폐지되었다. 나폴레옹 전쟁(1792~1814) 시기에 프랑스 군대가 같은 영역에서 봉건제를 파괴한 것과 무척 비슷한 변화였다.[6]

러시아 혁명을 서유럽과 아시아로 확대함으로써 소련의 고립을 깨뜨리고자 했던 볼셰비키의 희망은 실패로 끝났고 혁명의 패배— 1922~26년 이탈리아, 1925~27년 중국, 1933년 독일, 1939년 에스파 냐—는 대부분 비극적이었지만, 결국 세력 관계를 뒤바꾼 것은 붉은군 대였다. 1945년 혁명은 승리하지 못했지만, 소련은 이제 더이상 고립되지 않았다. 수많은 사람들의 눈에, 1945년 5월 폐허가 된 독일 제국 의회 지붕에 소비에트 깃발을 꽂은 붉은군대는 혁명의 대용품을 상징 했다. 이제 바리케이드의 시대는 끝났고, 구식 봉기는 훨씬 더 효과적인 군사력으로 대체된 상태였다. 전후 수십 년간, 혁명의 축은 서구에서 남 반구로 이동했다. 반식민 사회주의 혁명이 아시아에서 일어났고(1949년 중국, 1954년에서 1975년 사이의 베트남), 라틴아메리카에서는 반제국주의 사회주의 혁명(1951년 볼리비아, 1958년 쿠바, 1972~74년 칠레, 1979년 니카라 과)이, 중유럽에서는 반관료주의 혁명(1956년 헝가리, 1968년 체코슬로바키 아, 1980~81년 폴란드)이, 아프리카에서는 반식민 혁명(1954~62년 알제리, 1969년 리비아, 1974년 에티오피아, 1975년 앙골라 및 모잠비크)이 일어났다. 어떻게 보면 이 두 번째 순환의 정점은 1968년이었다. 진정한 혁명은 아닐지라도 서로 대화하는 여러 사건들이 어우러진 별자리였다. 그 시절의 어휘 사전은 서구에서는 반자본주의적, 동구에서는 반스탈린주 의적, 남반구에서는 반제국주의적이어야 하는 세계혁명의 '세 부문'— 에르네스트 만델이 만들어낸 표현이다—에 관해 이야기했다.[7] 1968년 베트남의 구정 공세와 프라하의 봄, 파리의 바리케이드와 더불어 이 세 차원이 하나의 반란 물결로 합쳐졌다. 전 지구적일 뿐만 아니라 **동시적인** 물결이었다. 온갖 대륙의 모든 세대가 세계적 반란에 참여한다는 느낌을 받았다. 세계대전을 제외하면 20세기는 이와 비슷한 통합적 사건을 목격하지 못했다.

이런 혁명들의 다수는 급진 좌파 정당이 이끌고 다른 일부는 민족 해방 운동이 이끌었지만, 극히 드문 예외를 빼면 이 정당과 운동은 모두 사회주의의 지평선에 자신을 새겨넣었다. 민주적·민족주의적인 자코뱅 지식인들이 지도부를 이룬 쿠바 혁명은 순식간에 사회주의적 성격을 이루었다(1961년 4월의 유명한 연설에서 피델 카스트로는 이런 변화를 공식적으로 선포했다).[8] 냉전이 한창인 상황에서 거의 불가피한 변화였다. 볼리비아(1951~55)나 알제리(1954~65)의 사례에서 알 수 있듯이, 사회주의를 지향하지 않은 혁명은 대부분 실패하거나 불완전하게 남았다. 많은 경우에 사회주의나 공산주의 세력이 혁명 지도부에 있었지만, 순전히 프롤레타리아적 차원의 혁명은 아니었다. 대부분의 혁명은 마르크스에서 영감을 받았음을 인정했지만, 세계혁명의 세기는 『공산당 선언』의 전망을 달성하지 못했다. 프롤레타리아트가 스스로를 해방함으로써 모든 인류를 해방할 계급으로 등장하리라는 전망 말이다. 포드주의적 자본주의와 대량생산의 시대에 산업 노동계급은 많은 결정적 투쟁에서 주인공이었지만—몇 가지 중요한 순간만 언급하자면, 1934~35년 미국에서 벌어진 파업, 1936년과 1968년 프랑스, 1969년 이탈리아의 '뜨거운 가을', 같은 해 아르헨티나의 코르도바소 Cordobazo, 1971~73년 칠레의 인민연합Unidad Popular, 1980년 폴란드 봉기, 1987~90년 한국 파업 등을 생각해보라—, 다른 사회계급이나 집단과 연합을 형성하지 않고는 혁명을 수행하지 못했다. 소비에트들이 병사와 농민을 아우른 1917년 러시아와 1945년 유고슬라비아에서 바로 이런 연합이 이루어졌다. 1919~20년 독일과 헝가리에서 일어난 혁명은 프롤레타리아적 성격이 무척 두드러졌지만 결국 파국적인 패배로 끝났다. 반식민 혁명은 사회주의와 마르크스주의를 지향한다고 주장하는 지식인 엘리트들이 주도했지만, 그 사회적 기반은 농민들로 이루어졌다.

『러시아 혁명사』1장에서 트로츠키는 왜 사회주의 혁명이 선진 자본주의 국가가 아니라 사회적으로 뒤처진 국가에서 일어날 수 있는지를 설명하기 위해 자신의 불균등 결합 발전 이론—처음에 러시아 역사의 특이성을 분석하기 위해 고안된 이론이다—을 요약했다.

역사 과정의 가장 일반적 법칙인 불균등성은 후진국의 운명에서 가장 날카롭고 복잡하게 그 모습을 드러낸다. 외부적 필연성이라는 채찍 아래 후진국의 문화는 도약을 강요받는다. 따라서 불균등성이라는 보편 법칙으로부터 **결합 발전** 법칙이라고 잠정적으로 부를 수 있는 또다른 법칙이 생겨난다. 역사 여정의 각 시기들이 겹쳐지고, 서로 다른 단계들이 결합되며, 현대적인 형태들이 낡은 형태들과 뒤섞이는 것이다. 이 법칙에 담긴 구체적 내용 전체를 고려하지 않는다면, 러시아의 역사, 아니 2류, 3류 또는 이보다 더 뒤처진 어떤 나라의 역사도 이해할 수 없다.[9]

바로 이것이 유럽 중심적 혁명관을 포기하고 오로지 프롤레타리아적인 성격 대신 사회적으로 다원적인—오늘날에는 '교차적'이라고 부른다— 성격을 인정하도록 이끈 이론적 재평가의 첫 번째 단계였다.

그러므로 최근 대다수의 역사 서술이 경제 혁명과 정치 혁명이라는 '이중' 혁명으로 구축된 19세기의 고전적 해석(자본주의를 변혁한 영국 산업혁명과 나폴레옹 전쟁에서 정점에 달하면서 유럽에서 구체제를 무너뜨린 프랑스 대혁명)을 수정한 것과 같은 방식으로 20세기에 일어난 사회주의 혁명들을 다시 사고해야 한다.[10] 19세기가 이론의 여지 없이 근대화의 시대였다 하더라도, 이 과정은 급속한 것도 균질적인 것도 아니었다. 이 과정은 **부르주아** 국가의 부상이 아니라 상승하는 부르주아지(아직 정치적으로 지배하지는 못하는)와 '끈질긴' 구체제의 핵심에 여전히 남아 있는 쇠퇴하는 귀족 사이에서 혼성적인 지배 형태를 창출했다. 이와 비슷하게, 사회주의의 시대는 다양한 혼성적 혁명이 낳은 결과물이었다. 이 혁명들에서 프롤레타리아 계급은 유일한 주인공이기는커녕 인텔리겐치아부터 농민에 이르기까지 다른 사회 계층과 상호작용했고, 때로는 그들에 가려 빛을 잃었다. 19세기에 사회주의는 산업 노동계급의 역사적 임무로 여겨졌다. 서유럽에서 처음 완수된 이 임무는 후에 전 지구적 차원으로 확대될 것이었다. 20세기에 사회주의는 세계혁명의 지평선이었다. 이런 거대한 변화는 러시아 혁명이 낳은 산물이었고, 20세기에 일어난 혁명들이 공산주의와 그토록 깊이 일체화된 것도 이 때문이다.

공산주의의 얼굴들

10월 혁명의 유산은 두 개의 대립되는 해석 사이에서 갈라졌다. 한편에서는 볼셰비키의 집권이 전 지구적인 사회주의 변혁의 선언으로 나타났고, 다른 한편에서는 전체주의 시대의 개막을 알리는 사건으로 보였다. 1927년에 세르게이 에이젠슈타인이 찍은 〈10월〉은 혁명을 영웅적인 대중 봉기로 묘사하면서 몇 세대의 상상력을 형성해낸 영화다. 이 예술 작품과 맞먹는 역사 서술은 트로츠키의 『러시아 혁명사』인데, 10월 혁명을 연대기적·분석적으로 재구성한 이 책에서는 목격자의 공감적이고 다채로운 이야기가 마르크스주의 사상가의 개념적 통찰과 합쳐진다. 쥘 미슐레와 카를 마르크스의 문체를 뒤섞은 것처럼 인상적인 서술이다. '역사학자로서의 혁명가'라는 제목의 붉은군대 수장에 대한 평전의 한 장에서 아이작 도이처는 이런 "상상력의 힘"을 "수정 같은 명료한 문체"와 결합함으로써 갑자기 정치적 행위자로 뒤바뀐 억압받는 사람들의 감정을 파악하는 트로츠키의 역량을 강조한다.[11] 그 결과물이 정념과 사유를 두루 발휘해 쓴 책이었다. 수십 년간 대다수 좌파—공식적인 공산주의 운동을 훌쩍 넘어선—는 10월 혁명을 비슷한 방식으로 인식했다. 유토피아적 열망의 상징적 이미지인 동시에 사회주의를 역사의 자연스러운 종착점으로 가정하는 목적론적 시각의 반박할 수 없는 증거로 본 것이다.

정반대의 해석은 볼셰비키를 근대의 전체주의적 잠재력을 구현한 세력으로 묘사한다. 1920년대 후반기에 소련이 공고해진 뒤, 유골로 뒤덮인 폐허를 뛰어다니는 개코원숭이 떼—처칠의 산문에서 따온 비유—로 묘사하던 초기의 서술은 사라졌지만, 공산주의는 계속해서 현대 사회의 위험한 병리 현상으로 묘사되었다. 이사야 벌린에서 마틴 말리아, 칼 포퍼에서 리처드 파이프스에 이르는 많은 보수주의 사상가들에게, 공산주의는 '이데올로기 통치ideocracy'였다. 추상적이고 권위주의적인 모델에 따라 사회를 강제로 변화시킨 불가피한 결과였다.[12] 이런 우파의 지식에 따르면, 평등한 사람들의 공동체를 창조하려는 의

지가 노예들의 사회를 만들어냈다. 프랑수아 퓌레는 공산주의 이데올로기와 나란히 그 '정념'도 거부했고, 이 둘을 혁명 자체가 원래 가진 광기와 연결시키면서 자코뱅의 공포정에서 소비에트 굴락을 잇는 일직선의 궤적을 만들었다. "오늘날 굴락은 공포정을 다시 사고하는 것으로 이어진다. 이 두 사업은 쌍둥이처럼 보이기 때문이다."[13]

이렇게 대립되는 해석의 가장 급진적인 판본들—공식적 공산주의와 냉전의 반공주의—은 또한 양쪽 모두에게 공산당이 일종의 조물주와 같은 역사적 세력인 한 하나로 수렴된다. 클라우디오 S. 잉게르플롬이 아이러니하게 말한 것처럼, 냉전의 전사를 자임한 대다수 학자들은 "'볼셰비키화'된 역사의 반볼셰비키적 판본"을 선전했다.[14] 소비에트 판본의 경우처럼, 설령 이제 낙원으로 가는 길이 지옥으로 가는 길로 바뀐 상태였음에도 이데올로기가 명백하게 풍경을 지배했으며, 당은 이데올로기의 믿음직한 도구로 나타났다. 소련과 '현존 사회주의'가 종언을 고하고 30년 뒤, 이 대칭적 재현의 첫 번째 변이만 사라졌을 뿐이다. 두 번째 변이는 계속 생명을 유지하면서 학계에서 —설령 헤게모니는 상실했을지라도— 탄탄한 입지를 지니는 한편, 미디어의 통속적 설명에서부터 기념 정책에 이르기까지 과거의 공적 활용을 밑바탕에서부터 규정한다.

그러므로 공산주의 경험의 역사화란 근본적으로 다르지 않은 두 서사—하나는 목가적이고, 하나는 끔찍하다—의 이런 이분법을 극복함을 의미한다. 공산주의 경험이 생명을 다하고 몇십 년이 지난 지금, 이 경험을 옹호하거나 이상화하거나 악마시할 필요는 없다. 여러 내적 긴장과 모순에 의해 모양지어지며, 구원의 활력에서부터 전체주의적 폭력에 이르기까지, 참여민주주의와 집단적 숙의에서부터 맹목적 억압과 대규모 절멸에 이르기까지, 더없이 유토피아적인 상상에서부터 가장 관료주의적인 지배에 이르기까지—때로는 짧은 시간 안에 한쪽에서 반대쪽으로 이동한— 폭넓은 스펙트럼의 그늘 속에 여러 차원을 보여주는 하나의 전체, 변증법적 총체로서 이 경험을 비판적으로 이해할 필요가 있다. 1991년, 프랑스 공산당과 단절한 경험을 서술한 자서전에 새로 서문을 쓰면서 에드가 모랭은 공산주의 경험의 복잡성과 모순적 성격을 동시에 포착하는 스탈린주의의 정의를 제안했다. 스탈린주의는 "세계를 변혁하려는 거대한 모험에서 괴물 같은 단계"라는 것이었다.[15] 이 악몽의 순간은 불가피하게 나머지 시간들에 그림자를 드리웠지만—실제로 스탈린주의는 20세기 전체에 그림자를 드리운다—이 모험은 훨씬 전에 시작되어 현실 사회주의가 몰락한 뒤에도 계속되었다. 그리하여 공산주의를 역사화한다 함은 자본주의 자체만큼이나 오래된 '거대한 모험' 속에 그것을 새겨넣는 것을 의미한다. 공산주의는 고립된 경험으로 떼어놓거나 그 선구자와 상속자들로부터 분리할 수 없는 카멜레온이었다.

공산주의를 낳은 10월 혁명의 궤적은 로마 제국에 대한 기번의 시각을 응축된 형태로 상기시킨다. 로마 제국이나 10월 혁명이나 기원과 부상과 몰락이 있었다. 10월 혁명의 역사적 전제들에도 불구하고 그것의 등장이나 종결이나 어느 것도 불가피한 일은 아니었으며, 혁명이 겪은 많은 방향 전환은 예상치 못한 상황이 낳은 결과였다. 직선과는 거리가 먼 혁명의 궤적은 단절과 분기로 점철된 파열의 연속이었다. 10월 혁명에는 아래로부터의 반란과 '위로부터의' 급진적 변화, 그리고 회고적 시각에서 볼 때만 단일한 역사적 연속으로 새겨넣을 수 있는 여러 도약과 테르미도르적 퇴행이 들어 있다. 실라 피츠패트릭이 강조하는 것처럼, 레닌과 스탈린은 비슷하지 않았지만, 둘 다 동일한 과정에 속했다. "우리는 나폴레옹의 혁명 전쟁을 1789년 정신의 구현으로 여기지 않지만, 그래도 이 전쟁을 프랑스 대혁명이라는 전반적인 개념 안에 포함시킬 수 있다. 러시아 혁명의 경우에도 비슷한 접근 방법이 정당해 보인다."[16] 피츠패트릭의 책에서 러시아 혁명은 1917년 2월부터 1936~38년 대숙청까지 이어진다. 아이작 도이처는 혁명 초기의 정신을 '재생'시키는 게 가능하다고 믿으면서 이 과정을 1956년의 탈스탈린주의화까지 확대했다. 오늘날 그의 진단이 틀렸다고 생각하기 쉽지만, 세계 곳곳의 수많은 사람들이 현재 진행형 운동에 관한 그의 인식을 공유했다. 스탈린주의적 반혁명에 대립하는 혁명적 볼셰비즘이라는 이분법적 시각을 받아들이면 해방적 폭력과 전체주의적 억압을 구별할 수 있지만—이런 구별은 중요하다—, 또한 이 둘을 통합하는 연결고리를 보지 못하고 양자의 유전적 연관성에 관한 탐구를 피하게 된다. 마찬가지로 소련의 이데올로기적 토대를 바탕으로 레닌부터 고르바초프까지 상당한 연속성이 있다는 보수적 해석 또한, 시장 사회와 자유민주주의는 자연 질서의 특징이며 자본주의 비판은 불가피하게 전체주의로 귀결된다는 냉전 자유주의를 변호하고 '면역'을 강화하는 무익한 역할만 할 뿐이다.

공산주의를 전 지구적인 역사적 경험으로 이해하려면 운동과 체제를 분리하지 않은 채 구별할 필요가 있다.[17] 운동이 체제로 바뀌었을 뿐만 아니라 체제가 운동과의 상징적 연결고리를 계속 유지하면서 운동의 기획과 행동의 방향을 좌우했다. 망명한 천민 지식인들이 주축이던 1917년 이전의 볼셰비키당은 이후 수십 년간 소련을 이끈 거대한 관료기구와는 다른 세계로 보인다. 둘은 전혀 다른 세계였지만, 그래도 여러 가닥으로 연결되었다. 러시아 볼셰비즘의 역사만 그런 것이 아니라 적어도 초창기 수십 년간 공산주의 전반의 역사에 해당되는 사실이다. 소련에서 스탈린은 볼셰비키 창단 성원들을 절멸시키기로 결정한 반면(1930년대 후반기에 50만 명이 처형된 것으로 추산된다), 공산주의자들은 서유럽에서 레지스탕스 운동을 이끌었고, 중국을 가로지르는 '대장정'으로 20세기에 가장 영웅적으로 손꼽히는 혁명적 경험을 조직했다(1934~35).

우리의 정치·철학 어휘 사전에 담겨 있는 다른 많은 'ㅇㅇ주의'들과 마찬가지로, 공산주의도 다의적이고 궁극적으로 '모호한' 단어다. 역사적으로 보면, 공산주의는 이상형도 아니고 하나의 개념도 아니며, 오히려 여러 사건과 경험을 아우르는 무미건조한 포괄적 단어다. 이 단어의 모호성은 ―마르크스까지 거슬러 올라가는 많은 유토피아 사상가가 정교하게 다듬은― 공산주의 사상을 그 역사적 구현물과 분리하는 차이에만 있지 않다. 그 모호성은 공산주의의 여러 표현이 대단히 다양하다는 데에 있다. 러시아와 중국, 이탈리아의 공산주의가 달랐을 뿐만 아니라 비록 지도자와 이데올로기적 참고문헌을 유지하면서도 장기적으로 많은 공산주의 운동이 심대한 변화를 겪었기 때문이다. 하나의 세계적 현상으로서 공산주의가 그린 역사적 궤적을 고려하면, 공산주의는 여러 **공산주의들**의 모자이크로 나타난다. 공산주의의 '해부학'을 그려보면 적어도 네 가지 전반적 형태를 구별할 수 있다. 서로 관련되고 반드시 대립하지는 않지만, 독자성을 알아볼 만큼은 차이가 난다. **혁명**으로서의 공산주의, **체제**로서의 공산주의, **반식민주의**로서의 공산주의, 그리고 마지막으로 **사회민주주의**의 변종으로서의 공산주의가 그것이다. 10월 혁명은 이 네 가지의 공통된 모체였다. 그렇다고 해서 이 모든 공산주의가 러시아에 기원을 둔다는 말은 아니다. 볼셰비즘 자체가 유럽의 몇몇 사상과 경험의 종합이었으니까. 하지만 20세기 공산주의의 모든 형태는 그들이 출발점을 발견한(그리고 1989년 베를린 장벽의 해체와 톈안먼 광장의 진압 이후 많은 경우 종착점도 발견한) 거대한 역사적 전환인 러시아 혁명과 관련이 있었다.

혁명

실라 피츠패트릭이 설명하는 것처럼, 혁명은 하나의 과정이지만, 공산주의를 혁명으로 보는 시각은 대체로 최초의 순간에 초점을 맞추며 그 파열적 성격을 강조한다. 혁명은 인간이 자신의 역사를 만드는 순간이다. 그것은 억압받는 이들이 역사의 주체가 되어 낡은 사회, 정치 질서를 거꾸로 뒤집고 이를 새로운 질서로 대체하는 순간이다. 혁명은 역사의 경로가 잠시 중단되는 것이며, 이 순간 '균일하고 공허한' 시간의 직선성이 폭력적으로 깨지면서 새로운 지평선이 열리고 사회를 새롭게 발명해야 하는 미래로 투사한다. 우리는 이를 공산주의의 에이젠슈타인 단계라고 부를 수 있다. 〈10월〉은 러시아 혁명을 역사적으로 재구성한 게 아니라 그 해방의 활력을 포착한 걸작이다. 혁명은 권력관계, 전략과 전술, 운동과 지도력, 반란의 기술을 다루지만, 또한 열망과 분노, 원한과 행복, 공통성과 유토피아와 기억과도 관련된다. 요컨대, 혁명은 정치에 갑자기 감정과 정서가 휘몰아치는 순간이다. 혁명은 고립된 개인들이 경쟁자로 행동하는 고전적 자유주의의 사회 모델과 정면으로 반대되는 공통성의 폭발적 분출이다. 이런 역사적 상황에서 지도자들은 이런 새로운 형태의 집단적 행위성에 의해 앞으로 내몰리고 방향을 제시받는다. 지도자들은 아래로부터 부상하는 구성적 권력의 결정을 기록하고 정식화하는 듯 보인다.

러시아 혁명의 분위기를 기억하는 게 중요한 것은 이 분위기가 소련의 불행에서 살아남아 20세기 전체에 그림자를 드리우는 상징적 이미지를 창출하는 데에 강력하게 기여했기 때문이다. 그 아우라는 세계 곳곳에서 수많은 인간을 매혹했고, 공산주의 체제의 아우라가 완전히 산산조각이 났을 때에도 여전히 비교적 잘 보존되었다. 1960년대와 1970년대에 이 아우라가 부추긴 새로운 물결의 정치적 급진화는 소련과 그 동맹국들로부터 자율성을 주장했을 뿐만 아니라 그들을 적으로 간주했다.

러시아 혁명은 대전쟁에서 생겨났다. 카를 폴라니의 말을 빌리자면 러시아 혁명은 "100년의 평화"의 시대였던 "장기 19세기"의 붕괴가 낳은 산물이었고, 전쟁과 혁명의 공생 관계는 20세기 공산주의의 궤적 전체를 모양지었다. 1870년 프랑스-프로이센 전쟁에서 등장한 파리코뮌은 많은 볼셰비키 사상가들이 강조한 것처럼 군사화된 정치의 선구자였지만, 10월 혁명은 이 정치를 엄청난 규모로 확장했다. 국민위병은 붉은군대가 아니었고, 프랑스 수도의 20개 구는 차르 제국에 비할 규모가 아니다. 제1차 세계대전은 볼셰비즘 자체를 변형시키면서 많은 특징을 바꿔놓았다. 레닌의 『프롤레타리아 혁명과 배신자 카우츠키』(1918)나 레온 트로츠키의 『테러리즘과 공산주의』(1920) 같은 공산주의 전통의 몇몇 고전적 저작은 1914년 이전에는 상상조차 할 수 없는 글이었다. 1789년이 새로운 혁명 개념—이제 더이상 천체의 회전이 아니라 사회적·정치적 단절로 정의되는 혁명—을 소개한 것처럼, 1917년 10월은 혁명을 군사적 용어로 재규정했다. 구질서의 위기, 대중 동원, 이중 권력, 무장 반란, 프롤레타리아 독재, 내전, 반혁명과의 폭력적 충돌 등이 핵심 개념이 되었다. 레닌의 『국가와 혁명』(1917)은 볼셰비즘을 이데올로기(마르크스 사상의 해석)인 동시에 사회민주주의의 개혁주의(19세기 자유주의라는 생명을 다한 시대에 속하는 정치)와 자신을 구별짓는 전략적 지침의 통일체로 정식화했다. 볼셰비즘은 전쟁이 분출해서 정치가 되면서 정치의 언어와 실천을 뒤바꾸는, 고조되는 야만의 시대에서 생겨났다. 조지 L. 모스의 말을 빌리자면, 그것은 대전쟁이 끝나는 순간 구대륙을 모양지은 인류학적 변화가 낳은 산물이었다.[18] 텍스트에서 언어까지, 도상학에서 노래까지, 상징에서 의례까지 볼셰비즘의 이런 유전자 암호는 어디서나 볼 수 있었다. 이 암호는 제2차 세계대전보다 오래 살아남아 1970년대의 반란 운동에 계속 연료를 제공했다. 이 운동의 구호와 전례典禮는 국가와의 폭력적 충돌이라는 개념을 강박적으로 강조했다. 볼셰비즘이 만들어낸 혁명의 군사적 패러다임은 지구 곳곳의 공산주의 경험을 심대하게 모양지었다. 유럽의 레지스탕스만이 아니라 중국, 북한, 베트남, 쿠바의 사회주의 변혁은 전쟁과 혁명의 비슷한 공생 관계를 재생산했다. 그리하여 국제 공산주의 운동은 수많은 투사로 형성된 혁명군으로 상상되었고, 이는 조직과 권위주의, 규율, 분업, 그리고 마지막이지만 그래도 중요한 성별 위계의 측면에서 불가피한 영향을 미쳤다. 전사들로 이루어진 운동에서 여성 지도자는 예외적 존재일 뿐이었다. 서구 혁명을 위한 볼셰비키의 패러다임에 의문을 던지려 한 그람시조차 '기동전'과 '진지전'을 구별하는 군사 이론적 틀을 피할 수 없었다.[19]

볼셰비키는 자신들이 '역사의 법칙'에 따라 행동하고 있다고 깊이 확신했다. 1917년의 지진은 많은 요인들이 뒤얽히면서 탄생했는데, 그중 일부는 러시아 역사의 장기지속longue durée에서 정해지고 다른 요인들은 전쟁에 의해 돌연 동시에 발생한 일시적 현상이었다. 지주 귀족에 맞선 극도로 폭력적인 농민 봉기, 경제 위기에 영향을 받은 도시 프롤레타리아트의 폭동, 그리고 마지막으로 자신들이 이해하지도 못하고 종말이 다가오는 것을 알지도 못하는 끔찍한 3년간의 전쟁을 치르고 맥이 빠진 농민 병사들로 이루어진 군대의 혼란 등이 그것이다. 이런 요인들이 러시아 혁명의 전제였다면, 어떤 가정된 역사적 필연 속에서 혁명을 파악하기는 어렵다. 소비에트의 실험은 처음 몇 년간 취약하고 위태롭고 불안정했다. 끊임없이 위협을 받았고, 그저 살아남기 위해 무진장한 에너지와 막대한 희생을 치러야 했다. 그 시절을 직접 목격한 빅토르 세르주는 1919년에 쓴 글에서 볼셰비키가 소비에트 체제가 붕괴할 것이라고 여겼지만 이런 판단 때문에 낙담하기는커녕 오히려 더욱 끈질기게 싸웠다고 말했다. 반혁명이 성공했더라면 아마 엄청난 피를 흘렸을 것이다.[20] 아마 볼셰비키는 '역사의 법칙'에 따라 행동한다는 깊은 확신을 품고 움직였기 때문에 저항할 수 있었겠지만, 실제로 그들이 어떤 자연적 경향을 따른 것은 아니다. 그들은 새로운 세계를 발명하고 있었지만, 자신들의 노력으로 어떤 세계가 생길지 알지 못한 채 놀랍도록 강력한 유토피아적 상상에 고무되었고, 확실히 전체주의라는 결과를 상상할 수는 없었다.

걸핏하면 '역사 법칙'이라는 실증주의적 언어에 호소하기는 했지만, 볼셰비키는 대전쟁으로부터 군사적 혁명 개념을 물려받았다. 병사들이 결성한 페트로그라드 군사혁명위원회는 1917년 10월 25일 밤에 임시정부를 끌어내렸고, 1918년에서 1921년 사이에 옛 차르 제국을 피로 물들인 끔찍한 내전은 1914년 여름에 발발한 전쟁의 연장선이었다. 피터 홀퀴스트의 설명에 따르면, 이렇게 군사 충돌이 벌어지는 동안 "대외 전쟁을 위해 공들여 만든 전투 방법이 … 내부로, 즉 국내의 싸움으로 돌려졌다".[21] 많은 경우에 내전은 동일한 군대와 같은 장군, 똑같은 병사들에 의해 수행되었다. 러시아 혁명가들은 클라우제비츠를 읽고 블랑키주의의 유산과 반란의 기술에 관한 끝없는 논쟁을 벌였지만, 러시아 혁명의 폭력은 이데올로기적 충동에서 생겨난 게 아니다. 그것은 전쟁에 의해 야만화된 사회에서 유래한 것이다. 이런 유전적 트라우마는 심대한 영향을 미쳤다. 전쟁은 정치의 규범을 바꿈으로써 정치를 개조하면서 이전에는 알지 못했던 형태의 권위주의를 들여왔다. 1917년, 대부분 신규 당원으로 구성되고 망명자 집단이 지휘하는 대중 정당은 여전히 혼돈과 자생성이 넘쳐났지만, 내전을 거치면서 권위주의가 순식간에 공고해졌다. 레닌과 트로츠키는 1871년 파리코뮌의 유산을 주장했지만, 자신들의 진정한 조상은 1793~94년 자코뱅의 공포정이라고 지적한 율리우스 마르토프가 옳았다.[22]

하지만 혁명의 군사적 패러다임을 폭력 숭배로 오해해서는 안 된다. 『러시아 혁명사』에서 트로츠키는 1920년대부터 줄곧 널리 퍼진 볼셰비키 '쿠데타'라는 명제에 대해 확고한 반론을 내놓았다. 트로츠키는 겨울궁전 장악을 대중의 자생적 봉기로 보는 목가적인 시각의 독창성을 거부하면서 여러 쪽을 할애해서 반란 방법을 준비하는 과정을 설명했다. 엄격하고 효율적인 군사 조직을 훌쩍 넘어서 반란의 정치적 조건에 대한 심층적 평가와 실행 시기의 신중한 선택이 필요한 방법이었다. 그 결과, 사실상 유혈 사태 없이 임시정부를 해산하고 정부 각료를 체포할 수 있었다(케렌스키는 이미 피신한 뒤였다). 낡은 국가기구를 해체하고 새로운 국가기구를 세우는 것은 3년의 내전보다 훨씬 오래 이어진 고통스러운 과정이었다. 물론 반란에는 기술적 준비가 필요하고 소수가 실행한 것이었지만, 그렇다고 해서 '음모'와 같은 행동은 아니었다. 쿠르초 말라파르테가 널리 퍼뜨린 견해에 반기를 들면서 트로츠키는 이렇게 말했다. 승리한 반란은 "대중으로부터 몸을 숨긴 채 행동하는 음모자들이 이룬 정부 전복과 방법에서나 역사적 의미에서나 전혀 다르다".[23] 겨울궁전 장악과 임시정부 해산이 혁명 과정에서 주요한 전환점이었음은 의문의 여지가 없다. 레닌은 이를 "전복" 또는 "봉기 perevorot"라고 불렀다.[24] 그렇다 하더라도 대다수 역사학자들은 엄청난 흥분이 지배한 시기에 이런 전환이 이루어졌음을 인정한다. 사회 전체가 끝없이 동원되고 폭력 행사에 끊임없이 호소하던 시기였다. 러시아가 세계대전에 계속 관여하면서도(독일과의 강화 조약은 1918년 3월에야 브레스트-리토프스크에서 조인되었다) 이제 더이상 정당한 폭력 사용을 독점하지 못하는 국가가 된 역설적인 상황이었다. 마틴 말리아나 리처드 파이프스같이 끈질기기 짝이 없는 냉전 전사Cold Warrior 역사학자들은 러시아 혁명을 '쿠데타'로 해석하면서도 이 '혁명'의 역사에 관한 책을 꾸준히 썼다. 10월의 전제 가운데 하나는 트로츠키가 유산된 형태의 보나파르티즘이라고 분석한 1917년 8월 코르닐로프 장군의 실패한 쿠데타였다. 겨울궁전을 점령하는 군대를 이끈 블라디미르 안토노프-옵세옌코는 장군이 아니라 수년간의 망명 끝에 1917년 봄에 러시아로 돌아온 지식인이었다.

볼셰비키의 '쿠데타'라는 명제는 역설적으로 10월 혁명에 대한 보수주의와 아나키즘의 비판이 만나는 교차점이다. 그 이유는 —정반대인 건 말할 것도 없고— 확실히 달랐지만, 양쪽의 결론은 하나로 모아졌다. 레닌과 트로츠키가 독재를 확립했다는 것이었다. 러시아 혁명을 열정적으로 지지했다는 이유로 1919년 미국에서 추방된 엠마 골드만과 알렉산더 버크만은 볼셰비키의 지배를 받아들일 수 없었고, 1921년 3월 크론시타트 반란이 진압된 뒤 소련을 떠나기로 결심했다. 엠마 골드만과 알렉산더 버크만은 각각 『러시아에서 느낀 환멸』(1923)과 『볼셰비키 신화』(1925)를 출간했는데, 버크만은 결론에서 씁쓸하면서도 가혹한 평가를 내렸다.

지나가는 나날들이 잿빛이다. 희망의 잉걸불이 하나씩 꺼져가는 중이다. 테러와 전제정이 10월에 태어난 생명을 짓밟고 있다. 혁명의 구호가 속속 포기되고, 혁명이 추구한 이상이 인민의 피 속에서 질식된다. 어제의 활력이 수백만 명에게 사형선고를 내리고 있고, 오늘의 그림자가 관을 덮는 검은 천같이 나라 위를 뒤덮는다. 독재의 군홧발이 대중을 짓밟는다. 혁명은 죽었다. 혁명의 정신만이 황무지에서 울부짖는다.[25]

두 사람의 비판은 혁명 자체 안에서 나온 것이기 때문에 분명 주의 깊게 살펴야 한다. 그들은 무자비한 진단을 내렸다. 볼셰비키가 확립한 일당 독재는 소비에트의 이름을 내세울 뿐만 아니라 때로 ―크론시타트에서처럼― 소비에트를 겨냥해서 지배했으며, 그 권위주의적 특징이 점점 사회를 질식시키게 되었다는 것이었다. 실제로 볼셰비키 스스로가 정곡을 찌르는 이런 평가에 반박하지 않았다. 『러시아 혁명의 첫해』(1930)에서 빅토르 세르주는 내전 시절의 소련을 다음과 같이 묘사했다.

당시에 당은 노동계급 안에서 두뇌와 신경조직의 기능을 수행했다. 당은 대중을 통해, 대중을 위해 보고, 느끼고, 알고, 생각하고, 의지력을 발휘했다. 당의 의식과 조직은 일반 대중의 취약점을 보완해주었다. 당이 없다면 대중은 기껏해야 인간 부스러기 더미에 불과했을 것이다. 이들은 이미 번득이는 지성으로 가득 찬 여러 가지의 혼란스러운 열망―대규모 행동으로 이어질 수 있는 체계가 없기 때문에 헛되이 힘을 고갈시킬 수밖에 없었다―을 느끼는 동시에 어느 때보다도 끈질긴 고난의 고통을 겪고 있다. 당은 끊임없는 선동과 선전을 통해 늘 소박한 진실만을 이야기하면서 노동자들이 자신의 협소하고 개인적인 지평을 넘어설 수 있도록 해주는 한편, 그들을 위해 역사의 거대한 전망을 제시했다. 1918~19년 겨울 이후로 혁명은 공산당의 일이 되었다.[26]

볼셰비키의 당 독재 찬양, 노동의 군사화 옹호와 그나마 남은 좌파―사회민주주의나 아나키즘―의 볼셰비키 권력 비판에 대한 폭력적 언사 등은 분명 혐오스럽고 위험한 현상이었다. 스탈린주의가 자신의 전제를 발견한 것은 내전 시기의 일이다. 그렇다 하더라도 좌파의 대안이 손쉬운 선택지는 아니었다는 사실은 여전하다. 세르주 자신이 명료하게 인식한 것처럼, 볼셰비즘의 가장 현실적인 대안은 반혁명 테러였을 뿐이다. 알렉산더 라비노비치가 통명스럽게 말하는 것처럼, 테러는 "생존의 대가"였다.[27] 쿠데타가 아닌 10월 혁명은 소수를 대표하는 당이자 제헌의회를 해산하기로 결정한 뒤에도 여전히 한층 더 고립된 당이 권력을 장악한 것을 의미했다. 하지만 러시아 내전이 끝났을 때 볼셰비키는 다수를 차지한 상태였기 때문에 폐허가 된 나라에서 헤게모니를 쥔 세력이 되었다. 이런 극적인 변화는 인정사정없는 체카와 국가 테러 때문에 일어난 게 아니라 적들의 분열과 노동계급의 지지, 농민과 비러시아계 민족들을 자기들 편으로 끌어들인 성과 덕분이었다. 최종적 결과가 혁명 정당의 독재였다면, 그 대안은 민주적 체제가 아니었다. 유일한 대안은 러시아 민족주의자들과 귀족 지주, 유대인 집단학살자들의 군사독재였다.[28]

체제

공산주의 체제는 혁명의 군사적 차원을 제도화했다. 체제는 1917년의 창의적이고 아나키즘적인 자기해방 정신을 파괴했지만, 동시에 혁명 과정에 자신을 새겨넣었다. 혁명이 소비에트 체제로 이동하는 과정은 각기 다른 단계를 통과했다. 내전(1918~21), 농업 집단화(1930~33), 모스크바 재판의 정치적 숙청(1936~38)이 그것이다. 볼셰비키는 1917년 12월 제헌의회를 해산하면서 소비에트 민주주의(평의회 민주주의)의 우위를 확인했지만, 내전이 끝날 때쯤이면 이 민주주의는 죽어가고 있었다. 이 잔학하고 유혈적인 내전 시기에 소련은 검열을 도입하고, 결국 공산당 자체 안에서도 정파를 폐지하는 지경까지 정치적 다원주의를 억눌렀으며, 노동을 군사화하고 최초의 강제노동수용소를 설립했으며, 새로운 비밀 정치경찰(체카)을 설치했다. 1921년 3월 크론시타트의 폭력 진압은 소비에트 민주주의의 종말을 상징했으며, 소련(소비에트 사회주의공화국 연방)은 내전을 거치면서 일당 독재로 등장했다. 그로부터 10년 뒤 농업 집단화는 농민 혁명을 야만적으로 끝장내면서 새로운 형태의 전체주의적 폭력을 고안했으며 나라의 근대화를 관료적으로 중앙집권화했다. 1930년대 후반기에 이루어진 정치적 숙청은 혁명적 볼셰비즘의 흔적을 물리적으로 제거했으며, 공포 통치를 확립함으로써 사회 전체를 규율했다. 20년 동안 소련은 거대한 강제수용소 체계를 만들어냈다. 집단화와 모스크바 재판 사이에 1917년 이후 번성한 문화혁명이 야만적으로 진압되었다. 미학적 아방가르드가 굴복당하고 사회주의 리얼리즘이 문학과 미술에서 소련의 공식 교의가 된 한편, 소련을 구성하는 모든 비러시아계 공화국들에게 러시아 민족주의가 사실상 강요되었다. 스탈린주의는 이런 여러 변화가 낳은 결과물이었다.

1930년대 중반부터 소련은 몇 년 뒤 많은 보수 정치사상가들이 정교화하는 전체주의의 고전적 정의에 대략 일치하게 되었다. 공식 이데올로기와 카리스마적 지도자, 일당 독재, 법치와 정치적 다원주의 억압, 국가 선전을 통한 모든 통신기관 독점, 강제수용소 체계로 지탱되는 사회적·정치적 테러, 중앙집권화된 경제에 의한 자유시장 자본주의 억압 등이 그 특징이었다.[29] 오늘날 공산주의와 파시즘의 유사성을 지적하기 위해 통용되는 이런 설명은 틀린 것은 아니지만 대단히 피상적이다. 공산주의 이데올로기와 파시즘 이데올로기, 그리고 두 정치 체제의 사회적·경제적 내용을 가르는 엄청난 차이를 무시한다 하더라도, 이런 표준적인 전체주의 정의가 소비에트 체제의 내적 동학을 포착하지 못한다는 사실은 여전히 남는다. 이 정의는 이런 동학을 러시아 혁명의 역사적 과정 안에 새겨넣지 못한다. 그리고 소련을 정적인 한 덩어리의 체제로 묘사하는 반면, 스탈린주의의 등장은 사회와 문화의 심대하고 지속적인 변형을 의미했다.

스탈린주의를 관료적 반혁명, 또는 '배신당한' 혁명이라고 정의하는 것도 마찬가지로 만족스럽지 못하다. 스탈린주의는 분명 민주주의와 자기해방의 모든 개념과의 급진적 단절을 의미했지만, 정확히 말하자면 **반혁명**은 아니었다. 스탈린주의가 러시아 혁명이 낳은 변화를 계몽주의 및 러시아 제국의 전통과 의식적으로 연관짓는 한 나폴레옹 제국과 비교하는 것도 의미가 있지만, 스탈린주의는 정치적으로나 경제적으로나, 심지어 문화적으로도 구체제를 복원한 것이 아니다. 스티븐 코트킨이 말한 것처럼, 새로운 문명을 건설하려는 기획이었던 스탈린주의는 러시아 혁명의 과정에 속했다.

볼셰비즘은 단순히 제도나 인물의 집합체, 하나의 이데올로기가 아니라 강력한 상징과 태도의 덩어리, 하나의 언어이자 새로운 형태의 발화, 공적·사적인 새로운 행동양식, 심지어 새로운 의복 스타일로 보아야 한다. 요컨대 사회주의라는 이름의 새로운 문명을 상상하고 세우기 위해 노력하는 게 가능했던 지속적인 경험으로 보아야 한다.

볼셰비즘에 뒤이어 등장한 "스탈린주의는 한 개인의 지배는 말할 것도 없고 단순히 하나의 정치 체제가 아니었다. 그것은 여러 가치관의 집합이자 하나의 사회적 정체성, 생활방식이었다".[30] 스탈린주의는 옛 귀족들의 권력을 복원하기는커녕 경제, 경영, 과학, 지식 분야에서 완전히 새로운 엘리트 집단을 창조했다. 소비에트 사회의 하층계급—특히 농민—에서 발탁되어 새로운 공산주의 기관에서 교육받은 이들이었다. 바로 이 점이 스탈린주의가 공포정과 대규모 국외 추방에도 불구하고 사회적 합의에서 이익을 본 이유를 설명하는 열쇠다.[31] 보리스 그로이스에 따르면, 스탈린주의는 전체주의적 형식에도 불구하고 미적 분야에서도 창조적인 혁명의 활력을 채찍질했다. 그러므로 사회주의 리얼리즘을 단순한 형태의 신고전주의로 축소해버리는 것은 잘못

이다. 그로이스의 말마따나, 아방가르드와 마찬가지로

> 스탈린주의 문화도 계속해서 미래를 지향했다. 스탈린주의는 모방적이기
> 보다는 유망했고, 한 개인 예술가의 기질이 낳은 산물이라기보다는 새로
> 운 세계와 새로운 인류에 관한 집단적 꿈의 시각화였다. 스탈린주의는 박
> 물관으로 물러나는 대신 삶에 능동적인 영향을 미치기를 열망했다. 요컨
> 대 스탈린주의를 '퇴행적'이거나 前아방가르드적이라고 간단히 무시할
> 수는 없다.[32]

스탈린주의를 러시아 혁명이라는 과정의 한 단계로 해석한다고 해
서 직선적 궤적을 그릴 필요는 없다. 테러의 첫 번째 물결―1794년 자
코뱅의 공포정과 견줄 만한―은 국제적 동맹이 소련의 존재 자체를 위
협하던 내전 중에 일어났다. 백군 반혁명의 잔인성, 백군의 선전과 실
행―유대인 박해와 대량학살―의 극단적인 폭력에 맞닥뜨린 볼셰비키
는 무자비한 독재를 세울 수밖에 없었다. 스탈린은 1930년대에 두 번
째와 세 번째의 테러 물결―집단화와 숙청―을 개시했다. 국제 사회에
서 국경선을 인정받고 외부나 내부 세력이 정치권력을 위협하지 않는
안정된 나라에서 벌어진 테러였다. 물론 독일에서 히틀러가 집권한 것
은 중기적으로 새로운 전쟁이 일어날 가능성을 알리는 분명한 신호였
지만, 스탈린이 휘두른 폭력의 규모와 맹목적이고 비합리적 성격은 이
런 위험에 맞서도록 소련을 강화하고 대비하게 만들기는커녕 크게 약
화시켰다. 스탈린주의는 '위로부터의 혁명', 근대화와 사회적 퇴보의
역설적 혼합이었다. 그 최종 결과는 대규모 국외추방, 강제수용소 체
계, 중세 종교재판의 환상 세계를 발굴하는 재판의 총체이자 국가와

당과 군대의 수뇌부를 제거한 대규모 처형의 물결이었다. 부하린에 따르면, 농촌 지역에서 스탈린주의는 농민에 대한 '봉건적 착취'로 돌아가면서 파국적인 경제적 결과를 낳았다.[33] 따라서 스탈린을 11세기 서유럽 평민과 같은 심성을 지닌 농민층의 역사적 상태에 맞춰진 독재자로 보는 에릭 홉스봄의 변호론적 시각은 대단히 논쟁적으로 보인다.[34] 우크라이나에서 쿨락들이 굶주리는 것과 동시에 소비에트 체제는 수만 명의 농민을 기술자와 엔지니어로 변신시키고 있었다. 요컨대 소비에트 전체주의는 모더니즘과 야만주의를 통합했다. 그것은 독특하고 소름끼치는 프로메테우스적 추세였다. 아이작 도이처에 뒤이어 아노 메이어는 소비에트 전체주의를 "기념비적 업적과 극악무도한 범죄의 불균등하고 불안정한 혼합물"이라고 정의한다.[35] 물론 스탈린의 소련이 "자신의 권력에 취해 인간을 거들떠보지 않는 절대적인 카스트 지배castocracy 전체주의 국가"로 전락한 한, 어떤 좌파 학자나 활동가든 스탈린주의를 진정한 사회주의와 근본적으로 분리하는 도덕적·철학적·정치적 노선에 대한 빅토르 세르주의 평가를 쉽게 공유할 수 있다. 하지만 그렇다고 해서 세르주 스스로도 인정한 것처럼 이 붉은 전체주의가 10월 혁명으로 시작된 역사적 과정 속에서 전개되고 이 과정의 연장선에 있었다는 사실이 바뀌는 것은 아니다.[36] 일체의 목적론적 접근을 피하면서 우리는 이 결과가 역사적으로 불가피한 것도 아니었고 마르크스주의의 이데올로기적 양상에 일관되게 새겨진 것도 아니라고 말할 수 있다. 그렇다 하더라도 근본적 기능주의에서 말하는 것처럼, 스탈린주의의 기원을 전쟁이라는 역사적 상황과 절대주의의 과거를 지닌 거대한 나라, 사회주의를 건설하기 위해 불가피하게 '원시적 자본 축적'이라는 섬뜩한 과정을 재현할 수밖에 없었던 나라의 사회적 후진성 탓으로만 돌릴 수는 없다.[37] 볼셰비키 이데올로기는 러시아 내전 시기에 민주주의의 급등에서 무자비한 전체주의 독재로 변모하는 과정에서 역할을 했다. 폭력을 '역사의 산파'로 본 볼셰비즘의 규범적 시각과, 역사적인 이행의 주체로 절멸할 운명인 혁명 국가의 사법적 틀에 무관심한 책임은 분명 전체주의적인 일당 체제가 등장하는 데에 유리하게 작용했다. 혁명에서 스탈린주의로 이어지는 실은 여러 가닥이었고 소련에서 세계 곳곳에서 활동하는 공산주의 운동으로 이어지는 실도 마찬가지였다. 스탈린주의는 전체주의 체제이자 수십 년간 국제적 차원의 좌파에서 헤게모니를 쥔 흐름이었다.

그렇다면 스탈린주의의 독특한 성격을 강조할 필요가 있다. 스탈린주의가 소비에트 사회 전체를 규율하고 자유와 민주주의를 질식시킨 방식은 분명 전체주의의 한 형태를 이루지만, 이 형태는 파시즘이나 민족사회주의와 친연성을 거의 드러내지 않았다. 피상적으로는 비슷하고 공히 자유민주주의에 반대했지만, 양쪽의 사회적 기반과 추구하는 이데올로기와 목표는 정반대였다. 경제적 구조(사회주의 대 자본주의)와 철학적 배경(계몽주의 대 반계몽주의Gegenaufklärung 또는 반동적 근대주의)을 두루 고려할 때, 정반대의 두 얼굴—공산주의와 파시즘—을 가진 하나의 전체주의적 야누스를 이야기하는 것은 무의미한 일이다. 제2차 세계대전은 양쪽 사회와 정치 체제를 가르는 틈을 시험하는 중요한 장이었다. 1942년 2월 흠잡을 데 없는 반스탈린주의 경력을 갖춘 폴란드의 마르크스주의 역사학자 아이작 도이처는 나치의 소련 침공에 대해 이렇게 말했다.

우리는 독소 전쟁에 관한 한 가지 근본적인 진실을 이해해야 한다. 러시아 노동자·농민이 벌인 영웅적 저항은 혁명적 사회의 생명력을 보여주는 증거다. 소비에트 노동자·농민들은 여러 모로 형태가 무너지긴 했지만 혁명이 남긴 모든 것을 수호하고 있다. 자본가와 지주 없는 경제가 그것이다. 그들은 자신들 눈에 보이는 사회주의 조국을 수호한다―여기서 방점은 '조국'보다는 '사회주의'에 찍혀야 한다. 그들이 나라를 수호하는 것은 새로운 관료제가 스스로 찬탈하는 특권 때문이 아니라 특권에도 **불구하고**다. 게페우(GPU)와 강제수용소, 지도자 숭배, 소름끼치는 숙청으로 무장한 전체주의 체제 때문이 아니라 그것에도 불구하고 수호하는 것이다.[38]

파시즘 연구자들은 1940년 이탈리아가 전쟁에 뛰어든 것이 무솔리니 몰락의 시작이었다고 입을 모아 말한다. 1943년 여름 파시즘이 몰락했을 때 이탈리아 사회의 대다수가 이미 파시즘에 등을 돌리고 반파시스트로 변신해서 레지스탕스에 합류한 상태였다. 스탈린그라드 전투를 계기로 독일에서 '천년 제국'의 신화가 무너졌지만, 민간인들은 히틀러 체제가 무너질 때까지 계속 지지했다. 나치에 대한 공포와 연합군의 가차 없는 폭격으로 사람들 사이에 두려움이 확산되었기 때문이다. 소련에서는 대조국 전쟁이 마냥 전설이기만 했던 것은 아니다. 스탈린주의 선전의 과장과 거짓말에도 불구하고 선전은 침략에 맞서 사회 전반이 동원된 현실을 반영했다. 각각 동부전선의 반대편에서 기록한 쿠르초 말라파르테와 바실리 그로스만의 연대기를 비교해보면, 인류의 존망이 걸린 대결에서 전투원들이 자신들의 노력에 어떤 대립되는 의미―절멸과 저항―를 부여했는지를 이해할 수 있다.[39] 두 진영에 속한 예술가와 지식인의 태도를 비교해보아야 한다. 한편에는 카를 슈미트와 에른스트 윙거가 편지를 나누면서 은유와 암시를 통해 묘사한 1942년 우크라이나 나치 전쟁의 묵시록적이고 히에로니무스 보스 같은 풍경과 허무주의에 대한 냉소와 체념, 혐오가 뒤섞여 있고,[40] 다른 한편에는 1942년 8월 포위 속에 굶주리는 도시의 한가운데서 쇼스타코비치의 〈레닌그라드 교향곡〉 연주회에 참석한 소련 시민들의 강렬한 감정과 투쟁 정신이 있다.[41] 앤 애플바움에 따르면, 전쟁이 벌어지자 심지어 굴락 수용자들 사이에서도 애국심의 물결이 일었다. 수용자의 다수가 붉은군대에 입대를 허용받은 한편 다른 이들은 전선 전투에서 배제된 것에 대해 분노했다. 이와 대조적으로, 나치 수용소에서는 연합군의 독일 도시 폭격 뉴스를 희망의 근거로 받아들였다. 굴락은 비인간적이고 목숨을 앗아가기는 했어도 부헨발트나 아우슈비츠와는 전혀 달랐다. 대단히 다양하긴 했어도 굴락은 절멸 센터가 아니라 정치 재교육과 강제노동의 영역으로 간주되었다. 앤 애플바움은 소련 수용소가 "외딴 황무지에 서서히 '문명'—그렇게 부를 수 있다면—을 가져다주는 … 독특한 역설"을 보였다고 지적한다.[42] 스티븐 A. 반스는 "굴락은 첫째로 형벌 기관이고 둘째로 생산 기관이었다"고 명시하면서도 소련의 사회 변화에서 굴락이 결정적인 역할을 했다고 강조한다.

굴락은 비록 그 대가가 크긴 했지만 1930년대부터 1950년대까지 소련 경제에 상당한 기여를 했다. 굴락 노동자들은 백해-발트해 운하와 볼가강-모스크바강 운하 같은 대규모 건설 사업을 완성하고, 극동의 콜리마강을 따라 금광을 개척했으며, 소련 전역에 철로를 깔고, 시베리아에서 목재를 베고, 보르쿠타, 노릴스크, 카라간다 등지에서 석유와 석탄을 생산하고, 시베리아와 카라간다에서 대규모 농산물 기업을 가동했다.[43]

굴락 수용자들은 20년 동안 도로와 철도, 발전소와 공장, 심지어 도시도 건설했다. 그들은 의심의 여지 없이 억압과 착취—현대적 형태의 노예제였다—를 겪었지만, 그것은 인종 이데올로기의 전제에 근거한 게 아니었고 절멸을 최종 목표로 삼지도 않았다. 레몽 아롱 같은 선명한 보수주의자도 강제노동으로 귀결된 전체주의 체제와 가스실로 끝난 인종적 지배의 차이를 이해했다.[44] 굴락이 소련에서 정점에 달한 전쟁 시기에 서구는 —1944년 폴란드는 의미심장한 예외였지만— 중유럽에서 붉은군대가 이룬 전진을 레지스탕스 운동에 용기와 감동을 주는 해방의 진군으로 간주했다.

프란츠 노이만이 자신의 저서 『베헤못』에서 제안한 나치 독일에 대한 인상적인 정의에 따르면, 스탈린주의는 러시아의 베헤못(괴물), 즉 "비국가, 혼돈, 무법의 지배, 무질서, 아나키"가 아니었다.[45] 제2차 세계대전에서 거둔 승리와 상당한 지속 기간으로 분명히 밝혀진 것처럼, 스탈린주의의 사회적 뿌리는 훨씬 더 단단하고 깊숙했다. 하지만 스탈린주의는 워낙 깊숙이 모순이 자리하고 역사적으로 새로운 현상이었던 까닭에 사후적으로라도 그 성격을 정의하기란 쉬운 일이 아니다. 스탈린주의는 1917년 10월 혁명 발발로 도입된 심대한 여러 변화로부터 사회적·경제적 힘을 빼냄으로써 혁명을 땅에 묻어버렸지만, 적어도 초기 몇십 년간 세계 곳곳의 수많은 사람들의 눈에 해방의 메시지 그자체였다. 1930년대와 1940년대에 무자비하고 폭력적이며 자의적인 스탈린주의 권력은 서구 주권의 속성들을 발작적 한계까지 밀어붙였는데, 푸코는 이를 국가가 신민을 죽일 수 있는 절대적 자격이라고 요약한 바 있다. 그와 동시에 스탈린주의는 소련을 거대한 생명정치 실험실로 뒤바꿨고, 이를 바탕으로 인구 이동, 산업화 정책, 농업 집단화,

굴락의 강제노동 등을 통해 새로운 사회를 건설했다. 20세기에 그토록 많은 혁명이 이런 카멜레온 같은 괴물이 지배하는 어두컴컴하고 차가운 바다에 가라앉아 떠오르지 못했다.

반식민주의

앞서 살펴본 것처럼, 볼셰비키는 급진적 서구화론자들이었다.[46] 마르크스가 말년에 러시아 농민 공동체(오브시치나)에서 사회주의로 이행할 가능성을 염두에 둔 것과 달리, 트로츠키는 "친슬라브주의Slavophilism"를 "후진성의 메시아주의"나 마찬가지라고 보았다.[47] 볼셰비키 문헌은 프랑스 대혁명, 1848년, 파리코뮌에 관한 언급으로 가득했지만, 아이티 혁명이나 멕시코 혁명은 거론조차 하지 않았다. 이 비유를 사랑한 트로츠키와 레닌에게 '역사의 수레바퀴'는 페트로그라드에서 베를린으로 굴러갔지, 국경선조차 없는 러시아 시골에서 모렐로스의 들판이나 앤틸리스제도의 플랜테이션 농장으로 굴러가지 않았다.

『러시아 혁명사』의 한 장에서 트로츠키는 "문명이 농민을 우마로 만들어버렸다"고 강조하면서 연극 평론가들이 무대 뒤에서 막을 움직이고 무대 장면을 바꾸는 노동자들에게 관심을 기울이지 않는 것처럼 역사책에서도 흔히 농민들을 무시한다는 사실을 개탄했다. "과거의 여러 혁명에서 농민들이 한 역할은 오늘날까지도 거의 정리되지 않았다."[48] 하지만 그의 책에서도 농민들은 대개 익명의 대중으로 등장할 뿐이다. 농민을 외면하지는 않지만 감정이입보다는 무심한 분석적 시선으로 멀찍이 떨어져서 관찰한다. 트로츠키는 우크라이나 야눕카에서 보낸 어린 시절의 기억 말고는 농민의 세계를 경험한 적이 거의 없었다.

망명한 도시들인 빈과 파리, 뉴욕에서 본 러시아의 광활한 농촌은 그에게 멀리 떨어진 곳이었다. 그러므로 이런 관찰은 그의 책에서 여전히 동떨어져 있다. 그가 그린 거대한 프레스코화의 중심을 차지한 것은 농민이 아니라 행동하는 도시 대중이었고, 그들은 본질적으로 노동자로 이루어졌다. '블랙 자코뱅'들은 노예였고, 멕시코 혁명가들—지도자들 포함—은 원주민 농민이었다. 볼셰비키는 문화적으로 뒤떨어지고 정치적으로 보수적인 계급이라는 자신들의 농민관—프랑스 보나파르티즘에 관한 마르크스의 저작에서 물려받은 시각[49]—에 의문을 던지기 시작했지만, 프롤레타리아 지향이 워낙 강력한 나머지 이런 수정을 마무리하지 못했다. 양차대전 사이 몇 년간 반식민 공산주의가 이론적·전략적 대결을 거친 끝에 이런 수정을 이루었다. 앞서 언급한 C. L. R. 제임스의 역사 저작 『블랙 자코뱅』(1938) 이전에 이런 재평가를 수행한 가장 중요한 사례는 중국과 라틴아메리카에서 나왔다.

중국에서 공산주의자들이 농민층에 관심을 돌린 것은 1920년대 중반 도시 혁명이 파국적 패배를 당한 경험과 마르크스주의를 나라의 역사와 문화에 새겨넣으려는 시도의 결과였다. 국민당에게 유혈 진압을 당한 뒤, 도시에 있던 공산당 세포들은 거의 완전히 해체되었고, 당원들은 투옥되거나 박해를 받았다. 1927년 말, 공산당 당원 수는 고작 1만 명으로, 1년 전 6만 명에 한참 밑돌았다. 농촌으로 후퇴해서 보호를 받으며 운동을 재조직할 수 있었던 많은 공산주의 지도자들은 농민을 다른 눈으로 보기 시작하면서 아시아의 '후진성'에 관한 기존의 서구화된 시각을 버렸다. 1927년 4월과 12월에 국민당이 상하이와 광동에서 대량학살을 저지르기 전인 그해 초에 마오쩌둥이 주장한 이런 전략적 선회는 1930년대에 공산주의 인터내셔널과 중국 지부 사이에서 날카로운 논쟁의 대상이 되었다.[50] 고향 후난湖南으로 돌아온 마오쩌둥은 도시 프롤레타리아트 대신 농민을 중국 혁명의 원동력으로 지목한 유명한 보고서를 썼다. 농민들이 워낙 혁명적 성격을 뚜렷하게 나타낸 터라 증명할 필요도 없었고, 당시에 마오쩌둥이 아직 국민당과의 동맹에 이의를 제기하지 않았을지라도 이미 농민 지도부의 중요성을 치켜세우고 있었다. "가난한 농민들이 없으면 혁명도 일어나지 않는다. 그들의 역할을 부정한다면 혁명을 부정하는 셈이다. 그들을 공격하는 것은 혁명을 공격하는 것이나 마찬가지다."[51] 마오쩌둥이 볼 때, 농민들은 "판단력이 뛰어나"고 그들 자신의 권력을 세울 수 있었다. 확실히 농민들의 혁명은 폭력의 분출이 되겠지만, 폭력의 척도는 지주들이 가한 억압의 변치 않는 잔인성이었다. 나중에 고전이 된 구절에서 마오쩌둥은 이렇게 말했다.

혁명은 디너파티나 에세이 쓰기, 그림 그리기, 자수 놓기가 아니다. 혁명은 그렇게 세련되고 한가롭고 점잖고, 그토록 온화하고 친절하고 정중하고, 그 정도로 차분하고 너그럽지 않다. 혁명은 반란이며, 한 계급이 다른 계급을 뒤집어엎는 폭력 행위다. 농민 혁명은 농민 집단이 봉건적 지주 계급의 권력을 뒤집어엎는 혁명이다. 최대한 힘을 끌어 쓰지 않으면 농민들은 수천 년간 이어온 지주들의 뿌리 깊은 권력을 뒤집어엎지 못한다. 농촌 지역은 강력한 혁명의 물결을 일으켜야 한다. 오직 이런 물결로만 수많은 인민이 강력한 세력으로 일어서게 만들 수 있기 때문이다.[52]

농민 민병대를 오로지 도시 봉기를 일으키는 촉매로만 여긴 모스크바 요원들에 맞서서 1931년 마오쩌둥은 장시성에 소비에트 공화국을

그림 6.1 대장정 중의 마오쩌둥(1934).

세울 것을 고집했다. 중국 혁명의 농민적 성격을 믿지 않았더라면 그는 국민당이 개시한 소탕 작전에 저항하기 위해 대장정을 조직하지 못했을 것이다. 처음에는 비극적 패배—1년 전에 장시성을 떠난 9만 명 가운데 1935년 10월 산시성에 당도한 병력은 8000명에 불과했다—로 여겨진 이 영웅적 과업은 이후 10년간 성공적인 투쟁을 위한 길을 닦았다. 일본 점령군에 이어 국민당 자체에 맞선 싸움이었다. 그로부터 2년 뒤 홍군은 초기의 규모를 되찾았고, 국공내전이 발발한 1947년에는 그 수가 270만 명을 헤아렸다. 1949년 베이징에서 중화인민공화국을 선포한 것은 1925년 봉기부터 대장정과 항일 투쟁에 이르기까지 1917년 10월에서 필연적인 전제들 중 하나를 발견한 과정이 낳은 결과였지만, 또한 전략적 수정의 소산이기도 했다. 중국 혁명과 러시아 혁명 사이에는 복잡한 유전적 고리가 존재했다.[53]

이 장에서 분석한 공산주의의 주요한 세 차원—혁명, 체제, 반식민주의—은 중국 혁명에서 상징적으로 합쳐졌다. 전통 질서와의 급진적 단절로서 이론의 여지 없이 수백, 수천 년에 걸친 억압의 종언을 알리는 혁명이었지만, 내전의 종결로서 처음부터 가장 권위주의적인 형태의 독재를 확립한 군사화된 당의 권력 장악으로 귀결되었다. 또한 일본의 점령에 이어 국민당—서구 열강의 첩자가 된 민족주의 세력—에 맞선 15년에 걸친 투쟁의 종결로서 1949년 공산당의 승리는 중국 식 민주의의 종식뿐만 아니라 더 넓은 범위에서 전 지구적인 탈식민화 과정의 중대한 순간을 의미하기도 했다. 러시아에서 볼셰비키당의 관료화와 소비에트 민주주의의 종말이 내전의 산물이었던 반면, 중국에서 공산주의의 군사화는 권력을 장악하기 거의 20년 전부터 시작된 것이었다. 뿌리 뽑힌 지식인들의 당이 도시를 떠나 농민 해방 운동의 지도부가 됐을 때의 일이다.

분명 이 혁명 과정은 사회 전체를 결집시키면서 많은 영웅적이고 대하 서사시적인 순간들—그중 으뜸이 대장정이다—을 경험했다. 하지만 이 과정에는 1917년 10월과 같은 행복감에 젖은 유토피아적인, 거의 아나키즘적인 활력이 없었다. 중국 혁명의 과정은 거대한 나라의 얼굴을 바꿔놓았지만, 소련 초창기의 몇 가지 의미심장한 순간들만 언급하더라도 어떤 형태로든 자주관리나 평의회 민주주의, 미학적 아방가르드나 성해방에 관한 논쟁을 낳지 못했다. 에이젠슈타인이 〈10월〉에서 창조한 민중 반란의 신화적 이야기는 중국 현실에 맞게 쉽게 개작할 수 없었다. "마치 중력에서 자유로워진 꿈속에서처럼 모든 일이 엄청나게 순식간에 벌어지는" 역사적 연속체의 돌연한 중단이라는 구스타프 란다우어의 혁명 정의는 말할 것도 없다.[54] 중국 혁명은 사회의 억눌린 에너지와 욕망을 갑자기 해방시킨 사회적·정치적 단절이 아니었다. 20년에 걸친 혁명전쟁의 종결이었을 뿐이다. 폐허가 된 중국은 기운을 다했다. 1917년과 같은 해방적 반란도 아니고, 1945년 붉은군대가 점령한 중유럽 나라들에서 벌어진 소련과의 구조적 동화 과정 같은 '위로부터의 혁명'도 아닌, 중국 혁명은 아래로부터의 혁명의 특이한 삼투 현상이자 군사화된 당이 위로부터 밀어붙인 권위주의였고, 제국주의에 맞선 강력한 공세였다. 1949년 10월 1일 베이징 톈안먼 광장에서 중화인민공화국 수립을 선포하는 마오쩌둥의 이미지는 역사적 사건의 아우라를 내뿜었다. 분명 전체주의 체제의 틀에 박힌 분열식으로 축소할 수 없는 사건이었다. 그렇다 하더라도 이 이미지는 즉석에서 만든 바리케이드로 도시 전체가 마비된 1919년 1월 베를린의 광적인 혼돈이나 1958년 12월 피델 카스트로와 체 게바라의 반란군을 환영하기 위해 아바나 거리를 가득 메운 군중의 환희에 찬 흥분과는 공통점이 거의 없다. 중국에서 혁명 과정은 일본 통치로부터의 해방을 사회적 해방 조치 및 극도로 권위주의적인 권력의 수립과 결합했다. 공산당은 제국주의로부터 나라를 해방하고 조상 대대로 이어진 지배로부터 농민을 해방하는 한편 민주적 활력 자체를 질식시키는 배타적인 독재를 세웠다.

마오주의는 중국식 러시아 볼셰비즘이 아니라 **독특한** 혁명 운동이었다. 마오쩌둥은 기본적으로 러시아의 경험을 중국으로 확대하는 것을 지향한 코민테른—코민테른 요원들이 이 방향을 강력하게 내세웠다—에 맞서 자신의 전략 노선을 강제하는 데 승리했다. 모스크바는 라틴아메리카에도 비슷한 경로를 강제했다. 1920년대와 1930년대에 제3 인터내셔널은 부에노스아이레스에 지도부를 세웠다. 멕시코 혁명이 일어나고 불과 몇 년 뒤에 라틴아메리카에서 가장 유럽적인 나라인 아르헨티나를 선택한 것은 대륙의 혁명 전통만이 아니라 토착민들의 전복적 잠재력까지 전반적으로 무시하는 태도를 분명하게 드러냈다. 1924년에서 1928년 사이에 나라를 가로지른 전설적 대열을 이끈 카를루스 프레스치스가 지휘한 브라질 반란 세력은 이후 1935년에 제툴리우 바르가스의 통치에 맞서 봉기를 조직했으나 라틴아메리카에서 중국의 대장정을 재현하지 못했다. 1920년대에 각국 공산당이 '볼셰비키화'하면서 러시아가 각국 지도부에 대한 통제를 공고히 굳혔고, 이후 수십 년간 국제적인 인민전선 전략이 반제국주의와 반파시즘을 대체했다. 그 결과로 1958년에 일어난 쿠바 혁명은 공산주의 전통에서 이탈하지 않았다.[55] 하지만 1920년대와 1930년대에 라틴아메리카에 도달한 볼셰비즘은 민족주의, 포퓰리즘, 기진맥진한 자유주의와 나란히 새로운 주역을 도입함으로써 정치의 풍경을 바꿔놓았다. 대륙의 혁명적 문화와 상상력은 심대하게 변형되었고, 볼셰비즘은 유럽의 상징과 토착적 상징을 통합함으로써 대륙의 미학적 규범을 재정식화했다. 10월 혁명은 보편적인 패러다임이 된 상태였다. 멕시코 예술가들이 만든 작품은 호세 클레멘테 오로스코의 〈참호〉(1926)처럼 유럽적 형태의 전쟁을 라틴아메리카의 맥락에 맞게 번역한 그림이거나, 디에고 리베라의 회화 〈무기 나눠주기〉(1928)나 티나 모도티의 사진 작품 〈솜브레로 위에 놓인 낫과 망치〉(1928)처럼 소비에트 공산주의의 상징을 통해 재현된 작품이었다.

남북아메리카 곳곳의 반란자들에게 러시아 혁명이 일종의 북극성으로 비친 반면, 진정한 형태의 라틴아메리카 마르크스주의는 코민테른

그림 6.2 디에고 리베라, 〈무기 나눠주기〉(1928). 벽화. 교육부, 멕시코시티.

그림 6.3 티나 모도티, 〈솜브레로 위에 놓인 낫과 망치〉. 『대중』 표지, 1928년 10월.

의 정통에 맞서 만들어질 수밖에 없었다. 20세기 전반기의 가장 중요한 라틴아메리카 마르크스주의 사상가인 페루의 호세 카를로스 마리아테기는 모스크바에서 내려오는 지침을 따르기를 거부했다. 그는 콜럼버스 이전 메소아메리카 여러 문명의 역사를 유럽 봉건제와 비슷하다고 볼 수 없다고 믿었다. 이 지역에서 사회주의는 서구로부터 수입될 수 있는 게 아니라 러시아의 농민 공동체와 견줄 만한 잉카 공산주의의 오랜 전통과 합쳐져야 했다. 그가 볼 때, 페루 사회주의 혁명의 열쇠는 원주민 억압과 일치하는 토지 문제를 해결하는 데에 있었다. 잉카 사람들에게 땅은 정복하고 착취할 대상이 아니라 생명의 원천이었다.

인디오 르네상스에 대한 믿음은 케추아 지역을 '서구화'하는 물질적 과정에 고정되지 않는다. 인디오의 영혼은 백인의 문명이나 알파벳이 아니라 사회주의 혁명의 신화와 사상으로 길러진다. 인디오의 희망은 절대적으로 혁명적이다. 바로 그 신화, 바로 그 사상이 힌두인, 중국인 등 다른 오랜 민족, 또는 몰락한 인종을 각성시키는 결정적 작용을 한다. 오늘날 보편적 역사는 전과는 달리 공통의 사분의로 그 경로를 그리곤 한다. 고도로 발전한 조화로운 공산주의 체제를 건설한 잉카 사람들이 이런 전 세계적 정서에 전혀 흔들리지 않는 유일한 민족일 이유가 무엇인가? 인디오 운동과 세계의 혁명적 조류의 혈족 관계는 너무도 자명해서 문서 기록으로 증명할 필요도 없다. 나는 이미 사회주의를 통해 인디오를 이해하고 그 진가를 인정하게 되었다고 말한 바 있다.[56]

러시아 혁명 이후 사회주의는 유럽의 경계를 넘어서 남반구와 식민 세계의 의제가 되었다. 바로 이런 새로운 맥락 속에서 마오쩌둥과 마리아테기는 반란 세력으로서 농민의 역할을 다시 검토했다. 1917년 10월을 통해 탈식민화의 전제가 마련되자 그들의 이론적·전략적 재평가가 이루어졌다. 유럽과 아시아를 잇는 중간적 위치에다 양 대륙을 가로지르는 광대한 영토에 다양한 민족, 종교, 종족 집단이 사는 까닭에 소련은 서구와 식민 세계를 잇는 새로운 교차로의 중심이 되었다. 볼셰비즘은 또한 산업 국가의 프롤레타리아 계급과 남반구의 식민지 민족들에게 동등하게 발언할 수 있었다. 이와 비슷하게 지구 전체에 충격파를 던진 역사적 사건을 찾으려면 프랑스 혁명과 아이티 혁명이 공생적 고리로 연결된 한 세기가 넘는 과거로 돌아갈 필요가 있다. 19세기에 반식민주의는 아나키즘 운동이라는 주목할 만한 예외를 빼면 서구에 거의 존재조차 하지 않았다. 아나키즘 활동가와 사상은 남유럽과 동유럽, 라틴아메리카, 아시아 각국에 널리 퍼져나갔다. 마르크스가 사망한 뒤, 사회주의는 백인 남성이 주축인 산업 노동계급의 고조되는 힘에 희망과 기대를 걸었고, (주로 프로테스탄트인) 서구의 선진 자본주의 나라들에 집중되었다. 모든 대중적 사회주의 정당에는 세계 곳곳에서 유럽의 '문명화 사명'을 옹호하는 강력한 흐름이 포함되었다. 식민주의의 극단적 폭력을 열렬하게 비난하면서도─1904년 독일령 나미비아에서 헤레로족을 절멸한 뒤에 그런 비난이 쏟아졌다─ 유럽 제국들이 아시아와 아프리카를 지배할 역사적 권리에 의문을 던지지는 않았다. 사회민주당들─특히 거대한 제국에 자리한 당들─은 유럽과 미국에서 사회주의 변혁이 이루어질 때까지 식민지 해방을 미루었다. 1907년 제2 인터내셔널 슈투트가르트 대회는 식민주의 원리를 지지하는 결의안을 승인했다. 대다수 사회주의 사상가들은 식민주의를 필수적인 문명화 사명으로 보았고, 다만 사회주의 질서가 만들어지면 평화적 수단을 통해 이 사명을 달성할 것이라고 생각했다. 벨기에의 에밀 반데르벨데가 정의한 것처럼, 바로 이것이 제국주의의 폭력과 비인간적 행동을 피하려는 "긍정적 식민 정책"의 의미였다.[57] 그로부터 3년 전, 암스테르담 대회에서 미국과 네덜란드, 오스트레일리아의 몇몇 사회주의자들이 "중국인과 흑인"을 콕 짚으면서 "열등한 민족의 노동자들"이 선진국으로 향하는 이민을 제한할 것을 호소하는 결의안을 제안한 바 있었다. 미국 사회주의노동당 대표 대니얼 드 리언—퀴라소에서 에스파냐와 포르투갈 혈통의 네덜란드계 유대인 가정에서 태어난 사람—은 이런 외국인혐오적·인종주의적 입장을 격렬하게 비판했다.

'열등한' 민족과 '우월한' 민족을 가르는 선은 어디에 있습니까? … 미국의 토박이 프롤레타리아트에게 아일랜드인은 '열등한' 민족으로 보이게 되었습니다. 아일랜드인에게는 독일인이, 독일인에게는 이탈리아인이, 또 이탈리아인에게는 어느 나라 사람이 열등한 민족이었습니다. 이 선은 스웨덴인, 폴란드인, 유대인, 아르메니아인, 일본인 등등 모든 민족까지 이어졌습니다. 사회주의는 그런 모욕, 프롤레타리아트들 사이에서 '열등한' 민족과 '우월한' 민족을 가르는 부당한 구분을 알지 못합니다. 프롤레타리아트를 계속 분열시키려는 의도 아래 그런 정서를 부채질하는 것은 자본주의의 수작입니다.[58]

볼셰비키는 그런 전통과 급진적으로 단절했다. 1920년 7월 모스크바에서 열린 공산주의 인터내셔널 2차 대회는 제국주의에 맞선 식민지 혁명을 호소하는 강령 문서를 승인했다. 식민지 세계에서 공산당을 창설하고 민족해방 운동을 지원하는 것이 목표였다. 대회는 식민주의에 관한 사회민주주의의 낡은 견해와 급진적으로 갈라서는 것을 분명하게 확인했다. 그로부터 몇 달 뒤, 볼셰비키는 아제르바이잔 소비에트사회주의공화국의 바쿠에서 동방민족대회를 열었는데, 29개 아시아 민족에서 2000명에 육박하는 대표단이 참여한 가운데 제국주의에 맞선 지하드(성전)를 호소하는 그리고리 지노비예프의 열띤 연설로 시작되었다.[59] 초창기 공산주의 운동에 관여하는 지식인, 노동조합과 농민협회 지도자, 새롭게 등장하는 몇몇 민족주의 조류의 대표자들을 한자리에 모으려 한 이 '대회'는 사실 여러 목적을 두루 실현한 선전 회합이었다. 러시아 내전이 한창인 가운데 열린 대회는 중앙아시아에서 소련의 영향력을 강화하는 동시에 소련이 자국 식민지 안에서 혁명 운동을 조장하지 않도록 로이드 조지에게 소련과의 교섭을 강제함으로써 영국에 압력을 가하는 것을 목표로 삼았다.[60] 식민지 문제에 관한 테제를 레닌과 논의한 바 있는 인도의 마르크스주의자 마나벤드라 나트 로이는 이 대회에 참석하기를 거부했다. 후에 쓴 회고록에서 그는 대회를 "지노비예프가 벌인 서커스"라고 규정한다.[61] 몇 사람의 증언에 따르면, 대회는 혼란과 흥분의 분위기 속에 열렸고, 대표단은 각자 가져온 무기를 전시하고 어떤 경우에는 체류 중에 수익성 좋은 사업을 마무리하기도 했다. 제국주의에 반대한다는 의례적인 구호가 숱하게 외쳐졌지만, 민족주의 문제가 실제로 논의되지는 않았다. 1908년 청년투르크당 혁명의 지도자 중 한 명인 엔베르 파샤는 참석이 허용되지 않았지만, 다른 사람이 낭독한 장문의 메시지를 보내 박수갈채를 받았다.[62] 튀르키예인과 아르메니아인 모두 많은 대표단이 왔지만—각각 235명과 157명이 참가했다—, 아르메니아 종족학살은 논의에서 언급

그림 6.4 동방민족대회에서 연설하는 그리고리 지노비예프, 바쿠, 1920년 9월 1일.

조차 되지 않았다. 대회에 참가한 몇 안 되는 서구인 중 하나인 알프레드 로스메르는 회고록에서 "온갖 동방 의상이 한 자리에 모여서 … 굉장히 풍부하고 다채로운 그림"을 만든 "생동감 넘치는" 강당을 묘사했다.[63]

하지만 이데올로기적 혼란과 선전을 위한 행사라는 배경을 넘어서 바쿠 대회는 혁명 문화에서 나타난 몇 가지 의미심장한 변화를 보여주었다. 대표단 가운데 소수였음에도 여성들이 토론에서 중요한 역할을 담당했다. 의장은 남녀 동수—각각 두 명—였고, 여성의 권리 문제가 의제에 올랐다. 튀르키예의 페미니스트 나지예 하늠은 여성해방 없이 민족해방도 없다고 역설하면서 동방 여성을 위한 완전한 시민적·정치적 평등을 주장했다. 여성의 투쟁은 "차도르를 걸치지 않고 거리를 걸을 수 있는 권리"를 훌쩍 넘어선다고 하늠은 강조했다.[64] 대다수 서구

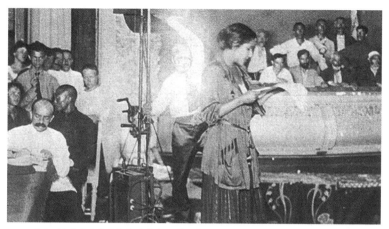

그림 6.5 동방민족대회에서 연설하는 튀르키예의 나지예 하눔, 바쿠, 1920년 9월 7일.

나라에서 여성이 아직 투표권을 갖지 못한 시절에 하눔은 다음과 같은
요구를 내놓았다.

1) 완전히 평등한 권리. 2) 남성을 위해 세워진 교육과 직업 관련 기관을
여성에게도 무조건 개방할 것. 3) 남녀 양쪽의 동등한 결혼의 권리. 일부
다처제 무조건 폐지. 4) 입법과 행정 기관의 고용 문호를 여성에게 무조건
개방할 것. 5) 도시, 소읍, 마을 모든 곳에서 여성의 권리와 보호를 위한
위원회를 설립할 것.[65]

브리기테 슈투더가 지적하는 것처럼, 바쿠 대회는 공산주의 운동이
자신의 언어로 계급, 젠더, 인종 범주를 하나의 정치 담론 안에 결합하
려고 한 첫 번째 공적 행사였다(오늘날 말하는 '교차성'의 선구자인 셈이다).[66]
서구 신문들에 담긴 대회의 반향은 전혀 다른 분위기를 풍겼다. 9월
23일, 『더타임스』는 대회가 "소매치기 전과범을 포함한 두 유대인[지

노비예프와 라데크]이 이슬람 세계에 새로운 지하드를 요청하면서 벌이는 쇼"라고 일축했다.[67] 영국 기자로 모스크바에 간 H. G. 웰스는 "바쿠 대회"에서 "지노비예프와 동료들"이 "자본주의와 영국 제국주의에 대한 끝없는 증오를 맹세"하기 위해 "백인, 흑인, 갈색인; 황인과 아시아의 풍습과 놀라운 무기"를 끌어모았다고 언급했다.[68] 하지만 이런 폄하적 보도의 배후에서 영국 내각은 대회를 진지한 위협으로 간주했다. 1921년 3월 영국이 소련과 무역 협정의 조건으로 내세운 것 중 하나는 바쿠 대회로 압축되는, 동방에 대한 반영反英 선동을 중단하라는 것이었다.[69] 정치적·전략적 혼란, 소련의 현실정치, 외교적 목표, 모호한 동반자 관계와 문화적 역설—여성해방 호소와 전통적 이슬람 찬양이 번갈아 등장했다— 등이 대회를 모양지었지만, 그 직접적 영향은 무시할 만한 정도였다. 무도회를 지휘한 것은 볼셰비키였고, 대표단은 지침을 따랐을 뿐이다. 상하이와 광둥에서 공산주의 봉기가 일어나기 5년 전에 열린 대회에서 중국 대표 8명은 토론에서 아무런 역할도 하지 않았다. 그렇다 하더라도 회고적 평가를 해보면 바쿠 대회의 상징적 차원을 무시할 수 없다. 지노비예프는 개회 연설에서 공산주의 인터내셔널이, "문명화된 유럽"이 "'미개한' 아시아의 스승 노릇을 할 수 있고 해야 한다"고 본 낡은 사회민주주의의 태도와 결별했음을 분명히 확인했다.[70] 혁명은 이제 더이상 유럽과 미국의 '백인' 노동자들만의 영역으로 간주되지 않았고, 식민지 민족들의 해방 없이는 사회주의를 상상할 수 없었다.

우리는 세계에 피부가 흰 사람들만, 제2 인터내셔널이 특별히 고려한 유럽인들만 사는 게 아님을 잘 압니다. 더욱이 세계에는 수천만, 수억의 사람들이 아시아와 아프리카에 살고 있습니다. 우리는 세계 전역에서 자본의 지배를 끝장내고자 합니다. 그러기 위해서는 유럽과 아메리카만이 아니라 세계 곳곳에서 혁명의 불길을 일으켜야 합니다. 아시아와 아프리카의 노동 대중이 우리 뒤를 따라 행진할 때에만 가능한 일입니다.[71]

라데크는 연설에서 힘주어 말했다. "페르시아, 튀르키예, 인도 노동자들이 소련과 단결한다면 그 무엇도 그들의 물결을 저지할 수 없습니다. … 소련은 자국 노동자·농민들만이 아니라 인도, 페르시아, 아나톨리아, 모든 억압받는 나라의 농민들을 위해서도 무기를 생산해 무장시키면서 공동의 투쟁과 승리로 나아갈 수 있습니다." "소련 정부의 동방 정책은 외교적 술책이 아닙니다. … 우리는 공동의 운명으로 여러분과 묶여 있습니다."[72] 이후 수십 년간 공산주의와 민족주의의 상충 관계가 뚜렷해지지만, 10월 혁명은 전 지구적 반식민주의의 막을 열어젖힌 순간이었다. 1920년대에 반식민주의는 갑자기 역사적 가능성의 영역에서 정치 전략과 군사 조직의 분야로 옮겨갔다. 바쿠 대회는 이런 역사적 변화를 널리 알리는 사건이었다.[73]

물론 이런 전환—정치적인 동시에 인식론적인 전환—에는 여러 차원이 있었다. 왼편에서 보면 인종과 계급의 관계를 재구성해서 정치 행위성 개념을 피식민 민족까지 확대함을 의미했다. 이런 변화는 마르크스주의의 이론적 틀 안에서 이루어졌고 급진 계몽주의의 새로운 단계로서 20세기 공산주의의 궤적 전체를 모양지었다. 인도주의, 반식민주의, 보편주의를 통합한 공산주의였다. 오른편에서 보면 볼셰비즘 자체의 민족화를 의미했다. 러시아 내전과 중유럽에서 일어난 혁명 봉기 이래 이미 민족주의 선전은 볼셰비키를 야만인으로, 즉 서구를 위협하는 "아시아적 야만"의 위험한 형태가 구현된 존재로 묘사하기 시작했다.[74] 바이마르공화국하에서 범게르만주의는 슬라브 민족을 열등한 인종으로 간주하고 볼셰비키를 거대한 노예 반란의 지도자들로 묘사했다. 니체의 예언을 떠올리게 하는 묘사였다. 온갖 인종주의적 고정 관념—레닌이 아시아계라는 설에서부터 중국인들이 체카를 만들었다는 신화에 이르기까지[75]—이 반공 문헌을 장식했다. 이후 10년간 민족사회주의는 볼셰비즘을 혁명적 유대인 인텔리겐치아가 이끄는 비백인 하등 인간의 동맹으로 묘사하는 식으로 이 그림을 완성했다. 1932년 뒤셀도르프에서 독일 대기업가들을 모아놓고 한 유명한 연설에서 히틀러는 소련을 '백인종'과 서구 문명을 위협하는 주요한 세력으로 제시했다.[76] 수십 년간 식민주의와 반유대주의, 반공주의는 서구 보수주의 정치 문화의 본질을 이루는 차원으로서 처칠에서 히틀러에 이르는 여러 흐름을 통합하고 관통하는 넓은 스펙트럼을 구성했다.

공산주의와 반식민주의의 동맹은 이데올로기적 충돌뿐만 아니라 소련 대외정책의 절대적 명령과도 관련된 몇 차례 위기와 긴장의 순간을 경험했다. 1930년대에 프랑스 공산당이 반파시즘으로 선회한 것은 스탈린주의와 민족적 공화주의의 독특한 공생이 낳은 결과였는데, 민족적 공화주의는 러시아 혁명을 자코뱅주의의 전통 안으로, 사회주의적 국제주의를 자코뱅주의의 보편적 문명화 사명 안으로 새겨넣었다. 그 결과 반식민주의는 옆으로 밀려났다. 제2차 세계대전이 끝나자 프랑스 공산당은 알제리(1945)와 마다가스카르(1947)에서 일어난 반식민 항쟁을 폭력 진압한 연립정부에 참여했으며, 1950년대에 알제리 전쟁이 시작되자 기 몰레 총리를 지지했다.[77] 인도에서는 제2차 세계대전 중에 공산주의 운동이 반식민 투쟁을 일시 중단하고 추축국에 맞서 영 제국이 소련과 군사동맹을 맺는 것을 지지하기로 결정한 탓에 주변으로 밀려났다.

이런 사례들이 공산주의적 반식민주의의 여러 모순을 분명하게 보여준다 하더라도, 여러 반식민 혁명을 위한 후방기지로서 소련이 한 역사적 역할이 바뀌지는 않는다. 탈식민화 과정 전체가 냉전의 맥락 속에서, 즉 소련의 존재에 의해 확립된 세력관계 안에서 이루어졌다. 지금 와서 보면, 탈식민화는 앞에서 언급한 공산주의의 모순적 차원들—해방과 권위주의, 혁명과 독재 권력—이 영원히 통합된 역사적 경험으로 드러난다. 대부분의 경우에 반식민 투쟁은 해방군이 수행하는 군사 작전처럼 구상되고 조직됐으며, 그들이 세운 정치 체제는 처음부터 일당 독재였다. 캄보디아에서는 격렬한 전쟁이 끝난 뒤 반식민 투쟁의 군사적 차원이 해방의 충동을 모조리 질식시켰고, 크메르루주가 권력을 장악하자 곧바로 제노사이드 권력이 수립되었다.[78] 1959년 1월 1일 반란에 성공한 아바나의 행복과 캄보디아 킬링필드의 공포는 반식민주의로서의 공산주의의 양극단을 이룬다.

사회민주주의적 공산주의

20세기 공산주의의 네 번째 차원은 **사회민주주의적**이다. 몇몇 나라와 시기에 공산주의는 전통적으로 사회민주주의가 맡았던 역할을 수행했다. 주로 전후 수십 년간 서유럽의 몇 나라에서 이런 일이 일어난 것은 국제적 맥락과 관련된 여러 상황과 소련의 대외정책, 그리고 고전적 사회민주주의 정당의 부재나 허약함 때문이다. 탈식민화로 탄생한 몇몇 나라에서도 이런 일이 벌어졌다. 이런 독특한 현상의 가장 중대한 사례는 뉴딜 시기의 미국, 전후의 프랑스와 이탈리아, 그리고 인도 (케랄라와 서벵골)에서 발견된다. 물론 사회민주주의적 공산주의는 다른 형태들에 비해 지리적·시간적으로 제한되었지만, 그래도 어쨌든 존재 했다. 1945년 이후 사회민주주의 자체가 부활한 것은 10월 혁명의 부 산물이었다. 혁명 때문에 전 지구적 차원에서 힘의 균형이 바뀌었고, 자본주의가 '인간의 얼굴'을 채택하면서 의미심장한 변신을 할 수밖에 없었기 때문이다.

사회민주주의적 공산주의는 프랑스나 이탈리아, 인도의 공산주의와 혁명, 스탈린주의, 탈식민화의 연결고리를 무시하지 않는 모순어법적 정의다. 이 정의는 —특히 나치 점령에 맞선 레지스탕스 시기에— 반 란을 이끈 이 운동들의 역량이나 수십 년간 이어진 모스크바와의 유기 적 연계를 무시하지 않는다. 이 운동들은 1960년대가 되어서야 소련 의 대외정책을 처음 공개적으로 비판했는데, 첫 번째 계기는 중소 분 열이었고 그다음에는 소련 탱크가 체코슬로바키아를 침공한 사건이었 다. 이 운동들의 내적 구조와 조직은 최소한 1970년대 말까지는 사회 민주주의보다는 스탈린주의에 훨씬 더 가까웠다. 운동의 문화와 이론 적 자원, 정치적 상상력도 마찬가지였다. 분명하게 드러나는 이런 특 징들에도 불구하고 이 당들은 전형적인 사회민주주의의 역할을 했다. 자본주의를 개혁하고, 사회적 불평등을 억제하고, 최대 다수의 사람들 에게 저렴한 의료와 교육, 여가를 확보해준 것이다. 요컨대 노동계급 의 생활조건을 개선하고 그들에게 정치적 대표성을 부여했다. 이 당들 이 추구한 목표는 자본주의의 폐지가 아니라 자본주의 자체의 틀 안에 서 전 지구적으로 이루어지는 사회개혁이었다. 이 당들이 추구한 정치 는 기본적으로 에두아르트 베른슈타인이 『사회주의의 전제와 사민당

그림 6.6 에두아르트 베른슈타인(1895).

의 과제』(1899)라는 유명한 글에서 제안한 고전적 마르크스주의의 이론적 '수정'과 일치했다. 비록 어떤 공산주의 정당도 양자의 연계를 인정하지 않았지만, 베른슈타인은 자본주의의 전환과 사회주의로 나아가는 점진적 길을 예상했다. '보편적 시민권'에 다름 아니라는 그의 사회주의 정의와 자유주의와 사회주의의 역사적 연속성에 관한 주장은 사민주의적 공산주의의 강령에 들어맞는다.[79] 이 글에서 베른슈타인은 독일 사민당에 "사실상 낡아버린 고정된 어법에서 벗어날 용기를 내"서 "오늘날 당의 실제 모습, 즉 민주적이고 사회주의적인 개혁 정당임을 인정"하라고 촉구했다.[80]

이런 결론은 1970년대 이탈리아 공산당이 추구한 방향과 크게 다르지 않았다. 물론 이탈리아 공산당이 가진 교의의 무기고는 여전히 강하고 위력적이었지만, 당은 자본주의를 파괴하는 대신 개혁하려 했다. 이런 노력은 정전正典적 전통을 개조함으로써 전략적 방향을 개념화하려는 시도로 이루어진 특수한 형태의 '수정주의'를 낳았다. 헤게모니, 민족문화, 역사적 블록, 마키아벨리, 러시아와 서구의 국가의 차이 등에 관한 고찰을 담은 그람시의 『옥중수고』(1948~51) 출간은 이런 사회민주주의적 전환을 정당화하는(그리고 동시에 그람시의 저작 자체의 수용을 살균 소독하는) 데에 톡톡히 기여했다. 서구 혁명의 전략가가 이제 점진적 사회주의의 선구자로 재해석되었다. '헤게모니'는 혁명적 단절을 모조리 포기하고 순수한 제도 정치를 선호하는 것을 의미했고, '역사적 블록'은 좌파와 보수파인 기독민주당의 동맹으로 정의됐으며, '진지전'은 '기동전'과 정반대로 자유민주주의의 제도적 틀 안에만 새겨진 정치 행동으로 간주되었다.[81] 1976년, 이탈리아와 에스파냐, 프랑스 공산당 지도자들인 엔리코 베를링구에르, 산티아고 카리요, 조르주 마르셰는 '프롤레타리아 독재'를 포기한다고 엄숙하게 선언했다. 이렇게 그람시를 다시 읽음으로써 이탈리아 공산주의자들은 레닌을 내팽개치지 않은 채 베른슈타인과 다시 손잡을 수 있었다. 이런 종류의 개혁주의에 이론적 기반을 제공하려는 마지막 시도는 1970년대 중반 등장한 유로코뮤니즘 사상이다. 몇몇 지식인들은 20세기 전반기에 오토 바우어, 막스 아들러, 카를 레너, 루돌프 힐퍼딩 같은 사상가들이 구체화한 오스트로마르크스주의의 전통과 이를 연결하면서 정교하게 다듬었다.[82] 도널드 서순은 오스트로마르크스주의와 유로코뮤니즘 둘 다 소련식 공산주의와 개혁주의적 사회민주주의 사이에서 '제3의 길'을 추구했다고 주장한다.[83] 오토 바우어가 자신의 운동을 '붉은 빈Red Vienna'

의 사회적 성취와 1934년 2월 일어난 반란 당시 혁명적 사회주의가 보인 영웅적 행동을 종합한 것이라고 정의한 것처럼, 이탈리아 공산당은 레지스탕스의 유산을 물려받았다고 주장하면서 1945년 이래 당이 행정을 맡은 도시인 '붉은 볼로냐'가 이룬 성과를 자랑스럽게 선전했다.

물론 사민주의적 공산주의의 독특한 특징 중 하나는 제2차 세계대전이 종전하고 냉전이 발발하는 사이의 몇 년을 제외하면 정치권력에서 배제되었다는 것이다(사민주의적 공산주의가 마지막 불꽃을 피운 것은 1980년대 초 프랑스에서다. 당시 프랑스 공산당은 미테랑이 이끄는 좌파 연립정부에 참여했다). 영국 노동당이나 독일 사민당, 스칸디나비아 사회민주주의와 달리, 사민주의적 공산주의는 복지국가의 아버지임을 주장할 수 없었다. 미국에서 공산당은 노동조합과 나란히 뉴딜의 왼쪽을 지탱하는 한 기둥이었지만, 루스벨트 행정부에 들어간 적이 없다. 미국 공산당은 매카시즘의 숙청만 겪었을 뿐, 권력을 경험하지 못했다. 프랑스와 이탈리아에서 공산당은 전후에 사회 정책이 탄생하는 데 큰 영향을 미쳤다. 그저 정부에 압력을 넣을 수 있는 힘과 역량이 있었기 때문이다. 두 공산당이 사회 개혁주의를 펼친 무대는 '지자체 사회주의'로, 볼로냐나 파리의 '붉은 교외banlieue rouge'[20세기 중반 노동계급 유권자가 많이 거주한 파리의 교외에서 공산당 후보가 시장이나 의원에 선출된 지역을 가리킨다 | 옮긴이] 같은 곳에서 헤게모니 근거지로서 도시를 이끌었다. 인도같이 거대한 나라에서는 케랄라와 서벵골의 공산당 정부를 탈식민 '로컬' 복지국가에 상응하는 형태로 간주할 수 있었다. 유럽에서 사민주의적 공산주의에는 두 가지 필수적인 전제가 있었다. 민주 세력으로서 공산당에 정당성을 부여한 레지스탕스 경험이 하나이고, 전후 재건에 뒤이은 경제 성장이 다른 하나였다. 1980년대에 이르러 사민주의적 공

산주의의 시대는 끝이 났다.

그러므로 1989년 공산주의의 종언은 사회민주주의 자체의 역사적 궤적을 새롭게 설명해준다. 전후 시기에 사회민주주의의 이미지는 대체로 서구 선진 자본주의 나라들에서 복지국가가 수립된 것과 관련이 있었다. 이런 폭넓은 동일시는 결코 틀린 게 아니지만 그래도 몇 가지 설명이 필요하다. 물론 많은 나라에서 사회주의 경향이 레지스탕스에 참여해서 파시즘을 물리치는 데에 기여했다. 사회주의자들은 민주주의를 다시 세우고 상당한 경제적 성과를 확보했다. 가장 중요한 사례만 몇 개 떠올려봐도, 영국에서는 클레멘트 애틀리의 노동당 정부가 복지국가를 도입했고, 프랑스에서는 전국레지스탕스위원회가 강령을 작성했으며, 이탈리아에서는 사회주의, 공산주의, 기독민주주의 세력이 공동으로 1946년 헌법을 만들었다. 하지만 사민주의 복지국가의 완성된 형태는 스칸디나비아에서만 존재했다. 토니 주트에 따르면 사회민주주의는 이 지역에서 거의 하나의 "생활방식"이 되었다.[84] 다른 곳에서 복지국가는 사회민주주의의 업적이라기보다는 자본주의의 자기 개혁이 낳은 결과였다. 이렇게 '인간화된' 형태의 자본주의의 전제를 선언한 것은 1942년 영국에서 윌리엄 베버리지가 작성한 유명한 보고서다. 1947년 이후 마셜플랜은 보건의료, 연금, 교육, 그리고 산업재해와 실업 등의 영역에서 많은 복지 조치를 발전시켰다. 독일에서는 콘라트 아데나워 같은 보수주의 정치인이 복지국가를 세웠고, 프랑스에서는 제4공화국의 여러 연립정부가 만들었으며, 이탈리아에서는 기독민주당 정부가 파시즘 체제에서 물려받은 여러 사회 제도를 시행함으로써 약한 형태의 복지국가를 도입했다. 제2차 세계대전이 끝난 시점에서 폐허가 된 대륙의 한가운데에 선 자본주의는 강력한 국가 개입

없이 다시 출발할 수 없었다. 마셜플랜은 소비에트 경제에 맞서 '자유시장' 원칙을 수호한다는 분명한—그리고 대체로 달성한— 목표가 있기는 했으나 그 이름이 가리키는 것처럼 총력전에서 평화적인 재건으로 가는 이행을 보장한 하나의 '계획'이었다. 이렇게 미국이 대규모로 지원하지 않았더라면, 물질적으로 파괴된 유럽의 많은 나라들이 신속하게 회복할 수 없었을 것이다. 미국은 다시 경제가 붕괴하면 이 나라들 전체가 공산주의로 넘어갈 수도 있다고 걱정했다.[85]

　이런 관점에서 보면, 전후의 복지국가는 1917년에 시작된 공산주의와 자본주의의 복잡하고 모순적인 대결이 예상치 못하게 낳은 결과였다. 사회민주주의는 그 가치와 신념, 구성원들과 심지어 지도자들이 몰두한 약속이 무엇이었든 간에 **불로소득 생활자** 역할을 했다. 사회민주주의는 단지 소련이 존재한다는 이유만으로 자본주의 나라들에서 자유와 민주주의, 복지국가를 옹호할 수 있었고, 자본주의는 냉전의 맥락에서 어쩔 수 없이 변신을 해야 했다. 결국 이런 변화는 독일 사회주의가 '수정주의'를 둘러싸고 벌어진 논쟁으로 흔들리던 19세기 말에 로자 룩셈부르크가 개요를 제시한 개혁과 혁명의 변증법적 관계를 확인해준다. 룩셈부르크는 에두아르트 베른슈타인에게 답하는 글에서 이렇게 말했다. "개혁 작업에는 혁명과 무관한 독자적인 추동력이 없다. … 역사적 시기마다 개혁 작업은 직전의 혁명으로 창출된 사회 형태의 **틀** 안에서만 이루어진다. 여기에 문제의 핵심이 있다."[86]

　1989년의 역사적 전환은 이런 진단을 확인해주었다. 1989년 현실 사회주의가 막을 내린 이후 자본주의는 '야만적' 얼굴을 되찾고 자신의 영웅적 시대의 활력을 재발견하면서 거의 모든 곳에서 복지국가를 해체했다. 서구의 대다수 나라들에서 사회민주주의는 신자유주의로 돌아서서 이런 이행의 필수적인 도구가 되었다. 그리고 옛날식 사회민주주의와 더불어 심지어 사민주의적 공산주의도 사라졌다. 1991년 이탈리아 공산당의 자진 해산은 이 과정을 상징적으로 보여주는 결말이었다. 이 당은 고전적 사회민주당으로 돌아서는 대신 중도좌파 자유주의의 옹호자로 변신해서 미국 민주당을 모델로 삼는다고 공공연히 주장했다. 수십 년간 이탈리아 공산당은 공산주의와 사회민주주의의 역사적 분열을 극복할 수 있는 새로운 좌파 세력의 희망을 구현한 바 있었다. 1964년 팔미로 톨리아티가 사망한 뒤 이탈리아 좌파를 다시 통합하자고 제안한 공산주의 지도자 조르조 아멘돌라가 바로 이런 기획을 추구했다. 그가 볼 때, 10월 혁명으로 생겨난 분열의 이유는 이미 사라졌고 이제 1914년 이전의 사회주의처럼 새롭게 통일된 좌파 운동을 창조할 때가 무르익은 상태였다.[87] 그의 제안은 퇴짜를 맞았지만, 10년 뒤 베를링구에르가 '역사적 타협' 전략을 내놓는 토대를 닦아주었다. 하지만 개혁주의의 황금기는 끝이 났다. 1980년대에 공산주의는 사라졌고, 사회민주주의는 신자유주의로 변신했다.

중앙 권력에서 배제된 전후 유럽 각국의 공산당은 '대항 사회'처럼 작동하는 경향이 있었다. 하루 노동시간(공산당 세포가 있는 경우)에서부터 문화적 실천과 상상력에 이르기까지 당원들의 삶 전체가 대항 사회 안에서 개조되었다.[88] 공산주의자들에게는 그들만의 신문과 잡지, 출판사, 영화, 음악, 독자적인 여가 활동과 의례가 있었다. 공산주의는 일상생활을 감싸는 일종의 인류학적 소우주였다. 많은 증언에서 강조하는 것처럼, 공산당은 믿음의 공동체로서 교회인 동시에 위계와 규율을 갖춘 군대, 교육을 목표로 삼는 학교의 역할을 했다. 당에 들어가는 것은 개종의 경험과 마찬가지였고 당을 떠나면 배교와 파문이 뒤따랐다. 그리하여 사민주의적 공산주의는 혁명으로서의 공산주의와 체제로서의 공산주의의 유산에서 벗어나지 못했다. 투쟁을 위한 군사조직으로서의 혁명이자 단일한 권력 체계로서의 체제였다. 냉전의 논리는 이런 양상을 더욱 강화했다. 반공주의는 서구 공산주의 운동을 자유민주주의 내부의 이물질이자 제5열로 묘사함으로써 외부의 영향이 전혀 침투하지 못하는 똘똘 뭉친 대항 사회처럼 움직이는 공산주의의 경향을 강화했다. 당에 가입하면 독립성과 창의적 활동에 장애가 된다는 사실이 입증되는 한 지식인과 예술가들은 대체로 '동조자'로 남았다.

일리오 바론티니의 여러 이름들

앞에서 언급한 공산주의의 네 영혼—혁명, 체제, 반식민주의, 사민주의적 개혁주의—은 서로 구별되면서도 깊숙이 얽혀 있는 동일한 현상의 차원들이었다. 이 차원들은 정치 이론의 추상 개념들만이 아니라 인간 존재의 생생한 궤적에서도 독특한 구현물을 발견할 수 있었다. 공산주의 연구에서 대체로 무시되는 한 인물—일리오 바론티니—이 이런 독보적인 화신 가운데 하나였다. 지도자도, 사상가도 아니었던 그는 이탈리아와 국제 공산주의의 역사에서 의미심장한 역할을 했다.[89] 그의 생애를 보면 공산주의가 평범한 노동계급 사람들의 삶을 전 지구적 차원에서 빼어난 정치적 행위자로 변모시킴으로써 그들의 존재를 어떻게 바꿨는지를 알 수 있다. 물론 모든 공산주의 활동가가 바론티니가 된 것은 아니지만, 그가 걸은 경로는 우연적이기는커녕 상징적이다.

그림 6.7 일리오 바론티니. 파시스트 경찰 문서고에 있는 사진(1920년대 말).

그림 6.8 에티오피아의 일리오 바론티니(1939). 리보르노 라브로니카 도서관(폰도 바론티니).

1890년 토스카나주 체치나의 소작농 가정에서 태어난 바론티니는 청소년 시절에 일찌감치 사회주의 정당에 가입했다. 1921년에는 이탈리아 공산당 창건에 참여했는데, 철도 노동자로서 노동조합을 책임지는 역할을 맡았다. 얼마 지나지 않아 반파시즘 활동가가 되었다. 몇 차례 체포된 끝에 1931년에 파시스트 경찰을 피해 결국 이탈리아 공산주의자 망명자들의 근거지인 프랑스로 이주했다. 마흔한 살에 공산주의 인터내셔널 모스크바 본부의 부름을 받아 프룬제 군사학교 생도로 선발되었다. 1년 뒤 이제 막 일본에 점령된 만주로 가서 공산주의 게릴라에 합류했다. 그가 중국에서 얼마나 머물렀는지는 알지 못한다. 1936년 에스파냐 내전이 발발하자 바론티니는 국제여단 장교로 임명되어 과달라하라 전투에서 중요한 역할을 했다. 군사 전문가로서 확고한 평판을 얻은 덕분에 1938년에 에티오피아로 파견되었다. 코민테른이 이탈리아의 점령에 맞서 아비시니아인들이 벌인 게릴라전을 지원하기로 결정했기 때문이다. 그곳에서 바론티니는 2년을 살았다. 동료 공산주의자인 안톤 우크마르, 브루노 롤라와 함께 바론티니는 에티오피아 레지스탕스에 자문을 해주었고, 2개 언어—아람어와 이탈리아어—로 펴내는 주간지 『아비시니아의 목소리La Voce degli Abissini』의 편집에 참여했다. 파시스트 군대가 추적하자 아프리카를 떠나 프랑스로 돌아가서 마르세유에서 이주노동자연합Main-d'œuvre immigrée(MOI)의 주요 성원이 되었다. 이주노동자연합은 공산당의 이민자 지부로 동유럽계 유대인, 이탈리아인, 에스파냐인, 아르메니아인이 주축이었다. 주요 활동은 독일 점령군을 겨냥한 군사 공격, 그중에서도 특히 장교 살해를 조직하는 것이었다. 1943년 파시즘이 몰락한 뒤 이탈리아로 돌아와서 군사 전문가로 레지스탕스에 가담했다. 해방이 될 때까지 바론티니는 1920년대 초의 혁명(이탈리아의 경우에 1919~20년의 공장 점거), 스탈린주의의 소련, 중국과 에티오피아의 반식민주의, 이탈리아, 에스파냐, 프랑스, 그리고 다시 이탈리아의 반파시즘을 겪었다. 1946년에 이탈리아 공화국 초대 의회에서 국회의원으로 뽑혔다. 2년 뒤에는 자신의 권한과 카리스마를 이용해서 공산당 서기장 팔미로 톨리아티를 겨냥한 파시스트의 공격에 뒤이어 자생적으로 벌어진 반란을 중단시켰다. 혁명가와 게릴라 투사 경력의 바론티니는 사민주의적 공산주의자로 변신한 상태였다. 생애 말년—1951년 교통사고로 사망했다—은 고요하고 평화로웠다. 그가 걸은 여정은 20세기 전반기에 공산주의가 맡았던 여러 역할을 상징적으로 반영한다.

에필로그

1989년 공산주의가 몰락하면서 비극적인 만큼이나 영웅 서사시적이고, 소름끼치는 만큼이나 흥미진진한, '세계를 바꾸기 위한' 인류의 '거대한 모험'의 연극이 막을 내렸다. 탈식민화와 복지국가의 시대는 끝이 났지만, '체제로서의 공산주의'의 붕괴는 또한 '혁명으로서의 공산주의'도 앗아갔다. 소련의 종언은 새로운 힘들을 해방시키는 대신 20세기 혁명이 역사적으로 패배했다는 인식을 널리 퍼뜨렸다. 역설적으로 현실 사회주의의 난파는 공산주의 유토피아를 집어삼켰다. 21세기의 좌파는 이전의 모든 좌파와 거리를 두면서 자신을 재발명해야만 한다. 오늘날의 좌파는 새로운 모델과 새로운 사고, 새로운 유토피아적 상상력을 창조하는 중이다. 공산주의의 몰락으로 세계에서 자본주의의 대안이 사라지고 과거와 전혀 다른 정신적 풍경이 만들어진 한 이런 재구성은 결코 쉬운 일이 아니다. 새로운 세대는 자본주의가 '자연스러운' 삶의 형태가 된 신자유주의 세계에서 성장하고 있다. 좌파는 아나키즘을 필두로 한, 한 세기에 걸쳐 억압받고 주변으로 밀려난 혁명 전통의 총체를 재발견했으며, 이전에는 무시되거나 부차적 지위로 밀려났던 정치적 주체들의 복수성을 인식했다. '대안세계화' 운동, '아랍의 봄', 월스트리트 점령 시위, 에스파냐의 '분노한 사람들(Indignados. 인디냐도스)', 그리스의 시리자Syriza, 프랑스의 '밤샘 시위'와 '노란 조끼',

페미니즘과 LGBT 운동, '흑인의 생명도 소중하다' 등의 경험은 새로운 혁명의 상상력을 구성하는 과정의 단계를 이룬다. 연속성이 끊어지고 기억을 양분으로 삼지만 동시에 20세기의 역사와 단절되고 쓸 만한 유산이 없는 과정이다.

단숨에 천국을 차지하려는 시도로 태어난 20세기의 공산주의는 파시즘과 공존하고 대립하면서 계몽주의의 변증법을 구현하게 되었다. 결국 소련식 산업 도시, 5개년 계획, 농업 집단화, 우주선, 공장으로 전환된 굴락, 핵무기, 생태적 재앙 등은 도구적 이성의 승리가 다른 형태로 나타난 현상이다. 공산주의는 프로메테우스적 꿈, 즉 자기해방의 경험을 삭제하고 파괴한 '진보' 이념의 소름끼치는 얼굴이 아니었던가? 스탈린주의는 "난파선 위에 난파선을 쌓았"으나 수많은 사람들이 '진보'라고 잘못 부른 폭풍이 아니었나?[1] 파시즘은 반계몽주의에서 물려받은 한 묶음의 보수적 가치를 과학과 기술, 기계의 힘에 대한 현대적 숭배와 통합했다. 스탈린주의는 비슷한 기술적 근대성 숭배를 계몽주의의 급진적이고 권위주의적인 형태와 결합했다. 사회주의는 '차가운 유토피아'로 변모했다. 새로운 글로벌 좌파는 이런 역사적 경험을 '샅샅이 탐구하지' 않고서는 성공을 거두지 못하리라. 이 폐허의 들판에서 공산주의의 해방적 고갱이를 찾아내는 일은 단순히 추상적이고 지적인 작업이 아니다. 이를 위해서는 새로운 전투가, 어느 순간 갑자기 과거가 다시 나타나고 '기억이 번쩍 빛나게' 밝혀주는 새로운 별자리가 필요하리라. 혁명은 일정을 잡을 수 없으며 언제나 예상치 못하게 찾아온다.

옮긴이의 말

21세기 한국을 살아가는 독자들에게 '혁명'이란 대단히 낯선 개념이다. 요즘 젊은 독자들에게는 교과서나 역사책에 간단하게 소개되는 프랑스 혁명이나 러시아 혁명보다는 SF소설의 배경이 되는 외계 행성 식민지에서 돌발적으로 벌어지는 사건이 더 실감나는 혁명의 추체험일 것이다. 이제 당면한 현실적 목표로 '혁명'을 생각한다고 공언하는 사람은 거의 없다.

한때 한국 사회에서도 많은 이들이 혁명에 몰두했던 시기가 있었다. 1980년대를 전후로 한 10여 년의 짧은 시간이었다. 많은 이들이 장기간 이어진 군부독재를 무너뜨리려면 민주주의를 내건 혁명밖에는 답이 없다는 결론에 도달했고, 1987년 민주화 이후 사상과 표현의 자유의 공간이 열리자 앞다퉈 허겁지겁 혁명을 학습했다. 『러시아 혁명사』라는 제목으로 번역된 『소련공산당사』가 불티나게 팔렸다. 혁명의 역사를 알기만 한다면, 혁명의 전략과 전술을 배울 수만 있다면, 곧바로 혁명을 일으켜 완전한 민주주의 혁명을 성공하리라고 자신했다. 그때 눈앞에 아련히 보이는 혁명은 그냥 민주 혁명이 아니라 무언가 더 완전하고 근본적인 혁명이었다. 30여 년 전 다른 세계를 상상한 사람들은 민주 혁명 앞에 '민족'이니 '민중'이니 하는 수식어를 붙였고, 그 내용을 채우기 위해 사회주의를 학습했다.

서유럽에서는 이미 한 세기 전에 엥겔스가 "기습공격의 시대, 의식 있는 소수가 의식이 부족한 대중의 선두에 서서 혁명을 수행하는 시대는 지나갔다"고 선언했건만, 군부독재에 신음하는 한국에서 혁명은 지나간 역사가 아니라 당장이라도 눈앞에서 펼쳐질 현실이었다. 그리하여 30여 년 전 혁명을 계획하고 실천하려 한 사람들은 혁명을 탐구하고 사유하기보다는 과거의 성공한 혁명을 그대로 베끼는 데에 열중했다. 과거 혁명의 역사를 찬찬히 들여다보면서 공간적·시간적 차이를 탐구하기보다는 성공한 혁명, 특히 러시아 혁명과 그 혁명가들을 한국 사회의 현실이나 자신과 지나치게 동일시하면서 마치 지금 이곳에서 똑같은 혁명이 일어날 것처럼 과도하게 몰입했다. 혁명의 어두운 면은 의식적으로든 무의식적으로든 외면해야 했다. 그런데 과연 혁명은 무엇이었고, 무엇일 수 있을까?

1789년에 시작된 혁명의 역사는 1917년 세계를 사로잡은 뒤 해방의 잠재력을 스스로 내던지고 스탈린주의 체제로 화석화되었다. 1989년 소련이 붕괴하자 그나마 제3세계나 탈식민 세계에 남아 있던 혁명의 상상력도 어느새 자취를 감췄다. 인간의 역사에서 이제 혁명은 과거의 흔적으로 사라진 걸까? 아니, 사라졌든 아니든 간에, 우리는 혁명의 역사를 되돌아볼 필요가 있을까? 만약 있다면 어떻게 되돌아봐야 할까? 지은이 엔초 트라베르소는 이 책에서 혁명의 다채로운 면모를 여러 가지로 정의하려고 시도하면서 이런 질문에 답하고자 한다.

우선 혁명을 어떻게 정의해야 할까? 혁명은 "역사적 연속체의 돌연한—그리고 거의 언제나 폭력적인— 중단, 사회·정치 질서의 단절"(28쪽)이다. 또한 "혁명은 인류가 수백 년에 걸친 억압과 지배에서 해방되는 집단적 행동"이며 "인류가 집단적으로 살면서 구현하는 지진"(32쪽)이다. 무엇보다도 "혁명은 의식적으로 급진적 변화를 추구하는 반역"이며(41쪽), "두 시간대를 가르는 칼날 위에서 흔들리"며 "미래를 발명함으로써 과거를 구원"한다(42쪽). 그리하여 트로츠키의 말처럼 "혁명의 역사는 무엇보다도 대중이 자신들의 운명을 둘러싼 통치의 영역에 강제로 들어가는 역사다"(31쪽). 따라서 우리가 2017년에 겪은 촛불'혁명'은 유감스럽게도 '혁명'이 아니다. 정치 지도자를 끌어내리는 데에 그쳤을 뿐, 새로운 사회·정치 질서를 세우지 못했기 때문이다. 정리해보자면, 혁명은 근대에 특유한 현상으로, 유토피아적 기획을 추구하는 의식적 주체들이 대중과 더불어 사회·정치 질서를 ―폭력적으로― 뒤집어엎고 새로운 질서를 세우려는 시도다.

한편 혁명은 "인과적 필연성"을 따르지 않는다. "모든 혁명은 나름의 원인을 초월하며, '자연스러운' 사물의 경로를 뒤바꾸는 고유한 동학을 따른다. 혁명은 인간의 **발명품**으로, 불가피한 발생을 드러낸다기보다는 유의미한 별자리의 랜드마크로서 집단적 기억을 건설한다. 혁명이 역사적 진행의 정기적이고 누적적인 시간에 속한다는 믿음은 20세기 좌파 문화의 가장 커다란 오해 중 하나였고, 너무도 자주 진화론의 유산과 진보 이념의 짐을 짊어졌다"(35쪽). 그리하여 "오늘날 널리 퍼진 경향은 낡은 '역사 법칙'의 화살을 그냥 거꾸로 뒤집어서 혁명의 패배를 불가피한 결과로 묘사한다"(35쪽). 트라베르소는 이런 경향을 거역하면서 혁명을 역사화하고 혁명의 집단적 기억을 보존하고자 한다. "혁명은 도덕적 평가나 순진한 이상화, 비타협적 비난보다는 비판적 이해를 필요로" 하기 때문이다. "이것이 혁명의 역사적 의미를 파악하고 그 유산을 전파하는 최선의 길"이다(42쪽).

한편 혁명은 샤갈의 회화 속 인물들처럼 "인류가 갑자기 중력 법칙을 극복하는 듯한 느낌에 사로잡히고 과거로부터 물려받은 온갖 형태의 굴복과 복종을 내던지면서 자기 운명의 주인이 되는 놀라운 무중력 상태"로 체감된다(39쪽). "하지만 혁명은 또한 절망으로부터 힘을 끌어내거나 자체의 모순에 빠져 계속 허우적댈 수 있다. 혁명은 비극으로 치닫기도 하고 일찌감치 어두운 면을 드러낼 수 있다"(39쪽). 1789년부터 1989년까지 긴 혁명의 시대를 압축적으로, 때로는 의미가 명쾌하게 드러나지 않는 아포리즘적 서술로, 때로는 혁명의 순간을 치밀하게 묘사하면서 지은이는 '좋은' 혁명과 '나쁜' 혁명을 가리지 않고 혁명의 이모저모를 탐구한다.

혁명을 통해 사람들은 사회적·정치적 해방과 자유만이 아니라 문화, 미학, 성 등 삶의 거의 모든 측면에서 '공동의 사치'를 누렸다. 사회적 위계와 특권이 무너진 자리에서 자기해방의 가능성이 활짝 열렸다. 조지 오웰은 해방구로 변한 바르셀로나에서 모두가 평등한 주체가 된 사람들을 보며 "싸워 쟁취할 만한 삶의 모습"(427쪽)이라고 치켜세우면서도 교회를 비롯한 파괴의 폐허를 직시했다. 콜론타이에게 혁명은 무엇보다도 여성에게 성적 해방과 자유를 안겨준 사건이었다. 하지만 폭력적 충돌을 기본 성격으로 하는 혁명은 처음부터 끝까지 여성을 배제할 수밖에 없었다.

1917년 10월 직후에 드러난 것처럼, 내전과 반혁명 시도, 국제적 개입 때문에 이런 해방과 자유의 시간은 순식간에 막을 내렸다. 유토피아의 잠재력이 폭발한 순간, 그 잠재력을 보존하고 키워나가기에는 당면한 위협이 너무도 컸다. 혁명은 해방의 잠재력보다는 폭력의 잠재력의 길을 따라갔다. 구체제를 무너뜨린 폭력은 자신의 효능감을 실감하고 나자 스스로 괴물로 변했다. 스탈린 시대는 전체주의화로 치달았으며, "혁명은 사투르누스처럼 자기 자식들을 집어삼켰고, 지식인들은 스탈린주의의 희생자들 가운데 맨 앞자리를 차지했다"(370쪽). 1917년 11월 창설된 볼셰비키당 정치국원 8명 중 6명이 스탈린 손에 살해당했다. 자연사한 정치국원은 레닌과 스탈린 본인뿐이었다. 1789년에서 1989년에 이르는 혁명의 시대가 마무리되고도 한참의 시간이 지난 지금, 공산주의를 역사화함으로써 그 거대한 모험의 기억을 보존하고 혁명의 해방적 잠재력을 지킬 방도를 찾는 게 이 책이 추구하는 목표다. 혁명이 열어젖힌 두 가지 가능성, 즉 참여민주주의/집단적 숙의와 맹목적 억압/대규모 절멸 사이에서 후자를 차단하고 전자를 확대하기 위한 길을 모색하고자 한다.

200년에 이르는 시간 동안 지구 곳곳에서 일어난 혁명은 10여 개를 헤아릴 뿐이다. 그만큼 혁명은 인간의 역사에서 드문 시도이고, 그나마 대부분 패배로 끝났고, 러시아처럼 성공한 몇몇 혁명조차도 자신의 무모함과 무분별을 제어하지 못하고 거의 언제나 실패를 자초했다. 하지만 1789년과 1917년을 비롯한 수많은 혁명이 가르쳐준 것처럼, 혁명은 무엇보다도 인간의 권리를 평등하게 누리기 위한 시도이며, 근대의 인간이 자신의 권리를 깨우친 한 이런 시도는 언제든 다시 일어날 것이다.

트라베르소는 혁명의 개념, 경험, 상징, 이미지, 기억 등을 두루 살펴보기 위해 변증법적 이미지들의 몽타주를 그려 보인다. 혁명은 공식적 상징이나 기념물로 고정하기에는 너무도 다채로운 면모를 갖고 있기 때문이다. 마르크스의 '역사의 기관차'에서 콜론타이의 성적으로 해방된 몸, 블랑키의 바리케이드와 붉은 깃발 등 혁명의 여러 이미지는 독자에게 풍부한 해석과 상상의 여지를 제공한다. 또한 마르크스와 트로츠키, 베냐민, 그리고 마오쩌둥과 호찌민에서 호세 카를로스 마리아테기, C. L. R. 제임스를 비롯한 남반구의 반역적 정신들에 이르기까지 혁명을 추구한 지식인들의 삶의 궤적과 이론을 추적하면서 혁명의 이론을 샅샅이 검토한다.

1989년 현실 사회주의가 막을 내린 이후 자본주의는 '야만적' 얼굴을 되찾고 곳곳에서 복지국가를 해체했다. 공산주의는 자본주의에 인간의 얼굴을 강요하는 현실적 위협으로서 힘을 잃고 존재 자체가 사라졌다. 사회민주주의는 신자유주의로 변신했다. "자본주의적 자유의 위선과 기만을 폭로하는 것은 19세기 내내 좌파 급진주의의 주요한 주제"(392쪽)였다. 자본주의가 모든 인간에게 자유와 평등, 존엄을 부여하는 완전무결한 체제가 아니라고 할 때, 누군가는 반대의 깃발을 들어야 한다.

21세기에 세계화된 자본주의 아래서 인류는 과연 자유로운가? 제어되지 않는 자본주의 아래서 우리는 기후변화에서부터 불평등, 혐오와 극우 포퓰리즘, 초강대국 간 극한 경쟁, 전쟁과 학살의 위험에 직면하고 있다. 그런데 인류와 지구 전체를 몇 번이나 절멸시키고 파괴하고도 남을 정도로 핵무기와 미사일이 거대한 규모로 쌓여 있는 시대인 21세기에 혁명은 과연 어떤 모습일 수 있을까?

오늘날 혁명의 위협은 좌파가 아니라 오히려 우파로부터 나온다. 세계 곳곳에서 우파 포퓰리즘 정당들이 민주주의를 통해 세력을 확대하고 있으며, 선거 결과에 만족하지 못할 때 언제든 혁명을 일으킬 기세다. 다음 미국 대선에서 트럼프가 승리하든 패배하든 여전히 그의 망령은 전 세계를 위협할 것이다.

지구 온난화를 지나 지구 열대화global boiling가 진행되면서 인류 문명의 존망 자체가 문제가 되는 시대다. 그 폐허 위에서 파국으로 달려가는 역사에 비상 브레이크를 당길 수 있을까? 19세기와 20세기의 혁명의 역사에서 우리는 유의미한 교훈을 얻을 수 있을까?

2023년 10월 유강은

도판 출처

그림 0.1 테오도르 제리코, 〈메두사호의 뗏목〉(1819). 캔버스. 파리 루브르 박물관. ⓒ RMN - Grand Palais/Alamy New York.

그림 0.2 V. V. 스파스키, 〈공산주의 인터내셔널의 등대를 향해〉(1919). 소비에트 포스터. 모스크바 레닌 도서관. ⓒ Sputnik/Alamy Stock Photo.

그림 1.7 유리 피메노프, 〈종교 반대, 산업·재정 계획 찬성, 4년 안에 5개년 계획 완수〉(1930). 소비에트 포스터. ⓒ Sputnik/Alamy Stock Photo.

그림 1.8 소비에트 포스터(1939). ⓒ Heritage Image Partnership Ltd/Alamy Stock Photo.

그림 1.9 아우슈비츠 진입로. ⓒ WikimediaCommons/Michel Zacharz AKA Grippenn.

그림 2.1 마르크 샤갈, 〈전진, 전진!〉. 과슈. 파리 국립현대미술관. ⓒ 2020 Artists Rights Society(ARS), New York/ADAGP, Paris.

그림 2.3 〈전쟁과 실업, 기아를 초래하는 볼셰비즘〉(1920). 반볼셰비키투쟁동맹의 포스터, 베를린. ⓒ Hi-Story/Alamy Stock Photo.

그림 2.5 루이 16세의 처형, 1793년 1월(판화). ⓒ wikimediaCommons/Demeter Gorog.

그림 2.9 다비드, 〈테니스코트의 서약〉(1791), 캔버스. 파리 카르나발레 박물관. ⓒ RMN - Grand Palais/Alamy Stock Photo.

그림 2.11 빅토르 데니, 〈자본〉, 소비에트 포스터(1920). ⓒ Sputnik/Alamy Stock Photo.

그림 3.2 브뤼노 브라케, 〈파괴된 방돔 기둥〉(1871). 파리 오르세 미술관. ⓒ Alex Ramsay/Alamy Stock Photo.

그림 3.6 티보, 〈군대가 공격하기 전 생-모르-포팽쿠르 거리의 바리케이드〉, 1848년 6월 26일. ⓒ RMN - Grand Palais/Alamy Stock Photo.

그림 3.7 티보, 〈군대가 공격한 후 생-모르-포팽쿠르 거리의 바리케이드〉, 1848년 6월 26일. ⓒ RMN‒Grand Palais/Alamy Stock Photo.

그림 3.8 에르네스트 메소니에, 〈바리케이드〉(1851). 캔버스, 파리 루브르 박물관. ⓒ RMN‒Grand Palais/Alamy Stock Photo.

그림 3.9 빌리 뢰머, 베를린, 1919년 1월 11일(자유-엽서). ⓒ dpa Picture Alliance/Alamy Stock Photo.

그림 3.10 엘 리시츠키, 〈붉은 쐐기로 백군을 강타하라!〉(1919). 캔버스. 런던 테이트 미술관. ⓒ 2020 Artists Rights Society(ARS), New York.

그림 3.11 디에고 리베라, 〈인간, 우주의 통제자〉(1934). 벽화. 멕시코시티 멕시코 예술궁전. ⓒ Wikipedia/Gumr51.

그림 4.1 아우구스트 잔더, 〈혁명가들〉(알로이스 린드너, 에리히 뮈잠, 귀도 코프). 『우리 시대의 얼굴』(1929). ⓒ Die Photographische Sammlung/SK Stiftung Kultur‒August Sander Archiv, Cologne/ARS, NY 2020.

그림 4.2 아우구스트 잔더, 〈공산주의 지도자〉(파울 프륄리히). 『우리 시대의 얼굴』(1929). ⓒ Die Photographische Sammlung/SK Stiftung Kultur‒August Sander Archiv, Cologne/ARS, NY 2020.

그림 4.3 아우구스트 잔더, 〈프롤레타리아 지식인들〉(엘제 라스커-슐러, 트리스탕 레미, 프란츠 빌헬름 자이베르트, 게르트 아른츠). 『우리 시대의 얼굴』(1929). ⓒ Die Photographische Sammlung/SK Stiftung Kultur‒August Sander Archiv, Cologne/ARS, NY 2020.

그림 4.4 카를 마르크스(1861). ⓒ HIP/Alamy Stock Photo.

그림 4.6 미하일 바쿠닌(1860), 나다르가 찍은 사진. ⓒ HIP/Alamy Stock Photo.

그림 4.12 『초현실주의 혁명』, 1926년 12월 1일. ⓒ wikimediaCommons/Mcleclat.

그림 4.13 토머스 하트 벤턴, 〈오늘날의 미국〉(1931). 에그 템페라. 맥스 이스트먼의 초상 부분. 뉴욕 메트로폴리탄 미술관. ⓒ 2020 T. H. and R. P. Benton Testamentary Trusts/UMB Bank Trustee/Licensed by VAGA at Artists Rights Society(ARS), NY.

그림 4.14 클로드 카윙, 〈어느 젊은이의 자화상〉(1920), 뉴욕 현대미술관. ⓒ The Museum of Modern Art, New York licensed by Scala/Art Resource, New York.

그림 4.15 외젠 아페르, 〈루이즈 미셸의 감옥 초상사진〉(1871). ⓒ Alamy Stock Photo.

그림 4.16 국민위병 군복 차림의 루이즈 미셸, 『베를리너 일루스트리에르테 차이퉁』. ⓒ FLHC41/Alamy Stock Photo.

그림 4.18 이사크 이즈라일레비치 브로드스키, 〈공산주의 인터내셔널 2차 대회 개막 축제〉(1924). 캔버스. 모스크바 국립역사박물관. ⓒ Alamy Stock Photo.

그림 4.19 호세 카를로스 마리아테기, 리마, 1928년. 아르헨티나 화가 호세 말랑카가 찍은 사진. 리마 호세 카를로스 마리아테기 문서고. ⓒ History and Art Collection/Alamy Stock Photo.

그림 4.21 프랑스 공산당 창립대회에 참가한 호찌민, 투르, 1920년 12월. ⓒ flickr/manhhai.

그림 4.27 〈영원한 유대인〉 전시회, 뮌헨, 1937년. ⓒ Sueddeutsche Zeitung Photo/Alamy Stock Photo.

그림 5.1 외젠 들라크루아, 〈민중을 이끄는 자유의 여신〉(1831). 캔버스. 파리 루브르 박물관. ⓒ Alamy Stock Photo.

그림 5.2 프랑수아 오귀스트 비아르, 〈프랑스 식민지의 노예제 폐지 선언〉(1849). 캔버스. 프랑스 베르사유 궁전. ⓒ Alamy Stock Photo.

그림 6.2 디에고 리베라, 〈무기 나눠주기〉(1926). 벽화. 교육부, 멕시코시티. ⓒ 2020 Banco de Mexico Diego Rivera Frida Kahlo Museums Trust, Mexico, D.F./Artists Rights Society(ARS), New York.

* 그 밖의 이미지는 모두 퍼블릭 도메인임.

미주

서론: 혁명 해석하기

1. Horst Bredekamp, *Image Acts: A Systematic Approach to Visual Agency*(Berlin, New York: De Gruyter, 2018), 283쪽을 보라.

2. 난파선과 제리코 그림의 역사에 관해서는 Jonathan Miles, *Medusa: The Shipwreck, the Scandal, the Masterpiece*(London: Jonathan Cape, 2007)을 보라.

3. Laurent Martin, "Le modèle noir de Géricault à Matisse", *Sociétés et Représentations*, 49(2020): 235~8쪽을 보라.

4. 데틀레프 포이케르트는 미켈란젤로의 〈최후의 심판〉에 등장하는 저주받은 인간을 근대라는 '쇠우리' 앞에서 막스 베버가 느끼는 체념의 알레고리로 해석했다. Detlev Peukert, *Max Webers Diagnose der Moderne*(Göttingen: Vandenhoeck & Ruprecht, 1989), 27쪽.

5. Lorenz E. A. Eitner, *Géricault's Raft of the Medusa*(London: Phaidon, 1972), 56쪽에서 재인용.

6. Ralph Hage, "Protecting Identity: Violence and Its Representations in France, 1815-1830," *Contagion: Journal of Violence, Mimesis, and Culture*, 25(2018): 49~77쪽을 보라.

7. Hugh Honour, "Philanthropic Conquest," in David Bindman and Henry Louis Gates Jr.(eds), *The Image of the Black in Western Art*(Cambridge, MA: Harvard University Press, 1989), vol. 4.1, 125쪽.

8. Linda Nochlin, "Géricault, or the Absence of Women," *October*, 68(1994): 51쪽.

9. Lucien Goldmann, *The Hidden God: A Study of Tragic Vision in the Pensées of Pascal and the Tragedies of Racine*(London: Routledge, 1964)(한국어판 다수), 301쪽. Mitchell Cohen, *The Wager of Lucien Goldmann: Tragedy, Dialectics, and a Hidden God*(Princeton: Princeton University Press, 1994)도 보라.

10. Walter Benjamin, "On the Concept of History," *WBSW*, vol. 4, 390쪽.

11. Walter Benjamin, *Deutsche Menschen: Eine Folge von Briefen*(Frankfurt: Suhrkamp,

1980[1936])([한국어판]발터 벤야민 지음, 임석원 옮김, 『독일인들』, 길, 2022).

12. Gershom Scholem, *Walter Benjamin: The Story of a Friendship*(New York: New York Review of Books, 2003)([한국어판]게르숌 숄렘 지음, 최성만 옮김, 『한 우정의 역사』, 한길사, 2002), 255쪽.

13. 앞의 책. Albrecht Schöne, "'Diese nach jüdischem Vorbild erbaute Arche": Walter Benjamins *Deutsche Menschen*', in Stéphane Moses and Albrecht Schöne(eds), *Juden in der deutschen Literatur: Ein deutsch-israelisches Symposion*(Frankfurt: Suhrkamp, 1986), 350~65쪽도 보라.

14. *MECW*, vol. 29, 263~4쪽.

15. *MECW*, vol. 4, 93쪽. Sandro Mezzadra, *In the Marxian Workshops: Producing Subjects*(London: Roman & Littlefield International, 2018)을 보라.

16. Mario Tronti, "'Sull'autonomia del politico" (1972), *Il demone della politica*(Bologna: Il Mulino, 2017), 285~312쪽을 보라.

17. Leon Trotsky, *History of the Russian Revolution*, trans. Max Eastman(Chicago: Haymarket, 2008)(한국어판 다수); Daniel Guérin, *Class Struggle in the First French Republic: Bourgeois and Bras Nus 1793-1795*(London: Pluto Press, 1977); Adolfo Gilly, *The Mexican Revolution*(New York: The New Press, 2006).

18. Trotsky, *History of the Russian Revolution*, 351쪽.

19. 앞의 책, xv쪽.

20. Walter Benjamin, *Correspondence 1910-1940*, eds Theodor W. Adorno and Gershom Scholem(Chicago: University of Chicago Press, 1994), 393쪽.

21. Walter Benjamin, *The Arcades Project*(Cambridge, MA: Harvard University Press, 1999)([한국어판]발터 벤야민 지음, 조형준 옮김, 『아케이드 프로젝트』 1·2, 새물결, 2005~6), 463쪽.

22. Isaac Deutscher, *The Prophet Outcast: Leon Trotsky 1929-1940*(London, New York: Verso, 2003[1963])([한국어판]아이작 도이처 지음, 이주명 옮김, 『추방된 예언자 트로츠키 1929-1940』, 시대의창, 2017), 189쪽.

23. Trotsky, *History of the Russian Revolution*, xv쪽.

24. Teodor Shanin(ed.), *Late Marx and the Russian Road: Marx and the "Peripheries of Capitalism"*(London: Routledge, 1983)에 수록된, 마르크스와 러시아 인민주의자들이 교환한 서신을 보라.

25. Leon Trotsky, *Results and Prospects*(New York: Pathfinder Press, 1969)([한국어판] 레온 트로츠키 지음, 정성진 옮김, 『연속혁명·평가와 전망』, 책갈피, 2003); *History of the Russian Revolution*, 5~7쪽도 보라.

26. 앞의 책, 845쪽.

27. Eric Hazan, *A People's History of the French Revolution*(London, New York: Verso,

2017); China Miéville, *October: The Story of the Russian Revolution*(London, New York: Verso, 2017).

28. Arno J. Mayer, *The Furies: Violence and Terror in the French and Russian Revolutions*(Princeton: Princeton University Press, 2000).

29. Eric Hobsbawm, *The Age of Extremes: A History of the World, 1914-1991*(New York: Vintage Books, 1994)([한국어판]에릭 홉스봄 지음, 이용우 옮김, 『극단의 시대』 상·하, 까치, 1997), 498쪽.

30. Miéville, *October*, 307쪽.

31. 앞의 책.

32. Gilles Caron, 'Manifestations anticatholiques à Londonderry'(1969), in Georges Didi-Huberman(ed.), *Soulèvements*(Paris: Gallimard/Jeu de Paume, 2016), 138쪽.

33. George L. Mosse, *The Fascist Revolution: Toward a General Theory of Fascism*(New York: Howard Fertig, 1999).

34. Maddalena Carli, *Vedere il fascismo. Arte e politica nelle esposizioni del regime 1928-1942*(Roma: Carocci, 2021)을 보라.

35. Mayer, *The Furies*, 30쪽.

36. Sybil Milton(ed.), *The Stroop Report: The Jewish Quarter of Warsaw Is No More!*, Introduction by Andrzej Wirth(New York: Pantheon Books, 1979)를 보라. 이 보고서는 원래 1943년에 작성되었다.

37. Yisrael Gutman, *The Jews of Warsaw 1939-1943: Ghetto, Underground, Revolt*(Bloomington: Indiana University Press, 1989), 305쪽에서 재인용.

38. Hanna Kral, *Shielding the Flame: An Intimate Conversation with Dr. Marek Edelman, the Last Surviving Leader of the Warsaw Ghetto Uprising*, trans. Joanna Stasinka and Lawrence Wechsler(New York: Henry Holt, 1986), 10쪽에 있는 마레크 에델만의 증언.

39. Ben Kiernan, *The Pol Pot Regime: Race, Power, and Genocide in Cambodia Under the Khmer Rouge 1975-79*(New Haven: Yale University Press, 1996), 16쪽.

40. Antonio Negri, 'L'évènement soulèvement', *Soulèvements*, 43쪽.

41. Judith Butler, 'Soulèvement', 앞의 책, 25쪽.

42. Elias Canetti, *Crowds and Power*, trans. Carol Stewart(New York: Continuum, 1978[1960])([한국어판]엘리아스 카네티 지음, 강두식·박병덕 옮김, 『군중과 권력』, 바다출판사, 2010), 17~19쪽.

43. Karl Marx, 'The Eighteenth Brumaire of Louis Bonaparte'(1852)(한국어판 다수), *MECW*, vol. 11, 106쪽; Benjamin, 'On the Concept of History', 390쪽.

44. Stéphane Courtois, 'Introduction: The Crimes of Communism', in Courtois(ed.), *The Black Book of Communism: Crimes, Terror, Repression*(Cambridge, MA: Harvard

University Press, 1999), 9쪽.

45. Hélène Carrère d'Encausse, *Lenin*(New York: Holmes & Meier, 2001), 289쪽.

46. Ernst Nolte, 'The Past that Will Not Pass'(1986), in James Knowlton(ed.), *Forever in the Shadow of Hitler? Original Documents of the Historikerstreit, the Controversy Concerning the Singularity of the Holocaust*(Atlantic Highlands, NJ: Humanities Press, 1993), 21~2쪽; Courtois, 'Introduction', 15쪽.

47. Pio Moa, *Los Mitos de la Guerra Civil*(Madrid: Esfera, 2003). 피오 모아가 제기한 "에스파냐판 역사학 논쟁Spanish Historikerstreit"에서 그가 내놓은 입장은 Stanley G. Payne, 'Mitos y tópicos de la Guerra Civil', *Revista de Libros*, 79/80(2003): 3~5쪽에 서 확고한 지지를 받았다.

48. François Furet, *Interpreting the French Revolution*(New York: Cambridge University Press, 1981)([한국어판]프랑스와 퓌레 지음, 정경희 옮김, 『프랑스혁명 의 해부』, 법문사, 1987)과 François Furet, *The Passing of an Illusion: The Idea of Communism in the Twentieth Century*(Chicago: University of Chicago Press, 1999). 퓌레의 해석을 둘러싸고 벌어진 역사학 방법론 논쟁의 비판적 재평가로는 Enzo Traverso, 'Révolutions: 1789 et 1917 après 1989. Sur François Furet et Arno J. Mayer', in *L'Histoire comme champ de bataille. Interpréter les violences du XXe siècle*(Paris: La Découverte, 2010), 61~90쪽을 보라.

49. Martin Malia, *The Soviet Tragedy: A History of Socialism in Russia 1917-1991*(New York: Free Press, 1990); Richard Pipes, *The Russian Revolution*(New York: Knopf, 1990).

50. Frantz Fanon, *The Wretched of the Earth*, preface by Jean-Paul Sartre, trans. Constance Farrington(New York: Grove Press, 1963)([한국어판]프란츠 파농 지음, 남 경태 옮김, 『대지의 저주받은 사람들』, 그린비, 2010), 94쪽.

51. 앞의 책, 61쪽.

52. 앞의 책, 86쪽.

53. 이 개념에 관해서는 Elsa Dorlin, *Se défendre. Une philosophie de la violence*(Paris: La Découverte, 2017)([한국어판]엘자 도를랭 지음, 윤지영 옮김, 『자신을 방어하기』, 그린비, 2020), 68쪽을 보라.

54. Victor Serge, 'The Endangered City', in *Revolution in Danger*(Chicago: Haymarket, 2011), 22쪽.

55. Walter Benjamin, 'Critique of Violence' (1921), *WBSW*, vol. 1, 249쪽을 보라.

56. Beatrice Hanssen, 'Portrait of Melancholy: Benjamin, Warburg, Panofsky', *MLN*, 114, 5(1999): 991~1013쪽을 보라. "사회적 관계의 보이지 않는 동학"을 보여주는 "가 시적 상형문자"라는 지그프리트 크라카우어의 무성 영화 개념, 또는 "공간의 측면에서 본 영혼의 구조"를 표현하는 "상형문자"라는 건축 개념은 베냐민의 "변증법적 이미지"

와 매우 가깝다. Siegfried Kracauer, *From Caligari to Hitler: A Psychological History of the German Film*(Princeton: Princeton University Press, 1966[1947]), 7쪽, 75쪽을 보라. Gerhard Richter, *Thought-Images: Frankfurt School Writers' Reflections from Damaged Life*(Stanford: Stanford University Press, 2007)도 보라.

57. Benjamin, *Arcades Project*, 461쪽.

58. Benjamin, 'On the Concept of History', 396쪽.

59. Benjamin, *Arcades Project*, 461쪽.

60. 앞의 책, 482쪽.

61. M. H. Abrams, *The Mirror and the Lamp: Romantic Theory and the Critical Tradition*(New York: Oxford University Press, 1971[1953])을 보라.

62. *MECW*, vol. 35, 8쪽.

63. Walter Benjamin, 'An Outsider Makes His Marks', *WBSW*, vol. 2.2, 310쪽.

64. Kristin Ross, *Communal Luxury: The Political Imaginary of the Paris Commune*(London, New York: Verso, 2016)을 보라. 파리코뮌에 대한 아나키즘적, 생태주의적 재해석으로는 Murray Bookchin, 'The Communalist Project'(2002), in M. Bookchin and Blair Taylor(ed.), *The Next Revolution: Popular Assemblies and the Promise of Direct Democracy*(London, New York: Verso, 2015), 17~38쪽을 보라.

65. John Holloway, *Change the World Without Taking Power*(London: Pluto Press, 2019[2002])([한국어판]존 홀러웨이 지음, 조정환 옮김, 『권력으로 세상을 바꿀 수 있는가』, 갈무리, 2002). Phil Hearse(ed.), *Take the Power to Change the World*(London: IMG Publications, 2007)에서 홀러웨이 자신과 다니엘 벤사이드, 미카엘 뢰비의 비판적 기고와 함께 홀러웨이의 명제에 관한 논의를 보라.

66. Gilbert Achcar, *Morbid Symptoms: Relapse in the Arab Uprising*(Stanford: Stanford University Press, 2016)을 보라.

67. 이런 관점에서 이 책은 *Left-Wing Melancholia: Marxism, History, and Memory*(New York: Columbia University Press, 2017)에서 시작된 성찰을 이어간다.

제1장: 역사의 기관차

1. Karl Marx, 'The Class Struggle in France', *MECW*, vol. 10(한국어판 다수), 122쪽.[옮긴이]

2. Michael Robbins, *The Railway Age*(London: Routledge and Kegan Paul, 1962)를 보라.[옮긴이]

3. 앞의 책, 37쪽.

4. Eric Hobsbawm, *The Age of Capital 1848-1875*(New York: Vintage Books)([한국어판] 에릭 홉스봄 지음, 정도영 옮김, 『자본의 시대』, 한길사, 1998), 40쪽.

5. Richard White, *Railroaded: The Transcontinentals and the Making of Modern America*(New York: Norton, 2011)을 보라.

6. *MECW*, vol. 6, 486쪽.

7. 앞의 책, 488쪽.

8. 앞의 책.

9. Karl Marx, 'Economic Manuscripts' (1857), *MECW*, vol. 29, 39쪽.

10. 앞의 책, 384쪽. 자본주의를 무한한 경제 체제로 보는 이런 사고에 관해서는 John Bellamy Foster, Brett Clark and Richard York, *The Ecological Rift: Capitalism's War on the Earth*(New York: Monthly Review Press, 2010), 39~40쪽과 John Bellamy Foster, 'Marx's *Grundrisse* and the Ecological Contradictions of Capitalism', in Renato Musto(ed.), *Karl Marx's Grundrisse: Foundations of the Critique of Political Economy 150 Years Later*(London: Routledge, 2008), 100~1쪽을 보라. 마르크스는 이런 '한계'의 정의를 Hegel, *The Science of Logic*, ed. George di Giovanni(New York: Cambridge University Press, 2010)(한국어판 다수), 98~101, 153쪽에서 빌려왔다.

11. *MECW*, vol. 6, 487. 19세기 철도역의 다양한 고전주의적 풍모에 관해서는 Jürgen Osterhammel, *The Transformation of the World*(Princeton: Princeton University Press, 2014)([한국어판]위르겐 오스터함멜 지음, 박종일 옮김, 『대변혁』 1~3, 한길사, 2021), 300~2쪽을 보라.

12. Arno J. Mayer, *The Persistence of the Old Regime: Europe to the Great War*(New York: Pantheon Books, 1981), 4장.

13. Michel Chevalier, 'Chemins de fer', *Dictionnaire de l'économie politique*(Paris, 1852), 20쪽. Walter Benjamin, *The Arcades Project*, trans. Howard Eiland, Kevin McLaughlin(Cambridge, MA: Harvard University Press, 1999), 598쪽에서 재인용.

14. 앞의 글.

15. Charles Dickens, *Dombey and Son*(Oxford: Penguin, 1982), 236쪽. Michael Freeman, *Railways and the Victorian Imagination*(New Haven: Yale University Press, 1999), 45~6쪽도 보라.

16. Karl Marx, 'The Future Results of British Rule in India', *MECW*, vol. 12, 217쪽.

17. 앞의 글, 217~18쪽.

18. 앞의 글, 218쪽.

19. 앞의 글, 220쪽. 마르크스가 말년에 노트에 "그곳에서 공동체적 토지 소유를 억압한 것은 영국의 반달리즘 행위일 뿐이었고, 원주민들을 전진시킨 게 아니라 후진시켰다. 원시 공동체는 모두 똑같은 형태를 띠는 것은 아니다"라고 쓰면서 자신의 입장을 미묘하게 바꾼 것은 사실이다.(Draft of the Letter to Vera Zasulich, *MECW*, vol. 24, 365쪽). 이런 재평가와 마르크스 저작의 반유럽중심적 차원에 관해서는 Kevin B. Anderson,

Marx at the Margins: On Nationalism, Ethnicity, and Non-Western Societies(Chicago: University of Chicago Press, 2010)을 보라.

20. Karl Marx, 'Drafts of the Letter to Vera Zasulich,' *MECW*, vol. 24, 353쪽.

21. Friedrich Engels, 'Afterword to "On Social Relations in Russia"'(1894), *MECW*, vol. 27, 433쪽. 마르크스, 엥겔스와 러시아 인민주의자들 사이의 논쟁에 관해서는 Shanin(ed.), *Late Marx and the Russian Road*를 보라.

22. Osterhammel, *Transformation of the World*, 69~76쪽; Stephen Kern, *The Culture of Time and Space 1880-1918*(New York: Harvard University Press, 1984)([한국어판]스티븐 컨 지음, 박성관 옮김, 『시간과 공간의 문화사 1880-1918』, 휴머니스트, 2004), 11~15쪽; Eviatar Zerubavel, 'The Standardization of Time: A Sociohistorical Perspective', *American Journal of Sociology*, 88/1(1982): 1~23쪽.

23. Joseph Conrad, *The Secret Agent*(New York: Penguin, 2007)([한국어판]조셉 콘래드 지음, 왕은철 옮김, 『비밀요원』, 문학과지성사, 2006).

24. *MECW*, vol. 6, 490쪽.

25. 앞의 책, 490~1쪽. Michael Löwy, 'Marxism and Romanticism', in *On Changing the World: Essays in Political Philosophy, from Karl Marx to Walter Benjamin*(Atlantic Highlands, NJ: Humanities Press, 1993), 1~15쪽도 보라.

26. Freeman, *Railways and the Victorian Imagination*, 13, 44~5쪽과 Robbins, *The Railway Age*, 62~3쪽을 보라.

27. 베냐민이 기계 복제 시대에 예술작품의 유일성이 상실되는 과정을 분석한 것과 비슷하게 철도 여행의 표준화로 말미암아 풍경의 '아우라'가 사라진 현상을 서술하는 글로는 Wolfgang Schivelbusch, *The Railway Journey: The Industrialization of Time and Space in the Nineteenth Century*(Berkeley: University of California Press, 1986)([한국어판]볼프강 쉬벨부쉬 지음, 박진희 옮김, 『철도 여행의 역사』, 궁리, 1999), 41~2쪽을 보라.

28. Karl Marx, Friedrich Engels, 'Communist Manifesto', *MECW*, vol. 6(한국어판 다수), 486쪽.

29. Karl Marx, 'Capital, Volume I', *MECW*, vol. 35(한국어판 다수), 385쪽.

30. 앞의 책.

31. 앞의 책, 85쪽.

32. Osterhammel, *Transformation of the World*, 74쪽.

33. David Harvey, *Paris, Capital of Modernity*(London: Routledge, 2003)([한국어판]데이비드 하비 지음, 김병화 옮김, 『모더니티의 수도, 파리』, 글항아리, 2019), 48쪽을 보라.

34. Robbins, *The Railway Age*, 45쪽에서 재인용.

35. Karl Marx, 'Economic Manuscripts'(1857), *MECW*, vol. 29, 10쪽; 원문은 Marx,

Engels, *Werke*(Berlin: Dietz Verlag, 1983), vol. 42, 445쪽.

36. Schivelbusch, *The Railway Journey*, 195쪽.

37. 앞의 책, 193~5쪽.

38. Stavros Tombazos, *Time in Marx: The Categories of Time in Marx's Capital*(Chicago: Haymarket Books, 2015)를 보라.

39. *MECW*, vol. 29, 134쪽.

40. Reinhart Koselleck, 'Zeitverkürzung und Beschleunigung: Eine Studie zur Säcularisation', *Zeitschichten: Studien zur Historik*(Frankfurt: Suhrkamp, 2002), 182쪽.

41. 앞의 글, 193~5쪽.

42. Reinhart Koselleck, 'Historical Criteria of the Modern Concept of Revolution', in *Futures Past: On the Semantics of Historical Time*, trans. Keith Tribe(New York: Columbia University Press, 2004), 50쪽. 혁명 개념의 역사에 관해서는 Mayer, *The Furies*, 1장을 보라.

43. Karl Marx, 'Letter to Ludwig Kugelmann'(12 April 1871), *MECW*, vol. 44, 132쪽.

44. Marx, 'The Eighteenth Brumaire', 106쪽.

45. Benjamin, 'On the Concept of History', 395쪽. Bjorn Schiermer, 'The (In)Actuality of Walter Benjamin: On the Relation Between the Temporal and the Social in Benjamin's Work', *Time and Society*, 25/1(2016): 3~23쪽도 보라.

46. Heinz D. Kittsteiner, 'Reflections on the Construction of Historical Time in Karl Marx', *History and Memory*, 3/2(1991): 45~86쪽.

47. Karl Marx, 'A Contribution to the Critique of Political Economy'(1859), *MECW*, vol. 29, 264쪽.

48. *MECW*, vol. 5, 51쪽.

49. 이 개념은 마르크스의 유명한 「정치경제학 비판을 위하여」 1859년 서문에서 전개된다. 'A Contribution to the Critique of Political Economy', *MECW*, vol. 29, 261~5쪽.

50. Leon Trotsky, *The Permanent Revolution*(Seattle: Red Letter Press, 2010[1929])([한국어판]레온 트로츠키 지음, 정성진 옮김, 『연속혁명·평가와 전망』, 책갈피, 2003), 146쪽. 트로츠키의 이론에 관해서는 Michael Löwy, *The Politics of Uneven and Combined Development: The Theory of Permanent Revolution*(Chicago: Haymarket Books, 2010[1981])을 보라.

51. '마르크스와 헬름홀츠의 결합'에 관해서는 Anson Rabinbach, *The Human Motor: Energy, Fatigue, and the Origins of Modernity*(Berkeley: University of California Press, 1990), 72~4쪽을 보라. Osterhammel, *Transformation of the World*, 651~2쪽도 보라. 에이미 E. 웬들링에 따르면, 마르크스의 정치경제학 비판은 "헤겔에게서 물려받은 존재론적 노동 모델 위에 열역학 노동 모델을 겹쳐놓았다". Amy E. Wendling,

Karl Marx on Technology and Alienation(New York: Palgrave Macmillan, 2009), 59쪽. John Bellamy Foster and Paul Burkett, 'Classical Marxism and the Second Law of Thermodynamics', *Organization & Environment*, 21/1(2008): 3~37쪽도 보라.

52. Hermann Helmholtz, *Über die Erhaltung der Kraft*(1847). Fabio Bevilacque, 'Helmholtz's *Ueber die Erhaltung der Kraft*: The Emergence of a Theoretical Physicist', in David Cahan(ed.), *Hermann von Helmholtz and the Foundations of Nineteenth-Century Science*(Berkeley: University of California Press, 1993), 291~333쪽을 보라.

53. *MECW*, vol. 35, 187~8쪽. 원문은 Karl Marx, *Das Kapital*(Berlin: Dietz Verlag, 1975), vol. I, 192~3쪽.

54. 앞의 책, 389쪽; *Das Kapital*, 407쪽.

55. *MECW*, vol. 33, 340~1쪽.

56. *MECW*, vol. 35, 396쪽; *Das Kapital*, 414쪽.

57. Walter Benjamin, 'Theories of German Fascism'(1930), *WBSW*, vol. 2/1, 321쪽.

58. Agnes Heller, 'Paradigm of Production: Paradigm of Work', *Dialectical Anthropology*, 6(1981): 71~9쪽. 마르크스의 사고에서 이루어진 '인간학적 단절'에 관해서는 Massimo Tomba, 'Accumulation and Time: Marx's Historiography', *Capital and Class*, 37/3(2013): 356쪽도 보라.

59. Rabinbach, *The Human Motor*, 81~2쪽.

60. Daniel Bensaïd, *Marx for Our Times: Adventures and Misadventures of a Critique*(London: Verso, 2009), 277~80쪽을 보라.

61. Andreas Malm, *Fossil Capital: The Rise of Steam Power and the Roots of Global Warming*(London: Verso, 2016), 276쪽. 말름이 '초기'의 결정론적 마르크스와 '후기'의 구성주의적 마르크스를 구분하는 것과 달리, 나는 마르크스에게서 두 경향이 줄곧 공존했다고 주장한다.

62. 각각 Ted Benton, 'Marxism and Natural Limits: An Ecological Critique and Reconstruction', in Benton(ed.), *The Greening of Marxism*(New York: The Guilford Press, 1996), 157~86쪽과 Paul Burkett, *Marx and Nature: A Red and Green Perspective*(Chicago: Haymarket Books, 2014)를 보라.

63. Rabinbach, *The Human Motor*, 81쪽. Friedrich Engels, 'Anti-Dühring', *MECW*, vol. 25(한국어판 다수), 6장을 보라.

64. Karl Marx, 'The Future Results of British Rule in India', *MECW*, vol. 12, 222쪽.

65. *MECW*, vol. 35, 432쪽.

66. 앞의 책, 426~8쪽.

67. 앞의 책, 425~6쪽.

68. 마르크스의 추상적 노동과 구체적 노동의 구별에 관해서는 Moishe Postone, *Time*,

Labour, and Social Domination: A Reinterpretation of Marx's Critical Theory(New York: Cambridge University Press, 1996)을 보라.

69. Mark Simpson, *Trafficking Subjects: The Politics of Mobility in Nineteenth-Century America*(Minneapolis: University of Minnesota Press, 2004), 93쪽. 심프슨은 미셸 푸코가 『감시와 처벌』(*Discipline and Punish*, trans. Alan Sheridan(New York: Vintage Books, 1977)([한국어판]미셸 푸코 지음, 오생근 옮김, 『감시와 처벌』, 나남출판, 2020)에서 정교하게 설명한 근대 감옥 분석을 철도에 적용한다.

70. Michel de Certeau, *The Practice of Everyday Life*, trans. Steven Rendall(Berkeley: University of California Press, 2011), 111쪽.

71. Herbert Marcuse, *One-Dimensional Man: Studies in the Ideology of Advanced Industrial Society*(Boston: Beacon Press, 1964)([한국어판]헤르베르트 마르쿠제 지음, 박병진 옮김, 『일차원적 인간』, 한마음사, 2009), xvi쪽.

72. Eric Hobsbawm, 'The Machine Breakers', in *Labouring Men: Studies in the History of Labour*(London: Weidenfeld & Nicolson, 1964), 60쪽. 러다이트 운동에 관한 역사 서술 논쟁을 훌륭하게 재구성한 내용으로는 Philippe Minard, 'Le retour de Ned Ludd. Le Luddisme et ses interprétations', *Revue d'Histoire Moderne et Contemporaine*, 54/1(2007): 242~57쪽을 보라. 러다이트 운동의 텍스트에 관해서는 Kevin Binfield(ed.), *Writings of the Luddites*(Baltimore: Johns Hopkins University Press, 2004)를 보라.

73. E. P. Thompson, 'The Moral Economy of the English Crowd in the Eighteenth Century', in *Customs in Common*(New York: The New Press, 1993), 185~257쪽.

74. E. P. Thompson, *The Making of the English Working Class*(Harmondsworth: Penguin, 1968)([한국어판]에드워드 파머 톰슨 지음, 나종일·김인중·한정숙·노서경·김경옥·유재건 옮김, 『영국 노동계급의 형성』 상·하, 창비, 2000), 14장, 특히 593~604쪽.

75. Sylvie Lindeperg, 'L'opération cinématographique. Équivoques idéologiques et ambivalences narratives dans *La Bataille du Rail*', *Annales: Histoire, Sciences sociales*, 51/4(1996): 759~79쪽과 Christian Chevandier, 'La Résistance des cheminots: le primat de la fonctionnalité plus qu'une réelle spécificité', *Le Mouvement social*, 180(1997): 147~58쪽을 보라.

76. 고전적 연구인 Nels Anderson, *The Hobo: The Sociology of the Homeless Man*(Chicago: University of Chicago Press, 2014[1923])을 보라. "온갖 자료에서 정반대로 서술되긴 했지만 호보는 노동자다", 91쪽.

77. John Lennon, *Boxcar Politics: The Hobo in US Culture and Literature 1869-1956*(Boston: University of Massachusetts Press, 2014), 4쪽.

78. Rosa Luxemburg, *The Accumulation of Capital*(London: Routledge & Kegan Paul,

2003)([한국어판]로자 룩셈부르크 지음, 황선길 옮김, 『자본의 축적』 1·2, 지만지(지식을만드는지식), 2013), 391쪽.

79. 앞의 책, 396쪽.

80. 앞의 책, 366~7쪽.

81. 앞의 책, 367쪽.

82. Mike Davis, *Late Victorian Holocausts: El Niño Famines and the Making of the Third World*(London: Verso, 2001)([한국어판]마이크 데이비스 지음, 정병선 옮김, 『엘니뇨와 제국주의로 본 빈곤의 역사』, 이후, 2008), 332쪽에 있는 솔즈베리 경의 증언을 보라.

83. Teresa Van Hoy, *A Social History of Mexico's Railroads: Peons, Prisoners, and Priests*(Lanham: Rowman and Littlefield Publishers, 2008)을 보라.

84. Michael Matthews, *The Civilizing Machine: A Cultural History of Mexican Railroads 1876-1910*(Lincoln: University of Nebraska Press, 2013), 253쪽을 보라. 85쪽에서 지은이는 마르크스와 콩트를 '진보'의 전령으로 나란히 내세우는 미겔 볼라뇨스 카초의 감칠맛 나는 시를 인용한다.

85. John Coatsworth, 'Railroads, Landholding, and Agrarian Protest in the Early Porfiriato', *Hispanic American Historical Review*, 54/1(1974): 48~71쪽을 보라.

86. *MECW*, vol. 6, 488쪽.

87. John Reed, *Insurgent Mexico*(New York: D. Appleton, 1914)([한국어판]존 리드 지음, 박소현 옮김, 『반란의 멕시코』, 오월의봄, 2023), 144쪽.

88. Mariano Azuela, *The Underdogs: A Novel of the Mexican Revolution*, trans. Ilan Stavans and Anna More(New York: Norton, 2015)([한국어판]마리아노 아수엘라 지음, 민용태 옮김, 『천민들』, 홍영사, 2005), 183쪽. 철도와 '혁명기의 소설가들'에 관해서는 라피넬리의 훌륭한 연구를 보라. Jorge Raffinelli, 'Trenes revolucionarios: La mitología del tren en el imaginario de la Revolución', *Revista Mexicana de Sociología*, 51/2(1989): 296쪽.

89. 앞의 글, 298쪽.

90. Martín Luis Guzmán, *The Eagle and the Serpent*, trans. Harriet de Onís(Gloucester, MA: Peter Smith, 1969), 126쪽.

91. Adolfo Gilly, *The Mexican Revolution*(London: New Left Books, 1983), 8장.

92. 이 민주주의 개념은 클로드 르포르가 발전시킨 개념을 떠올리게 한다. Claude Lefort, *Democracy and Political Theory*(Cambridge: Polity Press, 1991).

93. Leopold Haimson, *The Russian Marxists and the Origins of Bolshevism*(Cambridge, MA: Harvard University Press, 1955); Andrzej Walicki, *The Controversy over Capitalism: Studies in the Social Philosophy of the Russian Populists*(Oxford: Clarendon, 1969) 등을 보라.

94. Vladimir I. Lenin, 'Imperialism: The Highest Stage of Capitalism', *LCW*, vol. 31,

190쪽.

95. Vladimir I. Lenin, 'Our Foreign and Domestic Position and Party Tasks'(1920), 앞의 책, 408~26쪽.

96. Stephen Kotkin, *Magnetic Mountain: Stalinism as Civilization*(Berkeley: University of California Press, 1997)을 보라.

97. Vladimir I. Lenin, 'Session of the All Russia C.E.C.' (April 29, 1918), *LCW*, vol. 27, 309쪽.

98. Victor Serge, *Memoirs of a Revolutionary*, trans. Peter Sedgwick(New York: New York Review of Books, 2012)([한국어판]빅토르 세르주 지음, 정병선 옮김,『한 혁명가의 회고록』, 오월의봄, 2014), 3장과 4장.

99. Eric Wollenberg, *The Red Army* (London: New Park Publications, 1978[1938]), 43쪽; Isaac Deutscher, *The Prophet Armed: Trotsky 1879-1921*(London: Verso, 2004[1954]) ([한국어판]아이작 도이처 지음, 김종철 옮김,『무장한 예언자 트로츠키』, 시대의창, 2017), 405쪽.

100. G. Balfour, *The Armoured Train: Its Development and Usage*(London: B.T. Batsford Ltd, 1981). Nicholas Bujalski, *Trotsky's Train and the Production of Soviet Space*(Ithaca: Cornell University working paper, 2013), 17쪽에서 재인용. 이 세미나 발표문은 이 주제를 다룬 최고의 연구다.

101. Leon Trotsky, *My Life*(New York: Charles Scribner's Sons, 1930)([한국어판]레온 트로츠키 지음, 박광순 옮김,『나의 생애』상·하, 범우사, 2001), 323쪽.

102. 앞의 책, 325쪽.

103. Leon Trotsky, *Terrorism and Communism: A Reply to Karl Kautsky*(London: Verso, 2007[1921])([한국어판]레온 트로츠키 지음, 슬라보예 지젝 엮음, 노승영 옮김,『트로츠키: 테러리즘과 공산주의』, 프레시안북, 2009).

104. Robert Argenbright, 'Documents from Trotsky's Train in the Russian State Military Archive: A Comment', *Journal of Trotsky Studies*, 4(1996): 9쪽; N. S. Tarkhova, 'Trotsky's Train: An Unknown Page in the History of the Civil War', in Terry Brotherstone and Paul Duke(eds), *The Trotsky Reappraisal*(Edinburgh: Edinburgh University Press, 1992), 27쪽.

105. Trotsky, *My Life*, 329쪽.

106. Bujalski, *Trotsky's Train*을 보라.

107. Leon Trotsky, *How the Revolution Armed: The Military Writing and Speeches of Leon Trotsky*, trans. Brian Pearce(London: New Park Publications, 1979-81), vol. 1, 206쪽.

108. Robert Wohl, *A Passion for Wings: Aviation and the Western Imagination 1908-1918*(New Haven: Yale University Press, 1994)를 보라. 새로운 속도의 문화가 도

래한 것에 관해서는 Philipp Blom, *The Vertigo Years: Europe 1900-1914*(New York: Basic Books, 2008)을 보라.

109. Wohl, *A Passion for Wings*, 66쪽에서 재인용.

110. 비행과 파시즘의 관계에 관해서는 Robert Wohl, *The Spectacle of Flight: Aviation and the Western Imagination 1920-1950*(New Haven: Yale University Press, 2005), 특히 2장을 보라.

111. H. G. Wells, *The War in the Air*(London: Penguin, 2011).

112. Benjamin, 'On the Concept of History', *WBSW*, vol. 4, 393쪽.

113. Ernst Jünger, *The Worker: Dominion and Form*, ed. Laurence Paul Hemming(Chicago: Northwestern University Press, 2017[1932])([한국어판]에른스트 윙거 지음, 최동민 옮김, 『노동자·고통에 관하여·독일 파시즘의 이론들』, 글항아리, 2020).

114. Hans Kohn, 'The Totalitarian Philosophy of War', *Proceedings of the American Philosophical Society*, 82/1(1939): 62쪽.

115. 노동animal laborans, 일homo faber, 행위vita activa의 구분에 관해서는 Hannah Arendt, *The Human Condition*, ed. Margaret Canovan(Chicago: University of Chicago Press, 1998[1958])([한국어판]한나 아렌트 지음, 이진우 옮김, 『인간의 조건』, 한길사, 2019)을 보라. 호모 파베르의 '광기'에 관해서는 Marco Revelli, *Oltre il Novecento: La politica, le ideologie e le insidie del lavoro*(Turin: Einaudi, 2001), 41~8쪽을 보라. 양차대전 사이의 볼셰비즘과 파시즘의 충돌에 관해서는 Enzo Traverso, *Fire and Blood: The European Civil War 1914-1945*(London: Verso, 2016)을 보라.

116. Benjamin, *Arcades Project*, 460쪽.

117. Walter Benjamin, 'Paralipomena to "On the Concept of History"', *WBSW*, vol. 4, 402쪽.

제2장: 혁명적 신체

1. [한국어판]카를 마르크스 지음, 강유원 옮김, 『헤겔 법철학 비판』, 이론과실천, 2011.

2. [한국어판]알렉산드라 콜론타이·클라라 체트킨·블라디미르 일리치 레닌·레온 트로츠키 지음, 정진희 엮음, 『마르크스주의자들의 여성해방론』, 책갈피, 2015.

3. Marc Chagall, *My Life*(New York: Orion Press, 1960), 137쪽. 당시 샤갈이 그린 그림들에 관해서는 Angela Lampe(ed.), *Chagall, Lissitzky, Malevich: The Russian Avant-Garde in Vitebsk, 1918-1922*(London: Prestel, 2018)을 보라.

4. Alexis de Tocqueville, *Recollections*(New York: McMillan, 1896), 92쪽.

5. 앞의 책, 93쪽.

6. 앞의 책, 94쪽.

7. 앞의 책, 230~1쪽.

8. Karl Marx, 'The Poverty of Philosophy'(1847), *MECW*, vol. 6([한국어판]칼 마르크스 지음, 강민철 옮김, 『철학의 빈곤』, 아침, 1989), 211쪽

9. Trotsky, *My Life*, 334쪽.

10. 앞의 책, 294쪽.

11. 앞의 책, 295쪽.

12. Elias Canetti, *The Torch in My Ear*(New York: Farrar, Straus and Giroux, 1982)([한국어판]엘리아스 카네티 지음, 이정길 옮김, 『귓속의 횃불』, 심설당, 1982), 244~52쪽.

13. Gabriel Tarde, 'Les crimes des foules', *Archives d'anthropologie criminelle*, 7(1892): 358쪽. 타르드와 르봉에 관해서는 Susanna Barrows, *Distorting Mirrors: Visions of the Crowd in Late Nineteenth-Century France*(New Haven: Yale University Press, 1981)과 Robert A. Nye, *The Origins of Crowd Psychology: Gustave Le Bon and the Crisis of Mass Democracy in the Third Republic*(London: Sage Publications, 1975)를 보라.

14. Canetti, *The Torch in My Ear*, 245쪽.

15. Martin Breaugh, *The Plebeian Experience: A Discontinuous History of Political Freedom*(New York: Columbia University Press, 2013), xv쪽.

16. Lenin, 'Two Tactics of Social-Democracy in the Democratic Revolution'(1905), *LCW*, 9(한국어판 다수): 113쪽.

17. Roger Caillois, *Man and the Sacred*(New York: Free Press, 1959)([한국어판]로제 카이와 지음, 권은미 옮김, 『인간과 성』, 문학동네, 1996), 163~80쪽; Mikhail Bakhtin, *Rabelais and His World*(Bloomington: Indiana University Press, 1984[1965])([한국어판]미하일 바흐찐 지음, 이덕형·최건영 옮김, 『프랑수아 라블레의 작품과 중세 및 르네상스의 민중문화』, 아카넷, 2001).

18. Alain Corbin, *The Village of Cannibals: Rage and Murder in France, 1870*, trans. Arthur Goldhammer(Cambridge, MA: Harvard University Press, 1993), 87~116쪽.

19. Jules Michelet, *Histoire de la Révolution française*(Paris: Gallimard, 1952), vol. 1.2, 1064쪽.

20. Benjamin, 'On the Concept of History', 394쪽.

21. John Reed, *Ten Days that Shook the World*(New York: Boni and Liveright, 1919)([한국어판]존 리드 지음, 서찬석 옮김, 『세계를 뒤흔든 열흘』, 책갈피, 2005), 336~7쪽.

22. *Daily Express*, 27 July 1936. Paul Preston, *The Spanish Holocaust: Inquisition and Extermination in Twentieth-Century Spain*(New York: Norton, 2012), 224쪽에서 재인용. 1936년 여름 공화파의 폭력에 관해서는 특히 José Luis Ledesma, *Los días de llamas de la revolución. Violencia y política en la retaguardia republicana de Zaragoza durante la guerra civil*(Zaragoza: Institución Fernando el Católico, 2003)

을 보라. 비슷한 형태의 반성직자주의가 파리코뮌에서 이미 벌어진 바 있었다. 당시에는 풍자적 의식이 치러지고 몇몇 교회가 클럽으로 바뀌었다. Jacqueline Lalouette, 'L'anticléricalisme sous la Commune', in Michel Cordillot(ed.), *La Commune de Paris 1871: les acteurs, l'événement, les lieux*(Paris: Éditions de l'Atelier, 2020), 682~4쪽을 보라.

23. Claudio Pavone, *A Civil War: A History of Italian Resistance*(London: Verso, 2014), 610~13쪽.

24. Alain Brossat, *Les Tondues: Un carnaval moche*(Paris: Manya, 1992)와 Fabrice Virgili, *La France 'virile': des femmes tondues à la Libération*(Paris: Payot, 2000)을 보라.

25. *La Lozère libre*, 15 October 1944. Alain Brossat, *La Libération, fête folle*(Paris: Éditions Autrement, 1994), 215쪽에서 재인용.

26. Mayer, *The Furies*, 17쪽에서 인용.

27. Hippolyte Taine, *Les origines de la France contemporaine*(Paris: Laffont, 1972), 192쪽.

28. Théophile Gauthier, *Tableau de siège: Paris, 1870-1871*(Paris: Charpentier et Cie., 1871), 373쪽. Paul Lidsky, *Les écrivains contre la Commune*(Paris: La Découverte, 1999), 46쪽도 보라.

29. Ernest Feydeau, *Consolation*(Paris: Amyot, 1872), 192쪽과 Maxime Du Camp, *Les convulsions de Paris*(Paris: Hachette, 1880), 342쪽. Lidsky, *Les écrivains contre la Commune*, 49, 60쪽도 보라.

30. Carolyn J. Eichner, *Surmounting the Barricades: Women in the Paris Commune*(Bloomington: Indiana University Press, 2004); Gay L. Gullickson, *Unruly Women of Paris: Images of the Commune*(Ithaca, NY: Cornell University Press, 1996) 등을 보라.

31. Gauthier, *Tableau de siège*, 243쪽.

32. Cesare Lombroso, Roberto Laschi, *Il delitto politico e le rivoluzioni*(Turin: Bocca, 1890), 35쪽과 Cesare Lombroso, *Criminal Man*(Durham: Duke University Press, 2006[1876]). 롬브로소의 '범죄인' 이론에 관해서는 Robert A. Nye, *Crime, Madness, and Politics in Modern France: The Medical Concept of National Decline*(Princeton: Princeton University Press, 1984), 97~131쪽을 보라.

33. Sebastian Haffner, *Churchill*(London: Haus Publisher, 2005), 67쪽에서 재인용.

34. Emilio Gentile, *Mussolini contro Lenin*(Roma: Laterza, 2017), 138쪽에서 재인용.

35. Gianluca Bonaiuti, 'Di alcune metamorfosi della metafora del "corpo politico" nella semantica europea', *Corpo sovrano: Studi sul concetto di popolo*(Roma: Meltemi, 2006), 15~48쪽을 보라.

36. Thomas Hobbes, *Leviathan*, ed. C. B. Macpherson(London: Penguin Classics, 1985)([한국어판]토마스 홉스 지음, 진석용 옮김, 『리바이어던』1·2, 나남출판, 2008), 227~28쪽.

37. Ernst Kantorowicz, *The King's Two Bodies: A Study in Medieval Political Theology*(Princeton: Princeton University Press, 1997[1957]), xviii쪽.

38. 앞의 책, 12쪽.

39. 앞의 책, 15쪽.

40. 앞의 책, 410쪽.

41. Daniel Arasse, *The Guillotine and the Terror*(New York: Viking, 1990), 157쪽에서 인용.

42. 앞의 책, 90쪽.

43. Michelet, *Histoire de la Révolution française*, vol. 2.1, 782쪽.

44. Arasse, *The Guillotine and the Terror*, 52~4, 90쪽에서 재인용.

45. Leon Trotsky, *Diary in Exile*(Cambridge, MA: Harvard University Press, 1976), 80~2쪽.

46. Nina Tumarkin, *Lenin Lives! The Lenin Cult in Soviet Russia*(Cambridge, MA: Harvard University Press, 1983), 162쪽에서 재인용.

47. 앞의 책, 165쪽.

48. 앞의 책, 168쪽.

49. Victoria E. Bonnell, *Iconography of Power: Soviet Political Posters Under Lenin and Stalin*(Berkeley: University of California Press, 1997), 151쪽.

50. Mona Ozouf, *Festivals and the French Revolution*(Cambridge, MA: Harvard University Press, 1988), 267, 282쪽.

51. Carl Schmitt, *Political Theology: Four Chapters on the Concept of Sovereignty*(Chicago: University of Chicago Press, 2005)([한국어판]칼 슈미트 지음, 김항 옮김, 『정치신학』, 그린비, 2010), 36쪽.

52. '인민의 두 신체' 개념에 관해서는 Eric L. Santner, *The Royal Remains: The People's Two Bodies and the Endgames of Sovereignty*(Chicago: University of Chicago Press, 2011); Pasquale Pasquino, 'Constitution et pouvoir constituant: le double corps du peuple', in Jean Salem, Vincent Denis and Pierre-Yves Quiviger(eds), *Figures de Sieyès*(Paris: Éditions de la Sorbonne, 2008); Jason Frank, 'The Living Image of the People', in Zvi Ben-Dor Benite, Stefanos Gerulanos and Nicole Jeer(eds), *The Scaffolding of Sovereignty: Global and Aesthetic Perspectives on the History of a Concept*(New York: Columbia University Press, 2017), 124~56쪽 등을 보라.

53. Frank, 'The Living Image of the People', 124, 142쪽을 보라.

54. Eric L. Santner, *The Royal Remains*, 95쪽. 샌트너는 T. J. Clark, *Farewell to an Idea:*

Episodes from a History of Modernism(New Haven: Yale University Press, 1999), 15~53쪽을 참조한다.

55. Claude Lefort, *The Political Forms of Modern Society*(Cambridge, MA: MIT Press, 1986), 279쪽.

56. Claude Lefort, 'The Question of Democracy', *Democracy and Political Theory*(Cambridge: Polity Press, 1991), 27쪽. 르포르를 따라 '신체정치의 탈실체화 desubstantialization of the body politics'가 정치적 근대의 주요 특징 가운데 하나라고 설명하는 필리프 라쿠-라바르트와 장-뤽 낭시도 보라. Philippe Lacoue-Labarthe and Jean-Luc Nancy, *Retreating the Political*, ed. Simon Sparks(London: Routledge, 1997), 127쪽. 마크 네오클레우스는 르포르의 이론을 비판하면서 인민의 '사회적 신체'를 통한 주권 '통합incorporation'의 새로운 형태가 도래한 것이라고 민주주의를 정의한다. Mark Neocleous, 'The Fate of the Body Politics', *Radical Philosophy*, 108(2001): 29~38쪽.

57. Hans Kelsen, *General Theory of Law and State*(Cambridge, MA: Harvard University Press, 1945[1925]), 289쪽.

58. Gaspar Melchor de Jovellanos, 'Notas a los Apéndices a la Memoria en defensa de la Junta central'(1810), *Escritos políticos y filosóficos*(Barcelona: Folio, 1999), 210쪽. Elias Palti, *An Archeology of the Political: Regimes of Power from the Seventeenth Century to the Present*(New York: Columbia University Press, 2017), 90~1쪽도 보라.

59. Carl Schmitt, *Constitutional Theory*, Foreword by Ellen Kennedy(Durham: Duke University Press, 2008[1928])([한국어판]Carl Schmitt 지음, 김기범 옮김, 『헌법론』, 교문사, 1976), 302, 338쪽 및 131, 242쪽도 보라. Giorgio Agamben, 'What Is a People?' in *Means Without End: Notes on Politics*(Minneapolis: University of Minnesota Press, 2000)([한국어판]조르조 아감벤 지음, 김상운·양창렬 옮김, 『목적 없는 수단』, 난장, 2009), 29~36쪽도 보라.

60. Emmanuel-Joseph Sieyès, *Qu'est-ce que le Tiers État?*(Paris: Flammarion, 1988), 37, 164, 172~3쪽; English trans. 'What is the Third Estate?' in E.-J. Sieyès, *Political Writings*, ed. Michael Sonenscher(Indianapolis/Cambridge, MA: Hackett, 2003)([한국어판]E.J. 시에예스 지음, 박인수 옮김, 『제3신분이란 무엇인가』, 책세상, 2021).

61. E.-J. Sieyès, 'Dire de l'Abbé Sieyès sur la question du Veto royal à la séance du 7 septembre 1789', 'Esclaves', and 'La Nation', *Écrits politiques*(Paris: Éditions des Archives contemporaines, 1985), 75, 89, 236쪽. 시에예스의 '능동적' 시민과 '수동적' 시민의 구분에 관해서는 Nadia Urbinati, *Representative Democracy: Principles and Genealogy*(Chicago: University of Chicago Press, 2006), 138~61쪽 및 167, 207쪽과 Luca Scuccimarra, 'Généalogie de la Nation: Sieyès comme fondateur de la communauté politique', *Revue française d'histoire des idées politiques*, 33(2011):

27~45쪽을 보라.

62. Maximilien Robespierre, 'Contre le régime censitaire'(1789), *Pour le bonheur et la liberté: discours*(Paris: Éditions La fabrique, 2000), 24~7쪽; François Furet, *Interpreting the French Revolution*(New York: Cambridge University Press, 1981), 60쪽.

63. 주권의 시각화를 지적하면서도 인민의 배제에 관심을 기울이지 않는 이 그림의 다른 해석에 관해서는 Antoine de Baecque, *The Body Politic: Corporeal Metaphor in Revolutionary France 1770-1800*(Stanford: Stanford University Press, 1997), 192~3쪽을 보라.

64. Friedrich Engels, 'The Origin of the Family, Private Property and the State. In the Light of the Researches by Lewis H. Morgan'(1884)(한국어판 다수), *MECW*, vol. 26, 272쪽.

65. Marx, 'The Eighteenth Brumaire', 185쪽.

66. Karl Marx, 'The Civil War in France'(1871)(한국어판 다수), *MECW*, vol. 22, 331쪽.

67. 앞의 글, 332쪽.

68. 앞의 글, 355쪽.

69. *MECW*, vol. 11, 178쪽.

70. Lenin, 'State and Revolution'(한국어판 다수), *LCW*, vol. 25, 391쪽.

71. 앞의 글, 401쪽; *MECW*, vol. 25, 268쪽.

72. 앞의 책.

73. Antonio Negri, *Insurgencies: Constituent Power and the Modern State*(Minneapolis: University of Minnesota Press, 1999), 229쪽.

74. 노르베르토 보비오가 마르크스주의 정치 이론에는 "권력 행사의 교의"가 전혀 없다고 보면서 내린 결론이다. Norberto Bobbio, *Né con Marx né contro Marx*(Roma: Editori Riuniti, 1997), 49쪽을 보라.

75. Giorgio Agamben, *The Use of Bodies*(Stanford: Stanford University Press, 2016), 267쪽.

76. Leon Trotsky, *History of the Russian Revolution*, trans. Max Eastman(Chicago: Haymarket Books, 2008), 150쪽.

77. 이런 의미론적 설명을 해준 니컬러스 부잘스키에게 감사한다.

78. *LCW*, vol. 25, 409쪽.

79. *LCW*, vol. 44, 445쪽.

80. Leon Trotsky, *Terrorism and Communism: A Reply to Karl Kautsky*(London, New York: Verso, 2017), 104쪽.

81. 앞의 책, 132쪽.

82. 앞의 책, 159쪽.

83. Leon Trotsky, *Our Political Tasks*(London: New Park Publications, 1983[1904]).

84. Kantorowicz, *The King's Two Bodies*, 89쪽.

85. 이 논의는 Tumarkin, *Lenin Lives!*, 175~82쪽에 잘 요약돼 있다.

86. Alexei Yurchak, 'Bodies of Lenin: The Hidden Science of Communist Sovereignty', *Representations*, 129(2015): 116~57쪽.

87. Josef Stalin, 'On the Death of Lenin', *Collected Works*(Moscow: Foreign Languages Publishing House, 1953), vol. 6, 47~53쪽.

88. Tumarkin, *Lenin Lives!*, 181쪽에서 재인용.

89. Nikolai Krementsov, *Revolutionary Experiments: The Quest for Immortality in Bolshevik Science and Fiction*(New York: Oxford University Press, 2014), 29쪽에서 재인용.

90. Mona Ozouf, 'Régénération', in François Furet and Mona Ozouf (eds), *Dictionnaire critique de la Révolution française. Tome 4. Idées*(Paris: Flammarion, 1992), 373쪽.

91. De Baecque, *The Body Politic*, 131~56쪽.

92. 앞의 책, 134쪽.

93. 앞의 책, 136쪽.

94. 앞의 책, 240쪽.

95. 앞의 책, 68쪽.

96. 앞의 책, 310~11쪽.

97. Sieyès, *Qu'est-ce que le Tiers État?*, 172~3쪽.

98. 이 포스터들에 관한 자세한 설명으로는 Bonnell, *Iconography of Power*, 202, 196~7쪽을 보라.

99. 보그다노프의 지적 초상에 관해서는 James White, *Red Hamlet: The Life and Ideas of Alexander Bogdanov*(Leiden: Brill, 2018)을, 그의 수혈 이론에 관해서는 Nikolai Krementsov, *A Martian Stranded on Earth: Alexander Bogdanov, Blood Transfusions, and Proletarian Science*(Chicago: The University of Chicago Press, 2011)을 보라.

100. Krementsov, *A Martian Stranded on Earth*, 96쪽에서 재인용.

101. Mark D. Steinberg, *Proletarian Imagination: Self, Modernity, and the Sacred in Russia, 1910-1925*(Ithaca: Cornell University Press, 2002)를 보라.

102. Leon Trotsky, *Literature and Revolution*(Chicago: Haymarket, 2005)(한국어판 다수), 205쪽.

103. 앞의 책, 206쪽.

104. 앞의 책, 207쪽.

105. 앞의 책.

106. Dziga Vertov, 'Kino-Eye', *Kino-Eye: The Writings of Dziga Vertov*, eds Annette Michelson and Kevin O'Brien(Berkeley: California University Press, 1984)([한국어판] 지가 베르토프 지음, 김영란 옮김, 『키노 아이』, 이매진, 2006), 17쪽.

107. Ernst Bloch, *The Principle of Hope*(London: Basil Blackwell, 1986)([한국어판]에른스트 블로흐 지음, 박설호 옮김, 『희망의 원리』, 열린책들, 2004), 205~18쪽.

108. Domenico Losurdo, *Liberalism: A Counter-History*(London: Verso, 2010), 141쪽을 보라.

109. Michel-Rolph Trouillot, *Silencing the Past: Power and the Production of History*(Boston: Beacon Press, 1995)([한국어판]미셸-롤프 트루요 지음, 김명혜 옮김, 『과거 침묵시키기』, 그린비, 2011), 3장.

110. C. L. R. James, *The Black Jacobins: Toussaint L'Ouverture and the San Domingo Revolution*(New York: Vintage Books, 1989)([한국어판]시 엘 아르 제임스 지음, 우태정 옮김, 『블랙 자코뱅』, 필맥, 2007), ix쪽. Robin Blackburn, *The Overthrow of Colonial Slavery: 1776-1848*(London, New York: Verso, 1988)도 보라.

111. Condorcet, 'On the Emancipation of Women. On Giving Women the Rights of Citizenship'(1790), *Political Writings*, eds Steven Lukes and Nadia Urbinati(New York: Cambridge University Press, 2012), 156~62쪽; Olympe de Gouges, 'Déclaration des droits de la Femme, dédiée à la reine'(1791), *Œvres*, ed. Benoîte Groult(Paris: Mercure de France, 1986)(한국어판 다수), 101~12쪽 등을 보라.

112. 이 논쟁에 관해서는 Jonathan I. Israel, *The Enlightenment that Failed: Ideas, Revolution, and Democratic Defeat, 1748-1830*(New York: Oxford University Press, 2019), 11장과 Florence Lotterie, *Le genre des Lumières. Femme et philosophie au xviii siècle*(Paris: Classiques Garnier, 2013)을 보라.

113. Jonathan I. Israel, *The Enlightenment that Failed*, 351쪽에서 재인용.

114. Dominique Godineau, *The Women of Paris and Their French Revolution*(Berkeley: University of California Press, 1998)을 보라.

115. Denise Riley, 'Does a Sex Have a History? "Women" and Feminism', *New Formations*, 1(1987): 39~40쪽을 보라.

116. Joan W. Scott, *Only Paradoxes to Offer: French Feminists and the Rights of Man*(Cambridge, MA: Harvard University Press, 1996)([한국어판]조앤 월라치 스콧 지음, 공임순·이화진·최영석 옮김, 『페미니즘 위대한 역사』, 앨피, 2017), 48쪽에서 재인용.

117. 앞의 책. 프랑스 대혁명만을 다룬 2장, 19~55쪽을 보라.

118. Wendy Z. Goldman, *Women, the State and Revolution: Soviet Family Policy and Social Life 1917-1936*(Cambridge: Cambridge University Press, 1993), 1장. Anna Krylova, 'Bolshevik Feminism and Gender Agendas of Communism', in

Silvio Pons(ed.), *The Cambridge History of Communism: 1. World Revolution and Socialism in One Country 1917-1941*(New York: Cambridge University Press, 2017), 424~8쪽도 보라.

119. Dan Healey, *Homosexual Desire in Revolutionary Russia: The Regulation of Sexual and Gender Dissent*(Chicago: University of Chicago Press, 2001), 126쪽; Francis Lee Bernstein, *The Dictatorship of Sex: Lifestyle Advice for the Soviet Masses*(Dekalb: Northern Illinois University Press, 2007), 63쪽 등을 보라.

120. Healey, *Homosexual Desire in Revolutionary Russia*, 132~3쪽.

121. '성적 테르미도르'라는 표현은 Tariq Ali, *The Dilemmas of Lenin: Terrorism, War, Empire, Love, Revolution*(London: Verso, 2017), 271쪽에서 가져온 것이다. 프랜시스 리 번스타인은 1920년대의 '성혁명'을 1930년대의 '거대한 후퇴'와 대립시킨다. Frances Lee Bernstein, *Dictatorship of Sex*, 5쪽.

122. 1923년에 알렉산드라 콜론타이가 출간한 책의 제목. *Red Love*(New York: Seven Arts Publishing, 1927)([한국어판]알렉산드라 미하일로브나 콜론타이 지음, 정호영 옮김, 『콜론타이의 붉은 사랑』, 노사과연[노동사회과학연구소], 2013).

123. Alexandra Kollontai, 'The New Woman', *The Autobiography of a Sexually Emancipated Communist Woman*(New York: Herder and Herder, 1971), 94쪽. 콜론타이의 사랑 개념에 관해서는 Michael Hardt, 'Red Love', *South Atlantic Quarterly*, 116/4(2017): 781~96쪽을 보라. Matthieu Renault, 'Alexandra Kollontai et le dépérissement de la famille ... ou les deux verres d'eau de Lénine', in Félix Boggio and Éwanjé Épée(eds), *Pour un féminisme de la totalité*(Paris: Amsterdam, 2017), 63~87쪽도 보라.

124. 앞의 글, 93쪽.

125. Alexandra Kollontai, *Selected Writings*, ed. Alix Holt(London: Allison & Busby, 1977), 34쪽.

126. Alexandra Kollontai, 'Theses on Communist Morality in the Sphere of Marital Relations', 앞의 책, 231쪽. 이런 평가는 "질투하는 사람은 무엇보다도 사유재산 소유자"라고 여긴 젊은 카를 마르크스의 평가와 일치했다. Sheila Rowbotham, *Women, Resistance and Revolution: A History of Women and Revolution in the Modern World*(London, New York: Verso, 2014 [1974]), 76쪽에서 재인용.

127. Kollontai, 'Make Way for Winged Eros: A Letter to Working Youth', *Selected Writings*, 276~92쪽.

128. Beatrice Farnsworth, *Alexandra Kollontai: Socialism, Feminism, and the Bolshevik Revolution*(Stanford: Stanford University Press, 1981)([한국어판]B. 판스워드 지음, 신민우 옮김, 『알렉산드라 콜론타이』, 풀빛, 1987), 167쪽을 보라.

129. Alexander Etkind, 'Trotsky's Offspring: Revolutionaries, Psychoanalysis, and the

Birth of Freudo-Marxism', *Times Literary Supplement*, 9 August 2013, 14~15쪽을 보라.

130. Galina Hristeva and Philip W. Bennett, 'Wilhelm Reich in Soviet Russia: Psychoanalysis, Marxism, and the Stalinist Reaction', *International Forum of Psychoanalysis*, 27/1(2018): 54~69쪽을 보라.

131. Clara Zetkin, *Reminiscences of Lenin*(London: International Publishers, 1934), 54쪽.

132. 앞의 책, 65쪽. 섹슈얼리티에 관한 레닌의 견해에 관해서는 Bernstein, *Dictatorship of Sex*, 34~8쪽을 보라.

133. Bernstein, *Dictatorship of Sex*, 4쪽. Tricia Starks, *The Body Soviet: Propaganda, Hygiene, and the Revolutionary State*(Madison: University of Wisconsin Press, 2008)도 보라. 이 두 저작은 1920년대 소비에트 정권의 위생 정책을 심층적으로 분석한다.

134. Starks, *The Body Soviet*, 198쪽에서 재인용.

135. 앞의 책, 169~71쪽.

136. Bernstein, *Dictatorship of Sex*, 39~40쪽에서 재인용.

137. 앞의 책, 29쪽.

138. Étienne Tassin, 'Le rêve, le désir et le réel. Marx ou Cabet', *Tumultes*, 47(2016): 43~60쪽을 보라.

139. Lenin, 'A "Scientific" System of Sweating', *LCW*, vol. 18, 594~5쪽.

140. *LCW*, vol. 42, 79~80쪽.

141. 앞의 책, 80쪽. 레닌이 언급한 책은 아마 이듬해 베를린에서 출간되는 독일어 번역판일 것이다. Frederik W. Taylor, *Shop Management*(New York: Harper & Brothers, 1911)([한국어판]프레드릭 테일러 지음, 방영호 옮김, 『과학적 관리법』, 21세기북스, 2010). 레닌이 테일러를 수용한 것에 관해서는 James G. Scoville, 'The Taylorization of Vladimir Ilich Lenin', *Industrial Relations*, 40/4(2001): 620~6쪽과 Rainer Traub, 'Lenin and Taylor: The Fate of "Scientific Management" in the (Early) Soviet Union', *Telos*, 21(1978): 82~92쪽을 보라.

142. 앞의 책, 89쪽.

143. 이것이 Lewis H. Siegelbaum, *Stakhanovism and the Politics of Productivity in the USSR 1935-1941*(New York: Cambridge University Press, 1990), 295쪽의 결론이다.

144. Leon Trotsky, *The Revolution Betrayed*(Chicago: Haymarket, 1973)([한국어판]레온 트로츠키 지음, 김성훈 옮김, 『배반당한 혁명』, 갈무리, 2018), 89~94쪽.

145. Rolf Hellebust, 'Alexei Gastev and the Metallization of the Revolutionary Body', *Slavic Review*, 56/3(1997): 500~18쪽, 특히 504쪽에서 재인용.

146. 앞의 글, 505쪽.

147. Richard Stites, *Revolutionary Dreams: Utopian Vision and Experimental Life in the*

Russian Revolution(New York: Oxford University Press, 1989), 151쪽에서 재인용.

148. 앞의 책, 152쪽.

149. Ernst Jünger, *The Worker: Dominion and Form*(Evanston: Northwestern University Press, 2017).

150. Alexei Gastev, 'We Grow Out of Iron'. Hellebust, 'Metallization of the Revolutionary Body', 505쪽에서 재인용.

151. Ernst Jünger, 'Der Kampf als innere Erlebnis', *Sämtliche Werke*(Stuttgart: Klett-Cotta, 1980), vol. 7, 11쪽. Thomas Nevin, *Ernst Jünger and Germany: Into the Abyss, 1914-1945*(Durham: Duke University Press, 1996), 71~4쪽도 보라.

152. Jonathan Pitches, 'The Theatricality Reflex: The Place of Pavlov and Taylor in Meyerhold's Biomechanics', *Science and the Stanislavsky Tradition of Acting*(New York: Routledge, 2006), 49쪽에서 재인용.

153. Marie-Christine Autant-Mathieu, 'De l'Octobre théatral au dressage des arts', in Nicolas Liucci-Goutnikov(ed.), *Rouge: Art et utopie au pays des Soviets*(Paris: Réunion des Musées Nationaux, 2019), 140쪽.

154. Antonio Gramsci, 'The Factory Worker'(1920), *Pre-Prison Writings*, ed. Richard Bellamy(Cambridge: Cambridge University Press, 1994)([한국어판]안토니오 그람시 지음, 리처드 벨라미 엮음, 김현우·장석준 옮김, 『안토니오 그람시 옥중수고 이전』, 갈무리, 2011), 153쪽.

155. Antonio Gramsci, 'The Factory Council'(1920), 앞의 책, 167쪽.

156. Antonio Gramsci, 'Americanism and Fordism'(1934), *The Antonio Gramsci Reader: Selected Writings 1916-1935*, ed. David Forgacs(New York: Schocken Books, 1988), 290쪽.

157. 앞의 책, 288쪽.

158. 앞의 책, 289쪽.

제3장 개념, 상징, 기억의 영역

1. Pierre Nora, 'Y a-t-il des lieux de mémoire européens?', in *Présent, nation, mémoire*(Paris: Gallimard, 2011), 386쪽.

2. Arno J. Mayer, *The Furies: Violence and Terror in the French and Russian Revolutions*(Princeton: Princeton University Press, 2000), 26쪽.

3. Alain Guéry, 'Révolution: un concept et son destin', *Le Débat*, 57(1989): 106~128쪽 을 보라.

4. Karl Marx, 'The Eighteenth Brumaire of Louis Bonaparte'(1852), *MECW*, vol. 11, 104쪽.

5. Reinhart Koselleck, 'Historical Criteria of the Modern Concept of Revolution'(1969), in Keith Tribe(ed.), *Futures Past: On the Semantics of Historical Time*(Cambridge, MA: MIT Press, 1985), 43~57쪽.

6. Norberto Bobbio, *Left and Right: The Significance of a Political Distinction*, trans. Allan Cameron(Chicago: Chicago University Press, 1996)을 보라.

7. Mayer, *The Furies*, 597~9쪽.

8. Immanuel Kant, *The Conflict of the Faculties*, trans. Mary I. Gregor(Lincoln: University of Nebraska Press, 1992)(한국어판 다수), 159쪽. 칸트와 프랑스 대혁명에 관해서는 André Tosel, *Kant révolutionnaire*(Paris: Presses universitaires de France, 1988)과 Domenico Losurdo, *Autocensura e compromesso nel pensiero politico di Kant*(Naples: Bibliopolis, 1983)을 보라.

9. G. W. F. Hegel, *Philosophy of History*, trans. J. Sibree(New York: Home Library Company, 1902), 556, 557~8쪽. 이 주제를 종합적으로 논의한 글로는 Joachim Ritter, 'Hegel and the French Revolution'(1956), *Hegel and the French Revolution: Essays on the Philosophy of Right*(Cambridge, MA: MIT Press, 1982), 35~9쪽과 더 넓은 관점에서 논의하는 Ferenc Feher, *The French Revolution and the Birth of Modernity*(Berkeley: California University Press, 1992. 등도 보라.

10. *Hegel and the Human Spirit: A Translation of the Jena Lectures on the Philosophy of Spirit(1805-6)*, ed. Leo Rauch(Detroit: Wayne State University Press, 1983), 157쪽.

11. Herbert Marcuse, *Reason and Revolution: Hegel and the Rise of Social Theory*(London: Routledge, 1955[1941]), 409쪽. Georg Lukacs, *The Young Hegel: Studies in the Relations Between Dialectics and Economics*, trans. Rodney Livingstone(London: Merlin Press, 1975[1938]), 311쪽.

12. Karl Marx, 'The Class Struggle in France'(1850), *MECW*, vol. 10, 127쪽. 마르크스뿐만 아니라 1848년 사회주의 운동의 논쟁에서 독재 개념을 신중하게 재구성한 것에 관해서는 Hal Draper, *Karl Marx's Theory of Revolution*(New York: Monthly Review Press, 1986), vol. 3, 특히 4장, 58~67쪽을 보라. Frederic L. Bender, 'The Ambiguities of Marx's Concepts of Proletarian Dictatorship and Transition to Communism', *History of Political Thought*, 2/3(1981): 525~55쪽도 보라.

13. V. I. Lenin, 'State and Revolution'(1918), *LCW*, vol. 25, 390쪽.

14. Letter to Joseph Weydemeyer of 5 March 1852, *MECW*, vol. 39, 62~5쪽. 독재와 마르크스의 편지에 관해 바이데마이어가 쓴 논설에 관해서는 Draper, *Karl Marx's Theory of Revolution*, vol. 3, 15장을 보라.

15. Karl Marx, 'The Civil War in France'(1871), *MECW*, vol. 22, 334쪽.

16. Friedrich Engels, 'Introduction to K. Marx's The Civil War in France'(1891), *MECW*, vol. 27, 191쪽.

17. Jacques Texier, *Révolution et démocratie chez Marx et Engels*(Paris: Presses Universitaires de France, 1998), 131~44쪽을 보라.

18. 앞의 책, 23쪽. Karl Marx, 'On the Hague Congress'(1872), *MECW*, vol. 23, 255쪽도 보라.

19. Friedrich Engels, 'Introduction to Marx's *The Class Struggles in France*'(1895), *MECW*, 27, 520쪽. 만년의 엥겔스가 이런 재평가를 내린 것에 관해서는 Texier, *Révolution et démocratie*, 169~224쪽을 보라.

20. Lenin, 'The State and Revolution', 392쪽.

21. 앞의 글, 404쪽. Karl Marx, 'Capital'(1867), *MECW*, vol. 35, 739쪽과 Friedrich Engels, 'Anti-Dühring: Herr Eugen Dühring's Revolution in Science'(1878), *MECW*, vol. 25, 171쪽을 보라. 혁명적 폭력에 관한 마르크스주의의 논쟁을 비판적으로 재구성한 논의로는 Étienne Balibar, 'Reflections on *Gewalt*', *Historical Materialism*, 17(2009): 99~125쪽과 Titus Engelschall, Elfriede Müller and Krunoslav Stojaković, *Revolutionäre Gewalt: Ein Dilemma*(Berlin: Mandelbaum, 2019)를 보라.

22. Lenin, 'State and Revolution', 401쪽. Engels, 'Anti-Dühring', 268쪽.

23. Engels, 'Origin of the Family', 272쪽.

24. Hans Kelsen, *The Political Theory of Bolshevism*(Berkeley: University of California Press, 1948), 10~13쪽.

25. 노르베르토 보비오는 *Which Socialism? Marxism, Socialism, and Democracy*(Cambridge: Polity Press, 1987)에서 이런 비판적 논평을 개략적으로 제시했다.

26. Nikolai Bukharin and Evgenii A. Preobrazhensky, *The ABC of Communism*(London: Merlin Press, 2007), 91쪽.

27. Martin Malia, *The Soviet Tragedy: A History of Socialism in Russia 1917-1991*(New York: Free Press, 1994), 167~8쪽을 보라.

28. Giorgio Agamben, *State of Exception*(Chicago: The University of Chicago Press, 2005)([한국어판]조르조 아감벤 지음, 김항 옮김, 『예외상태』, 새물결, 2009), 3쪽.

29. 앞의 책, 86쪽.

30. Norberto Bobbio, *Teoria generale della politica*(Turin: Einaudi, 1999), 183~99쪽에 이 논쟁이 잘 요약되어 있다.

31. Agamben, *State of Exception*, 41~5쪽.

32. Carl Schmitt, *Dictatorship: From the Origin of the Modern Concept of Sovereignty to Proletarian Class Struggle*(Cambridge: Polity Press, 2014)([한국어판]칼 슈미트 지음, 김효전 옮김, 『독재론』, 법원사, 1996), 179쪽.

33. Edmund Burke, *Reflections on the Revolution in France*, ed. L.G. Mitchell(Oxford: Oxford University Press 1993[1790])([한국어판]에드먼드 버크 지음, 이태숙 옮김, 『프

랑스 혁명에 관한 성찰』, 한길사, 2017).

34. Joseph de Maistre, *Considerations on France*(1797), ed. Richard A. Lebrun, preface by Isaiah Berlin(Cambridge: Cambridge University Press, 1994), 4쪽.

35. 앞의 책, 8, 13쪽.

36. Isaiah Berlin, 'Joseph de Maistre and the Origins of Fascism' (1990), *The Crooked Timber of Humanity*, ed. Henry Hardy(Princeton: Princeton University Press, 2013), 97쪽에서 재인용.

37. Maistre, *Considerations on France*, 38, 41, 105쪽.

38. Joseph de Maistre, *St Petersburg Dialogues: Or, Conversations on the Temporal Government of Providence*, ed. Richard A. Lebrun(Montreal: McGill-Queen's University Press, 1993), 20쪽. Berlin, 'Joseph de Maistre and the Origins of Fascism', 119~120쪽도 보라.

39. Carl Schmitt, 'The Unknown Donoso Cortés' (1929), *Telos*, 125(2002): 85쪽. Carl Schmitt, 'On the Counterrevolutionary Theory of the State(de Maistre, Bonald, Donoso Cortés)', *Political Theology: Four Chapters on the Political Sovereignty*, ed. Georg Schwab(Chicago: University of Chicago Press, 2006. 4장, 53~65쪽도 보라.

40. Schmitt, 'The Unknown Donoso Cortés', 83쪽.

41. Carl Schmitt, 'A Pan-European Interpretation of Donoso Cortés'(1944), *Telos*, 125(2002): 101쪽.

42. Donoso Cortés, 'Discurso sobre la dictadura'(1849), *Discursos políticos*, ed. Agapito Maestre(Madrid: Tecnos, 2002), 6~7쪽.

43. Donoso Cortés, 'Discurso sobre la situación general de Europa'(1850), *Discursos políticos*, 38쪽.

44. Schmitt, *Political Theology*, 58쪽.

45. Hippolyte Taine, *Les origines de la France contemporaine. La Révolution: I. L'anarchie*(Paris: Laffont, 1972[1878]), 123쪽.

46. Cesare Lombroso, 'Le rivoluzioni e il delitto', *Delitto, genio, follia. Scritti scelti*(Turin: Bollati Boringhieri, 1995), 648~59쪽. Sergio Luzzatto, 'Visioni europee della Rivoluzione francese', *Ombre rosse. Il romanzo della Rivoluzione francese nell'Ottocento*(Bologna: Il Mulino, 2004), 1장도 보라.

47. Albert Mathiez, *Le bolchevisme et le jacobinisme*(Paris: Librairie du Parti socialiste et de l'Humanité, 1920).

48. Bertrand Russell, *The Practice and Theory of Bolshevism*(New York: Harcourt Brace and Howe, 1920), 3쪽.

49. Zeev Sternhell, *La droite révolutionnaire 1885-1914. Les origines françaises du fascisme*(Paris: Folio-Gallimard, 1997); George L. Mosse, *The Fascist Revolution:*

Towards a General Theory of Fascism(New York: Howard Fertig, 1999).

50. Stefan Breuer, *Anatomie de la Révolution conservatrice*(Paris: Éditions de la Maison des Sciences de l'Homme, 1996)과 Jeffrey Herf, *Reactionary Modernism: Technology, Politics, and Culture in Weimar and the Third Reich*(New York: Cambridge University Press, 1985)를 보라.

51. Emilio Gentile, *The Sacralization of Politics in Fascist Italy*(Cambridge: Harvard University Press, 1996); Simonetta Falasca-Zamponi, *Fascist Spectacle: The Aesthetics of Power in Mussolini's Italy*(Berkeley: University of California Press, 1997); Maddalena Carli, 'Par la volonté du Duce et par l'œuvre du parti: le mythe du chef dans le guide historique de l'exposition de la révolution fasciste', *Les Cahiers du Centre de recherches historiques*, 31(2003): 2~12쪽 등을 보라.

52. Benito Mussolini, *The Doctrine of Fascism*(Berkeley: The University of California Press, 2019), 14쪽.

53. Schmitt, *Political Theology*, 36쪽.

54. Reinhard Mehring, *Carl Schmitt: A Biography*(Cambridge: Polity Press, 2014), 198쪽.

55. Carl Schmitt, *Glossarium: Aufzeichnungen der Jahre 1947-1951*, ed. Eberhard von Medem(Berlin: Duncker & Humblot, 1951), 63쪽.

56. Carl Schmitt, 'The Christian Empire as a Restrainer of the Antichrist(Katechon)' in *The Nomos of the Earth in the International Law of the Jus Publicum Europeum*, ed. G. L. Ulmen(New York: Telos Press, 2003)([한국어판]칼 슈미트 지음, 최재훈 옮김, 『대지의 노모스』, 민음사, 1995), 59~61쪽. Felix Grosseutschi, *Carl Schmitt und die Lehre vom Katechon*(Berlin: Duncker & Humblot, 1996)을 보라. 카테콘 개념에 관해서는 특히 Massimo Cacciari, *Il potere che frena: Saggio di teologia politica*(Milano: Adelphi, 2013)을 보라.

57. Schmitt, 'A Pan-European Interpretation of Donoso Cortés', 105쪽.

58. Isaiah Berlin, 'Georges Sorel', *Against the Current: Essays in the History of Ideas*, ed. Henry Hardy(New York: Viking Press, 1980), 296~332쪽에서는 소렐이 레닌과 무솔리니에 대해 보인 모호한 태도를 강조한다.

59. 볼셰비키 쪽에서는 중유럽 혁명가들 가운데 가장 국제주의자인 카를 라데크가 —역설적으로— 이 선택지를 지지했다. Pierre Broué, *The German Revolution 1917-1923*(Chicago: Haymarket, 2006[1971]), 889~98쪽을 보라. 민족주의 쪽에 관해서는 Otto Ernst Schüddekopf, *Like Leute von Rechts: Nationalbolshewismus in Deutschland von 1918 bis 1933*(Stuttgart: Kohlhammer, 1960)을 보라. Michael Pittwald, *Ernst Niekisch: Völkischer Sozialismus, nationale Revolution, deutsches Endimperium*(Cologne: Papyrossa Verlag, 2002)도 보라.

60. Walter Benjamin, *Gesammelte Briefe*, ed. Christoph Gödde and Henri

Lonitz(Frankfurt/M: Suhrkamp, 1995-2000), vol. 3, 558쪽. 이 편지는 Jacob Taubes, *To Carl Schmitt: Letters and Reflections*, ed. Keith Tribe, Introduction by Mike Grimshaw(New York: Columbia University Press, 2013), 16~17, 46~7쪽에 재수록 되어 있다. Howard Eiland and Michael W. Jennings, *Walter Benjamin: A Critical Life*(Cambridge, MA: The Belknap Press, 2014)([한국어판]하워드 아일런드·마이클 제 닝스 지음, 김정아 옮김, 『발터 벤야민 평전』, 글항아리, 2018), 350쪽도 보라.

61. Walter Benjamin, 'On the Concept of History'(1940), *WBSW*, vol. 4, 391~2쪽.

62. 1970년 7월 야코프 타우베스가 카를 슈미트에게 보낸 편지를 책으로 엮은 이들이 인 용. Jacob Taubes and Carl Schmitt, *Briefwechsel*, eds Thorsten Palzhoff, Martin Treml, Herbert Kopp-Oberstrebink(Munich: Wilhelm Fink, 2012), 247쪽, 주석 41 을 보라.

63. Taubes, 'Carl Schmitt: Apocalyptic Prophet of the Counterrevolution'(1985), *To Carl Schmitt*, 8쪽.

64. 이 파탄난 편지 교환에 관해서는 Susanne Heil, *Gefährliche Beziehungen: Walter Benjamin und Carl Schmitt*(Stuttgart: J. B. Metzler, 1996)을 보라.

65. Dario Gamboni, *The Destruction of Art: Iconoclasm and Vandalism since the French Revolution*(London: Reaktion Books, 2007)을 보라. Bertrand Tillier, *La Commune de Paris: Révolution sans images? Politique et représentations dans la France républicaine 1871-1914*(Paris: Champ Vallon, 2004)는 파리코뮌을 검토하면서 이 주 제를 훌륭하게 분석한다.

66. Dolf Oehler, *Le Spleen contre l'oubli. Juin 1848, Baudelaire, Flaubert, Heine, Herzen*(Paris: Payot, 1996), 22쪽.

67. David Harvey, 'The Building of the Basilica of Sacré-Cœur', *Paris, Capital of Modernity*(London: Routledge, 2006), 311~40쪽과 François Loyer, 'Le Sacré-Cœur de Montmartre', in Pierre Nora(ed.), *Les lieux de mémoire. Tome 3. De l'archive à l'emblème*(Paris: Gallimard, 1992)([한국어판]피에르 노라 지음, 김인중·유희수 옮김, 『기억의 장소』1~5, 나남출판, 2010), 450~73쪽 참조.

68. Christian Amalvi, 'Bastille Day: From Dies Irae to Holiday', in Pierre Nora(ed.), *Realms of Memory: The Construction of the French Past*(New York: Columbia University Press, 1992), vol. 3, 117~59쪽을 보라.

69. Jean-Clément Martin, *Violence et révolution. Essai sur la naissance d'un mythe national*(Paris: Éditions du Seuil, 2006), 61쪽을 보라.

70. Jules Michelet, *History of the French Revolution*, ed. Gordon Wright(Chicago: University of Chicago Press, 1967), 162쪽.

71. 앞의 책.

72. 앞의 책, 176쪽.

73. Hans-Jürgen Lüsebrink and Rolf Reichardt, *The Bastille: A History of a Symbol of Despotism and Freedom*(Durham: Duke University Press, 1997).

74. Bronislaw Baczo, 'Vandalism', in François Furet and Mona Ozouf(eds), *Dictionnaire critique de la Révolution Française. Idées*(Paris: Flammarion, 1992), 507~22쪽을 보라.

75. Carlo Ginzburg, 'Saccheggi rituali: Premesse a una ricerca in corso', *Quaderni storici*, 65/2(1987): 615~36쪽을 보라.

76. Emmanuel Fureix, *L'œil blessé. Politiques de l'iconoclasme après la Révolution française*(Paris: Champ Vallon, 2019), 265쪽.

77. *Journal des journaux de la Commune*(Paris: Garnier Frères, Libraires-Éditeurs 1872), vol. 2, 505쪽. Fureix, *L'œil blessé*, 263쪽에서 재인용.

78. Prosper Olivier Lissagaray, *History of the Commune of 1871*, trans. Eleanor Marx Aveling(London: Reeves and Turner, 1886[1876]), 291쪽. Michel Cordillot, 'La colonne Vendôme', in *La Commune de Paris 1871*, 731~3쪽도 보라.

79. Alda Cannon and Frank Anderson Trapp, 'Castagnary's "A Plea for a Dead Friend"(1882): Gustave Courbet and the Destruction of the Vendôme Column', *Massachusetts Review*, 12/3(1971): 502쪽에서 재인용. 이 일화에 관해서는 Linda Nochlin, 'Courbet, the Commune, and the Visual Arts', *Courbet*(New York: Thames & Hudson, 2007), 84~94쪽과 Jonathan Beecher, 'Courbet, Considérant et la Commune', in Noël Barbe and Hervé Touboul(eds), *Courbet, peinture et politique*(Ornans: Les Éditions du Sekoya, 2013), 51~64쪽도 보라.

80. Fureix, *L'œil blessé*, 307쪽을 보라.

81. 이 역사적 건물의 변신에 관해서는 필독서로 꼽히는 박사학위 논문인 Nicholas Bujalski, *Russia's Peter and Paul's Fortress: From Heart of Empire to Museum of Revolution 1825-1930*(Ithaca, NY: Cornell University, 2020)을 보라.

82. George Orwell, *Homage to Catalonia*(New York: Harcourt, 1952 (1938])(한국어판 다수), 4쪽.

83. 앞의 책, 49쪽.

84. 앞의 책, 52쪽.

85. Ernst Bloch, *The Principle of Hope*, trans. Neville Plaice, Stephen Plaice and Paul Knight(Cambridge, MA: MIT Press, 1986), 3 vols.

86. Ernst Bloch, *The Spirit of Utopia*(Stanford: Stanford University Press, 2000).

87. S. M. Eisenstein, 'The Principles of the New Russian Cinema'(1930), *Selected Works: I. Writings 1922-34*, ed. Richard Taylor(Bloomington: Indiana University Press, 1988), 199쪽.

88. Walter Benjamin, 'Thought Figures'(1933), *WBSW*, vol. 2, 722~7쪽을 보

라. Gerhard Richter, *Thought-Images: Frankfurt School Writers' Reflections from Damaged Life*(Stanford: Stanford University Press, 2007)도 보라.

89. 로버트 A. 로젠스톤에 따르면, "〈10월〉은 우리에게 어떤 일이 일어났는지나 무슨 일이 생겼을 것인지를 말해주지 않는다." 그보다는 "우리가 볼셰비키 혁명이라고 부르는 사건의 상징적, 또는 은유적 표현을 창조한다." Robert A. Rosenstone, *History on Film/Film on History*(New York: Routledge, 2018), 60쪽.

90. Siegfried Kracauer, *Theory of Film: The Redemption of Physical Reality*(Princeton: Princeton University Press, 1997[1960]), 235쪽.

91. Walter Benjamin, *The Arcades Project*, trans. Howard Eiland and Kevin McLaughlin(Cambridge, MA: The Belknap Press, 1999)([한국어판]발터 벤야민 지음, 조형준 옮김, 『아케이드 프로젝트』1·2, 새물결, 2005), 462쪽. 조르주 디디-위베르만은 여기에 "시간의 수정crystals of time"이라는 새로운 이름을 붙였다. Georges Didi-Huberman, *Devant le temps. Histoire de l'art et anachronisme des images*(Paris: Éditions de Minuit, 2000), 218쪽.

92. Leon Trotsky, *History of the Russian Revolution*(Chicago: Haymarket, 2008[1932]), 819쪽.

93. Georges Haupt, 'La Commune comme symbole et comme exemple'(1972), *L'historien et le mouvement social*(Paris: François Maspero, 1980), 45~76쪽.

94. 가장 뛰어난 역사 서술은 Mark Traugott, *The Insurgent Barricade*(Berkeley: University of California Press, 2010)과 Eric Hazan, *A History of the Barricade*(London, New York: Verso, 2016)이다.

95. Alexis de Tocqueville, *Recollections*(New York: Macmillan, 1896), 191쪽.

96. Gustave Flaubert, *Sentimental Education*, ed. Adrianne Tooke(London: Wordsworth, 2003)(한국어판 다수), 303~4쪽.

97. Alain Corbin, 'Préface', in Corbin and Jean-Marie Mayeur(eds), *La Barricade*(Paris: Publications de la Sorbonne, 1997), 7~30쪽.

98. Thierry Gervais, *The Making of Visual News: A History of Photography in the Press*(London: Bloomsbury, 2017), 16~17쪽을 보라.

99. Georges Didi-Huberman, *Désirer Désobéir. Ce qui nous soulève, 1*(Paris: Éditions de Minuit, 2019), 223~6쪽.

100. T. J. Clark, *The Absolute Bourgeois: Artists and Politics in France 1848-1851*(London: Thames and Hudson, 1973), 27쪽에서 재인용.

101. 앞의 책, 27~8쪽.

102. 앞의 책, 27쪽.

103. Jean Baronnet and Xavier Canonne(eds), *Le Temps des cerises. La Commune de Paris en photographies*(Paris: Pandora Publishers/Éditions de l'Amateur/Musée de

la Photographie, 2011)을 보라.

104. Neue Gesellschaft für Bildende Kunst(ed.), *Revolution und Fotografie. Berlin 1918/19*(Berlin: Nishen Verlag), 1990. Enzo Traverso, 'The German Revolution', in Michael Löwy(ed.), *Revolutions*(Chicago: Haymarket, 2020), 209~61쪽도 보라.

105. Louis Auguste Blanqui, 'Instructions for an Armed Uprising'(1868), *The Blanqui Reader: Political Writings 1830-1880*, ed. Philippe Le Goff and Peter Hallward(London, New York: Verso, 2018), 203쪽.

106. 앞의 책, 206쪽.

107. Trotsky, *History of the Russian Revolution*, 742~3쪽.

108. Jean Jaurès, 'Les Drapeaux'(1904), in Maurice Dommanget(ed.), *Histoire du drapeau rouge. Des origines à la guerre de 1939*(Paris: Éditions de la Librairie Étoile, 1967), 482쪽.

109. Marc Angenot, 'Le drapeau rouge: Discours et rituels', in *L'esthétique de la rue. Colloque d'Amiens*, ed. Françoise Coblence, Sylvie Couderc, Boris Eizykman(Paris: L'Harmattan, 1999), 73~99쪽.

110. Yves Benot, *Massacres coloniaux. 1944-1950: la ⊠République et la mise au pas des colonies françaises*(Paris: La Découverte, 2001)을 보라.

111. Raoul Girardet, 'The Three Colours', in Nora(ed.), *Realms of Memory*, vol. 3, 17쪽에서 재인용.

112. Louis Auguste Blanqui, 'For the Red Flag!'(1848), *The Blanqui Reader*, 74쪽.

113. *Journal Officiel de la Commune*, 5 May 1871. Fureix, *L'œil blessé*, 39쪽에서 재인용.

114. Girardet, 'The Three Colours', 17~18쪽에서 재인용.

115. Fureix, *L'œil blessé*, 295쪽에서 재인용.

116. Louise Lacroix, *Les écharpes rouges: Souvenirs de la Commune*(Paris: Laporte, 1872), 8~9쪽. Fureix, *L'œil blessé*, 66쪽에서 재인용.

117. Michel Vovelle, 'La Marseillaise: War or Peace', in Nora(ed.), *Realms of Memory*, vol. 3, 29~74쪽을 보라.

118. Orlando Figes and Boris Kolonitskii, *Interpreting the Russian Revolution: The Language and Symbols of 1917*(New Haven: Yale University Press, 1999), 62쪽.

119. Maurice Dommanget, *Eugène Pottier. Membre de la Commune et chantre de l'Internationale*(Paris: EDI, 1971), 3장.

120. Franck Frégosi, 'La "Montée" au Mur des Fédérés du Père Lachaise. Pèlerinage laïque partisan', *Archives de Sciences Sociales des Religions*, 155(2011): 170쪽에서 재인용. Madelaine Rebérioux, 'Le mure des Fédérés: Rouge, sang craché', in Pierre Nora(ed.), *Les lieux de mémoire*(Paris: Gallimard, 1984), vol. 1, 619~49쪽.

121. Michael Chapman, 'Against the Wall: Ideology and Form in Mies van Der

Rohe's Monument to Rosa Luxemburg and Karl Liebknecht', *Rethinking Marxism*, 29/1(2017): 199~213쪽을 보라.

122. Ariane Jossin, 'Un siècle d'histoire politique allemande: commémorer Liebknecht et Luxemburg au Zentralfriedhof Friedrichsfelde de Berlin'과 Élise Julien, Elsa Vonau, 'Le cimetière de Friedrichsfelde: construction d'un espace socialiste(des années 1880 aux années 1970)', *Le Mouvement social*, 237(2011): 115~33, 91~113쪽; Paul Stangl, 'Revolutionaries' Cemeteries in Berlin: Memory, History, Place and Space', *Urban History*, 43/3(2007): 407~26쪽. Matthew Fink, *Revolutionary Symbolism and History: The Revolutionsdenkmal, the Berlin-Friedrichsfelde Friedhof, and the Concept of Revolution*, Seminar Working Paper, Cornell University, 2020도 보라.

123. Paul Celan, 'Schneepart', *Gesammelte Werke*, ed. Beda Allemann and Stefan Reichert with Rolf Bücher(Frankfurt: Suhrkamp, 1983)([한국어판]파울 첼란 지음, 허수경 옮김, 『파울 첼란 전집』1·2, 문학동네, 2020), vol. 2, 337쪽. John Felstiner, *Paul Celan: Poet, Survivor, Jew*(New Haven: Yale University Press, 1995), 254쪽도 보라.

124. Catherine Epstein, *The Last Revolutionaries: German Communists and Their Century*(Cambridge, MS: Harvard University Press, 2004), 190쪽.

125. Diego Rivera, 'The Revolutionary Spirit in Modern Art', *The Modern Quarterly*, 6/3(1932): 53쪽.

126. 앞의 글, 57쪽.

127. Frederick Jackson Turner, *The Frontier in American History*(New York: Holt and Company, 1920)([한국어판]프레더릭 잭슨 터너 지음, 손병권 옮김, 『미국사와 변경』, 소명출판, 2020).

128. Catha Paquette, *At the Crossroads: Diego Rivera and His Patrons at MoMa, Rockefeller Center, and the Palace of Fine Arts*(Austin: University of Texas Press, 2017), 93쪽에서 재인용. 파케트의 책은 리베라가 그린 벽화의 기원을 가장 자세하고 꼼꼼하게 설명한 것이다. 화가가 직접 설명하는 이야기는 Diego Rivera, with Gladys March, *My Art, My Life: An Autobiography*(New York: Citadel Press, 1960), 204~8쪽에 있다.

129. Anthony W. Lee, *Painting on the Left: Diego Rivera, Radical Politics, and San Francisco's Public Murals*(Berkeley: University of California Press, 1999), 149~54쪽을 보라.

130. Rivera, 'Revolutionary Spirit in Modern Art', 56쪽.

131. Rivera, *My Art, My Life*, 206쪽.

132. 리베라는 자신이 '역동적 대칭'이라고 부른 이런 미학 원리를 대단히 좋아했다. David Craven, *Diego Rivera as Epic Modernist*(New York: Simon & Schuster, 1997),

109쪽을 보라.

133. Paquette, *At the Crossroads*, 154쪽에서 재인용.

134. Bertram D. Wolfe, *Diego Rivera: His Life and Times*(New York: Knopf, 1939), 358쪽.

135. 앞의 책.

136. Craven, *Diego Rivera*, 126쪽을 보라.

137. 앞의 책, 359쪽.

138. 앞의 책, 358쪽.

139. Herf, *Reactionary Modernism*을 보라.

140. Ernst Jünger, *The Worker: Dominion and Form*(Evanston: Northwestern University Press, 2017[1932])를 보라. 프리츠 랑이 〈메트로폴리스〉에서 대전쟁을 알레고리적으로 언급한 것에 관해서는 Anton Kaes, *Shell Shock Cinema: Weimar Culture and the Wounds of War*(Princeton: Princeton University Press, 2009), 168~72쪽을 보라.

141. Walter Benjamin, 'Theories of German Fascism'(1930), *WBSW*, vol. 2/1, 321쪽.

142. 이 관점에서 보면, 리베라의 벽화는 '심장'을 통해 확정된 '두뇌'(사장)와 '팔'(노동자)의 동맹을 찬미하면서 끝난 프리츠 랑의 〈메트로폴리스〉의 정확한 대립물이다.

143. Rivera, *My Art, My Life*, 183쪽. Craven, *Diego Rivera*, 144쪽도 보라.

144. Terry Smith, *Making the Modern: Industry, Art and Design in America*(Chicago: University of Chicago Press, 1993), 특히 "디트로이트의 리베라", 199~246쪽; 인간화된 기계에 관한 언급은 223쪽.

145. 1941년 마르쿠제는 여전히 "기술 그 자체는 자유만이 아니라 권위주의도, 풍요만이 아니라 결핍도, 중노동의 폐지만이 아니라 확대도 조장할 수 있다"고 주장했다. Herbert Marcuse, 'Some Social Implications of Modern Technology'(1941), *Technology, War and Fascism: Collected Papers*, ed. Douglas Kellner(New York: Routledge, 1998), 41쪽을 보라. 그로부터 20년 뒤 그는 자신의 생각을 미묘하게 바꿨다. "이 사회의 전체주의적 특징에 직면한 가운데 이제 더는 기술의 '중립성'이라는 전통적 통념을 유지할 수 없다. 그와 같은 기술은 그것의 사용과 분리할 수 없다. 기술 사회는 이미 기술의 개념과 구축 속에서 작동하는 지배 체제다." Herbert Marcuse, *One-Dimensional Man: Studies in the Ideology of Advanced Industrial Society*(Boston: Beacon Press, 1964), xvi쪽을 보라.

146. 마르크스에 따르면, 생산력의 발전은 "이제 부가 노동 시간이 아니라 가용 시간에 의해 측정되는" 자유로운 사회를 위한 물질적 조건이다. Karl Marx, 'Economic Manuscripts of 1857-58', in Karl Marx, Friedrich Engels, *MECW*, vol. 29, 94쪽을 보라. Roman Rosdolsky, *The Making of Marx's 'Capital'*(London: Pluto Press, 1977)([한국어판]로만 로스돌스키 지음, 양희석·정성진 옮김, 『마르크스의 자본론의 형성』 1·2, 백의, 2003), 426쪽도 보라.

147. Paul Lafargue, *The Right to Be Lazy, and Other Studies*(Chicago: C.H. Kerr, 1907)(한국어판 다수).

148. Pierre Nora, 'General Introduction: Between Memory and History', *Realms of Memory: The Construction of the French Past*, vol. 1, 1쪽.

149. Benjamin, 'On the Concept of History', 391쪽.

150. Eric Hobsbawm and Terence Ranger(eds), *The Invention of Tradition*(New York: Cambridge University Press, 2012)([한국어판]에릭 홉스봄 외 지음, 『만들어진 전통』, 박지향·장문석 옮김, 휴머니스트, 2004).

제4장: 혁명적 지식인, 1848~1945

1. Georg Lukács, *History and Class Consciousness: Studies in Marxist Dialectics*, trans. Rodney Livingstone(Cambridge, MA: MIT Press, 1971[1923])([한국어판]죄르지 루카치 지음, 조만영·박정호 옮김, 『역사와 계급의식』, 지만지, 2015), 317쪽.

2. Georg Lukács, 'Preface'(1962), *The Theory of the Novel: A Historico-Philosophical Essay on the Forms of Great Epic Literature*(Cambridge, MA: MIT Press, 1971)(한국어판 다수), 22쪽. Stuart Jeffries, *Grand Hotel Abyss: The Lives of the Frankfurt School*(London, New York: Verso, 2016)([한국어판]스튜어트 제프리스 지음, 강수영 옮김, 『프랑크푸르트학파의 삶과 죽음』, 인간사랑, 2019)는 루카치의 아이러니한 평가(아도르노의 가운데 이름[비첸그룬트]을 암시한다)에서 제목을 딴 것이다.

3. 이런 변화에 관해서는 유명한 저서인 Russell Jacoby, *The Last Intellectuals: American Culture in the Age of Academe*(New York: Basic Books, 1987)([한국어판]러셀 저코비 지음, 유나영 옮김, 『마지막 지식인』, 교유서가, 2022)을 보라.

4. Edward Said, *Representations of the Intellectual: The 1993 Reith Lectures*(New York: Vintage, 1996)([한국어판]에드워드 W. 사이드 지음, 최유준 옮김, 『지식인의 표상』, 마티, 2012), 22쪽.

5. David Cottington, *The Avant-Garde: A Very Short Introduction*(Oxford: Oxford University Press, 2013)과 같은 저자가 쓴 'The Formation of the Avant-Garde in Paris and London 1880-1915', *Art History*, 35/3(2012): 596~621쪽.

6. Eric Hobsbawm, 'Socialism and the Avant-Garde, 1880-1914'(1980), *Uncommon People: Resistance, Rebellion and Jazz*(London: Weidenfeld and Nicolson, 1998)([한국어판]에릭 홉스봄 지음, 김정한·정철수·김동택 옮김, 『저항과 반역, 그리고 재즈』, 영림카디널, 2003), 172쪽.

7. Christophe Charle, *Les Intellectuels en Europe au XIXe siècle. Essai d'histoire comparée*(Paris: Seuil, 1996)을 보라.

8. Christophe Charle, *Birth of the Intellectuals 1880-1900*(Cambridge: Polity Press,

2015[1990])을 보라.

9. Michel Winock, *Nationalism, Anti-Semitism, and Fascism in France*(Stanford: Stanford University Press, 1998), 117쪽.

10. Maurice Barrès, *Scènes et doctrines du nationalisme*(Paris: Félix Juven Éditeur, 1902), 45쪽.

11. 앞의 책, 56쪽. 프랑스 보수 혁명의 선구자인 바레스에 관해서는 Zeev Sternhell, *Maurice Barrès et le nationalisme français*(Paris: Fayard, 2000[1972])를 보라.

12. 이 주제에 관한 고전적인 연구는 Fritz Ringer, *The Decline of the German Mandarins: The German Academic Community 1890-1933*(Cambridge, MA: Harvard University Press, 1969)다. 독일에서 이루어진 학자와 지식인의 이분법에 관해서는 Gangolf Hübinger, '"Jurnalist" und "Literat". Vom Bildungsbürger zum Intellektuellen', in Hübinger and Wolfgang J. Mommsen(eds), *Intellektuelle im Deutschen Kaiserreich*(Frankfurt: Fischer, 1993), 95~110쪽을 보라. 이 논쟁에서 가장 중요한 글들을 유용하게 종합한 내용으로는 *Deutsche Intellektuelle 1910-1933. Aufrufe, Pamphlete, Betrachtungen*(Heidelberg: Verlag Lambert Schneider, 1984)를 보라.

13. Paul Lafargue, 'Socialism and the Intellectuals'(1900), in *The Right to Be Lazy and Other Studies*(Chicago: Charles Kerr, 1907), 83, 81쪽. 라파르그는 잠깐 사회주의 저널 『르데브니르소시알Le Devenir social』을 함께 펴낸 조르주 소렐과 마찬가지로 학자와 대학의 지식인들을 혐오했다. 소렐은 『소크라테스 재판Le Procès de Socrate』(1889)에서 "교수들의 통치보다 더 끔찍한 것을 상상할 수 있는가"라고 물었다. Isaiah Berlin, 'Georges Sorel', *Against the Current: Essays in the History of Ideas*, ed. Henry Hardy (New York: Viking Press, 1980), 315쪽에서 재인용.

14. Théophile Gautier, 'Compte rendu de *La vie de Bohème* de Murger et Barrière'(1849), in Jean-Didier Wagneur, Françoise Cestor(eds), *Les Bohèmes 1840-1870. Écrivains, journalistes, artistes*(Paris: Champ Vallon, 2012), 553쪽. Jerrold Seigel, *Bohemian Paris: Culture, Politics, and the Boundaries of Bourgeois Life, 1830-1930*(New York: Viking Press, 1986)과 Mary Gluck, *Popular Bohemia: Modernism and Urban Culture in Nineteenth-Century Paris*(Cambridge, MA: Harvard University Press, 2005)도 보라.

15. Richard Pipes, '"Intelligentsia" from the German "Intelligenz"? A Note', *Slavic Review*, 30/3(1971): 615~18쪽에서는 이 러시아어 단어가 독일어에 기원이 있음을 강조한다. 이 개념의 폴란드 기원에 관해서는 Andrzej Walicki, *A History of Russian Thought from the Enlightenment to Marxism*(Stanford: Stanford University Press, 1979), xv쪽을 보라. 발리츠키가 지나가는 길에 언급한 이 명제를 발전시킨 것은 Aleksander Gella, 'An Introduction to the Sociology of the Intelligentsia', in Gella, (ed.), *The Intelligentsia and the Intellectuals: Theory, Method, and Case Study*(Lon-

don: Sage Publications, 1976), 12~13쪽, 그리고 특히 Nathaniel Knight, 'Was the Intelligentsia Part of the Nation? Visions of Society in Post-Emancipation Russia', *Kritika*, 7/4(2006): 733~58쪽이다.

16. Isaiah Berlin, 'The Birth of the Russian Intelligentsia', *Russian Thinkers*(London: Hogarth Press, 1978)([한국어판]이사야 벌린 지음, 조준래 옮김, 『러시아 사상가』, 생각 의나무, 2008), 117쪽.

17. Martin Malia, 'What Is the Intelligentsia?' in Richard Pipes(ed.), *The Russian Intelligentsia*(New York: Columbia University Press, 1961), 5쪽. Gary Soul Morson, 'What is the Intelligentsia? Once More, an Old Russian Question', *Academic Questions*, 6(1993): 20~38쪽도 보라.

18. Ivan Turgenev, *Fathers and Sons*, trans. Richard Freeborn(Oxford: Oxford University Press, 1991)(한국어판 다수), 50쪽.

19. Lev Trockij, 'Hanno sete di cultura'(1908), *Letteratura e rivoluzione*, trans. Vittorio Strada(Turin: Einaudi, 1973)(한국어판 다수), 274쪽.

20. Malia, 'What Is the Intelligentsia?', 2쪽. Allen McConnell, 'The Origin of the Russian Intelligentsia', *Slavic and East European Journal* 8/1(1964): 1~16쪽도 보라.

21. August Sander, *Citizens of the Twentieth Century: Portrait Photographs 1892-1952*(Cambridge, MA: MIT Press, 1986).

22. Chris Hirte, *Erich Mühsam. Eine Biographie*(Freiburg: Ahriman Verlag, 2019)와 Norman Dankerl, *Alois Lindner. Das Leben des bayerischen Abenteurers und Revolutionärs*(Viechtach: Lichtung, 2007)을 보라.

23. August Sander, 'Photography as a Universal Language'(1931), *The Massachusetts Review*, 19/4(1978): 674~9쪽.

24. Alfred Döblin, 'Faces, Images, and Their Truth', in Sander, *Face of Our Time*(Munich: Schirmer/Mosel Verlag 1994), 13쪽.

25. Walter Benjamin, 'Little History of Photography'(1931), *WBSW*, vol. 2/2([한국어판] 발터 벤야민 지음, 최성만 옮김, 『기술복제시대의 예술작품/사진의 작은 역사 외』(발터 벤야민 선집 2), 길, 2007), 520쪽.

26. 초상사진과 아카이브 작업에 접근하는 잔더의 방식에 관해서는 Andy Jones, 'Reading August Sander's Archive', *Oxford Art Journal*, 23/1(2000): 3~21쪽을 보라.

27. 잔더와 클라우스의 인상학 개념의 대립에 관해서는 Richard T. Gray, *About Face: German Physiognomic Thought from Lavater to Auschwitz*(Detroit: Wayne State University Press, 2004), 369~80쪽을 보라. 그레이는 1936년에 나치가 잔더의 스튜디 오에 보관돼 있던 『우리 시대의 얼굴』 책자를 전부 몰수하고 인쇄용 원판을 파기했다 고 지적한다(앞의 책, 378쪽). 인종주의 사상가들에 관해서는 Hans F. Günther, *The Racial Elements of European History*(London: Methuen, 1927), 그리고 특히 *Rassen-*

kunde des Deutschen Volkes(Munich: Lehmann Verlag, 1937)과 Ludwig Ferdinand Clauss, *Rasse und Seele: Eine Einführung in den Sinn der Leiblichen Gestalt*(Munich: Lehmann Verlag, 1934)를 보라.

28. Jean-Paul Sartre, *Anti-Semite and Jew: An Exploration of the Etiology of Hate*(New York: Schocken Books, 1995[1946]), 64쪽.

29. Siegfried Kracauer, 'Photography'(1927), *The Mass Ornament: Weimar Essays*, trans. Thomas Y. Levin(Cambridge, MA: Harvard University Press, 1995), 51쪽.

30. 세기말 독일에서 '인류' 개념이 어떤 역할을 했는지에 관해서는 George L. Mosse, 'Jewish Emancipation: Between *Bildung* and *Sittlichkeit*', *Confronting the Nation: Jewish and Western Nationalism*(Hanover-London: Brandeis University Press, 1993), 13~145쪽을 보라.

31. Erich Mühsam, 'Bohemia'(1906), *Liberating Society from the State and Other Writings: A Political Reader*, ed. Gabriel Kuhn(Oakland: PM Press, 2011), 56쪽.

32. 앞의 글, 58쪽.

33. Enzo Traverso, *Left-Wing Melancholia: Marxism, History, and Memory*(New York: Columbia University Press, 2016), 120~50쪽에서 보헤미아니즘을 다룬 장을 보라.

34. Karl Marx, Friedrich Engels, 'Manifesto of the Communist Party'(1848), *MECW*, vol. 6, 494쪽.

35. Karl Marx, 'The Eighteenth Brumaire of Louis Bonaparte'(1852), *MECW*, vol. 11, 149쪽. 이 주제에 관한 가장 훌륭한 연구는 Hal Draper, 'The Concept of Lumpenproletariat in Marx and Engels', *Économies et sociétés*, 6/12(1972): 2285~312쪽이다. 드레이퍼는 마르크스와 엥겔스가 이 개념을 은유적으로 사용하는 경향이 있음을 지적한다. 2304쪽.

36. Karl Marx to Friedrich Engels, July 15, 1858, *MECW*, vol. 40, 328~31쪽. Gareth Stedman Jones, *Karl Marx: Greatness and Illusion*(Cambridge, MA: Belknap Press, 2016)([한국어판]개러스 스테드먼 존스 지음, 홍기빈 옮김, 『카를 마르크스』, 아르테, 2018), 328쪽도 보라.

37. Lewis S. Feue, *Marx and the Intellectuals: A Set of Postideological Essays*(New York: Anchor Books, 1969), 53~4쪽에서 재인용. William Gleberzon, 'Marxist Conceptions of the Intellectuals', *Historical Reflections*, 5/1(1978): 84쪽도 보라.

38. Karl Kautsky, 'Das Programm der Sozialdemokratie in Österreich', *Die Neue Zeit*, 20/3(1901-02), 79쪽. Lenin, 'What Is to be Done?'(1902), *LCW*, vol. 5, 384쪽에서 재인용.

39. 앞의 글, 375쪽. 러시아 사회민주주의 2차 대회에서 벌어진 이 논쟁에 관해서는 Lars T. Lih, *Lenin Rediscovered: What Is to Be Done? In Context*(Chicago: Haymarket 2008), 529~38쪽을 보라.

40. Rosa Luxemburg, 'Organizational Questions of the Russian Social Democracy'(1904), *The Rosa Luxemburg Reader*, eds Peter Hudis and Kevin B. Anderson(New York: Monthly Review Press, 2004), 248~65쪽; Leon Trotsky, *Our Political Tasks*(London: New Park Publications, 1983[1904]).

41. Leon Trotsky, *The Intelligentsia and Socialism*(London: New Park Publications, 1974).

42. Georg Lukács, 'Intellectual Workers and the Problem of Intellectual Leadership', *Tactics and Ethics 1919-1929: The Questions of Parliamentarism and Other Essays*, ed. Rodney Livingstone(London, New York: Verso, 2014), 12~18쪽.

43. Mikhail Bakunin, 'L'empire knouto-germanique et la révolution sociale', *Œuvres*(Paris: Stock, 1897), vol. 2, 370쪽. Robert Michels, *Political Parties: A Sociological Study of the Oligarchical Tendencies of Modern Democracy*(New York: Free Press, 1968)([한국어판]로베르트 미헬스 지음, 김학이 옮김, 『정당론』, 한길사, 2015), 313~14쪽에서 재인용.

44. Karl Marx, 'The Alliance of Socialist Democracy and the International Working Men's Association'(1873), *MECW*, vol. 23, 454쪽. 피터 스털리브래스는 마르크스와 엥겔스가 "이따금 룸펜프롤레타리아트를 인종적 범주로 사용했는데, 여기서 두 사람은 19세기의 부르주아적 사회 분석에서 흔히 구사하는 어법을 반복한 셈"이라고 언급했다. "빈민을 본래부터 타락한 유목 부족으로 묘사한 것이다." Peter Stallybrass, 'Marx and Heterogeneity: Thinking the *Lumpenproletariat*', *Representations*, 31(1990): 70쪽을 보라. 마르크스가 룸펜프롤레타리아트를 경멸한 것에 관해서는 Gianluca Solla, *Memoria dei senzanome. Breve storia dell'infimo e dell'infame*(Verona: Ombre corte, 2013), 26~43쪽도 보라.

45. Sergey Nechaev, 'Catechism of the Revolutionist'(1869), in Walter Laqueur(ed.), *Voices of Terror*(New York: Reed Press, 2004), 71쪽. Franco Venturi, *Roots of Revolution: A History of the Populist and Socialist Movements in Nineteenth Century Russia*(London: Weidenfeld and Nicolson, 1960), 365쪽도 보라. 러시아 테러리즘의 허무주의적 정신에 관한 가장 훌륭한 연구는 Claudia Verhoeven, *The Odd Man Karakozov: Imperial Russia, Modernity, and the Birth of Terrorism*(Ithaca, NY: Cornell University Press, 2009)다. 이 논쟁에 관해서는 Tariq Ali, *The Dilemmas of Lenin: Terrorism, War, Empire, Love, Revolution*(London, New York: Verso, 2017), 특히 2장「테러리즘 대 절대주의」, 27~58쪽도 보라.

46. Marx, 'The Alliance of Socialist Democracy', 504쪽.

47. Michels, *Political Parties*, 315쪽.

48. E. H. Carr, *The Romantic Exiles*(London: Serif, 2007[1933])([한국어판]E. H. 카아 지음, 박순식 외 옮김, 『낭만의 망명객』, 까치, 1980), 194쪽에서 재인용.

49. Antonio Gramsci, *Prison Notebooks*, ed. Joseph Buttigieg(New York: Columbia University Press, 1996)([한국어판]안토니오 그람시 지음, 이상훈 옮김, 『그람시의 옥중수고』1·2, 거름, 1999), vol. 2, 199~210쪽(texts from 1932).

50. 앞의 책, 243쪽.

51. Eric Hobsbawm, 'Intellectuals and Communism', *Revolutionaries*(London: Weidenfeld and Nicolson, 1973)([한국어판]에릭 홉스봄 지음, 김정한·안중철 옮김, 『혁명가』, 길, 2008), 25쪽.

52. Peter Gay, *Weimar Culture: The Outsider as Insider*(New York: Norton & Company, 2001[1968])([한국어판]피터 게이 지음, 조한욱 옮김, 『바이마르 문화』, 교유서가, 2022), xiv쪽.

53. Giovanni Belardelli, *Il ventennio degli intellettuali. Cultura, politica, ideologia nell'Italia fascista*(Rome: Laterza, 2005)와 Ruth Ben-Ghiat, *Fascist Modernities: Italy 1922-1945*(Berkeley: University of California Press, 2001)을 보라.

54. Maurice Nadeau, *The History of Surrealism*(New York: Macmillan, 1965)([한국어판] Maurice Nadeau 지음, 민희식 옮김, 『초현실주의의 역사』, 고려원, 1985), 101쪽에서 재인용.

55. Zeev Sternhell, *Neither Right nor Left: The Fascist Ideology in France*(Princeton: Princeton University Press, 1986).

56. Lukács, *History and Class Consciousness*, 39, 42쪽.

57. Oleg Budnitskii, *Russian Jews Between the Reds and the Whites 1917-1920*(Philadelphia: University of Pennsylvania Press, 2012), 55쪽.

58. Paul Hanebrink, *A Specter Haunting Europe: The Myth of Judeo-Bolshevism*(Cambridge, MA: Belknap Press, 2018)을 보라. 헤인브링크가 "유대-볼셰비즘"을 현실을 왜곡하는 "이상적 구성물"로 정의한 것은 확실히 옳다. 볼셰비키는 유대인 가운데 소수 집단이었기 때문이다. 하지만 그는 유대인이 볼셰비키 사이에서 과대 대표되었다는 사실에 무관심한 듯 보인다. 다시 말해, 반유대주의적 언어를 거부하는 것은 20세기 전환기 동유럽과 중유럽에서 유대인과 혁명이 서로에게 매력을 느꼈다는 역사적 사실을 무시할 만한 타당한 이유가 아니다. 나는 *The Jewish Question: History of a Marxist Debate*(Leiden: Brill, 2018), 2장에서 이 주제를 분석한 바 있다.

59. Warren Lerner, *Karl Radek: The Last Internationalist*(Stanford: Stanford University Press, 1970), viii, 174쪽.

60. Leon Trotsky, *The Bolsheviks and World Peace*(New York: Boni & Liveright, 1918), 21쪽(이 영어 번역판은 러시아 혁명 이후에 출간됐지만 트로츠키는 독일어 제목『전쟁과 인터내셔널Der Krieg und die Internationale』로 소책자를 출간할 때 아직 볼셰비키가 아니었다.)

61. 앞의 책, 28쪽.

62. "아래로부터의 보편주의"에 관해서는 Susan Buck-Morss, *Hegel, Haiti, and Universal History*(Pittsburgh: University of Pittsburgh Press, 2009)([한국어판]수잔 벅모스 지음, 김성호 옮김, 『헤겔, 아이티, 보편사』, 문학동네, 2012), 106쪽을 보라.

63. M. N. Roy, *Memoirs*(Bombay: Allied Publishers, 1964), 348쪽.

64. Istvan Deak, 'Budapest and the Hungarian Revolution', *Slavonic and Eastern European Review*, 46/106(1968): 138쪽. 중유럽 유대인 지식인의 정치적 급진화를 다룬 가장 훌륭한 연구는 Michael Löwy, *Redemption and Utopia: Jewish Libertarian Thought in Central Europe*(London, New York: Verso, 2017[1987])이다.

65. Isaac Deutscher, *The Non-Jewish Jew and Other Essays*(London, New York: Verso, 2017[1968]), 26쪽.

66. 앞의 책, 33~4쪽.

67. Paolo Spriano, '*L'Ordine nuovo' e i consigli di fabbrica*(Turin: Einaudi, 1971), 특히 서론 13~145쪽을 보라.

68. Christophe Prochasson and Anne Rasmussen, *Au nom de la patrie. Les intellectuels et la Première Guerre Mondiale 1910-1919*(Paris: La Découverte, 1996), 144~50쪽을 보라.

69. Stéphane Courtois and Marc Lazar, *Histoire du Parti communiste français*(Paris: PUF, 1995), 2장, 71~115쪽을 보라. Leon Trotsky, *Le movement communiste en France*(Paris: Editions de Minuit, 1967)의 1, 2부로 묶인 글들을 보라.

70. Walter Benjamin, 'Surrealism: The Last Snapshot of the European Intelligentsia'(1929), *WBSW*, vol. 2/1, 216쪽.

71. Pierre Naville, 'La révolution et les intellectuels'(1926), *La révolution et les intellectuels*(Paris: Gallimard, 1975), 58쪽. Michael Löwy, 'The Revolution and the Intellectuals: Pierre Naville's Revolutionary Pessimism', *Morning Star: Surrealism, Marxism, Anarchism, Situationism, Utopia*(Austin: University of Texas Press, 2009), 43~64쪽도 보라.

72. Thomas Wheatland, *The Frankfurt School in Exile*(Minneapolis: University of Minnesota Press, 2009), 73쪽에서 재인용.

73. Paul Nizan, *Les Chiens de garde*(Paris: Rieder, 1932), 91쪽. Michel Winock, *Le siècle des intellectuels*(Paris: Seuil, 1997), 257쪽도 보라.

74. Daniel Aaron, *Writers on the Left: Episodes in American Communism*, preface by Alan Wald(New York: Columbia University Press, 1992[1961]), 21쪽에서 재인용.

75. 앞의 책, 97, 103쪽.

76. Robert A. Rosenstone, *Romantic Revolutionary: A Biography of John Reed*(New York: Knopf, 1975)를 보라.

77. Alan Wald, *The New York Intellectuals: The Rise and Decline of the Anti-Stalinist Left*

from the 1930s to the 1980s(Chapel Hill: University of North Carolina Press, 1987)을 보라.

78. Randall Griffey and Elizabeth Mankin Kornhauser, *Thomas Hart Benton's America Today*(New York: Metropolitan Museum of Art, 2015).

79. Löwy, 'Claude Cahun: The Extreme Point of the Needle', *Morning Star*, 65쪽.

80. Jennifer L. Shaw, *Exist Otherwise: The Life and Works of Claude Cahun*(London: Reaktion Books, 2017)을 보라.

81. Marie Marmo Mullaney, 'Sexual Politics in the Career and Legend of Louise Michel', *Signs*, 15/2(1990): 300~22쪽을 보라. 교사였던 루이즈 미셸은 파리 교육 체계를 개혁하는 사업에 참여한 뒤 국민위병 군복 차림으로 소총을 들고 파리코뮌 방어에 가세했다. 이 모습은 재판 중에 증거로 사용되어 국외 추방을 선고받았다. Louise Michel, *The Red Virgin: Memoirs of Louise Michel*, eds Bullit Lowry and Elizabeth Ellington Gunter(Tuscaloosa: University of Alabama Press, 1981[1886]), 85~6쪽을 보라. 루이즈 미셸의 신화와 150년에 걸쳐 이미지가 변형된 과정(아나키스트, '방화녀', 공화주의자, 군인, '붉은 처녀', 페미니스트, 퀴어 혁명가)에 관해서는 Sidonie Verhaeghe, *Vive Louise Michel. Célébrité et postérité d'une figure anarchiste*(Paris: Éditions du Croquant, 2021)을 보라.

82. Brigitte Studer, *The Transnational World of the Cominternians*(London: Palgrave, 2015), 40~58쪽.

83. 앞의 책, 64쪽.

84. 사회의 젠더 위계를 고스란히 재연하는 코민테른 여성들의 서발턴 지위에 관해서는 Brigitte Studer, *Reisende der Revolution. Eine Globalgeschichte der Kommunistischen Internationale*(Frankfurt: Suhrkamp, 2020), 84~6쪽을 보라.

85. Benedict Anderson, *Under Three Flags: Anarchism and the Anticolonial Imagination*(London, New York: Verso, 2005)([한국어판]베네딕트 앤더슨 지음, 서지원 옮김, 『세 깃발 아래에서』, 길, 2009).

86. 앞의 책, 5쪽.

87. 앞에서 인용한 로이의 『회고록』과 로이를 '비인도적 인도인'이라고 정의하는 Kris Manjapra, *M.N. Roy: Marxism and Colonial Cosmopolitanism*(New Delhi: Routledge, 2010), 115~17쪽을 보라.

88. 아직 응우옌안닌이라는 이름을 쓰던 파리 시절의 호찌민과 『르파리아』 저널의 제작에 관해서는 Michael Goebel, *Anti-Imperial Metropolis: Interwar Paris and the Seeds of Third World Nationalism*(New York: Cambridge University Press, 2015), 190~4쪽을 보라.

89. William J. Duiker, *Ho Chi Minh*(New York: Hyperion, 2000)([한국어판]윌리엄 J. 듀이커 지음, 정영목 옮김, 『호치민 평전』, 푸른숲, 2003)을 보라.

90. Hung-Yok Ip, *Intellectuals in Revolutionary China 1921-49: Leaders, Heroes, and Sophisticates*(London: Routledge, 2005), 42쪽.

91. Gregor Benton, *Mao Zedong and the Chinese Revolution*(London: Routledge, 2008)을 보라.

92. Rudolf Mrazek, 'Tan Malaka: A Political Personality's Structure of Experience', *Indonesia*, 14(1972): 31쪽에서 재인용.

93. André Malraux, *Man's Fate*, trans. Haakon M. Chevalier(New York: Vintage, 1990) (한국어판 다수), 64쪽.

94. 앞의 책, 65쪽.

95. 앞의 책, 39쪽.

96. 앞의 책, 65쪽.

97. Horacio Tarcus, *Marx en la Argentina: Sus primeros lectores obreros, intelectuales y científicos*(Buenos Aires: Siglo XXI, 2007). 아르헨티나의 혁명적 지식인 형성의 사회학적 배경에 관해서는 *El marxismo olvidado en la Argentina: Silvio Frondizi y Milcíades Peña*(Buenos Aires: El cielo por asalto, 1996), 36~40쪽에 있는 타르쿠스의 방법론적 논평도 보라.

98. Michael Löwy, *Marxism in Latin America from 1909 to the Present: An Anthology*(Atlantic Highlands: Humanities Press, 1992. 서론을 보라.

99. José Carlos Mariátegui to Samuel Glusberg, 10 January 1927, in Horacio Tarcus(ed.), *Mariátegui en la Argentina o las políticas culturales de Samuel Glusberg*(Buenos Aires: El cielo por asalto, 2001), 135쪽.

100. José Carlos Mariátegui, *Seven Interpretive Essays on Peruvian Reality*(Austin: University of Texas Press, 1988[1928])을 보라.

101. José Carlos Mariátegui, 'La revolución y la inteligencia: El grupo *Clarté* (1925), *La escena contemporánea*(Lima: Amauta, 1988), 154쪽.

102. Cedric J. Robinson, *Black Marxism: The Making of the Black Radical Tradition*(Bloomington: University of North Carolina Press, 2000[1983]), 254~7쪽.

103. C. L. R. James, 'Appendix' (1962), *The Black Jacobins: Toussaint L'Ouverture and the San Domingo Revolution*(New York: Vintage, 1989), 402쪽.

104. Alan MacKenzie, 'Radical Pan-Africanism in the 1930s: A Discussion with C. L. R. James', *Radical History Review*, 24(1980): 74쪽을 보라. 제임스의 지적 형성에 관해서는 Paul Buhle, *C. L. R. James: The Artist as Revolutionary*(London: Verso, 1988)을 보라.

105. Aimé Césaire, 'Jeunesse noire et assimilation', *L'Étudiant noir*, 1(1935): 3쪽. Goebel, *Anti-Imperial Metropolis*, 227쪽에서 재인용.

106. James, *The Black Jacobins*, ix쪽.

107. Mitchell Cohen, 'Rooted Cosmopolitanism', *Dissent*, 39/4(1992): 478~83쪽. Sidney Tarrow, 'Cosmopolites enracinés et militants transnationaux', *Lien social et politiques*, 75(2016) : 202~17쪽도 보라.

108. Carl Schmitt, *The Theory of the Partisan: A Commentary/Remark on the Concept of the Political*(Candor, NY: Telos Press, 2007)(한국어판 다수).

109. Orlando Figes, *A People's Tragedy: The Russian Revolution, 1891-1924*(London: Penguin, 1997), 296쪽.

110. Schmitt, *Theory of the Partisan*, 40~1쪽.

111. Isaac Deutscher, 'Maoism: Its Origins and Outlook'(1964), *Marxism, Wars, and Revolutions*, 182쪽.

112. Ernesto "Che" Guevara, 'Guerrilla Warfare: A Method'(1963), *Che Guevara Speaks: Selected Speeches and Writings*, ed. George Lavan(New York: Merit Publishers, 1967), 87쪽. 훌륭한 종합적 설명으로는 Michael Löwy, *The Marxism of Che Guevara: Philosophy, Economy, Revolutionary Warfare*(Lanham: Roman & Littlefield, 2007[1973]), 특히 게릴라전에 관한 3부를 보라.

113. '천민' 개념의 역사를 흥미롭게 재구성한 예로는 Eleni Varikas, *Les rebuts du monde. Figures du paria*(Paris: Stock, 2007)을 보라.

114. Max Weber, *Economy and Society: An Outline of Interpretive Sociology*, eds Guenther Roth and Claus Wittich(Berkeley: University of California Press, 1978), 567쪽.

115. Max Weber, *Ancient Judaism*, ed. Hans H. Gerth(New York: Free Press, 1952)([한국어판]막스 베버 지음, 진영석 옮김, 『야훼의 예언자들』, 백산출판사, 2004), 3쪽. 베버의 '천민' 개념에 관해서는 Ephraim Shmueli, 'The "Pariah-People" and Its Charismatic Leadership: A Reevaluation of Max Weber's Ancient Judaism', *Proceedings of the American Academy for Jewish Research*, 36(1968): 167~247쪽과 Arnaldo Momigliano, 'A Note on Max Weber's Definition of Judaism as a Pariah-Religion', *On Pagans, Jews, and Christians*(Middleton: Wesleyan University Press, 1987), 231~7쪽을 보라. 천민으로서 유대의 혁명적 지식인에 관해서는 Michael Löwy, *Redemption and Utopia: Jewish Libertarian Thought in Central Europe*(London, New York: Verso, 2017), 3장과 Enzo Traverso, 'The Jew as Pariah', *The Jews and Germany: From the 'Judeo-German Symbiosis' to the Memory of Auschwitz*(Lincoln: Nebraska University Press, 1995), 45~64쪽을 보라.

116. Weber, *Economy and Society*, 514~15쪽.

117. Hannah Arendt, 'The Jew as Pariah: A Hidden Tradition' (1944), *The Jewish Writings*, eds Jerome Kohn and Ron H. Feldman(New York: Schocken Books 2007), 275~97쪽. Bernard Lazare, *Job's Dungheap: Essays on Jewish Nationalism and Social Revolution*(New York: Schocken Books, 1948)을 보라.

118. Hannah Arendt, *The Origins of Totalitarianism*(New York: Harvest Books, 1976) ([한국어판]한나 아렌트 지음, 박미애·이진우 옮김, 『전체주의의 기원』, 한길사, 2006), 298쪽.

119. Hannah Arendt to Karl Jaspers, 7 September 1952, in Hannah Arendt and Karl Jaspers, *Correspondence 1926-1969*(New York: Harcourt, Brace, Jovanovich, 1992), 200쪽.

120. Georg Simmel, 'The Stranger'(1908. *The Sociology of Georg Simmel*, ed. Kurt H. Wolff(New York: Free Press, 1950), 402~8쪽; Karl Mannheim, *Ideologie und Utopie*(Frankfurt/Main: Klostermann, 1985[1929])([한국어판]칼 만하임 지음, 임석진 옮김, 『이데올로기와 유토피아』, 김영사, 2012), 73쪽. "자유롭게 떠다니는" 인텔리겐 치아라는 개념은 영어 번역에서 흐릿해진다: *Ideology and Utopia*(New York: Harvest, 1936).

121. Alexis Tocqueville, *Recollections*(New York: Macmillan, 1896), 163쪽.

122. Daniel Pick, *Faces of Degeneration: A European Disorder 1848-1918*(New York: Cambridge University Press, 1989), 특히 2장을 보라.

123. Cesare Lombroso, *Gli anarchici*(Milan: La vita felice, 2009[1894]), 63~70쪽.

124. Cesare Lombroso, *Il delitto politico e le rivoluzioni*(Turin: Bocca, 1890), 586~7쪽. 이 주제에 관해서는 Daniel Pick, 'The Faces of Anarchy: Lombroso and the Politics of Criminal Science in Post-Unification Italy', *History Workshop*, 21(1986): 60~81 쪽과 Patricia Bass, 'Cesare Lombroso and the Anarchists', *Journal for the Study of Radicalism*, 13/1(2019): 19~42쪽을 보라.

125. Max Nordau, *Degeneration*, Introduction by George L. Mosse(Lincoln: University of Nebraska Press, 1993[1892]), 22쪽.

126. Joseph Conrad, *The Secret Agent*(London: Penguin, 2007), 34쪽.

127. 앞의 책, 39쪽.

128. 앞의 책, 40쪽.

129. 앞의 책, 65쪽.

130. 앞의 책, 33쪽. 데이비드 멀리는 콘래드 소설의 맥락을 설명하면서 "아나키스트 유형을 역겹게 희화화하고 뒤섞는" 서술이 20세기 전환기에 무척 흔했다(가령 졸라의 『제르미날』)고 지적한다. David Mulry, 'The Anarchist in the House: The Politics of Conrad's *The Secret Agent*', *The Conradian*, 32/1(2007): 1~12쪽.

131. 1869년 스위스에서 만난, 러시아 감옥에서 이제 막 탈출한 스물두 살의 네차예프는 바쿠닌의 눈에 이렇게 보였다. James Joll, *The Anarchists*(Cambridge, MA: Harvard University Press, 1980), 76쪽에서 재인용.

132. Max Weber, 'Socialism'(1918), *Political Writings*, eds Peter Lassman and Ronald Speirs(Cambridge: Cambridge University Press, 1994), 298쪽.

133. Max Weber, 'The Profession and Vocation of Politics'(1918), *Political Writings*(한국어판 다수), 331, 353쪽.

134. Weber, 'Socialism', 299~300쪽. 마리안네 베버는 남편의 전기에서 루카치와 블로흐를 "초월적 신의 새로운 사자라는 종말론적 희망에 따라 움직인 … 메시아적 젊은이들"이라고 묘사한다. Marianne Weber, *Max Weber: A Biography*, trans. Harry Zohn(New York: Wiley, 1975 [1926]), 466쪽.

135. Weber, 'Profession and Vocation of Politics', 350쪽.

136. Hanebrink, *A Specter Haunting Europe*, 12쪽에서 재인용.

137. Mino Maccari, *Il Selvaggio*, X/8(1933): 58쪽. Sandro Bellassai, *L'invenzione della virilità: Politica e immaginario maschile nell'Italia contemporanea*(Roma: Carocci, 2011), 77쪽에서 재인용.

138. Theodor W. Adorno, *The Jargon of Authenticity*(London: Routledge, 2003), 1쪽.

139. Joseph Goebbels, *Reden*, ed. Helmut Heider(Düsseldorf: Droste, 1971), vol. 1, 108쪽에 실린 1933년 5월 8일 연설.

140. 앞의 책, 109쪽.

141. Joseph Goebbels, *Der Angriff*, 10 August 1931. Dietz Bering, *Die Intellektuellen: Geschichte eines Schimpfwortes*(Stuttgart: Klett-Cotta 1978), 123쪽에서 재인용. 베링은 바이마르와 나치 독일에서 민족주의 세력이 "지식인"이라는 단어를 어떻게 사용했는지를 전반적으로 살펴본다. Bering, 94~147쪽. 괴벨스는 나치 공식 기관지인 『푈키셔베오바흐터(*Völkischer Beobachter*. 국민의 감시자)』 1939년 2월 11일자에 실린 「지식인」이라는 사설에서 자신의 견해를 압축적으로 보여주었다.

142. Alfred Rosenberg, 'Bolshevism: The Work of an Alien Race'(1935), in Anson Rabinbach and Sander L. Gilman(eds), *The Third Reich Sourcebook*(Berkeley: University of California Press, 2013), 199~200쪽.

143. Bering, *Die Intellektuellen*, 122, 366쪽에서 재인용.

144. 베르너 숄렘이 1937년 뮌헨 전시회에 "참여"한 이야기는 Mirjam Zadoff, *Werner Scholem: A German Life*(Philadelphia: University of Pennsylvania Press, 2018), 275~8쪽에 나와 있다.

145. Leon Trotsky, *Literature and Revolution*(Chicago: Haymarket, 2005), 61쪽.

146. 앞의 책, 80~3, 86쪽.

147. 1934년 2월 사태 이후 프랑스 지식인들이 결집한 사실에 관해서는 Winock, *Le siècle des intellectuels*, 26장, 298~311쪽을 보라.

148. Herbert R. Lottman, *The Left Bank: Writers, Artists, and Politics from the Popular Front to the Cold War*(Chicago: The University of Chicago Press, 1982), 11장, 83~98쪽을 보라.

149. Sidney Webb and Beatrice Webb, *Soviet Communism: A New Civilization?*(Lon-

don: Scribner's, 1936). Anson Rabinbach, 'Legacies of Anti-Fascism', *New German Critique*, 67(1996): 7쪽을 보라. 나는 *Fire and Blood: The European Civil War 1914-1945*(London, New York: Verso, 2016), 8장에서 반파시즘의 이런 측면에 관해 논의했다.

150. Lion Feuchtwanger, *Moscow 1937: My Visit Described for My Friends*(London: Victor Gollancz, 1937). 포이히트방거가 소련을 방문해서 스탈린과 회동한 것에 관해서는 Karl Schlögel, *Moscow 1937*(Cambridge: Polity Press, 2012), 5장, 81~94쪽을 보라.

151. André Gide, *Back from the USSR*(London: Secker & Warburg, 1937)([한국어판]앙드레 지드 지음, 정봉구 옮김, 『소련 방문기』, 춘추사, 1994).

152. Walter Benjamin, *Understanding Brecht*(London: Verso, 2003), 121쪽; Erdmut Wizisla, *Walter Benjamin and Bertolt Brecht: The Story of a Friendship*(New Haven: Yale University Press, 2009)([한국어판]에르트무트 비치슬라 지음, 윤미애 옮김, 『벤야민과 브레히트』, 문학동네, 2015), xxi쪽.

153. 1929년 5월 29일 로맹 롤랑이 파나이트 이스트라티에게 보낸 편지. Sophie Cœuré, *La grande lueur à l'Est. Les Français et l'Union Soviétique 1917-1939*(Paris: Seuil, 1999), 255쪽에서 재인용.

154. Ludmila Stern, *Western Intellectuals and the Soviet Union, 1920-40: From Red Square to the Left Bank*(New York: Routledge 2007), 특히 전연방대외문화유대협회의 역사를 다루는 5~7장을 보라.

155. Theodore Dreiser, *Dreiser's Russian Diary*, eds Tommaso Riggio and James L. W. West III(Philadelphia: Pennsylvania University Press, 1996), 1927년 11월 8일자와 12월 4일자, 59, 182쪽. Michael David-Fox, 'The Fellow-Travelers Revisited: The "Cultured West" through Soviet Eyes', *Journal of Modern History*, 75/2(2003): 300~35쪽과, 드라이저에 관한 316~17쪽에서 이런 동조자의 시선에 담긴 오리엔탈리즘적 차원을 지적한다.

156. Cœuré, *La grande lueur*, 260쪽에서 재인용한 앙드레 지드의 1933년 1월 4일자 일기.

157. 바로 이것이 David Caute, *The Fellow-Travelers: Intellectual Friends of Communism*(New Haven: Yale University Press, 1988), 7, 264~81쪽에서 설득력 있게 주장하는 명제다.

158. François Furet, *The Passing of an Illusion: The Idea of Communism in the Twentieth Century*(Chicago: University of Chicago Press, 1999), 224쪽.

159. Lottman, *The Left Bank*, 92~6쪽.

160. Thomas Mann, *The Magic Mountain*, trans. John E. Woods(New York: Knopf, 2005)(한국어판 다수), 442쪽.

161. Judith Marcus, *Georg Lukács and Thomas Mann: A Study in the Sociology of Literature*(Amherst: University of Massachusetts Press, 1987)의 2부 전체와 Michael Löwy, 'Naphta or Settembrini? Lukács and Romantic Anti-Capitalism', *New German Critique*, 42(1987): 17~31쪽을 보라.

162. Mann, *The Magic Mountain*, 54쪽.

163. 앞의 책.

164. Heinrich Mann, 'Geist und Tat'(1911), in *Deutsche Intellektuelle*, 34~40쪽; Heinrich Mann, *Der Hass: Deutsche Zeitgeschichte*(Frankfurt/Main: Fischer, 1987[1933]).

165. Norbert Elias, *The Established and the Outsiders: A Sociological Enquiry into Community Problems*(London: F. Cass, 1965)([한국어판]노베르트 엘리아스·존 스콧슨 지음, 박미애 옮김, 『기득권자와 아웃사이더』, 한길사, 2005).

166. Christian Rakovsky, 'The "Professional Dangers" of Power'(1928), *Selected Writings on Opposition in the USSR 1923-1930*, ed. Gus Fagan(London: Allison & Busby, 1980), 126쪽. 과두제의 "철칙"에 관해서는 Michels, *Political Parties*, 224~34쪽을 보라.

167. Yuri Slezkine, *The House of Government: A Saga of the Russian Revolution*(Princeton: Princeton University Press, 2017), 318쪽.

168. 앞의 책, 494~5쪽.

169. Eric Hobsbawm, *Interesting Times: A Twentieth-Century Life*(London: Allen Lane, 2002)([한국어판]에릭 홉스봄 지음, 이희재 옮김, 『미완의 시대』, 민음사, 2007), 129쪽. 홉스봄은 이탈리아 공산당 지도자 아멘돌라가 쓴 자서전 첫 권을 언급한다. Giorgio Amendola, *Una scelta di vita*(Milan: Rizzoli, 1978).

170. Brigitte Studer, *Reisende der Weltrevolution*, 211~20쪽에서는 코민테른의 여성 요원들의 몇몇 사례를 제시하면서 이처럼 보헤미아니즘과 금욕주의 사이에서 영원히 동요한 삶을 잘 설명한다.

171. Hans Magnus Enzensberger, *Dreamers of the Absolute: Essays on Politics, Crime, and Culture*(Santa Fe: Radius Books, 1988), 160쪽.

172. Brigitte Studer, 'Communism as Existential Choice', in Silvio Pons and Stephen Smith(eds), *The Cambridge History of Communism*(Cambridge: Cambridge University Press, 2017), 506, 521쪽. 슈투더는 Erwing Goffman, *Asylums: Essays on the Social Situation of Mental Patients and Other Inmates*(Garden City, NY: Anchor Books, 1961)과 Michel Foucault, 'Technologies of the Self'(1984), *The Essential Works of Michel Foucault*, ed. Paul Rabinow(New York: The New Press, 1997), vol. 1, 223~51쪽을 참조한다.

173. 프랑스 공산당의 이데올로기적 정통의 수호자였던 안니 크리젤이 만들어낸 이 정의는 냉전 시기에 주로 공산주의 관리들을 모스크바에서 꾸미는 음모의 요원들로 묘사하

기 위해 사용됐지만, 그렇다 하더라도 어떤 깨달음을 주는 가치가 있다. Annie Kriegel, *Les communistes français*(Paris: Seuil, 1968)을 보라. 많은 전 공산주의 지식인들이 당 기관원 시절 얻은 정신적 아비투스를 반공주의로 뒤바꾸게 된다. 스탈린주의 지식인이 과격한 반공주의자로 변신한 사례에 관해서는 Deutscher, 'The Ex-Communist's Conscience'(1950), *Marxism, Wars, and Revolutions*, 49~59쪽을 보라.

174. Edgar Morin, 'Préface'(1991), *Autocritique*(Paris: Seuil, 1991[1959]), 10쪽.

175. Lukács, *History and Class Consciousness*, 320쪽.

176. Lewis A. Coser, *Men of Ideas: A Sociologist's View*(New York: Free Press, 1997[1965]), 162쪽.

177. Venturi, *Roots of Revolution*, 365쪽.

178. Walter Benjamin, *Moscow Diary*, ed. Gary Smith(Cambridge: Harvard University Press, 1986)([한국어판]발터 벤야민 지음, 김남시 옮김, 『모스크바 일기』, 길, 2015), 73쪽.

179. Hobsbawm, *Interesting Times*, 96쪽.

180. 막스 베버에 따르면, 이는 그가 카를 리프크네히트와 스파르타쿠스단의 탓으로 돌린 '산상수훈의 윤리'에 상응한다. 'The Profession and Vocation of Politics', 357쪽을 보라.

181. Nechaev, 'Catechism of the Revolutionist', 72쪽. Venturi, *Roots of Revolution*, 365쪽; Joll, *The Anarchists*, 77~8쪽 등도 보라.

182. Lukács, *History and Class Consciousness*, 42쪽. 루카치의 '윤리적 극단주의'에 관해서는 Michael Löwy, *Georg Lukacs: From Romanticism to Bolshevism*(London: Verso, 1979), 3장을 보라.

183. Victor Serge, *Memoirs of a Revolutionary*, foreword by Adam Hochschild(New York: New York Review of Books Editions, 2012[1946]), 327쪽.

184. Schmitt, *Theory of the Partisan*, 21쪽.

185. 앞의 책, 36쪽. Carl Schmitt, *The Concept of the Political*, ed. George Schwab(Chicago: University of Chicago Press, 2007)을 보라.

186. Mannheim, *Ideologie und Utopie*, 135쪽.

제5장: 자유와 해방 사이

1. Joseph de Maistre, *Considerations on France*, ed. Richard A. Lebrun(Cambridge: Cambridge University Press, 1994), 3쪽.

2. Vincent Harding, *There is a River: The Black Struggle for Freedom in America*(New York: Vintage, 1981), 3쪽.

3. Benito Mussolini, 'The Doctrine of Fascism', *Fascism: Doctrine and Institu-*

tions(Rome: Ardita, 1935), 11쪽.

4. 앞의 글.

5. Leon Trotsky, *The Revolution Betrayed: What Is the Soviet Union and Where Is it Going?*(New York: Pathfinder Press, 1972), 224쪽.

6. 앞의 책, 232쪽.

7. Peter Coleman, *The Liberal Conspiracy: The Congress for Cultural Freedom and the Struggle for the Mind in Postwar Europe*(New York: Free Press, 1989)를 보라.

8. Isaiah Berlin, *Four Essays on Liberty*(New York: Oxford University Press, 1970)([한국어판]이사야 벌린 지음, 헨리 하디 엮음, 박동천 옮김, 『이사야 벌린의 자유론』, 아카넷, 2014).

9. Benjamin Constant, 'The Liberty of the Ancients Compared with That of the Moderns', *Political Writings*, ed. Biancamaria Fontana(Cambridge: Cambridge University Press, 1988), 325쪽.

10. Friedrich A. Hayek, *The Road to Serfdom*(Chicago: Chicago University Press, 1944) (한국어판 다수), 103쪽.

11. 앞의 책, 3~4쪽.

12. 앞의 책, 70쪽.

13. 앞의 책.

14. 앞의 책, 204쪽.

15. 앞의 책, 13장.

16. Jean-Jacques Rousseau, *A Discourse on Inequality*, ed. Maurice Cranston(London: Penguin, 1984)(한국어판 다수), 109쪽.

17. Ellen Meiksins Wood, *Liberty & Property: A Social History of Western Political Thought from Renaissance to Enlightenment*(London, New York: Verso, 2012), 231~240쪽을 보라.

18. Karl Marx, 'Debates on the Law on Thefts of Wood'(1842), *MECW*, 1: 230쪽.

19. Daniel Bensaïd, *The Dispossessed: Karl Marx's Debates on Wood Theft and the Right of the Poor*, ed. Robert Nichols(Minneapolis: University of Minnesota Press, 2021), III장.

20. Karl Polanyi, *The Great Transformation: The Political and Economic Origins of Our Time*(Boston: Beacon Press, 1957)([한국어판]칼 폴라니 지음, 홍기빈 옮김, 『거대한 전환』, 길, 2009), 29쪽.

21. Domenico Losurdo, *Liberalism: A Counter-History*(London, New York: Verso, 2011) 2장을 보라.

22. Ellen Meiksins Wood, *Empire of Capital*(London, New York: Verso, 2003), 96~8쪽을 보라.

23. Susan Buck-Morss, *Hegel, Haiti, and Universal History*(Pittsburgh: Pittsburgh University Press, 2009), 21~6쪽과 David B. Davis, *Problems of Slavery in the Age of Revolution*(Ithaca, NY: Cornell University Press, 1975), 263쪽을 보라.

24. 이 주제에 관한 최고의 연구는 Matthieu Renault, *L'Amérique de John Locke. L'expansion coloniale de la politique européenne*(Paris: Éditions Amsterdam, 2014)다. Buck-Morss, *Hegel, Haiti, and Universal History*, 28쪽도 보라.

25. Edward Berenson, *The Statue of Liberty: A Transatlantic Story*(New Haven: Yale University Press, 2012), 98쪽에서 재인용.

26. Alexandra Kollontai, 'The Statue of Liberty'(1916), *Selected Articles and Speeches*(Moscow: Progress, 1984).

27. 앞의 글. 이 기념물의 상징적 변화에 관해서는 Rudolph Vecoli, 'The Lady and the Huddled Masses: The Statue of Liberty as a Symbol of Immigration', in Wilton S. Dillon and Neil G. Kotler(eds), *The Statue of Liberty Revisited*(Washington, DC: Smithsonian Institution Press, 1994)를 보라.

28. Ellen Meiksins Wood, *The Origin of Capitalism: A Longer View*(London, New York: Verso, 2002)([한국어판]엘린 메익신즈 우드 지음, 정이근 옮김, 『자본주의의 기원』, 경성대학교출판부, 2002), 116~21쪽을 보라.

29. Hélène Toussaint, *La Liberté guidant le peuple de Delacroix*(Paris: Éditions de la Réunion des Musées Nationaux, 1982), 57쪽 참조.

30. 모리스 아귈롱에 따르면, 들라크루아의 그림은 여성 신체의 회화적 알레고리라는 오랜 전통에 속한다. Maurice Agulhon, 'On Political Allegory: A Reply to Eric Hobsbawm', *History Workshop*, 8(1979): 167~73쪽. 정반대로 에릭 홉스봄은 들라크루아와 자유의 여신 재현의 민중적 특징에 바탕을 둔 이 알레고리의 신선함을 강조한다. Eric Hobsbawm, 'Man and Woman in Socialist Iconography', *History Workshop*, 6(1978). Eric Hobsbawm, *Uncommon People: Resistance, Rebellion and Jazz*(London: Abacus, 1998), 129쪽.

31. Auguste Barbier, 'La Curée', *Revue de Paris*, 18(1830): 140쪽. Nicos Hadjinicolau, 'La Liberté guidant le peuple de Delacroix devant son premier public', *Actes de la Recherche en Sciences Sociales*, 28(1979): 14쪽과 T. J. Clark, *The Absolute Bourgeois: Artists and Politics in France 1848-1851*(London: Thames & Hudson, 1973), 17~18쪽에서 재인용.

32. Honoré de Balzac, *The Peasants*, trans. George B. Ives(Philadelphia: George Barrie and Son, 1899), 268~9쪽.

33. Hadjinicolau, 'La Liberté guidant le peuple', 20~1쪽. Toussaint, *La Liberté guidant le peuple*, 43~4, 49쪽도 보라. 이렇게 꼼꼼하게 조사하면 들라크루아가 "부르주아와 민중의 동맹을 … 하나하나씩" 그렸다는 T. J. 클라크의 해석에 의문이 생긴다. T. J.

Clark, *The Absolute Bourgeois*, 19쪽.

34. 들라크루아가 미학적 모델로 삼은 테브냉에 관해서는 Jörg Träger, Aude Viray-Wallon, 'L'épiphanie de la liberté. La Révolution vue par Eugène Delacroix', *Revue de l'Art*, 98(1992): 24쪽을 보라. 이런 미학적 모델의 정치적 의미에 관해서는 Pierre Gaudibert, 'Delacroix et le romantisme révolutionnaire', *Europe*(April 1963): 4~21쪽을 보라.

35. 앞에서 인용한 논문인 Hobsbawm, 'Man and Woman in Socialist Iconography', 125~49쪽 전체를 보라.

36. Frantz Fanon, *Black Skin, White Masks*, trans. Charles L. Markmann, forewords by Ziauddin Sardar and Homi Bhabha(London: Pluto Press, 1986)(한국어판 다수), 220~21쪽.

37. Hugh Honour, 'Philanthropic Conquest', in David Bindman and Henry Louis Gates Jr.(eds), *The Image of the Black in Western Art*, vol. 4: *From the American Revolution to World War I*(Cambridge: Harvard University Press, 1989)를 보라.

38. Robin Blackburn, *The Overthrow of Colonial Slavery 1776-1848*(London: Verso, 1988)을 보라. Jonathan Israel, *Revolutionary Ideas: An Intellectual History of the French Revolution from The Rights of Man to Robespierre*(Princeton: Princeton University Press, 2014), 15장, 396~419쪽에 흑인 해방에 관한 프랑스의 논쟁이 잘 요약돼 있다.

39. 이 예외적인 순간을 의미심장하게 증언하는 작품이 안-루이 지로데 드 루시-트리오종이 흑인 의원 장-바티스트 벨레를 그린 유명한 초상화다. 이 그림에서 1794년 국민공회에 생도맹그 대표로 참석한 벨레는 18세기 노예제 폐지론의 가장 중요한 옹호자인 기욤-토마 레날의 흉상 옆에서 위엄 있는 인물로 그려진다. 두 사람의 머리 높이가 같고—어떤 위계도 존재하지 않는다—, 벨레의 시선은 옆에 있는 조각상이 아니라 자신이 사는 섬을 향한다. 이 초상화를 흥미롭게 해석한 글로는 Helen D. Weston, 'Representing the Right to Represent: The "Portrait of Citizen Belley, Ex-Representative of the Colonies"', *Anthropology and Aesthetics*, 26(1994): 83~99쪽을 보라. 크리스토퍼 A. 베일리는 이 그림을 언급하면서 19세기에 "혼성적인 정치적 정체성"이 탄생했음을 보여준다. Christopher A. Bayly, *The Birth of the Modern World 1780-1914: Global Connections and Comparisons*(Malden, MA: Blackwell, 2004), 375쪽.

40. L. Diane Barnes, *Frederick Douglass: Reformer and Statesman*(New York: Routledge, 2013), 60쪽에서 재인용.

41. Harding, *There Is a River*, 191쪽에서 재인용.

42. 앞의 책, 126쪽.

43. C. L. R. James, *A History of Pan-African Revolt*(London: Merlin Press, 2012[1938]), 58쪽.

44. Herbert Marcuse, *Five Lectures*(Boston: Beacon Press, 1970), 4쪽.

45. Herbert Marcuse, *One-Dimensional Man*(New York: Routledge, 2002), 7쪽.

46. Herbert Marcuse, *Five Lectures*, 12쪽.

47. Annie Cohen-Solal, *Sartre: A Life*(New York: Pantheon Books, 1987)([한국어판]안니 코엔-솔랄 지음, 우종길 옮김, 『사르트르』1·2·3, 창, 1993), 188쪽.

48. Jean-Paul Sartre, *Being and Nothingness: An Essay on Phenomenological Ontology*, trans. Hazel E. Barnes(London: Routledge, 2003)(한국어판 다수), 527쪽.

49. Herbert Marcuse, 'Sartre's Existentialism'(1948), *The Essential Marcuse: Selected Writings*, eds Andrew Feenberg and William Leiss(Boston: Beacon Press, 2007), 143쪽.

50. 앞의 글, 131쪽.

51. 이것이 마르쿠제가 1948년 서평에서 내린 결론이다(*Philosophy and Phenomenological Research*, III, 3, 1948, 335쪽). 마르쿠제는 거의 20년이 지난 뒤 『문화와 사회』(*Kultur und Gesellschaft*, Frankfurt: Suhrkamp, 1967, vol. 2)에 이 글을 재수록하면서 사르트르가 나중에 쓴 저작, 특히 파농의 『대지의 저주받은 사람들』(1961) 서문에서 "순수한 존재론과 현상학"이 정치로 대체됐음을 인정함으로써 마지막 문단을 바꿨다. 이 프랑스 철학자는 초기의 추상적 사고를 포기하면서 역사를 도입하고 마르크스주의를 받아들이고 변증법을 채택했다. 그리하여 그는 "해방의 도덕이라는 약속을 이행했다". Marcuse, 'Sartre's Existentialism', 158쪽.

52. Samuel D. Kassow, *Who Will Write Our History? Emanuel Ringelblum, the Warsaw Ghetto, and the Oyneg Shabes Archive*(Bloomington: Indiana University Press, 2007), 371쪽에서 재인용.

53. 앞의 책, 372쪽.

54. Jean Améry, 'Im Warteraum des Todes'(1969), *Widersprüche*(Stuttgart: Klett-Cotta, 1971), 122쪽.

55. '자유의 실천들' 개념에 관해서는 'L'éthique du souci de soi comme pratique de la liberté'(1984), in Michel Foucault, *Dits et Écrits*, eds François Ewald and Daniel Defert(Paris: Gallimard, 1994), vol. 4, 709~12쪽을 보라. 권력을 '권력 관계'의 복잡한 연결망으로 보는 권력 개념에 관해서는 Michel Foucault, *Power*(*The Essential Work of Michel Foucault 1954-1984*, vol. 3), eds Paul Rabinow and James Faubion, trans. Robert Hurley(New York: The New Press, 2003)에 수록된 글들을 보라.

56. Michel Foucault, *Technologies of the Self: A Seminar with Michel Foucault*, eds Luther H. Martin, Huck Gutman and Patrick H. Hutton (Amherst: University of Massachusetts Press, 1988)([한국어판]미셸 푸코 지음, 이희원 옮김, 『자기의 테크놀로지』, 동문선, 1997)을 보라.

57. Condorcet, 'The Sketch'(1795), *Political Writings*, eds Steven Lukes and Nadia Ur-

binati(New York: Cambridge University Press, 2012), 1~148쪽.

58. Mona Ozouf, 'Liberté', in François Furet and Mona Ozouf(eds), *Dictionnaire critique de la Révolution française. Idées*(Paris: Flammarion, 1992), 253~5쪽을 보라.

59. Foucault, 'Inutile de se soulever?'(1979), *Dits et Ecrits*, vol. 2, 790쪽.

60. Michel Foucault, 'The Right of Death and the Power over Life', *History of Sexuality, Vol. I: An Introduction*, trans. Robert Hurley(New York: Penguin, 1978)([한국어판]미셸 푸코 지음, 이규현 옮김, 『성의 역사 1』, 나남출판, 2020), 135쪽. 푸코에 따르면, 생명정치란 "매우 특정한 절차와 완전히 새로운 도구, 전혀 다른 장비를 지닌 새로운 권력의 메커니즘"을 의미한다. 그가 볼 때 이런 생명정치 권력은 "주권 관계와 절대적으로 양립 불가능"하다. Michel Foucault, *Society Must Be Defended: Lectures at the Collége de France, 1975-1976*, ed. Mauro Bertani and Alessandro Fontana, trans. David Macey(New York: Picador, 2003)(한국어판 다수), 35쪽을 보라. Roberto Esposito, *Bios: Biopolitics and Philosophy*, trans. Timothy Campbell(Minneapolis: University of Minnesota Press, 2008)([한국어판]로베르토 에스포지토 지음, 윤병언 옮김, 『비오스』, Critica(크리티카), 출간 예정), 13~38쪽에서는 이렇게 가정된 생명권력과 주권의 양립 불가능성을 비판한다.

61. 마르크스와 푸코를 화해시키거나 불가능한 종합을 이루기보다는 양자의 '괴리'를 가정하면서 둘과 함께 연구할 필요가 있다. Étienne Balibar, 'L'anti-Marx de Michel Foucault', in Christian Laval, Luca Paltrinieri and Ferhat Taylan(eds), *Marx & Foucault. Lectures, usages, confrontations*(Paris: La Découverte, 2015), 85~102쪽을 보라. Enzo Traverso, 'Biopotere e violenza. Sugli usi storiografici di Foucault e Agamben', *Contemporanea*, 3(2009): 523~30쪽도 보라.

62. Hannah Arendt, *On Revolution*(New York: Penguin, 2006)([한국어판]한나 아렌트 지음, 홍원표 옮김, 『혁명론』, 한길사, 2004), 82쪽.

63. 앞의 책, 104쪽. 미국 혁명과 프랑스 대혁명을 대립시키는 아렌트의 논의는 새로운 것이 아니었다. 네그리가 지적하는 것처럼, 그런 대립을 처음으로 설정한 사상가는 프리드리히 폰 겐츠로, 에드먼드 버크의 『프랑스 혁명에 관한 성찰』 독일어판 서론에서 그가 펼친 논의는 이후 1800년 대통령 선거에서 존 애덤스 지지자들이 제퍼슨에 맞서 대중화했다. Antonio Negri, *Insurgencies: Constituent Power and the Modern State*(Minneapolis: University of Minnesota Press, 1999. 25~6쪽을 보라.

64. Hannah Arendt, *The Origins of Totalitarianism*(New York: Harcourt, Brace & Co., 1976)([한국어판]한나 아렌트 지음, 박미애·이진우 옮김, 『전체주의의 기원』 1·2, 한길사, 2006), 175~6쪽.

65. Arendt, *On Revolution*, 98~9쪽.

66. Hannah Arendt, *The Life of the Mind*(New York: Harcourt, Brace & Jovanovich, 1978)([한국어판]한나 아렌트 지음, 홍원표 옮김, 『정신의 삶』, 푸른숲, 2019), 19쪽. *The*

Human Condition(Chicago: University of Chicago Press, 1958), 50쪽도 보라. 아렌트의 '분투적' 정치 개념에 관해서는 Seyla Benhabib, *The Reluctant Modernism of Hannah Arendt*(Lanham: Rowman & Littlefield, 2000), 125~6, 199~200쪽을 보라.

67. Hannah Arendt, 'Introduction into Politics'(1950), *The Promise of Politics*, ed. Jerome Kohn(New York: Schocken Books, 2005)([한국어판]한나 아렌트 지음, 제롬 콘 편집, 김선욱 옮김, 『정치의 약속』, 푸른숲, 2007), 93~199쪽. 하이데거의 『존재와 시간』(1927)의 존재론을 비판적으로 재평가하는 아렌트의 정치 개념에 관해서는 특히 Benhabib, *The Reluctant Modernism of Hannah Arendt*, 51~7쪽을 보라.

68. Arendt, *The Human Condition*.

69. Arendt, *On Revolution*, 51쪽.

70. Eric Hobsbawm, 'Hannah Arendt on Revolution'(1965), *Revolutionaries*(New York: The New Press, 2001[1973]), 239~47쪽.

71. 특히 Étienne Balibar, *Equaliberty: Political Essays*, trans. James Ingram(Durham: Duke University Press, 2014)의 1~3장을 보라.

72. Alexis de Tocqueville, *The Old Regime and The Revolution*(Chicago: University of Chicago Press, 1998)을 보라.

73. 안토니오 네그리는 정치의 자율성의 표현이라는 아렌트의 혁명관을 열광적으로 승인한 뒤—하나의 "팽창 원리"로서 "무에서부터" 정치적인 것을 창조하는 "입헌 권력"(*Insurgencies*, 25~30쪽)—"공간이 전유로, 팽창으로 상상되기 때문에 권력을 세우는" 자유의 "변경"으로 보는, 미국 혁명에 대한 사회-역사적 해석을 제시한다(앞의 책, 4장).

74. Hannah Arendt, 'Reflections on Little Rock', *Dissent*, 1(1959): 51쪽. 1950년대 미국에서 흑인 차별에 맞선 투쟁에 대한 아렌트의 입장을 꼼꼼하게 비판한 글로는 Kathryn T. Gines, *Hannah Arendt and the Negro Question*(Bloomington: Indiana University Press, 2014)를 보라.

75. 아렌트의 정치적인 것의 개념이 실존주의에 뿌리를 둔다는 점에 관해서는 Martin Jay, 'The Political Existentialism of Hannah Arendt', *Permanent Exiles: Essays on the Intellectual Migration from Germany to America*(New York: Columbia University Press, 1986), 237~56쪽을 보라.

76. Enzo Traverso, 'Between Two Epochs: Jewishness and Politics in Hannah Arendt', *The End of Jewish Modernity*(London: Pluto Press, 2016), 60~81쪽을 보라.

77. David Scott, *Conscripts of Modernity: The Tragedy of Colonial Enlightenment*(Durham: Duke University Press, 2004), 217쪽. "생각할 수조차 없는unthinkable"이라는 형용사는 미셸-롤프 트루요가 붙인 의미로 이해해야 한다. 즉 아이티 혁명은 서구 사상의 틀 안에서는 "생각할 수조차 없는" 것이었다. Michel-Rolph Trouillot, *Silencing the Past: Power and the Production of History*(Boston: Beacon Press, 1995), 82쪽을

보라.

78. Hannah Arendt, 'On Violence', *The Crisis of the Republic*(New York: Harcourt, Brace & Jovanovich, 1972)([한국어판]한나 아렌트 지음, 김선욱 옮김, 『공화국의 위기』, 한길사, 2011), 123쪽.

79. 앞의 글, 123~4쪽. 아렌트가 '유럽중심주의에 푹 빠져 있었다'는 사실에 관해서는 Judith Butler, *Parting Ways: Jewishness and the Critique of Zionism*(New York: Columbia University Press, 2012)([한국어판]주디스 버틀러 지음, 양효실 옮김, 『주디스 버틀러, 지상에서 함께 산다는 것』, 시대의창, 2016), 139~40쪽을 보라.

80. Arno J. Mayer, *The Furies: Violence and Terror in the French and Russian Revolutions*(Princeton: Princeton University Press, 2000).

81. C. L. R. James, *The Black Jacobins: Toussaint L'Ouverture and the San Domingo Revolution*(New York: Vintage Books, 1963[1938]), 88쪽.

82. Frantz Fanon, *The Wretched of the Earth*, trans. Richard Philcox(New York: Grove Press, 2004), 19, 217쪽.

83. 앞의 책, 44쪽.

84. 앞의 책, 217쪽.

85. Jean Améry, 'The Birth of Man from the Spirit of Violence: Frantz Fanon the Revolutionary'(1969), *Wasafiri*, 20/44(2005): 14쪽.

86. Jean Améry, *At the Mind's Limits: Contemplations by a Survivor on Auschwitz and Its Realities*(Bloomington: Indiana University Press, 1980)([한국어판]장 아메리 지음, 안미현 옮김, 『죄와 속죄의 저편』, 필로소픽, 2022), 91쪽.

87. Jean Améry, 'The Birth of Man from the Spirit of Violence', 16쪽.

88. 앞의 글.

89. Losurdo, *Liberalism: A Counter-History*.

90. Bruce Watson, *Bread and Roses: Mills, Migrants, and the Struggle for the American Dream*(New York: Penguin, 2005)를 보라. 이 구호의 페미니즘적 차원에 관해서는 Sheila Rowbotham, *Women, Resistance and Revolution: A History of Women and Revolution in the Modern World*(London, New York: Verso, 2014[1974]), 5장(로렌스 파업에 관한 111~12쪽)을 보라. 2004년에 개봉한 켄 로치의 〈빵과 장미〉는 로스앤젤레스 이주 노동자들이 벌인 파업에 관한 아름다운 영화다.

91. Kristin Ross, *Communal Luxury: The Political Imaginary of the Paris Commune*(London, New York: Verso, 2015), 38쪽에서 재인용.

92. 앞의 책, 5쪽.

93. 논문집인 Angela Lampe, *Chagall, Lissitzky, Malevitch: L'Avant-garde russe à Vitebsk 1918-1922*(Paris: Éditions du Centre Pompidou, 2018)을 보라.

94. Alexandra Kollontai, 'Theses on Communist Morality in the Sphere of Marital Re-

lations' (1921), *Selected Writings*, ed. Alix Holt(London: Allison and Busby, 1977), 231쪽.

95. George Orwell, *Homage to Catalonia*, Introduction by Lionel Trilling(New York: Harvest Books, 1980), 4~5쪽.

96. 이 영화에 관심을 갖게 해준 줄리언 카사노바에게 감사한다.

97. Rosa Luxemburg, 'The Russian Revolution'(1918), *The Rosa Luxemburg Reader*, eds Peter Hudis and Kevin B. Anderson(New York: Monthly Review Press, 2014), 308쪽.

98. 앞의 글.

99. Jürgen Osterhammel, *The Transformation of the World: A Global History of the Nineteenth Century*(Princeton: Princeton University Press, 2014), 2장: 45~76쪽을 보라.

100. Alain Corbin, 'The Daily Arithmetic of the Nineteenth Century', *Time, Desire and Horror: Towards a History of the Senses*(Cambridge: Polity, 1995)([한국어판]알랭 코르뱅 지음, 변기찬 옮김, 『시간, 욕망, 그리고 공포』, 동문선, 2002), 1~12쪽을 보라.

101. Edward P. Thompson, 'Time, Work-Discipline and Industrial Capitalism'(1967), *Customs in Common: Studies in Traditional Popular Culture*(New York: The New Press, 1992), 382쪽.

102. Walter Benjamin, 'The Storyteller: Observations on the Works of Nikolai Leskov'(1936), *WBSW*, vol. 3, 143~4쪽.

103. Stavros Tombazos, *Time in Marx: The Categories of Time in Marx's Capital*(Leiden: Brill, 2014)를 보라.

104. 이 주제를 다룬 가장 훌륭한 연구는 여전히 Harry Braverman, *Labour and Monopoly Capital: The Degradation of Work in the Twentieth Century*(New York: Monthly Review Press, 1998)([한국어판]해리 브레이버맨 지음, 이한주·강남훈 옮김, 『노동과 독점자본』, 까치, 1993)이다.

105. Karl Marx, 'Economic Manuscripts of 1857-1858', *MECW*, vol. 29, 97쪽.

106. Karl Marx, 'Capital, volume III', *MECW*, vol. 37, 807쪽.

107. Herbert Marcuse, 'Preface'(1957) to Raya Dunayevskaya, *Marxism and Freedom: From 1776 Until Today*(Amherst, NY: Humanities Books, 2000), xxiii쪽.

108. Paul Lafargue, *The Right to Be Lazy and Other Studies*(Chicago: Charles H. Kerr, 1907), 22쪽.

109. 앞의 책, 29쪽. 이 소책자의 역사에 관해서는 Leslie Derfler, *Paul Lafargue and the Founding of French Marxism 1842-1882*(Cambridge, MA: Harvard University Press, 1991), 177~84쪽을 보라.

110. Karl Marx, 'A Contribution to the Critique of Political Economy'(1859), *MECW*, 29: 264쪽.

111. Karl Marx, 'Capital', *MECW*, vol. 35, 363~4쪽.

112. Lenin, 'Critical Remarks on the National Question'(1913), *LCW*, vol. 20, 29쪽.

113. Sergio Tischler Visquerra, 'Tiempo de reificación y tiempo de insubordinación', *Memoria, tiempo y sujeto*(Puebla: BUAP, G&G Editores, 2005), 151~74쪽에서는 이런 해석을 설득력 있게 전개한다. Antonio Negri, *Marx Beyond Marx: Lessons on the Grundrisse*, trans. Michael Ryan, Mauricio Viano and Harry Cleaver(New York: Autonomedia, 1989)([한국어판]안토니오 네그리 지음, 윤수종 옮김, 『맑스를 넘어선 맑스』, 중원문화, 2012), 8장, 특히 165쪽도 보라.

114. Walter Benjamin, 'Critique of Violence', *WBSW*, vol. 1, 236~52쪽.

115. Walter Benjamin, 'Paris, Capital of the Nineteenth Century', *WBSW*, vol. 3, 33~4쪽.

116. Walter Benjamin, 'On the Concept of History'(1940), *WBSW*, vol. 4, 391쪽.

117. 앞의 글, 393쪽.

118. 앞의 글, 394쪽.

119. Walter Benjamin, *The Arcades Project*, trans. Howard Leiland and Kevin Mclaughlin(Cambridge: Harvard University Press, 2002), 462쪽.

120. Benjamin, 'On the Concept of History', 395쪽.

121. Walter Benjamin, 'Prolegomena to On the Concept of History', *WBSW*, vol. 4, 402쪽.

122. Herbert Marcuse, 'Revolution und Kritik der Gewalt. Zur Geschichtsphilosophie Walter Benjamins', in Peter Bulthaup(ed.), *Materialen zu Benjamin Thesen 'Über den Begriff der Geschichte'*(Frankfurt: Suhrkamp, 1975), 24쪽. 베냐민의 마르크스주의에 관해서는 Michael Löwy, *Fire Alarm: Reading Walter Benjamin's On the Concept of History*(London, New York: Verso, 2005)([한국어판]미카엘 뢰비 지음, 양창렬 옮김, 『발터 벤야민: 화재경보』, 난장, 2017)를 보라.

123. Benjamin, 'On the Concept of History', 395쪽.

124. Mona Ozouf, 'Calendrier', in Furet and Ozouf(eds), *Dictionnaire critique de la Révolution Française*, 91~106쪽을 보라.

125. Ozouf, 'Liberté', 268쪽에서 재인용.

제6장: 공산주의의 역사화

1. 나는 이 정의를 Jürgen Osterhammel, *The Transformation of the World: A Global History of the Nineteenth Century*, trans. Patrick Camiller(Princeton: Princeton University Press, 2014), 529쪽에서 빌려왔다. 마틴 말리아는 혁명의 역사에서 종교적 이단(15세기와 16세기) 및 근대 사회주의 혁명(1848년부터 줄곧)과 비교되는 특정한 한

단계로서 '대서양 혁명'을 구분하면서 아이티 혁명에 대해서는 한 줄도 할애하지 않은 채 잉글랜드와 미국, 프랑스의 혁명만 검토한다. Martin Malia, *History's Locomotives: Revolutions and the Making of the Modern World*(New Haven: Yale University Press, 2006)을 보라.

2. Osterhammel, *Transformation of the World*, 543쪽.

3. Lenin, 'Lecture on the 1905 Revolution'(1917), *LCW*, vol. 23, 236~53쪽.

4. Osterhammel, *Transformation of the World*, 518쪽.

5. Antonio Gramsci, *The Gramsci Reader: Selected Writings 1916-1935*, ed. David Forgcas(New York: New York University Press, 2000), 246~69쪽.

6. 트로츠키는 독소조약과 폴란드 점령 직후인 1939년 9월에 이런 역사적 비유를 내놓았다. "첫 번째 보나파르트는 군사독재를 수단으로 혁명을 저지했다. 하지만 프랑스 군대가 폴란드를 침공했을 때 나폴레옹은 '농노제를 폐지한다'는 포고령에 서명했다. 이 조치는 농민에 대한 나폴레옹의 공감이나 민주적 원리에 따라 지시된 게 아니라 보나파르트의 독재가 봉건적 소유관계가 아니라 부르주아적 소유관계에 토대를 둔다는 사실 때문에 이루어진 것이었다. 스탈린의 보나파르티즘 독재가 사적 소유가 아니라 국가 소유에 토대를 두는 만큼, 붉은군대의 폴란드 침공은 이 사례의 성격상 사적인 자본주의적 소유의 폐지로 귀결되어야 한다. 즉 점령 지역 체제를 소련 체제와 일치시켜야 한다. 성격상 혁명적인 이 조치—'착취자들을 착취하는' 조치—는 이 경우에 군사관료적 방식으로 달성된다." Leon Trotsky, 'The USSR in War', *In Defense of Marxism*(New York: Pioneer Publishers, 1942)([한국어판]레온 트로츠키 지음, 이장수 옮김, 『맑스주의를 옹호하며』, 갈무리, 1999), 18쪽을 보라.

7. Ernest Mandel, *Revolutionary Marxism Today*(London: New Left Books, 1979)를 보라.

8. 초기에는 아래로부터(민중 동원을 통해), 뒤이어 위로부터(지도부의 선택을 통해) 사회주의로 나아간 쿠바 혁명의 역사 기술적 평가에 관해서는 Samuel Farber, *The Origins of the Cuban Revolution Reconsidered*(Chapel Hill: North Carolina University Press, 2006)을 보라. 몇몇 분석가들은 처음부터 쿠바 혁명의 사회주의적 동학을 강조했다. Leo Huberman and Paul Sweezy, *Cuba: Anatomy of a Revolution*(New York: Monthly Review Press, 1960)([한국어판]레오 휴버만·폴 M. 스위지 지음, 지양사 편집부 옮김, 『쿠바혁명사』, 지양사, 1985)를 보라.

9. Leon Trotsky, *History of the Russian Revolution*, trans. Max Eastman(Chicago: Haymarket, 2008), 5쪽.

10. Eric J. Hobsbawm, *The Age of Revolution: 1789-1848*(New York: Vintage, 1996[1962])([한국어판]에릭 홉스봄 지음, 정도영·차명수 옮김, 『혁명의 시대』, 한길사, 1998). 오스터함멜은 *Transformation of the World*, 543쪽에서 이런 접근법을 비판한다.

11. Isaac Deutscher, *The Prophet Outcast: Trotsky 1929-1940*(London: Verso,

2003[1954]]([한국어판]아이작 도이처 지음, 이주명 옮김, 『추방된 예언자 트로츠키 1929-1940』, 시대의창, 2017), 189쪽.

12. 오랜 전통의 최신 주자인 마틴 말리아는 "10월에 의해 탄생한 세계를 위해 우리는 우선 **사회**를 다루지 않았다. 그보다는 언제나 이데올로기 통치 **체제**를 다루었다". Martin Malia, *The Soviet Tragedy: A History of Socialism in Russia, 1917-1991*(New York: Free Press, 1994), 8쪽. 리처드 파이프스는 혁명을 이데올로기적 '바이러스'에 오염된 탓으로 돌린다. Richard Pipes, *The Russian Revolution*(New York: Knopf, 1990), 132~3쪽.

13. François Furet, *Interpreting the French Revolution*(New York: Cambridge University Press, 1981), 12쪽.

14. Claudio Sergio Ingerflom, 'De la Russie à l'URSS', in Michel Dreyfus(ed.), *Le siècle des communismes*(Paris: Éditions de l'Atelier, 2000), 121쪽.

15. Edgar Morin, 'Préface', *Autocritique*(Paris: Éditions du Seuil, 1991[1959]), 7쪽.

16. Sheila Fitzpatrick, *The Russian Revolution*(New York: Oxford University Press, 1994)([한국어판]쉴라 피츠패트릭 지음, 고광열 옮김, 『러시아혁명 1917-1938』, 사계절, 2017), 3쪽.

17. 마이클 A. 르딘과 나눈 유명한 인터뷰에서 이 구별을 처음 제안한 학자는 렌초 데 펠리체다. Renzo De Felice, *Fascism: An Informal Introduction to Its Theory and Practice*(New Brunswick: Transaction Books, 1976).

18. '유럽 내전'에서 폭력의 모체가 된 제1차 세계대전에 관해서는 Enzo Traverso, *Fire and Blood: The European Civil War 1914-1945*(London: Verso, 2016)를, 정치의 야만화에 관해서는 George L. Mosse, *Fallen Soldiers: Reshaping the Memory of the World Wars*(New York: Oxford University Press, 1990)([한국어판]조지 L. 모스 지음, 오윤성 옮김, 『전사자 숭배』, 문학동네, 2015)를; 러시아의 맥락에 관해서는 Peter Holquist, *Making War, Forging Revolution: Russia's Continuum of Crisis, 1914-1921*(Cambridge, MA: Harvard University Press, 2002)을 보라.

19. *The Gramsci Reader*, 222~30쪽.

20. Victor Serge, *Year One of the Russian Revolution*(London: Pluto Press, 1992)([한국어판]빅토르 세르주 지음, 황동하 옮김, 『러시아혁명의 진실』, 책갈피, 2011).

21. Peter Holquist, 'Violent Russia, Deadly Marxism? Russia in the Epoch of Violence, 1905-21', *Kritika: Explorations in Russian and Eurasian History*, 4/3(2003): 637쪽.

22. 마르토프에 따르면, "만약 트로츠키와 라데크가 과거를 충분히 알았다면, 소비에트의 계보를 1871년 코뮌이 아니라 1793~94년의 파리 코뮌과 연결하려고 했을 것이다. 후자의 코뮌이 그들 당대의 제도와 더 비슷한 혁명의 에너지와 힘의 중심이었기 때문이다". Julius Martov, 'Decomposition or the Conquest of the State'(1919), *The State and the Socialist Revolution*(New York: Socialist Review, 1938), 45쪽을 보라.

23. Trotsky, *History of the Russian Revolution*, 740쪽과 말라파르테를 언급한 833쪽. Curzio Malaparte, *Coup d'État: The Technique of Revolution*(New York: E. P. Dutton, 1932)([한국어판]쿠르치오 말라파르테 지음, 정기인·이성근 옮김, 『쿠데타의 기술』, 이 책, 2014)을 보라.

24. 이 단어는 볼셰비키가 10월 혁명을 정의하기 위해 흔히 사용한 것이다. 따라서 로버트 서비스처럼 이를 '쿠데타coup'라고 번역하는 것은 너무 억지스러워 보인다. Robert Service, *Lenin: A Biography*(New York: Belknap Press, 2002)(한국어판 다수), 309쪽.

25. Alexander Berkman, *The Bolshevik Myth: Diary 1920-1922*, Introduction by Nicolas Walter(London: Pluto Press, 1989), 319쪽. Emma Goldman, *My Disillusionment in Russia*(London: C. W. Daniel, 1925)도 보라. 골드만의 책을 처음 낸 미국 출판사(더블데이·페이지앤컴퍼니)는 저자의 동의도 받지 않고 제목을 정한 것으로 보인다. 원래 제목은 『러시아에서 보낸 2년*My Two Years in Russia*』이다.

26. Victor Serge, *Year One of the Russian Revolution*, trans. and ed. Peter Sedgwick(Chicago: Haymarket, 2015), 411쪽.

27. Alexander Rabinowitch, *The Bolsheviks in Power: The First Year of Soviet Rule in Petrograd*(Bloomington: Indiana University Press, 2007)([한국어판]알렉산더 라비노비치 지음, 류한수 옮김, 『1917년 러시아 혁명』, 책갈피, 2017), 15장.

28. Ronald Grigor Suny, *Red Flag Unfurled: History, Historians, and the Russian Revolution*(London, New York: Verso, 2017), 295쪽을 보라. 역사 서술의 대차대조표에 관해서는 6장 전체를 보라: 'Breaking Eggs, Making Omelets: Violence and Terror in Russia's Civil War, 1918-1922'.

29. 바로 이것이 Carl J. Friedrich and Zbigniew Brzezinski, *Totalitarian Dictatorship and Autocracy*(Cambridge, MA: Harvard University Press, 1956)에서 제시하는 전체주의의 고전적 정의다. 이 논쟁에 관해서는 Enzo Traverso, 'The Uses of Totalitarianism', *The New Faces of Fascism: Populism and the Far Right*(London, New York: Verso, 2019), 151~82쪽을 보라.

30. Stephen Kotkin, *Magnetic Mountain: Stalinism as a Civilization*(Berkeley: University of California Press, 1995), 23쪽.

31. Sheila Fitzpatrick, *Everyday Stalinism: Ordinary Life in Extraordinary Times: Soviet Russia in the 1930s*(New York: Oxford University Press, 1999)를 보라.

32. Boris Groys, *The Total Art of Stalinism: Avant-Garde, Aesthetic Dictatorship, and Beyond*(London: Verso, 2011), 113쪽.

33. Nicolas Werth, 'A State Against Its People', in Stéphane Courtois(ed.), *The Black Book of Communism: Crimes, Terror, Repression*(Cambridge, MA: Harvard University Press, 1999), 144쪽.

34. Eric Hobsbawm, *Age of Extremes: A History of the World, 1914-1991*(New York:

Vintage, 1994), 390쪽.

35. Arno J. Mayer, *The Furies: Violence and Terror in the French and Russian Revolutions*(Princeton: Princeton University Press, 2000), 607쪽.

36. Victor Serge, *Memoirs of a Revolutionary*(New York: New York Review of Books, 2012), 326쪽.

37. 1920년대 초 예브게니 A. 프레오브라젠스키는 '원시적인 사회주의적 축적' 개념을 만들어냈다. Evgenii A. Preobrazhensky, *The Crisis of Soviet Industrialization*, Introduction by Richard B. Jay(London: Routledge, 2017)로 묶인 그의 글들을 보라.

38. Isaac Deutscher, '22 June 1941', *Marxism, Wars & Revolutions: Essays from Four Decades*, Preface by Perry Anderson, Introduction by Tamara Deutscher(London: Verso, 1984), 19~20쪽.

39. Curzio Malaparte, *Kaputt*(New York: New York Review of Books, 2005)([한국어판] 쿠르초 말라파르테 지음, 이광일 옮김, 『망가진 세계』, 문학동네, 2013); Vasily Grossman, *A Writer at War: Vasily Grossman with the Red Army, 1941-1945*, eds and trans. by Antony Beevor and Luba Vinogradova(New York: Pantheon Books, 2005) 등을 보라. 1944년에 이탈리아어로 처음 발간된 말라파르테의 소설은 『코리에레델라세라』에 기고한 작가의 전쟁 연대기(그중 다수가 검열로 난도질당했다)를 바탕으로 독일 국방군이 동부전선에서 저지른 잔학행위를 묘사한다. 그로스만이 전선에서 쓴 르포르타주는 그의 유명한 소설 『삶과 운명』(New York: Harper & Row, 1985)의 자료가 되었다.

40. Ernst Jünger, Carl Schmitt, *Briefwechsel: Briefe 1930-1983*, ed. Helmut Kiesel(Stuttgart: Klett-Cotta, 1999), 151~3쪽을 보라. 두 사람의 편지 교환에 관해서는 Gopal Balakrishnan, 'Two on the Marble Cliffs', *New Left Review*, 1(2000): 162~8쪽을 보라. Ernst Jünger, 'Notes from the Caucasus', *A German Officer in Occupied Paris: The War Journals 1941-1945*, Foreword by Elliot Neaman(New York: Columbia University Press, 2019), 115~65쪽도 보라.

41. Brian Moynahan, *Leningrad: Siege and Symphony*(New York: Grove Atlantic, 2013)을 보라.

42. Anne Applebaum, *Gulag: A History*(New York: Doubleday, 2003)([한국어판]앤 애플바움 지음, GAGA 통 번역센터 옮김, 『굴락』 상·하, 드림박스, 2004), 89~90쪽.

43. Steven A. Barnes, *Death and Redemption: The Gulag and the Shaping of Soviet Society*(Princeton: University of Princeton Press, 2011), 39, 36쪽.

44. Raymond Aron, *Démocratie et totalitarisme*(Paris: Gallimard, 1965), 298쪽.

45. Franz Neumann, *Behemoth: The Structure and Practice of National Socialism 1933-1944*(New York: Harper & Row, 1966), xii쪽.

46. Karl Korsch, 'The Marxist Ideology in Russia'(1938), *Marxist Theory*(Austin: Uni-

versity of Texas Press, 2013), 158~64쪽. 에릭 홉스봄은 인민주의의 혁명 전통을 물려받고 이른바 "합법적 마르크스주의자들"의 뒤를 이어 "러시아가 자본주의 단계를 통과해야 한다"는 것을 입증하기 위해 마르크스의 저작을 활용한 "러시아 마르크스주의의 역설"을 지적한다. Eric Hobsbawm, 'The Influence of Marxism 1880-1914', *How to Change the World: Reflections on Marx and Marxism*(New Haven: Yale University Press, 2011)([한국어판]에릭 홉스봄 지음, 이경일 옮김, 『세상을 어떻게 바꿀 것인가』, 까치, 2012), 220쪽.

47. Trotsky, *History of the Russian Revolution*, 6쪽. 마르크스와 러시아 인민주의자들이 나눈 대화에 관해서는 Theodor Shanin(ed.), *Late Marx and the Russian Road: Marx and the Peripheries of Capitalism*(New York: Monthly Review Press, 1983)을 보라.

48. Trotsky, *History of the Russian Revolution*, 617쪽.

49. 마르크스에 따르면, 프랑스 농민들의 문화적 지평은 자기 소유지의 경계를 넘어서지 못했고, 조상 대대로 내려온 편견 때문에 하나의 계급으로 행동할 수 없었다. 『루이 보나파르트의 브뤼메르 18일』에서 말한 것처럼, 농민들의 단합은 정치적 실체를 창출하는 대신 순전히 기계적이었다. "프랑스 국가를 형성하는 거대한 대중은 감자 자루에 담긴 감자들만큼이나 크기가 고만고만한 것들이 단순히 합쳐져서 이루어진다." Karl Marx, *Collected Works*(London: Lawrence & Wishart, 2010), vol. 11, 187쪽을 보라. 그러므로 농민들은 프랑스 대혁명 시기의 교회나 1848년의 루이 나폴레옹같이 외부적 세력에 의해 대표되어야 했다.

50. 중국 혁명의 과정을 종합적으로 서술한 글로는 Rebecca Karl, *Mao Zedong and China in the Twentieth-Century World*(Durham, NC: Duke University Press, 2010), 3~5장을 보라.

51. Mao Zedong, 'Report on an Investigation of the Peasant Movement in Hunan'(1927), *Selected Works*, vol. 1(Peking: Foreign Languages Press, 1965), 33쪽.

52. 앞의 글, 28쪽. 1932년에 트로츠키가 도시에서 공산주의 세포를 재건할 필요성을 강조하면서 마오가 장시성에서 만들어낸 농민의 홍군에 대해 심각한 회의를 표명한 사실은 흥미롭다. Leon Trotsky, 'Peasant War in China and the Proletariat'(1932), *On China*, eds Les Evans and Russell Block, Introduction Peng Shu-tse(New York: Monad Press, 1976), 522~31쪽을 보라.

53. 페리 앤더슨에 따르면, "중국 혁명은 러시아 혁명에서 직접적으로 자라난 것이며, 80년대 말 공히 중대한 고비에 다다를 때까지 영감이자 훈계로서 여전히 러시아 혁명과 연결되었다". Perry Anderson, 'Two Revolutions: Rough Notes', *New Left Review*, 61(2010): 60쪽을 보라.

54. Gustav Landauer, 'Revolution'(1907), *Revolution and Other Writings: A Political Reader*, ed. Gabriel Kuhn, Preface Richard Day(Oakland: PM Press, 2010), 153쪽.

55. Manuel Caballero, *Latin America and the Comintern*(Cambridge: Cambridge Uni-

versity Press, 1986).

56. José Carlos Mariátegui, *Seven Interpretive Essays on Peruvian Reality*, trans. Marjory Urquidi, Introduction Jorge Basadre(Austin: University of Texas Press, 1971), 28~9쪽. Robert Paris, *La formación ideológica de José Carlos Mariátegui*(Mexico City: Pasado y Presente, 1981); Michael Löwy, *Marxism in Latin America*(Atlantic Highlands, NJ: Humanities Press, 1992), 서론 xix~xxiv쪽 등도 보라.

57. Georges Haupt, *La Deuxième Internationale et l'Orient*(Paris: Cujas, 1967), 25~34쪽을 보라.

58. Daniel De Leon, 'Flashlights on the Amsterdam Congress', *Daily People*, 27 November 1904. David S. Herreshoff, *The Origins of American Marxism: From the Transcendentalists to De Leon*(New York: Monad Press, 1973), 169쪽에서 재인용.

59. John Riddell(ed.), *To See the Dawn: Baku 1920—First Congress of the Peoples of the East*, trans. Brian Pearce(New York: Pathfinder Press, 2019), 88쪽에 실린 지노비예프의 개회 연설 속기록을 보라. 많은 이들이 연설 중간에 제국주의에 대항하는 '성전'을 벌이자고 외쳤다. 이미 "예언자 무함마드의 녹색 깃발 아래 진군하는 … 동방 민족들"에게 보내는 대회 선언문은 기존의 모든 성전은 "사기"라면서 "공산주의 인터내셔널의 붉은 깃발을 내걸고 최초의 진정한 성전 … 동방 모든 민족의 자유와 독립과 행복을 위한 성전"을 벌이자고 호소했다. 앞의 책, 262쪽. Pierre Broué, *Histoire de l'Internationale Communiste 1919-1943*(Paris: Fayard, 1997), 181~2쪽; Serge Wolikow, *L'Internationale Communiste(1919-1943). Le Komintern ou le rêve déchu du parti mondial de la révolution*(Paris: Éditions de l'Atelier, 2010), 35~7쪽; Pierre Frank, *Histoire de l'Internationale Communiste 1919-1943*(Paris: Éditions La Brèche, 1979), vol. 1, 104~7쪽 등도 보라.

60. Stephen White, 'Communism and the East: The Baku Congress, 1920', *Slavic Review*, 33/3(1974): 492~514쪽을 보라.

61. M. N. Roy, *Memoirs*(Bombay: Allied Publishers, 1964), 392쪽.

62. *To See the Dawn*, 138~42쪽에 실린 엔베르 파샤의 메시지를 보라.

63. Alfred Rosmer, *Lenin's Moscow*, trans. Ian Birchall(Chicago: Haymarket, 2016[1953]), 93쪽.

64. Joh, Riddell(ed.), *To See the Dawn*, 232쪽에 실린 '동방 여성' 문제를 다룬 1920년 9월 7일 제7 세션 회의록을 보라.

65. 앞의 글, 234쪽.

66. Brigitte Studer, *Reisende der Weltrevolution*, 125쪽.

67. White, 'Communism and the East', 502쪽에서 재인용

68. H. G. Wells, *Russia in the Shadows*(New York: George H. Doran Company, 1921), 96쪽.

69. White, 'Communism and the East', 493, 503쪽을 보라.

70. *To See the Dawn*, 74쪽.

71. 앞의 책, 54~5쪽.

72. *The Communist International 1919-1943: Documents*, ed. Jane Degras(London: Oxford University Press, 1956), vol. 1, 105쪽에서 재인용.

73. 마티외 르노는 이런 변화가 '특정한 시공간의 진화적 논리'에서 역사 과정에 대한 '다선적' 시각으로 옮겨간 레닌의 관점과 일치한다고 보았지만, 그럼에도 불구하고 바쿠 대회가 의미 없는 행사였다고 평가한다. Matthieu Renault, *L'empire de la révolution: Lénine et les musulmans de Russie*(Paris: Syllepse, 2017)을 보라.

74. 히틀러에게 볼셰비즘은 "아시아나 야만인의 의상을 걸친 인도적 교의"였다. Ernst Nolte, *Streitpunkte: Heutige und künftige Kontroversen um den Nationalsozialismus*(Berlin: Propyläen, 1993), 371쪽에서 재인용.

75. 이런 신화—중국의 체카가 '쥐우리'에 가두는 고문을 한다는—의 기원은 1924년 세르게이 P. 멜구노프가 펴낸 뒤 서구 여러 언어로 곧바로 번역된 백군 팸플릿으로까지 거슬러 올라간다. Sergei P. Melgunov, *The Red Terror in Russia*(London: Dent, 1925). 1980년대 독일 역사학자들이 논쟁을 벌이던 중에 에른스트 놀테가 이 팸플릿을 찾아냈다. Ernst Nolte, *Der europäische Bürgerkrieg 1917-1945: Nationalsozialismus und Bolschewismus*(Frankfurt: Ullstein, 1987), 115쪽과, 564쪽에 있는 장문의 각주. Hans-Ulrich Wehler, *Entsorgung der deutschen Vergangenheit? Ein polemischer Essay zum 'Historikerstreit'*(Munich: Beck, 1988), 147~54쪽을 보라.

76. Nolte, *Streitpunkte*, 356쪽에서 재인용.

77. Jakob Moneta, *Le PCF et la question coloniale*(Paris: Maspero, 1971).

78. Ben Kiernan, *The Pol Pot Regime: Race, Power, and Genocide in Cambodia Under the Khmer Rouge, 1975-79*(New Haven: Yale University Press, 2008)을 보라.

79. Eduard Bernstein, *Evolutionary Socialism: A Criticism and Affirmation*, trans. Edith C. Carvey(New York: B.W. Huebsch, 1911)([한국어판]에두아르트 베른슈타인 지음, 강신준 옮김, 『사회주의의 전제와 사민당의 과제』, 한길사, 1999), 148쪽.

80. 앞의 책, 197쪽. 이 논쟁을 재구성한 책으로는 Peter Gay, *The Dilemma of Democratic Socialism: Eduard Bernstein's Challenge to Marx*(New York: Columbia University Press, 1952)([한국어판]피터 게이 지음, 김용권 옮김, 『민주사회주의의 딜레마』, 한울, 1994)를 보라.

81. Perry Anderson, *The Antinomies of Gramsci*(London, New York: Verso, 2017)을 보라.

82. 이탈리아 공산주의가 그린 궤적에 관해서는 Lucio Magri, *The Tailor of Ulm: Communism in the Twentieth Century*(London: Verso, 2011)을 보라. 전 지구적 현상으로서의 유로코뮤니즘에 관해서는 Ernest Mandel, *From Stalinism to Eurocommunism: The*

Bitter Fruits of 'Socialism in One Country'(London: Verso, 1978)을 보라.

83. Donald Sassoon, *One Hundred Years of Socialism: The West European Left in the Twentieth Century*(New York: The New Press, 1996)([한국어판]도널드 서순 지음, 강주헌 외 옮김, 『사회주의 100년』1·2, 황소걸음, 2014), 73쪽.

84. Tony Judt, *Postwar: A History of Europe Since 1945*(New York: Penguin, 2005)([한국어판]토니 주트 지음, 조행복 옮김, 『전후 유럽 1945~2005』1·2, 열린책들, 2019), 363쪽.

85. 앞의 책, 90~9쪽.

86. Rosa Luxemburg, 'Social Reform or Revolution'(1900), in *The Rosa Luxemburg Reader*, eds Peter Hudis and Kevin B. Anderson(New York: Monthly Review Press, 2004), 156쪽.

87. Giorgio Amendola, 'Il socialismo in Occidente' and 'Ipotesi sulla riunificazione', published by the communist weekly *Rinascita* on 7 and 28 November 1964. 이 논쟁에 관해서는 Franco Andreucci, *Da Gramsci a Occhetto: Nobiltà e miseria del PCI 1921-1991*(Pisa: Della Porta, 2014), 374~83쪽과 Aldo Agosti, *Storia del Partito comunista italiano 1921-1991*(Roma-Bari: Laterza, 2012), 94~5쪽, 그리고 Sassoon, *One Hundred Years of Socialism*, 302~3쪽을 보라.

88. Annie Kriegel, *Les communistes français. Essai d'ethnographie politique*(Paris: Éditions du Seuil, 1968)을 보라.

89. 전기적 설명을 담은 Fabio Baldassarri, *Ilio Barontini: Fuoriuscito, internazionalista e partigiano*(Turin: Robin Edizioni, 2013)을 보라. 에티오피아 레지스탕스에서 바론티니가 벌인 활동에 관해서는 Neelam Srivastava, 'Anticolonialism and the Italian Left: Resistances to the Fascist Invasion of Ethiopia', *Interventions*, 8/3(2006): 413~29쪽을 보라.

에필로그

1. Walter Benjamin, 'On the Concept of History'(1940), *WBSW*, vol. 4, 392쪽.

찾아보기

혁명의 지성사

2023년 10월 20일 초판 1쇄 찍음
2023년 10월 30일 초판 1쇄 펴냄

지은이 엔초 트라베르소
옮긴이 유강은

펴낸이 정종주
편집주간 박윤선
편집 문혜림
마케팅 김창덕

펴낸곳 도서출판 뿌리와이파리
등록번호 제10-2201호 (2001년 8월 21일)
주소 서울시 마포구 월드컵로 128-4 (월드빌딩 2층)
전화 02)324-2142~3
전송 02)324-2150
전자우편 puripari@hanmail.net

디자인 조혁준+이수빈
종이 화인페이퍼
인쇄 및 제본 영신사
라미네이팅 금성산업

값 28,000원
ISBN 978-89-6462-190-5 (03900)